国家社科基金
GUOJIA SHEKE JIJIN HOUQI ZIZHU XIANGMU
后期资助项目

中国制造业高质量发展路径选择与实现策略研究

黄毅敏 著

On the Path Choice and Implementation Strategies for the High-Quality Development of China's Manufacturing Industry

西南大学出版社
SWUP 国家一级出版社 全国百佳图书出版单位

图书在版编目(CIP)数据

中国制造业高质量发展路径选择与实现策略研究 / 黄毅敏著. -- 重庆 : 西南大学出版社, 2023.7
ISBN 978-7-5697-1731-0

Ⅰ. ①中… Ⅱ. ①黄… Ⅲ. ①制造工业—产业发展—研究—中国 Ⅳ. ①F426.4

中国国家版本馆CIP数据核字(2023)第109289号

中国制造业高质量发展路径选择与实现策略研究
ZHONGGUO ZHIZAOYE GAOZHILIANG FAZHAN LUJING XUANZE YU SHIXIAN CELÜE YANJIU

黄毅敏 著

责任编辑：刘欣鑫
责任校对：李　勇
装帧设计：闰江文化
照　　排：张　祥
出版发行：西南大学出版社(原西南师范大学出版社)
网　址:http://www.xdcbs.com
地　址:重庆市北碚区天生路2号
邮　编:400715
电　话:023-68868624
经　　销：新华书店
印　　刷：重庆市圣立印刷有限公司
成品尺寸：165 mm × 238 mm
印　　张：28
字　　数：537千字
版　　次：2023年7月 第1版
印　　次：2023年7月 第1次印刷
书　　号：ISBN 978-7-5697-1731-0

定　　价：98.00元

国家社科基金后期资助项目
出版说明

后期资助项目是国家社科基金设立的一类重要项目，旨在鼓励广大社科研究者潜心治学，支持基础研究多出优秀成果。它是经过严格评审，从接近完成的科研成果中遴选立项的。为扩大后期资助项目的影响，更好地推动学术发展，促进成果转化，全国哲学社会科学工作办公室按照“统一设计、统一标识、统一版式、形成系列”的总体要求，组织出版国家社科基金后期资助项目成果。

全国哲学社会科学工作办公室

序言

经过几十年发展,中国制造业已取得举世瞩目的成就。但在迈向制造强国的过程中其仍存在创新力不足、价值链地位不高、部分行业产能过剩、高级化水平偏低等内部问题,新时期高质量发展被制约。同时,发达国家制造业回归本土及新兴经济体(巴西、印度、俄罗斯、南非等国家)制造成本低、发展迅速等外部因素,也给中国制造业高质量发展造成巨大冲击。①中国制造业的价值链地位(省域尺度)如何测算?②制约中国制造业高质量发展的关键因素有哪些?③中国制造业高质量发展的出路在何方?④如何借力"第四次工业革命"、智能赋能中国制造业生产力重构?这些均是当前亟待解决的关键问题。

因此,对中国制造业高质量发展的困境进行测度。探索中国制造业高质量发展的战略重点及突破口。研究中国制造业高质量发展的路径选择理论与方法。提出中国制造业高质量发展实现方法与策略。这些研究成果可为政府制定相关政策提供决策参考,也为与制造相关的企业高质量发展提供理论与方法支持。

首先,测度中国制造业高质量发展困境。根据中国制造业高质量发展的状况,分析中国制造业内外部环境,发现中国制造业面临的内部创新基础薄弱、外部发达国家制造业回归本土及新兴经济体发展势头强劲等多重困境。通过构建制造业创新力的评价体系,对制造业细分行业创新能力水平进行评估;在省域尺度上构建价值链评价体系,对中国各省市制造业的价值链地位进行测度分析,发现在"双循环"格局下制造业内部因素是阻碍中国制造业高质量发展的几个关键问题:管理与技术集成创新不足、制造业价值链地位不高、产业结构不合理、关键技术缺失、专业基础累积不够等。

其次，探索中国制造业高质量发展的战略重点及突破口。利用设计制造业评价系统和管理科学研究范式，构建制造业发展规模测算数学模型，分析了新发展阶段制造业细分行业高质量发展的动力因素。其中，内部因素是制约制造业发展的关键，外部因素通过内部因素影响制造业的发展。又进一步剖析了新发展理念下技术密集型制造业、资本密集型制造业和劳动密集型制造业高质量发展的动力因素，以创新驱动先进制造业发展，推动制造业协调、绿色发展，以开放、共享的理念构建新发展格局。探究中国制造业高质量发展的战略重点、突破口及实现方法，提出完善制造业创新体系、推进关键领域技术研究、调整产业结构等战略。

再次，研究中国制造业高质量发展的路径选择理论与方法。①提出中国制造业高质量发展的“俭约式”路径。通过问卷、调研，参考国家科技基础性工作专项（2010IM040300）部分研究成果，针对实践中效果不明显的跨部门类、经营类和文化类方法群，设计基于精益管理方法的中国制造业高质量发展“俭约式”路径。②设计制造业、物流业与金融业协同发展路径。构建该三业两两协同发展评价体系和协同模型、三业复合系统评价体系和协同模型。结合中国三业的行业发展特点，提出高质量发展中的三业协同发展路径。③提出中国制造业高质量发展的集成创新路径。基于制造业发展困境，宏观上提出制造业高质量发展的四维度管理集成创新路径；微观上提出面向产品全生命周期的精益集成创新路径。④提出中国制造业的高级化发展路径。改进基于制造业结构优度和价值链高度的高级化测度方法，引入灰色关联分析方法，确定其对高级化指数的贡献度。进一步运用灰色绝对关联度、相对关联度以及综合关联度分析方法，识别显著影响高级化的因素，设计制造业的高级化发展路径。⑤提出中国制造业智能化的发展路径。工厂、设备、生产过程、产品全面智能化升级，促进企业转型升级与价值链攀升。⑥提出中国制造业数字化发展路径。

最后，提出中国制造业高质量发展的实现方法与策略。研究以产品生命周期为主线的中国制造业高质量发展的实现方法，提高管理创新基础能力和形成创新文化，实现产品生命周期协调发展；研究以实践为主线的中国制造业高质量发展实现方法，开创新的产品模式提升顾客体验感，在实践中紧扣高质量发展的目标，推动制造业向高端化、品牌化发展；研究以差异化思想为主线的离散型高水平企业、离散型低水平企业、流程型高水平企业、流程型低水平企业的四套典型精益管理方法，总结不同的管理方法，以期推动中国制造型企业向高级化发展。

这些研究成果具有独到的学术价值和应用价值。(1)在学术观点与认知上别树一帜,提出了中国制造业高质量发展新的学术观点。①提出中国制造业应借力新一轮科技革命,诸如数字化、信息化、互联网、区块链及智能制造等技术实现其倍增式、叠加式发展。②提出"引领与倒逼"战略定位。中国制造业在发展过程中,错失第一次工业革命、第二次工业革命,虽在改革开放后赶上第三次工业革命,但是对前三次工业革命科技成果实践不完全。因此在借力新一轮科技革命成果的同时,倒逼前三次工业革命成果的高质量实践,夯实前三次工业革命的成果,通过制造型企业的"基础能力重构",助推制造业高质量发展。③提出高质量创新发展理念的学术观点,其认为中国制造业高质量发展应借力创新驱动这一硬核力量。(2)在研究内容与方法上的突破。①在理论综述阶段,挖掘中国制造业高质量发展的理论研究动态:视角、脉络、争鸣与盲区。②在框架设计阶段,提出中国制造业高质量发展的系统性的发展理念。③从微观视角提出中国制造型企业不同阶段的三种升级路径。④在高质量发展实现策略分析阶段,提出中观视角的制造业行业高质量发展"突破口"选择方法。⑤提出制造业企业高质量发展的"道法术魂"应用策略与方法。⑥提出基于不同情境下的4种精益管理方法的企业应用模式。(3)本项目研究拓展了高质量发展,尤其是制造业高质量发展的理论体系。为制造业高质量发展提供方向、理论及技术上的支持,也为制造型企业高质量发展提供必要的理论参考和现实策略。

未来,该领域仍有进一步研究空间。如,研究团队提出的"俭约式"路径、三业(制造业、物流业、金融业)协同发展路径、集成创新路径、高级化发展路径、智能化发展路径、生产力重构路径6大路径,仅仅探讨了制造业精益化发展的案例,也可以进一步丰富别的路径案例研究。进一步论证这6大路径之间的关联逻辑,它们之间是否存在协同和联动效应,服务型制造业和生产性服务业是否可以作为一个发展路径,智能化和数字化发展是否为高级化发展路径的具体表现形式等。

该研究成果得到2019年国家社科基金后期资助项目《中国制造业高质量发展路径选择与实施策略研究》(19FGLB067)的资助。感谢国家社科基金资助,感谢匿名评审专家提出的宝贵修改意见与建议,感谢西南大学出版社编辑的辛苦校稿。

本书的研究成果是一位年轻学者数年来的研究心血,是作者攻读博士学位以来长期研究成果的结晶。感谢项目研究过程中团队成员(华北水利水电大学博士生刘升阳撰写第二章;华北水利水电大学硕士生徐媛媛撰写第三章;河南大学硕士生马草原撰写第四章;河南大学硕士生张舸撰写第五章)的辛勤付出。

期望以书结友,与同道研究者相互切磋,共同为中国制造业高质量发展建言献策、保驾护航!

黄毅敏书于郑州龙子湖畔

2022年2月22日

目录

CONTENTS

第四章＞ 路径与选择:中国制造业高质量发展路径选择与方法

第五章＞ 方法与策略:中国制造业高质量发展精益管理研究

第六章＞ 对策与建议:中国制造业高质量发展对策研究

图目录

表目录

第一章

现实与追问:问题的提出与研究评述

一、问题的提出

经过几十年的发展，中国制造业取得了举世瞩目的成就，步入高质量发展阶段。当前中国制造业存在创新力不足、价值链地位不高、部分行业产能过剩、创新方法实践和累积不够以及高级化水平偏低等内部基础能力薄弱问题，这些问题严重制约其实现高质量发展。同时，面临部分发达国家制造业回归本土及新兴经济体制造成本低、发展迅速等因素带来的多重外部困境，中国制造业高质量发展势在必行。

因此，以下均是需要着重研究与解决的问题：制约中国制造业高质量发展的关键因素有哪些；如何测算中国制造业的价值链地位；制造业产能是否过剩；与其他相关行业发展是否协同；不同行业及不同区域制造业发展战略重点及突破口在哪里；中国制造业高质量发展的出路在何方，支撑方法有哪些，这些方法如何与企业实际特点相结合；中国制造业如何与“第四次工业革命”同步发展并从中汲取营养，从而实现生产力重构。

（一）中国制造业需要高质量发展

1.高质量发展是制造业累积发展到一定阶段的必然产物

经济理论源于社会实践并指导现实经济实践，违背经济发展规律的经济实践必然会受阻。中国制造业的发展速度和企业数量都已经达到历史新高度，然而，中国制造业大而不强和发展质量不够高的问题十分突出。2020年世界制造业500强名单中，中国上榜企业有133家，历史上第一次超越美国。但同年中国入选世界品牌500强的品牌仅有43个，约占8.6%，首次超越英国位居全球第四。同时，在2020年亚洲品牌500强名单中，前十名有6家中国企业，共计210个中国品牌上榜，位居亚洲第一。在2020年全球最具价值100大品牌排行榜中，华为仍旧是唯一上榜的中国制造业品牌。

2.制造业高质量发展是促进新旧动能转换的内在需要

相关研究表明，美国68%的财富来源于制造业；日本制造型企业在全球500强工业企业中有近150个席位，国民经济总产值的49%由制造业提供；中国，2010～2012年以制造业为主的工业对GDP的平均贡献率为44.6%。因此，制造业作为国家产业的一个重要的组成部分，体现了国家综合实力和国际竞争力，决定着一个国家在经济全球化格局中的国际分工地位。制造业高质量发展同样需要转换新旧动能，通过增强发展内生动力，推进其高质量发展进而促进新旧动能转换，进一步增强发展内生动力。在经济新常态下,制造业所处环境的改变,传统的经济增长动力已经不能满足现在高质量发展的要求,制造业已经不处于大规模扩张的阶段,资本投入成为改革开放以来主要的动力来源。中国制造业需要培育经济发展的新动力源泉,才能更快速地实现高质量发展。在这种情况下,自主创新与技术进步逐渐成为推动制造业高质量发展的新动能。

3. 高质量发展是解决制造业主要矛盾的内在需要

现有制造业供求关系存在一定矛盾。中国的供给体系产能虽然比较高,但大部分只处于中低端,供求不平衡促使供给侧需要进行结构改革和增量扩能,目前只能通过去产能和去库存进行存量调整。经行业测算可知,中国制造业部分产业存在产能过剩、供需结构性矛盾比较突出的现象,因此高质量发展是解决这一矛盾的内在需要。

4. 高质量发展是促进制造业结构优化的内在需要

本项目认为制造业结构是指制造业劳动密集型行业、资本密集型行业和技术密集型行业的所占比例。制造业结构可以衡量行业布局是否均衡,同时也反映了制造业结构发展演变的程度。经测算(详见第四章),中国制造业结构优度偏低,发展不平衡,技术密集型产业占比低于15%,而劳动密集型产业占比过高,高于50%。因此急需优化制造业产业结构,应注重三种产业类型分配,加大技术密集型产业占比,降低劳动密集型产业优化,要通过高质量发展来提升制造业结构优度,优化行业发展。

5. 制造业高质量发展是经济、社会、环境和谐发展的内在需要

高质量发展内涵提出创新、协调、绿色、开放、共享的新发展理念,可以用来解决当今社会制造业发展的主要矛盾。同时,全面建成小康社会,全面建成社会主义现代化强国,需要高质量发展做支撑。进入新时代,一些新的重大发展问题开始出现,比如:收入差距不断增大、生态环境遭到严重破坏、发展陷入停滞、人民群众的需求发生转变和区域发展不充分不平衡等。制造业作为实体经济的核心,更需要高质量发展,才能不断解决和消化当前面临的和前期积累下来的一系列发展问题,进而推进经济、社会和环境的和谐发展。

(二)基础能力薄弱制约中国制造业高质量发展

制造型企业的高质量发展需要依靠技术创新和管理创新的协同与集成。制造型企业实践表明,如果企业没有良好的基础能力[①],一些先进技术是无法

①本研究认为企业基础创新能力是指企业对本企业资源(人、机、料、法、环)配置规律性的基础性研究,可以使企业消除或改善从产品开发到市场服务的众多微观环节出现流程不畅、成本过高、可靠性差、生产服务系统柔性化水平低、劳动生产率与设备利用率不高的能力。

植入的，有时甚至会带来负面影响。基础能力薄弱主要体现在制造业成本较高、高级化水平偏低和处于价值链末端。而提升制造业企业基础能力的方法有精益生产、六西格玛管理、流程再造、ERP等，但整体实践效果不佳。究其原因，是当前行业没有将这些创新方法深化到企业基础能力提升中去，造成制造业企业缺乏对本企业资源配置规律性的基础研究，导致企业从产品开发到市场服务的众多环节均出现流程不顺、成本过高、可靠性差等现实问题，进而造成制造业具有低质、低效的特征。制造业企业由于基础能力薄弱，很难建立产品、设备、材料的“硬技术”生产线和关于生产要素、人和环境的资源组合配置的“软技术”的集成创新机制；也很难将科技成果转到制造工艺、产品设计等价值链上的其他环节，导致虽有创新却很难实现价值链升级与增值的现状。造成当前行业这种现状的原因是制造型企业缺少自主创新与先进技术引进，没有形成企业基础能力重构。

1.基础能力薄弱，制约先进制造技术植入

为推动中国制造业又好又快发展，学者们分别从集成制造、并行工程、虚拟制造、敏捷制造、网络化制造及云制造等先进制造技术进行了深入研究并取得了丰硕成果，尤其是云制造的研究处于世界领先水平。上述研究主要是针对现代制造模式的理论与应用研究，然而这些先进制造理论或技术产生效益的前提是企业具有良好的基础能力。中国制造业正在进入转型与升级的新阶段，以IE理论方法为基础的管理及管理创新的推广与应用尤为重要，同时也备受实业界与学术界关注。通过IE理论方法在制造型企业进行实践、创新，不断减少浪费，不断优化生产布局、生产流程、物流线路等，进而提升企业基础能力。

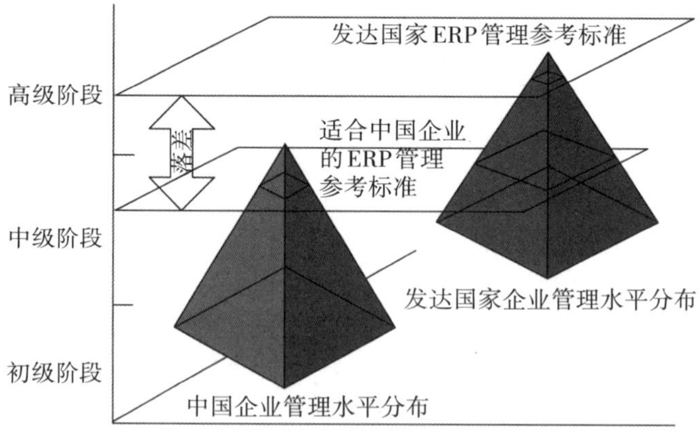

图1-1　中国与发达国家ERP参考标准对比

以ERP为例(如图1-1所示),中国制造业IE累积不足与历史共同造成了制造型企业缺乏对本企业资源配置规律的基础性研究,导致企业从产品开发到市场服务的众多环节出现流程不顺、成本过高、产品可靠性差、生产与服务系统柔性化水平低、劳动生产率与设备利用率低等现实问题,进而使中国制造业整体呈现低质、低效、高成本、高耗和高污染的特征,导致整个行业缺乏抗击市场波动的能力。大量企业实践结果表明,无论ERP系统设计多么先进,也经常因使用人员缺乏IE基础知识导致企业资金流、物流和信息流的脱节,进而导致ERP系统的紊乱。

2.基础能力薄弱,制约企业软实力的提升

企业软实力是企业具有核心竞争力的技术创新能力因素、资本沉淀因素和环境整合能力因素的集成。本项目研究认为制造型企业软实力是企业基础资源的配置方式,是通过固化企业文化、企业制度、生产方式和商业模式形成的不会被轻易模仿和超越的品牌的能力,是企业对外具有感召力、对内具有凝聚力以及整体具有创新力的不断演化形成的。构建企业软实力应该在企业哲学与战略的既定基础上,通过人才引进、培训与管理、充分发挥组织效能、完善制度、不断创新产品、应用信息及现代信息技术、提升整体服务水平、持续销售的能力等提升适应企业情境、市场环境及产品特性的运营模式的动态能力,在生产方式、企业制度及企业文化三个维度集成企业软实力。制造型企业的软实力是企业对本企业资源(人、机、料、法、环)配置规律的基础性研究,可以使企业消除或改善从产品开发到市场服务的众多环节中出现流程不顺、成本过高、可靠性差、生产与服务系统柔性化水平低、劳动生产率与设备利用率不高等问题,是企业基础能力不断累积的结果。

3.基础能力薄弱,制约企业营运能力和盈利能力

一方面,中国制造型企业没有建立将产品、设备、材料的硬技术和与生产要素、人和环境的资源组合配置有关的软技术的结合的集成创新机制。企业制造技术研发虽然取得了相应的成果,但是研究成果的转化和制造工艺创新等价值链上其他环节的研发投入力度不够或协调效果不佳,导致虽有创新但没有形成系统,不能将创新研发投入市场,很难实现价值链升级与增值。另一方面,专业技术创新与管理创新协同性差。专业技术创新成果缺乏转化与释放的机制和通道,同时缺少必要的科学指导和过程管理,导致出现投入大、周期长和效果不明显的情况。创新成果无法高效地转化成生产力,使得企业整体的运营能力和盈利能力很难有大幅度提升。

4. 基础能力薄弱，制约制造业人才的培养

中国制造型企业在转型升级过程中，存在工业工程技术的应用效果不理想的普遍现象，为使工业工程的理论、方法和策略在制造型企业中充分发挥应有的作用，工业工程应用系统应不断完善。本项目研究通过对中国制造型企业进行实地调查和分析后发现，其中一个重要原因是制造型企业缺乏良好的工业工程推广机制。鉴于此，本项目研究提出了一个工业工程应用系统，这是一种系统的、科学的和有效的模式，这种模式称为工业工程组织结构和工作流程，在使用这种应用系统时应注意建设工业工程中心的方法、订购生产任务的方式、工业工程团队成员结构、工业工程团队人员的培训和提升机制等方面。在工业工程中心的方法中，不同的企业应该采取不同的方式。如果没有优秀的团队，为企业寻求外部专业支持是明智的行为。更重要的是，在一个完整的团队中，足够专业的指导是成功的关键因素。工业工程的组织结构和人才培养机制是本项目研究的一大创新，制造型企业人才培养机制如图 1-2 所示。大量的企业实践结果表明，工业工程改进项目能够持续下去的一个重要秘密是成功推广工业工程，另一个秘密则是在每个工业工程团队中，员工必须有全职工作，否则工业工程应用系统将进入无效状态。总之，大量实践结果表明许多制造型企业由于缺乏这种机制而失败。

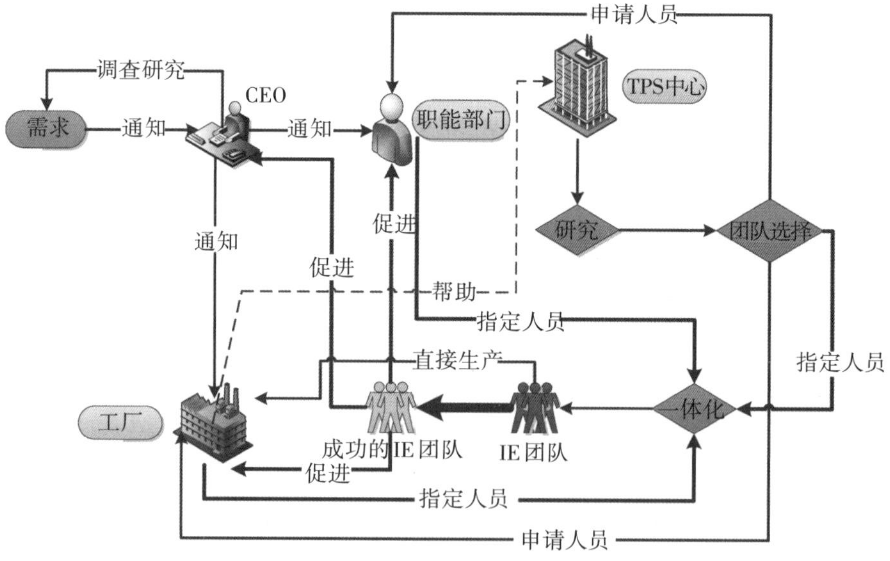

图 1-2　制造型企业人才培养机制

(三)基础能力重构引领中国制造业高质量发展

1.通过两化融合实现基础能力重构,引领制造业高质量发展

“两化融合”,即工业化与信息化的融合,它们是制造业发展的重要战略和有效途径。但在实践中也存在一些缺陷,如数字化、智能化设备不能有效地反映生产系统进程,设备的防错能力弱,存在信息流动与制造过程不一致的现象。也就是说,六西格玛和ERP等现代信息技术的应用效果并不理想。究其原因有以下三个方面:①由于前期缺乏系统的规划设计,信息化过程充满了盲目性和浪费性。因此,现金、信息和业务的流动很难协调,有时甚至会影响正常生产。②信息软件在特定的企业和特定的过程要求下,没有有效地响应或者加快生产过程的能力。信息软件的应用越多,对生产的负面影响就越大。③在一些地方,有人认为信息化是一种无所不能的技术,并形成了“信息化是一个神话”的观念。虽然投入了大量资金,但效果并不理想,甚至出现了“信息孤岛”现象。综合IE的概念必须集中在两个方面:一是制造系统的自动化水平,数字化、智能化和高效率的机器代替手工劳动,在复杂的环境下实现更好的生产;二是信息系统在生产管理中广泛应用,逐步形成管理系统、管理平台后,再优化流程管理和决策支持系统。为实现两化的深度融合尚需解决几个问题,比如企业最终需要什么样的信息系统,为什么?什么时候?在哪里?如何保证系统运行顺利?因此,将信息技术集成到管理信息系统中,需构建两化融合的逻辑关系,IE+IT的两化融合逻辑关系如图1-3所示。

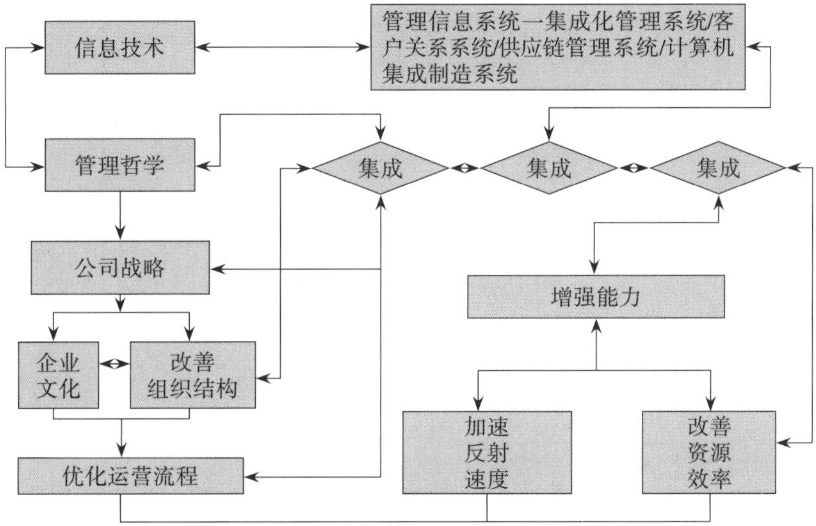

图1-3 IE+IT的两化融合逻辑关系

2.基础能力重构引领制造业服务升级

服务越深入到生产过程和售后阶段，就会产生越高的附加值。像IBM、GE和HP这样的企业已经从纯制造模式扩展到服务嵌入式制造模式，服务的总利润率超过80%，并且整个服务行业的利润在GE占比超过60%。华为和大连冰山集团等国内大的制造型企业已经或正在实施面向服务模式的转型。然而由于中国制造业服务延伸的广度和深度还不够，随着成本优势的降低，中国制造业必须按照全球制造业的发展趋势，重构和升级价值链，通过技术创新和服务型发展高端产业链。此外，还缺乏指导制造业向服务业延伸的理论基础和方法。中国制造业刚刚起步，没有适合的本土化IE理论、实践和积累。当前应以激励和延伸为重点，大力推进IE面向服务制造理论和实践的本土化，为中国制造业的服务延伸提供智力支撑。因此，本研究在大量研究的基础上，提出了服务型制造创新模式的集成路径（如图1-4所示）。

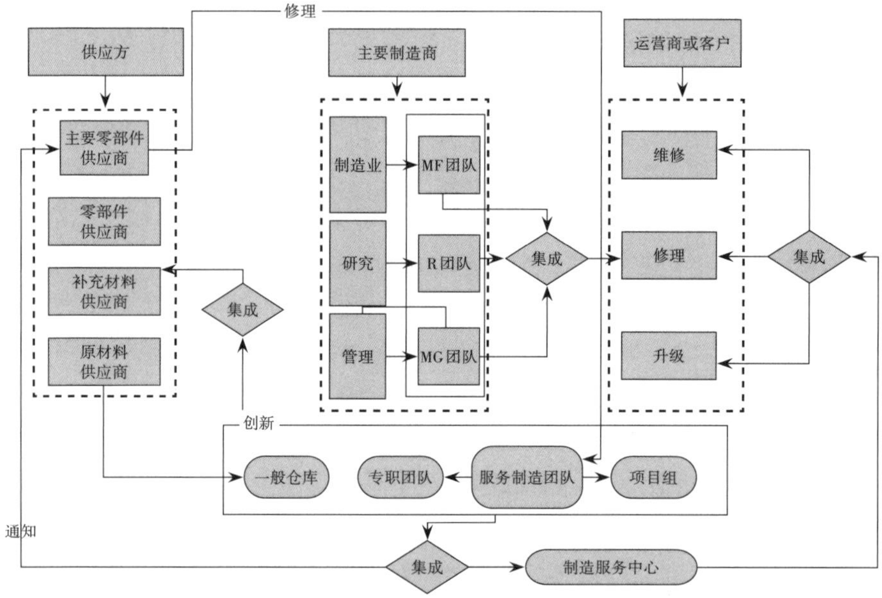

图1-4　服务型制造创新模式的集成路径

(四)精益管理方法助推中国制造业高质量发展

1.重视创新文化和人才的培育

通过对中国制造型企业实践调研，发现企业在运用创新方法群时更加关注技术工具的使用，诸如QC(质量控制)小组、目视化、价值流、SMED(快速换模)和看板管理等,表明中国制造业所处阶段更加需要采用具体方法或工具来解决生产过程中出现的系列问题,这些方法群的导入为企业高质量发展作出了很大的贡献。然而,诸如全员参与改善流程管理、均衡生产、标准作业、并行工程等一些跨部门类、经营类、文化类、全员参与类管理创新方法实践效果较差而导致发力不准,主要体现在学习和应用管理创新方法流于形式、缺乏对其理念方法的哲学认知,在实践时往往会照猫画虎导致整体效果不佳,"形似"而未能取得"神似"。究其原因主要是在学习中忽视了管理创新方法的系统性、累积性、创新性与不可复制性等哲学特征,在实践中对创新文化的沉淀不够重视。

2. 构筑创新平台

企业实施管理创新方法时,需要形成能力释放通道,这种通道的核心是构筑企业创新平台。平台不仅创造了管理者改变的必要条件,同时也创造了一个平等竞争的机会。如果企业的所有成员都必须对进步负责的话,就一定能让更多的人关注工作本身和问题,让更多的人在日常工作中自觉地寻找更有价值的问题,从而使得管理者和管理者之间、管理者和被管理者之间建立起一种良性的互动关系,即围绕怎样发现问题和如何解决问题而实现的良性互动。

3. 要更关注"思维—理念—平台—方法"的集成

这种集成需要得到企业四个层面的协同:领导层通过思维设计企业创新平台;管理层需要通过理念构筑适合企业解决问题的运营平台;企业层面上需要管理层和员工协同发现问题及找到问题产生的真因;基层员工需要借助相应的管理创新方法解决工作中面临的实际问题。因此,企业要更加重视运营类方法群和文化类方法群的深入实践,要通过方法实践精准发力,筑平台、育人才和打造创新文化,助推中国制造业高质量发展。在基础能力重构过程中,实现集成,达到高质量发展的预期效果。

4. 管理创新方法精准发力要落实到员工的具体变化上

要想让员工有所改变,不仅需要管理者提出一系列的要求和提供相应的帮助,更需要企业构筑能够让员工改变的平台,平台运作的结果就是在企业形成创新文化的过程中培育人才。从国内外众多企业成功的经验或不成功的教训中不难发现,如果企业没有进行创新文化的培育与沉淀,管理创新方法实践的预期效果是不可能实现的。管理创新方法精准发力,可以助推中国制造业高质量发展。因此,要实现中国制造业高质量发展,构筑创新平台是前提,管理创新方法精准发力是根本,重构企业基础能力是核心,方法实践中育人是目的,打造创新文化是关键。

鉴于此，项目将在文献评述的基础上，对中国制造业高质量发展的困境进行测度，针对困境进行系统性思考，探索中国制造业高质量发展的战略重点、突破口、路径及实现方法，以期为政府制定相关政策提供决策参考，也为企业高质量发展提供必要的方法。

二、项目研究目的与意义

（一）研究目的

1.诊断中国制造业发展过程中存在的不足

经过几十年发展，中国制造业取得举世瞩目的成就。然而，本项目研究发现中国制造业发展存在创新力不足、价值链地位低下、创新方法实践不够和高级化水平偏低等现象，并制约其进一步发展。那么，科学合理地诊断中国制造业发展困境是重中之重，只有找到制造业未能高质量发展的"病因"，才能对症下药。科学有效地找到制约中国制造业高质量发展的关键因素，才能为设计适合中国制造业发展态势的创新路径奠定基础。否则，即使加大各种要素的投入，也很难取得应有的效果。

2.通过系统分析设计适合中国制造业高质量发展的创新路径

制造业是国家产业的一个重要组成部分，是国家综合实力和国际竞争力的重要体现，决定着一个国家在经济全球化格局中的国际分工地位。从某种程度上讲，制造业高质量发展决定一个国家或区域经济的高质量发展程度和水平，因此对中国制造业高质量发展进行研究颇为重要。创新是新时代经济发展的关键动力，创新能力的强弱决定着中国制造型企业的高质量发展快慢。目前，中国自主创新能力有待增强，存在研发投入不足、技术对外依存度高和科研成果转化率低等问题。因此，增强创新能力刻不容缓，管理创新路径包括360度创新、俭约创新、分布式创新和协同创新等，不同特征的企业需要不一样的创新路径。因此，深入分析和挖掘中国制造业发展态势及困境，在此基础上探索适合中国制造业现阶段高质量发展特征的创新路径是本项目研究的主要目的之一。

3.甄选中国制造业高质量发展的实现策略

通过研究与分析结果可知，精益管理创新路径是中国制造业发展所需要的、适合的路径。然而中国幅员辽阔，各个制造行业发展水平参差不齐，生产特征不尽相同，因此需要分类研究，探索不同情景下制造型企业导入精益管理的阶段性方法,才能促进企业健康高质量发展。本项目依据企业制造生产类型、企业生产过程浪费形式、企业基础运营能力水平等将企业分成4类,分别设计适合不同类型企业高质量发展的方法群是本项目研究的另一个主要目的。

(二)研究意义

1.理论意义

①设计高质量视角下中国制造业评价系统。根据项目研究需要,分别设计创新力、价值链高度、产能过剩和制造业高级化等评价系统。在文献研究基础上,结合中国制造业发展特点,在高质量发展视角下,拓展和创新上述评价系统,实证研究表明系统设计比较合理、科学,为本项目研究提供了对中国制造业发展过程中存在问题的科学诊断,也为从事相关研究的学者提供了参考,具有很强的理论意义。②甄选不同情景下适合中国制造业高质量发展的路径与方法。根据制造型企业所处不同情景,分别设计适合其高质量发展的路径与方法。结合精益管理的观点,要改善企业生产运营能力,最基本的一条也就是消除浪费,即对企业进行价值流分析,发现并消除浪费、降低成本,赢取最高的边际利润。因此,可以通过从企业采购原材料到交付产品的整个过程中提取关键的评判指标,来对制造型企业基础运营能力进行评价。分别设计离散型制造业高水平企业精益管理创新路径与方法、离散型制造业低水平企业精益管理创新路径与方法、流程型制造业高水平企业精益管理创新路径与方法、流程型制造业低水平企业精益管理创新路径与方法等4种路径及其实现方法群。③通过企业实践调研分析中国制造业精益管理方法应用策略。中国学术界与实业界对从美国“转口”的LP(有限合伙企业)充满热情和期望,但是这种努力并未获得真正的成功,人们对实施精益管理方法的热情冷却了。直到2006年,丰田汽车在汽车行业的出色表现使精益管理方法再一次受到学术界和实业界的追捧,准备导入精益管理方法的企业猛然增多。截至2022年,丰田汽车仍然具有很出色的表现,征服市场。然而,据日本精益专家田中正知说社会上对丰田生产方式的认识存在很多误区,也很少听说哪家企业导入精益生产后而业绩大增。天津大学齐二石教授在被誉为“日本复活之父”和“生产管理教父”的大野耐一著作《丰田生产方式》一书序言中曾写,自20世纪80年代以来,中国许多制造业企业一直在学习TPS(Toyota Production System,丰田生产体系),但大多照猫画虎,效果不佳。

2. 实践意义

①有利于制造业高质量发展区域宏观政策制定。精益管理创新路径与方法的实践,是中国制造业基于自身特征的创新模式的必然选择,是俭约创新的内在要求。然而,精益管理创新路径与方法的实践需要政府、企业、高校、科研院所及行业协会的共同协作,尤其要充分发挥政府的引领作用,充分考虑企业自主创新的内在需求,充分利用高校、科研院所及行业协会的智库效应等,这也需要政府统筹各种资源、制定相关政策来共同为企业高质量发展营造良好的氛围、提供必要的智力支持。本项目在对策及政策建议部分,对该问题进行深入研究,以期为制造业高质量发展区域宏观政策制定提供理论上的支持。②有利于制造型企业高质量发展微观对策制定。本研究为制造业相关企业探索一条适合中国特征的精益管理创新路径,分别设计离散型制造业高水平企业精益管理创新路径、离散型制造业低水平企业精益管理创新路径、流程型制造业高水平企业精益管理创新路径、流程型制造业低水平企业精益管理创新路径等4种路径,为企业的高质量发展提供方向、理论及技术上的支持,也为制造业企业高质量发展微观对策制定提供必要的参考。

三、理论基础与研究评述

(一)高质量发展的提出背景

2018年,中央经济工作会议将推动制造业高质量发展作为2019年的重点工作任务。改革开放四十年,中国经济发展进入了新时代,经济发展阶段实现了新跨越,经济发展方式实现了新转变。中国经济在全球的话语权不断增强,对经济发展有了新的要求。习近平总书记对经济发展形势有深刻把握,对经济建设规律有科学洞见,提出了关于高质量发展的系列论述。2014年,习近平总书记指出:“要看GDP,但不能唯GDP”。中国经济发展开始由量变转变成质变,2012年,习近平总书记首次提出“把推动发展的立足点转到提高质量和效益上来”,2014年5月,把由量变转变为质变的这个阶段称为“新常态”,要求以提高发展质量和效益为中心。2015年10月,党的十八届五中全会将其列为未来五年中国经济发展的指导思想,为高质量发展的产生奠定了逻辑基础。2017年10月,习近平总书记在党的十九大报告中提出了“中国经济已由高速增长阶段转向高质量发展阶段”,由此关于高质量发展的认识逐渐清晰并开始形成高质量发展体系。

党的十九大报告提出，"中国经济已由高速增长阶段转向高质量发展阶段，正处在转变发展方式、优化经济结构、转换增长动力的攻关期，建设现代化经济体系是跨越关口的迫切要求和中国发展的战略目标。"2018年政府工作报告再次强调，"按照高质量发展的要求，统筹推进'五位一体'总体布局和协调推进'四个全面'战略布局，坚持以供给侧结构性改革为主线，统筹推进稳增长、促改革、调结构、惠民生、防风险各项工作"，进一步明确要求各级政府把高质量发展作为当前和今后一个时期确定发展思路、制定经济政策、实施宏观调控的出发点和落脚点。

（二）高质量发展动态

2017年10月，党的十九大报告中指出必须将质量放在首要位置，优先将目光集中于效益，推动中国经济发展在质量、效率和动力方面的重要变革，这是首次明确提出"高质量发展"。在宏观思想框架的指导下，政府、学界和社会对于"高质量发展内涵"的认识经历了一个循序渐进、逐步深化与完善的过程。高质量发展总目标在于推动社会向更高层次和更完备分工体系发展，以便更好顺应国家整体发展的需求，使得中国在全球产业链价值分配结构中逐渐占据前端位置，大国地位不断攀升。然而，要将中国打造为"制造业强国"，实现制造业高质量发展并非一朝一夕即可完成的，这面临诸多不可预测的困难与挑战。当前中国制造业在宏观、中观及微观层面仍然面临诸多需要突破的问题（见图1-5）。

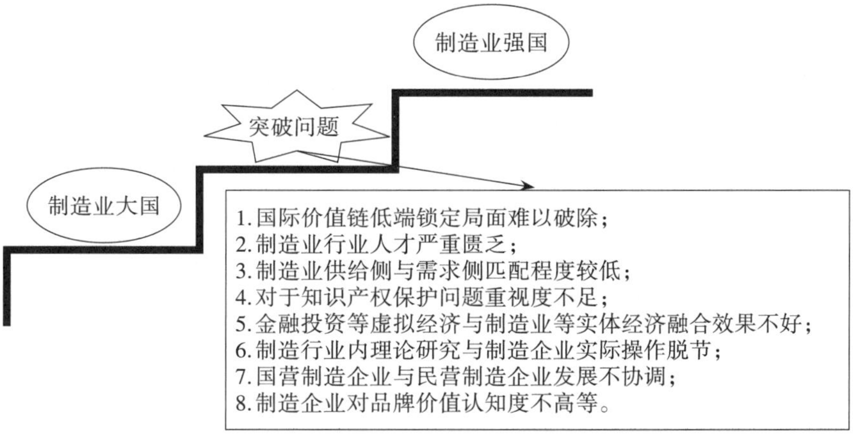

图1-5　中国制造业高质量发展的瓶颈问题

在中国制造业发展迈入新阶段之际，为明晰当前学术界对于中国制造业高质量发展研究的现状和动态，并进一步展望未来研究方向，因此，在理论层面对中国制造业高质量发展研究动态加以梳理显得尤为重要。

1. 中国制造业高质量发展研究:视角

“视角”是整个研究过程的思维线索,厘清制造业高质量发展脉络对当前研究具有重大的意义。本研究梳理发现中国制造业高质量发展脉络分为四大主要板块,即对五大新发展理念的认识、区域制造业高质量发展、产业融合高质量发展和高质量发展评价体系,其内在关系详见图1-6。

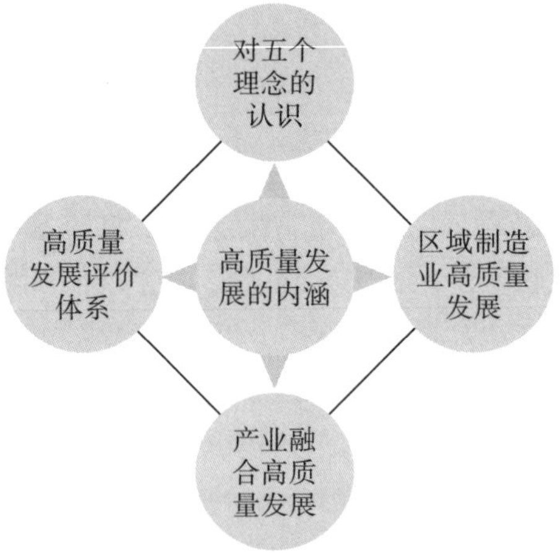

图1-6 中国制造业高质量发展脉络(四大板块内在关系)

①中国制造业高质量发展的五大新发展理念。五大新发展理念是党的十八届五中全会中首次提出的“创新、协调、绿色、开放、共享”的五大新发展理念,是在全面建成小康社会的战略指引下提出的符合中国发展实际的发展理念。基于中国知网(CNKI)数据库,本研究检索了2015年10月至2020年10月有关“新发展理念”的572篇CSSCI研究文献。新发展理念是在高质量发展基础上,进一步细化出的五个宏观视角下的国家战略规划和高质量发展的方向路径,全面贯彻新发展理念是实现高质量发展的主要方法。制造业高质量发展是指在新发展理念指导下,从上游制造业生产加工企业到下游制造业产品销售企业,要实现低要素投入、高配置、高品质和优自然环境等更高水平的可持续发展。

一是创新方面。创新驱动是系统性工程,在制造业高质量发展中,创新逐渐被认定为产业核心竞争力的重要部分。创新形式的表现具有丰富性,针对制造业而言,创新主要体现在科技研究、生产技术、商业模式等方面。王靖华等提出,创新作为高质量发展核心有其不可替代的重要战略意义,着力培育新兴产业、挖掘新动能因素、加快科技体制机制创新。师博等(2020)认为应当以创新驱动提升产业竞争力,加大对传统制造业创新的支持。此外，以智能制造、人工智能、光电芯片和航空航天为代表的“硬科技”创新程度事关中国关键领域核心技术成败，应当将高科技创新成果应用于实体经济建设。王宗军等（2020）提出科技创新是驱动高质量发展、破除结构性矛盾和解决资源环境等问题的关键。张明志等（2020）发现优化创新和产业结构可以形成融合效应，此效应将通过产业政策实现，进而推动制造业高质量发展。吴翌琳等（2020）认为国内制造型企业创新主要体现在技术及市场方面，而外资企业创新主要体现在组织层面，并且在创新发展背景下，大型制造型企业发展更为均衡，中小型制造型企业主要以传统技术和市场营销创新进行发展。王刚等（2019）认为面对新一轮科技革命和产业变革的国内外工业发展局势，中国制造业应当聚力实现产业层面与创新层面深度双向融合，将创新作为高质量发展的关键因素。

二是协调方面。制造业是一国社会经济发展的基石，要使制造业真正走向高质量发展道路，必须坚持协调发展。中国在实现协调发展进程中，首先应当重点关注供给侧与需求侧结构性改革相关的问题，各大产业在破除低质无效供给方面取得良好成效，供需结构在原来的基础之上更加趋向于协调与平衡。王小广（2020）提出，近阶段中国经济增长出现持续性下滑的态势，各种累积的问题也相继出现，因此要在供给和需求两端同时发力，加快提升供给和需求质量，并形成供给和需求两侧结构良性互促，全面推进高质量发展。其次是区域协调发展，良性的区域竞争有助于推动中国制造业发展。孙久文等（2020）基于对京津冀三地产业分工趋势的分析结果，提出突出地区产业优势，提高区域经济韧性。韦伟（2018）认为，在推动高质量发展过程中，区域协调是实现整体发展协调的重要部分，如何处理好合作与竞争的关系、如何使生产资料公平分配等，都是促进区域协调的关键问题。

三是绿色方面。绿色发展强调人类社会活动与自然生态环境之间的平衡，在党的十九大和2018年“两会”等国家报告与文件中绿色发展都被置于重要位置。前期中国制造业过于注重产量而忽视生态环境保护，导致当前经济增长与环境保护之间有着不协调的现实问题，在很大程度上制约了中国整体高质量发展。在高质量发展新形势下，绿色发展成为衡量高质量发展是否长期有效的关键指标。中国制造业未来应当重视高质量发展与绿色发展深度融合，从发展规划、科技创新、治理体系等方面实现高质量绿色发展，引导全民重视环境保护与经济发展协调，提升国民在环境保护方面的参与度，从宏观和微观全面提升环境治理能力，实现环境保护与制造业产业升级的目标。付保宗和周劲（2020）提出践行绿色发展理念的关键领域之一就是制造业，资源利用和工业科技的绿色化将加快制造业高质量发展的步伐。李华晶（2018）提炼出企业绿色创新的五种未来发展路径，提出应当不断优化有关制造业行业的环境保护制度，发挥制造型企业环境保护方面的活力。

四是开放方面。面对当前国际形势，构建人类命运共同体是整个时代发展的任务，中国应当将开放的聚焦点从政策部署转向制度创新及企业、地区、行业的开放能力建设，将高水平、全方位开放作为实现中国高质量发展的突破口。中国制造业应当坚持发展高层次的开放型产业，以便更好把握全球产业价值链，提升国际地位。王一鸣（2018）针对中国开放发展的现状，建议继续坚持从广度与深度两个标度扩大对外开放的领域、范围与程度。在建设现代经济全球化体系的战略目标下，应当充分运用好国内外市场资源，在实现国内产业高质量发展的同时进一步延伸对外开放关系与领域，开拓涉及范围更广的开放型经济，主动预测并把握世界格局演变过程中的隐藏机遇，积极参与国际合作，学习国际产业中一流科学技术，并在自主创新推动下打造更优质的尖端产业技术，培养中国制造业竞争优势，保障中国经济社会发展大局稳定。当前中国制造业需要有针对性地采取措施包括扩大有效投资、确保投资有效，以消费促进国内经济大循环，重塑和完善内循环产业链，以“一带一路”的繁荣发展为契机，积极开拓洲际与国际市场，建设开放型东北亚经济圈，加强与南亚东南亚各国开放合作，推进中欧关系向前发展、共同维护多边体制。

五是共享方面。在当前新时代发展背景下，中国共享经济表现出鲜活的特征与良好的发展态势，展现出无限的活力与巨大的发展潜力。任保平和王思琛（2018）从共享驱动发展的内涵角度，剖析了生产要素投入与收入分配对共享发展的影响。郭吉涛等（2020）发现共享经济在推动中国新旧动能转换方面有着直接作用，进而可以加速高质量发展。戴克清等（2018）探究共享经济业态下传统产业创新跃升路径，提出共享型平台应当发挥载体作用，促使传统产业逐步开放、优化，更好地适应共享型发展趋势。

综上，以新发展理念为指引，高质量发展涉及国家命运、社会民生等体系的许多领域，要实现制造业高质量发展，就应当以新发展理念作为根基，充分运用新发展理念提出下的政策和制度优势，以创新打造中国制造业核心竞争力、以供需平衡和区域互补为中国制造业协调发展的重点、以绿色构筑环境友好型制造业、以开放推动制造业进出口双向流动、以共享打造国际国内制造业共同发展，最终打造中国特色高质量制造业全新面貌，迎接产业革命的洗礼，稳步走向制造强国。

②区域制造业高质量发展。基于中国知网(CNKI)数据库,本研究检索了2017年1月至2020年12月有关"区域制造业高质量发展"的144篇学术期刊文献,发现学界对区域制造业高质量发展的研究重点在于长江经济带和黄河流域。针对区域差异因地制宜实现制造业高质量发展,提升制造业发展水平,打造国内先进制造业发展区是实现长江经济带和谐发展的关键战略部署。

2016年9月,《长江经济带发展规划纲要》确立了长江经济带"一轴、两翼、三极和多点"的发展新格局,从发挥特殊枢纽地区的核心作用、交通运输的便利条件和城市群聚集度高等方面,提出要以创新驱动产业转型升级,加强推进生产资料高效流通,强化区域协调发展等为发展方向。针对长江经济带制造业高质量发展的研究,部分学者构建评价体系模型,以此作为评价长江经济带发展现状的客观依据。杜宇等(2020)从创新、绿色、协同、开放、质量效益共5个方面构建长江经济带工业高质量发展评价体系。傅为忠和储刘平(2020)认为长三角地区制造业高质量发展需要从一体化视角进行差异化分工,具体措施包括体制机制一体化、创新一体化、绿色一体化。黄庆华等(2020)通过研究提出要想实现长江经济带高质量发展,应当加强沿线地区一体化发展,促进要素资源的有效流通,提升长江经济带产业聚集水平。

黄河流域是中国一个非常重要的人口和经济聚集生态经济带,黄河流域实体经济高质量发展对实现全国区域协调发展具有重要意义。但由于历史原因,被过度开发和不合理利用后,黄河流域存在生态环境失衡、自然资源短缺等十分严重的问题。此外,区域经济发展不平衡,新旧动能转换效率较低等因素,导致黄河流域高质量增长进度较缓慢。安树伟和李瑞鹏(2020)认为黄河流域高质量发展,应当综合考虑生态优先、市场有效、动能转换、产业支撑、区域协调、以人为本等6个方面,把着眼点汇聚于生态保护与修复方面,应加快发展都市圈并坚持区域可持续发展。张贡生(2020)认为黄河流域高质量发展的两个突出特征为整体性与系统性,在同等条件下,生态保护应当是关注的重点,应当加强绿色创新发展。学者在关于黄河流域制造业高质量发展研究中,也构建了相应的评价测度体系。晋晓琴等(2020)所构建的评价体系包括经济及五大新发展理念,研究发现黄河流域不同省份高质量发展程度存在一定差异,提出各省应自主凸显地方优势,共同促进黄河流域制造业高质量发展。韩海燕和任保平(2020)指出低技术型非研发企业的创新与高技术研发型企业的创新是同等重要的,应大力发展高新技术型企业,更应当加大对低技术型企业的创新鼓励,推进黄河流域及中心城市群制造业转型升级。同时，应结合流域经济发展及数字经济的特征，因地制宜发展适合当地经济的制造业，通过优化空间布局、加快产业聚集、加快新基建以及全面的顶层设计等途径，促进黄河流域制造业竞争力的提升，以推动黄河流域高质量发展。

诸多学者通过比较分析长江经济带与黄河流域制造业高质量发展情况，分别展现出两大流域制造业的优势与不足。杨万平和张振亚基于强可持续发展理论，以黄河流域与长江经济带19个省份为样本，秉承“总体绩效—分项绩效—要素贡献度识别”的思路，对两大流域生态全要素生产率指数及分项指数进行对比分析并构建动态面板模型，识别不同外部因素对两大流域生态全要素生产率的影响，黄河流域投入要素呈现“生态—劳动—能源—资本”贡献度依次递减的格局，长江经济带投入要素呈现“劳动—生态—能源—资本”贡献度依次递减的格局。

学者们依据国家战略政策性文件和不同的模型，从各个区域实体经济发展的特征性事实入手，分析该区域实体经济发展现状，将研究视角聚焦于流域经济，为实体经济发展总结应选择的发展模式和发展原则，同时结合该流域特点从理论角度为该地区未来高质量发展提出特色发展路径。长江经济带发展应当立足全球视野，坚持创新驱动发展战略，切实推进创新与产业间双导向、跨区域深度融合发展，大力支持制造业形成绿色生态发展思想，打造全方位、多角度开放新格局，为区域间产业协同发展创造平台，强化协同作用与高质量、高效益的实践导向，切实推进制造业高质量发展；而黄河流域制造业高质量应该坚持生态保护优先，提升黄河流域可持续发展能力。

③制造业与其他产业融合高质量发展。中国知网（CNKI）数据库收集了2017年1月至2020年12月有关制造业与其他产业融合发展的92篇CSSCI文献。

中国工业化水平在改革开放后有跨越式提高，在制造业领域取得了尤为突出的进步。有关数据显示，2010年中国制造业增加值占全球比重达到18.4%，成为世界第一制造大国；2017年中国制造业产值占全球比重高达25%，位居世界第一；2018年中国制造业增加值占世界份额达到28%，已是美国和日本两国的总和，如今中国成为世界上唯一拥有全部工业门类的国家。制造业为农业和服务业提供实际生产与加工所必要的设备和技术，这使得现代农业和现代服务业在过去的传统生产阶段上有了很大程度的提升。虽然制造业是中国目前经济发展的支柱产业，但农业发展程度决定着一国人民的生存问题，服务业发展程度影响着人们居住的幸福指数。因此，三大产业发展缺一不可，而要想形成三大产业齐头并进的发展局面，首要的便是进行产业融合发展。

中国制造业与农业的融合发展主要体现在农业与加工制造业的融合等方面。胡玉凤等(2019)发现在产出规模与增长率的合力下，补贴农产品加工制造业会促使产业链出现高程度增值效应。刘灿等(2017)认为促进农业与其他产业的融合发展能够高效提升农业发展质量，应当将制造业作为农业融合、延伸的发展路径，以创新驱动制造业与农业深度融合，以此推动制造业与农业产业革新突破。

制造业与生产性服务业融合是当前最具现代化与智能化意义的产业融合路径之一。张维今等(2020)从中国制造业对服务业的带动效率和对制造业的支撑效率等方面，分析了中国各省市之间的效率差异。姜博(2020)通过研究发现，产业融合对中国制造业创新绩效具有显著的促进作用；网络嵌入与制造业创新绩效之间具有倒U形关系；网络嵌入与产业融合和制造业创新绩效的关系表现出倒U形调节效应。夏斐和肖宇(2020)重点比较中美两国生产性服务业与传统制造业融合程度，发现中国这两大产业的融合程度明显较低，并且两大产业的融合发展能够明显提高劳动生产率。傅为忠等(2017)通过研究也提出技术服务业与装备制造业融合，对制造业在高端技术、生产效率、生态绿色等方面有正向促进作用。潘玉香等(2018)发现京津冀地区两化融合发展，能有效降低制造型企业成本，并提高企业经济效益。王俊等(2020)提出互联网与制造业“生产、销售、研发”等各环节融合均有助于推动制造业高质量发展，其中“互联网+研发”对制造业发展质量的影响效应最显著。綦良群等(2017)基于全球价值链(GVC)视角，系统分析了中国制造业与服务业融合的意愿、能力、环境与资源共4项因素，其中融合意愿、融合能力对两大产业融合起直接影响作用，融合环境、融合资源起间接影响作用。孙畅和黄梓轩(2020)研究发现，在中国先进制造业与高端服务业产业匹配的众多特征中，区域差异是最为显著的特征之一，且在不同阶段其核心驱动力也存在差异；产业匹配度与产业规模对经济高质量发展的促进作用为负。当前中国装备制造业与现代服务业融合深度浅、水平低、不均衡的问题十分突出，在一定程度上成为制约中国制造业高质量发展的关键因素。服务业与制造业应当从深度与广度两个层面实现有效融合，顺应产业发展规律与趋势，结合产业特性，可以通过先进制造业服务化、现代服务业向制造业拓展、创新深度融合3条路径实现新产业融合生态，从创新、制度、配置和协同四大效应机制提升装备制造业的创新水平与能力，提升中国制造业价值链攀升能力和现代服务业自主循环能力，助力中国制造业高质量发展。

④对制造业高质量评价体系的研究。中国知网（CNKI）数据库收集了2017年1月至2020年12月有关制造业高质量发展评价体系的31篇研究文献。当前学界已有不少学者对制造业高质量发展评价体系和指标进行探讨与研究，从不同视角提出不同的测度评价体系。陈瑾和何宁（2018）基于全面性、科学性和可持续性原则，从技术创新、资产配置、人才供给、产出结构、绿色发展和两化融合这6个方面构建了装备制造业评价体系，发现当前中国装备制造业存在创新效果差、产业政策优化不足等问题。王文平和谭鹏成（2018）认为高质量发展的逻辑开端在于产品质量，因此应当把对微观产品的质量评价纳入考核体系。综上所述，学界对制造业高质量发展水平评价研究相对薄弱、缺乏系统性，大多从宏观角度测评，缺少基于中微观方面的测度，难以有效衡量当前制造业高质量发展水平，也难以发现制约制造业高质量发展的因素。

2.中国制造业高质量发展研究：演进脉络

根据中国知网（CNKI）数据库检索到有关高质量发展研究的CSSCI期刊文献共2191篇，有关制造业高质量发展研究的CSSCI文献有311篇。结合已有研究成果，将制造业高质量发展学术前沿部分划分为4个阶段：2017年10月18日党的十九大召开之前作为第一阶段，即萌芽期；从党的十九大召开到2018年《政府工作报告》发布，作为第二阶段，即探索期；第三阶段是2018年《政府工作报告》发布到2019年4月"一带一路"国际合作高峰论坛召开，这是制造业高质量发展研究的发展期；自"一带一路"国际合作高峰论坛举办至今，为研究的高峰期。基于这4个阶段划分，根据学界对中国制造业高质量发展研究的热点问题进行归纳与总结，上文已提及的部分不再赘述，而对未提及的部分加以补充。

①第一阶段：萌芽期。在2017年党的十九大召开之前，中国制造业延续改革开放初期提出的"以经济建设为中心"的发展目标，重点关注生产数量和生产速度，鼓励制造业行业、企业的业务扩张，增加业务量。不可否认，前期强调发展速度在很大程度上引领、助力中国成为制造业大国。但目前从国际产业链、价值链视角来看，"中国制造"依然在链条低端位置，在世界高精尖制造业产业中中国制造业没有稳固的一席之地，这使得中国制造业在国际产业分工逐渐固化的形势下长期处于不利地位。基于科学发展规律，中国制造业发展迫切需要通过转型更上一层台阶，由此中央领导集体在多次会议中提出应当逐渐将发展的立足点转移到高质量和高效益上来。例如2014年习近平总书记和李克强总理先后在河南进行考察过程中以及中国质量大会上，强调

“质量”发展的重要性,并且在2015年10月党的十八届五中全会上,把量变转向质变作为中国未来五年发展的一种重要指导思想。面对当前国内、国际形势以及产业发展趋势,依靠“数量”增长已经无法适应当前中国制造业发展需要,速度不再是衡量发展成效的首要指标,对速度发展的关注度应当转向质量层面,“质量”的高程度发展才是首要关键点。基于此,部分学者受到启发,意识到粗放型经济增长模式的弊端日渐显露,当前应当将发展的关注点从“速度”转移到“质量”上,但并没有明确提出“高质量发展”的观点。这一阶段可以视为中国制造业高质量发展研究历程中的萌芽阶段,该阶段为中国制造业高质量发展的研究埋下伏笔。

②第二阶段:探索期。党的十九大首次明确提出“高质量发展”的概念。从中国知网数据库检索共得736篇期刊文献,其中共39篇CSSCI文献,利用计量可视化分析得到此阶段学界研究热点,主要聚集在“高质量发展”“供给侧结构性改革”“新发展理念”三个部分。

自党的十九大首次提出“高质量发展”以来,学界以宏观政策性文件为基础,对“高质量发展”的内涵进行深入探究。首先进行直观研究,在高质量发展内涵、意义、历史导向等层面加以阐述,并依据对高质量发展内涵的理解,构建了高质量发展评价体系和测评指标,在国际、省际等层面对发展效果进行测度、分析与评价,提出当前高质量发展所面临的问题。其次,部分学者进一步深究和细分,结合各行各业的发展情况匹配高质量发展的内涵,提出该行业和产业当前的发展形势及短板问题。其中有部分关于制造业高质量发展的文献结合“供给侧结构性改革”措施,从供给侧角度分析制造业发展的情况,研究发现中国制造业供给侧改革已有成效,在很大程度上解决了产能过剩、供给侧成本高而收益较低和供给方要素配置不合理等问题,建议供给侧结构性改革不能仅停留在体制表面,应当真正深入结构层面,进一步优化中国制造业供给方体系结构。最后,2015年10月党的十八届五中全会中提出的“创新、协调、绿色、开放、共享”的五大新发展理念,也给学界提供了思考导向,众多学者以新发展理念为出发点,对照理论标准,对中国制造业发展现状构造评价体系,多角度和全方面分析当前制造业发展的优势与短板,结合实际情况提出切实可行的建议,为接下来的研究提供参考系和新思考方向。

③第三阶段:发展期。在中国知网数据库中检索的7998篇学术期刊文献中,共计CSSCI文献584篇,对此进行关键词分析,发现学界研究重点在于“高质量发展路径选择”“新旧动能转化”及“创新驱动”方面。在发展关键点从“速度”到“质量”的转化时期,学界通过对比当前中国制造业发展

现状与已有文献对“高质量发展内涵”的理论阐述，进而提出新的评价指标体系，针对中国制造业发展所面临的问题进言献策，为制造业高质量发展选择路径提供决策参考。其中，多数学者提及“新旧动能转化”和“创新驱动”两大发展方向，但大多研究都基于宏观探索，较少提及中微观层面发展路径。王洪涛等(2020)提出在新一轮工业革命到来之际，中国产业转型升级蓄势待发，但供需错配问题仍然显著，使得产业结构失衡、价值链分工在不利状态下逐渐固化、创新技术提升阻力不减，在环境资源已经破坏后仍然有较高依赖性等问题。同时，面临着近年来中国传统制造业竞争优势削减、全球产业竞争加剧和国际贸易与投资环境趋紧等国内外经济环境的变化，中国制造业亟须通过驱动要素转换、发展方式转变和主导产业转换，实现经济社会发展的动力变革、效率变革和质量变革。基于此，应当从供给方与需求方两方进行双向协调匹配，积极推进新动能的出现与革新，不断优化产业结构，构建高质量的供需均衡体系、新动能体系与绿色制造体系，在全领域、全范围中营造高质量发展的环境氛围。张志元(2020)认为，当前中国传统制造业深受内外部环境的双侧制约、传统制造业发展模式不再顺应时代发展潮流、制造业供需双侧结构性矛盾显著、企业对于人才培养和人力资源规划重视程度不足等问题日渐突出，应当重视创新驱动的主推作用，加深产业融合，重视人才培养，加快建设适应经济新发展、新常态的产业创新结构机制。黄娅娜与邓洲(2019)等认为质量和效益在高质量发展过程中，始终占据着被优先考量的地位，以供给侧结构性改革为主线，促进供需双向匹配，注重产品与服务质量，提高全要素合理高效生产，加速推进质效革新。

④第四阶段：高峰期。本研究认为，学界有关制造业高质量发展研究的高峰始于2019年4月第二届“一带一路”国际合作高峰论坛召开(2019年4月24日)。共有14938篇学术期刊文献，其中有1590篇CSSCI文献，主要研究热点集中于“区域高质量发展”及“人工智能制造”方面。对于区域制造业高质量发展，学界重要的关注点在“长江流域”及“黄河流域”，主要顺应“一带一路”发展的潮流，以此带动中国部分省区市的高质量发展，同时，秉承人类命运共同体的发展理念，带动“一带一路”国家及地区的发展，进一步推进双边及多边合作。党的十九大报告中指出，要加快建设制造强国，加快发展先进制造业，推动互联网、大数据、人工智能和实体经济深度融合。在智能化时代即将到来的划时代性节点，智能制造作为全球制造业行业竞争的核心关键，智能化制造业发展是行业发展的大势所趋。由于人工智能技术能够直接作用于制造型企业的创新、工作流程以及数据处理等

方面,人工智能技术的推广可以显著促进制造业的转型升级,并能有效提升制造型企业市场估值。因此,中国制造业应当把握时代契机,在生产、装备、管理等方面加入智能化辅助工具,将工业化与信息化融合从短期浅层融合升级为长期体系化配套建设。政府应当从政策、法律方面为人工智能技术的发展与应用提供基础支撑,制造型企业应加强人工智能融入意识,在生产链中自主制定智能化实施方案,全力提升中国制造业高科技智能化水平,促进制造业高质量发展。而目前中国智能制造仍然存在问题,史永乐(2019)等认为中国智能制造技术、产业领域的分割,在很大程度上抑制了中国智能制造发挥整体优势,碎片化的技术端点没有形成高度融合的“智能生态体系”,通过分析美国与德国的智能制造发展情况,提出中国在实现智能制造的过程中,应当增加教育与科研投入,重视人才创新潜能的挖掘与培养,高效配置创新资源。赵霞等(2020)提出当前中国智能制造领域中的突出问题包括制造业与人工智能融合成本高、理论学习与实际生产对接有偏差、制造业逐渐形成数据孤岛等。建议培育产业发展环境,加速构建行业标准和保障体系。

3.中国制造业高质量发展研究:争鸣

对当前中国制造业高质量发展问题下所形成的学术争鸣进行归纳,分别从争论焦点、类别划分、分类依据、典型文献、趋势与不足和评述等方面加以论证。

①关于高质量发展内涵的争鸣。以高质量发展内涵涉及的领域为分类依据,可以将目前学术界针对制造业高质量发展内涵的争鸣划分为三个类别:“涉及经济发展领域”“涉及经济和社会发展领域”“涉及国家发展系统全方位”(详见表1-1)。持有“涉及经济发展领域”观点的学者认为,推动高质量发展,首要关注的是经济建设,而高质量发展的成果也可由经济建设效果直观体现。从经济建设效果方面反映高质量发展的内涵是比较直观的,并且具有一定的科学依据,可以用具体数据反映结果。但经济的发展必然会影响其他领域的发展,因此有部分学者认为制造业高质量发展涉及的不仅有经济领域,还应包含社会领域,并提出中国高质量发展的最终目的是满足社会发展的需要,落脚点在于人民是否满意。社会的发展程度会影响高质量发展的可行性,因此有学者认为从经济和社会发展的角度解释高质量发展的涵义更具有现实意义。除此之外,还有学者认为高质量发展是在中国的经济社会发生全局性变革的环境下提出的,而高质量发展在很大程度上受国际局势、经济体量、社会矛盾、生态环境资源等要素的影响,所以其内涵应涉及整个系统全方位的协调发展。从系统全局的宏观角

度阐述中国高质量发展的内涵，是更能体现发展大局的。但不足在于没有较好体现制造业高质量发展的侧重点，没有阶段性划分、考虑制造业发展。综合来看，本研究认为制造业高质量发展成果惠及的领域应当是全方位的，其中最直观的体现是在经济与社会领域，其他领域作为经济与社会发展的分支或延伸以及相关部分，自然而然会由于连带效应而得到促进和发展。但是由于发展进程、背景会随着时间而有所改变，因此每个发展阶段的侧重点有所区别，目前来看，经济和社会领域的高质量发展是重点。

表1-1　关于高质量发展内涵的争鸣

争论焦点	分类依据	类别划分	典型文献	趋势与不足	评述
高质量发展内涵	高质量发展内涵涉及的领域	涉及经济发展领域	刘伟表示：中观上，产业、市场、区域等国民经济结构的升级应当得到重视，合理配置资源；宏观上，则要求经济在发展的同时更加注重均衡	趋势：从经济建设效果方面反映高质量发展的内涵是直观的 不足：没有考虑对社会领域的影响	沿用：制造业高质量发展的成果应是影响国家发展各个领域的
		涉及经济和社会发展领域	宋国恺认为：高质量发展同时具有经济学和社会学属性，推动高质量社会建设，有利于促进经济社会平衡发展	趋势：从经济和社会发展角度解释高质量发展的涵义具有现实意义 不足：暂未考虑除经济、社会之外其他的领域	发展：本研究认为每个发展阶段的侧重点应当有所区别，目前来看，经济和社会领域的高质量发展是重点部
		涉及国家发展系统全方位	赵剑波等认为：可以从系统平衡观、经济发展观、民生指向观三个视角理解	趋势：从国家系统全局的角度阐述高质量发展内涵，更体现发展大局 不足：没有较好地体现发展的侧重点	

②关于五大新发展理念的争鸣。当前学界对于五大新发展理念的争鸣点在于对五个理念重要性的排序。主要可以划分为“将创新置于首要位置”“将协调置于首要位置”和“将绿色置于首要位置”三个类别（详见表1–2）。将创新驱动作为首要重点的学者提出，缺乏核心竞争优势是制约当前中国制造业发展的关键因素，提高制造业创新水平是打造核心竞争力的首要任务，所以应把创新放在发展全局的核心位置。但面对当前中国制造业领域缺乏高端人才、对生态环境破坏较大等实际情况，将目光只集中于创新，缺乏一定的实际操作性。有部分学者认为当前发展的不平衡、不协调问题对于中国制造业发展影响较严重，发展不协调除了对供需双方的发展产生阻碍，还使得区域差距进一步加大，因此提出将协调置于首要发展的理念。但该观点的不足在于，在协调的基础上，没有进一步考虑质量和速度，过于注重协调发展可能会导致部分地区或产业发展速度呈负向。另一部分学者认为，生态环境问题是五大新发展理念的重中之重，自然环境的破坏和资源短缺会从根本上导致制造业发展减速甚至停摆。该观点有一定的片面性，就当前制造业行业发展及全球价值链分布情况来看，在目前国际制造业行业发展境况下，绿色发展暂时不能成为中国制造业的核心竞争力。综合来看，五大新发展理念对于制造业高质量发展都有强烈驱动甚至是决定性作用，五个理念在某种程度上决定着中国制造业的发展方向及其在全球价值链中的核心竞争力。但本项目研究认为，针对制造业发展的不同发展阶段，对五大新发展理念的重要性排序应当进行适当的调整，每个阶段的发展侧重点应根据实际情况加以修正，不应一概而论。

表1–2　关于五大新发展理念的争鸣

<table>
<tr><th>争论焦点</th><th>分类依据</th><th>类别划分</th><th>典型文献</th><th>趋势与不足</th><th>评述</th></tr>
<tr><td rowspan="4">五大新发展理念</td><td rowspan="4">对五个理念重要性的排序</td><td rowspan="2">创新置于首要位置</td><td rowspan="2">王靖华和李鑫提出：把创新摆在发展全局的核心位置，以科技创新打造国家竞争新优势</td><td>趋势：把创新作为首要发展点，以此引领制造业高质量发展</td><td rowspan="3">沿用：肯定了五大新发展理念的重要性</td></tr>
<tr><td>不足：缺乏一定的实际操作性</td></tr>
<tr><td rowspan="2">协调置于首要位置</td><td rowspan="2">产业间的不协调、区域间的不协调是制约整个经济系统高质量发展的因素</td><td>趋势：以供给侧结构性改革促使产业协调发展；打造良性区域竞争</td></tr>
<tr><td>不足：可能导致发展速度和质量的失衡</td><td></td></tr>
</table>

续表

争论焦点	分类依据	类别划分	典型文献	趋势与不足	评述
五大新发展理念	对五个理念重要性的排序	绿色置于首要位置	袁晓玲等认为：环境问题与经济增长之间的矛盾已成为制约中国高质量发展的重要因素，应该打破损害环境的经济发展方式	趋势：自然资源和环境从根本上决定了制造业的发展 不足：只关注绿色发展不足以打造中国制造业核心竞争力	发展：本项目研究提出针对制造业发展的不同阶段，五个理念的重要性排序应当有所调整与侧重

③关于区域制造业高质量发展的争鸣。如何划分研究区域是当前制造业有关区域高质量发展的主要争鸣焦点，综合已有文献，可以将中国区域制造业高质量发展的研究派别分为“以南北方为单元划分”“以长江、黄河经济带为单元划分”和“以城镇、乡村为单元划分”（详见表1–3）。以南北方为单元划分的学者认为，当前中国区域制造业发展现状呈现南北差距扩大的局面，应基于南北方划分的区域单元制定发展方向。但此视角过于宏观，单元范围过大，不利于特定地区发展的规划，可操作性较弱。基于此，部分学者将划分单元区域进一步细分为长江经济带、长江三角洲和黄河经济带，并认为可以对不同的流域加以比较分析，体现各自的优势与不足，此划分方式的弊端在于忽略了其他地区的高质量发展规划，可能导致地区发展差距的进一步加大。基于以城镇、乡村为单元划分观点，部分学者认为由于城市和乡村的先天资源优势不同，发展的侧重点也会有所差异，此种划分更有利于地区针对性、协调性、融合性地发展。但从实际情况来看，不同方位、省际的城市与乡村也有较大差异，因此微观和中观层面的战略制定可能比较狭隘，并且不一定具有较强的可操作性。综合以上观点发现，以单一的区域划分为依据进行制造业高质量发展分析是较为片面和局限的，本研究认为应当运用多重划分依据，在南北方或中部、西部、东部等宏观划分框架下，进一步在流域经济带、地区城市群等中观层面进行划分，最终从微观角度针对具体的某一个城市、乡村进行分析，更利于不同区域规划高质量发展路径，为进一步融合发展建立基础。

表1-3　关于区域制造业高质量发展的争鸣

争论焦点	分类依据	类别划分	典型文献	趋势与不足	评述
区域制造业高质量发展	区域划分的地理单元	以南北方为单元划分	把制造业高质量发展方略以南北方为单元划分	趋势:把南北方作为区域发展地理单元,站在宏观角度分析	沿用:囊括了大多数区域划分依据
				不足:地理单元范围过大,不便于区域发展的规划,可操作性弱	
		以长江、黄河经济带为单元划分	杨万平等以黄河流域与长江流域为划分依据,分析出不同外部因素对两大流域生态全要素生产率的影响	趋势:针对流域、城市群等不同自然条件制定发展战略,并分析各自的优势与不足	
				不足:忽略了其他地区的发展,进一步加剧了地区差异度	发展:本研究提出在宏观划分框架基础上,可以在中观及微观层面进一步划分
		以城镇、乡村为单元划分	城乡先天资源优势不同,发展侧重点也应当有所区别	趋势:分别说明城镇、乡村的发展优势与劣势	
				不足:忽略了不同方位、省际的城市、乡村也有较大差异的事实	

④关于产业融合高质量发展的争鸣。产业融合是当前全球各国各大产业发展的大势所趋,针对中国产业体系的划分和发展情况,学者们在三大产业融合重要程度方面的观点产生了分歧,主要观点分为“制造业和农业深度融合”和“制造业和服务业深度融合”两个部分(详见表1-4)。其中,提倡制造业和农业深度融合的学者认为,中国是农业大国的实际情况没有发生改变,而制造业发展是当前中国实体经济发展的重点部分,所以应当首先促使制造业和农业深度融合,主要体现在农业与加工制造业的融合。但从中国逐渐步入社会主义现代化的发展趋势来看,服务业对中国整体高质量发展的作用是不容忽视的,所以,另外一部分学者认为提升服务业和制造业发展水平,是将中国从中高端国家打造为高端国家的重要途径,尽早实现制造业和服务业深度融合,有利于进一步促进两大产业的高质量发展,破解两大产业当前面临的瓶颈问题,为传统制造业增加新的活力。但忽视农业与其他产业的融合,会进一步扩大三大产业间发展不平衡的问题。综上,目前中国三大产业的发展,正处于从“二三一”的中高端国家产业结构向“三二一”的高端国家产业结构转变的过渡时期,因此本研究

认为制造业和服务业的深度融合是两大产业进一步高质量发展的关键步骤,也是促进中国整体高质量发展的重点部分。此外由于中国是农业大国的情况并未改变,农业的发展也是不容忽视的,所以逐步加深三大产业均衡融合、形成产业新生态应当是最终发展方向。

表1-4　关于产业融合高质量发展的争鸣

争论焦点	分类依据	类别划分	典型文献	趋势与不足	评述
产业融合发展	三大产业的融合程度	制造业和农业深度融合	中国是农业大国,制造业发展是当前经济发展重点,首要是将制造业和农业深度融合,有利于两大产业的发展	趋势:中国制造业与农业的产业融合主要体现在农业与加工制造业的融合等方面	沿用:肯定了三大产业融合的重要性和必要性
				不足:忽略了当前服务业对国家整体高质量发展的作用及其当前面临的瓶颈	
		制造业和服务业深度融合	高智等认为:与高科技服务业纵深融合是中国制造业突破产业创新瓶颈、实现升级的重要驱动	趋势:提升服务业和制造业发展水平,是将中国从中高端国家打造为高端国家的重要途径	发展:本研究提出当前可以侧重于制造业和服务业融合,但最终应当使得三大产业均衡融合,形成产业新生态
				不足:忽略了农业的发展,可能产生三大产业间发展极不均衡的问题	

⑤关于高质量发展评价体系的争鸣。综合目前已有研究成果发现,学者针对高质量发展评价体系的争论焦点主要集中在评价视角及相应的评价指标方面,由于考虑的范围、深度和广度不一致,因此不同学者构建的有关高质量发展评价体系及其相应的指标结构也存在多方面差异,基于"新发展理念"大致可分为测度视角和解决社会主要矛盾视角。由于学界测度方式与体系构建仍然在进一步丰富,因此这两个视角可能并不能完全涵盖所有的意见观点。一部分学者认为应当从五大新发展理念的视角评价高质量发展成效,以此推断当前中国制造业在哪些方面发展较好或欠佳,这

种评价视角对于制造业宏观政策的协调、制定有重要意义。但经济发展最终落脚点在于民生、社会问题，以该视角进行测评不能较好显示其社会效果。另一部分学者提出，可以基于人民美好生活需要和不平衡不充分发展视角对中国制造业高质量发展效果进行测度，该视角把社会和民生问题纳入评价范围，这样的评价结果更具有实际意义。这两部分内容详见表1-5。但难点在于需要测度的数据难以统计收集，并且测度的指标难以界定。综上所述，有关制造业高质量发展评价体系的研究处于起步阶段，研究缺乏系统性，大多从宏观层面进行测评，基于中观、微观层面的测度较欠缺，这些测评结果难以有效反映当前制造业高质量发展水平。从中，我们也难以发现制约制造业高质量发展的因素，因此本研究认为无论基于哪种视角测度，其指标的系统性、数据来源的可靠性都有待考察和实践的检验。

表1-5　关于高质量发展评价体系的争鸣

争论焦点	分类依据	类别划分	典型文献	趋势与不足	评述
高质量发展评价体系	评价视角及相应的指标体系构建	基于五大新发展理念视角	方大春等根据五个维度分析的结果，认为当前中国高质量发展呈上升趋势，其中创新与开放的正向效用相对较强	趋势：对于制造业宏观政策的协调与制定起重要作用	沿用：从宏观层面评价制造业高质量发展有其现实意义
				不足：着重关注制造业高质量发展对于经济的作用，忽略了对于社会、民生问题的关注	
		基于人民美好生活需要和不平衡不充分发展视角	师博和任保平构建了包含经济增长基本面和社会成果两个维度的高质量发展评价模型	趋势：把民生和社会问题纳入评价范围，使得测度结果更具有实际意义	发展：本研究认为仅从宏观层面衡量难以发现中观、微观层面现存问题，并且评价指标界定和数据来源的可靠性有待考察
				不足：测度指标及相应的标准难以界定，数据收集过程比较复杂	

4. 中国制造业高质量发展研究：盲区

在已有的关于中国制造业高质量发展研究资料中，大多数学者更倾向于对本领域的热点问题进行研讨。例如前面总结归纳的高质量发展的内涵、制造业与其他产业融合发展、基于五大新发展理念对制造业高质量发展的认识等，这些研究为后续更深入、更全面地研究高质量发展做了开拓性工作，但仍然存在一部分盲区，未来应从宏观、中观、微观三个层面为接下来研究寻找新的方向。

①宏观层面。宏观层面上主要盲区集中在：没有聚焦中国制造业在国际上的地位，未充分考虑人口等社会性流动问题，忽视需求侧结构性问题。

一是没有着眼于中国制造业在国际上的地位。目前学界在国内背景下对中国制造业展开了丰富的研究，面对全球化的浪潮，在国际背景下对中国制造业发展研究也具有必要性。尽管当前中国已成为全球唯一拥有最齐全工业门类的制造业大国，但中国制造业仍面临低端产品占据市场主体的尴尬局面，如高端制造产品较匮乏、质量参差不齐、核心技术受制于人等。在全球产业链价值分工逐渐固化的趋势下，这些可能使中国制造业处于弱势地位，此外在面临国际贸易争端或全球突发性事件时，可能会出现较大风险。未来应立足于国际视角对中国制造业高质量发展进行客观评估与分析，应当作为学界进一步研究的方向。

二是未充分考虑人口等社会性流动问题。中国制造业高质量发展的最终导向是惠及人民，而目前学界在人口等社会性流动问题对于制造业高质量发展的影响方面缺少研究，未来应从人才培养和人口老龄化两方面进行探讨。人才支撑是推动制造业高质量发展的内源动力机制之一。高科技人才对制造业高质量发展有重大战略意义，高文鞠等(2020)研究提出在推动装备制造业高质量发展的众多因素中，科技人才发挥着至关重要的作用，但其影响作用在短期内不会完全释放，且存在明显的区域异质性。如何培养制造业领域高端人才、如何聚集全球高科技人才发展中国制造业，成为当前制造业面临的现实问题。任何产业如果缺乏人才培养，都会难以进一步发展，如何引进和培养制造业领域的高端人才，如何有效利用制造业领域的人力资源，也是未来研究关注的重点领域。人口年龄结构的变化和制造业产业结构的转变是有关联关系的。何冬梅和刘鹏(2020)选取2000～2017年中国省级面板数据，发现人口老龄化对经济高质量发展具有显著负效应，且主要通过"倒逼机制"使得制造业转型升级发挥部分正向的中介作用，可以缓解该抑制效应。在老龄化不断加重的情况下，如何通过调整制造业结构来降低人口老龄化对其发展的负向效应，发挥人口老龄化对经济高质量发展的正向效应，是当前学界暂未涉及的部分。

三是双循环视角下需求侧结构性问题涉及不足。长期以来由于对供给侧施行一系列新激励宏观政策，供给侧的发展在一定程度上取得成效。在双循环的历史背景下，如何扩大内需，进而吸引国际社会需求，营造良好的国内外需求环境，促使需求侧都实现扩张升级，使供需双方达到最大限度的平衡，这些应当作为未来关注的重点、难点。

②中观层面。制造业中观层面的盲区主要体现在：缺乏对产业政策、体制机制改革的研究，缺少如何保护知识产权的理论研究，缺少与金融投资行业的结合。

一是缺乏对产业政策、体制机制改革的研究。当前制造业作为中国实体经济的支撑性力量，制造业产业政策和体制机制改革会影响制造业产业，进而间接影响中国实体经济的高质量发展。如何通过产业政策和体制机制改革为中国制造业营造良好的高质量发展生态环境，是当前制造业整个行业亟待解决的隐性门槛问题。因此对制造业产业政策、体制机制改革的研究是当前学界研究的盲区，其应当受到重视。

二是缺少如何保护知识产权的理论研究。当前中国在制造业等领域大力提倡创新和技术升级，但是由于营商法治环境不完善，缺少对于知识产权的保护，进一步导致制造型企业和行业的发展信心受损，制造业行业中的竞争环境平衡被打破，这些负面影响极大削弱了中国制造业高质量发展的动力。因此如何更有效保护制造业行业的知识产权等问题，是值得深入研究的。

三是缺少与金融投资行业的结合分析。习近平总书记指出“金融是实体经济的血脉”，中国现代金融体系作为虚拟经济的主力军，其根本出发点与最终归宿应当是服务以制造业为主的实体经济。引导金融资本流向制造业领域，加大对高端制造业发展的融资，为制造业高质量发展营造优质的金融环境。促进虚拟经济与制造业等实体经济的深度融合，是防止中国经济空心化趋势的重要途径，也是未来学界需要加以探讨的关键部分。

③微观层面。综合现有文献可以发现，学界对于制造型企业研究的盲区主要在于四个方面：对制造型企业的微观研究较少，缺乏对其实践效果的跟进与追踪；鲜有对制造型国有企业与民营企业协同发展的研究；如何提升中国制造业品牌价值等的研究较少；缺少对制造型企业基础运营能力重构的思考与研究。

一是企业层面的研究匮乏，缺乏对制造型企业实践效果的跟进与追踪。高质量发展是中国经济社会发展到一定阶段的产物，目前高质量发展作为一个较新的领域，其理论研究具有领先并引领实践的属性。制造业高质量发展，归根结底是制造型企业的发展。大多数学者对制造业高质量发展进行了宏观研究，但基于企业的微观研究少之又少，这使得制造型企业的发展没有强有力的理论支撑。当前学界已有少部分文献对制造型企业如何高质量发展进行了理论指导，例如张晓静等（2020）结合高质量发展内涵，重点从基建、经贸合作、国际责任等方面分析中国在“一带一路”发展中的优势，并归纳如何进行高端人才选育、如何构建营商环境等问题，并提出针对性对策与建议。这些研究大多从理论出发，并没有对企业实践效果进行追踪或评价，在一定程度上使得学术成果流于形式，长此以往可能导致学术研究与实践的脱节。因此可以对正在进行高质量发展转型的企业加以追踪调查，及时对其实践成果评价，一方面为进一步的实践操作提供指导性意见，另一方面为学术研究盲区进行补充。

二是鲜有对制造型国有企业与民营企业协同发展的研究。目前制造业国有企业与民营企业间的不协调问题日渐显露，长期以来存在于国有企业与民营企业间的简单“二分法”思维，是制约中国制造业全行业高质量发展的主要因素之一。作为国民经济的命脉和中国特色社会主义经济的“顶梁柱”，国有企业能否高质量发展直接关系中国宏观层面的高质量发展成功能否顺利实现。应当大力扶持国有制造型企业，帮助其进行改革，调整运营思维，带领中国制造业深入全球价值链分工体系，顺应“一带一路”的潮流，融入全球创新驱动之中。而民营制造业型企业作为制造行业中最具活力的部分，其发展对于整个制造行业有着重要影响，应当激发社会对民营制造业型企业的高质量投资，并提高其自主创新能力。如何通过政策、社会影响等方面的作用，促使国有制造型企业和民营制造型企业发展趋于平衡，使双方在公平发展的平台下发挥各自的优势，应当得到学界的重视。

三是如何提升中国制造业品牌价值等的研究较少。当前，中国大多数制造型企业还没有认识到品牌的价值所在，中国大多制造业品牌的国际认可度较低，市场忠诚度不高等问题日渐显露。中国制造型企业品牌意识不强的问题，限制了中国制造业产品从中低端迈向中高端的步伐。如何打造中国制造型企业高端名牌，如何在双循环市场上打造“中国标签”，打破全球产业链和价值链固化趋势，向价值链高端攀升，提高中国制造业品牌国际地位，以上路径的有效、合理选择是当前学界研究所欠缺的部分，有待进一步深入分析。

四是缺少对制造型企业基础运营能力重构的思考与研究。中国制造型企业在长期实践中注重技术层面的发展，而忽略了企业管理层面的研究。制造业工程技术改进可能会在成本、效率方面有所成效，但与之相匹配的应该是在新技术下更有效的资源整合范式，制造型企业的生产力高质量发展依赖于企业中更高效的管理活动来实现，因此技术与管理的有机结合才是高质量发展的重要条件。而当前针对中国制造型企业管理的理论研究仍然较为匮乏，使用单一管理模板并不能有效解决所有制造型企业的管理问题,未来可以针对不同类型、不同规模的制造型企业进行细分,进一步设计其管理模式。

中国制造业高质量发展并不是简单地提高“硬实力”,“软实力”层面也需要进一步革新优化。制造业高质量发展受众多内外部因素影响,最终又反作用于相关行业、领域。宏观层面的统一目标规划虽然给中国制造业发展指明了大方向,但中观层面的行业体系改进、微观层面的企业内部优化才是推动中国制造业高质量发展的硬核驱动,从中微观层面持续推进改革,是实现中国制造业向高水平推进的基层力量。在全球价值链逐渐固化的形势之下,有关中国制造业高质量发展领域的研究应当尽可能提出更加细化、更加切实可行的理论导向,提高中国制造业向全球价值链高端攀升的动力,缩短中国制造业与发达国家高技术制造业的差距,助力中国制造业在全球市场突围。

(三)创新驱动研究评述

1.创新驱动理论模型的构建

杨阳等(2015)对创新驱动与驱动创新进行了定义,通过分析创新驱动的内在机理,建立创新双层驱动理论模型。霍国庆等(2017)则以系统回溯为理论基础构建创新驱动发展理论模型,并对该模型进行验证,认为虽然该模型可以接受,但需要验证是否能用于所有的地区。学者都认为该理论模型存于一个双层驱动的框架中,先促进区域自主创新,之后驱动区域产业发展与自主创新的深度融合,最终促进区域发展。

2.创新驱动影响因素

影响创新驱动的内部因素包括产业因素、组织因素、人才因素,外部因素包括经济、文化等因素,研究表明相对于产业、组织、文化因素,经济、政治、人才因素对区域创新驱动的影响力更广。随着研究的深入,学者对创新驱动的影响因素的划分更加细致,认为创新驱动受政府、市场和企业的影响,盲目的竞争会减弱创新的有效性。创新驱动的影响因素因各区域经济发展水平不同会出现偏差。李楠等(2016)通过对广东创新能力影响因素进行分析,验证了研发投入强度与创新效率正相关,但与研发人员投入强度负相关,李永周等得出了相反的结论,这可能与所处的区域不同或者因变量的选择有关。通过以上研究可以发现,创新驱动的影响因素不仅受创新主体、创新投入、环境、制度的影响,区域之间还存在异质性。

3.创新驱动评价研究

学者对创新驱动评价的研究比较丰富,柳卸林(2003)最初从中国国情出发提出区域创新体系建设的关键因素。尹猛基(2015)在充分理解创新驱动发展内涵的基础上,建立了省级创新驱动评价指标体系,对30个省的创新发展水平进行了测度,发现北京、上海、江苏、浙江、天津的创新驱动发展水平较高,有些省市虽然经济总量大,但创新驱动发展却比较落后。Esmaeilpoorarabi N等(2018)采用层次分析法确定各个创新驱动评价指标的权重,包括人力资源、环境、国际交流,为后续研究提供参考。Christoph H等(2017)分析了区域创新系统方法,为理论、实践以及政策领域作出相应的贡献。

4.创新驱动发展的路径

创新驱动是区域高质量发展的核心动力,它通过将创新能力变成现实生产力,培育发展的内在动力,增强发展活力,创新路径选择见表1-6。

表1-6　创新路径选择

作者	路径分析
林平凡(2016)	从技术、市场、产业、创新文化方面促进创新驱动发展
王业强等(2017)	分区分级分类构建创新增长极点、促进创新点之间的互动、形成"弓箭型"创新网络体系等
吴战勇(2017)	根据不同的区域制定差异化的创新战略、区域协同创新、引领企业向战略性新兴产业转移
孙志芳(2013)	推进产学研各方分工与合作、扩宽融资渠道、改善人力资源,特别是信息人才开发体系等

(四)精益管理创新研究评述

麻省理工学院James·P·Womack在《改变世界的机器》一书中分析了日本企业成功的原因,在此基础上提出了精益生产的概念。精益生产源自工业工程,是日本丰田汽车(Toyota)结合工业工程理论与方法本土化创新发展的产物。没有Toyota的实际情况与工业工程的集成创新,就没有精益生产。因此,如果工业工程是种子,那么丰田汽车企业特性是土壤,系统集成创新是方法与养分,它们共同形成了改变世界的生产方式——精益生产方式。1996年James·P·Womack又与Daniel·T· Jones合著了《精益思想》,总结了精益生产的思想内涵:建立杜绝浪费的精益思想,精准地看待产品的价值,辨别价值流,拟定价值流图,让用户拉动无浪费的价值流,追求尽善尽美。

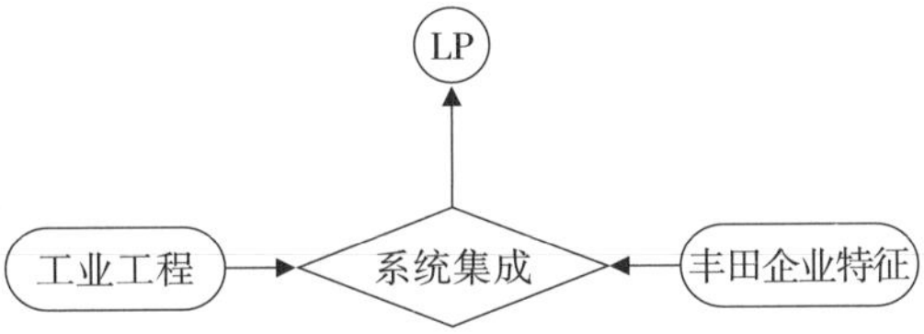

图1-7　精益生产渊源

齐二石教授于1996~1998年三次应邀访问日本丰田公司进行现场考察,1997年提出了丰田生产管理模式的"丰田屋"概念和理论体系(见图1-7)。国内外学者依据齐二石教授提出的"丰田屋"概念,对精益生产进行了深入而广泛的研究,拓展"丰田屋"系的内涵和体系,也是目前具有代表性的精益理论研究的基础和研究框架。中国引入工业工程和精益生产,同样也要重视本土化问题。然而,中国实施精益生产存在一些误区:简单照搬,硬性拷贝;一日建成罗马;只重表面,不重本质;见物不见人,见硬不见软。

Arunagiri P等(2014)为了研究最具影响力的精益工具,对91个汽车工业厂进行调查分析,在30个精益工具中,依重要性和有效性排名前五的分别为:5S,OEE(Overall Equipment Effectiveness),8 Step Problem Solving Method,Pareto Analysis,Elimination of Waste。针对以上工具,分别详细分析了其对工业环境的影响。国内学者对精益管理方法进行了大量研究,取得丰富的研究成果。围绕现有文献数据库(CNKI),搜寻了篇名或关键词包含"精益"的1992~2017年的所有文献,对文献的关键词进行统计(图1-8)。对于精益生产的研究可以分为三类:管理、技术、理论与实践等,涵盖持续改善、精益生产管理、现场管理、价值流、质量管理、消除浪费、精益管理、生产线平衡、看板管理、工业工程总论、精益思想、应用、看板、准时化生产(JIT)、生产效率、TPM、拉动式生产、成本管理、成组技术等。本研究从精益改善、价值流、浪费、全面质量管理、生产线平衡等方法梳理精益管理方法。

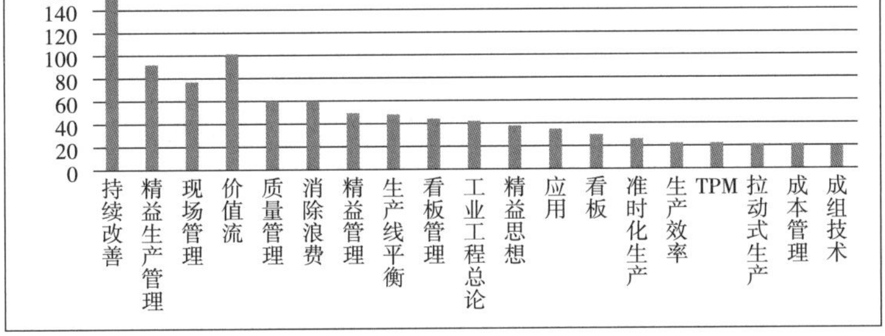

图1-8　国内学者对精益管理方法的研究热点

1.精益改善研究评述

精益生产并不只是一个项目，它在实施的过程中可以创造一种文化或氛围，持续改善能加速推进精益生产的实施，“人”的发展则是成功实施精益生产的根本保障。精益改善包括建立完善的制度、培养动态能力、持续优化管理体系。王立柱（2009）论述了方案的选定和依据现场实际情况持续做好改进。刘敏（2014）从满足市场需求的角度出发，把精益生产和ACE作为理论知识依据，推进生产车间的持续改善。王巍等（2007）针对目前现场改善方法相互孤立、不成体系的状况，结合美的企业具体情况，对现有方法整合，建立了基于精益生产的现场改善方法体系，包括方法研究、作业测定、5S管理、定置管理、生产线平衡等，并提出体系中各部分的功能及其相互之间的联系。丁春艳（2011）提出了推进精益生产全员参与改善的关键点和重要步骤，并设计了精益生产提案系统和激励机制。

从现有研究看出，国内外对精益改善问题的研究深度不够，并没有高水平论文出现，所有研究都是停留在精益生产的企业改善这类一般问题上。很少有文献对改善理论进一步研究，学术界应该正视这类问题，因为精益改善实践才是精益管理创新的土壤。企业创新的第一步就是通过精益改善实现创新文化的培养和形成，没有精益改善的反复、深度、广度的研究就不会有创新文化的形成，最终会导致精益企业实践的效果不佳。

2.价值流研究评述

精益生产能够通过节约成本最大限度地提高产品的价值。企业在采用精益生产模式时，会形成一个持续的价值增值流。王新荣等（2002）对价值流与价值流图进行了定义，并在此基础上分析了价值流图的形成模式以及与过程存在怎样的关系。陈华军（2006）研究了如何用价值流图分析这一精益生产管理工具进行工厂的“投入—转换—产出”这一物流周期转换，达到精益生产。占立新（2007）阐述了怎样用价值流图设定企业的未来图。李军（2008）通过利用价值图来分析胖轴生产加工过程中出现的问题，并提出具体的改善措施，最终节约了资金与时间，提高了效率，生产过程得到了精简。李文杰等（2009）认为企业的生产过程实际上是价值流动并增加的过程，运用价值流图分析研究企业的价值流流动情况，运用精益生产的原理，促进价值流有效地流动，减少浪费，以达到企业利润最大化。徐光银（2011）以差速器壳为对象，运用工业工程的相关方法，寻找生产线中存在的问题，制定解决方法，描绘未来价值流图，并在生产过程中实施，带来产能和经济效益变化。董芳（2014）对一个需要进行发展改进的制造型企业进行价值流图分析，发现企业的增值部分，从而优化生产流程。并运用价值流分析解决了某公司管理现状,通过消除浪费、减少存货、加快反应速度、提高生产质量、降低产品的成本等解决了关键问题。刘春华(2015)试图通过价值流图对企业的价值流进行深入分析,结合某企业内部运营现状,绘制出该企业价值流现状图以及未来图,从中找出浪费所在。并根据改善目标,制订实施相对应的、切实可行的改善方案,使得该公司内部运营管理流程向理想的状况发展。王娜(2016)通过研究长城汽车生产中运用的精益体系,把价值流作为精益会计主体,详细介绍了价值流成本核算在生产中的作用和能达到的效果。Intra C 等(2014)认为虽然基础的LPS知识被广大企业所应用,但是在很多企业中,并未给出一个强有力的、整体的持续改善流程(CIP),把转型浪潮(Transformation-Waves)作为一个强有力的、整体的持续改善概念的补充,并且详细介绍了CIP概念以及转型浪潮。

3.浪费研究评述

Arunagiri为了识别精益生产的主要浪费,对91家汽车制造业企业进行调查分析,分别对七种浪费进行了统计分析,最后根据加权平均法得出排在前三位的主要浪费:运输的浪费(Transportation Muda)、等待时间的浪费(Waiting time Muda)、不必要动作的浪费(Unnecessary Motion Muda),并认为消除主要浪费将有利于生产率的提高。很多企业经常会有以下情况:发现问题,等待试验结果,反馈流程中失去的时间;不必要的文件、产品原型和设计重复利用;未从以往设计经验中汲取的教训,未减少不必要的、从未采用、从未完成、从未提交的设计;不良设计,缩减售后保证条款;设计知识使用不足,例如在成本件方面,早期的生产错误。另外,企业中的浪费包括修理、过分加工,库存、管理、制造过多过早的浪费。在这种情况下,企业有必要通过精益设计来减少各种浪费。由于精益生产的核心思想之一为消除浪费,所以,消除浪费也是学者研究重点。杜永杰(2008)以手机制造业企业为例,通过深入研究企业的物料流动的过程,提出了改善的方法,消除了等待时间的浪费,减少了加工和人员管理的浪费,提高企业设备使用效率。精益生产是在丰田生产方式基础上发展起来的一种强调彻底消除浪费、降低成本和持续改善的准时化生产方式。车建国等(2009)对精益生产方式的优势进行了分析。精益生产的另一个核心是持续改善,但是仅仅从生产环节进行改善并不能从根本上消除浪费,要把精益思想运用到设计环节,才能彻底消灭浪费的源头。吴美丽(2011)在充分理解精益生产内涵的基础上,找出了企业生产运作中存在的浪费现象,并在此基础上提出了杜绝浪费的方法,例如设立精良的质量评估体系、改进工作场所的构造等。李峰(2012)详细介绍了怎样杜绝浪费的步骤以及方法。张汇臣(2014)根据当前中国制造业企业面临诸多不利因素的局面，将构造生产系统的逻辑由“资源全负荷运转”转变为“物流速度迅速化”，在此基础上分析了精益生产等对成本控制指标的要求，让企业消除浪费。郭里（2015）通过分析精益生产在282厂的使用情况，论证精益生产的重要作用，其能够提高企业的管理水平、消除企业浪费、减少成本的消耗、增强企业综合实力。何芳（2016）从精益生产消除浪费的角度，分析企业存在八大浪费中哪几方面的浪费，然后采用定性和定量相结合的分析方法，对JX公司生产现场存在的问题进行分析，提出了实施5S管理，运用SLP法优化企业的设施布置的方法等，对企业进行优化。谢双等（2017）从精益生产的核心消除浪费出发，对比分析、归纳得到了产品开发过程中的“七种浪费”，进而从抑制浪费的角度直观地验证了并行工程的优越性。

4.全面质量管理研究评述

精益生产以达到七个“零”为目标，在库存、浪费、不良、故障、停滞、灾害、转产工时浪费方面做到“零”，要以质量为根本保证，才能全面地实践精益生产。冯燕宁（2008）将精益生产与全面质量管理的关系总结为：①以客户为中心、以人为本；②以人为本、质量第一；③以“零缺陷”为目标；④以“质量保证”为工作准则；⑤卓越的现场“5S”管理；⑥优秀的企业质量文化。严兵等（2009）认为企业实施精益生产时要以全面质量管理为指导思想，要不然就无法实现企业的创新与发展，最终将会被市场所淘汰。王南尊（2010）在F公司推行精益生产步骤必须遵循“一化三性”，即人文化与动态性、全程性、全员性。全面质量管理，很重要的一点就是全员参与和持续改进，其为F公司推行精益生产构建了集中在质量上的精益生产框架和质量反馈机制，以及保证质量的措施和对策。李湘平（2011）对株冶集团下属锌电解厂析出锌的质量难以控制、质量管理不全面、工艺质量操作措施缺失等实际情况进行分析，设计了全面质量管理的方案，以解决生产中的质量问题。米凌云（2012）对太阳诱电（广东）有限公司进行分析，并提出如何从全面质量管理的角度出发保证精益生产系统的顺利运作与持续改进，以及实行全面质量管理的相关措施以保证精益生产的良性运转。魏敏（2013）对A供电公司进行基于精益生产的班组管理方案构建，该公司实行全面质量管理，以质量管理小组活动的形式，鼓励全员参与，鼓励创新，充分发挥班组员工的主观能动性，从提高生产质量、改进技术工艺的角度保证电力供应的可靠性和稳定性。马龙梅（2014）在华容雪花啤酒厂推行精益生产时，实现了质量管理的创新应用，主要体现在工序—责任人—质量责任表、质量工资和质量知识库的新型管理思路以及质量预测系统的使用中。工序—责任人—质量责任表明确了质量责任,质量工资对质量过程控制具有积极的刺激作用,质量知识库有利于质量问题的解决和生产工艺的优化,质量预测系统是质量把控的信息化手段。梁香秋(2015)针对西诺塑料(长春)有限责任公司员工缺乏积极性,员工对产品质量意识薄弱、责任心不强,导致产品质量不稳定,客户抱怨多,质量成本高居不下的问题,提出了推行全面质量管理(TQM)的管理方法。通过全面质量管理的推行,提高全员质量意识,减少质量责任事故,降低质量成本,能够对顾客需求的变化做出快速而持续的反应,达到长期获得顾客满意、组织成员和社会共利益的目的。张锐,窦方琦(2009)基于网络自制内容的发展现状,借鉴工业领域的精益生产模式,创新性地提出了网络自制内容的精益生产模式,并从全面质量管理、精益六西格玛的角度对网络内容的质量控制进行了阐述。Ringen针对企业中将精益和质量作为两个部分分开实施的问题,以挪威的三个制造业企业为案例,运用基于摩根和Liker提出的社会技术精益模型,分析质量、精益和盈利能力之间关系,探索整体生产系统中质量和精益的关系。案例分析表明:QAST与生产和制造技术的成熟度水平、标准化和稳定程度以及显性和隐性知识的结合有关。最后,作者提出了以下有待进一步研究的问题:在生产系统中,质量和精益整合成功的关键是什么;低质量和精益成熟度水平的企业如何缩小差距以实现整合,并且不将IOS的质量和TPS的精益互相分离;对于已经将质量和精益分离为两个部门和系统的企业,如何将两者合并为一个整体和高效的生产系统。

5.生产线平衡研究评述

汪凯(2007)从永安精密公司实际情况出发,以精益生产的核心思想为指导,对“一个流程”和生产线平衡进行了重点的理论分析,对制锁厂进行了精益生产方式的设计。彭阳(2008)在充分理解精益生产与生产线平衡内涵的基础上,研究了产品的价值流、策划了工作台与生产线线体。叶晓素等(2009)基于精益生产理论,分析了生产线五要素,找出发生瓶颈工位的原因,并提出解决方法。咸阳(2010)以上海大众的途观车手套箱为例,通过各种方式对现场进行改善,根除了生产瓶颈,维持生产流程平衡,提高了生产效率与产能。刘永生(2011)以YD公司的大规模生产模式与单件流的生产线为对象,找出生产瓶颈,进行了单件流生产线的设定与生产线平衡的研究,尝试缩短非增值时间和瓶颈工序的周期,提高生产线平衡率,缩短生产线的生产周期。霍欣(2012)以阜新液压件厂齿轮泵装配线为对象,分析了齿轮泵的装配流程,然后进行作业测定和装配平衡分析,找到并改善了生产瓶颈,最终使装配线达到平衡,提高生产效率。黄文峰(2015)以

TZ公司M1生产线的运作情况进行阐述，全面分析了生产效率及影响生产效率的生产线平衡率和工时损失情况，运用精益现场改善、基于PDCA持续改善的生产线平衡方法对M1生产线进行改善。李锋（2016）针对手机装配线的工位负荷均衡问题，采用工位上工序间的交叉迭代与互换原理，建立以工位负荷均衡为优化目标的遗传优化算法，基于Matlab环境实现遗传算法的编码并对手机装配线作业工位上的作业工序进行合理的分配和调整，最终提高手机装配线各工位的负荷均衡率。

从现有研究成果分析，关于精益生产的理论方法及企业应用实践方面的研究日趋成熟，关于精益生产与敏捷制造、绿色制造、ERP及现代信息系统等集成创新方面的研究已经初步展开。关于精益管理方法的管理哲学思考即如何才能科学、有效地导入精益生产的理念与方法，实现企业硬约束条件下软实力的提升方面的探索和报道还很欠缺。这是学术界和实业界都面临的一个重要的问题与难题，也是本项目的出发点和欲解决的问题之一。

另外，通过梳理文献，没有发现针对上述精益管理方法如何形成创新文化，通过创新文化促进制造业高质量发展的研究，这也是本项目的另一个出发点。

（五）价值链研究评述

1.价值链理论研究评述

①早期价值链理论。迈克尔·波特于1985年在《竞争优势》这本书中最先给出了价值链的定义，企业在设计、生产、销售和辅助产品等的过程中都进行着各种活动，构成了集合体，这些生产经营活动存在差异但又存在着联系，产生了价值创造的动态过程，这就是价值链。从波特的价值链理论可以知道：企业的竞争力贯穿了价值链的全程，要想提高企业竞争力，就要提高价值链的综合实力。吉利集团融入GVC（全球价值链），1997年开始进军轿车这一领域，其坚持灵活的经营制度，不断提高自主创新能力，及时抓住机遇，通过构建自主价值链加速发展，成为中国汽车工业50年来发展最迅速、成长最好的企业。②开创性的价值链理论。波特对GVC的研究为他后续对价值链的全部研究提供了基础，开创性地提出了价值链，他把国家比较优势和企业竞争优势融入价值链。之后，从范围上把GVC的定义扩大到了全球。并分析说明了企业的国际战略，基于价值持续增加的链式结构，企业可能只是进入了其中某个环节，也可能会把价值增加的全部过程都引入其垂直分工体系。基于国家比较优势与企业竞争优势，公司

可以建立国际化的战略,价值链的全部环节在全球的分配活动取决于国家比较优势;而企业竞争优势是基于自身特定的优势的,可以支配资本与管理资源使其在价值链的某个环节能确保企业的竞争优势。联合国工业发展组织(UNIDO,2002)提出,GVC是为发掘和提升商品及服务的价值,跨国企业的网络组织开展生产、销售和回收等经营活动,利润分配涉及全部参与者和生产销售的活动。可以连接自动化业务流程及供应商、合作伙伴和客户,并以此提高能力,提升效率。

③价值链与全球经济。前文对GVC的定义是从地理角度出发的,Gereffi等学者打破了定义的地理范围,把价值链理论与全球经济联系起来。Gereffi(1999)等学者构建了全球商品链(GCC)的框架并进行分析。全球商品链,指的是设计产品、生产产品并且进行营销等影响到的所有活动。该全球不代表地理范围的全球,而代表了沿着特定商品、制成品的链条所进行的活动,不只在空间上属于国际分布,在功能上还可以进行集中组织与协调。因而,GCC展现了经济全球化的特点,和之前的"国际化"特征大有不同。1999年,英国大学的发展研究所开展了国际会议,主题是Spreading the Gains from Globalization,学者们试着把产业区与GVC整合,使之成为共有的理论框架,这被认为是GVC分析框架的形成标志。2000年,Gereffi与别的研究者赞成用GVC替代GCC。作为对GVC研究较宽泛的机构,英国萨塞克斯大学的IDS(Institute of Development Studies)认为GVC是:在全球的范围内,从概念设计产品、使用产品到报废产品的全部生命周期中全部能够使价值增值的活动。形成价值链的所有活动可以是在一个企业,同样能够散布在各企业间,然后汇集于特定的地理范围内,又能分散到世界各地。海尔集团是公认的中国制造业领域的标杆,一直位于时代前列,根据市场环境及时做出变化,不断完善价值链,注重设计、研发和完善销售布局,相关GVC理论已经不断发展完善。从早先的企业再到跨国公司,接着引入国家比较优势以及全球经济,生产经营范围不断扩大,全球价值链和经济活动成为密切联系的整体。

2.中国制造业全球价值链测度方法研究评述

近些年来,关于中国制造业在GVC中地位的研究比较多。大多数文献都认为中国制造业位于GVC的中低端。除了从不同视角研究整体制造业以外,还有较多文献研究装备制造业,均发现中国装备制造业亟待升级。①中国装备制造业处于全球价值链的低端。林桂军和何武(2015)发现,中国装备制造业出口产品在升级中的有50%左右,特别是电信和船舶方面进步很大,约7%的装备制造业产品降级。中国的装备制造业在GVC的水平总体依旧偏低。需要关注的是，中国装备制造业的GVC的地位指数趋势在持续提高，2011年的地位指数比2002年的提高43%左右。张玉芹和李辰(2016)的研究涉及不同技术等级的中间产品贸易状况、产业内贸易类型和增加值贸易等三个方面。研究分析显示，中国的装备制造业多年来在GVC的地位有一定程度的提升，但总体上仍旧位于价值链低端，另外，在细分行业中，GVC地位比较高的有交通运输设备制造业和机械设备制造业。研究表明，中国装备制造业在考察期内的地位指数低于0.70，德国考察期内平均值在0.66左右，最高达到0.7479，在四国中具有绝对优势，其次为日本和美国，平均值也分别达到0.46和0.23。虽然中国装备制造业的国际分工地位远不如其他三个国家，但在研究期内是渐渐提升的。②中国制造业整体及各部门在GVC中的国际分工地位处于中低端水平。周升起和王涛等学者测度了中国制造业整体在GVC中分工地位的演变特征，研究得出的结论是：分工地位处于GVC的中低端。周升起等(2014)测度了1995~2009年期间，中国制造业及各分部在GVC的分工地位和演化状况，分析显示中国制造业整体和各分部在GVC的分工地位依旧偏低，大多数位于第20名上下；不管是与自身或国际相比，中国的“劳动密集型”制造业在GVC中的分工地位明显超过“资本、技术密集型”和“资源密集型”制造业部门，中国“纺织品、皮革与鞋类”“运输设备”“其他制造品及回收设备”这些部门的GVC地位指数排名在2009年时都处于世界前十，1995~2009年期间，中国制造业和各分部在全球价值链中的分工地位显示出“L”形的演化特点。王涛等(2017)发现，1995~2005年，中国制造业整体在GVC的地位显示出先降低而后提高的V形演化趋势，而2005~2011年间显示为倒L形的发展状况；同时，中国制造业在GVC的参与程度显示出了渐渐提升的变化趋势，但仍旧位于GVC的中低端。周升起、罗彦罡和聂聆等学者还考虑了具体行业和产品对中国制造业的GVC地位的影响，并展开研究。后发现，各不相同的行业和产品有着不同的分工地位，但大多处于中低端水平。聂聆和李三妹(2016)发现，中国资本、资源密集型产品全球价值链的GH指数稍高于1，位于中端，分工地位明显有提高；劳动密集型产品全球价值链的GH指数超过0.9，但低于1，位于中低端，分工地位有提高；技术密集型产品位于全球价值链的中低端，分工地位无提高或提高很少。文献研究发现，学者们从不同角度都证明了中国装备制造业位于GVC末端，从总体上讲制造业位于GVC中低端，虽然具体的行业以及产品略有不同。制造业在GVC的地位分工仍旧较低，但相较于以前，已经有了提升的趋势。

3. 中国制造业攀升全球价值链的影响因素研究评述

有大量的文献都在研究中国制造业攀升全球价值链的影响因素，众多学者从不同角度出发，基于不同的省份和不同细分行业分析了这一问题。①创新能力、对外直接投资（FDI）促进中国制造业价值链攀升。孙本芝和王宇一（2014）从知识产权的角度研究制约江苏制造业价值链攀升的因素，使用了可以代表价值链高端的研发设计能力指标和品牌营销能力指标等，利用2000～2012年江苏统计年鉴等的数据，用实证探究江苏制造业价值链攀升的影响因素，促进制造业从价值链加工制造的低端向高附加值研发、品牌营销等方向改进。邵青（2015）根据2001～2012年间制造业的行业数据对中国制造业价值链的影响因素展开实证研究，分析发现：研发投入、对外直接投资、资本与劳动比、制造业对生产性服务业的依赖程度和良好的市场环境可以很大程度地增加中国制造业GVC的增值程度；从不同要素的密集度来看，技术密集型行业的价值链提升明显受到研发投入、资本劳动比和制造业对生产性服务业的依赖程度的影响，对外直接投资及行业规模可以明显提升劳动及资本密集型行业的价值链。张玉和胡昭玲（2016）根据中国2002～2011年间的制造业面板数据，依据3SLS法，探析制度质量改进和研发创新能否提升GVC的分工地位，然后依据行业技术水平所具有的差异性对子样本进行回归分析。分析显示：研发创新明显有助于价值链分工地位的提高；改进制度质量可以间接对GVC分工地位的提高起到加速作用，方法是依靠激励及确保研发创新投入；对于中高技术水平行业来说，拥有完善的制度环境可以明显提高其技术创新能力和价值链分工地位。黄灿和林桂军（2017）根据面板数据以及固定效应模型分析发展中国家GVC分工地位的影响因素，结果发现，制造业整体GVC的分工地位明显受到研发投入、外商直接投资和自然资源丰裕度的影响；而从行业层面的回归结果显示来看，发展中国家的电子和光电行业分工地位明显受到研发投入及对外直接投资的影响。戴翔等（2018）根据对外直接投资构建全球价值链的基本情况，首先在理论层面分析了中国制造业攀升GVC受对外直接投资的影响，并且提出了相应的理论假说。然后对中国行业层面2004～2014年的GVC分工地位指数进行测度，最后依此来实证探究。实证显示，中国制造业攀升GVC受到对外直接投资的正向作用，然而其对不同价值链分工地位和阶段行业的作用不同，可以明显提升GVC中端行业，并且比处于价值链低端和高端行业的提升作用更明显。②制造业服务化影响制造业价值链攀升。大多数文献都提出，制造业在全球价值链地位的提升有赖于制造业服务化，但崔鹏歌等人提出江苏的制造业服务化并未积极地作用于价值链攀升。罗军也提出制造业因为服务化转型对不同要素密度行业的影响作用不同。陈秀英(2016)从垂直专业化分工的角度出发,探究了制造业投入服务化对制造业GVC地位攀升的作用机制,依据行业的面板数据展开实证分析。实证结果显示,制造业投入服务化从整体上对中国制造业在GVC的提升有促进作用,而且,中国制造业GVC的提升也受到了行业的开放度增加、利润提高、稳定合适的融资规模和资本的密集度提高的积极影响,但是还受到了行业的过度竞争和过高国有化程度的不利影响。进一步探究发现,具体制造业行业的投入服务化对中国制造业GVC地位的影响存在不同,详细体现在:制造业投入服务化积极作用于零部件贸易价值链的提高,其程度高于半成品贸易为主的行业;对低技术型行业GVC提升的边际效应高于中高技术行业的边际效应。罗军(2018)根据世界投入产出数据库等的相关数据,通过实证来研究中国制造业服务化对制造业GVC地位的作用,实证结果显示:第一,制造业可以经过服务化转型来提高其全球价值链的地位,但是这种提升因制造业要素密集度不同而不同。第二,提升制造业GVC地位依靠的是服务化,并且是资源的配置、成本的降低的服务化。第三,制造业GVC地位的提高依托于服务化。第四,制造业GVC地位的上升依靠这种服务化是贸易自由化的服务化,但存在着关税率的门槛效应。③生产性服务业促进中国制造业在价值链的地位。赵丽炯(2015)利用价值链,根据2006~2013年河南省生产性服务业和制造业的统计数据,使用灰色关联分析法探究其产业的上中下游的各环节,与生产性服务业和制造业产业间的关联关系。实证结果显示,河南省生产性服务业很大程度上影响其制造业;其中,人才服务明显影响制造业,有较强的关联关系,然后是商务、信息、科技和流通服务,金融服务对制造业的影响最小;在产业链方面,制造业受到上游及中游的生产性服务业的影响,它们之间存在较强的关联关系,制造业受下游的生产性服务业的积极影响程度较低,其有较弱的促进作用。陈旭(2015)从市场营销的视角考虑全国和区域经济的发展,并且从价值链出发,建立模型,验证了升级制造业受到生产性服务业带来的积极影响。还给出了加快制造业发展的措施,这些措施从市场营销的角度出发,以生产性服务业发展制造业。马野青等(2017)根据贸易增加值和GVC地位指数分析,结果显示,中国制造业各行业仍然位于GVC较低的地位,显示的演化趋势为:先大幅度降低,再小幅度提高。依据1999~2011年中国制造业的细分行业面板数据,着重分析了对中国制造业GVC地位的影响因素,分析可得,中国制造业GVC地位没有因对外直接投资的流入而有效提高,却因发展生产性服务业及提高国内生产配套能力而明显提高。而且对劳动密集型以及资本密集型制造业的影响作用更加积极,但对技术密集型制造业的影响不够明显。王菁和齐俊妍(2015)从全球价值链分工出发,基于生产函数模型,引入生产者服务并把其作为研究变量,建立了使生产者服务贸易对制造业价值链的发展产生积极影响的模型,结合美国和日本这两个国家的经验,简明探究了制造业价值链攀升受生产者服务贸易的作用。研究显示,生产者服务贸易是高级中间投入要素,让其发展贸易来优化人力资本及利用高技术的溢出效应,可达到制造业价值链升级至高端的目的。④产业协同发展和产业集聚利于中国制造业在全球价值链的地位。王如忠和郭澄澄(2018)认为,现今的发达国家以技术创新、贸易和金融等服务产业的先进优势,处于GVC高端。以上海市为例,构建价值投入产出模型,分析结果显示,产业间的资源配置效率因产业的协同发展而提高,并且新兴产业创新集群也因此提高了改善程度,中国先进制造业和生产性服务业的升级也因此有了合理有用的方法。杨仁发和李娜娜(2018)根据2016年12月OECD-WTO发布的TIVA数据库中2000～2011年的49个经济体的面板数据,建立交互项进行回归实证分析,再融合面板门限进行回归,分析制造业GVC地位受对外直接投资水平影响所引起产业集聚的不同的作用。实证显示:制造业全球价值链地位明显受到产业集聚的积极影响,再用单门限检验将对外直接投资约束引入,结果发现产业集聚对制造业GVC地位的影响展现出“U”形形势。⑤研究评述。通过搜集整理文献,可以发现2015年和2018年的相关文献研究较多,对中国制造业在全球价值链的地位提升有利的因素可以分为以下几类:创新能力、对外直接投资总体、产业协同发展和产业集聚。也有人提出服务业开放帮助提高制造业价值链攀升的效率;价格需求弹性大的行业其价值链分工位置对于制造业价值链逆纵向一体化有显著的影响。而制造业服务化影响制造业GVC地位的提高,大部分人提出制造业服务化整体上可以帮助中国制造业提高GVC地位,但不同行业情况不同。在各有利因素中,研究创新能力、制造业服务化和生产性服务业的文献较多。当然也有不利因素,如:内需缺乏与制度障碍的内生阻碍,政府对中国本土企业出口的隐性补贴、地方政府提供超国民待遇给外资和要素价格扭曲等。

4.中国制造业价值链升级路径研究评述

①提高创新能力,发挥产业集群优势。崔鹏歌和尤宏兵(2015)利用1997年、2002年和2007年江苏的投入产出表分析各行业的垂直专业程度,分析结果显示,江苏制造业在金融危机前参与国际分工的程度整体较低。实证显示,江苏制造业因为嵌入了GVC从而改善了服务化进程,然而价值

链提升并没有明显受制造业服务化的影响。所以江苏制造业应该积极融入GVC,专注于建立国内价值链,持续提高自主创新能力,高度利用产业集群的优势以促进自身在GVC中地位的提升。耿松涛和阳淑芬(2015)通过理论及研究发现,中国旅游装备制造业在GVC上的提升可以在以下五个方面展开:一是加快推动产业集群;二是注重完善非正式制度;三是加快“引进—消化—再创新”这个模式的完善;四是构建科技创新体系加快产学研的结合;五是提高信息技术水准。张慧明和蔡银寅(2015)选取指标并选择位居“低端锁定”的12个行业,根据面板数据建立模型来检验所提假设。验证显示,低端锁定明显受到对外直接投资利润额、研发强度和市场需求的交互项的影响,考虑低端锁定的突破潜力给出以下措施:制定政策并加强公正合理性,不可因行业间不同的要素密集度而有所偏移;关注研发强度,以此作为摆脱“低端锁定”的内因;加强需求侧的管理,把扩大市场需求视为突破“低端锁定”的外因。曾繁华等(2016)深层探究制造业GVC的治理机理和创新驱动制造业转型的提升措施,提出要加快制造业供给侧结构性改革、升级制造业,就要不断创新技术和制度。陶忠元等(2016)从技术创新和标准化协同出发对产业价值链的升级机理进行分析,建立VAR模型,结合ADF检验、Johansen协整检验、Granger因果检验、脉冲响应以及方差分解等方法分析了中国制造业GVC升级受到技术创新和标准化协同的作用。结果显示,技术创新和标准化协同与中国制造业GVC升级有着单向的因果关系,与产业产值规模、技术创新和标准化的单一作用相比,其快速促进作用更加明显。所以提出加强标准专利融入,使专利和标准更密切的建议帮助中国制造业GVC加速升级。聂名华(2017)通过对比其他国家的数据及分析后提出以下建议,确定GVC的升级新战略,加快提高企业的自主创新能力,深度融合制造业和信息技术,促进对外直接投资的发展以建立由中国主导的GVC。夏友富和何宁(2018)通过相关理论及数据分析提出,中国装备制造业企业必须提高自主创新能力,根据实际情况选择合适的产业升级路径,利用比较优势向GVC的中高端迈进。还要加强对技术升级空间较大的行业的关注力度,完成国内价值链与GVC的高效率对接,促进“两化”的深度结合,提高中国装备制造业在GVC地位。②加大生产性服务的投入。白清(2015)从生产性服务业和制造业的产业关联出发,从GVC角度,探究与制造业升级关联的生产性服务业明显正向作用的内在机理和机制。实现升级方法包括:生产性服务业通过外包有利于增强制造业的核心竞争力,提高效率;制造业的规模收益增加受到生产性服务业集聚和制造业协同的积极影响;制造业的附加值受到生产性服务业和制造业价值链相结合的积极影响；制造业的创新能力通过知识密集型生产性服务业所给出的高级要素投入来加速提高。于明远和范爱军(2016)从中国制造业在GVC中的竞争力出发，为提升制造业的国际竞争力给出以下措施：增加生产性服务到制造业的中间投入，促进产业结构持续向“软化”改进，摆脱以前对低端环节的依赖情况，向GVC高端环节迈进；提高了分工地位后，控制战略环节及资源，力争收获丰厚的分工利益；最后，提高中国制造业在GVC的地位。郑休休和赵忠秀(2018)根据WIOD2013提到的投入产出数据，即40个经济体的1995～2011年的数据，分析GVC下制造业出口最终品以及中间品受到生产性服务的中间投入的影响。分析结果表明，要提高制造业最终品出口增加值率，就要加大生产性服务的中间投入。另外，非发达经济体的生产性服务中间投入，可以显著加快下游制造业中间品的出口。因此发展中经济体必须重点关注生产性服务业，促进贸易的升级，力争在GVC中得到越来越多的收益。③促进对外贸易向集约型的质量增长转变。熊珍琴和辛娜(2015)通过理论分析，提出中国制造业被“锁定”在微利加工和组装环节，急需政府、市场与企业一起努力，加快中国对外贸易发展方式向集约型的质量增长转化，加快中国制造业在GVC中地位的上升。王岚和李宏艳(2015)根据GVC布局模型，建立一个能综合反映增值能力及嵌入位置的GVC融入路径的分析框架，并选取了部分指数指标：价值链地位指数、增值能力指数与价值链获利能力指数，展示了1995～2011年中国不同技术水平的制造业融入GVC的路径及演进特征。分析结果显示，提高国际分工地位的关键在于要素结构的完善和技术优势的加强。刘会政和朱光(2018)运用基于产业前向联系的增加值出口比和出口技术复杂度这两个指标建立了新的国际分工地位指数，以此分析中国与美国、日本、德国三国的装备制造业整体和分部门的国际分工地位，使用SDA法，探究中国和其他国家的装备制造业国际分工地位有差距的原因。研究发现，技术差距是主要原因。中国应关注研发技术含量较高的产品，促进发展潜力大的通用机械与专用机械制造部门“走出去”，不断提高装备制造业整体的分工地位。④文献评述。通过对GVC理论的认识与近五年文献的整理，可以发现，基于GVC的中国制造业位于中低端的位置，其中，装备制造业位于全球价值链末端，虽然较之前已有提升，但在国际分工中仍有很大进步空间。研究影响因素的文献较多，主要集中于创新能力，制造业服务化及生产性服务业，但其他影响因素也需要关注。关于提升路径，主要集中于提高自主创新能力及促进生产性服务。纵观研究，发现研究视角、研究对象和研究方法多样，文献十分丰富。如何让中国制造业攀升全球价值链，学者们大多用不同方法研究制造业整体，然后分行业再研究，其中，研究最多的是装备制造业。也有一些是对某省份进行研究，大多是江苏省。这些可以看出研究焦点，但也反映出了研究不足：一方面，对于研究行业，除了中国制造业整体，也可以多关注其细分行业，这样不仅丰富理论研究，也为具体行业的实践提供参考，尽量降低行业异质性的影响；另一方面，对于研究区域，可以多一些对其他省份的研究，多一些对地区的研究，省份和地区的实际情况不一样，这样可为不同地方制造业的发展提供一些理论依据，有利于整个制造业在全球价值链地位的提高。对比中国制造业在全球价值链的地位及其影响因素与提升路径研究成果，可以发现，研究地位的文献中，不仅有中国制造业，还有为数不少的文献研究装备制造业，但影响因素和提升路径的文献中，关于装备制造业的文章不够多。对比影响因素和提升路径的研究，从整体上说二者是相互对应的，但具体上还有未对应的地方，比如：影响因素包括对外直接投资总体、产业协同，但提升路径里鲜少提到；提升路径里涉及的重构和完善产业互联网，但影响因素里鲜少提到。而且影响因素也有口径不一致的地方，即制造业服务化，有学者认为制造业服务化有利于制造业在全球价值链地位的提升，也有学者否认。在提升路径中大多数文献也都提出要提升中国制造业在全球价值链的地位，离不开制造业服务化。该差异的形成可能在于研究角度及研究对象的不同。

（六）智能赋能制造业高质量发展研究动态

近年来，国内外制造业高质量发展与智能赋能交叉研究动态主要集中在以下几个方面：大数据与制造业、互联网与制造业、人工智能与制造业。研究前沿问题通常涉及智能制造、“互联网+”、物联网、云计算、工业互联网等热点词汇。作为融入产业价值链各环节的新型要素，从实体与虚拟技术、管理模式、产业形态等方面不断为制造业全过程赋能。同时在工业化与信息化深度融合的高质量发展步调下，智能制造时代的众要素内涵有异同，拥有共同技术基础但并非简单的推陈出新、概念重构的关系，并且其制约因素来自它们本身内在、外在的应用条件与场景，因此研究中常用智能的不同性质特征应对不同的制造业发展瓶颈，形成相应的应对策略以实现技术、应用、产业的一体化协调发展。（各要素国内外研究脉络与前沿见图1-9至图1-11）

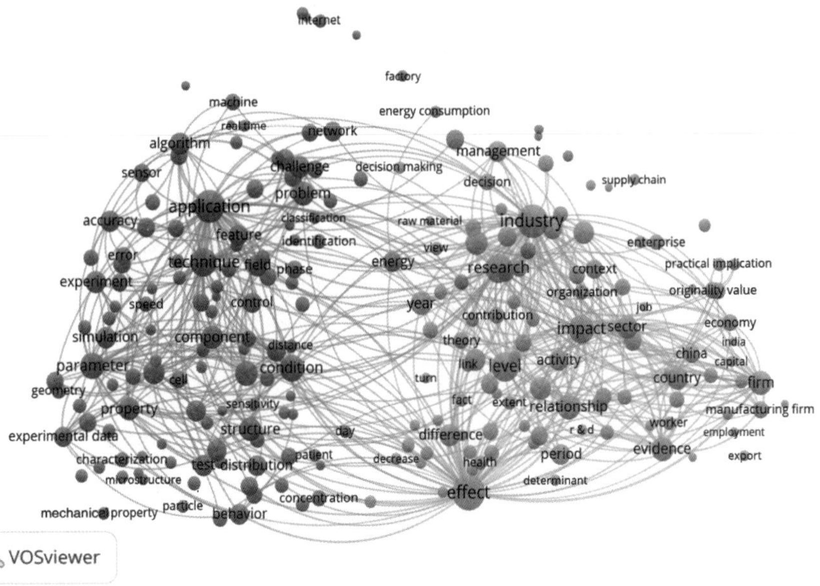

(a)

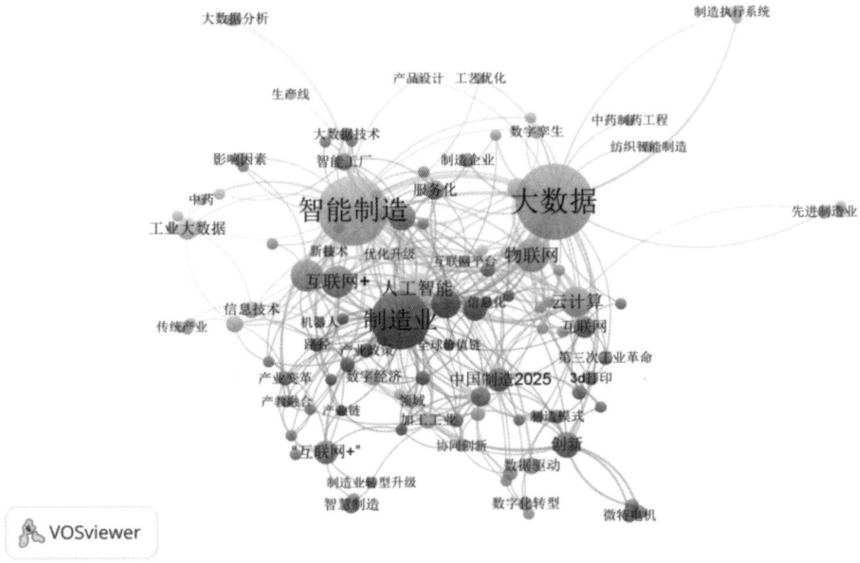

(b)

图 1-9　大数据与制造业国内研究脉络与前沿

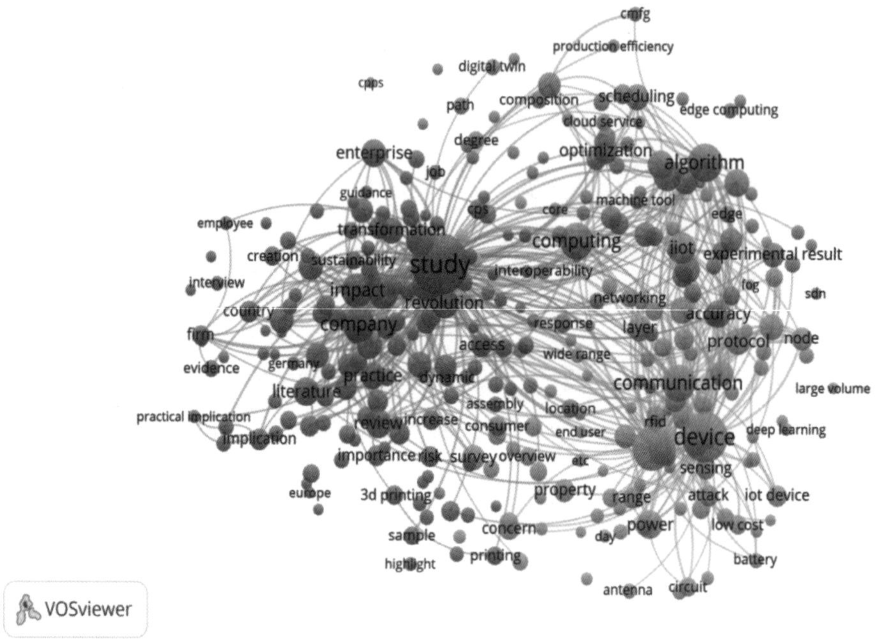

(a)

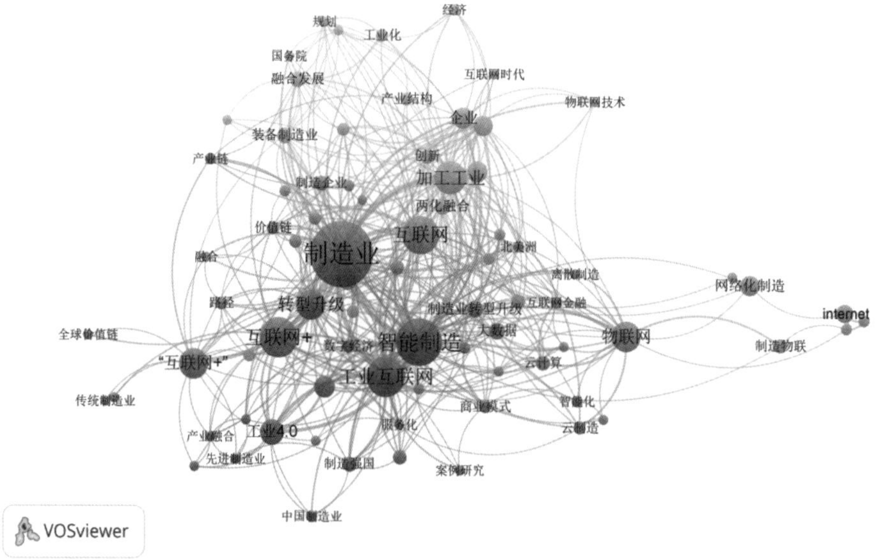

(b)

图 1-10　互联网与制造业国内研究脉络与前沿

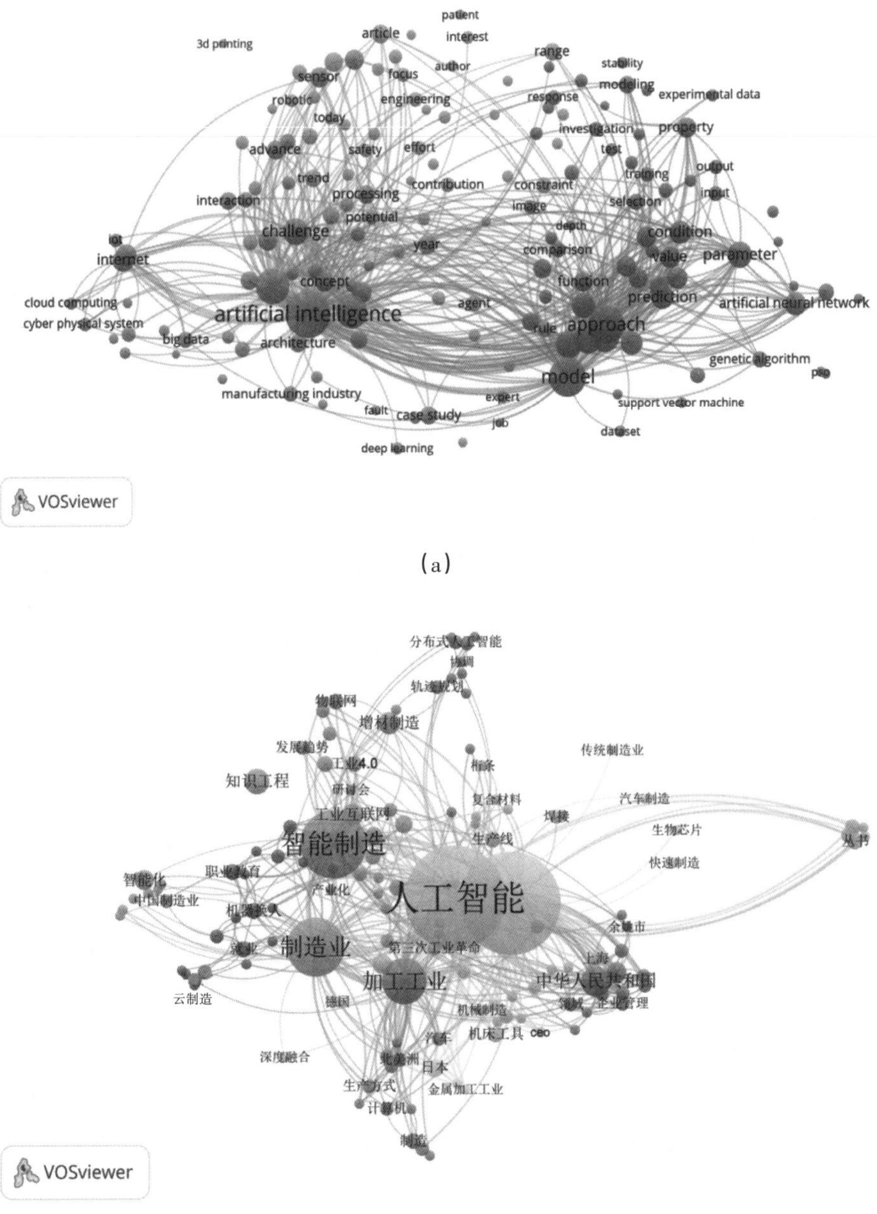

(a)

(b)

图1-11　人工智能与制造业国内研究脉络与前沿

制造业是国民经济的主体，是立国之本、兴国之器、强国之基。随着发达国家重振高端制造及世界新兴经济体制造业的快速崛起，中国制造业亟待快速实现转型升级。全球范围内新一轮科技革命和产业变革已蓬勃兴起，中国制造业面临着技术和市场调整、产业升级、人力资本错配与短缺等多重压力，中国制造业要想适应新的形势，必须学会变通，才能持续稳定发展。

1.互联网与制造业

①“互联网+”的内涵。“互联网+”是新一轮科技革命和产业变革发展的重要推动力。李晓华（2016）从五个层次界定了“互联网+”的内涵。“互联网+”是互联网技术与其他领域的结合，是一种通用目的的技术，是未来的发展趋势。“互联网+”已成为决定产业竞争力水平的关键。互联网作为一种技术环境，被简称为“互联网+”，作为制造业的一个技术要素具有很强的内生性。在“互联网+”的影响下，传统制造业发生的变化并不是简单的、适应性的，而是深刻的。互联网营销促进产业链重构，中国制造业面临挑战的同时又有新的机遇。

②制约互联网发展因素。目前，全球竞争逐渐激烈，制造业面临的挑战更加严峻，需要向绿色低碳方向转型并升级。制造业要想在激烈的市场竞争中实现高质量发展，需要紧紧地抓住“互联网+”带来的机遇，将“互联网+”与资源配置方式、生产经营模式相融合，助力中国从制造大国向制造强国转变。然而互联网也有缺点，它的网络成本高、见效慢，可能会抑制企业的发展，有些企业可能不敢尝试。

③“互联网+”对发展的举措。“互联网+”对制造业的发展呈现出智能化、低成本化、网络化、价值共享化等特征。行业中发生从集聚到扩散的主要原因为制造业生产方式的革新，随着信息技术的出现，它改变了原来的价值链分工，促进了各产业的融合，是集聚变为扩散的新动因。集成商的重要性在相对生产工序复杂的企业尤为明显。中国制造业要想摆脱现实发展的困境，不仅需要学习发达国家的先进方法，还要立足于自身国家的实际情况，培养核心竞争力。因此怎样利用“互联网+”的优势促进制造业高质量发展有待研究。

2.大数据与制造业

①大数据与互联网的区别。与互联网不同的是，大数据具有规模性、多样性、高速性、价值性，简称4V特征，制造业大数据还具有时序特性、高维特性、多尺度特性、高噪特性。大数据技术能够对海量数据信息进行搜集、统计、分析和处理，成为人们的信息反馈，为商业活动、公共决策等提供重要参考。在制造业领域，大数据是产业转型升级的重要引擎，人们可以用大数据技术分析产业结构的相关性，预测产业结构发展趋势等。大数据可以推动制造业的信息化转型，也可以推动制造业的智能化生产。企业可以在大数据技术支持下，将传统制造业和高端服务业融合在一起，进一步提高企业产品的竞争力。因此，大数据可以提升优化中国制造业结构。此外还能通过合理的引导

与规划缩小地区间发展差距，统筹区域协调发展。

②大数据激励制造型企业创新发展时存在的主要问题。尽管大数据有利于促进制造型企业发展，但是由于中国部分制造型企业还未能有效地结合信息与技术，其所有数据呈现出碎片化的特征，这需要企业具有整合资源的能力，才能推动制造型企业顺利转型。同时，数据信息质量不高，不利于数据开发利用；企业自主创新能力不强，制约制造业转型升级；数据开放，面临着数据泄露等问题；生产性服务业滞后制约大数据技术与制造业融合，也成为大数据时代制造业面临的现实问题。

③大数据促进制造业发展的举措。大数据对制造业的发展具有重大的影响，因此怎样促进大数据与制造业融合，实现网络化制造是目前亟需研究和解决的问题。大数据计算是制造系统从被动走向主动的关键所在。制造业企业应当加快建设云平台，对各种数据资源进行收集与整合，根据客户的偏好、习惯，有针对性地优化设计、工艺、制造等环节，降低成本，制定出最优的营销方案。政府要支持鼓励企业进行大数据创新创业，积极推进数据资产管理和共享开放，降低制造业应用大数据的技术门槛，增强网络安全保障能力，推动试点示范。企业要重新塑造制造模式，建立协同创新模式，推动服务化转型发展。

3.人工智能与制造业

①"人工智能+"的内涵。人工智能作为虚拟劳动投入，具有横跨多个学科的专业能力和执行力、敏捷性和适应性、重复工作和自我学习等方面的优势，因此，从制造业和人工智能两方面考虑，在短期内，制造业中部署人工智能的目标是通过精密的算法弥补人类专业能力和洞察力的不足，突破制造业传统经营模式的局限，促进制造业的转型和升级。

②人工智能在制造业的应用。随着互联网、大数据等技术的加速发展，新一代人工智能技术的不断突破，制造技术与新一代智能科学技术及新信息通信技术的深度融合，正在引发制造业从发展理念到制造模式、手段和业态等方方面面进行重大而深刻的变革。重大变革的信息新环境（如泛在网络、大数据涌现等）、新技术（如高性能计算能力大幅提升、人工智能模型与算法的突破等）和人类社会发展的新目标（如智能国民经济、智能"国计民生"、智能国防等）正催生智能制造技术与应用加速进入一个全新的"新互联网+大数据+人工智能+"的时代。为推动制造业转型升级，中国先后发布了一系列战略国策，形成了两种主要制造模式："互联网+制造"和"人工智能+制造"。前者被称为网络化制造，后者被称为智能制造，而智能制造改变了传统制造业使用的技术手段。

③人工智能在制造业的发展趋势。"人工智能+制造"是人工智能与制造的融合,最初主要依赖人类专家知识来解决制造中的问题。随着技术逐渐发展,产生了新一代智能制造。在创新驱动和工业化与信息化深度融合的步调下,坚持技术、应用、产业的一体化协调发展,兼容各国、各行业、各企业的特色,推动了新一代人工智能技术引领下的智能制造系统的持续稳进发展。

四、主要研究内容、方法及创新点

(一)主要研究内容

1.测度中国制造业高质量发展困境

根据中国制造业高质量发展状况,分析中国制造业内部和外部环境,发现中国制造业面临内部基础能力薄弱,而外部则遇到发达国家制造业回归本土、新兴经济体低成本制造及发展迅速等多重困境。构建制造业创新力评价指标体系,对制造业细分行业创新能力水平进行评估;构建省域尺度价值链评价指标体系,对中国各省份制造业价值链地位进行测度。发现阻碍中国制造业高质量发展的关键问题,包括:制造业创新力水平偏低、制造业价值链地位不高及制造业创新方法累积程度不够、基础能力薄弱等。

2.探索中国制造业质量发展的战略重点及突破口

设计制造业评价系统,采用管理科学研究范式,构建数学模型,分析制造业细分行业高质量发展的动力因素;进一步探究技术密集型制造业、资本密集型制造业和劳动密集型制造业的动力因素;探究中国制造业行业高质量发展战略重点、突破口及实现方法。

3.研究中国制造业高质量发展的路径选择理论与方法

①提出中国制造业高质量发展的"俭约式"路径。所谓"俭约式"路径是指制造业应更加注重全员参与的文化培养,着力基础能力重构,在现实"硬约束"条件下提升"软实力";侧重科学方法的应用与实践,以实现物优、价廉和可持续的多赢效果的发展路径。通过问卷设计与调研,参考国家科技基础性工作专项(2010IM040300)的部分研究成果,研究发现中国制造业在实践中更关注技术方法,未形成管理创新基础能力和创新文化。针对实践中效果较弱的跨部门类、经营类和文化类方法群,设计基于精益管理方法的中国制造业高质量发展"俭约式"路径。

②设计制造业、物流业与金融业协同发展路径。在微观视角下:构建制造业与物流业、制造业与金融业的评价体系和耦合模型,实证其综合发展水平和耦合协调度,发现两业的耦合协调度不断上升,但仍然属于中度失调或轻度失调的低协调区间;构建了制造业、物流业及金融业复合系统协同度模型,发现其复合系统协同度在空间分布上存在较大差异,与发达国家相比仍处于较低水平,且整体波动幅度较大。结合中国制造业、物流业、金融业行业发展特点,设计中国制造业协同高质量发展路径。

③设计中国制造业高质量发展的集成创新路径。分析中国制造业创新需求,从宏观上提出中国制造业高质量发展的四维管理集成创新路径,微观上提出面向产品全生命周期的"精益设计—精益研发—精益制造—精益管理"的精益管理集成创新路径。

④提出中国制造业的高级化发展路径研究。改进基于制造业结构优度和价值链高度的高级化测度方法,引入灰色关联分析方法确定结构优度与价值链高度对高级化指数的贡献度。进一步运用灰色绝对关联度、相对关联度以及综合关联度分析方法,识别显著影响制造业高级化的因素。基于中国制造业高质量结构优化和价值链升级的内在需求,设计中国制造业高质量发展的高级化发展路径。

4.提出中国制造业高质量发展实现方法与策略

探究以产品生命周期为主线的中国制造业高质量发展实现方法研究,以实践为主线的中国制造业高质量发展实现方法研究,打造以制造业内在差异化思想为主线的中国制造业高质量发展的离散型高水平企业、离散型低水平企业、流程型高水平企业、流程型低水平企业的精益管理方法的典型应用模式与方法。本项目的研究思路是:基于相关理论先确定目标,然后形成技术体系,建立精益模块调用的模式。最后,承接企业精益生产的一般模式设计,解决企业推行精益生产的基本架构、精益实践的指导方针问题,据此设计4种不同发展阶段不同基础能级企业的应用方法及策略。

(二)主要研究方法

1.文献研究法

通过研究文献,梳理出高质量发展内涵、高质量发展体系及建设路径等内容,诊断制造业现有的关键问题。梳理精益管理方法研究脉络与前沿,探索精益推动中国制造业高质量发展的路径与方法;梳理价值链理论及测度方法,并设计更适合中国制造业发展特征的价值链评级体系。

2.灰色关联度分析法

灰色关联度分析法是分析小样本序列关系较好的选择，降低了大量样本的收集难度。因此本项目选择灰色关联度分析法来确定与制造业高级化指数相关的影响因素。运用灰色优势分析方法，进行中观视角中国制造业行业高质量发展战略重点及突破口选择，研究影响中国制造业发展的关键因素。

3.比较分析法

依据文献整理及数据的可获得性，对比中国与世界制造业强国的制造业发展状态，发现中国制造业存在低质、低效、高成本、高能耗、高污染和处于全球价值链低端等问题。同时也面临着制造业企业内部基础能力薄弱和创新力弱的问题，通过构建制造业高级化指标体系，比较分析中国32个地区制造业高级化发展现状，从而了解到中国制造业结构调整产业升级的进程，能够更直观地看到中国制造业高级化的优势以及不足。

4.实证研究法

依据中国制造业高质量发展精益管理创新路径研究，研究不同地区企业对管理创新工具的重视程度、不同行业对创新工具的重视程度，并进行实证研究。

（三）研究特色与创新点

首先在文献梳理基础上，对中国制造业发展态势进行测度，研究制约中国制造业高质量发展的关键因素。其次，提出适合中国制造业发展特征的6条路径。针对路径进行方法选择，并结合企业调研创造性提出"道法术魂"应用策略。最后从微观视角提出不同类型和不同发展阶段制造业企业方法导入的4种典型模式。研究主要创新点有以下10个方面。

1.提出中国制造业高质量发展的理论研究动态：视角、脉络、争鸣与盲区

制造业是中国实体经济的重要核心，实现制造业高质量发展是推动中国经济高质量发展的关键。现有制造业高质量发展研究成果分散且呈碎片化态势，为明晰当前学术界对于中国制造业高质量发展研究的趋势和动态，本项目基于中国知网（CNKI）数据库现有文献，采用图谱量化方法分析中国制造业高质量发展的理论研究动态：视角、脉络、争鸣与盲区。研究表明：对五大新发展理念的认识、区域制造业高质量发展、产业融合高质量发展和高质量发展评价体系是中国制造业高质量发展脉络研究的主干内容；总体上学界研究的前沿问题可以划分为从速度到质量的转变、供给侧结构性改革、创新驱动及新旧动能转换和区域高质量发展4个阶段；学术争鸣

主要集中在高质量发展内涵、五大新发展理念、区域制造业高质量发展、产业融合高质量发展和制造业高质量发展评价体系等5个方面;从宏观、中观和微观3个维度提出中国制造业高质量发展待研究的10个盲区。研究结论为制造业高质量发展的学术研究提供综合性、系统性的理论归纳与阐释,为中国制造业高质量发展进一步深入研究提供方向指引、理论引导与实践启发。

2.提出了中国制造业高质量发展"基础能力重构"的发展理念

企业缺乏基础能力就会出现低质、低效、高成本、高消耗、高污染等问题,没有集成创新机制,制造型企业很难将科技成果转化到制造工艺、产品设计等价值链上的环节中,因此很多企业存在虽有创新却很难实现价值链升级与增值的现象。因此,本项目认为中国制造业高质量发展应在"基础能力重构"的发展理念下,重构中国制造业基础能力的同时,融入先进的制造理念与方法,如敏捷制造、云制造、两化融合等,否则这些先进的制造技术和方法是很难植入企业并产生效果的。

3.提出中国制造业高质量发展的"中医:头痛医脚"的发展理念

"中医:头痛医脚"的发展理念是指处理问题要从全局考虑其根本,找到制约发展或出现某种现象的真因,是一种彻底解决问题的理念。本项目基于该理念,科学合理地诊断中国制造业发展困境。因为只有找到中国制造业发展"病源",才能对症下药、才能药到病除、才能科学有效地找到制约高质量发展的关键因素,才能为设计适合中国制造业发展态势的路径奠定基础。否则,虽然加大各种要素的投入,也很难取得应有的效果。因此,找到正确的中国制造业的高质量发展的"突破口"是实现中国制造业高质量发展的基础与关键。

4.提出中国制造业高质量发展的创新驱动路径:管理集成创新路径

本项目提出创新方法和管理创新的新需求。首先介绍了管理集成创新的概念,然后在此基础上建立框架,宏观上提出创新路径,即360度创新、俭约创新、分布式创新、协同创新,微观上分析了如何利用相关方法促进管理集成创新。

5.提出制造业高级化发展路径

在文献研究基础上,本项目提出基于制造业结构优度和价值链高度的高级化测度方法和模型。设计高质量发展视角下结构优度和价值链高度的评价系统,并结合中国制造业发展特征,提出高级化发展路径与方法。

6. 中国制造业的智能化发展路径

目前，中国科技发展水平已经进入更深的领域，一种全新的经济模式逐渐形成。我们要想实现制造业智能化水平的提升，首先需要利用“智能”技术，根据国家政策引领，央企、国企为带头企业，把新兴技术与制造业相结合，让智能制造成为中国制造业坚强后盾。以智能制造为契机，让智能化加速发展，让企业全面进入智能化，打造一个数字化的新型制造的企业，加速推进制造业价值链升级，使传统生产模式向“智能”生产模式转变。提出制造业产品、工艺、功能、链条及价值链攀升的智能赋能路径。

7. 提出新一轮科技革命赋能中国制造型企业高质量发展路径

为明晰中国制造型企业破除全球价值链“低端锁定”局面的突破口，在梳理科技革命发展历程，刻画新一轮科技革命的内涵、特征及分析中国制造型企业转型融合的瓶颈等基础上，本项目进一步运用纵向单案例研究方法，深层剖析奇瑞汽车企业不同转型阶段的发展态势及优化方向。推演出中国制造型企业不同阶段的升级路径：企业导入期引入自动化生产设备，优化信息化管理软件；企业成长期打造智能化产销策略，深入客户需求市场；企业成熟期建设整链共享体系，助推企业高质量发展。结合这3种路径模型，分别提出阶段对策，为制造型企业带动经济发展的学术研究提供新的线索与视角，有利于中国制造型企业高质量发展策略的规划。

8. 提出中观视角的制造业行业高质量发展“突破口”选择方法

将制造业按照劳动密集型、资本密集型、技术密集型等3种类型28个细分行业，分别进行研究。借助灰色优势分析模型，找到各行业高质量发展的“突破口”，所得结论比只对中国制造业整体分析会更具体、更具有针对性和使用价值。

9. 提出制造业企业高质量发展的“道法术魂”应用策略与方法

对中国制造业典型企业的调研、走访与分析后发现：中国众多企业实行精益生产时往往照猫画虎，“形似”而未能“神似”，整体效果不佳。在对精益生产渊源及文献梳理的基础上，从哲学的角度澄清了精益生产的一些概念与方法，提出精益生产具有系统性、累积性、创新性、不可复制性及满意性等哲学特征。分析出中国制造业企业在推进精益生产实践过程中存在着对精益生产误解、背离了精益生产基本原则、缺乏必要的组织与保障体系（组织与制度）、忽略了精益生产原点“工业工程”等主要问题。最后，结合精益生产的哲学特征提出企业学习及应用精益生产的策略与方法。

10.提出基于不同情境下的4种精益管理方法企业应用模式

由于企业所处的行业、规模、阶段、技术水平存在差异，每个企业所存在的问题呈现出个性化的特征，因此，在企业应用与实践精益生产时，需要差异化的设置。依照生产组织方式和生产批量的不同，把企业进行划分为离散制造和流程制造两种类型。为了更深入分析离散制造和流程制造两种类型企业发展水平的差异，设计了精益能级评价体系方法，该方法能很好地区分企业精益性能级或水平。目前该方法已编写成软件，申请了软件著作权。离散制造与流程制造的企业具有明显的不同，根据这个不同在企业精益评价结果分析的基础上，将企业又细分为离散型高水平企业、离散型低水平企业、流程型高水平企业、流程型低水平企业，并分别设计适合该类型企业特征的精益管理方法的4种典型的应用模式。

第二章

问题与诊断：中国制造业高质量发展困境测度研究

一、中国制造业高质量发展困境研究

(一)中国制造业面临外部困境分析

中国制造业正面临着的外部困难主要为:金融危机爆发后,以美国为代表的发达国家迅速采取了一系列措施,包括加强制造业立法、增加投资在先进制造研发上、扩大出口和贸易保护,进而促进制造业回归本土。发达国家提出的制造业回归,不是传统制造业简单地回归,而是要进一步提高自身在传统制造业优势环节上的竞争能力。

先以美国为例说明上述情况。美国为了降低对消费拉动经济的依赖性,实现以增大出口促进经济增长,需要重振制造业,促进实体经济的增长。《华尔街日报》称,福特汽车公司等一些美国企业已经在考虑将部分产业迁回美国。波士顿咨询集团通过分析,认为企业回迁将带来每年1000亿美元的产出。而这些变动对中国的影响是,将会使中国出口导向型企业陷入订单下滑、产能过剩的境地,严重挤压中国传统制造业生存与发展的空间,同时增加中国制造型企业向价值链高端提升的难度,可能拉大中国与发达国家在新兴技术的差距。

制造业面临外部困境及其发展特征形成了制约中国制造业发展的强大阻力,目前中国制造业发展环境如图2-1所示。

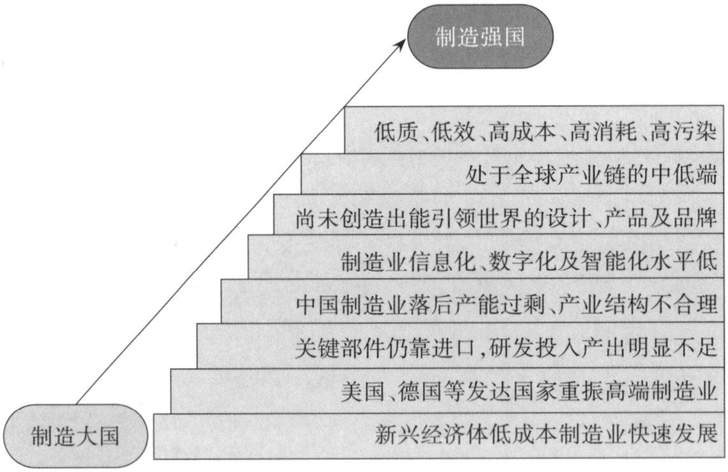

图2-1 中国制造业发展环境

(二)中国制造型企业内部困境分析

1.中国制造业IE基础累积不够

中国制造业实践过程中IE基础累积不够的原因有:①与工业发达国家和地区相比,中国IE起步晚。美国19世纪末20世纪初创造并开始应用IE,日本20世纪40年代开始学习并应用IE,韩国20世纪50年代开始学习并应用IE,中国到20世纪90年代才开始学习并应用IE。②忽视了基础性管理技术在企业管理和工程中的应用与研究。由于IE学习与应用在中国商品经济的发展严重滞后于西方工业化国家,科学技术发展却远超西方国家工业工程起步时的水平。在这种背景下,中国制造业在改革开放40多年中快速发展,在强大市场经济的推动下,制造业企业呈现"生产什么产品都赚钱,采用哪种方式生产都赚钱"的格局,导致企业在实践中忽视了对基础IE的应用与研究。

2.中国制造型企业在实践中重技术、轻管理

制造型企业生产力的发展必须依赖于企业有效的管理活动才能实现。同样的技术基础,但是不同企业却表现出不一样的运营结果,这是企业管理水平层次参差不齐导致的。因此,技术与管理的有机结合才是发展生产力的充要条件。制造型企业的发展一方面需要技术升级创新,要不断运用现代科学技术成果来改进制造能力,另一方面也要用高效的管理来确保技术创新有效转化。然而,中国制造型企业在实践中,一味地追求引进新技术或技术创新,试图采用先进技术来提升制造业的整体实力,但是新技术的应用引发一系列新的管理方面的问题,面对这些新的管理问题,企业又通过技术升级的方式去解决问题,走进了一个从技术到技术的死循环,其结果必然是事倍功半。

3.中国制造业缺乏管理与技术集成创新的能力

其缺乏的成因主要有:①制造业技术引进后,消化与吸收的严重不平衡。中国制造业技术引进与消化吸收的比例大致保持在1∶0.15的水平;日本与韩国技术引进与消化吸收的比例大致保持在1∶3的水平,远远高于中国。②中国制造业尚未形成集成创新机制。中国制造型企业没有建立将产品、设备、材料的"硬技术"和生产要素、人、环境的资源组合配置的"软技术"集成创新机制。企业技术研发虽然取得了相应的成果,但是对制造工艺创新等价值链上其他环节的研发重视度不够,导致很难实现价值链升级与增值。③专业技术创新与管理创新协同性差。专业技术创新与管理创新的协同性差,使得技术创新成果缺乏转化与释放的机制、通道,同时企业

缺少必要的科学指导和过程管理,整体投入大、周期长、效果不佳。管理技术创新与专业技术创新如一驾马车的两个轮子,缺一个轮子或两个轮子不同步就会导致马车不能运转或原地转圈。

综上分析,可以得出迈向制造强国的中国制造业面临内部基础能力薄弱、外部发达国家制造业回归本土及新兴经济体低成本制造迅速发展的三重困境,如图2-2所示。在这"三座大山"中,制造业内部因素及其成因是中国制造业能否成功迈向制造强国的关键。全力解决企业内部基础能力薄弱问题,学习应用IE重构制造业基础能力是实现中国制造业突围的必经之路。

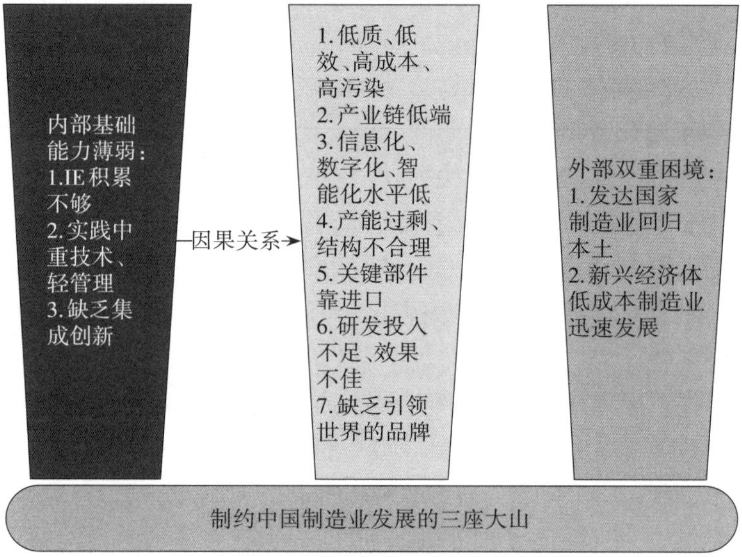

图2-2 中国制造业面临困境

二、中国制造业创新力——基于多个省份的面板数据

创新一词最初是在1912年左右出版的《经济发展理论》中提到,该书作者熊彼特认为创新是建立一种生产函数。着眼熊彼特的研究,多位学者继续赋予技术创新新的定义。具有代表性的是:索罗认为技术的创新是结合产品的设计、生产、管理、财务、市场等行为的综合结果。如今,随着社会的发展,创新一词也引申出许多新的含义。创新力即在这样的背景下产生。

(一)中国制造业区域创新力评价指标

中国各地制造业创新力发展的水平不一，统一的制造业创新力发展规划不利于各地充分利用本地的优势进行发展。本书选取31个省区市的数据，通过统计描述和因子分析对各地在制造业的创新方面的投入与创新产出进行衡量与对比。

本书建立的指标体系，具有科学性与合理性，主要基于以下几个原则。

1.科学性和系统性

在充分阅读相关文献的基础上，沿用学者们已有的结论，基于技术创新的本质，建立指标体系，选取的指标具有科学性与系统性。

2.目标性与可行性

本书选取的指标以测算技术创新效率为目的，这就要求在选取的过程中指标要与制造业的投入、产出切合，保证逻辑关系。

3.全面性与代表性

制造业呈现出高投入、高产出的特征，本书建立的技术创新效率指标体系适用于整个行业。

表2-1　指标选取数说明

指标类型	评价指标	代码	指标公式
创新投入	新产品开发经费支出	X_1	—
	R&D(新产品开发)经费支出占规模以上工业企业主营业务收入比例	X_2	R&D经费支出/规模以上工业企业主营业务收入
	R&D从业人员受教育程度	X_3	硕士、博士学历人员数/企业R&D人员数
	R&D从业人员数	X_4	—
创新产出	新产品销售收入比	Y_1	高技术产业新产品销售收入/工业销售产值
	高技术产品出口比例	Y_2	高技术产业新产品销售收入：出口/工业销售产值
	专利授权量	Y_3	—
	技术市场成交额比	Y_4	技术市场成交额/该省规模以上工业企业R&D经费

（二）中国制造业区域创新力指标统计描述

1.新产品开发经费支出

新产品开发经费支出是衡量各个省区市创新投入的重要指标，通过这一指标就可以知道各省市每年的新产品开发投入有多少。31个省区市的新产品开发经费支出如图2-3所示。每年各省区市的新产品开发经费投入较多的前三名均为广东、江苏、山东，这说明这三个省一直都比较重视新产品开发。因此，也可以从侧面反映出这三个省发展创新的环境比较好，易吸引创新企业并落地。再从时间维度进行衡量可以看到，2012～2017年广东不仅每年的新产品开发经费支出是最多的，而且呈现逐年增长的态势，相比于广东的逐年增长，江苏和山东，均在2015年出现了下降的趋势，可能因为外界环境的变化或者冲击，但是很快在下一年恢复了增长的趋势。而创新力较弱的甘肃、青海、宁夏和新疆，与前面几个省存在着巨大的差距。

因此，从每一年的这一指标的变化来看，各地区的新产品开发经费支出几乎是呈逐渐增长的趋势的，各省区市的创新发展环境也在逐渐变好。而且发展创新十分需要外部环境的支持，面对区域分布如此不均衡的现象，各地政府应积极主动支持新产品的开发。

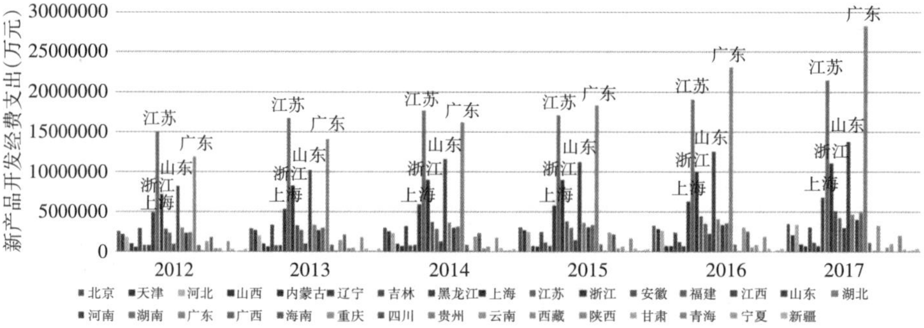

图2-3　2012～2017年新产品开发经费支出对比

2.R&D经费支出占规模以上工业企业主营业务收入比例

分析2012～2017年各个省区市R&D经费支出占规模以上工业企业主营业务收入比例，具体如下。

①2012年规模以上工业企业R&D经费支出占主营业务收入的比例分析。该指标较好地反映了各省区市的创新投入情况，可以更清晰地体现各省区市创新程度。如图2-4所示，根据2012年R&D经费支出的指标，可以清楚地看到，广东、江苏和山东仍排名前三，但从规模以上工业企业R&D

经费支出占主营业务收入的比例来看，北京、上海、广东占据前三名，这表明虽然北京和上海的R&D经费支出并不大，但是其R&D经费支出占比很大，所以该比例可以更好地体现这三个地区对创新的重视程度。从图2-4中还可以看出，在吉林、河北、河南等省份，虽然R&D经费支出不低，但占主营业务收入的比例太小，说明这些省份对于R&D经费的支出不重视，应该在这些方面予以加强。地方政府可以通过财政、税收、宣传等方面支持企业创新活动。

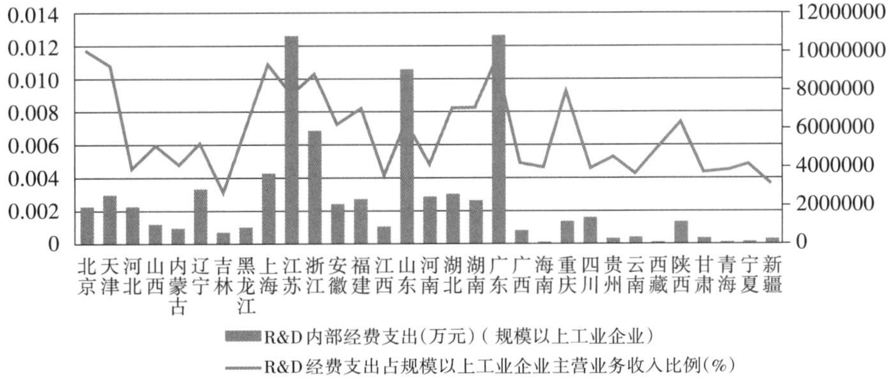

图2-4　2012年R&D经费支出对比

②2013年规模以上工业企业R&D经费支出占主营业务收入的比例分析。依据图2-5，可以明显看出，在2013年广东、江苏和山东仍然是前三名，相比之下，海南、西藏、青海、宁夏等地的R&D经费支出过低，没有较好的创新发展空间。但是在比较R&D经费支出占主营业务收入比例时，北京、上海、江苏和广东占据前四名，这说明虽然北京、上海和广州的R&D经

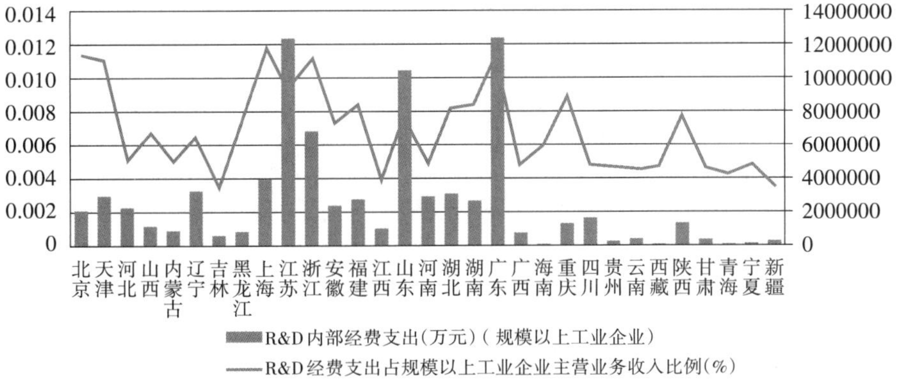

图2-5　2013年R&D经费支出对比

费支出不多，但是R&D经费支出占比很大，所以反映出这几个地区对创新比较重视。与2012年相似，如吉林、河北、河南这些省份，R&D经费支出占主营业务收入比例过小，经费支出还有待提高。

③2014年规模以上工业企业R&D经费支出占主营业务收入的比例分析。如图2-6所示，2014年广东、江苏和山东的R&D经费支出仍然是前三名，另外浙江的表现很抢眼。相比之下，几个偏远省区市的R&D经费支出过低，创新发展不足。在比较企业R&D经费支出占比时，北京、上海、江苏、天津和广东都有很好的表现，这说明虽然北京、上海和天津的R&D经费支出不多，但是R&D经费支出占比很大，所以更能体现出这几个地区对创新的重视。与2013年不同，河北的表现转好，但是仍可看出，如吉林、江西、河南这些省份R&D经费支出占比过小，对于R&D经费的支出还不够重视，有待加强。

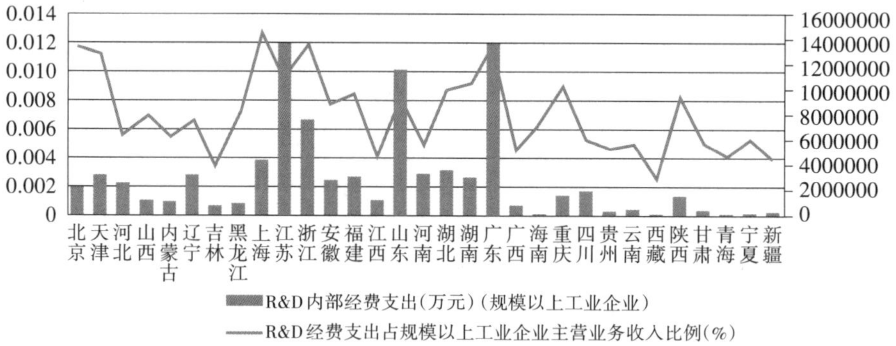

图2-6 2014年R&D经费支出对比

④2015年规模以上工业企业R&D经费支出占主营业务收入的比例分析。从图2-7看2015年的R&D经费支出，总体与2014年相似。同时，河

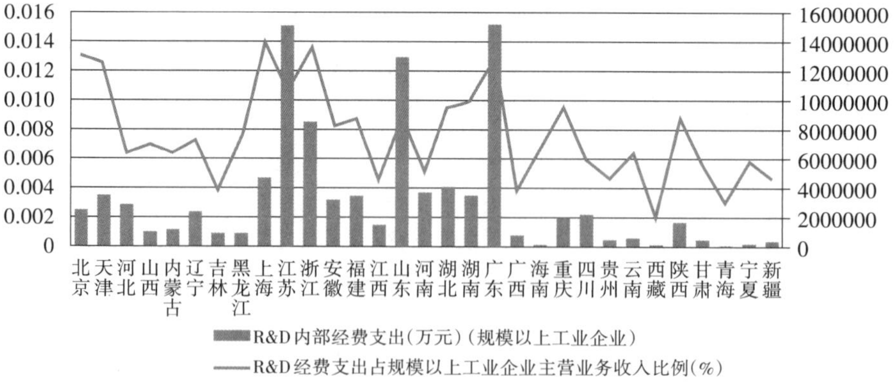

图2-7 2015年新产品开发经费支出对比

北表现转好的迹象增强,但是结合图2-6可知,如吉林、江西、河南这些省份,对R&D经费支出还是没有重视。

⑤2016年规模以上工业企业R&D经费支出占主营业务收入的比例分析。与2015年相似,根据R&D经费支出,从图2-8可以明显看出广东、山东和江苏依然是前三名。山东虽然在R&D经费支出这一指标排名前三,但是R&D经费支出占比却相对较低。这说明,山东创新投入体量大,但是比例却不高,说明与比例大的省份相比,其创新投入还是存在不足。

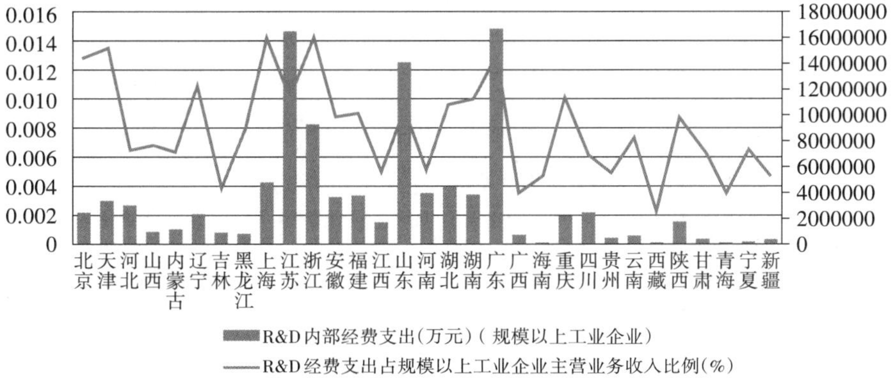

图2-8 2016年R&D经费支出对比

⑥2017年规模以上工业企业R&D经费支出占主营业务收入的比例分析。从图2-9可以看出R&D经费支出大体与往年相似,还可以看到虽然北京、上海和天津的R&D经费支出这一指标的体量不大,但是R&D经费支出占比很大。山东虽然在R&D经费支出这一指标排名前三,但是R&D经费支出占比却相对较低。这说明,山东创新投入体量大,但是比例却不高,与比例大的省份相比,山东创新投入还是存在不足。

政府可以能过补贴科研经费吸引企业增加研发投入,同时,必须对科研经费申请实行严格的审批制度,避免科研经费与实际不符。政府还可以对科技研究成果突出的企业给予一定的奖励,鼓励其他企业投资和发展科技。

银行出台贷款优惠政策。比如,适当放宽贷款政策、降低贷款利率等,鼓励企业增加科研项目,增加研发资金。

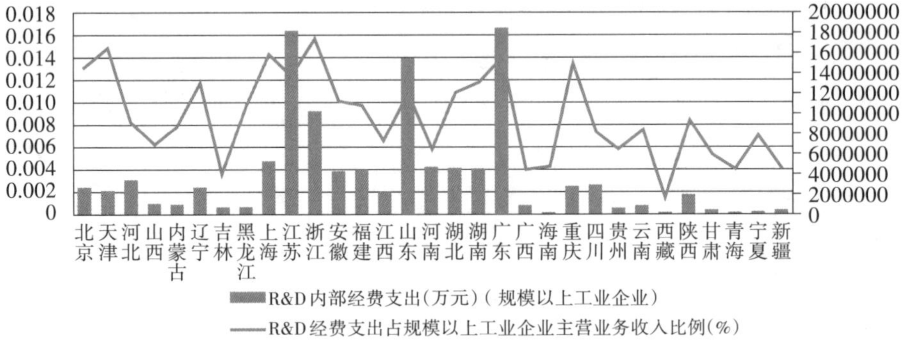

图2-9 2017年R&D经费支出对比

⑦2012～2017年R&D经费支出占规模以上工业企业主营业务收入比例分析。由图2-4至图2-9可知,各个省区市规模以上工业企业的R&D经费支出占主营业务收入的比例大多数都呈现逐年上升的趋势。从图2-10可以得知,如山西、吉林、河南、江西、广西、甘肃、青海、新疆这5年的变化不显著,说明这些地区发展过于缓慢,没有创新力,或者是没有创新力的企业进入,当地的企业也存在着创新意识淡薄、研发形式单一、科研层次偏低等问题,这也成为企业提高自主研发能力,提升企业核心竞争力的主要障碍。如图2-10所示,天津、河北、内蒙古、江苏、浙江、安徽、江西、湖南等地在2017年增长较为明显,有较大的进步。且重庆的正增长极其明显,这表明重庆对创新非常重视,有着发展创新的决心。其他地区也可以借鉴重庆发展创新政策方面的举措,创造适合企业研发,刺激企业创新的优良生态环境。一是大力宣传研发创新观念,使科研理念深入人心,培养戒骄戒躁的科研心态,弘扬脚踏实地的工匠精神,促进企业形成以研发创新为己任的

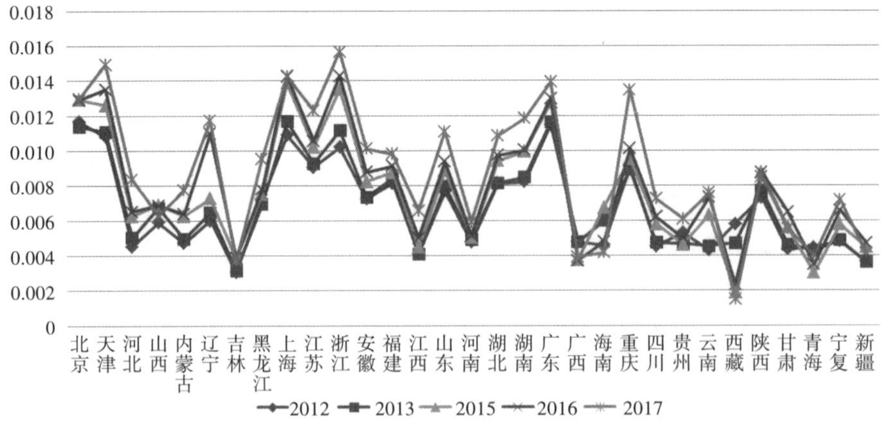

图2-10 2012～2017年R&D经费支出占收入比例

理念；二是着力改善研发创新环境，继续出台相关政策措施，保障企业顺利开展科研活动；三是充分发挥政策导向作用，利用已有的产业优势，使市场良性竞争，促使发展滞后的企业转型升级，刺激企业开展自主研发创新项目。

3.R&D从业人员受教育程度

分析各省区市2012~2017年R&D从业人员受教育程度。

①2012~2017年R&D从业人员受教育程度分析。从业人员代表生产函数中的劳动投入，从业人员的受教育程度反映各省区市对创新力的投入力度，从投入人力这一方面进行衡量。从图2-11得知，各个省区市从业人员的受教育程度累计数在总体上呈现上升趋势的，其中较高的有北京、天津、上海，较低的有西藏等。

面对这样的情况，各地应该建立健全人才培养、引进机制。人才是研发创新的根本，教育是人才培养的基础。教育在企业自主研发创新中发挥着至关重要的作用。实现地方经济转型升级，提高自主研发能力，需要懂技术、懂管理的企业家和掌握先进技术的专业技术人才。

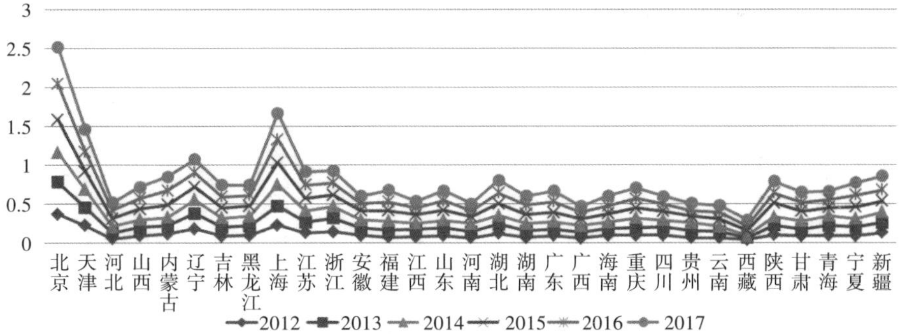

图2-11　2012~2017年R&D从业人员受教育程度

②2012年R&D从业人员受教育程度分析。从图2-12可以得知，2012年各省区市的从业人员受教育程度排名前五位的分别是北京、上海、天津、辽宁、浙江，后五名分别是河南、贵州、广西、河北、西藏。人才短缺的地区，应该大力实施人才强区战略，增加对金融技术创新人才专项资金的支持，大力引进人才，并做好其他相关工作，充分调动创新型人才的积极性和创造力。优先支持企业开展产学研项目，吸引优秀科技人才。

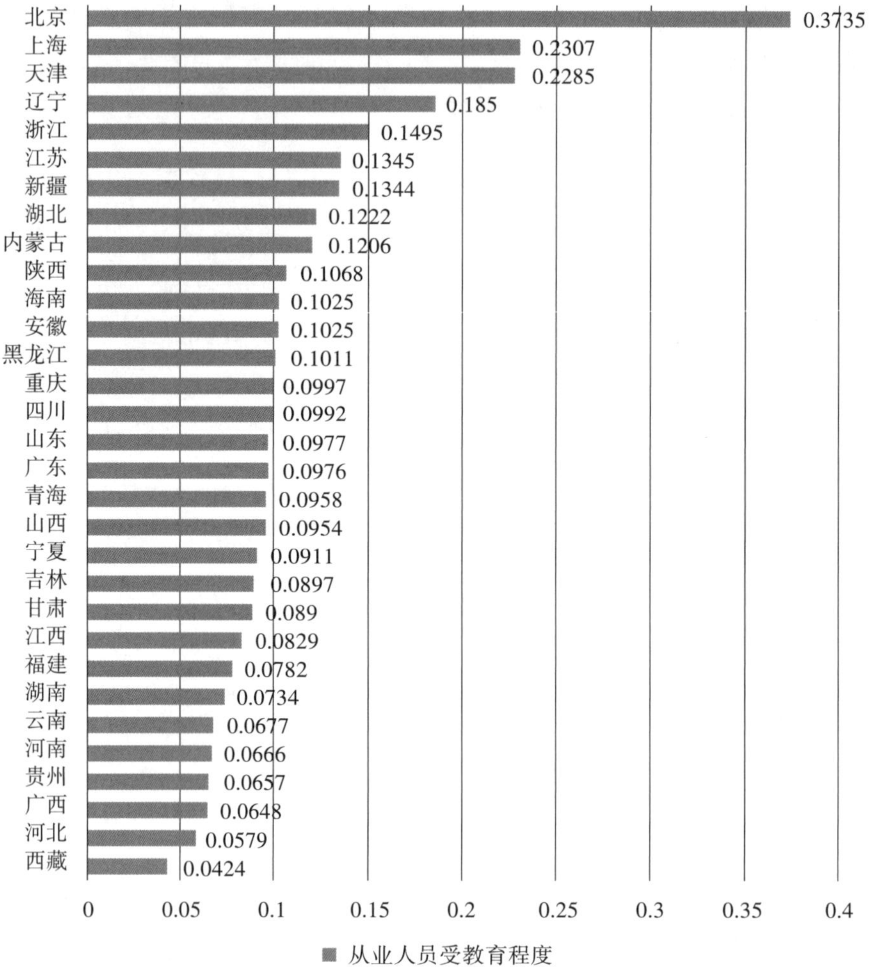

图2-12　2012年R&D从业人员受教育程度排名

③2013年R&D从业人员受教育程度分析。2013年各省区市的从业人员受教育程度排名前五位的分别是北京、上海、天津、辽宁、浙江，后五名分别是河南、云南、河北、广西、西藏，详见图2-13。在2013年贵州有了较大的变化，贵州的从业人员受教育程度指标增长较快。但是各地的人才发展差距过大，落后地区应推动建立企业研发储备基金制度。

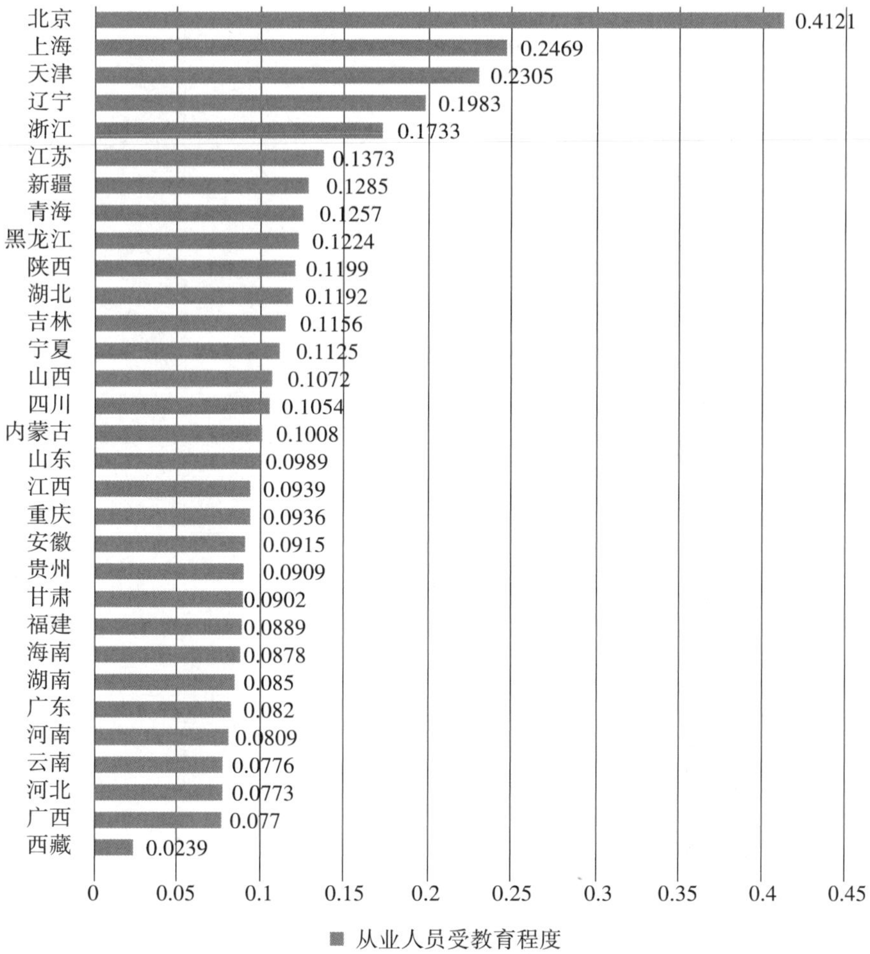

图2-13　2013年R&D从业人员受教育程度排名

④2014年R&D从业人员受教育程度分析。2014年各省区市的从业人员受教育程度排名前五位的分别是北京、上海、天津、辽宁、浙江，后五名是海南、广西、河北、云南、西藏，详见图2-14。在2014年河南有了较大的变化，河南的从业人员受教育程度指标增长较快。海南排名跌入后五名。总体来讲，各地的人才发展差距过大，落后地区应该强化企业研发投入主体地位的理念。

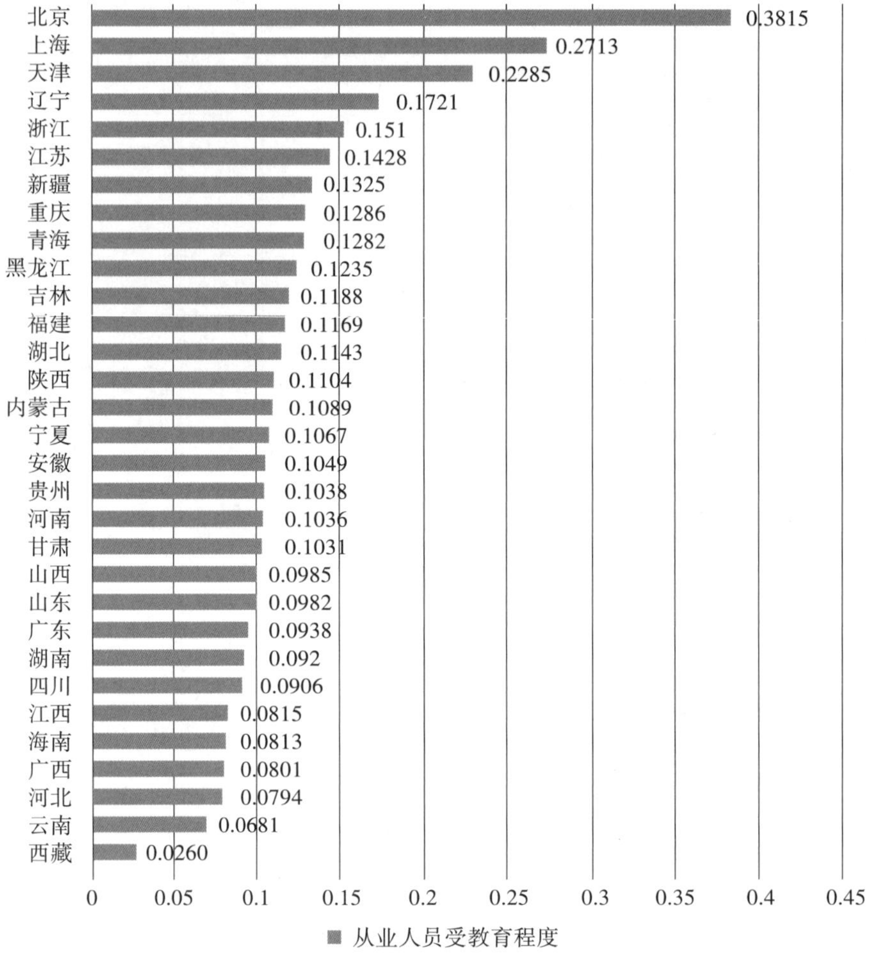

图2-14　2014年R&D从业人员受教育程度排名

⑤2015年R&D从业人员受教育程度分析。2015年各省区市的从业人员受教育程度排名前五位的分别是北京、上海、天津、陕西、辽宁，后五名是云南、广西、河南、贵州、西藏，详见图2-15。在2015年，陕西有了较大的进步，河南和贵州的从业人员受教育程度指标下跌。

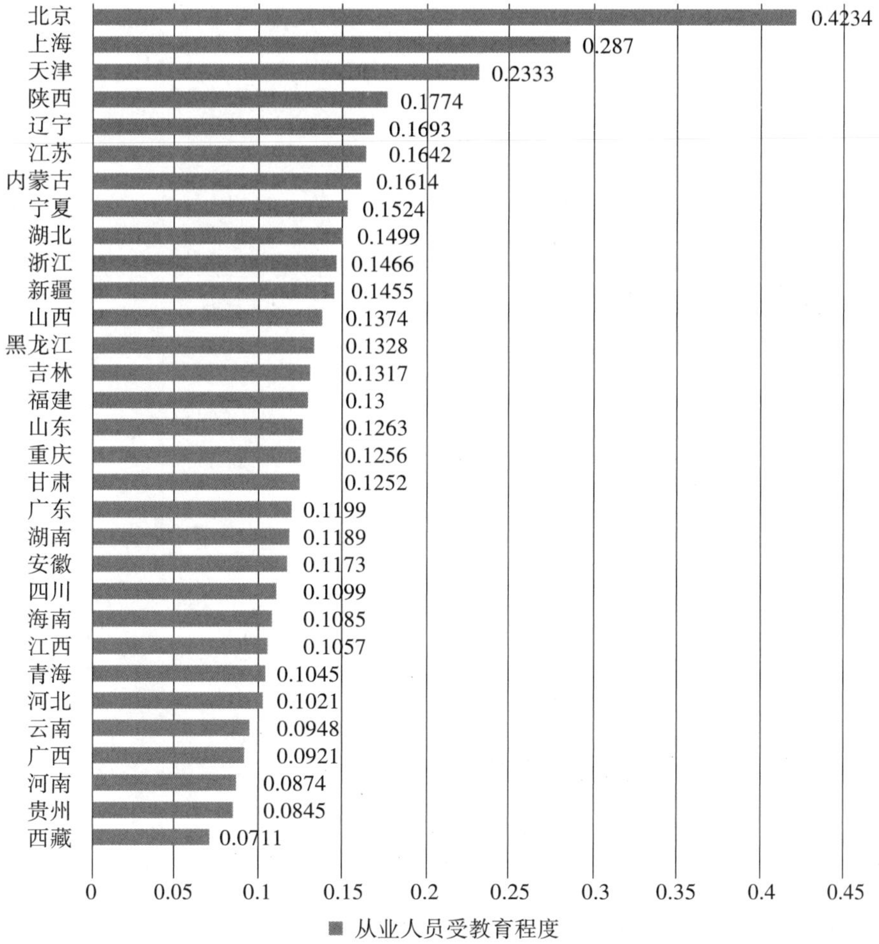

图2-15　2015年R&D从业人员受教育程度排名

⑥2016年R&D从业人员受教育程度分析。2016年各省区市的从业人员受教育程度排名前五位的分别是北京、上海、天津、内蒙古、辽宁，后五名是云南、广西、河南、贵州、西藏，详见图2-16。2016年，内蒙古有了较大的进步，落后地区与前几年相比有较大进步，但是区域差距仍然明显。

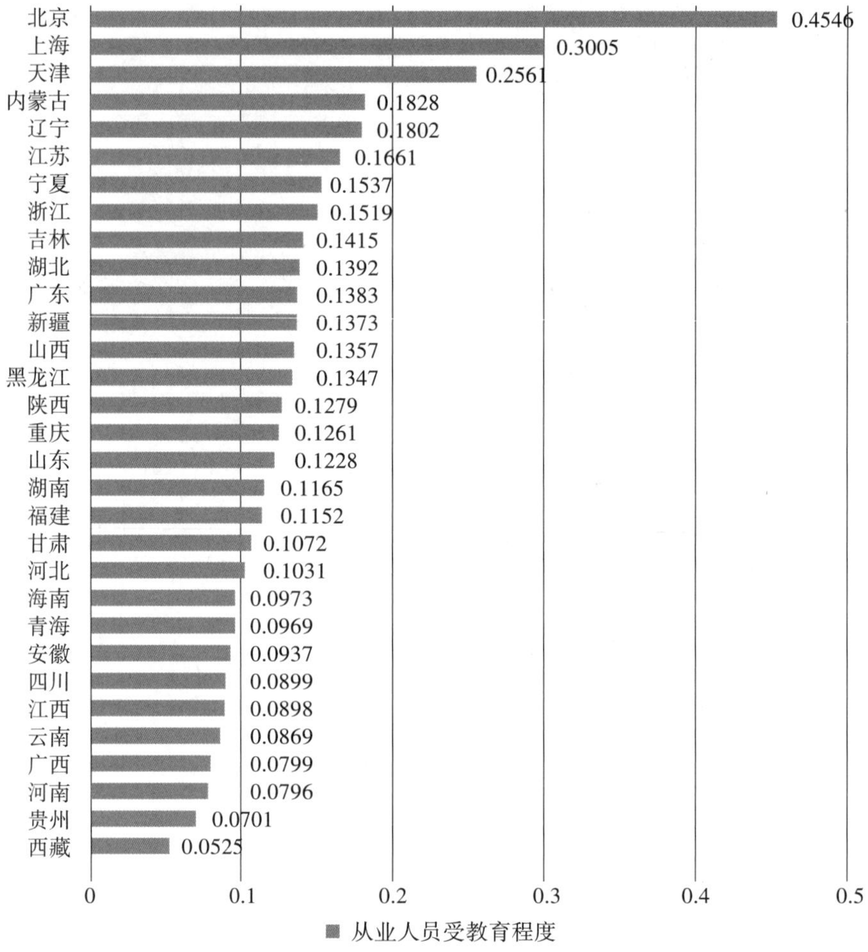

图2-16　2016年R&D从业人员受教育程度排名

⑦2017年R&D从业人员受教育程度分析。2017年各省区市的从业人员受教育程度排名前五位的是北京、上海、天津、内蒙古、新疆，详见图2-17。这一年，新疆有了较大的进步，后五名是河南、云南、江西、西藏、广西。因此排名靠前的各地应该坚持优势互补，平衡科技投入，建立多元化的区域布局，努力缩小区域差距。以产业集群为载体，科学布局、统筹规划，为加快各地区自主创新体系建设提供有效支撑。另外还可以统筹各地建立数据库，严堵多头申请、交叉和重复立项。

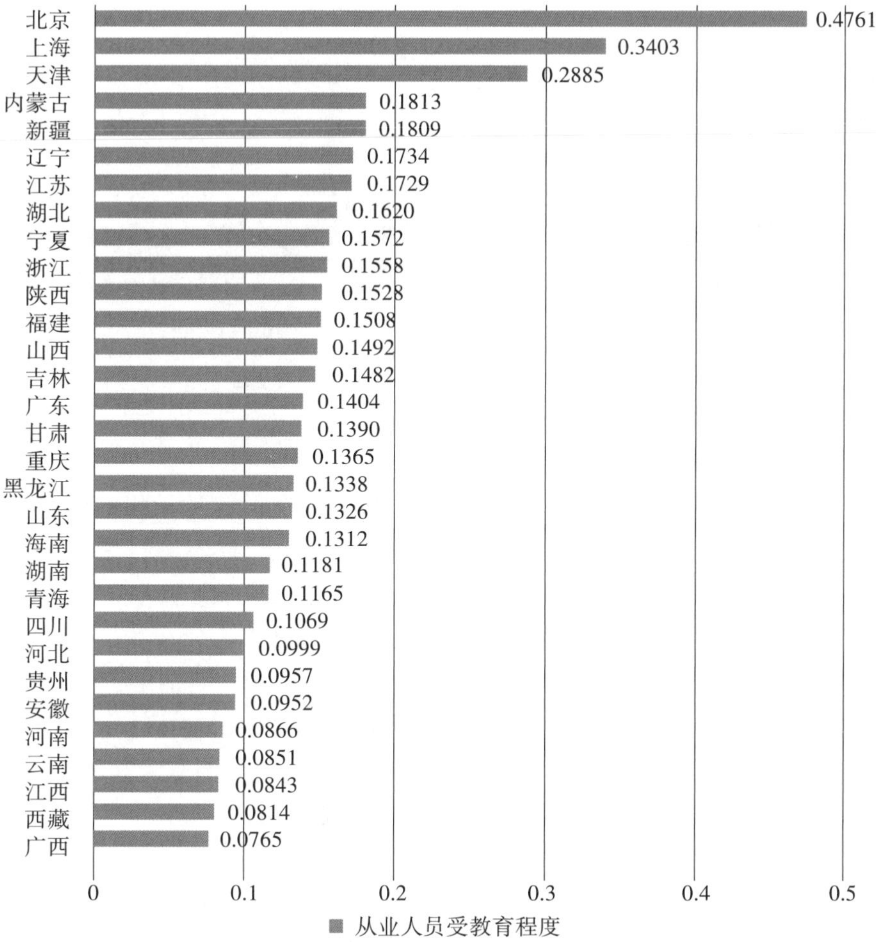

图2-17　2017年R&D从业人员受教育程度排名

4.R&D从业人员数

图2-18为2012～2017年的各省区市的R&D人员累计变化情况，可以看到每年各省区市的R&D人员变化情况不大，但是各地之间的差距还是非常大的。其中领先的是广东、江苏、浙江和山东，这几个省R&D从业人员数有比较大的优势，说明其具有较好的创新环境和影响力，其他各地还是存在发展不均衡的问题。科技研发人才稀缺是创新发展的主要问题。2012年末，各省份的企业从业人员数均未超过50万，反映出各地的高层次人才都严重稀缺，甚至是从业人员的稀缺。而且，在过去的5年中，除了广东、江苏、浙江和山东有所改善，其他地区仍然存在这种情况。从业人数不多也反映了各地创新资金投入不多，科技研发投入力度仍需加大，没有足够的激励政策。同时还存在着企业科技自主创新意识有待提高、科技投入

不足等导致的研发能力不强等问题。

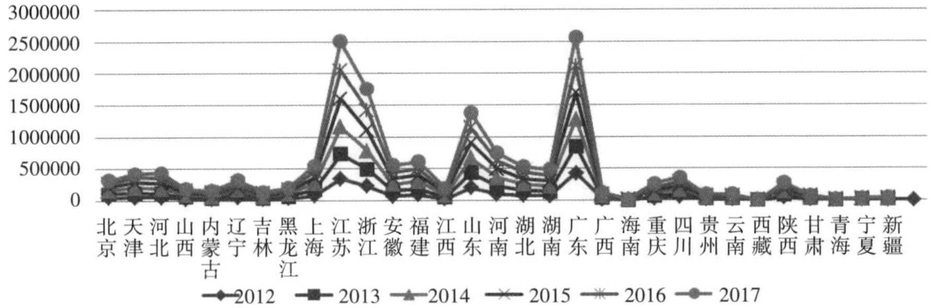

图 2-18　2012～2017 年 R&D 从业人员数

5. 新产品销售收入比

新产品销售收入比=高技术产业新产品销售收入/工业销售产值，在这类数据查找过程中，新疆和青海两地的数据缺失，所以不进行统计分析。根据其他地区统计分析的结果，从时间和省区市的综合维度来看，北京、广东、天津和江苏以及后来居上的重庆都是新产品销售占比较高的省份，详见图 2-19。重庆的增长是最为明显的，这是重庆对新产品销售的支持与创新开放环境改善的结果，反映了地区的创新力发展。相比之下，其他地区的新产品销售收入比的情况较为集中，比较落后的是内蒙古和西藏。

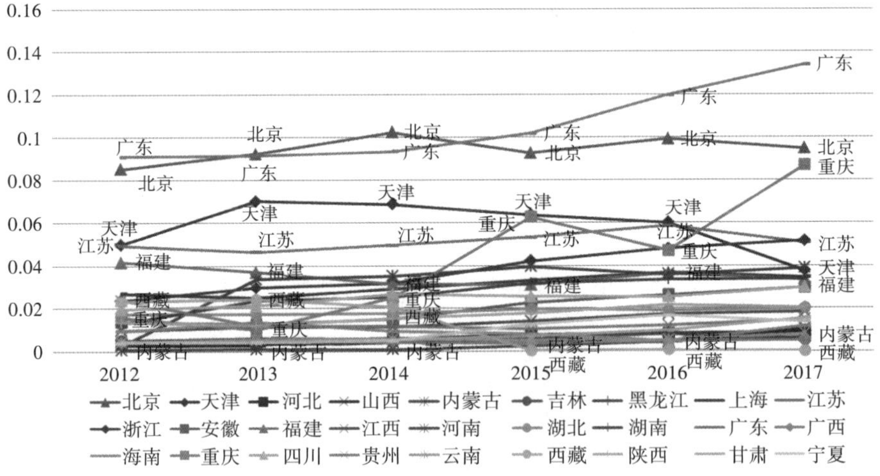

图 2-19　2012～2017 年新产品销售收入比

6.高技术产品出口比例

高技术产品出口比例=高技术产业新产品销售收入/工业销售产值。在这类数据查找过程中，新疆、西藏、青海的部分数据缺失，所以不进行统计分析。依据图2-20，从时间和省区市的综合维度来看，广东、江苏和上海都是高新技术产品出口比例较高的地区，这也是地理优势的体现。这些地区的外贸出口本身比较发达，图中数据也较好地印证了这点。与这三个地方相比，其他地区的高技术产品出口比例明显更低。创新力的发展与进出口贸易密不可分，所以，全方位地评价地区创新需要高技术产品出口比例这一指标。面对中国高新技术产业出口的各种问题和不足，应从不同角度分析，最终制定出有效的发展路径和规划，在政策上给予更大的支持，以实现中国高新技术产业均衡、稳定、有序、健康地发展。

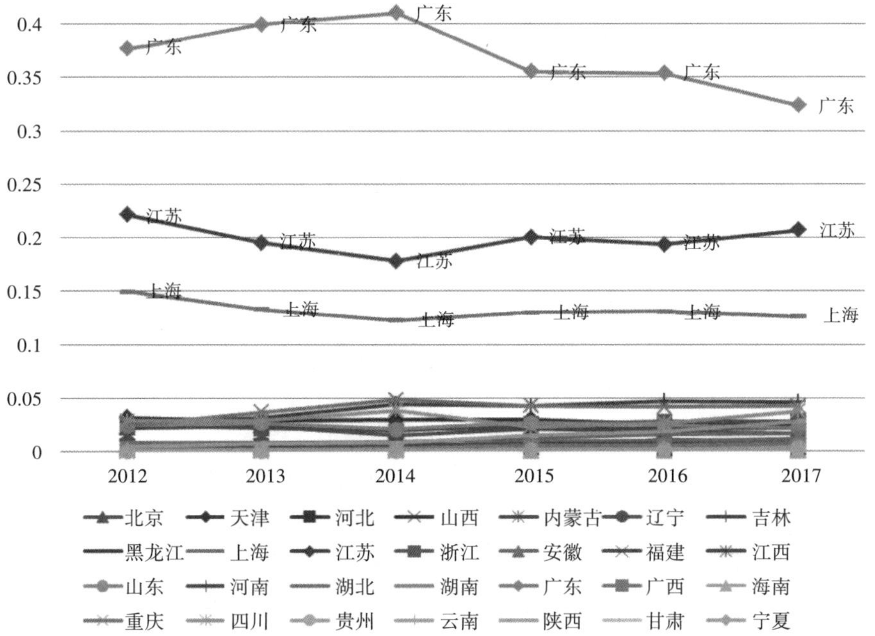

图2-20　2012~2017年高技术产品出口比例

7.专利授权量

从图2-21可知，各省区市5年来累计申请的专利数的前三名分别是江苏、广东和浙江，分别是1418131件、1336841件、1249601件。创新是带动整个地区快速发展的重要动力，因此分析获得专利授权数量是评价一个地区创新力的重要指标。部分地区的专利工作虽然取得了一些成绩，但在调研中发现仍然与区域经济发展的要求有不相适应的地方，问题主要集中体现在:专利分布不均衡,由于发明专利既要求企业具有较强的原始创新能力又要遵循其行业自身的发展规律,分布不均衡还算正常,但实用新型、外观设计专利只做形式审查,因此对各省来说,专利都处于同一起跑线,都有很大的潜力可挖。个别地区专利意识较淡薄,专利数量最少为400多个。可见各地区的发明专利情况不甚乐观,专利申报的基础层面不宽,对专利的认知程度远低于商标和版权。有专利活动的企业,大部分集中在大中型企业和特色行业,较多企业的专利意识还非常淡薄,存在重成果、轻专利的现象。部分科技活动的企业,平时专利与项目申报、技术研发结合不够,有了技术创新但未及时申请专利,造成专利流失或被他人侵权的情况。

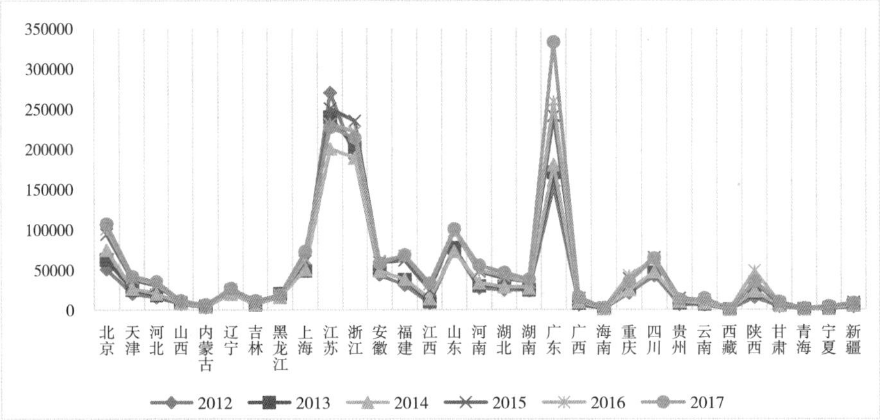

图2-21　2012～2017年专利授权量(单位:件)

8.技术市场成交额比

技术市场成交额比=该省技术市场成交额/该省规模以上工业企业R&D经费,由于西藏数据存在异常,将西藏的数据剔除后进行统计分析。对于技术市场来说,中国有非常好的发展势头:①新兴技术推动中国传统行业向数字化转型。未来,新兴技术仍是交易市场的主要方向之一。②技术投资的重点正逐渐从硬件转向软件。虽然目前硬件支出在技术交易中仍占主导地位,但增速已变缓。③领先的技术供应商将成为企业数字化转型的关键推动者。如图2-22所示,北京的技术市场成交额比是最高的,说明北京的技术市场的成交市场比较活跃。通过制度创新、政策突破、系统改善,科研人员活力不断释放,技术转移效率显著提高,加快了市场的部署技术元素和技术市场发展环境的进一步优化,显示出中、高速增长的发展趋势,这都是市场规模和交易质量大幅提升的效果。陕西和青海的技术市场成交额比较高,因为这些地区的分母项即该省规模以上工业企业R&D

经费较小,相比之下,技术市场成交额比较大。其余各省区市明显也不太具有优势。目前,在技术转让中占最高比例的技术成本没有包括在税收优惠中。此外,技术交易的税收激励措施以及高新技术企业认定、企业研发费用扣除等相关政策可以进一步增加。

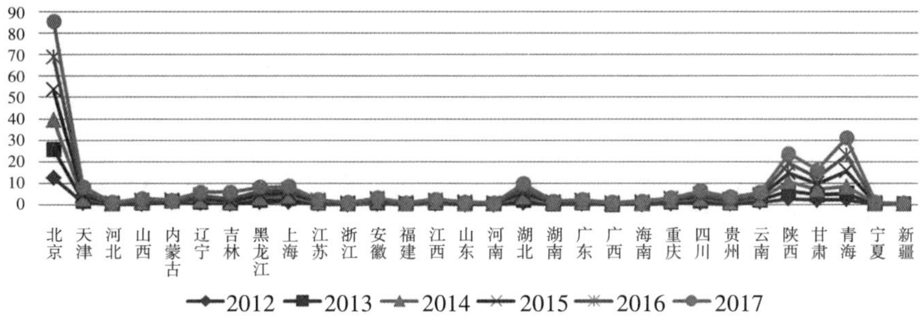

图2-22 2012~2017年技术市场成交额比

(三)基于因子分析法的各省区市排名分析

1.数据的采集与来源

按照国家统计局发布的制造业细分行业分类,采集了28个省区市从2012~2017年的数据,并从创新投入和创新产出两个维度出发,将8个指标划分为创新投入指标和创新产出指标。本项目关于制造业创新的数据大部分来自各省区市的统计年鉴、中国科技统计年鉴,还有部分数据来自中国工业统计年鉴和中国统计年鉴。并特此说明,由于西藏、青海、新疆的高技术产品出口比例,新疆、青海的新产品销售收入比的数据缺失,在分析各省区市排名的时候,剔除了西藏、青海、新疆的数据。

2.方法介绍

本项目采用的是因子分析法,用少数因子去描述多个指标间的关系,将变量进行归类,每个大类形成一个因子,所以称其为因子。同时它是不可预测的,即不是具体的变量,因子分析方法的实质是通过降维用少数因子反映多数信息。

3.创新力排名与结果分析

用IBM SPSS Satistics V21软件进行因子分析。首先将8个指标进行标准化,然后对标准化的数据进行因子分析,得出8个指标的权重,然后进一步算出在各省区市各年的创新力指标得分。

①2012年创新力排名具体结果。2012年各省区市的各个指标经过指标标准化后，KMO检验的值为0.758，8个指标的相关系数矩阵与单位阵的显著性差异水平为0.00，适合做因子分析。

首先，将8个指标设为$X_1,X_2,X_3,X_4,X_5,X_6,X_7,X_8$，通过SPSS软件计算，得出两个主成分，设为$F_1,F_2$。另外设$F$为最终的指标得分。

所以有

$$F_1=0.239X_1+0.091X_2-0.068X_3+0.248X_4+0.097X_5+0.216X_6+0.223X_7-0.125X_8$$

$$F_2=-0.065X_1+0.216X_2+0.389X_3-0.088X_4+0.223X_5-0.042X_6-0.051X_7+0.400X_8$$

$$F=0.5379F_1+0.3205F_2$$

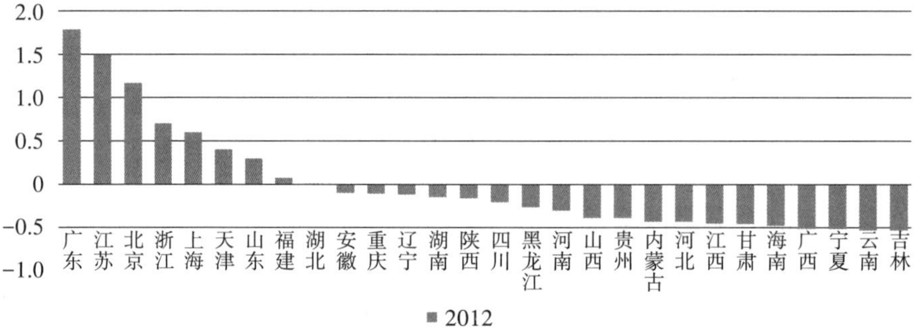

图2-23　2012年各省区市创新力指标得分情况

通过计算指标得分，2012年排名前十的分别是广东、江苏、北京、浙江、上海、天津、山东、福建、湖北、安徽。后十名分别是贵州、内蒙古、河北、江西、甘肃、海南、广西、宁夏、云南、吉林，详见图2-23。

②2013年创新力排名具体结果。2013年各省区市的各个指标标准化后，KMO检验的值为0.718，8个指标的相关系数矩阵与单位阵的显著性差异水平为0.00，适合做因子分析。

首先，将8个指标设为$X_1,X_2,X_3,X_4,X_5,X_6,X_7,X_8$，通过SPSS软件计算，得出两个主成分，这里设为$F_1,F_2$。另外设$F$为最终的指标得分。

所以有

$$F_1=0.238X_1+0.108X_2-0.069X_3+0.248X_4+0.096X_5+0.213X_6+0.221X_7-0.110X_8$$

$$F_2=-0.067X_1+0.199X_2+0.399X_3-0.091X_4+0.232X_5-0.052X_6-0.032X_7+0.400X_8$$

$$F=0.5374F_1+0.3120F_2$$

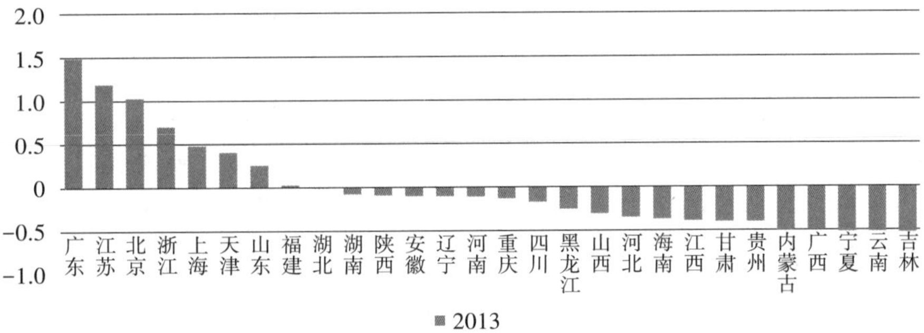

图2-24　2013年各省区市创新力指标得分情况

通过计算指标得分,2013年的前十名与2012年相比,湖南挤进前十,安徽掉出前十。2013年后十名分别是河北、海南、江西、甘肃、贵州、内蒙古、广西、宁夏、云南、吉林,详见图2-24。

③2014年创新力排名具体结果。2014年各省区市的各个指标经过指标标准化后,KMO检验的值为0.673,8个指标的相关系数矩阵与单位阵的显著性差异水平为0.00,适合做因子分析。

首先,将8个指标设为$X_1,X_2,X_3,X_4,X_5,X_6,X_7,X_8$,通过SPSS软件计算,得出两个主成分,这里设为$F_1,F_2$。另外设$F$为最终的指标得分。

所以有

$$F_1=0.244X_1+0.100X_2-0.072X_3+0.252X_4+0.086X_5+0.215X_6+0.222X_7-0.121X_8$$

$$F_2=-0.067X_1+0.202X_2+0.387X_3-0.092X_4+0.242X_5-0.057X_6-0.015X_7+0.389X_8$$

$$F=0.5290F_1+0.3246F_2$$

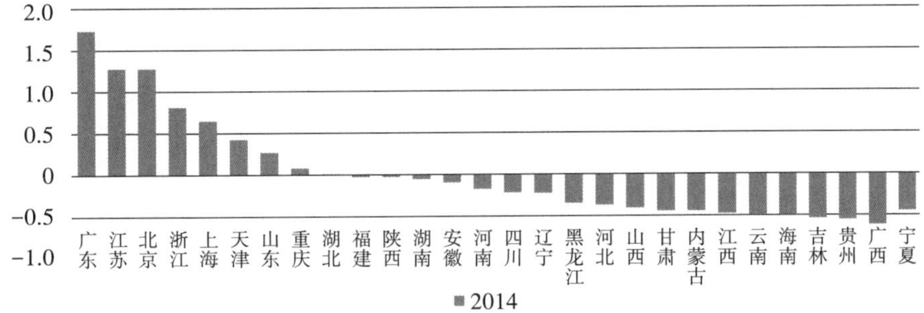

图2-25　2014年各省区市创新力指标得分情况

通过计算指标得分,2014年的排名与2013年相比,重庆跻身前十,而湖南掉出前十。后十名分别是山西、甘肃、内蒙古、江西、云南、海南、吉林、贵州、广西、宁夏,详见图2-25。

④2015年创新力排名具体结果。2015年各省区市的各个指标经过标准化后，KMO检验的值为0.664，8个指标的相关系数矩阵与单位阵的显著性差异水平为0.00，适合做因子分析。

首先，将8个指标设为$X_1, X_2, X_3, X_4, X_5, X_6, X_7, X_8$，通过SPSS软件计算，得出两个主成分，这里设为$F_1, F_2$。另外设$F$为最终的指标得分。

所以有

$$F_1=0.234X_1+0.100X_2-0.063X_3+0.273X_4+0.118X_5+0.209X_6+0.217X_7-0.102X_8$$

$$F_2=-0.075X_1+0.215X_2+0.406X_3-0.100X_4+0.195X_5-0.050X_6-0.024X_7+0.403X_8$$

$$F=0.55482F_1+0.3087F_2$$

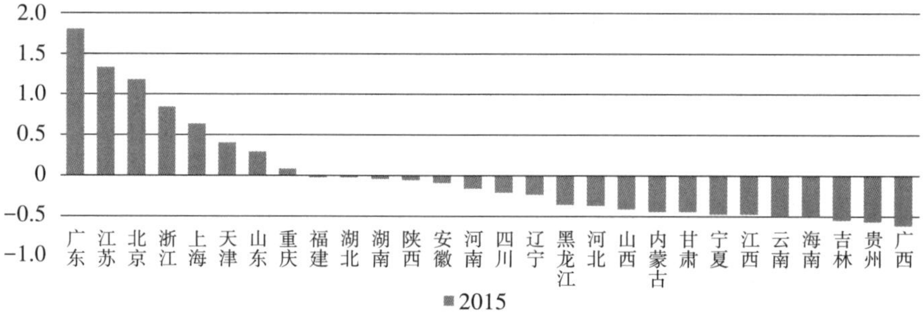

图2-26　2015年各省区市创新力指标得分情况

通过计算指标得分，2015年前十名与2014年相同。2015年后十名分别是山西、内蒙古、甘肃、宁夏、江西、云南、海南、吉林、贵州、广西，详见图2-26。

⑤2016年创新力排名具体结果。2016年各省区市的各个指标经过标准化后，KMO检验的值为0.662，8个指标的相关系数矩阵与单位阵的显著性差异水平为0.00，适合做因子分析。

首先，将8个指标设为$X_1, X_2, X_3, X_4, X_5, X_6, X_7, X_8$，通过SPSS软件计算，得出两个主成分，这里设为$F_1, F_2$。另外设$F$为最终的指标得分。

所以有

$$F_1=0.234X_1+0.089X_2-0.060X_3+0.235X_4+0.125X_5+0.210X_6+0.214X_7-0.109X_8$$

$$F_2=-0.084X_1+0.215X_2+0.412X_3-0.105X_4+0.192X_5-0.057X_6-0.015X_7+0.413X_8$$

$$F=0.56314F_1+0.3022F_2$$

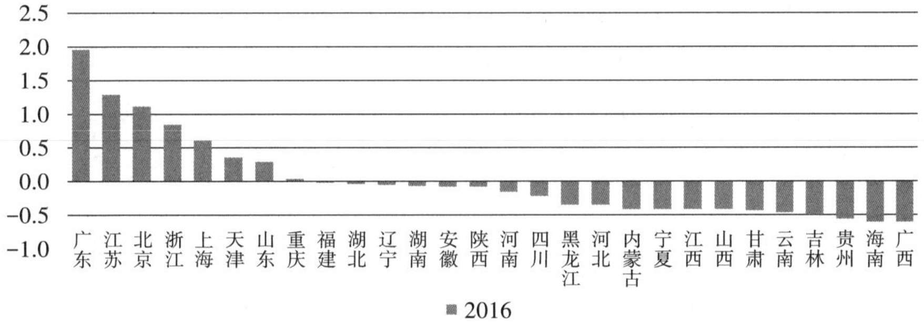

图2-27 2016年各省区市创新力指标得分情况

通过计算指标得分,2016年排名前十的省区市与2015年相比没有变化。2016年后十名分别是内蒙古、宁夏、江西、山西、甘肃、云南、吉林、贵州、海南、广西,详见图2-27。

⑥2017年创新力排名具体结果。2017年各省区市的各个指标经过标准化后,KMO检验的值为0.651,8个指标的相关系数矩阵与单位阵的显著性差异水平为0.00,适合做因子分析。

首先,将8个指标设为$X_1,X_2,X_3,X_4,X_5,X_6,X_7,X_8$,通过SPSS软件计算,得出两个主成分,这里设为$F_1,F_2$。另外设$F$为最终的指标得分。

所以有

$$F_1=0.234X_1+0.089X_2-0.060X_3+0.235X_4+0.125X_5+0.210X_6+0.214X_7-0.109X_8$$

$$F_2=-0.084X_1+0.215X_2+0.412X_3-0.105X_4+0.192X_5-0.057X_6-0.015X_7+0.413X_8$$

$$F=0.63499F_1+0.28093F_2$$

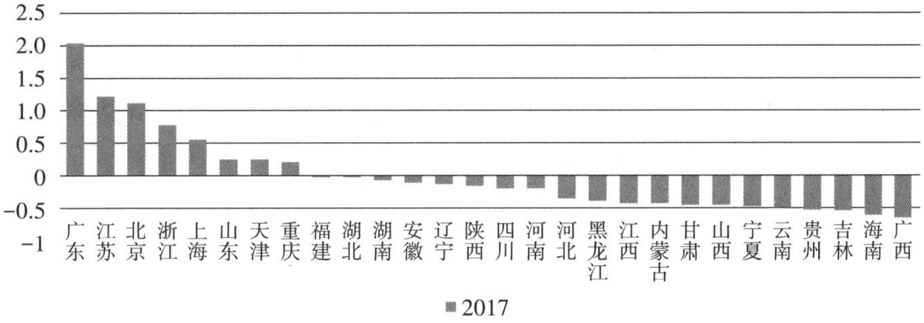

图2-28 2017年各省区市创新力指标得分情况

通过计算指标得分,2017年前十名与2016相比没有变化,后十名分别是江西、内蒙古、甘肃、山西、宁夏、云南、贵州、吉林、海南、广西,详见图2-28。

⑦2012～2017年的28个省份创新力排名的综合结果分析。将2012～2017年的各省区市的创新力指数排名在时间维度上对比，再以2012年为基准线，可知2017年创新力排名有较大增长的有天津、福建、湖北、安徽、辽宁、黑龙江、山西、贵州、海南、广西。而有较为明显下降的是重庆、湖南、河南、河北、江西、甘肃、宁夏、云南、吉林，详见图2-29。针对创新指数排名的变化，可以预测出创新力进步较大的地区，如贵州、安徽。而针对排名落后的地区要加强对创新的投入与产出水平，如重庆、河北等。

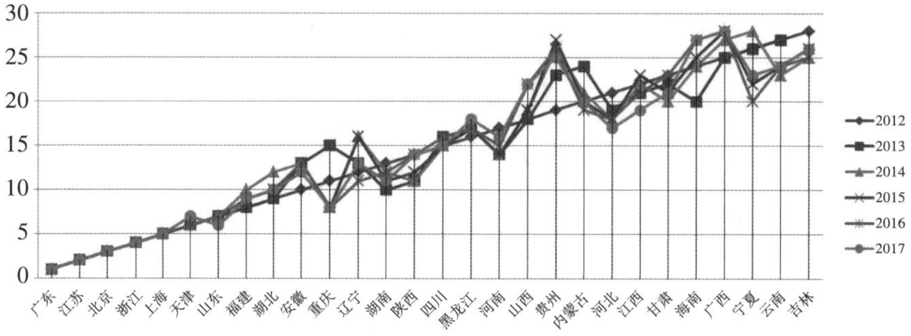

图2-29 2012~2017年各省区市创新力指标得分情况

4.2017年各省区市创新力排名

分析2017年各省区市的创新力排名情况。

表2-2 2017年各省区市创新力排名情况

	省区市	创新力评分	创新力排名
创新第一梯队	广东	2.048572	1
	江苏	1.232332	2
	北京	1.129770	3
	浙江	0.782851	4
	上海	0.574359	5
	山东	0.271348	6
	天津	0.271075	7
	重庆	0.233805	8
创新第二梯队	福建	−0.023830	9
	湖北	−0.029290	10
	湖南	−0.058290	11
	安徽	−0.106470	12
	辽宁	−0.112660	13
	陕西	−0.141790	14

续表

	省区市	创新力评分	创新力排名
创新第二梯队	四川	−0.180420	15
	河南	−0.184860	16
	河北	−0.351640	17
	黑龙江	−0.366840	18
创新第三梯队	江西	−0.419230	19
	内蒙古	−0.422190	20
	甘肃	−0.440490	21
	山西	−0.447460	22
	宁夏	−0.463700	23
	云南	−0.499880	24
	贵州	−0.511370	25
	吉林	−0.525870	26
	海南	−0.605090	27
	广西	−0.652760	28

①2017年基于因子分析法的投入与产出系数综合结果分析。主要分析2017年各省区市的创新力排名情况，各省区市的创新投入、产出对比，通过创新力排名分出排出第一梯队、第二梯队和第三梯队，各省区市的每个指标的大小情况具体分析如下。

表2-2为2017年各省区市创新力排名情况，根据因子分析，利用影响创新力的8个指标，对创新力进行排名并把28个省区市分为了三个梯队，针对不同的梯队，分别对创新力进行详细研究。

根据表2-2，广东在28个省区市中创新力排在第一，说明广东的制造业近几年快速地发展，创新能力比较强，区域集聚度比较高，各类制造产业较密集。另外，该地区的营销网络覆盖面广，也促进了技术创新活动的产生。

江苏、北京处于创新第一梯队，分别位居第二和第三。浙江、上海、山东、天津、重庆同样属于创新第一梯队。这五个地区的综合实力弱于广东、江苏、北京。这与国际著名高新技术公司在广东设立分支研究机构、科技成果大部分转让频繁有关。

位于创新第二梯队的有福建、湖北、湖南、安徽、辽宁、陕西、四川、河南、河北、黑龙江，多为内陆地区，制造业的创新力的衡量因素除了投入还有每个省区市的产出，产出即衡量新产品销售收入、高新技术产品出口等指标。福建、湖北的排名比较靠前，因为福建位于沿海，也有着独特的地理优势，也有相应政策的支持；湖北位于长江经济带，具有发展优势和政策优势，但是与创新第一梯队相比创新力还有不足，也是应该重点加强的地区。而相比于福建、湖北，河南、河北、黑龙江的创新能力相对比较靠后，原因是这三个地区的制造业基础比较弱，而福建、湖北、湖南这些地区的制造业基础比较强，技术创新能力排名靠前，具有政策支持和地理位置优势。

位于创新第三梯队的江西、内蒙古、甘肃、山西、宁夏、云南、贵州、吉林、海南、广西的经济基础比较弱，这也是第三梯队各项指标的得分低的原因。从表2-2可以看出，随着等级的升高，等级之间的差距越来越大。

三个等级的分布结构类似于金字塔，得分比较高的只有广东、山东、北京，评分超过1，位于金字塔的顶端。评分是负分的省区市的数量比较多，位于金字塔的底端。这说明中国制造业的技术创新能力呈现出差异性的特征，不仅是区域差异，还有发达地区中的省区市的差异。广东、江苏、北京的分数大于1，指标得分相对均衡，处于稳定的高水平状态，广东得分是上海的三倍多，这与广东省雄厚的产业基础有关。而其他地区的排名不集中，说明其他地区应该加强相关产业创新力发展。

②2017年三个创新梯队的各个指标综合结果分析。

将指标标准化，对创新第一梯队的数据进行分析，可以按省区市分析，其实，第一梯队的各个指标分布是十分不均匀的（图2-30）。广东的专利授权量、高新技术产品出口比例、新产品开发经费支出、新产品销售收入比都遥遥领先于其他省区市，这与广东独特的地理条件和政策优势是分不开的。

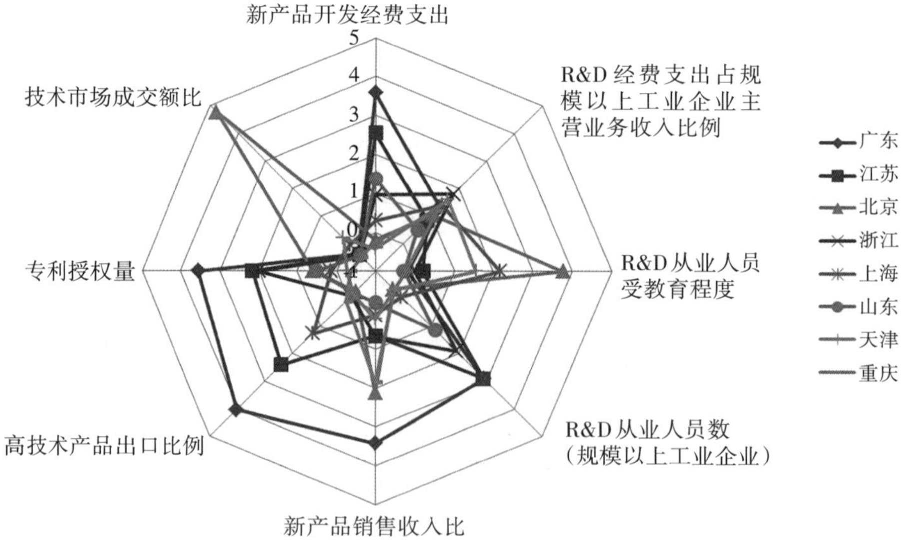

图2-30　2017年“创新第一梯队”省区市创新力指标得分情况

江苏的专利授权量、高新技术产品出口比例、新产品开发经费支出、R&D从业人员数指标都有较高的评分，一方面得益于改革开放后崛起的乡镇企业，另一方面也和毗邻上海的区位优势密不可分。但江苏也有明显短板，如技术市场成交额比新产品销售收入、R&D从业人员受教育程度，其中R&D从业人员受教育程度明显低于上海、北京、天津，所以江苏缺乏新锐创新。在这个领域，北京地位稳固，而江苏表现相对乏力。

北京有三个明显优势的指标，分别是新产品销售收入比、R&D从业人员受教育程度、技术市场成交额比。这充分反映了北京地区的独特的地理位置、教育优势以及技术市场的发达程度。

浙江从2014年开始，陆续发布了“瞪羚计划”“雏鹰计划”“雄鹰计划”，针对企业发展的不同阶段，从金融、服务等各个角度对企业进行培育和扶持，让浙江在提升创新力的过程中能够发挥显著优势。但是新产品开发经费支出、新产品销售收入比、R&D从业人员受教育程度、技术市场成交额比、高新技术产品出口比例等指标评分较低，这与浙江的高新技术企业数量还不够多，区域发展不够平衡。只有克服这些缺陷，浙江才能真正发展起来。

上海、山东、天津、重庆几个指标都没有过大差异，一方面这样均衡发展有利于地区的创新力稳健地发展起来，但是另外一方面，与创新力较强的省份相比，它们缺乏自身的优势，没有较突出的发展方向。各地要加快实施创新驱动发展战略，真正以省市为基地，进一步优化创新生态，聚集创新资源，增强创新绩效，释放创新潜力，切实优势互补，务实创新。

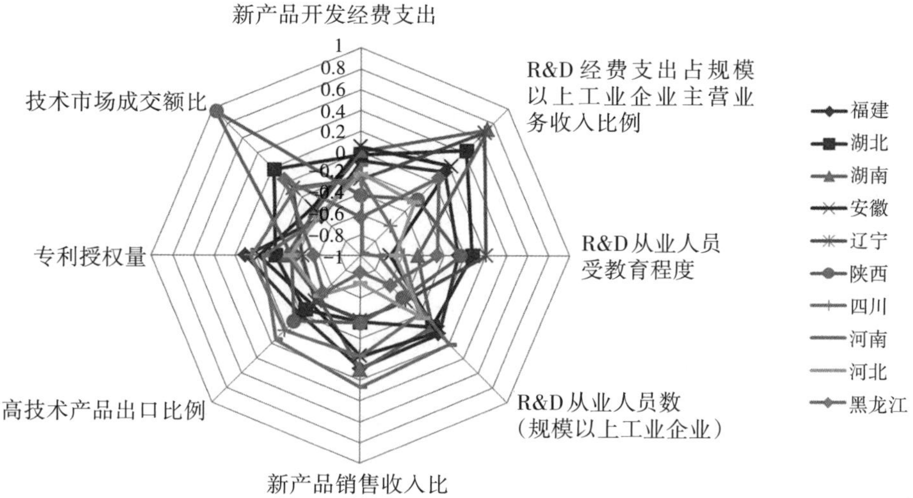

图2-31　2017年“创新第二梯队”各省区市创新力指标得分情况

与创新第一梯队相比，创新第二梯队各个省份的各个指标较为平均，分布也较为集中，但是，各项指标的评分较“创新第一梯队”有所下降（图2-31）。

福建没有较为突出的创新指标，但是排到了“创新第二梯队”的第一名，可能是因为福建的各项指标较为平均，综合得分较高。这与福建开放、全面的创新驱动发展政策密不可分。湖北、安徽、四川、河北同样是指标分数分布比较平均，但是指标系数没有福建的高，因此应该加强政策引导、鼓励创新。

湖南是“创新第二梯队”的第三名，有较为突出的指标，R&D经费支出占规模以上工业企业主营业务收入比例较为突出，说明R&D经费较为充足，企业也有足够宽松的政策和外界环境，该指标得分远远领先于其他的地区，表明了湖南省发展创新产业的决心。但是，与此同时，R&D从业人员受教育程度这个指标较低，减缓了湖南的创新进程。湖南应该充分利用当地高校、产业园区、研究机构的人才优势，制订激励人才的计划，只有这样才能为创新发展提供坚强的后盾。

辽宁除了R&D经费支出占规模以上工业企业主营业务收入比例指标得分较高，专利授权量、R&D从业人员数、新产品开发经费支出、新产品销售收入比、R&D从业人员受教育程度、技术市场成交额比、高新技术产品出口比重指标得分均较低。总结下来，辽宁应该在以下几个方面进行改进：重视人才发展，人才是创新发展的关键，更是振兴的动力之源；实施区域创新高地引领行动，加快重大功能平台建设；要实现创新发展，科技成果的转化至关重要，从而实现科技市场的繁荣。

陕西，只有技术市场成交额比遥遥领先于其他地区，应该加强其他指标的建设。

河南的R&D从业人员数、新产品销售收入比、高新技术产品出口比例、专利授权量、新产品开发经费支出、技术市场成交额比指标还较为正常，但是R&D经费支出占规模以上工业企业主营业务收入比例、R&D从业人员受教育程度指标得分特别低，平均低于大部分其他省份，加上其他指标也不很强，所以排在其他省份之后。另外应该加强拔尖创新创业团队的引进和培养，促进高端人才聚集。

“创新第三梯队”的各省区市指标的得分都较为平均，但是在R&D经费支出占规模以上工业企业主营业务收入比例这项指标上的表现都有欠缺（图2-32）。处于“创新第一梯队”与“创新第二梯队”的地区指标得分并不均衡，这就要求这些省区市要重视其薄弱环节并改善，从而提高技术创新能力。处于最末梯队的省区市指标得分比较低，处于低水平的均衡状态，这表明其技术创新能力比较弱，且比较难提升。要想摆脱这种低水平均衡的状态，需要寻找突破口。

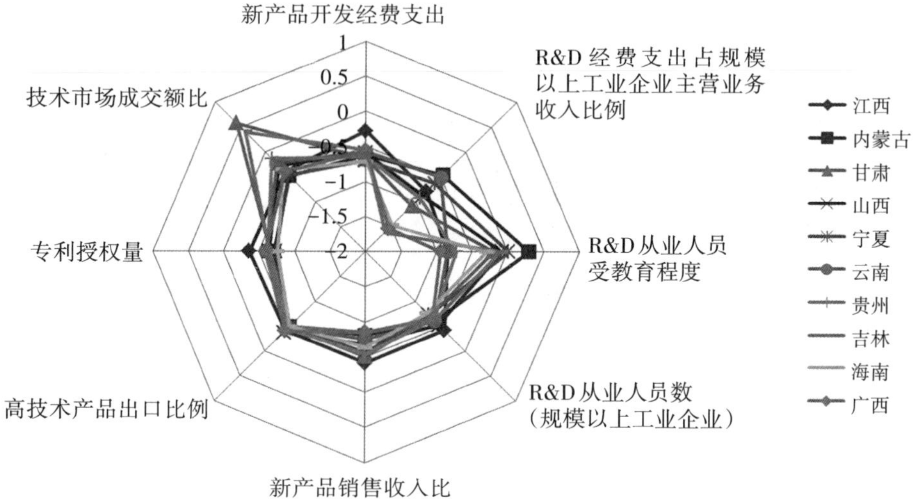

图2-32　2017年“创新第三梯队”省区市创新力指标得分情况

③2017年基于因子分析的投入与产出系数综合结果分析。在分析完在各级创新梯队的各个指标的情况后，下面对投入和产出系数进行综合分析。

根据图2-33和图2-34可知，各个省区市2017年的投入和产出情况，综合分析后可得出相应的结论。

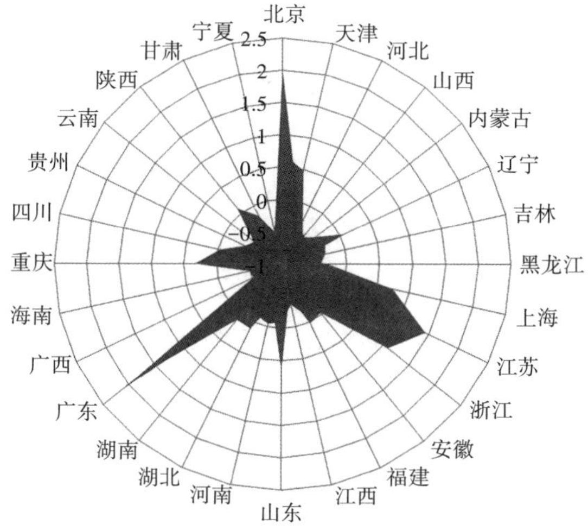

图2-33　2017年各省区市创新力投入系数对比图

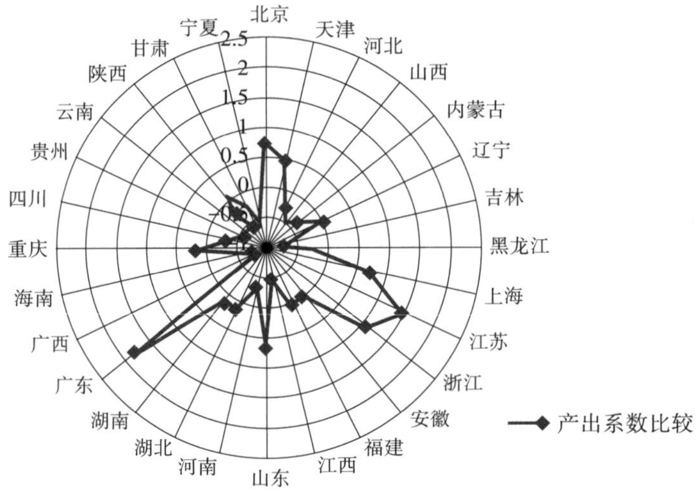

图2-34　2017年各省区市创新力产出系数分析图

对比创新投入系数与创新产出系数，能看各省区市对创新产出与投入指标是否平均，并找出问题，有针对地给出建议。

在评价的28个省区市（西藏、新疆、青海因数据缺失除外）中，14个省区市制造业创新产出的排名高于创新投入，这归功于企业的自主创新。广东和重庆是“高投入—高产出”的代表，北京是“低投入—低产出”的代表。“低投入—高产出”是企业提升自主创新的必由之路，这还需要引导企业增加科技投入强度、高效利用全球的科技资源、增强人力资源的开发力度、完善金融政策。

三、中国制造业省域尺度价值链地位研究

随着“互联网+”和“工业4.0”的出现，中国制造业迎来了新的挑战，当下应利用好大数据等工具，协助制造业转型升级。本项目利用信息熵对中国省域制造业价值链地位进行实证研究，大数据使信息熵对信息价值的衡量更加准确有效。

许多学者对信息熵在制造业价值链中的运用都进行了研究。Kang Ning等从互联网的角度对资源匹配效率进行了研究，研究了具有信息熵的属性特征变量在同一空间中的分布情况；Ramón Padilla-Pérez（2010）研究了以出口为导向的制造业企业在面对日益激烈的亚洲竞争中所采取的技术升级策略；Jiajie Li（2019）以2000～2014年中国制造业跨行业面板数据

为基础，测算分析了中国制造业服务化对全球经济的影响；Xuan Chen（2020）从不同类型的海洋环境规制角度出发，研究海洋环境对制造业产业结构升级的影响；Feifei Yu（2020）实证分析了制造业的中小企业研发投入对企业社会责任行为的直接影响；Huasheng Zhu（2016）从专业化市场和分销商或销售代理的地理集聚角度研究了中国的产业集聚，并提出了加强竞争力是玩具业中情景应用系统向上游制造业转移的决定因素。

大量文献采用不同测度方法对制造业价值链地位进行研究。Jun Guan（2020）从文献计量学和经济物理学的角度重新考虑了纵向专业化文献中与长度相关和位置相关的测量方法，实证并分析工业部门在全球价值链中的地位；Chunmiao Shen（2020）主要利用1997～2015年中国省级面板数据对模型进行估计，结果表明在分析全球价值链一体化对科技咨询委员会的影响时不应忽视全球价值链的地位。

经过分析后发现，以往文献对信息熵在中国制造业价值链度量方法中应用的研究较少。本项目创新的基础是信息熵可定量分析中国省域制造业的相关信息价值链地位，提高测量精确性。在实证分析中，首先，基于信息熵建立评价指标，构建评价模型，计算各指标的权重。然后，在区域尺度上测度和分析中国制造业价值链的高度。最后，对影响制造业价值链规模的指标进行回归。本项目为政府制定中国省域制造业的相关发展政策以及决策提供了参考依据。

（一）中国制造业价值链省域尺度测度方法

1. 评价指标

根据以往文献，本项目主要从企业的创新能力、品牌高度、人才结构、市场程度等指标对价值链进行评价。价值链指标体系见表2-3。

表2-3　制造业价值链指标体系结构

目标	序号	一级指标	序号	二级指标
制造业价值链高质量发展	A	创新能力	A1	单位产值专利申请数
			A2	单位产值专利授权数
			A3	R&D 投入强度
			A4	创新产出
	B	品牌高度	B1	地理标志商标数
			B2	商标累计有效注册数
			B3	马德里商标总量

续表

目标	序号	一级指标	序号	二级指标
制造业价值链高质量发展	C	人才结构	C1	制造业从业人员比例
			C2	受教育程度
	D	市场程度	D1	新产品出口销售比例
			D2	销售产值比
			D3	出口货物比

备注：销售产值比=制造业销售产值/制造业企业数；制造业从业人员比例=制造业从业人员/工业企业从业数目；新产品出口销售比例=新产品出口额/全部产品出口额；出口货物比=制造业出口交货值/制造业数目

2.评价模型构建

采用式(2-1)，对一级指标进行无量纲化处理。

$$V_{ij}=\frac{X_{ij}-\min(X_{ij})}{\max\left(X_{ij}\right)-\min(X_{ij})} \quad (式2-1)$$

消除不同量纲的影响，定义效用值的区域范围为0～100，其中X_{ij}表示第j年第i个指标（i分别为R&D投入强度、单位产值专利申请数、单位产值专利授权数、新产品销售出口比例、地理标志商标数、商标累计注册数、马德里商标总量），$\max(X_{ij})$表示第j年第i个指标的最大值，$\min(X_{ij})$表示第j年第i个指标的最小值，在此基础上构建制造业价值链高度得分。

利用信息熵计算各指标的熵权，确定各指标的权重，设第j项指标的熵为H_j，则

$$H_j=-k\sum_{i=1}^{m}p_{i,j}\ln p_{i,j} \quad j\in[1,m] \quad (式2-2)$$

其中$p_{ij}=\frac{y_{ij}}{\sum_{i=1}^{m}y_{ij}}$，$k=\frac{1}{\ln m}$；当$p_{ij}=0$时，$p_{i,j}\ln p_{i,j}=0$.

定义熵权，根据熵H_j H_i求解第j项指标熵权：

$$\omega_j=\frac{1-H_j}{n-\sum_{j=1}^{n}H_j},\quad 0\leqslant\omega_j\leqslant1,\ \sum_{j=1}^{n}\omega_j=1 \quad (式2-3)$$

价值链高度指数：$VCI_i=\omega_j\cdot V_{ij}$

3.价值链高度评价指标权重

通过对制造型企业的创新能力、品牌高度、人才结构、市场程度这四部分进行分析，再对数据进行无量纲化处理，采用熵值赋权法，得到指标权重如表2-4所示。

表 2-4 价值链高度评价指标权重

指标序号	权重	指标序号	权重
A1	0.094802	B3	0.044330
A2	0.097148	C1	0.108234
A3	0.107055	C2	0.137111
A4	0.048511	D1	0.039425
B1	0.065332	D2	0.078230
B2	0.092934	D3	0.086888

(二)中国制造业省域尺度价值链高度测度与分析

1.全国价值链高度得分

由表2-5所示,由于2012年数据不完整导致计算结果较低,2012年,数据造成的误差此处不进入下一步分析。2011年,全国制造业价值链平均高度为13.99,2018年上升至29.59。2018年,北京、天津、上海和广东的价值链高度均高于40.00,北京以62.31成为全国价值链最高的城市,比2011年增加38.15,成为中国发展最快的城市。2018年,安徽、青海、贵州、云南、甘肃、黑龙江、广西等省区市的价值链高度均低于20.00。其中贵州最低,为12.24,仅比2011年上升4.27。2011~2018年,制造业价值链高度得分结果显示,全国制造业价值链呈上升趋势,大部分地区处于价值链攀升状态,但整体变化不显著。观察2011~2018年的中国制造业省域价值链高度分布图,从全国来看,每年中国制造业省域价值链高度相较前年相大多数都呈上升的趋势。

表 2-5 各省区市 2011~2018 年价值链高度

	2011年	2012年	2013年	2014年	2015年	2016年	2017年	2018年
辽宁	14.16	9.84	20.04	22.25	23.43	23.37	23.11	26.37
湖北	11.41	9.28	19.37	20.37	21.03	21.60	24.33	25.52
上海	25.49	18.05	38.12	40.02	39.30	41.50	44.44	47.31
安徽	8.76	6.43	15.28	16.58	17.10	17.88	19.04	19.16
四川	11.43	10.51	16.43	18.44	20.73	19.54	21.00	21.41
青海	11.13	7.47	18.6	18.28	17.24	17.04	16.22	16.68
湖南	9.43	7.89	14.95	16.22	17.31	18.70	20.64	20.49
贵州	7.97	6.50	12.39	13.12	12.88	14.12	14.25	12.24
北京	24.16	12.66	39.92	44.61	49.83	51.30	55.88	62.31

续表

	2011年	2012年	2013年	2014年	2015年	2016年	2017年	2018年
天津	21.34	13.9	35.48	38.48	40.38	41.97	43.16	44.84
山东	16.99	15.04	24.83	27.51	28.73	30.42	33.14	35.74
吉林	10.94	9.08	15.65	16.98	19.45	20.30	20.39	20.50
河北	12.78	10.65	17.17	18.08	18.29	18.52	19.48	20.37
福建	21.89	16.78	27.74	27.74	27.47	28.72	31.07	30.85
云南	9.00	7.62	13.73	14.36	14.74	14.95	18.00	16.52
山西	13.6	9.45	18.53	20.26	21.26	20.60	21.60	22.64
江苏	20.92	17.47	31.99	34.36	31.00	38.65	38.02	39.62
河南	10.45	8.43	15.16	16.51	21.19	23.74	25.30	25.14
甘肃	10.42	7.85	17.50	16.82	16.97	17.56	18.25	18.08
浙江	21.62	18.05	29.59	31.29	31.92	31.76	33.04	34.15
陕西	2.23	30.93	20.08	21.12	22.52	23.49	27.01	26.63
江西	12.36	9.99	17.53	18.86	6.43	47.31	21.69	21.49
黑龙江	11.10	7.57	17.65	18.82	18.55	17.91	9.08	19.30
广东	24.78	22.01	36.36	38.42	40.77	43.92	46.83	49.63
重庆	10.57	8.37	20.56	22.91	24.35	26.79	29.63	30.93
广西	8.74	7.39	7.89	9.63	15.26	16.50	17.58	18.47
全国平均值	13.99	11.89	21.64	24.69	23.77	26.47	26.62	29.59

2.东北三省价值链分析

从总体上看，辽宁、吉林两省制造业价值链的高度呈上升趋势。然而，东北三省都没有达到全国平均水平。因此，东北地区制造业价值链的高度处于中国制造业发展的低端水平，如图2-35所示。

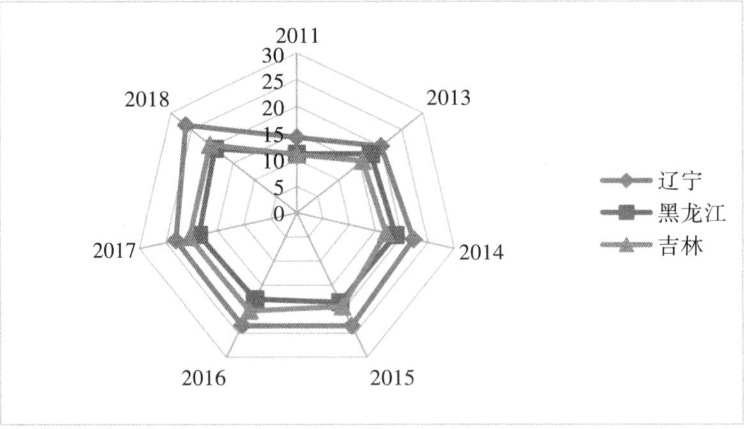

图2-35　东北三省价值链高度（2011～2018年）

3. 环渤海地区价值链分析

环渤海地区主要分析了北京、天津、河北、山东四个地区。由图2-36可以看出，渤海地区北京、山东、天津制造业价值链高度均位于全国高端水平，而河北处于全国制造业价值链高度中低端水平。

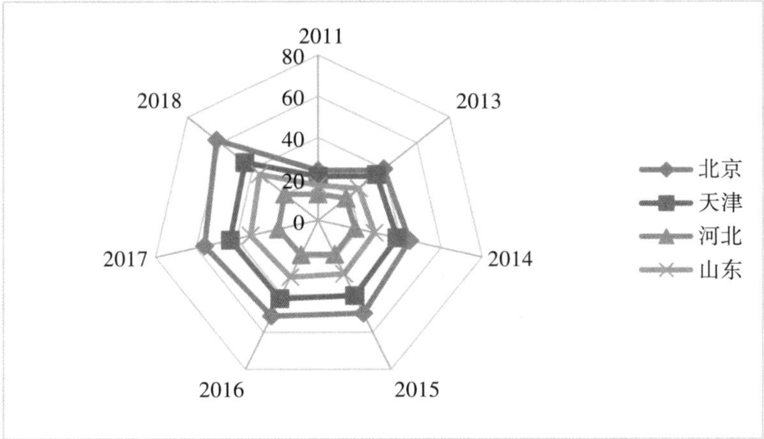

图2-36 环渤海地区价值链高度（2011～2018年）

4. 长三角与珠三角地区价值链分析

广东位居长三角与珠三角地区制造业价值链高度得分之首，2018年广东、上海、江苏和浙江四个地区价值链高度得分分别为49.63、47.31、39.62和34.15，远高于全国平均水平，长三角与珠三角地区制造业价值链高度均属于制造业高端水平行列，如图2-37所示。

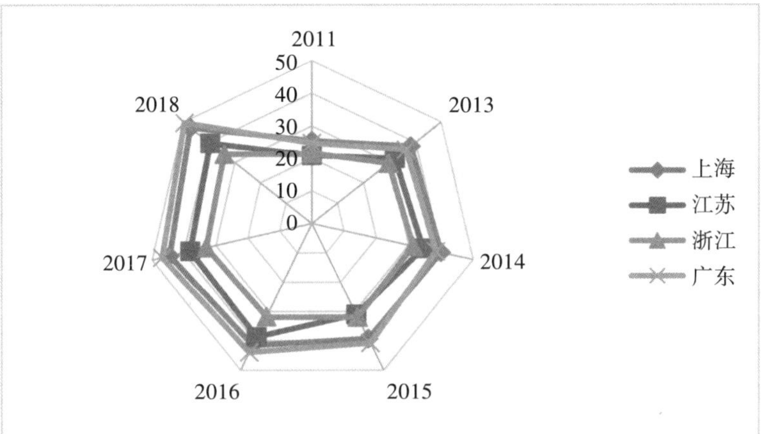

图2-37 长珠三角地区价值链高度（2011～2018年）

5. 西南地区及海西经济区价值链分析

西南地区主要有广西、重庆、四川、贵州、云南，海峡西岸经济区（海西经济区）主要为福建。整体来看，海西经济区虽然制造业价值链高度高于西南地区，但是这几年来发展速度较为平缓。在海西经济区、重庆以及广西等地制造业价值链发展潜力大，由此看出重庆和福建制造业价值链高度处于全国中端水平，而四川、广西、云南和贵州制造业价值链高度处于全国低端水平，如图2-38所示。

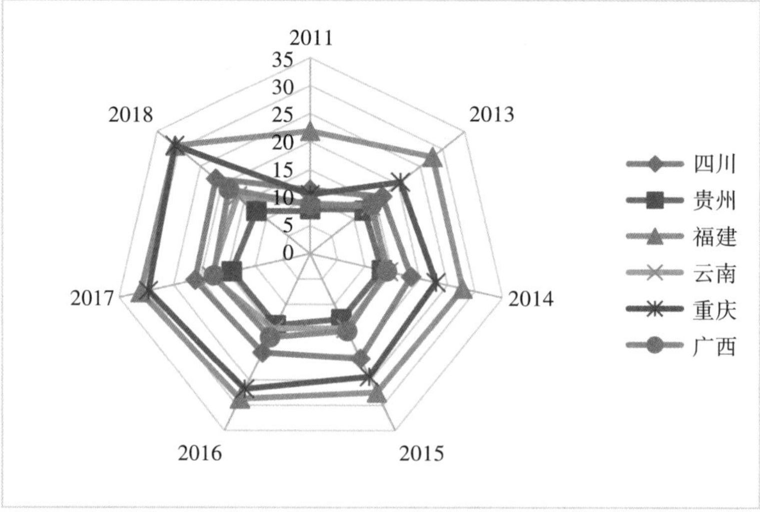

图2-38　西南地区、海西经济区价值链高度（2011~2018年）

6. 西北地区价值链分析

西北地区包括青海、甘肃和陕西。总体上三省制造业价值链高度得分

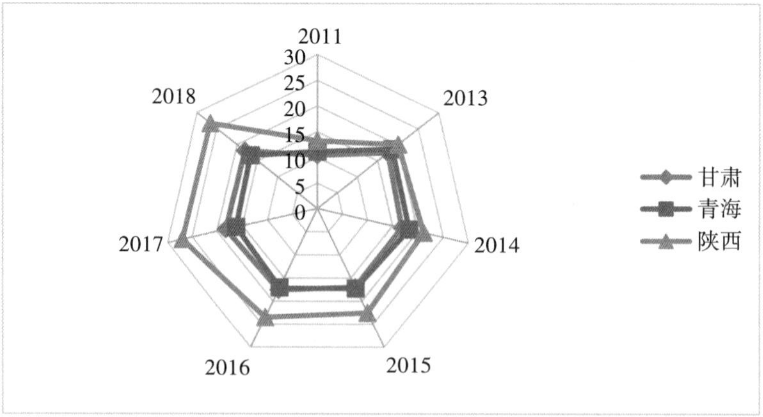

图2-39　西北地区价值链高度（2011~2018年）

均低于全国平均水平。2018年陕西与全国平均水平的差距并不显著,且陕西在2011～2018年发展迅速,具有相对明显的上升趋势,但从2017年开始有下降趋势。总体来看,西北地区价值链的高度相对较低。其中,甘肃和青海明显低于全国平均水平,处于全国制造业价值链的低端;陕西处于全国制造业价值链的中低端,如图2-39所示。

7. **中部地区价值链分析**

中部地区制造业价值链高度均呈上升趋势,2011年均处于全国制造业价值链低端水平(如图2-40所示)。总体来看,虽然上升趋势明显,但平均水平仍较低。只有河南和湖北能接近全国平均水平。

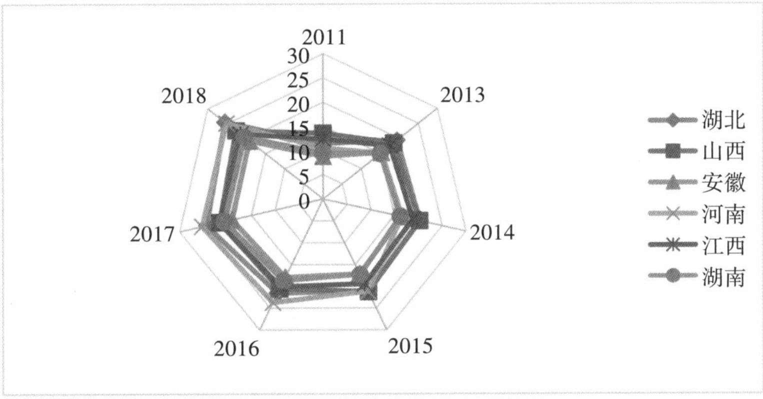

图2-40 中部地区价值链高度(2011～2018年)

(三)省域制造业价值链地位影响因素实证分析

本项目采用熵权法选取创新能力、品牌高度、人资水平、市场程度四个指标对价值链地位进行测度与评价,接下来就2011～2018年全国各省域各指标的价值链高度得分数据汇总,得出四个指标各自全国价值链高度得分,详见表2-6。

表2-6 全国各指标价值链高度得分

年份	价值链高度得分	创新能力	品牌高度	人资水平	市场程度
2011	363.64	74.96	20.72	191.39	87.57
2012	309.19	55.52	28.92	120.14	83.41
2013	562.56	137.12	36.75	213.65	181.23

续表

年份	价值链高度得分	创新能力	品牌高度	人资水平	市场程度
2014	642.04	157.08	45.10	216.43	187.82
2015	618.12	163.37	51.99	223.83	191.96
2016	688.13	170.99	68.21	222.18	199.59
2017	692.18	197.19	76.41	231.30	196.73
2018	769.37	209.62	87.24	224.33	205.17

通过表2-6，本项目对以上四个指标构建多元线性回归模型进行实证分析，选取制造业价值链地位测度作为因变量，自变量为创新能力、品牌高度、人资水平、市场程度。设定回归模型为

$$SM = \beta_0 + \beta_1 IA + \beta_2 BH + \beta_3 LHR + \beta_4 MD + u \qquad (式2-4)$$

应用Eviews的最小二乘法程序输出结果如表2-7。

表2-7 应用Eviews输出的结果

Variable(变量)	Coefficient（系数）	Std. Error（标准误差）	*t*	*P*
C	68.38769	129.107600	0.529695	0.6330
IA	1.166847	1.979276	0.589532	0.5970
BH	1.248681	2.261773	0.552081	0.6194
LHR	0.351325	0.960089	0.365929	0.7387
MD	1.231228	0.936967	1.314058	0.2803
R-squared	0.987428	—		580.6538
Adjusted R-squared	0.970665	—		162.9592
S.E. of regression	27.911000	—		9.765090
Sum squared resid	2337.073000	—		9.814741
Log likelihood	-34.060360	—		9.430214
F-statistic	58.904750	—		3.348585
Prob(*F*-statistic)	0.003498	—		

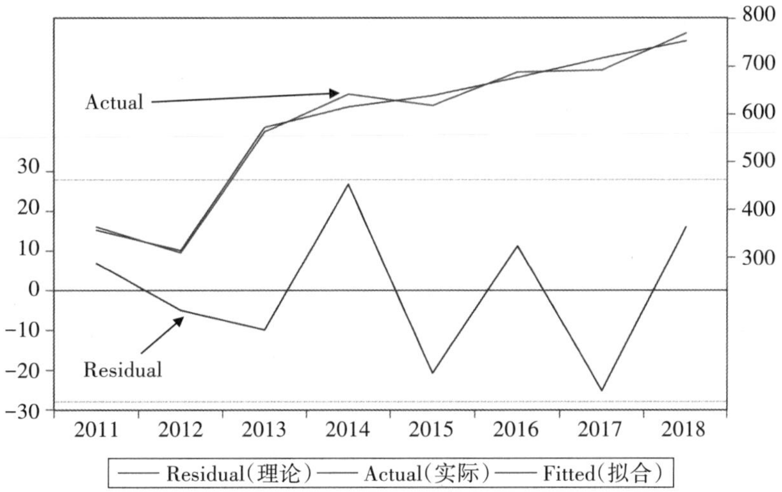

图2-41　拟合与残差图

obs	Actual	Fitted	Residual
2011	363.640	356.786	6.85409
2012	309.190	314.188	-4.99779
2013	562.560	572.471	-9.91081
2014	642.040	615.278	-26.7620
2015	618.120	638.918	-20.7980
2016	688.130	676.878	11.2524
2017	692.180	717.371	-25.1909
2018	769.370	753.341	16.0291

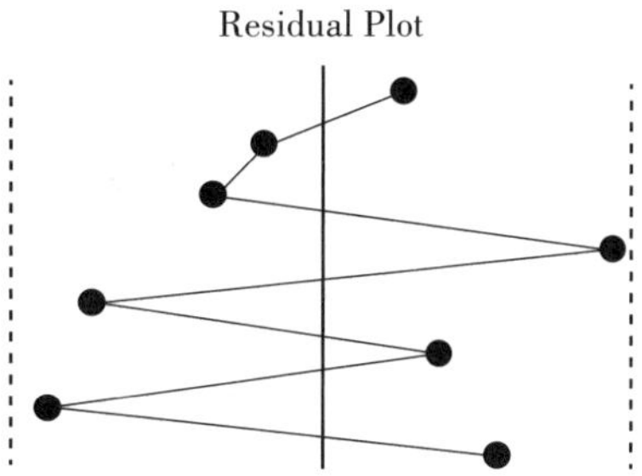

图2-42　残差分析图

通过Eviews输出的结果得出估计方程为：

SM = 68.3977 + 1.1668IA + 1.2487BH + 0.3513LHR + 1.2312MD

由表2-7可知残差平方和为2237.073，回归标准差为27.911，β_0=68.3977是样本回归方程的截距。它表示除却这四个指标的其他因素对价值链高度的影响，β_1=1.1668，表示创新能力随着制造业价值链高度的上升而增加，β_2=1.2487，表示品牌高度每增高一单位，制造业价值链高度即上升1.2487单位高度，β_3=0.3513，表示人资水平结构每增加1单位，制造业价值链高度随人资水平结构的上升而增加0.3513单位，β_4=1.2312，表示市场程度随着制造业价值链高度的上升1单位而增加1.2312单位。四个指标中品牌高度与制造业价值链高度相关最为显著，这四个回归系数的符号和大小与经济理论和人们的经验期望值相一致。由表2-7可知样本可决系数为 R-squared=0.987428，修正样本可决系数为Adjusted-squared

=0.934986，即 $R^2=0.9874$，$\bar{R}^2=0.9350$，说明估计的样本回归方程拟合程度较高，可以从图2-41和图2-42更加清晰直观地看出。

对回归方程进行F检验，提出检验的原假设为

$$H_0: \beta_1=\beta_2=\beta_3=\beta_4=0$$

对立假设为

$$H_1: 至少有一个\beta_i不等于零(i=1, 2)$$

可知 F 统计量为 F-statistic=58.90475，对于给定的显著性水平 a =0.05，根据F分布百分位数表（a=0.05），查出分子自由度为4，分母自由度为3的 F 分布上侧分位数 $F_{0.05}(4, 3)=9.12$。因为 F=58.90475>9.12，所以否定 H_0。即总体回归方程是显著的，即中国制造业价值链高度与创新能力、品牌高度、人资水平和市场程度存在显著的线性关系。（计算结果如表2-8所列）

表2-8 共线性诊断[a]

模型	维	特征值	条件指标	方差比例				
				常量	创新能力	品牌高度	人资水平	市场程度
1	1	4.335	1.000	0.01	0.01	0.01	0.00	0.00
	2	0.378	3.386	0.03	0.02	0.87	0.00	0.00
	3	0.183	4.864	0.34	0.46	0.01	0.00	0.00
	4	0.072	7.744	0.40	0.51	0.05	0.05	0.42
	5	0.032	11.643	0.22	0.00	0.06	0.94	0.57

注：a. 因变量，价值链高度得分。

由表2-8可知，条件指标最高为11.643，未超过30，说明不存在严重的多重共线性，模型具有可靠性。

四、中国制造业产能测度

（一）产能利用率测算方法

产能过剩体现了生产商的实际生产能力与潜在生产能力的差距。衡量产能过剩的常用方法有两种，就是从市场需求或市场供给来判断产能过剩程度，但由于市场需求的复杂性、可变性和不可控性，算法难以估算，因

此不推荐使用。对于微小型企业来说，可以用产能利用程度来判断其是否存在产能过剩情况。可以利用该方法推导出产能利用率，并把其作为衡量产能是否过剩的指标。产能利用率也是目前大多数研究中反映产能过剩的核心和直接指标。同时，从供给侧角度计算的产能利用率也满足中国供给侧结构性改革的需要。

本项目在充分理解经济学原理的基础上，根据目前企业存在的产能过剩的情况，用生产函数法来计算制造业的产能利用率。

1.**生产函数法**

生产函数法是一种参数方法，它是先通过最小二乘法估算生产函数，然后根据此函数算出最优产出，最后计算出实际产出与最优产出之比，以此衡量制造业的产能利用度。数学公式为

$$Y=AK^{\alpha}L^{\beta} \quad \text{（式2-5）}$$

其中，Y代表产出水平，A代表技术水平，K表示资本生产要素的投入，L代表劳动生产要素投入，α代表资本产出弹性，β为劳动产出弹性，α和β均大于零，且根据规模报酬不变。

2.**生产函数模型的设定**

采用生产函数法中的边界生产函数估计潜在产能，再通过公式：产能利用率=实际产出/最优产出，得到产能利用率。在具体估算时采用柯布-道格拉斯生产函数，此时，边界生产函数模型设定如下

$$Y=f(K,L)=AK^{\alpha}L^{\beta}e^{-u} \quad \text{（式2-6）}$$

对式（2-6）等号两边取对数，得到

$$\ln Y=\ln A+\alpha\ln K+\beta\ln L-u \quad \text{（式2-7）}$$

此时，可以确定边界生产函数为

$$\ln Y^{*}=\ln A+\alpha\ln K+\beta\ln L \quad \text{（式2-8）}$$

其中Y^{*}为理论上的最优潜在产出水平。可以将式（2-8）变为

$$\ln Y=\ln A+\alpha\ln K+\beta\ln L-(\mu-u) \quad \text{（式2-9）}$$

其中，可由最小二乘法来估计模型，得到

$$\ln\hat{Y}=(a-\hat{u})+\hat{\alpha}\ln K+\hat{\beta}\ln L \quad \text{（式2-10）}$$

此时便可得到平均生产函数的具体形式，然后依边界生产函数的性质，可以求得

$$\max(\ln Y-\ln\hat{Y})=\max\{\ln Y-[(a-\hat{u})+\hat{\alpha}\ln K+\hat{\beta}\ln L] \quad \text{（式2-11）}$$

边界生产函数的估计式为

$$\mathrm{Y}=\mathrm{e}^{\hat{a}}K^{\hat{\alpha}}L^{\hat{\beta}} \quad \text{（式2-12）}$$

(二)中国制造业产能过剩程度测度

1.指标及数据选取

①产量指标。各行业的工业产出相关的统计量是利用基期价格计算的工业总产值。本书研究运用2005～2014年的相关数据来计算工业总产值。②资本存量指标。目前学术界对资本存量核算还没统一,有学者认为用统计调查法来估算资本存量,结果会产生偏差。本书研究沿用程俊杰(2015)的观点,用固定资产净值来衡量资本存量,衡量的结果更加准确。③劳动投入指标。通过制造业各行业从业人员数来衡量劳动投入指标。选择的年份为2013～2017年,数据均来源于《中国统计年鉴》。

2.中国制造业产能利用率测算

为了能准确地辨别制造业是否存在产能过剩,本项目对16个制造行业2013～2017年的数据进行相关分析,运用Eviews10.0软件,计算各行业的产能利用率。对制造业16个行业数据进行处理,通过模型检验,选择混合效应模型对16行业进行参数估计,回归结果如表2-9所示。

表2-9 行业生产函数计量回归结果

Variable	Coefficient	Std. Error	*t*	*P*
C	1.439 874	0.223 774	6.434 497	0.000 00
LNL	0.357 064	0.045 340	10.164 220	0.000 00
LNK	0.692 436	0.0361 950	19.130 800	0.000 00

由回归结果可以求出轻工业所对应的生产函数,其中资本系数、劳动系数和常数项均在5%的显著性水平下明显异于零,且此时的拟合优度为92.60%,F统计量为708.54,可见对于重工业的生产函数拟合情况较好。此时的回归方程为

$$\ln Y=0.692\ln K+0.375\ln L+1.440 \quad \text{(式2-13)}$$

从而可以求出全国制造业中的重工业平均生产函数,其中资本与劳动要素投入对产出也为明显的正向影响,其中资本产出弹性比劳动产出弹性大,说明资本对于产出的影响大于劳动。在重工业平均生产函数的基础上,求得全国重工业的边界生产函数为

$$\hat{Y}=e^{2.36}K^{0.692}L^{0.657} \quad \text{(式2-14)}$$

此时分别估算得到各行业的相应最优生产能力(产能),进而通过公式CU=实际产出/潜在产出,得到全国制造业16个行业2013～2017年的产能利用率,测算结果见表2-10。

表2-10　行业产能利用率测度值(2013～2017年)　　单位:%

行业	2013	2014	2015	2016	2017
医药制造业	76.60	73.10	79.40	74.10	69.40
计算机、通信和其他电子设备制造业	79.40	87.60	98.20	116.00	121.00
仪器仪表制造业	78.60	79.60	72.40	73.10	73.60
其他制造业	72.30	69.20	73.40	78.40	79.10
铁路、船舶、航空航天和其他	98.70	98.30	112.00	102.00	104.00
黑色金属冶炼及压延加工业	78.90	79.40	83.20	88.10	73.10
有色金属冶炼及压延加工业	73.20	73.30	74.60	77.20	78.30
通用设备制造业	83.40	84.40	88.60	89.20	92.10
专用设备制造业	83.50	87.10	88.30	91.30	93.40
汽车制造业	86.70	92.10	98.80	102.00	113.00
电气机械及器材制造业	83.30	80.10	84.40	85.20	87.30
酒、饮料和精制茶制造业	94.10	114.0	108.00	103.00	104.00
烟草制品业	113.00	118.00	124.00	116.00	120.00
造纸及纸制品业	83.40	85.20	87.20	82.1.0	90.10
石油加工、炼焦及核燃料加工业	80.10	78.30	83.10	81.30	80.30
化学原料及化学制品制造业	76.10	78.80	79.60	76.30	74.30

可以发现,有色金属冶炼及压延加工业和医药制造业两个行业长期处于相对较低的产能利用率水平;根据表2-10,制造业16个行业从2013年以来一直存在产能过剩的情况,烟草业的产能利用率最高,达到了120%,呈现出产能不足的现象。

3.中国制造产能过剩程度分析

发达国家把产能利用率或设备利用率作为判断产能是否过剩,本项目研究借鉴国际上广泛使用的评价标准,正常水平范围为79%～83%,超过90%时,视为产能不足;若低于79%,则可能存在产能过剩。

根据以上对产能利用率值区间范围的区分,界定区间范围。

Ⅰ类行业,为长期产能过剩行业。指选择的这五年中至少有三年的产能利用率低于合理标准,这说明该行业在这五年中产能过剩可能是一直存在着的。Ⅱ类行业,为正常产能行业。这类行业产能利用率出现在过剩区间的次数小于两次,也没有出现长期产能过剩的情况。这类行业有两种情况:一是产能利用率多数属于正常区间,是合理产能生产的;二是大部分产能利用率落入90%以上的区间,是产能不足生产。

由表2-11与产能过剩划分标准进行比较,来辨别长期存在产能过剩的行业。医药制造业和有色金属冶炼及压延加工业在2013～2017年其产能利用率均低于79%，被归为I类；仪器仪表制造业、其他制造业、化学原料及化学制品制造业，其产能利用率低于79%且年频数为4年，被归为I类。可以看出这五个行业长期处于产能过剩的阶段。

表2-11　行业产能利用率频数统计与产能过剩类型判别结果

行业	产能利用率落入区间范围的频数			合并判定结果
	[0,79%]	(79, 90%]	(90%,1)	
医药制造业	5	0	0	I
计算机、通信和其他电子设备制造业	0	2	3	II
仪器仪表制造业	4	1	0	I
其他制造业	4	1	0	I
铁路、船舶、航空航天和其他	0	0	5	II
黑色金属冶炼及压延加工业	2	3	0	II
有色金属冶炼及压延加工业	5	0	0	I
通用设备制造业	0	4	1	II
专用设备制造业	0	3	2	II
汽车制造业	0	1	4	II
电气机械及器材制造业	0	5	0	II
酒、饮料和精制茶制造业	0	0	5	II
烟草制品业	0	0	5	II
造纸及纸制品业	0	4	1	II
石油加工、炼焦及核燃料加工业	1	4	0	II
化学原料及化学制品制造业	4	1	0	I

第三章

思考与求解：中国制造业高质量发展战略重点研究

一、中国制造业高质量发展管理创新的新需求

（一）管理创新丛林研究

知识是创新的基础，实践是动力，创新其实就是知识、创新、实践循环作用（如图3-1）。“创新”一词自提出以来，国内外学者对其进行了丰富的研究，出现“创新丛林”的现象，并逐步向相对独立的理论领域发展，已经形成的代表性成果包括系统式创新、管理创新、组合创新、技术创新、全时创新、全面创新、全员创新、协同创新、管理创新、管理创新方法等。

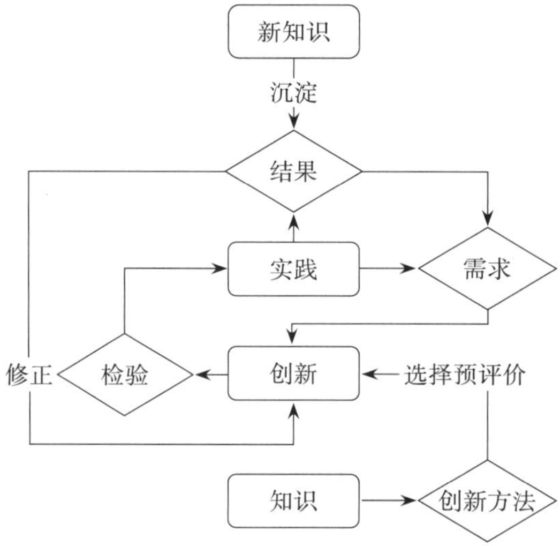

图3-1　知识—创新—实践系统逻辑关系

近些年，科学技术迅速发展，全球的技术创新水平的差距逐渐减小，管理创新对企业的发展越来越重要。学术界关于这方面的研究也从技术创新转向管理创新。黄毅敏和齐二石提出创新的过程是管理技术创新与专业技术创新的有效集成，并对管理集成创新进行了初步的探讨。管理创新是企业得到持续发展的DNA，是企业高质量发展的驱动力。目前国内外市场竞争逐渐激烈，企业要想不被淘汰，得到持续发展，就必须根据市场的变化及时制定相应的管理机制，进行管理创新，才能形成核心竞争力。本项目通过对管理创新的相关研究进行梳理（图3-2），扩充了其概念和内涵，在此基础上提出管理集成创新的路径，以期为今后相关研究提供参考。

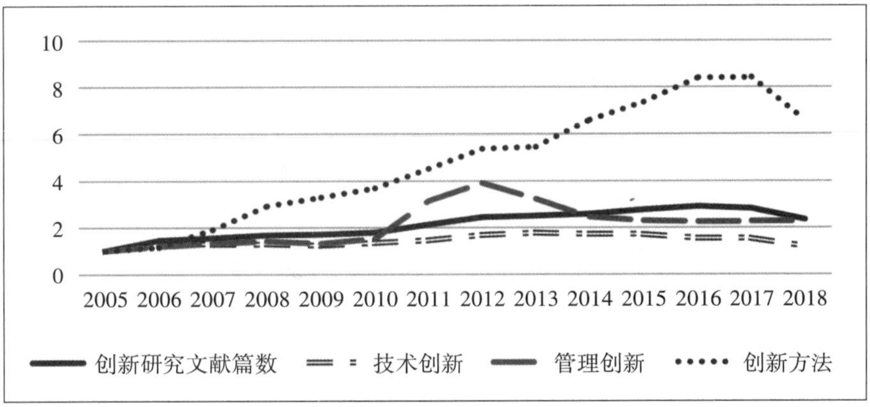

图3-2 创新研究主题变化时间序列图

管理创新思想来源于Daft提出的双核心模型,它是企业获得持续竞争优势的源泉,分为技术创新和管理创新,两者缺一不可,只有相互协同才能最大限度地促进企业发展。创新其实就是管理技术创新与专业技术创新的集成。目前学者关于管理创新的观点不一(如表3-1)。

表3-1 管理创新的基本观点

作者	管理创新的基本观点
Birkinshaw(2006)	管理创新是以提高资源配置效率、组织绩效为目标,而对管理过程、技术进行的创新
Damanpour	管理创新是指组织实施团队生产、供应链管理或质量管理系统等新管理实践或理念而产生的组织结构或过程变化
Benghozi(1990)	把管理创新与技术创新、市场创新进行对比,分析得出企业还需要解决除技术与经济问题外的管理问题
Birkinsh(2006)	管理创新不仅是一种方法,还是一种全新的、更快实现组织目标的过程或者技能
Hamel(2008)	管理创新改变了传统的管理方法、原则、流程,是一种全新的管理方法
MOl(2006)	管理创新是以提高组织绩效为目标而产生的一种方法
Armbru S E(2008)	创新有技术性产品创新、技术性服务创新、技术性工艺创新与非技术性工艺创新,非技术工艺创新也叫管理创新
王伟(2002)	管理创新是在外界环境发生巨大变化时,管理者为了增加企业的适应性与长久发展而对管理观念、体制进行改进与创新

续表

作者	管理创新的基本观点
冯务中(2001)	管理创新遵循企业管理的客观规律,并联系企业的实际情况,重新调整和组合企业的生产要素与各项职能的内容和形式
陈通(2000)	管理创新是一个不断提高效益的过程

中层管理者是管理创新的主体,管理创新活动在企业生命周期的各个阶段都会存在,管理创新的目的是降低成本、减少生产要素的投入,使资源利用效率达到最高。本项目认为,管理创新是对人力资源、物力资源组成的集成系统进行再设计,以达到改善并运用相关理论合理配置生产要素、节约成本的目的,从而更高效地实现组织绩效,在这个过程中,还会形成一种创新文化。管理创新的内涵以及技术创新关系如图3-3所示。

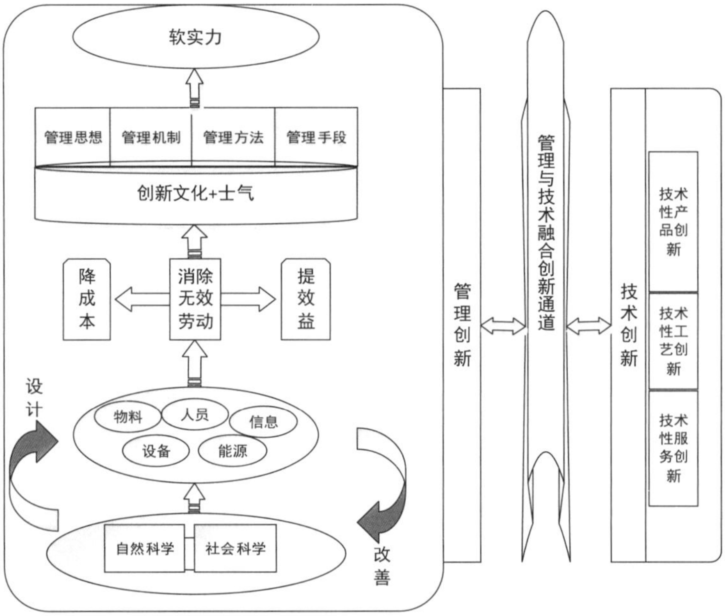

图3-3 管理创新逻辑及与技术创新关系

企业软实力的提升是企业实施管理创新方法的目的,软实力包括企业的组织管理思想、管理制度等,有利于创新文化的形成,提升员工士气,而要想培育软实力需要降低成本,要从根本上消除无效劳动。物料、人员、信息、设备、能源是管理创新的对象,管理创新的形成路径是先设计、改善,再设计、再改善,这个过程是循环往复的,管理创新的基础是相关的创新方法。

(二)管理创新是中国制造业高质量发展的新需求

1.创新力不足

创新对制造业的发展越来越重要。如表3-2所示,中国制造业的发展远远落后于其他发达国家。另外,相对于技术创新的投入,管理创新的投入比较少。管理创新有利于企业软实力的提升,有利于企业实现技术创新突破、更快速地转化创新成果。

表3-2 世界500强制造业运营情况对比分析(2018年)

公司名称	收入(百万美元)	利润(百万美元)	国家	净利率(%)	创新投入比例
华为	89311.40	7020.80	中国	7.80	13.5120%
波音	93400.00	10278.00	德国	0.11	7.0786%
三星电子	211940.00	36575.00	韩国	17.26	6.6785%
大众公司	260028.00	13107.00	德国	5.04	6.1228%
西门子	96653.50	11062.75	德国	0.11	6.0916%
福特汽车公司	156776.00	7602.00	美国	4.85	5.1437%
本田汽车	138646.00	9561.00	日本	6.90	4.7287%
丰田汽车公司	265172.00	22510.00	日本	8.49	3.6606%
铃木汽车	33912.00	1947.00	日本	5.74	3.6388%
美的集团	35794.00	2557.00	中国	7.14	3.4813%
青岛海尔	23563.00	1025.00	中国	4.35	2.8551%
中国石油	341578.00	7813.78	中国	0.02	0.7983%
鸿海精密	154699.00	4560.00	中国	2.95	0.7519%
鞍钢集团公司	27792.00	61.00	中国	0.22	0.7206%
上海汽车集团	128819.00	5091.00	中国	3.95	0.3419%
首钢集团	27489.00	1.00	中国	0.00	0.0773%

2.中国制造业高质量发展管理创新的新需求

制约中国制造业高质量发展的关键因素有哪些?针对诸如价值链地位、产能是否过剩、与其他相关行业发展是否协同、不同行业及不同区域制造业发展战略重点及突破口在哪里?中国制造业高质量发展路在何方?支撑中国制造业高质量发展的方法有哪些?这些方法如何与中国制造业企业实际特点相结合?上述问题是实现中国制造业高质量发展所必须思考和深入研究的问题,也是本项目的出发点和主要研究内容。

图3-4为中国制造业高质量发展的逻辑图。首先,针对中国制造业发展态势进行统计描述,找到可能制约中国制造业高质量发展的关键因素:

基础能力、价值链地位、创新力、高级化程度等。结合高质量发展理念与方法，提出中国制造业高质量发展困境：基础能力薄弱、创新力较弱、价值链位置处于末端等。其次，思考中国制造业发展态势的路径，提出四种创新驱动的路径（表3-3已列出各路径相关信息），结合中国制造业企业实际情况，找到适合中国制造业高质量发展的路径：俭约式路径[①]和集成路径等。最后，针对上述路径，通过对中国制造业分行业和区域的测度和系统思考，国际制造业发展历程考察，选取适合的方法：精益管理方法。

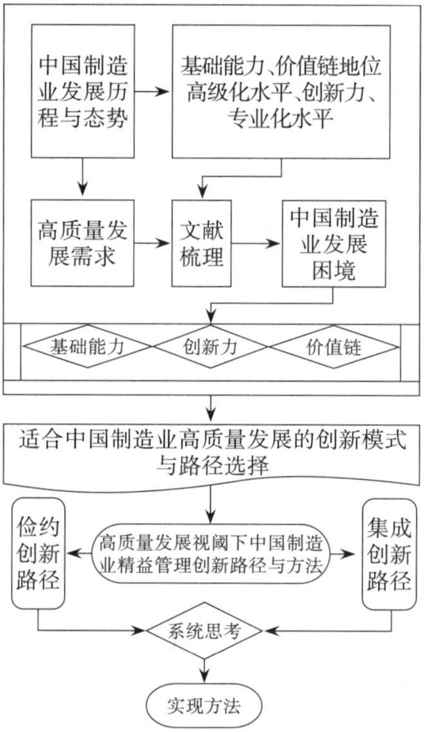

图3-4　中国制造业高质量发展的逻辑

管理创新有利于推动制造型企业高质量发展，学者对与管理创新的相关研究进行梳理，发现企业管理创新包括360度创新、俭约创新、分布式创新、协同创新。

①俭约路径是在俭约创新基础上由作者提出来的。本研究认为俭约路径指中国制造业高质量发展，要走投入的原材料最少、环境影响最小、以极低成本运作、效益最高的发展道路。

表3-3　四种创新路径的特征及条件分析表

类型	创新理念	创新基础和条件	方法
360度创新	创新是组织内部的所有成员时时刻刻的责任	全员参与的气氛	知识管理
俭约创新	原料投入少,对环境的影响小	注重培养全员参与文化、重构基础能力、运用科学的理论与方法促进企业软实力的提升,达到一种物优价廉、多赢的状态	工业工程管理创新方法
分布式创新	为了满足不同区域的需求,减少差异性的影响	在不同的区域可以采取不同的创新模式,尊重各个地区的企业文化,建立一种本土化的科学管理模式	本土化科学管理艺术
协同创新	根据价值链找到符合要求的、合适的合作伙伴,整合多方技术,形成一种协同创新模式	创建一个生态系统供应链,企业之间相互信任、相互共享信息,共同发展	合同理论契约设计

随着知识经济的发展,信息工程、新能源等逐渐兴起,中国制造业正处于转向制造强国的关键时期,而创新是中国制造业转型升级看不见的动力,图3-5是四种创新路径的理念与程序基础条件。

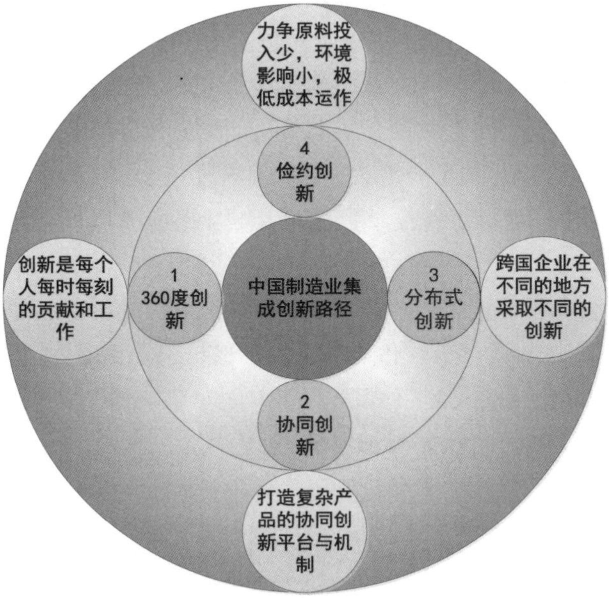

图3-5　中国制造业集成创新路径

制造业发展的特征，与四种创新模式集成在企业成长的各个阶段结合，以此构建中国制造业创新路径（图3-5）。为了满足各个阶段创新的需求，需要在企业的每一个成长阶段设计创新路径。一般情况下，中国制造型企业大多是采取俭约创新路径，它是工业工程方法的推广与应用。

二、新一轮科技革命成果赋能中国制造型企业高质量的发展及瓶颈

中国正以实体经济为载体，以新一轮科技革命主要成果为核心技术，以实现数字经济高质量发展为目标，加速科技成果与制造业的深度融合，以彻底改变传统制造装备、产品、模式、业态等，促使制造业步入智能化、高质量发展阶段。为明晰中国制造型企业突破高质量发展瓶颈的路径及实现对策，前期需要对国内外制造型企业在新一轮科技革命成果应用中的现状，及中国制造型企业在其间面临的问题等方面加以研究。基于中国知网（CNKI）数据库，检索2015年至2020年11月学术界关于新一轮科技革命成果赋能中国制造型企业高质量发展相关内容的575篇CSSCI文献，以“新一轮科技革命成果赋能中国制造型企业高质量发展”为研究方向，运用VOS-viewer图谱量化软件，对新一轮科技革命成果研究的主要关键词进行可视化分析（详见图3-6）。研究热点领域集中于互联网、大数据、云计算、物联网、智能制造等科技成果、技术，以及对创新驱动、产业及企业智能化、产业链、价值链等的探讨。新一轮科技革命至今仍未全部完成，相关研究仍处在发展阶段，在产业融合发展背景下，不断涌现出新产业、新业态，促使科技革命成果的应用范围逐步扩大，在产业深度融合、产业边界逐渐模糊发展的反作用下，不断刷新科技革命新成果，因此本项目仅讨论已有科技革命成果。

综合典型成果的内涵、特征、作用及内在关系，从时间、逻辑和知识三个维度，利用Visio示意图软件构建霍尔三维结构模型（如图3-7所示）。从出现顺序、需求拉动及复杂程度三个方面对各成果、技术赋能中国制造型企业数字化发展的内在关系加以梳理。

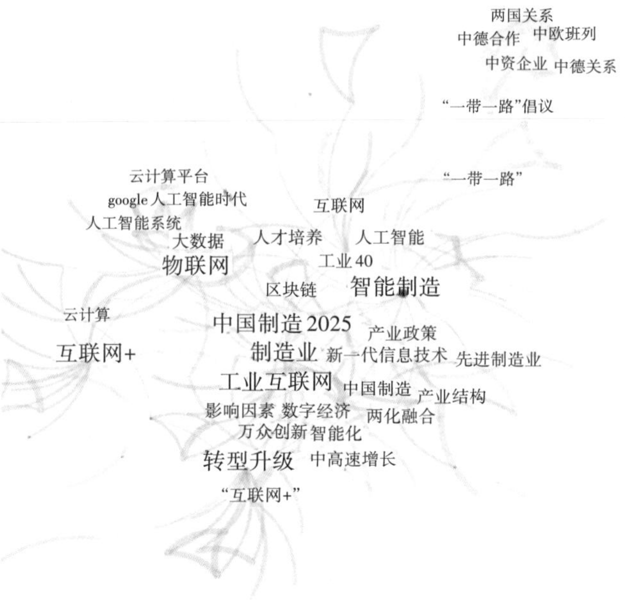

图3-6　新一轮科技革命成果研究主要关键词网络

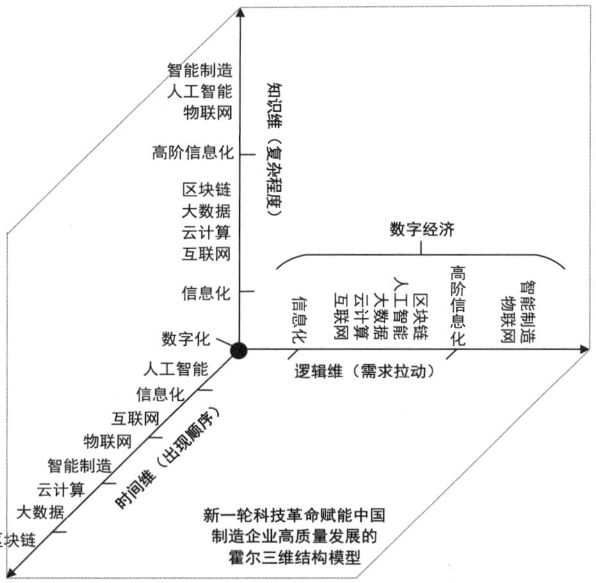

图3-7　新一轮科技革命赋能中国制造型企业高质量发展的霍尔三维结构模型

对国内外制造型企业的新一轮科技革命典型成果的现状进行对比，并对中国制造型企业运用典型成果进行转型过程中面临的问题等方面加以研究，得到表3-4。

表3-4　新一轮科技革命成果赋能中国制造型企业数字化发展现状及瓶颈

成果	国内外制造型企业应用“典型成果”的现状对比	中国制造型企业运用“典型成果”过程中存在的问题
数字化	国际：①数据传输、收集和处理能力成为数字化发展的直接驱动力；②全球市值排名前八公司中的7家使用基于数字平台的商业模式，全球大型数字平台主要集中于北美及亚洲地区	缺乏统一的、权威的标准；数据安全问题未有效解决；数据开放、共享水平不足；未掌握核心技术且基础建设薄弱；管理数字化的滞后性等
	国内：①中国整体非高新技术制造型企业暂且处于数字化发展初期；②中国多数中小型制造型企业主要是贴牌生产，没有完备的数字化生产模式；③中国制造型企业管理处在“人管人模式”到“数字化管理模式”的转型阶段	
信息化	国际：①20年代末，美国约1/3经济增长来源于信息化；②1993年，EDI（电子数据交换）已覆盖美国境内2.4万家企业，大公司普遍实现办公自动化；③世界500强企业中有近八成企业采用了ERP	某些企业中的决策者对于信息化的认知还存在盲区；只看中产品信息化和业务量，忽略企业体制机制；精通制造业基础知识和信息技术的复合型人才严重缺乏等
	国内：中国仅有不足5%的企业真正实现“两化融合”①集成创新，少部分企业处于综合集成阶段，约80%企业处于两化融合起步或单项应用阶段（《中国两化融合系列研究报告》，2017）	
互联网	国际：就当前在全球百大网站中的拥有量以及全球前五十互联网企业拥有量情况来看，美国互联网发展相较于其他国家有明显优势，中国紧随其后（《全球互联网发展报告》，2019）	缺乏自主研发的核心技术；应用水平不高；安全问题亟待解决；重视商业模式与互联网的结合，轻视生产方式变革；融合多在企业内部或合作企业间发生等
	国内：①中国制造业与互联网融合趋向于集成化，并且融合多在企业内部或密切相关企业间发生，开放程度越高的环节融合效果越显著；②中国制造型企业分工水平稳步提升，得益于互联网普及率逐渐提高，并且互联网普及率与促进作用力度间成正相关关系；③中国在2014年已有78.7%的企业使用互联网进行线上办公，而且规模越大的企业开始利用互联网的时间越早，办公方面对互联网的利用率也更高；④中国制造型企业拓展其包括产品销售、生产资料购进等在内的线上业务，在线销售额占制造型企业销售总额的38.4%，远高于其他类型企业（中国互联网络信息中心）	

①“两化融合”是指工业化与信息化融合。

续表

成果	国内外制造型企业应用“典型成果”的现状对比	中国制造型企业运用“典型成果”过程中存在的问题
云计算和大数据	国际：①2019年，以IaaS、PaaS和SaaS①为主的全球云计算市场规模达1800亿美元，预计到2023年，云计算市场将超过3500亿美元（Gartner，2020）；②大数据市场发展态势持续向好，预计到2020年全球大数据市场收入将达560亿美元，较2018年的预期水平增长约33.33%（Statista，2019）	数据质量较低；数据开放、共享水平低；数据的分析模型复杂多样；数据上云率低；云计算可靠数据来源少；云计算核心技术受制于人；云计算安全保障问题暂未解决等
	国内：①中国云计算市场已增长到千亿规模（中国通信研究院，2020）；②中国IaaS发展成熟，PaaS高速增长，SaaS蕴含极大潜力；③中国大数据近年来发展迅速，但是在制造业领域的应用却存在一定的滞后性；④《促进大数据发展行动纲要》指出，要把企业放在关键位置，着力推进数据搜集和挖掘的发展，促进大数据与各行各业的创新融合	
人工智能	国际：①美国人工智能研究内容更多地从微观层面展开，侧重人工智能对个体层面的影响；②人工智能嵌入于大国博弈影响重大，将重构全球价值链，部分国家可能借助人工智能实现“超越式”发展	涉及的理论基础较为单一和薄弱；研究大多还处于表象观察和理念倡导阶段；企业对人工智能的道德伦理重视程度不够等
	国内：①研究更为注重中观层面，多集中在政府管理、智慧社会、智慧城市建设等涉及组织机构层面问题的探讨；②相关研究尚处于初期起步阶段，现实应用及法律法规有待考究；③在工业机器人发展强度方面，中国的排名不断前进，仅次于美、日、韩、德等工业机器人强国，在相关产业需求方面保持领先，工业机器人经济规模方面保持第二位并直追美国	
区块链	国际：①全球区块链技术正在探索在供应链、物流等垂直行业的应用；②截至2019年8月，各国政府促进了154项区块链项目（中国信息通信研究院，2019）	技术知识门槛较高，技术人才严重短缺；安全性问题没有保障；链上各个环节信息不对称，信息共享程度低；可扩展性差；区块链证据真实性存在偏离性等
	国内：①华为、阿里巴巴、京东等部分大型科技企业正在加速探索区块链技术在企业层面的应用；②2019年3月，中国区块链企业数量近五百家，仅次于美国②；③在中国实现区块链价值的最大潜力领域是制造业，区块链可以使得整个生产、商业、物流等流程可见性增加，实现全新的制造业务模式，运用分布式账本实现订单的处理，更快响应需求	

①IaaS即Infrastructure as a Service，指基础设施即服务；PaaS即Platform as a Service，指平台即服务；SaaS即Software as a Service，指软件即服务。

②http://www.caict.ac.cn/kxyj/qwfb/bps/201911/P020191108365460712077.pdf

续表

成果	国内外制造型企业应用“典型成果”的现状对比	中国制造型企业运用“典型成果”过程中存在的问题
物联网和智能制造	国际：①总体上G20国家智能制造发展水平分为三个梯队，其中韩国、日本、德国、美国和中国位于第一梯队；②分行业看，计算机、电子和光学产品、机械设备、汽车等行业智能化发展水平较高；③美国拥有的中高智能化行业类别最多	数字化信息化程度远不够；制造业基础薄弱，核心技术受限；复合型人才严重缺乏；物联网相关协议繁杂，缺乏统一的标准；制造型企业自身规划不明确；制造型企业发展层次差距显著等
	国内：①中国早在“十二五”规划中就重点推进物联网，并将其发展上升为国家战略；②中国大多数制造型企业都意识到物联网的重要性，但应用的难度较大，导致中国制造型企业应用物联网整体处于起步阶段（德勤中国工业4.0卓越中心）；③中国制造业总体智能化水平居于G20国家前列，但发展增速不如传统制造业强国；④中国制造业分行业智能化发展水平参差不齐，中高智能化水平行业较少	
数字经济	国际：①2016～2018年全球各国数字经济发展竞争力排名发生剧烈变动，各国普遍重视数字经济发展；②2018年前，中美两国双引擎驱动全球数字经济持续增长；③2018年新加坡数字经济竞争力借助数字创新及数字治理的高速发展，跃居全球第二（《全球数字经济竞争力发展报告》，2017～2019）；④全球有关数字经济的定义和统计测算方法并未达到完全一致；⑤数字经济发展水平地域差异较大，北美及亚洲地区占有全球95%的数字经济市场容量，不发达国家数字化普及程度普遍较低	数字基础设施建设地区差距显著，企业间发展不平衡；缺乏对数字人才的定义、培养等方面的回应；忽略了研发与市场应用的风险等
	国内：①中国数字产业竞争力位居世界龙头地位，但在数字创新及数字治理层面明显滞后（《全球数字经济竞争力发展报告》，2017～2019）；②2019年中国数字经济总体规模占全国GDP的36.2%（中国信息化百人会前瞻产业研究院，2020）	

综上，中国制造型企业运用新一轮科技革命成果成效显著，整体发展态势良好，发展状况位于世界前列。随着全球数字化发展，数字网络平台逐步发展为国际竞争的重要载体，制造业将聚集在技术发展迅速、科技成果密集的领域，投资向知识密度高、技术发展迅速的区域倾斜，制造业智能化程度高的国家将在全球竞合中占据有利地位。越来越多的本土制造型企业认识到数字化、信息化、智能化发展的重要性，逐渐倾向于引入和应用新一轮科技革命成果。

三、中国制造业高质量发展战略重点选择的方法与模型

（一）制造业细分产业分类与评价方法

劳动密集型制造业的快速发展，对机器设备等重工业的需求更高，推动了中间产品和资本品工业的产生，又随着市场需求的上升，制造业的产业结构逐渐转向附加值更高的资本密集型和技术密集型产业，技术密集型产业是中国制造业结构升级的趋势。分类标准见表3-5。

表3-5　制造业产业分类

技术密集型产业	医药制造业，计算机、通信和其他电子设备制造业，仪器仪表制造业，铁路、船舶、航空航天和其他运输设备制造业
资本密集型产业	黑色金属冶炼及压延加工业，有色金属冶炼及压延加工业，通用设备制造业，专用设备制造业，汽车制造业，电气机械及器材制造业，酒，饮料和精制茶制造业，烟草制品业，造纸及纸制品业，石油加工，炼焦及核燃料加工业，化学原料及化学制品制造业
劳动密集型产业	农副食品加工业，食品制造业，纺织业，纺织服装服饰业，皮革，毛皮，羽毛及其制品和制鞋业，木材加工及木，竹，藤，棕，草制品业，家具制造业，印刷和记录媒介的复制业，文教，工美，体育和娱乐用品制造业，化学纤维制造业，橡胶和塑料制品业，非金属矿物制品业，废弃资源综合利用业，金属制品业

通过文献评述设计制造业高质量发展战略重点评价指标体系，详见表3-6。

表3-6　制造业评价系统设计

系统	指标	代码	计算公式
企业创新能力	资产保值增值率	Y_1	资本保值增值率=(年末所有者权益/年初所有者权益)×100%
	总资产增长率	Y_2	总资产增长率=本年总资产增长额/年初资产总额×100%
	资本积累率	Y_3	资本积累率=当年所有者权益增长额/年初的所有者权益×100%
	技术投入比率	Y_4	技术投入比率=本年科技支出合计/本年营业收入×100%
企业营运能力	总资金周转率	X_1	销售（营业）收入净额/平均资产总额×100%
	应收账款周转率	X_2	销售（营业）收入净额/平均应收账款余额×100%
	流动资金周转率	X_3	主营业务收入/平均流动资产总额×100%
	存货周转率	X_4	销售成本/平均存货×100%

续表

系统	指标	代码	计算公式
企业偿债能力	资产负债率	X_5	负债总额/资产总额×100%
	已获利息倍数	X_6	(利润总额+利息费用)/利息费用
	速动比率	X_7	(流动资产-存货)/流动负债×100%
	流动比率	X_8	流动资产/流动负债
企业盈利能力	净资产收益率	X_9	税后净利润/平均所有者权益×100%
	总资产报酬率	X_{10}	总资产报酬率=(利润总额+利息支出)/平均资产总额×100%
	销售利润率	X_{11}	营业利润/营业收入×100%
	毛利率	X_{12}	(销售收入-销售成本)/销售收入×100%

(二)制造业细分行业评价模型

灰色关联分析属于灰色系统理论的一部分，是一种系统分析方法。它对序列长度与概率分布没有限制，通过判断序列几何形状的相似程度来分析序列之间联系的紧密程度，并定量分析因子变量的重要水平与是否存在优劣关系。如今，分析模型已经由原来的点联系数延伸到了以面积为基础的关联分析模型，但仅用截面数据与时间序列，具有限制性，未来的研究思路可以围绕对面板数据进行关联分析。张可等用三角曲面簇方法来研究因子变量的相似性，扩展了灰色关联度；吴利丰等预测了指标的发展，构建了灰色关联度模型。

在测度中国制造业高质量发展的优势和突破口时，采用管理科学研究范式，构建数学模型，运用灰色优势分析≥方法进行定量分析，具体步骤如下。

Step1：设X为任意集合，“>”是X上的一个二元关系，若“>”满足反身性、反对称性和传递性，即

①$\forall X_i \in X$，有$X_i \geqslant X_i$；

②$\forall X_i, X_j \in X$，有$X_i \geqslant X_j, X_j \geqslant X_i$，则$X_i \cong X_j$；

③$\forall X_i, X_j, X_k \in X$，有$X_i \geqslant X_j, X_j \geqslant X_k$，则$X_i \geqslant X_k$。

称“≥”为X上的一个顺序关系，具有偏序关系“≥”的集合X称为偏序集，记为$(X, \geqslant)$。

Step2：设$(X, \geqslant)$为偏序集，若偏序关系“≥”满足对任意的$X_i, X_j \in X$，均有$X_i \geqslant X_j$或$X_j \geqslant X_k$，则称“≥”为X上的一个顺序关系，具有顺序关系的集合$(X, \geqslant)$称为有序集。

Step3：设 X_0 为系统特征行为序列，X_i, X_j 为相关因素行为序列，γ 为灰色关联度，若 $\gamma_{0i} \geq \gamma_{0j}$，称为因素 X_i 优于因素 X_j，记为 $X_i > X_j$，称“>”为由灰色关联度导出的灰色关联序。相应地，由广义灰色关联度导出的关联序称为广义灰色关联序，其又分为灰色绝对关联序、灰色相对关联序与灰色综合关联序。

Step4：设 $Y_1, Y_2, \cdots, Y_s$ 为系统特征行为序列，$X_1, X_2, \cdots, X_m$ 为相关因素行为序列，且 Y_i, X_j 长度相同，$\gamma_{ij}(i=1, 2, \cdots, s; j=1, 2, \cdots, m)$ 为 Y_i 与 X_j 的灰色关联度，则灰色关联矩阵如（式 3-1），

$$\Gamma=\left(\gamma_{ij}\right)=\begin{bmatrix} \gamma_{11} \ \gamma_{12} \cdots \gamma_{1m} \\ \gamma_{21} \ \gamma_{22} \cdots \gamma_{2m} \\ \cdots \ \cdots \cdots \ \cdots \\ \gamma_{s1} \ \gamma_{s2} \cdots \gamma_{sm} \end{bmatrix} \qquad (式 3\text{-}1)$$

灰色关联矩阵中第 i 行元素额是系统特征行为序列 $Y_i(i=1, 2, \cdots, s)$ 与相关因素序列 $X_1, X_2, \cdots, X_m$ 的灰色关联度；第 j 列元素是系统特征行为序列，$Y_1, \cdots, Y_s$ 与 $X_j(j=1, 2, \cdots, m)$ 的灰色关联度。

类似地，灰色绝对关联矩阵（式 3-2）；灰色相对矩阵（式 3-3）；灰色综合矩阵如（式 3-4）

$$A=\left(\varepsilon_{ij}\right)=\begin{bmatrix} \varepsilon_{11} \ \varepsilon_{12} \cdots \varepsilon_{1m} \\ \varepsilon_{21} \ \varepsilon_{22} \cdots \varepsilon_{2m} \\ \cdots \ \cdots \cdots \ \cdots \\ \varepsilon_{s1} \ \varepsilon_{s2} \cdots \varepsilon_{sm} \end{bmatrix} \qquad (式 3\text{-}2)$$

$$B=\left(r_{ij}\right)=\begin{bmatrix} r_{11} \ r_{12} \cdots r_{1m} \\ r_{21} \ r_{22} \cdots r_{2m} \\ \cdots \ \cdots \cdots \ \cdots \\ r_{s1} \ r_{s2} \cdots r_{sm} \end{bmatrix} \qquad (式 3\text{-}3)$$

$$C=\left(\rho_{ij}\right)=\begin{bmatrix} \rho_{11} \ \rho_{12} \cdots \rho_{1m} \\ \rho_{21} \ \rho_{22} \cdots \rho_{2m} \\ \cdots \ \cdots \ \cdots \ \cdots \\ \rho_{s1} \ \rho_{s2} \cdots \rho_{sm} \end{bmatrix} \qquad (式 3\text{-}4)$$

Step5：设 $Y_i=(i=1, 2, \cdots, s)$ 为系统特征行为序列，$X_j(j=1, 2, \cdots, m)$ 为相关因素行为序列，

$$\Gamma=\left(\gamma_{ij}\right)=\begin{bmatrix} \gamma_{11} \ \gamma_{12} \cdots \gamma_{1m} \\ \gamma_{21} \ \gamma_{22} \cdots \gamma_{2m} \\ \cdots \ \cdots \cdots \ \cdots \\ \gamma_{s1} \ \gamma_{s2} \cdots \gamma_{sm} \end{bmatrix} \qquad (式 3\text{-}5)$$

（式3-5）为灰色关联矩阵，若存在$k, i \in \{1, 2, \cdots, s\}$，满足$\gamma_{kj} \geqslant \gamma_{ij}$；$j=1, 2, \cdots, m$ 则称系统特征 Y_k优于系统特征Y_i，记为$Y_k > Y_i$。若 $\forall i=1, 2, \cdots, s, i \neq k$，恒有$Y_k > Y_i$，则称$Y_k$为最优特征。

Step6：设$Y_i(i=1, 2, \cdots, s)$为系统特征行为序列，$X_j(j=1, 2, \cdots, m)$为相关因素行为序列且式（3-6）为其灰色关联矩阵。

$$\Gamma=\left(\gamma_{ij}\right)=\begin{bmatrix} \gamma_{11} \gamma_{12} \cdots \gamma_{1m} \\ \gamma_{21} \gamma_{22} \cdots \gamma_{2m} \\ \cdots \ \cdots \cdots \ \cdots \\ \gamma_{s1} \gamma_{s2} \cdots \gamma_{sm} \end{bmatrix} \qquad \text{（式3-6）}$$

若存在$k, i \in \{1, 2, \cdots, s\}$，满足$\sum_{j=1}^{m} \gamma_{kj} > \sum_{j=1}^{m} \gamma_{ij}$则称系统特征$Y_k$准优于系统特征$Y_i$，记为$Y_k > Y_i$。

若存在$l, j \in \{1, 2, \cdots, m\}$，满足$\sum_{i=1}^{m} \gamma_{ij} > \sum_{i=1}^{m} \gamma_{ij}$则称系统因素$X_l$准优于系统因素$X_j$，记为$X_l > X_j$。

Step7：若存在$k \in \{1, 2, \cdots, s\}$，使$\forall i=1, 2, \cdots, s, i \neq k$，有$Y_k > Y_i$，则称系统特征$Y_k$为准优特征。

若存在$l \in \{1, 2, \cdots, m\}$，使$\forall j=1, 2, \cdots, m, j \neq l$，有$X_l > X_j$，则称系统因素$X_l$为准优因素。

（三）制造业细分行业战略重点测度与分析

依据上述方法，针对制造业细分27个行业进行测度，数据选取2006～2017年统计年鉴数据，分析27个行业的战略重点及突破口，研究制约各行业高质量发展的关键因素。

1. 医药制造业战略重点及突破口选择

（1）依据中国制造业高质量发展战略重点选择方法与模型，计算医药制造业行业创新驱动高质量发展相对关联度矩阵，结果如下。

$$A=\begin{bmatrix} 0.630 & 0.570 & 0.680 & 0.923 & 0.870 & 0.538 & 0.675 & 0.591 & 0.550 \\ 0.587 & 0.662 & 0.563 & 0.535 & 0.531 & 0.799 & 0.565 & 0.625 & 0.726 \\ 0.606 & 0.699 & 0.577 & 0.543 & 0.537 & 0.865 & 0.579 & 0.653 & 0.776 \\ 0.568 & 0.627 & 0.549 & 0.527 & 0.524 & 0.734 & 0.551 & 0.568 & 0.676 \end{bmatrix}$$

$$B=\begin{bmatrix} 0.550 & 0.658 & 0.816 \\ 0.726 & 0.572 & 0.536 \\ 0.776 & 0.588 & 0.544 \\ 0.677 & 0.556 & 0.528 \end{bmatrix} \qquad R_{相对}=[A \quad B]$$

$$\sum_{i=1}^{4} r_6 = 2.936 > \sum_{i=1}^{4} r_{10} = 2.729 > \sum_{i=1}^{4} r_9 = 2.728 > \sum_{i=1}^{4} r_2 = 2.558 >$$

$$\sum_{i=1}^{4} r_4 = 2.528 > \sum_{i=1}^{4} r_5 = 2.462 > \sum_{i=1}^{4} r_8 = 2.436 > \sum_{i=1}^{4} r_{12} = 2.424 >$$

$$\sum_{i=1}^{4} r_1 = 2.391 > \sum_{i=1}^{4} r_{11} = 2.373 > \sum_{i=1}^{4} r_3 = \sum_{i=1}^{4} r_7 = 2.369$$

所以$\{X_6 > X_{10} > X_9 > X_2\}$;$\{X_4 > X_5 > X_8 > X_{12}\}$;$\{X_1 > X_{11} > X_3 > X_7\}$。

①在此阶段,对医药制造业发展贡献度的优势动力因素排序为已获利息倍数>总资产报酬率>净资产收益率>应收账款周转率。在医药制造业的发展过程中,已获利息倍数排在首位,说明医药制造业产品的获利对偿还到期债务的保证程度高;总资产报酬率、净资产收益率优于应收账款周转率,表明医药制造业的应收账款周转较快,但总资产、净资产带来的收益对医药制造业的贡献更大。

上述综合表明医药制造业充分依靠固定资产生产要素的获利速度快,将以粗放式发展为主。因此,医药制造业应重点发展长期偿债能力和盈利能力。

②由模型计算可知,对医药制造业发展贡献度较小的一般动力因素排序为总资金周转率>销售利润率>流动资金周转率>速动比率,说明上述指标对医药制造业发展贡献度较低。速动比率、流动资金周转率、销售利润率等贡献度较低,说明行业存在流动资产占用水平高、资金保障水平低、资金风险高、资金流通水平低的问题,易使企业资产盈利能力下降,对资金的控制能力下降。

总资金周转率优于流动资金周转率,说明医药制造业将在较大程度上依赖固定资产,依靠主营业务获得的收入占比小。经调查,医药制造业主要以投资拉动获得收入,销售活动运行不畅,归根到底在于生产未采用拉动系统。

③从分析结论看,一般动力因素多为资产盈利性指标,这些因素显示行业的营运能力相对较低。对于生产未采用拉动系统的问题,医药制造业相关企业应实施并行工程,对产品及相关过程进行集成化处理,同时辅以看板管理,加快流动资金周转,增加资金回收量。

(2)依据中国制造业高质量发展战略重点选择方法与模型,计算医药制造业行业创新驱动高质量发展绝对关联度矩阵,结果如下。

$$A=\begin{bmatrix}0.535 & 0.856 & 0.547 & 0.554 & 0.937 & 0.868 & 0.615 & 0.959 & 0.867\\ 0.518 & 0.677 & 0.523 & 0.527 & 0.786 & 0.684 & 0.731 & 0.729 & 0.840\\ 0.520 & 0.700 & 0.526 & 0.530 & 0.823 & 0.708 & 0.704 & 0.759 & 0.884\\ 0.550 & 0.989 & 0.567 & 0.578 & 0.803 & 0.972 & 0.580 & 0.879 & 0.755\end{bmatrix}$$

$$B=\begin{bmatrix}0.972 & 0.848 & 0.522\\ 0.764 & 0.858 & 0.511\\ 0.799 & 0.905 & 0.512\\ 0.828 & 0.742 & 0.531\end{bmatrix} \qquad R_{绝对}=[A \quad B]$$

$$\sum_{i=1}^{4} r_{10}=3.363 > \sum_{i=1}^{4} r_{11}=3.353 > \sum_{i=1}^{4} r_{5}=3.348 > \sum_{i=1}^{4} r_{9}=3.346 >$$

$$\sum_{i=1}^{4} r_{8}=3.325 > \sum_{i=1}^{4} r_{6}=3.231 > \sum_{i=1}^{4} r_{2}=3.221 > \sum_{i=1}^{4} r_{7}=2.630 >$$

$$\sum_{i=1}^{4} r_{4}=2.189 > \sum_{i=1}^{4} r_{3}=2.164 > \sum_{i=1}^{4} r_{1}=2.123 > \sum_{i=1}^{4} r_{12}=2.075$$

所以$\{X_{10}>X_{11}>X_5>X_9\}$；$\{X_8>X_6>X_2>X_7\}$；$\{X_4>X_3>X_1>X_{12}\}$，在2006～2017年间，医药制造业绝对关联度的动力因素贡献度排序为{总资产报酬率>销售利润率>资产负债率>净资产收益率}；{流动比率>已获利息倍数>速动比率}；{存货周转率>流动资金周转率>总资金周转率>毛利率}。

①在此阶段，对于医药制造业发展贡献度较大的优势动力因素的排序为总资产报酬率>销售利润率>资产负债率>净资产收益率。在医药制造业的发展过程中，总资产报酬率排在首位，说明2006～2017年这一阶段医药制造业的发展主要依靠全部资产带来的收益。销售利润率、资产负债率和净资产收益率的优势较大，说明制造业行业基于销售收入的利润和净资产较大，总资产中有较大比例是通过借债来筹资的。

上述综合表明医药制造业依靠固定资产生产要素来获利，虽借债比例较高但偿债能力强。因此，医药制造业目前应重点提高盈利能力和长期偿债能力。

②由模型计算可知，对医药制造业发展贡献度较小的一般动力因素排序为存货周转率>流动资金周转率>总资金周转率>毛利率，说明上述指标对医药制造业发展贡献度较低。存货周转率、流动资金周转率、总资金周转率等贡献度较低，说明医药制造业存在资产占用水平较高的问题，易导致企业资产盈利能力下降，限制企业进一步发展。

毛利率排名最后，说明医药制造业的商品进入生产转换内部系统后有较小的增值，生产拉动系统不完善。各资金周转速度慢说明医药制造业销售不畅，尤其是主营业务销售不畅，但本质在于生产拉动系统未发挥好作用。

③从分析结论看，一般动力因素多为资产盈利性指标，这些指标直接表明医药制造业营运不善，尤其是主营业务弱，所以医药制造业要重点提高营运能力。包括完善TPM，提高设备综合效率；加强均衡生产，把握好各环节的进度；加强从原料到成品的价值流动，不断提高价值流。医药制造业行业优势分析如图3-8所示。

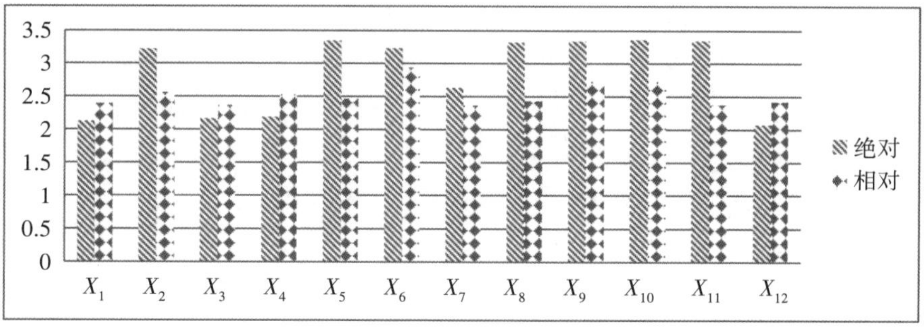

图3-8　医药制造业行业优势分析

2.计算机、通信和其他电子设备制造业战略重点及突破口选择

（1）依据中国制造业高质量发展战略重点选择方法与模型，计算机、通信和其他电子设备制造业行业创新驱动高质量发展相对关联度矩阵，结果如下。

$$A=\begin{bmatrix} 0.527 & 0.897 & 0.580 & 0.589 & 0.785 & 0.507 & 0.841 & 0.503 & 0.515 \\ 0.572 & 0.505 & 0.524 & 0.522 & 0.502 & 0.765 & 0.506 & 0.830 & 0.627 \\ 0.903 & 0.542 & 0.710 & 0.688 & 0.519 & 0.609 & 0.549 & 0.538 & 0.727 \\ 0.683 & 0.593 & 0.964 & 0.915 & 0.542 & 0.549 & 0.608 & 0.517 & 0.603 \end{bmatrix}$$

$$B=\begin{bmatrix} 0.509 & 0.612 & 0.905 \\ 0.721 & 0.517 & 0.505 \\ 0.631 & 0.649 & 0.541 \\ 0.559 & 0.829 & 0.591 \end{bmatrix} \qquad R_{相对}=[A \quad B]$$

$$\sum_{i=1}^{4} r_3=2.777>\sum_{i=1}^{4} r_4=2.714>\sum_{i=1}^{4} r_1=2.684>\sum_{i=1}^{4} r_{11}=2.607>$$

$$\sum_{i=1}^{4} r_{12}=2.542>\sum_{i=1}^{4} r_2=2.537>\sum_{i=1}^{4} r_7=2.504>\sum_{i=1}^{4} r_9=2.472>$$

$$\sum_{i=1}^{4} r_6=2.431>\sum_{i=1}^{4} r_{10}=2.419>\sum_{i=1}^{4} r_8=2.387>\sum_{i=1}^{4} r_5=2.348$$

所以$\{X_3>X_4>X_1>X_{11}\}$；$\{X_{12}>X_2>X_7>X_9\}$；$\{X_6>X_{10}>X_8>X_5\}$。

①与计算机、通信和其他电子设备制造业的发展有关的优势动力因素排序为流动资金周转率>存货周转率>总资金周转率>销售利润率>毛利率。在计算机、通信和其他电子制造业的发展过程中，流动资金周转率排

在首位，说明计算机、通信和其他电子设备制造业的发展较大程度上依赖流动资产的周转速度。此外，存货周转率和总资金周转率也占据较大优势。销售利润率和毛利率的贡献度排名为前五，说明该行业也会较依赖盈利能力。

上述综合表明计算机、通信和其他电子设备制造业的发展将在较大程度上依靠营运能力和盈利能力，这也是该行业应重点关注的问题。

②由模型计算可知，对计算机、通信和其他电子设备制造业发展贡献度较小的一般动力因素排序为已获利息倍数>总资产报酬率>流动比率>资产负债率，说明上述指标对计算机、通信和其他电子设备制造业发展贡献度较低，流动比率和已获利息倍数贡献度较低，说明行业未来偿债能力较低，限制行业进一步发展。

总资产报酬率对该行业的发展有较少的贡献，说明总资产带来的收益将产生较少的贡献，而销售利润率和毛利率的贡献度将大，进一步说明行业利润很大程度是由主营业务带来的。因此，行业偿债能力将是限制发展的重要因素，要防患于未然，避免资不抵债的现象发生。

③从分析结论看，一般动力因素多为偿债能力指标，这些因素显示行业的偿债能力不足，所以计算机、通信和其他电子设备制造业要通过协调联运完善经营管理，继续提高盈利能力，从而提高偿债能力。

（2）依据中国制造业高质量发展战略重点选择方法与模型，计算机、通信和其他电子设备制造业行业创新驱动高质量发展绝对关联度矩阵，结果如下。

$$A=\begin{bmatrix} 0.560 & 0.527 & 0.552 & 0.639 & 0.549 & 0.642 & 0.817 & 0.815 & 0.930 \\ 0.557 & 0.526 & 0.549 & 0.633 & 0.547 & 0.636 & 0.833 & 0.830 & 0.909 \\ 0.544 & 0.520 & 0.538 & 0.603 & 0.536 & 0.605 & 0.928 & 0.925 & 0.818 \\ 0.780 & 0.629 & 0.743 & 0.881 & 0.731 & 0.873 & 0.567 & 0.567 & 0.624 \end{bmatrix}$$

$$B=\begin{bmatrix} 0.734 & 0.965 & 0.508 \\ 0.723 & 0.935 & 0.508 \\ 0.673 & 0.838 & 0.506 \\ 0.727 & 0.616 & 0.537 \end{bmatrix} \qquad R_{绝对}=[A \quad B]$$

$$\sum_{i=1}^{4} r_{11}=3.345 > \sum_{i=1}^{4} r_9 = 3.281 > \sum_{i=1}^{4} r_7 = 3.144 > \sum_{i=1}^{4} r_8 = 3.136 >$$

$$\sum_{i=1}^{4} r_{10}=2.856 > \sum_{i=1}^{4} r_4 = 2.756 > \sum_{i=1}^{4} r_6 = 2.756 > \sum_{i=1}^{4} r_1 = 2.441 >$$

$$\sum_{i=1}^{4} r_3 = 2.382 > \sum_{i=1}^{4} r_5 = 2.364 > \sum_{i=1}^{4} r_2 = 2.202 > \sum_{i=1}^{4} r_{12} = 2.059$$

所以$\{X_{11}>X_9>X_7>X_8\}$；$\{X_{10}>X_4>X_6>X_1\}$；$\{X_3>X_5>X_2>X_{12}\}$。

①在此期间,计算机、通信和其他电子设备制造业绝对关联度的优势动力因素排序为销售利润率>净资产收益率>速动比率>流动比率,在计算机、通信和其他电子设备制造业的发展过程中,第一位动力因素是销售利润率,说明2006~2017年该行业商品销售带来了较大利润,对行业发展的贡献较大。速动比率的排名前于流动比率,说明流动资产中能够立即变现来偿还流动负债的资金较多,短期偿债能力较强。

上述综合表明计算机、通信和其他电子设备制造业盈利能力和偿债能力较强,速动比率和流动比率是短期偿债能力的重要指标,该行业应重视盈利能力和短期偿债能力的发展。

②通过模型计算得到,与计算机、通信和其他电子设备制造业的发展有关的一般动力因素排序为流动资产增长率>资产负债率>应收账款周转率>毛利率,说明上述指标对计算机、通信和其他电子设备制造业发展贡献度较低。资产负债率的贡献度较低,说明行业长期偿债能力较弱;应收账款周转率较低,说明行业现金回收速度慢。因此,行业营运能力和长期偿债能力弱,发展被限制。

毛利率排名最后,说明商品进入生产转换系统后增值较小,表明行业现阶段的生产落后、盈利较低。流动资产增长率较低说明行业创新能力仍有待提高。

③从分析结论看,一般动力因素的各项指标代表的能力较分散,但最主要的问题是毛利率的贡献度较小,表明生产拉动系统不完善。根据行业发展的独特性,计算机、通信和其他电子设备制造业要不断完善自动化管理,注重人机结合,加强均衡生产,把握好各环节的进度。计算机、通信和其他电子制造业行业优势分析如图3-9所示。

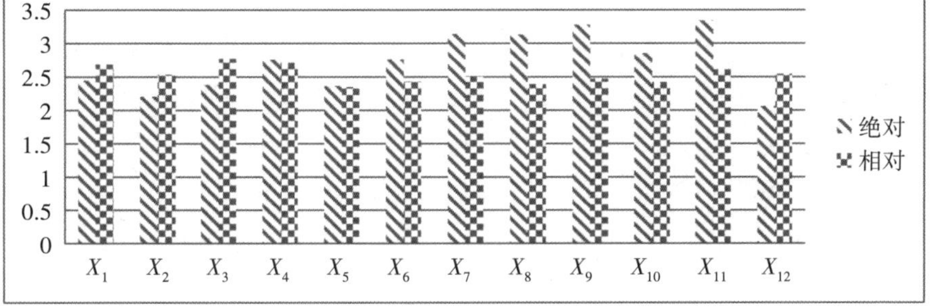

图3-9 计算机、通信和其他电子制造业行业优势分析

3.仪器仪表制造业战略重点及突破口选择

(1)依据中国制造业高质量发展战略重点选择方法与模型,计算仪器仪表制造业行业创新驱动高质量发展相对关联度矩阵，结果如下。

$$A=\begin{bmatrix} 0.527 & 0.518 & 0.541 & 0.605 & 0.617 & 0.514 & 0.662 & 0.519 & 0.538 \\ 0.586 & 0.625 & 0.556 & 0.522 & 0.520 & 0.664 & 0.514 & 0.619 & 0.560 \\ 0.869 & 0.755 & 0.941 & 0.671 & 0.654 & 0.695 & 0.612 & 0.767 & 0.970 \\ 0.771 & 0.893 & 0.677 & 0.569 & 0.562 & 0.986 & 0.545 & 0.875 & 0.688 \end{bmatrix}$$

$$B=\begin{bmatrix} 0.526 & 0.695 & 0.845 \\ 0.587 & 0.512 & 0.526 \\ 0.867 & 0.593 & 0.705 \\ 0.773 & 0.537 & 0.582 \end{bmatrix} \qquad R_{相对}=[A \quad B]$$

$$\sum_{i=1}^{4} r_6=2.859 > \sum_{i=1}^{4} r_2= 2.791> \sum_{i=1}^{4} r_8= 2.781> \sum_{i=1}^{4} r_9= 2.757 >$$

$$\sum_{i=1}^{4} r_1= \sum_{i=1}^{4} r_{10}= 2.753> \sum_{i=1}^{4} r_3=2.715 > \sum_{i=1}^{4} r_{12}= 2.658>$$

$$\sum_{i=1}^{4} r_4= 2.367> \sum_{i=1}^{4} r_5= 2.352 > \sum_{i=1}^{4} r_{11}= 2.336> \sum_{i=1}^{4} r_7=2.332$$

所以$\{X_6>X_2>X_8>X_9\}$；$\{X_1=X_{10}>X_3>X_{12}\}$；$\{X_4>X_5>X_{11}>X_7\}$。

①在此阶段，仪器仪表制造业绝对关联度的动力因素贡献度较大的排序为已获利息倍数>应收账款周转率>流动比率>净资产收益率>总资金周转率。在仪器仪表制造业的发展过程中，已获利息倍数排在首位，说明仪器仪表制造业的发展主要依靠在一定盈利水平下支付债务利息的能力。应收账款周转率和总资金周转率排名较前，说明该行业的发展相对依赖总资产带来的收益，以投资拉动为主，生产系统将相对落后。

上述综合表明仪器仪表制造业的发展将主要依靠偿债能力和营运能力。

②由模型计算可知，对仪器仪表制造业发展贡献度较小的一般动力因素排序为存货周转率>资产负债率>销售利润率>速动比率，说明上述指标对仪器仪表制造业发展贡献度较低。速动比率、销售利润率、资产负债率等贡献度较低，说明行业存在资金风险高、销售利润水平低的问题，限制行业进一步发展。

速动比率排名最后，说明可立即变现来偿还流动负债的流动资产较少，短期偿债能力弱。存货周转率和销售利润率共同说明行业营运在较大程度上不依靠主营业务的销售活动，将以投资拉动为主，主要依赖固定资产要素，生产拉动系统将相对落后。

③从分析结论看，一般动力因素主要是短期偿债能力指标，这四个因素显示行业短期偿债能力相对较弱，生产拉动系统相对落后。因此，仪器仪表制造业要做好5S管理，注重整顿企业。

(3)依据中国制造业高质量发展战略重点选择方法与模型,计算仪器仪表制造业行业创新驱动高质量发展绝对关联度矩阵,结果如下。

$$A=\begin{bmatrix} 0.592 & 0.869 & 0.597 & 0.669 & 0.551 & 0.877 & 0.598 & 0.842 & 0.869 \\ 0.522 & 0.587 & 0.523 & 0.540 & 0.715 & 0.589 & 0.914 & 0.673 & 0.660 \\ 0.556 & 0.725 & 0.559 & 0.603 & 0.583 & 0.730 & 0.660 & 0.945 & 0.913 \\ 0.574 & 0.797 & 0.578 & 0.636 & 0.563 & 0.803 & 0.621 & 0.925 & 0.959 \end{bmatrix}$$

$$B=\begin{bmatrix} 0.975 & 0.926 & 0.570 \\ 0.612 & 0.639 & 0.517 \\ 0.789 & 0.858 & 0.543 \\ 0.882 & 0.973 & 0.557 \end{bmatrix} \qquad R_{绝对}=[A \quad B]$$

$$\sum_{i=1}^{4} r_9=3.400>\sum_{i=1}^{4} r_{11}=3.395>\sum_{i=1}^{4} r_8=3.385>\sum_{i=1}^{4} r_{10}=3.258>$$

$$\sum_{i=1}^{4} r_6=2.999>\sum_{i=1}^{4} r_2=2.977>\sum_{i=1}^{4} r_7=2.793>\sum_{i=1}^{4} r_4=2.448>$$

$$\sum_{i=1}^{4} r_5=2.412>\sum_{i=1}^{4} r_3=2.256>\sum_{i=1}^{4} r_1=2.243>\sum_{i=1}^{4} r_{12}=2.186$$

所以$\{X_9>X_{11}>X_8>X_{10}\}$;$\{X_6>X_2>X_7>X_4\}$;$\{X_5>X_3>X_1>X_{12}\}$。

①在此阶段,对于仪器仪表制造业发展贡献度较大的优势动力因素的排序为净资产收益率>销售利润率>流动比率>总资产报酬率>已获利息倍数,在仪器仪表制造业的发展过程中,净资产收益率、销售利润率和总资产报酬率排名在前,说明2006~2017年这一阶段仪器仪表制造业盈利能力较强。流动比率和已获利息倍数也排名较前,说明仪器仪表制造业的偿债能力也较强。

上述综合表明盈利能力和偿债能力对仪器仪表制造业的贡献较大,应重点关注。

②由模型计算可知,对仪器仪表制造业发展贡献度较小的一般动力因素排序为存货周转率>流动资金周转率>总资金周转率>毛利率,说明上述指标对仪器仪表制造业发展贡献度较低。毛利率排名较后,说明该行业的商品进入生产转换内部系统后增值较小,对行业发展有所限制。

流动资金周转率和总资金周转率有较低的贡献度,并且存货周转率的贡献度也不高,综合说明该行业营运能力较弱,生产拉动系统不完善,从而导致毛利率的贡献度较小。

③从分析结论看,一般动力因素多为资产盈利性指标,这些因素表明仪器仪表制造业的营运能力不足,需要加强看板管理和JIT管理,主要加快流动资产的运营效率。仪器仪表制造行业优势分析如图3-10所示。

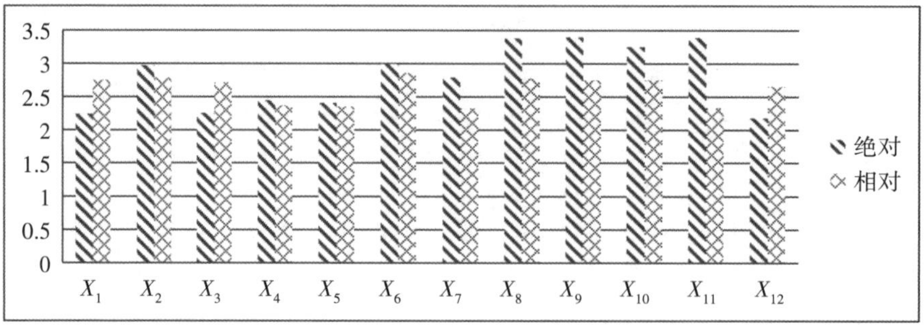

图3-10　仪器仪表制造行业优势分析

4.铁路、船舶、航空航天和其他运输设备制造业战略重点及突破口选择

（1）依据中国制造业高质量发展战略重点选择方法与模型，计算铁路、船舶、航空航天和其他运输设备制造业行业创新驱动高质量发展相对关联度矩阵，结果如下。

$$A=\begin{bmatrix}0.592 & 0.659 & 0.639 & 0.588 & 0.876 & 0.523 & 0.651 & 0.648 & 0.571\\ 0.651 & 0.512 & 0.545 & 0.663 & 0.522 & 0.732 & 0.535 & 0.548 & 0.524\\ 0.583 & 0.548 & 0.555 & 0.587 & 0.520 & 0.831 & 0.550 & 0.551 & 0.607\\ 0.613 & 0.565 & 0.574 & 0.618 & 0.527 & 0.949 & 0.568 & 0.570 & 0.645\end{bmatrix}$$

$$B=\begin{bmatrix}0.538 & 0.532 & 0.896\\ 0.584 & 0.570 & 0.546\\ 0.698 & 0.739 & 0.519\\ 0.769 & 0.825 & 0.526\end{bmatrix} \qquad R_{相对}=[A \quad B]$$

$$\sum_{i=1}^{4} r_6=3.034>\sum_{i=1}^{4} r_{11}=2.665>\sum_{i=1}^{4} r_{10}=2.589>\sum_{i=1}^{4} r_{12}=2.487>$$

$$\sum_{i=1}^{4} r_4=2.455>\sum_{i=1}^{4} r_5=2.445>\sum_{i=1}^{4} r_1=2.438>\sum_{i=1}^{4} r_9=2.347>$$

$$\sum_{i=1}^{4} r_8=2.317>\sum_{i=1}^{4} r_3=2.313>\sum_{i=1}^{4} r_7=2.305>\sum_{i=1}^{4} r_2=2.284$$

所以$\{X_6>X_{11}>X_{10}>X_{12}\}$；$\{X_4>X_5>X_1>X_9\}$；$\{X_8>X_3>X_7>X_2\}$。

①在此期间，对铁路、船舶、航空航天和其他运输设备制造业发展作出较大贡献的优势动力因素排序为已获利息倍数>销售利润率>总资产报酬率>毛利率，已获利息倍数排名第一，说明该行业的发展主要依赖获利且债务利息有较高的保障。销售利润率、总资产报酬率和毛利率也是影响铁路、船舶、航空航天和其他运输设备制造业发展的关键因素。

上述综合表明，盈利能力和长期偿债能力是铁路、船舶、航空航天和其他运输设备制造业发展的主要因素。

②由模型计算可知，铁路、船舶、航空航天和其他运输设备制造业发展的一般动力因素为流动比率>流动资金周转率>速动比率>应收账款周转率，说明上述指标对铁路、船舶、航空航天和其他运输设备制造业发展贡献度较低。应收账款、流动资金周转率排名较后，说明行业有较高的资金风险、较长的流动资金周转期。行业经营不善，生产拉动系统未发挥好作用，可能导致企业资产盈利能力下降，限制行业进一步发展。速动比率和流动比率对铁路、船舶、航空航天和其他运输设备制造业的贡献度也相对较低，说明流动资产尤其是流动资产中可以立即变现用于偿还流动负债的能力较弱。

上述综合表明营运能力和短期偿债能力对铁路、船舶、航空航天和其他运输设备制造业的贡献将相对较小。

③从分析结论看，一般动力因素多为营运能力指标和短期偿债能力指标，铁路、船舶、航空航天和其他运输设备制造业要加强协调联运，共同完成运输。

（2）依据中国制造业高质量发展战略重点选择方法与模型，计算铁路、船舶、航空航天和其他运输设备制造业行业创新驱动高质量发展绝对关联度矩阵，结果如下。

$$A=\begin{bmatrix}0.663 & 0.906 & 0.688 & 0.760 & 0.772 & 0.650 & 0.542 & 0.709 & 0.679\\ 0.524 & 0.592 & 0.528 & 0.643 & 0.637 & 0.748 & 0.784 & 0.679 & 0.708\\ 0.523 & 0.589 & 0.527 & 0.638 & 0.632 & 0.739 & 0.794 & 0.672 & 0.701\\ 0.574 & 0.781 & 0.586 & 0.939 & 0.919 & 0.829 & 0.593 & 0.958 & 0.892\end{bmatrix}$$

$$B=\begin{bmatrix}0.638 & 0.580 & 0.548\\ 0.770 & 0.967 & 0.507\\ 0.761 & 0.951 & 0.507\\ 0.802 & 0.675 & 0.522\end{bmatrix} \qquad R_{绝对}=[A \quad B]$$

$$\sum_{i=1}^{4} r_{11}=3.173>\sum_{i=1}^{4} r_{8}=3.017>\sum_{i=1}^{4} r_{9}=2.981>\sum_{i=1}^{4} r_{4}=2.980>$$

$$\sum_{i=1}^{4} r_{10}=2.971>\sum_{i=1}^{4} r_{6}=2.967>\sum_{i=1}^{4} r_{5}=2.961>\sum_{i=1}^{4} r_{2}=2.868>$$

$$\sum_{i=1}^{4} r_{7}=2.713>\sum_{i=1}^{4} r_{3}=2.329>\sum_{i=1}^{4} r_{1}=2.285>\sum_{i=1}^{4} r_{12}=2.084$$

所以$\{X_{11}>X_8>X_9>X_4\}$；$\{X_{10}>X_6>X_5>X_2\}$；$\{X_7>X_3>X_1>X_{12}\}$。

①在此阶段，铁路、船舶、航空航天和其他运输设备制造业发展的优势动力因素排序为销售利润率>流动比率>净资产收益率>存货周转率，在铁路、船舶、航空航天和其他运输设备制造业的发展过程中，销售利润率和净资产收益率排在前面，说明2006～2017年这一阶段铁路、船舶、航空航天

和其他运输设备制造业每销售一元商品贡献的利润较大，净资产带来的收益也有较大贡献，行业盈利能力强。流动比率排名较前说明行业流动资产偿还债务的能力较强，短期偿债能力较强。存货周转率排名也较前，说明行业经营较好。

这些指标综合表明盈利能力对铁路、船舶、航空航天和其他运输设备制造业的发展有较大贡献。

②由模型计算得到，铁路、船舶、航空航天和其他运输设备制造业发展的一般动力因素排序为速动比率>流动资金周转率>总资金周转率>毛利率，说明上述指标对铁路、船舶、航空航天和其他运输设备制造业发展贡献度较低。

毛利率排名较后，说明该行业的商品进入生产转换内部系统后有较小增值，对行业发展有所限制。总资金周转率和流动资金周转率对行业的贡献也较弱，而存货周转率的贡献较大，说明该行业营运能力较强。速动比率排名较后，说明速动资产偿还流动负债的能力较弱，不利于行业进一步发展。

上述综合表明铁路、船舶、航空航天和其他运输设备制造业营运能力较弱，应提高其短期偿债能力。

③从分析结论看，主要是营运能力和短期偿债能力限制铁路、船舶、航空航天和其他运输设备制造业的发展。该行业应加强流程管理，使得业务卓越发展，还要实施并行工程，提高运营能力。铁路、船舶、航空航天和其他运输设备制造业行业优势分析关联序如图3-11所示。

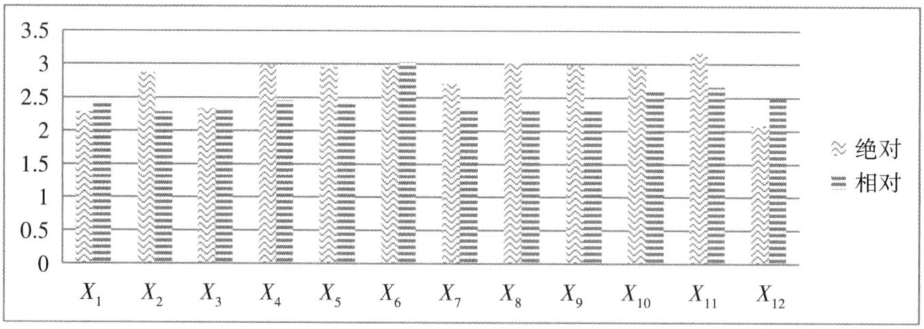

图3-11　铁路、船舶、航空航天和其他运输设备制造业行业优势分析关联序

5.黑色金属冶炼及压延加工业战略重点及突破口选择

（1）依据中国制造业高质量发展战略重点选择方法与模型，计算黑色金属冶炼及压延加工业行业创新驱动高质量发展相对关联度矩阵，结果如下。

$$A=\begin{bmatrix}0.595 & 0.625 & 0.630 & 0.924 & 0.947 & 0.587 & 0.683 & 0.595 & 0.561\\ 0.768 & 0.854 & 0.866 & 0.650 & 0.659 & 0.744 & 0.986 & 0.768 & 0.672\\ 0.947 & 0.839 & 0.828 & 0.572 & 0.576 & 0.991 & 0.733 & 0.947 & 0.859\\ 0.687 & 0.642 & 0.637 & 0.530 & 0.532 & 0.705 & 0.597 & 0.687 & 0.791\end{bmatrix}$$

$$B=\begin{bmatrix}0.575 & 0.590 & 0.771\\ 0.712 & 0.753 & 0.596\\ 0.941 & 0.974 & 0.546\\ 0.737 & 0.698 & 0.519\end{bmatrix} \qquad R_{相对}=[A \quad B]$$

$$\sum_{i=1}^{4} r_6=3.027>\sum_{i=1}^{4} r_{11}=3.015>\sum_{i=1}^{4} r_7=2.998>\sum_{i=1}^{4} r_1=\sum_{i=1}^{4} r_8=2.997>$$

$$\sum_{i=1}^{4} r_{10}=2.964>\sum_{i=1}^{4} r_2=\sum_{i=1}^{4} r_3=2.960>\sum_{i=1}^{4} r_9=2.883>$$

$$\sum_{i=1}^{4} r_5=2.713>\sum_{i=1}^{4} r_4=2.677>\sum_{i=1}^{4} r_{12}=2.432$$

所以$\{X_6>X_{11}>X_7>X_1\}$；$\{X_8>X_{10}>X_2>X_3\}$；$\{X_9>X_5>X_4>X_{12}\}$。

①在此期间，黑色金属冶炼及压延加工业发展的优势动力因素排序为已获利息倍数>销售利润率>速动比率>总资金周转率。已获利息倍数排在首位，说明黑色金属冶炼及压延加工业的获利能力对债务利息的保障程度较高；速动比率的贡献度较大，说明速动资产偿还流动负债的能力较强，因此，偿债能力将对该行业的发展产生较大作用。销售利润率的贡献度也较高，说明该行业每销售一元商品将带来较大利润。总资金周转率的贡献度也较大，说明总资金周转速度将为该行业作出较大贡献。

上述综合表明偿债能力将对黑色金属冶炼及压延加工业的发展贡献较大。

②由模型计算得到，黑色金属冶炼及压延加工业发展的一般动力因素排序为净资产收益率>资产负债率>存货周转率>毛利率，说明上述指标对黑色金属冶炼及压延加工业发展贡献度较低。毛利率和净资产收益率的贡献度较低，说明该行业盈利能力对发展的贡献较少。存货周转率的贡献度也较低，说明行业存货周转较慢，营运能力的贡献度较小，生产拉动系统不完善，从而产生的利润较少，行业发展受限。

上述综合表明盈利能力和营运能力对黑色金属冶炼及压延加工业的发展贡献度较小。

③从分析结论看，一般动力因素多为盈利性指标，黑色金属冶炼及压延加工业要加强均衡生产，加快存货周转。

(2)依据中国制造业高质量发展战略重点选择方法与模型，计算黑色金属冶炼及压延加工业行业创新驱动高质量发展绝对关联度矩阵，结果如下。

$$A=\begin{bmatrix}0.554 & 0.921 & 0.594 & 0.522 & 0.729 & 0.629 & 0.702 & 0.882 & 0.849\\0.779 & 0.581 & 0.986 & 0.615 & 0.710 & 0.875 & 0.539 & 0.626 & 0.567\\0.567 & 0.840 & 0.616 & 0.527 & 0.787 & 0.659 & 0.663 & 0.973 & 0.782\\0.803 & 0.575 & 0.973 & 0.625 & 0.693 & 0.845 & 0.536 & 0.616 & 0.562\end{bmatrix}$$

$$B=\begin{bmatrix}0.812 & 0.989 & 0.506\\0.654 & 0.599 & 0.529\\0.887 & 0.913 & 0.507\\0.642 & 0.591 & 0.531\end{bmatrix} \qquad R_{绝对}=[A \quad B]$$

$$\sum_{i=1}^{4}r_3=3.169>\sum_{i=1}^{4}r_8=3.097>\sum_{i=1}^{4}r_{11}=3.091>\sum_{i=1}^{4}r_6=3.007>$$

$$\sum_{i=1}^{4}r_{10}=2.995>\sum_{i=1}^{4}r_5=\sum_{i=1}^{4}r_2=2.917>\sum_{i=1}^{4}r_9=2.759>\sum_{i=1}^{4}r_1=2.702>$$

$$\sum_{i=1}^{4}r_4=2.289>\sum_{i=1}^{4}r_7=2.440>\sum_{i=1}^{4}r_{12}=2.072$$

所以$\{X_3>X_8>X_{11}>X_6\}$;$\{X_{10}>X_5=X_2>X_9\}$;$\{X_1>X_4>X_7>X_{12}\}$。

①在此期间，黑色金属冶炼及压延加工业发展的优势动力因素排序为流动资金周转率>流动比率>销售利润率>已获利息倍数，在黑色金属冶炼及压延加工业的发展过程中，流动资金周转率排在首位，说明2006～2017年这一阶段黑色金属冶炼及压延加工业的流动资金周转率对行业发展产生了较大贡献。流动比率和已获利息倍数的贡献度较大，说明行业偿债能力较强。销售利润率的贡献度较大，说明每销售一元商品带来的利润较大。

上述综合表明黑色金属冶炼及压延加工业的偿债能力较强，对行业发展贡献较大。

②由模型计算得到，黑色金属冶炼及压延加工业发展的一般动力因素排序为总资金周转率>存货周转率>速动比率>毛利率，说明上述指标对黑色金属冶炼及压延加工业发展贡献度较低。毛利率排名较后，说明该行业的商品进入生产转换内部系统后有较小增值，对行业发展有所限制。速动比率的贡献度较小说明速动资产偿还流动负债的能力较弱。存货周转率和总资金周转率的贡献度较低，而流动资金周转率的贡献度较大，说明流动资产中非存货的那部分流动资金周转较快，因而主营产品周转速度的贡献度仍较小。

上述综合表明黑色金属冶炼及压延加工业的营运能力和盈利能力较弱。

③从分析结论看，一般动力因素多为营运能力指标，这些因素表明黑色金属冶炼及压延加工业生产拉动系统不完善，因此要加强TPM管理，提高设备综合效率，完善均衡生产和协调联运，使各环节协同发展。黑色金属冶炼及压延加工业行业优势分析关联序如图3-12所示。

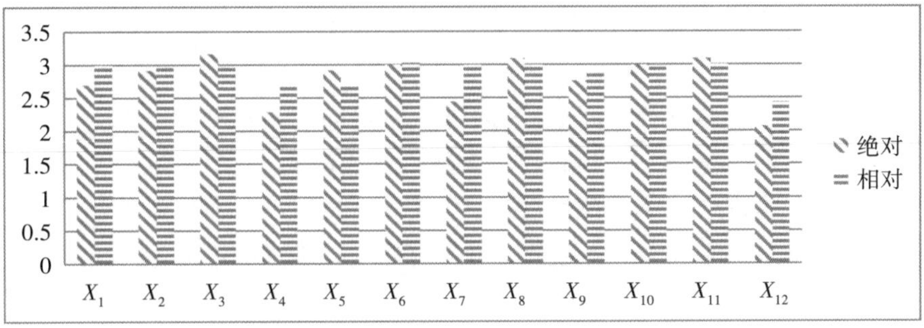

图3-12　黑色金属冶炼及压延加工业行业优势分析关联序

6.有色金属冶炼及压延加工业战略重点及突破口选择

（1）依据中国制造业高质量发展战略重点选择方法与模型，计算有色金属冶炼及压延加工业行业创新驱动高质量发展相对关联度矩阵，结果如下。

$$A=\begin{bmatrix} 0.892 & 0.838 & 0.966 & 0.738 & 0.921 & 0.610 & 0.845 & 0.589 & 0.563 \\ 0.568 & 0.628 & 0.580 & 0.681 & 0.573 & 0.893 & 0.560 & 0.984 & 0.888 \\ 0.571 & 0.633 & 0.584 & 0.689 & 0.576 & 0.910 & 0.562 & 0.995 & 0.872 \\ 0.535 & 0.567 & 0.542 & 0.595 & 0.538 & 0.706 & 0.531 & 0.753 & 0.837 \end{bmatrix}$$

$$B=\begin{bmatrix} 0.583 & 0.606 & 0.888 \\ 0.983 & 0.908 & 0.567 \\ 0.964 & 0.925 & 0.570 \\ 0.770 & 0.713 & 0.535 \end{bmatrix} \qquad R_{相对}=[A \quad B]$$

$$\sum_{i=1}^{4} r_8=3.322>\sum_{i=1}^{4} r_{10}=3.301>\sum_{i=1}^{4} r_9=3.161>\sum_{i=1}^{4} r_{11}=3.152>$$

$$\sum_{i=1}^{4} r_6=3.118>\sum_{i=1}^{4} r_4=2.703>\sum_{i=1}^{4} r_3=2.672>\sum_{i=1}^{4} r_2=2.666>$$

$$\sum_{i=1}^{4} r_5=2.608>\sum_{i=1}^{4} r_1=2.565>\sum_{i=1}^{4} r_{12}=2.559>\sum_{i=1}^{4} r_7=2.498$$

所以$\{X_8>X_{10}>X_9>X_{11}\}$；$\{X_6>X_4>X_3>X_2\}$；$\{X_5>X_1>X_{12}>X_7\}$。

①在此期间，有色金属冶炼及压延加工业发展的优势动力因素排序为流动比率>总资金周转率>净资产收益率>销售利润率，在有色金属冶炼及压延加工业的发展过程中，流动比率排在首位，说明有色金属冶炼及压延加工业的流动资产可较大程度地偿还流动负债。总资金的周转率对行业发展的贡献较大，因此固定资产生产要素更为重要。净资产收益率和销售利润率的贡献也较大，说明盈利能力对行业发展的贡献较大。

上述综合表明盈利能力对有色金属冶炼及压延加工业的发展有较大贡献。

②由模型计算得到，有色金属冶炼及压延加工业发展的一般动力因素排序为资产负债率>总资产报酬率>毛利率>速动比率，说明这些指标对行业发展的贡献较小。速动比率和资产负债率的贡献度较低，说明该行业偿债能力将较弱。毛利率和总资产报酬率的贡献度也低，说明该行业的商品进入生产转换内部系统后增值较小，生产拉动系统不完善，总资产带来的收益较少。

上述综合表明偿债能力对有色金属冶炼及压延加工业产生的贡献较小。

③从分析结论看，一般动力因素多为偿债能力指标，有色金属冶炼及压延加工业应加强协调联运，共同完成运输过程。

(2)依据中国制造业高质量发展战略重点选择方法与模型，计算有色金属冶炼及压延加工业行业创新驱动高质量发展绝对关联度矩阵，结果如下。

$$A=\begin{bmatrix} 0.507 & 0.624 & 0.513 & 0.584 & 0.703 & 0.588 & 0.599 & 0.885 & 0983 \\ 0.522 & 0.882 & 0.539 & 0.757 & 0.901 & 0.770 & 0.805 & 0.711 & 0.657 \\ 0.509 & 0.655 & 0.516 & 0.604 & 0.753 & 0.607 & 0.624 & 0.981 & 0.887 \\ 0.555 & 0.758 & 0.599 & 0.882 & 0.657 & 0.864 & 0.822 & 0.583 & 0.562 \end{bmatrix}$$

$$B=\begin{bmatrix} 0.704 & 0.902 & 0.508 \\ 0.898 & 0.702 & 0.525 \\ 0.755 & 0.998 & 0.510 \\ 0.656 & 0.579 & 0.563 \end{bmatrix} \qquad R_{绝对}=[A \quad B]$$

$$\sum_{i=1}^{4} r_{11}=3.182>\sum_{i=1}^{4} r_{8}=3.160>\sum_{i=1}^{4} r_{9}=3.089>\sum_{i=1}^{4} r_{5}=3.014>$$

$$\sum_{i=1}^{4} r_{10}=3.013>\sum_{i=1}^{4} r_{2}=2.918>\sum_{i=1}^{4} r_{7}=2.850>\sum_{i=1}^{4} r_{6}=2.829>$$

$$\sum_{i=1}^{4} r_{4}=2.827>\sum_{i=1}^{4} r_{3}=2.167>\sum_{i=1}^{4} r_{12}=2.105>\sum_{i=1}^{4} r_{1}=2.093$$

所以$\{X_{11}>X_8>X_9>X_5\}$；$\{X_{10}>X_2>X_7>X_6\}$；$\{X_4>X_3>X_{12}>X_1\}$。

①在此阶段，有色金属冶炼及压延加工业发展贡献度较大的优势动力因素排序为销售利润率>流动比率>净资产收益率>资产负债率。在有色金属冶炼及压延加工业的发展过程中，销售利润率和净资产收益率排在前面，说明2006～2017年这一阶段有色金属冶炼及压延加工业每销售一元商品带来的利润较大，净资产带来的收益也较大。流动比率和资产负债率的贡献度较大，说明偿债能力较强。

上述综合表明有色金属冶炼及压延加工业应重点发展盈利能力和偿债能力。

②由模型计算可知,对有色金属冶炼及压延加工业发展贡献度较小的一般动力因素为存货周转率>流动资金周转率>毛利率>总资金周转率,说明上述指标对有色金属冶炼及压延加工业发展贡献度较低。总资金周转率、流动资金周转率和存货周转率的贡献度较低,说明行业营运能力较弱,对行业发展的贡献较小。再加上毛利率的贡献也较小,说明商品经过生产转换内部系统以后增值较少。则该行业营运能力较弱,生产拉动系统不完善。

上述综合表明营运能力对有色金属冶炼及压延加工业的贡献较小。

③从分析结论看,一般动力因素多为营运能力指标,所以要加强TPM管理,提高设备综合效率,实施六西格玛管理,改善经营流程。有色金属冶炼及压延工业行业优势分析关联序如图3-13所示。

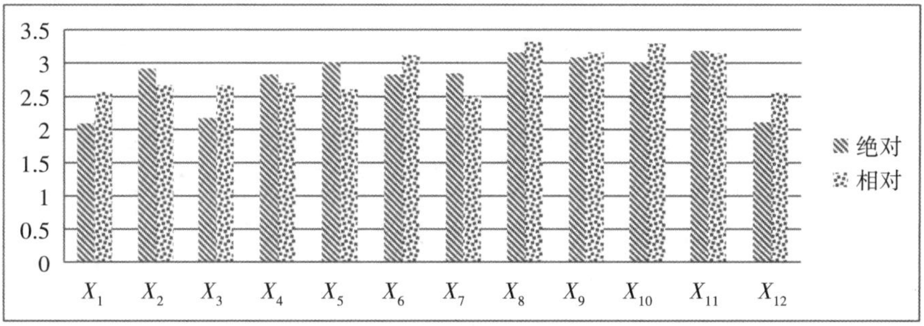

图3-13 有色金属冶炼及压延工业行业优势分析关联序

7.通用设备制造业战略重点及突破口选择

(1)依据中国制造业高质量发展战略重点选择方法与模型,计算通用设备制造业行业创新驱动高质量发展相对关联度矩阵,结果如下。

$$A=\begin{bmatrix} 0.724 & 0.782 & 0.710 & 0.888 & 0.920 & 0.663 & 0.749 & 0.624 & 0.906 \\ 0.953 & 0.860 & 0.982 & 0.761 & 0.670 & 0.901 & 0.907 & 0.804 & 0.750 \\ 0.933 & 0.903 & 0.963 & 0.793 & 0.691 & 0.859 & 0.956 & 0.772 & 0.780 \\ 0.557 & 0.545 & 0.560 & 0.533 & 0.521 & 0.578 & 0.551 & 0.603 & 0.531 \end{bmatrix}$$

$$B=\begin{bmatrix} 0.881 & 0.809 & 0.921 \\ 0.766 & 0.828 & 0.741 \\ 0.798 & 0.867 & 0.770 \\ 0.533 & 0.541 & 0.530 \end{bmatrix} \qquad R_{相对}=[A \quad B]$$

$$\sum_{i=1}^{4} r_1=3.227>\sum_{i=1}^{4} r_3=3.216>\sum_{i=1}^{4} r_7=3.163>\sum_{i=1}^{4} r_2=3.089>$$

$$\sum_{i=1}^{4} r_{11}=3.046>\sum_{i=1}^{4} r_{6}=3.001>\sum_{i=1}^{4} r_{10}=2.978>\sum_{i=1}^{4} r_{4}=2.975>$$

$$\sum_{i=1}^{4} r_{9}=2.967>\sum_{i=1}^{4} r_{12}=2.962>\sum_{i=1}^{4} r_{8}=2.803>\sum_{i=1}^{4} r_{5}=2.802$$

所以，$\{X_1>X_3>X_7>X_2\}$;$\{X_{11}>X_6>X_{10}>X_4\}$;$\{X_9>X_{12}>X_8>X_5\}$。

①在此阶段，对通用设备制造业发展贡献较大的优势动力因素排序为总资金周转率>流动资金周转率>速动比率>应收账款周转率。速动比率的贡献度较高，说明速动资产有较大能力偿还流动负债。

上述综合表明通用设备制造业有较强的营运能力，其应重点发展营运能力。

②由模型计算可知，对通用设备制造业发展贡献较小的一般动力因素排序为净资产收益率>毛利率>流动比率>资产负债率，说明上述指标对通用设备制造业发展贡献度较低。资产负债率和流动比率的贡献度相对较低，说明行业偿债能力较弱。毛利率和净资产收益率的贡献度相对较低，说明该行业的净资产带来的收益和商品经过生产转换内部系统以后增值较少，生产拉动系统不完善。

上述综合表明通用设备制造业的发展受限于偿债能力和盈利能力。

③从分析结论看，一般动力因素多为偿债能力和盈利能力指标，通用设备制造业要做好5S管理，注重整顿企业。

（2）依据中国制造业高质量发展战略重点选择方法与模型，计算通用设备制造业行业创新驱动高质量发展绝对关联度矩阵，结果如下。

$$A=\begin{bmatrix}0.525 & 0.574 & 0.539 & 0.535 & 0.646 & 0.595 & 0.684 & 0.751 & 0.565\\ 0.561 & 0.677 & 0.593 & 0.584 & 0.849 & 0.728 & 0.577 & 0.917 & 0.656\\ 0.593 & 0.771 & 0.643 & 0.629 & 0.967 & 0.850 & 0.550 & 0.771 & 0.739\\ 0.532 & 0.595 & 0.550 & 0.545 & 0.687 & 0.662 & 0.644 & 0.821 & 0.583\end{bmatrix}$$

$$B=\begin{bmatrix}0.562 & 0.679 & 0.516\\ 0.649 & 0.928 & 0.537\\ 0.729 & 0.880 & 0.557\\ 0.580 & 0.729 & 0.520\end{bmatrix} \qquad R_{\text{绝对}}=[A \quad B]$$

$$\sum_{i=1}^{4} r_{8}=3.260>\sum_{i=1}^{4} r_{11}=3.216>\sum_{i=1}^{4} r_{5}3.148=>\sum_{i=1}^{4} r_{6}=2.795>$$

$$\sum_{i=1}^{4} r_{2}=2.617>\sum_{i=1}^{4} r_{9}=2.544>\sum_{i=1}^{4} r_{10}=2.519>\sum_{i=1}^{4} r_{7}=2.455>$$

$$\sum_{i=1}^{4} r_{3}=2.325>\sum_{i=1}^{4} r_{4}=2.292>\sum_{i=1}^{4} r_{1}=2.211>\sum_{i=1}^{4} r_{12}=2.130$$

所以$\{X_8>X_{11}>X_5>X_6\}$;$\{X_2>X_9>X_{10}>X_7\}$;$\{X_3>X_4>X_1>X_{12}\}$。

①在此阶段,对通用设备制造业发展贡献度较大的优势动力因素排序为流动比率>销售利润率>资产负债率>已获利息倍数,在通用设备制造业的发展过程中,流动比率、资产负债率和已获利息倍数排名较前,说明2006~2017年这一阶段通用设备制造业偿债能力较强。销售利润率也排名较前,说明每销售一元商品贡献的利润较多。

上述综合表明通用设备制造业的发展得益于偿债能力,应重点发展偿债能力。

②由模型计算可知,对通用设备制造业发展贡献较小的一般动力因素排序为流动资金周转率>存货周转率>总资金周转率>毛利率,说明上述指标对通用设备制造业发展贡献度较低。毛利率排名较后,说明该行业的商品进入生产转换内部系统后增值较小,对行业发展有所限制。总资金周转率、存货周转率和流动资金周转率的贡献较少,说明该行业资金周转率对促进行业发展的影响较弱,营运能力较弱。

上述综合表明通用设备制造业营运能力较弱。

③从分析结论看,一般动力因素多为营运能力指标。通用设备制造业应实施并行工程,对产品及相关过程进行集成化处理,同时辅以看板管理,加快资金周转速度,增加资金回收量。通用设备制造业行业优势分析如图3-14所示。

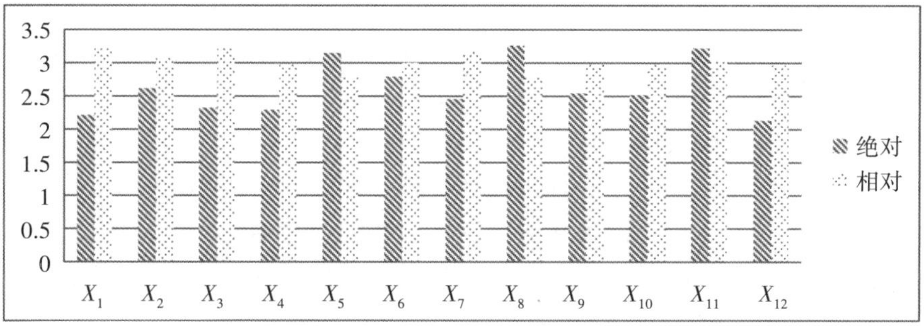

图3-14　通用设备制造业行业优势分析

8.专用设备制造业战略重点及突破口选择

(1)依据中国制造业高质量发展战略重点选择方法与模型,计算专用设备制造业行业创新驱动高质量发展相对关联度矩阵,结果如下。

$$A=\begin{bmatrix} 0.526 & 0.787 & 0.703 & 0.798 & 0.854 & 0.540 & 0.612 & 0.557 & 0.562 \\ 0.579 & 0.784 & 0.902 & 0.774 & 0.731 & 0.624 & 0.844 & 0.673 & 0.691 \\ 0.582 & 0.773 & 0.886 & 0.763 & 0.721 & 0.629 & 0.859 & 0.681 & 0.699 \\ 0.815 & 0.528 & 0.540 & 0.527 & 0.523 & 0.701 & 0.572 & 0.644 & 0.630 \end{bmatrix}$$

$$B=\begin{bmatrix}0.540 & 0.654 & 0.685\\0.622 & 0.973 & 0.942\\0.627 & 0.993 & 0.924\\0.704 & 0.553 & 0.544\end{bmatrix}\quad R_{相对}=[A\quad B]$$

$$\sum_{i=1}^{4}r_{i11}=3.173>\sum_{i=1}^{4}r_{i12}=3.094>\sum_{i=1}^{4}r_{i3}=3.030>\sum_{i=1}^{4}r_{i7}=2.887>$$

$$\sum_{i=1}^{4}r_{i2}=2.872>\sum_{i=1}^{4}r_{i4}=2.862>\sum_{i=1}^{4}r_{i5}=2.829>\sum_{i=1}^{4}r_{i9}=2.582>\sum_{i=1}^{4}r_{i8}=2.554>$$

$$\sum_{i=1}^{4}r_{i1}=2.502>\sum_{i=1}^{4}r_{i6}=2.494>\sum_{i=1}^{4}r_{i10}=2.494$$

所以$\{X_{11}>X_{12}>X_3>X_7\}$；$\{X_2>X_4>X_5>X_9\}$；$\{X_8>X_1>X_6>X_{10}\}$。

①在此阶段，对专用设备制造业发展贡献较大的优势动力因素排序为销售利润率>毛利率>流动资金周转率>速动比率。在专用设备制造业的发展过程中，销售利润率和毛利率排名较前，说明销售能力将对专用设备制造业的贡献较大，该行业盈利能力较强。专用设备制造业流动资金周转率对行业发展贡献较大。速动比率排名靠前，说明该行业偿还流动负债的能力较强。

上述综合表明专用设备制造业依靠盈利能力不断发展，应重点发展盈利能力。

②由模型计算可知，对专用设备制造业发展贡献较小的一般动力因素排序为流动比率>总资金周转率>已获利息倍数>总资产报酬率，说明上述指标对专用设备制造业发展贡献度较低。总资产报酬率将对行业发展贡献较小，可能在于总资金周转率对行业发展的贡献也较小。已获利息倍数和流动比率的贡献较小，说明该行业偿债能力其发展贡献较小。

上述综合表明专用设备制造业的发展受限于其本身的偿债能力。

③从分析结论看，一般动力因素多为偿债能力指标，因此，专用设备制造业应加强协调联运，共同完成运输。

(2)依据中国制造业高质量发展战略重点选择方法与模型，计算专用设备制造业行业创新驱动高质量发展绝对关联度矩阵，结果如下。

$$A=\begin{bmatrix}0.877 & 0.709 & 0.619 & 0.634 & 0.677 & 0.720 & 0.523 & 0.723 & 0.674\\0.692 & 0.606 & 0.560 & 0.573 & 0.848 & 0.933 & 0.545 & 0.938 & 0.843\\0.756 & 0.642 & 0.581 & 0.597 & 0.761 & 0.825 & 0.534 & 0.829 & 0.757\\0.604 & 0.558 & 0.533 & 0.540 & 0.891 & 0.814 & 0.582 & 0.811 & 0.897\end{bmatrix}$$

$$B=\begin{bmatrix}0.728 & 0.695 & 0.607\\0.948 & 0.883 & 0.554\\0.836 & 0.788 & 0.572\\0.804 & 0.855 & 0.530\end{bmatrix}\quad R_{绝对}=[A\quad B]$$

$$\sum_{i=1}^{4} r_{10}= 3.315>\sum_{i=1}^{4} r_8=3.300 >\sum_{i=1}^{4} r_6= 3.292>\sum_{i=1}^{4} r_{11}=3.221>$$

$$\sum_{i=1}^{4} r_5=3.177 >\sum_{i=1}^{4} r_9= 3.171>\sum_{i=1}^{4} r_1 =2.929>\sum_{i=1}^{4} r_2= 2.515>$$

$$\sum_{i=1}^{4} r_4= 2.344>\sum_{i=1}^{4} r_3=2.292>\sum_{i=1}^{4} r_{12}= 2.263>\sum_{i=1}^{4} r_7=2.183$$

所以$\{X_{10}>X_8>X_6>X_{11}\}$;$\{X_5>X_9>X_1>X_2\}$;$\{X_4>X_3>X_{12}>X_7\}$。

①在此阶段，对专用设备制造业发展贡献较大的优势动力因素排序为总资产报酬率>流动比率>已获利息倍数>销售利润率>资产负债率。在专用设备制造业的发展过程中，总资产报酬率和销售利润率排名较前，说明2006 ~ 2017年这一阶段盈利能力对专用设备制造业的发展作用较大。流动比率、已获利息倍数和资产负债率排名较前，说明偿债能力对专用设备制造业的发展作用较大。

上述综合表明偿债能力对专用设备制造业的贡献度较大。

②由模型计算可知，对专用设备制造业发展贡献较小的一般动力因素排序为存货周转率>流动资金周转率>毛利率>速动比率，说明上述指标对专用设备制造业发展贡献度较低。速动比率排名较后说明速动资产偿还流动负债的能力较低，而该行业偿债能力对行业发展的贡献度较高，说明除了速动资产，其他资产的偿债能力较强。毛利率排名较后，说明该行业的商品进入生产转换内部系统后增值较小，对行业发展有所限制。存货周转率和流动资金周转率的贡献较小，可能也与毛利率的贡献较小有关，说明该行业营运能力不足。

上述综合表明专用设备制造业营运能力的贡献度较低。

③从分析结论看，一般动力因素多为营运能力指标，专用设备制造业应加强均衡生产和流程化管理完善各环节的活动。专用设备制造业行业优势分析关联序如图3-15所示。

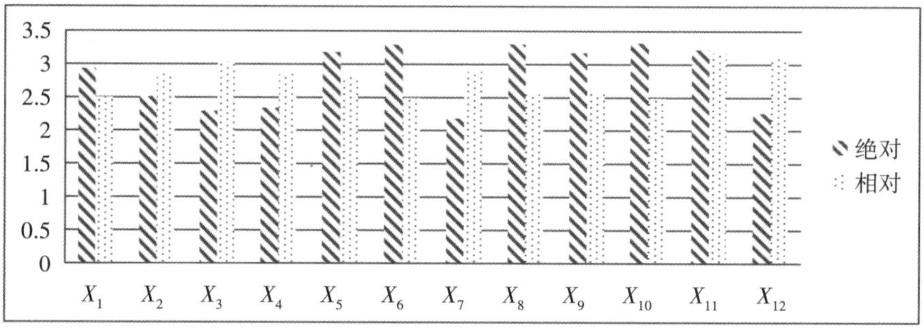

图3-15 专用设备制造业行业优势分析关联序

9.汽车制造业战略重点及突破口选择

(1)依据中国制造业高质量发展战略重点选择方法与模型,计算汽车制造业行业创新驱动高质量发展相对关联度矩阵,结果如下。

$$A=\begin{bmatrix}0.855 & 0.640 & 0.585 & 0.583 & 0.892 & 0.521 & 0.732 & 0.608 & 0.592\\ 0.537 & 0.594 & 0.656 & 0.659 & 0.534 & 0.905 & 0.557 & 0.622 & 0.644\\ 0.545 & 0.614 & 0.689 & 0.693 & 0.541 & 0.834 & 0.569 & 0.648 & 0.674\\ 0.582 & 0.707 & 0.841 & 0.848 & 0.574 & 0.685 & 0.625 & 0.768 & 0.814\end{bmatrix}$$

$$B=\begin{bmatrix}0.552 & 0.534 & 0.647\\ 0.753 & 0.887 & 0.590\\ 0.806 & 0.969 & 0.609\\ 0.952 & 0.795 & 0.697\end{bmatrix} \qquad R_{相对}=[A \quad B]$$

$$\sum_{i=1}^{4} r_{11}=3.185>\sum_{i=1}^{4} r_{10}=3.063>\sum_{i=1}^{4} r_{6}=2.945>\sum_{i=1}^{4} r_{4}=2.783>$$

$$\sum_{i=1}^{4} r_{3}=2.770>\sum_{i=1}^{4} r_{9}=2.724>\sum_{i=1}^{4} r_{8}=2.646>\sum_{i=1}^{4} r_{2}=2.556>$$

$$\sum_{i=1}^{4} r_{12}=2.543>\sum_{i=1}^{4} r_{5}=2.541>\sum_{i=1}^{4} r_{1}=2.519>\sum_{i=1}^{4} r_{7}=2.483$$

所以$\{X_{11}>X_{10}>X_6>X_4\}$;$\{X_3>X_9>X_8>X_2\}$;$\{X_{12}>X_5>X_1>X_7\}$。

①在此阶段,对于汽车制造业发展贡献度较大的优势动力因素排序为销售利润率>总资产报酬率>已获利息倍数>存货周转率。在汽车制造业的发展过程中,销售利润率和总资产报酬率排名靠前,说明汽车制造业将主要依靠总资产带来的收益。已获利息倍数的排名说明其获利偿还债务的能力较强,有较强的偿债能力。存货周转率的排名说明其有较快的存货周转速度且对行业发展贡献较大。

上述综合表明汽车制造业在较大程度上依赖盈利能力,应重点发展盈利能力。

②由模型计算可知,对汽车制造业发展贡献度较小的一般动力因素排序为毛利率>资产负债率>总资金周转率>速动比率,说明上述指标对汽车制造业发展贡献度较低。速动比率和资产负债率的贡献度较低,说明汽车制造业的偿债能力较低。总资金周转率贡献度较低说明总资金周转速度对行业发展的贡献较小。毛利率排名较后,说明该行业的商品进入生产转换内部系统后增值较小,对行业发展有所限制,但销售利润率和总资产报酬率有较大的贡献度,说明行业盈利将主要依靠总资产带来的收益,主营业务销售能力不足,生产拉动系统不完善。

上述综合表明汽车制造业的发展将主要受限于偿债能力。

③从分析结论看，一般动力因素主要为偿债能力指标，汽车制造业要加强协调联运，共同完成运输过程。

(2)依据中国制造业高质量发展战略重点选择方法与模型，计算汽车制造业行业创新驱动高质量发展绝对关联度矩阵，结果如下。

$$A=\begin{bmatrix}0.525 & 0.980 & 0.633 & 0.910 & 0.915 & 0.776 & 0.634 & 0.762 & 0.874\\0.511 & 0.708 & 0.558 & 0.764 & 0.761 & 0.893 & 0.808 & 0.913 & 0.790\\0.517 & 0.816 & 0.588 & 0.901 & 0.897 & 0.919 & 0.703 & 0.899 & 0.940\\0.553 & 0.750 & 0.778 & 0.697 & 0.699 & 0.632 & 0.564 & 0.626 & 0.679\end{bmatrix}$$

$$B=\begin{bmatrix}0.824 & 0.684 & 0.571\\0.834 & 0.925 & 0.531\\0.992 & 0.780 & 0.547\\0.655 & 0.588 & 0.641\end{bmatrix} \qquad R_{绝对}=[A \quad B]$$

$$\sum_{i=1}^{4}r_{10}=3.306>\sum_{i=1}^{4}r_9=3.283>\sum_{i=1}^{4}r_4=3.272>\sum_{i=1}^{4}r_5=3.271>\sum_{i=1}^{4}r_2=3.254>$$

$$\sum_{i=1}^{4}r_6=3.200=\sum_{i=1}^{4}r_8=3.200>\sum_{i=1}^{4}r_{11}=2.977>\sum_{i=1}^{4}r_7=2.709>$$

$$\sum_{i=1}^{4}r_3=2.557>\sum_{i=1}^{4}r_{12}=2.295>\sum_{i=1}^{4}r_1=2.106$$

所以$\{X_{10}>X_9>X_4>X_5\}$；$\{X_2>X_6=X_8>X_{11}\}$；$\{X_7>X_3>X_{12}>X_1\}$。

①在此阶段，对于汽车制造业发展贡献度较大的优势动力因素排序为总资产报酬率>净资产收益率>存货周转率>资产负债率。在汽车制造业的发展过程中，总资产报酬率和净资产收益率排名较前，说明2006～2017年这一阶段汽车制造业的盈利主要来自总资产。存货周转率的贡献度较高说明存货周转速度为行业发展作出了较大贡献。资产负债率排名靠前，说明资产中负债的占比大，为行业发展作出较大贡献。

上述综合表明汽车制造业的总资产盈利能力较强，应重点发展盈利能力。

②由模型计算可知，对汽车制造业发展贡献度较小的一般动力因素排序为速动比率>流动资金周转率>毛利率>总资金周转率，说明上述指标对汽车制造业发展贡献度较低。总资金周转率和流动资金周转率的贡献度较低，说明汽车制造业主要受限于总资产和流动资产的周转，主要依靠非流动资产获利，较大程度上导致毛利率的贡献度也较低，表明该行业经营不善，生产拉动系统不完善。速动比率的贡献度较低说明速动资产偿还流动负债的能力较弱。

上述综合表明汽车制造业经营不善，营运能力较弱。

③从分析结论看，一般动力因素主要为营运能力指标，汽车制造业应完善均衡生产和协调联运，加强并行工程管理，提高资金周转率。汽车制造业行业优势分析如图3-16所示。

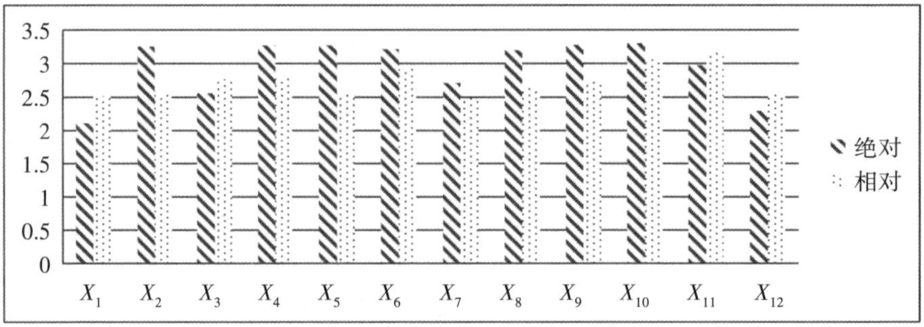

图3-16　汽车制造业行业优势分析

10.电气机械及器材制造业战略重点及突破口选择

(1)依据中国制造业高质量发展战略重点选择方法与模型,计算电气机械及器材制造业行业创新驱动高质量发展相对关联度矩阵,结果如下。

$$A=\begin{bmatrix} 0.535 & 0.942 & 0.619 & 0.533 & 0.748 & 0.523 & 0.651 & 0.611 & 0.720 \\ 0.824 & 0.562 & 0.731 & 0.800 & 0.610 & 0.711 & 0.681 & 0.747 & 0.624 \\ 0.549 & 0.911 & 0.663 & 0.545 & 0.842 & 0.532 & 0.708 & 0.652 & 0.803 \\ 0.651 & 0.512 & 0.545 & 0.663 & 0.522 & 0.732 & 0.535 & 0.548 & 0.524 \end{bmatrix}$$

$$B=\begin{bmatrix} 0.564 & 0.577 & 0.616 \\ 0.930 & 0.857 & 0.735 \\ 0.588 & 0.606 & 0.660 \\ 0.584 & 0.570 & 0.546 \end{bmatrix} \qquad R_{相对}=[A \quad B]$$

$$\sum_{i=1}^{4} r_2=2.927>\sum_{i=1}^{4} r_5=2.722>\sum_{i=1}^{4} r_9=2.671>\sum_{i=1}^{4} r_{10}=2.665>$$

$$\sum_{i=1}^{4} r_{11}=2.609>\sum_{i=1}^{4} r_7=2.576>\sum_{i=1}^{4} r_1=\sum_{i=1}^{4} r_8=2.559>\sum_{i=1}^{4} r_3=2.558>$$

$$\sum_{i=1}^{4} r_{12}=2.557>\sum_{i=1}^{4} r_4=2.541>\sum_{i=1}^{4} r_6=2.497$$

所以$\{X_2>X_5>X_9>X_{10}\}$;$\{X_{11}>X_7>X_1>X_8\}$;$\{X_3>X_{12}>X_4>X_6\}$。

①在此阶段,对电气机械及器材制造业发展贡献度较大的优势动力因素排序为应收账款周转率>资产负债率>净资产收益率>总资产报酬率。在电气机械及器材制造业的发展过程中,应收账款周转率排在首位,说明电气机械和器材制造业将主要依靠现金回收速度。资产负债率排名靠前说明资产中将有较大负债占比,偿债能力较强。净资产收益率和总资产报酬率排名靠前,说明总资产带来的收益可以加快行业的发展。

综合表明电气机械及器材制造业的发展将主要依靠总资产带来的收益,盈利能力较强。

②由模型计算可知,对电气机械及器材制造业发展贡献度较小的一般

动力因素排序为流动资金周转率>毛利率>存货周转率>已获利息倍数，说明上述指标对电气机械和器材制造业发展贡献度较低。已获利息倍数的贡献度较低，说明获利对债务利息的贡献度较低。存货周转率和流动资金周转率排名靠后，说明存货周转率和流动资产对行业发展作出的贡献较小，很大程度上也导致毛利率的贡献度较低，行业生产拉动系统不完善，经营不善。

上述综合表明电气机械及器材制造业的发展将受限于营运能力。

③从分析结论看，一般动力因素主要为营运能力指标，电气机械及器材制造业应完善均衡生产和协调联运，加强并行工程管理，提高资金周转率。

（2）依据中国制造业高质量发展战略重点选择方法与模型，计算电气机械及器材制造业行业创新驱动高质量发展绝对关联度矩阵，结果如下。

$$A=\begin{bmatrix} 0.676 & 0.556 & 0.601 & 0.866 & 0.608 & 0.813 & 0.549 & 0.981 & 0.930 \\ 0.553 & 0.517 & 0.531 & 0.705 & 0.858 & 0.740 & 0.663 & 0.656 & 0.629 \\ 0.945 & 0.677 & 0.823 & 0.615 & 0.534 & 0.598 & 0.515 & 0.651 & 0.683 \\ 0.582 & 0.526 & 0.547 & 0.817 & 0.732 & 0.871 & 0.605 & 0.741 & 0.700 \end{bmatrix}$$

$$B=\begin{bmatrix} 0.886 & 0.659 & 0.623 \\ 0.695 & 0.972 & 0.537 \\ 0.621 & 0.550 & 0.892 \\ 0.800 & 0.543 & 0.557 \end{bmatrix} \qquad R_{绝对}=[A \quad B]$$

$$\sum_{i=1}^{4} r_8=3.030>\sum_{i=1}^{4} r_6=3.022>\sum_{i=1}^{4} r_4=3.003>\sum_{i=1}^{4} r_{10}=3.002>$$

$$\sum_{i=1}^{4} r_9=2.941>\sum_{i=1}^{4} r_1=2.756>\sum_{i=1}^{4} r_5=2.731>\sum_{i=1}^{4} r_{11}=2.724>$$

$$\sum_{i=1}^{4} r_{12}=2.610>\sum_{i=1}^{4} r_3=2.502>\sum_{i=1}^{4} r_7=2.333>\sum_{i=1}^{4} r_2=2.275$$

所以$\{X_8>X_6>X_4>X_{10}\}$；$\{X_9>X_1>X_5>X_{11}\}$；$\{X_{12}>X_3>X_7>X_2\}$，表明在2006～2017年间，电气机械和器材制造业绝对关联度的动力因素贡献度排序为{流动比率>已获利息倍数>存货周转率>总资产报酬率}；{净资产收益率>总资金周转率>资产负债率>销售利润率}；{毛利率>流动资金周转率>速动比率>应收账款周转率}。

①在此阶段，对电气机械及器材制造业发展贡献度较大的优势动力因素排序为流动比率>已获利息倍数>存货周转率>总资产报酬率。在电气机械及器材制造业的发展过程中，流动比率和已获利息倍数排名较前，说明2006～2017年这一阶段电气机械及器材制造业的发展主要依靠偿债能力。存货周转率的贡献度较大说明存货周转速度对行业的贡献度较大。

总资产报酬率的贡献度较大说明行业盈利较大程度上依赖总资产带来的收益。

上述综合表明电气机械及器材制造业的发展主要依靠偿债能力，应重点发展偿债能力。

②由模型计算可知，对电气机械和器材制造业发展贡献度较小的一般动力因素排序为毛利率>流动资金周转率>速动比率>应收账款周转率，上述指标对电气机械和器材制造业发展贡献度较低。应收账款周转率和流动资金周转率的贡献度较低，而存货周转率的贡献度较高，说明行业赊销情况较为严重，且资金回收速度较慢。流动资金周转率的贡献度较小，可能导致毛利率的贡献度不够高。速动比率的贡献度较小说明速动资产偿还流动负债的能力较弱，短期偿债能力较弱。

上述综合表明电气机械和器材制造业的发展主要受限于营运能力。

③从分析结论看，一般动力因素主要为营运能力指标，电气机械及器材制造业应关注价值流，完善均衡生产和协调联运，加强并行工程管理，提高资金周转率。电气机械和器材制造业行业优势分析如图3-17所示。

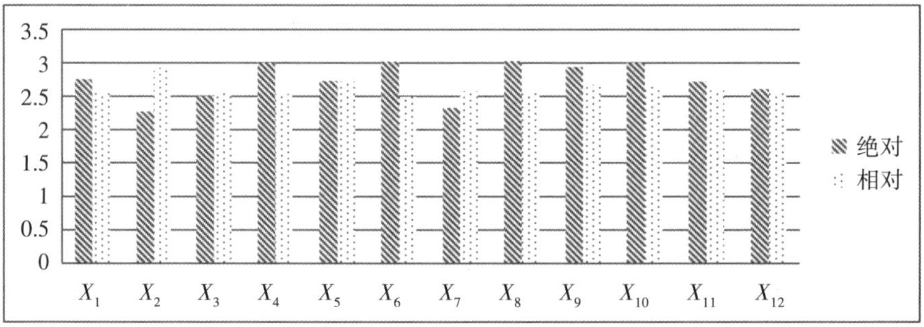

图3-17 电气机械和器材制造业行业优势分析

11.酒、饮料和精制茶制造业战略重点及突破口选择

(1)依据中国制造业高质量发展战略重点选择方法与模型，计算酒、饮料和精制茶制造业行业创新驱动高质量发展相对关联度矩阵，结果如下。

$$A=\begin{bmatrix}0.639 & 0.568 & 0.740 & 0.621 & 0.785 & 0.593 & 0.639 & 0.602 & 0.659\\0.635 & 0.775 & 0.579 & 0.656 & 0.566 & 0.703 & 0.636 & 0.685 & 0.618\\0.695 & 0.897 & 0.613 & 0.725 & 0.596 & 0.793 & 0.696 & 0.767 & 0.671\\0.558 & 0.618 & 0.534 & 0.567 & 0.528 & 0.587 & 0.558 & 0.579 & 0.551\end{bmatrix}$$

$$B=\begin{bmatrix}0.667 & 0.663 & 0.631\\0.613 & 0.615 & 0.644\\0.663 & 0.667 & 0.708\\0.548 & 0.550 & 0.562\end{bmatrix}\qquad R_{相对}=[A\quad B]$$

$$\sum_{i=1}^{4} r_2=2.859>\sum_{i=1}^{4} r_6=2.676>\sum_{i=1}^{4} r_8=2.633>\sum_{i=1}^{4} r_4=2.569>$$

$$\sum_{i=1}^{4} r_{12}=2.544>\sum_{i=1}^{4} r_7=2.529>\sum_{i=1}^{4} r_1=2.528>\sum_{i=1}^{4} r_9=2.499>$$

$$\sum_{i=1}^{4} r_{11}=2.494>\sum_{i=1}^{4} r_{10}=2.491>\sum_{i=1}^{4} r_5=2.475>\sum_{i=1}^{4} r_3=2.465$$

所以$\{X_2>X_6>X_9>X_4\}$;$\{X_{12}>X_7>X_1>X_9\}$;$\{X_{11}>X_{10}>X_5>X_3\}$。

①在此阶段,对酒、饮料和精制茶制造业发展贡献度较大的优势动力因素排序为应收账款周转率>已获利息倍数>流动比率>存货周转率,在酒、饮料和精制茶制造业的发展过程中,应收账款周转率和存货周转率排名靠前,说明酒、饮料和精制茶制造业主要依靠存货的周转速度和现金的回收。已获利息倍数和流动比率的排名靠前,说明偿债能力将对该行业发展的贡献度较大。

上述综合表明酒、饮料和精制茶制造业主要依靠偿债能力,因此要重点发展偿债能力。

②由模型计算可知,对酒、饮料和精制茶制造业发展贡献度较小的一般动力因素排序为销售利润率>总资产报酬率>资产负债率>流动资金周转率,说明上述指标对酒、饮料和精制茶制造业发展贡献度较低。流动资金周转率的贡献度较低说明流动资金周转对行业发展的贡献较少。资产负债率的贡献度较小说明资产中将有较小占比的负债,负债对行业发展的贡献度较小。总资产报酬率和销售利润率的贡献度较小,说明依靠总资产获得的收益较小。

上述综合表明盈利能力将对酒、饮料和精制茶制造业的发展贡献较少。

③从分析结论看,一般动力因素多为盈利性指标,但酒、饮料和精制茶制造业的营运能力也不够好,所以要提高盈利能力,同时提高营运能力。同时关注价值流,完善均衡生产和看板管理,提高资产收益和周转速度。

(2)依据中国制造业高质量发展战略重点选择方法与模型,计算酒、饮料和精制茶制造业行业创新驱动高质量发展绝对关联度矩阵,结果如下。

$$A=\begin{bmatrix} 0.537 & 0.796 & 0.538 & 0.636 & 0.787 & 0.746 & 0.587 & 0.925 & 0.771 \\ 0.531 & 0.858 & 0.531 & 0.613 & 0.848 & 0.703 & 0.605 & 0.985 & 0.723 \\ 0.517 & 0.898 & 0.518 & 0.564 & 0.909 & 0.616 & 0.684 & 0.776 & 0.627 \\ 0.680 & 0.561 & 0.686 & 0.876 & 0.559 & 0.708 & 0.518 & 0.587 & 0.690 \end{bmatrix}$$

$$B=\begin{bmatrix}0.724 & 0.849 & 0.558\\0.685 & 0.923 & 0.548\\0.605 & 0.837 & 0.527\\0.729 & 0.572 & 0.784\end{bmatrix} \qquad R_{绝对}=[A \quad B]$$

$$\sum_{i=1}^{4}r_8=3.274>\sum_{i=1}^{4}r_{11}=3.180>\sum_{i=1}^{4}r_2=3.112>\sum_{i=1}^{4}r_5=3.103>$$

$$\sum_{i=1}^{4}r_9=2.811>\sum_{i=1}^{4}r_6=2.774>\sum_{i=1}^{4}r_{10}=2.743>\sum_{i=1}^{4}r_4=2.689>$$

$$\sum_{i=1}^{4}r_{12}=2.417>\sum_{i=1}^{4}r_7=2.394>\sum_{i=1}^{4}r_3=2.273>\sum_{i=1}^{4}r_1=2.265$$

所以$\{X_8>X_{11}>X_2>X_5\}$;$\{X_9>X_6>X_{10}>X_4\}$;$\{X_{12}>X_7>X_3>X_1\}$。

①在此阶段，对酒、饮料和精制茶制造业发展贡献度较大的优势动力因素排序为流动比率>销售利润率>应收账款周转率>资产负债率。在酒、饮料和精制茶制造业的发展过程中，流动比率和资产负债率排名靠前，说明2006～2017年这一阶段酒、饮料和精制茶制造业的偿债能力较强。销售利润率排名靠前，说明每销售一元商品带来的利润较多。应收账款周转率排名靠前说明现金回收速度快对行业发展的贡献度较大。

上述综合表明酒、饮料和精制茶制造业的发展主要依靠偿债能力。

②由模型计算可知，对酒、饮料和精制茶制造业发展贡献度较小的一般动力因素排序为毛利率>速动比率>流动资金周转率>总资金周转率，说明上述指标对酒、饮料和精制茶制造业发展贡献度较低。总资金周转率和流动资金周转率的贡献度较低，说明总资产和流动资产的周转速度对行业发展贡献较少。速动比率的贡献度较小，说明速动资产偿还流动负债的能力较弱。毛利率也排名较后，说明该行业的商品进入生产转换内部系统后增值较小，对行业发展有所限制。

③从分析结论看，一般动力因素主要为营运能力指标，酒、饮料和精制茶制造业应关注价值流，完善均衡生产和看板管理，提高资产收益和周转速度。酒、饮料和精制茶制造业行业优势分析关联序如图3-18所示。

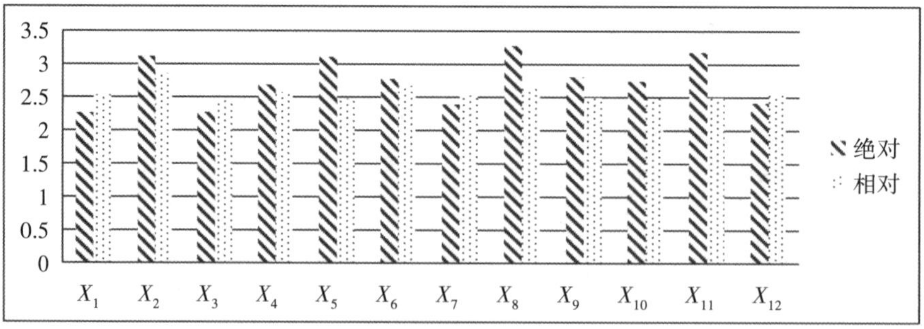

图3-18 酒、饮料和精制茶制造业行业优势分析关联序

12.造纸及纸制品业战略重点及突破口选择

（1）依据中国制造业高质量发展战略重点选择方法与模型，计算造纸及纸制品业行业创新驱动高质量发展相对关联度矩阵，结果如下。

$$A=\begin{bmatrix}0.690 & 0.660 & 0.735 & 0.977 & 0.750 & 0.545 & 0.620 & 0.667 & 0.551\\0.622 & 0.645 & 0.599 & 0.556 & 0.593 & 0.980 & 0.694 & 0.639 & 0.957\\0.688 & 0.724 & 0.652 & 0.586 & 0.643 & 0.812 & 0.799 & 0.815 & 0.856\\0.527 & 0.532 & 0.521 & 0.512 & 0.520 & 0.613 & 0.542 & 0.530 & 0.599\end{bmatrix}$$

$$B=\begin{bmatrix}0.559 & 0.600 & 0.630\\0.894 & 0.731 & 0.678\\0.912 & 0.856 & 0.774\\0.586 & 0.550 & 0.539\end{bmatrix} \qquad R_{相对}=[A \quad B]$$

$$\sum_{i=1}^{4} r_9=2.962>\sum_{i=1}^{4} r_{10}=2.951>\sum_{i=1}^{4} r_6=2.949>\sum_{i=1}^{4} r_{11}=2.738>\sum_{i=1}^{4} r_7=2.655>$$

$$\sum_{i=4}^{4} r_4=2.630>\sum_{i=1}^{4} r_{12}=2.621>\sum_{i=1}^{4} r_2=2.560>\sum_{i=1}^{4} r_8=2.551>$$

$$\sum_{i=1}^{4} r_1=2.527>\sum_{i=1}^{4} r_3=2.507>\sum_{i=1}^{4} r_5=2.506$$

所以$\{X_9>X_{10}>X_6>X_{11}\}$；$\{X_7>X_4>X_{12}>X_2\}$；$\{X_8>X_1>X_3>X_5\}$。

①在此阶段，对造纸及纸制品业发展贡献较大的优势动力因素排序为净资产收益率>总资产报酬率>已获利息倍数>销售利润率。净资产收益率、总资产报酬率和销售利润率排名靠前，说明盈利能力对行业发展贡献较大。已获利息倍数排名较前，说明获利将在较大程度上保障债务利息的支付。

上述综合表明盈利能力对造纸及纸制品业的发展贡献较大。

②由模型计算可知，对造纸及纸制品业发展贡献较少的一般动力因素排序为流动比率>总资金周转率>流动资金周转率>资产负债率，说明上述指标对造纸及纸制品业发展的贡献度较低。造纸及纸制品业资产负债率和流动比率的贡献度较低，说明偿债能力对行业发展的作用较小。流动资金周转率和总资金周转率的贡献度较低，说明营运能力对行业发展的作用较小。

上述综合表明偿债能力和营运能力将对行业发展的贡献度较小。

③从分析结论看，一般动力因素多为偿债能力和营运能力指标，造纸及纸制品业应完善流程管理和TPM管理，提高设备综合效率。

（2）依据中国制造业高质量发展战略重点选择方法与模型，计算造纸及纸制品业行业创新驱动高质量发展绝对关联度矩阵，结果如下。

$$A=\begin{bmatrix} 0.530 & 0.703 & 0.542 & 0.548 & 0.661 & 0.661 & 0.576 & 0.837 & 0.976 \\ 0.550 & 0.844 & 0.572 & 0.580 & 0.590 & 0.772 & 0.545 & 0.939 & 0.781 \\ 0.542 & 0.786 & 0.560 & 0.567 & 0.614 & 0.726 & 0.554 & 0.975 & 0.837 \\ 0.555 & 0.874 & 0.578 & 0.588 & 0.587 & 0.796 & 0.541 & 0.903 & 0.758 \end{bmatrix}$$

$$B=\begin{bmatrix} 0.773 & 0.748 & 0.600 \\ 0.961 & 0.647 & 0.670 \\ 0.884 & 0.676 & 0.641 \\ 0.998 & 0.635 & 0.685 \end{bmatrix} \qquad R_{绝对}=[A \quad B]$$

$$\sum_{i=1}^{4} r_{i8}=3.653>\sum_{i=1}^{4} r_{i10}=3.615>\sum_{i=1}^{4} r_{i9}=3.352>\sum_{i=1}^{4} r_{i2}=3.207>$$

$$\sum_{i=1}^{4} r_{i6}=2.955>\sum_{i=1}^{4} r_{i11}=2.705>\sum_{i=1}^{4} r_{i12}=2.596>\sum_{i=1}^{4} r_{i5}=2.458>$$

$$\sum_{i=1}^{4} r_{i4}\ 2.283>\sum_{i=1}^{4} r_{i3}=2.252>\sum_{i=1}^{4} r_{i7}=2.215>\sum_{i=1}^{4} r_{i1}=2.176$$

所以$\{X_8>X_{10}>X_9>X_2\}$;$\{X_6>X_{11}>X_{12}>X_5\}$;$\{X_4>X_3>X_7>X_1\}$。

①在此阶段,对造纸及纸制品业发展的贡献度较大优势动力因素排序为流动比率>总资产报酬率>净资产收益率>应收账款周转率。在造纸及纸制品业的发展过程中,流动比率排在首位,说明2006~2017年这一阶段流动资产偿还流动负债的能力较强。总资产报酬率和净资产收益率排名靠前,说明总资产可以带来较大收益。应收账款周转率的排名靠前,说明应收账款周转速度快,给行业的贡献较大。

上述综合表明造纸及纸制品业的短期偿债能力和盈利能力对行业发展的作用较大。

②由模型计算可知,对造纸及纸制品业发展贡献度较小的一般动力因素排序为存货周转率>流动资金周转率>速动比率>总资金周转率,说明上述指标对造纸及纸制品业发展的贡献度较低。存货周转率、流动资金周转率和总资金周转率排名靠后,说明资金周转速度较慢,对行业发展的贡献较少。速动比率排名靠后,说明速动资产偿还流动负债的能力较弱。

上述综合表明造纸及纸制品业的营运能力对行业发展的贡献较少,生产拉动系统不完善。

③从分析结论看,一般动力因素多为营运能力指标,造纸及纸制品业应关注价值流,完善均衡生产和看板管理,提高资产收益和周转速度。造纸及纸制品业行业优势分析关联序如图3-19所示。

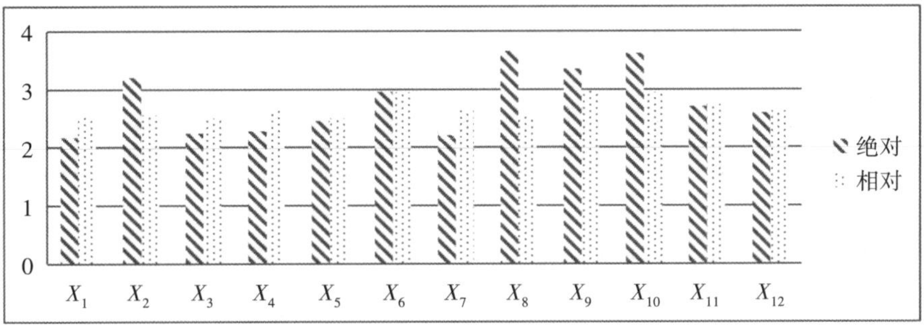

图3-19 造纸及纸制品业行业优势分析关联序

13.石油加工、炼焦及核燃料加工业战略重点及突破口选择

(1)依据中国制造业高质量发展战略重点选择方法与模型,计算石油加工、炼焦及核燃料加工业行业创新驱动高质量发展相对关联度矩阵,结果如下。

$$A=\begin{bmatrix} 0.812 & 0.735 & 0.673 & 0.559 & 0.972 & 0.716 & 0.721 & 0.545 & 0.606 \\ 0.667 & 0.721 & 0.800 & 0.785 & 0.610 & 0.741 & 0.736 & 0.718 & 0.991 \\ 0.647 & 0.695 & 0.765 & 0.823 & 0.597 & 0.713 & 0.708 & 0.747 & 0.933 \\ 0.544 & 0.558 & 0.579 & 0.731 & 0.529 & 0.563 & 0.562 & 0.802 & 0.629 \end{bmatrix}$$

$$B=\begin{bmatrix} 0.647 & 0.518 & 0.519 \\ 0.854 & 0.585 & 0.590 \\ 0.812 & 0.596 & 0.602 \\ 0.593 & 0.821 & 0.842 \end{bmatrix} \qquad R_{相对}=[A \quad B]$$

$$\sum_{i=1}^{4} r_9=3.159>\sum_{i=1}^{4} r_{10}=2.906>\sum_{i=1}^{4} r_4=2.899>\sum_{i=1}^{4} r_3=2.817>$$

$$\sum_{i=1}^{4} r_8=2.812>\sum_{i=1}^{4} r_6=2.733>\sum_{i=1}^{4} r_7=2.726>\sum_{i=1}^{4} r_2=2.709>$$

$$\sum_{i=1}^{4} r_5=2.708>\sum_{i=1}^{4} r_1=2.669>\sum_{i=1}^{4} r_{12}=2.553>\sum_{i=1}^{4} r_{11}=2.519$$

所以$\{X_9>X_{10}>X_4>X_3\}$;$\{X_8>X_6>X_7>X_2\}$;$\{X_5>X_1>X_{12}>X_{11}\}$。

①在此阶段,对石油加工、炼焦及核燃料加工业发展的贡献较大优势动力因素排序为净资产收益率>总资产报酬率>存货周转率>流动资金周转率。在石油加工、炼焦及核燃料加工业的发展过程中,净资产收益率、总资产报酬率排名靠前,说明总资产带来的收益对行业发展作出了较大贡献。存货周转率、流动资金周转率排名靠前,说明存货周转率和流动资金周转速度较快,对行业发展的贡献较大。

上述综合表明石油加工、炼焦及核燃料加工业在较大程度上依赖总资产的盈利能力和营运能力。

②由模型计算可知，对石油加工、炼焦及核燃料加工业发展的贡献较少一般动力因素排序为资产负债率>总资金周转率>毛利率>销售利润率，说明上述指标对石油加工、炼焦及核燃料加工业发展贡献度较低。销售利润率、毛利率排名靠后，说明主营业务带来的收益较少，而总资产报酬率的贡献度较大，说明该行业主要依靠固定资产要素获得收益。总资金周转率排名靠后，说明总资金周转速度较慢，但总资产报酬率排名靠前，说明固定资产虽然周转慢，但收益较大。资产负债率排名较后，说明负债将占资产较小的比例。

上述综合表明石油加工、炼焦及核燃料加工业受限于主营业务的盈利能力，营运能力对行业的贡献也较少。

③从分析结论看，一般动力因素多为盈利能力指标，石油加工、炼焦及核燃料加工业应加强看板管理和JIT管理，关注主营业务的发展。

（2）依据中国制造业高质量发展战略重点选择方法与模型，计算石油加工、炼焦及核燃料加工业行业创新驱动高质量发展绝对关联度矩阵，结果如下。

$$A=\begin{bmatrix}0.640 & 0.637 & 0.931 & 0.527 & 0.862 & 0.910 & 0.536 & 0.511 & 0.760\\ 0.518 & 0.732 & 0.574 & 0.709 & 0.588 & 0.522 & 0.785 & 0.590 & 0.622\\ 0.513 & 0.675 & 0.555 & 0.778 & 0.566 & 0.539 & 0.878 & 0.620 & 0.592\\ 0.585 & 0.724 & 0.854 & 0.544 & 0.921 & 0.750 & 0.559 & 0.519 & 0.927\end{bmatrix}$$

$$B=\begin{bmatrix}0.930 & 0.571 & 0.714\\ 0.555 & 0.948 & 0.649\\ 0.541 & 0.838 & 0.612\\ 0.762 & 0.616 & 0.850\end{bmatrix} \qquad R_{绝对}=[A \quad B]$$

$$\sum_{i=1}^{4} r_{11}=2.972>\sum_{i=1}^{4} r_{5}=2.937>\sum_{i=1}^{4} r_{3}=2.914>\sum_{i=1}^{4} r_{9}=2.901>$$

$$\sum_{i=1}^{4} r_{12}=2.825>\sum_{i=1}^{4} r_{10}=2.788>\sum_{i=1}^{4} r_{2}=2.768>\sum_{i=1}^{4} r_{7}=2.758>$$

$$\sum_{i=1}^{4} r_{6}=2.751>\sum_{i=1}^{4} r_{4}=2.558>\sum_{i=1}^{4} r_{1}=2.257>\sum_{i=1}^{4} r_{8}=2.240$$

所以$\{X_{11}>X_5>X_3>X_9\}$；$\{X_{12}>X_{10}>X_2>X_7\}$；$\{X_6>X_4>X_1>X_8\}$。

①在此阶段，对石油加工、炼焦及核燃料加工业发展的贡献度较大的优势动力因素排序为销售利润率>资产负债率>流动资金周转率>净资产收益率。在石油加工、炼焦及核燃料加工业的发展过程中，销售利润率、净资产收益率排名靠前，说明每销售一元商品带来了较大的利润。资产负债率排名靠前，说明资产中负债的比例较小。流动资金周转率排名靠前，说明流动资金周转速度较快，对行业的贡献度较大。

上述综合表明盈利能力对该行业的贡献较大，应重视盈利能力的发展。

②由模型计算可知，对石油加工、炼焦及核燃料加工业发展贡献较小的一般动力因素排序为已获利息倍数>存货周转率>总资金周转率>流动比率，说明上述指标对石油加工、炼焦及核燃料加工业发展的贡献度较低。流动比率和已获利息倍数排名靠后，说明行业偿债能力对行业发展的贡献度较小。总资金周转率和存货周转率排名靠后，说明存货和总资产的周转速度慢，对行业发展的贡献较少。

上述综合表明石油加工、炼焦及核燃料加工业受限于偿债能力和营运能力。

③从分析结论看，一般动力因素多为偿债能力和营运能力指标，石油加工、炼焦及核燃料加工业要完善均衡生产和协调联运，控制好生产经营的各个环节。石油加工、炼焦及核燃料加工业行业优势分析如图3-20所示。

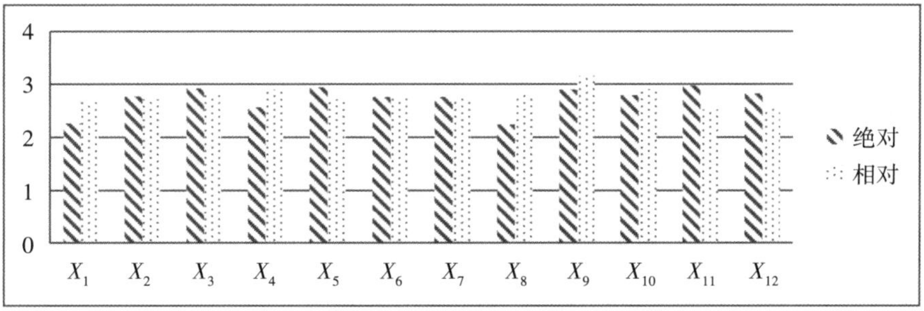

图3-20 石油加工、炼焦及核燃料加工业行业优势分析

14.化学原料及化学制品制造业战略重点及突破口选择

（1）依据中国制造业高质量发展战略重点选择方法与模型，计算化学原料及化学制品制造业行业创新驱动高质量发展相对关联度矩阵，结果如下。

$$A=\begin{bmatrix}0.918 & 0.722 & 0.692 & 0.645 & 0.778 & 0.688 & 0.970 & 0.641 & 0.575\\0.865 & 0.755 & 0.720 & 0.666 & 0.819 & 0.715 & 0.965 & 0.662 & 0.586\\0.645 & 0.891 & 0.952 & 0.918 & 0.812 & 0.963 & 0.685 & 0.906 & 0.716\\0.522 & 0.560 & 0.570 & 0.592 & 0.548 & 0.571 & 0.529 & 0.595 & 0.679\end{bmatrix}$$

$$B=\begin{bmatrix}0.633 & 0.795 & 0.618\\0.652 & 0.837 & 0.635\\0.881 & 0.795 & 0.838\\0.601 & 0.546 & 0.614\end{bmatrix}\qquad R_{相对}=[A\quad B]$$

$$\sum_{i=1}^{4} r_7=3.148>\sum_{i=1}^{4} r_{11}=2.972>\sum_{i=1}^{4} r_5=2.957>\sum_{i=1}^{4} r_1=2.951>$$

$$\sum_{i=1}^{4} r_6=2.937>\sum_{i=1}^{4} r_3=2.934>\sum_{i=1}^{4} r_2=2.928>\sum_{i=1}^{4} r_4=2.822>$$

$$\sum_{i=1}^{4} r_8=2.804>\sum_{i=1}^{4} r_{10}=2.767>\sum_{i=1}^{4} r_{12}=2.705>\sum_{i=1}^{4} r_9=2.556$$

所以$\{X_7>X_{11}>X_5>X_1\}$；$\{X_6>X_3>X_2>X_4\}$；$\{X_8>X_{10}>X_{12}>X_9\}$。

①在此阶段，对化学原料及化学制品制造业发展的贡献度较大的优势动力因素排序为速动比率>销售利润率>资产负债率>总资金周转率。在化学原料及化学制品制造业的发展过程中，速动比率和资产负债率排名靠前，说明偿债能力对行业发展产生了较大贡献。销售利润率排名靠前，说明每一元的销售将带来较大利润，对行业发展的贡献较大。总资金周转率排名较前，说明总资金周转速度较快，对行业发展的贡献较大。

上述综合表明偿债能力对该行业作出较大贡献，应重视偿债能力的发展。

②由模型计算可知，对化学原料及化学制品制造业发展的贡献较小的一般动力因素排序为流动比率>总资产报酬率>毛利率>净资产收益率，说明上述指标对化学原料及化学制品制造业发展贡献较少。净资产收益率、毛利率和总资产报酬率排名靠后，说明该行业盈利能力较弱，尤其是主营业务带来的收益较少。流动比率排名靠后，说明流动资产偿还流动负债的能力较弱，对行业发展产生的影响较小。

上述综合表明盈利能力将对该行业的发展作出的贡献较小。

③从分析结论看，一般动力因素多为盈利能力指标，化学原料及化学制品制造业应加强看板管理和JIT管理，关注主营业务的发展。

(2)依据中国制造业高质量发展战略重点选择方法与模型，计算化学原料及化学制品制造业行业创新驱动高质量发展绝对关联度矩阵，结果如下。

$$A=\begin{bmatrix} 0.513 & 0.754 & 0.572 & 0.925 & 0.707 & 0.557 & 0.877 & 0.994 & 0.920 \\ 0.598 & 0.632 & 0.967 & 0.579 & 0.528 & 0.929 & 0.589 & 0.566 & 0.556 \\ 0.524 & 0.963 & 0.630 & 0.823 & 0.614 & 0.604 & 0.864 & 0.771 & 0.731 \\ 0.530 & 0.934 & 0.662 & 0.760 & 0.592 & 0.630 & 0.793 & 0.71 & 0.685 \end{bmatrix}$$

$$B=\begin{bmatrix} 0.665 & 0.667 & 0.600 \\ 0.709 & 0.700 & 0.833 \\ 0.800 & 0.804 & 0.683 \\ 0.873 & 0.878 & 0.727 \end{bmatrix} \qquad R_{绝对}=[A \quad B]$$

$$\sum_{i=1}^{4} r_2 = 3.283 > \sum_{i=1}^{4} r_7 = 3.122 > \sum_{i=1}^{4} r_4 = 3.086 >$$

$$\sum_{i=1}^{4} r_8 = \sum_{i=1}^{4} r_{11} = 3.050 > \sum_{i=1}^{4} r_{10} = 3.041 > \sum_{i=1}^{4} r_9 = 2.892 > \sum_{i=1}^{4} r_{12} = 2.843 > \sum_{i=1}^{4} r_3 =$$

$$2.831 > \sum_{i=1}^{4} r_6 = 2.720 > \sum_{i=1}^{4} r_5 = 2.440 > \sum_{i=1}^{4} r_1 = 2.17$$

所以$\{X_2>X_7>X_4>X_8\}$；$\{X_{11}>X_{10}>X_9>X_{12}\}$；$\{X_3>X_6>X_5>X_1\}$。

①在此阶段，对化学原料及化学制品制造业发展贡献度较大的优势动力因素排序为应收账款周转率>速动比率>存货周转率>流动比率。应收账款周转率和存货周转率排名靠前，说明应收账款周转速度较快，现金回收较快，存货周转速度较快，对行业的贡献较大。速动比率和流动比率排名靠前，说明速动资产和流动资金偿还流动负债的能力较强，对行业贡献较大。

上述综合表明化学原料及化学制品制造业的营运能力和短期偿债能力较强，应重点发展营运能力和短期偿债能力。

②由模型计算可知，对化学原料及化学制品制造业发展贡献较小的一般动力因素排序为流动资金周转率>已获利息倍数>资产负债率>总资金周转率，说明上述指标对化学原料及化学制品制造业发展的贡献度较低。总资金周转率和流动资金周转率排名靠后，而存货周转率排名靠前，说明该行业基本的运营能力较强。已获利息倍数和资产负债率排名靠后，说明长期偿债能力对行业发展的贡献度较小。

上述综合表明长期偿债能力对化学原料及化学制品制造业发展的贡献度较小。

③从分析结论看，一般动力因素多为长期偿债能力指标，化学原料及化学制品制造业应关注目视化和5S管理，整顿公司管理。化学原料及化学制品制造业行业优势分析关联序如图3-21所示。

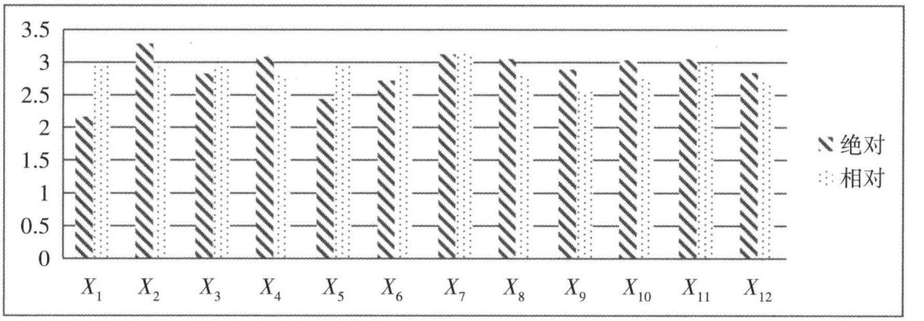

图3-21　化学原料和化学制品制造业行业优势分析关联序

15.农副食品加工业战略重点及突破口选择

(1)依据中国制造业高质量发展战略重点选择方法与模型,计算农副食品加工业行业创新驱动高质量发展相对关联度矩阵,结果如下。

$$A=\begin{bmatrix}0.624 & 0.649 & 0.918 & 0.703 & 0.615 & 0.736 & 0.586 & 0.586 & 0.594\\0.625 & 0.650 & 0.920 & 0.704 & 0.616 & 0.737 & 0.586 & 0.587 & 0.595\\0.575 & 0.563 & 0.522 & 0.546 & 0.581 & 0.540 & 0.609 & 0.608 & 0.599\\0.664 & 0.636 & 0.549 & 0.600 & 0.676 & 0.586 & 0.736 & 0.735 & 0.716\end{bmatrix}$$

$$B=\begin{bmatrix}0.760 & 0.687 & 0.614\\0.761 & 0.688 & 0.614\\0.536 & 0.550 & 0.582\\0.578 & 0.608 & 0.679\end{bmatrix} \qquad R_{相对}=[A \quad B]$$

$$\sum_{i=1}^{4} r_3=2.909>\sum_{i=1}^{4} r_{10}=2.635>\sum_{i=1}^{4} r_6=2.598>\sum_{i=1}^{4} r_4=2.552>$$

$$\sum_{i=1}^{4} r_{11}=2.534>\sum_{i=1}^{4} r_7=2.517>\sum_{i=1}^{4} r_8=2.516>\sum_{i=1}^{4} r_9=2.503>$$

$$\sum_{i=1}^{4} r_2=2.498>\sum_{i=1}^{4} r_5=\sum_{i=1}^{4} r_{12}=2.488>\sum_{i=1}^{4} r_1=2.487$$

所以$\{X_3>X_{10}>X_6>X_4\}$;$\{X_{11}>X_7>X_8>X_9\}$;$\{X_2>X_5>X_{12}>X_1\}$。

①在此阶段,对农副食品加工业发展贡献度较大的优势动力因素排序为流动资金周转率>总资产报酬率>已获利息倍数>存货周转率。流动资金、存货的周转速度较快,对行业发展产生了较大的贡献。总资产报酬率排名靠前,说明总资产带来的收益较大,对行业产生了较大的贡献。已获利息倍数排名靠前,说明获利对债务利息的保证程度较高。

上述综合表明农副食品加工业的营运能力对行业发展有较大的贡献,要重点发展营运能力。

②由模型计算可知,对农副食品加工业发展的贡献较小的一般动力因素排序为应收账款周转率>资产负债率>毛利率>总资金周转率,说明上述指标对农副食品加工业发展贡献度较低。总资金周转率和应收账款周转率的贡献度较低,说明总资金周转速度较慢,现金收回速度较慢,但流动资产和存货的周转速度较快,主营业务周转较快,所以营运能力的贡献将较大。毛利率排名靠后,说明该行业的商品进入生产转换内部系统后增值较小,对行业发展有所限制。资产负债率排名靠后,说明负债占资产的比例将较大,偿债能力较弱。

上述综合表明农副食品加工业的偿债能力较弱,对行业发展的贡献较小。

③从分析结论看，一般动力因素主要是偿债能力指标，农副食品加工业应完善均衡生产和协调联运，控制好生产经营的各个环节。

（2）依据中国制造业高质量发展战略重点选择方法与模型，计算农副食品加工业行业创新驱动高质量发展绝对关联度矩阵，结果如下。

$$A=\begin{bmatrix} 0.871 & 0.628 & 0.621 & 0.790 & 0.512 & 0.735 & 0.512 & 0.629 & 0.605 \\ 0.643 & 0.527 & 0.938 & 0.561 & 0.503 & 0.726 & 0.503 & 0.528 & 0.522 \\ 0.527 & 0.624 & 0.509 & 0.563 & 0.667 & 0.517 & 0.668 & 0.640 & 0.673 \\ 0.922 & 0.612 & 0.638 & 0.754 & 0.511 & 0.767 & 0.511 & 0.614 & 0.592 \end{bmatrix}$$

$$B=\begin{bmatrix} 0.871 & 0.710 & 0.962 \\ 0.643 & 0.545 & 0.615 \\ 0.527 & 0.586 & 0.534 \\ 0.922 & 0.685 & 0.975 \end{bmatrix} \qquad R_{绝对}=[A \quad B]$$

$$\sum_{i=1}^{4} r_{12}=3.086>\sum_{i=1}^{4} r_{1}=\sum_{i=1}^{4} r_{10}=2.964>\sum_{i=1}^{4} r_{6}=2.745>$$

$$\sum_{i=1}^{4} r_{3}=2.705>\sum_{i=1}^{4} r_{4}=2.668>\sum_{i=1}^{4} r_{11}=2.526>\sum_{i=1}^{4} r_{8}=2.411>$$

$$\sum_{i=1}^{4} r_{2}=2.409>\sum_{i=1}^{4} r_{9}=2.393>\sum_{i=1}^{4} r_{7}=2.194>\sum_{i=1}^{4} r_{5}=2.192$$

所以$\{X_{12}>X_1=X_{10}>X_6\}$;$\{X_3>X_4>X_{11}>X_8\}$;$\{X_2>X_9>X_7>X_5\}$。

①在此阶段，对农副食品加工业发展的贡献较大的优势动力因素排序为毛利率>总资金周转率=总资产报酬率>已获利息倍数。在农副食品加工业的发展过程中，毛利率和总资产报酬率排名靠前，说明2006～2017年这一阶段农副食品加工业的发展主要依赖于盈利能力。总资金周转率排名靠前，说明总资金周转速度较快，对行业发展的贡献较大。已获利息倍数排名靠前，说明获利对债务利息的保障程度较高，对行业发展的贡献较大。

上述综合表明农副食品加工业的发展主要依赖于盈利能力，应重点发展盈利能力。

②由模型计算可知，对农副食品加工业发展贡献度较小的一般动力因素排序为应收账款周转率>净资产收益率>速动比率>资产负债率，说明上述指标对农副食品加工业发展的贡献度较低。资产负债率、速动比率的贡献度较低，说明偿债能力对行业的贡献度较低。净资产收益率排名靠后，说明净资产带来的收益对行业发展的贡献较小。应收账款周转率排名较后，说明现金回收对行业发展的贡献较小。

上述综合表明农副食品加工业偿债能力较低，对行业发展的贡献较小。

③从分析结论看，一般动力因素多为偿债能力指标，农副食品加工业应该要加强协调联运，共同完成运输过程。农副食品加工业行业优势分析关联序如图3-22所示。

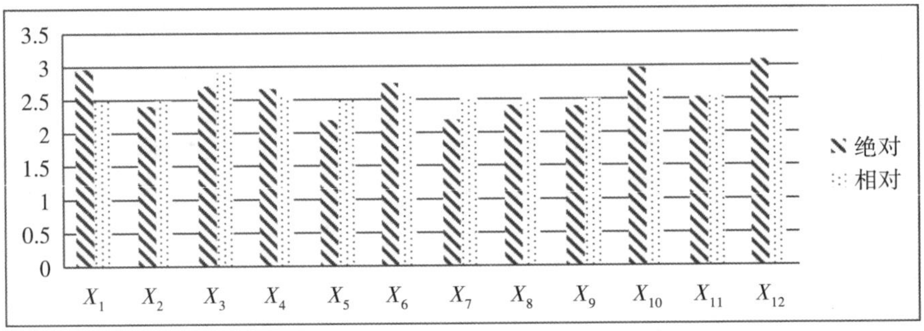

图3-22 农副食品加工业行业优势分析关联序

16.食品制造业战略重点及突破口选择

(1)依据中国制造业高质量发展战略重点选择方法与模型，计算食品制造业行业创新驱动高质量发展相对关联度矩阵，结果如下。

$$A=\begin{bmatrix}0.651 & 0.664 & 0.665 & 0.691 & 0.662 & 0.589 & 0.619 & 0.567 & 0.671\\0.560 & 0.555 & 0.555 & 0.548 & 0.556 & 0.602 & 0.576 & 0.635 & 0.553\\0.559 & 0.555 & 0.554 & 0.547 & 0.555 & 0.601 & 0.575 & 0.634 & 0.553\\0.540 & 0.537 & 0.536 & 0.531 & 0.537 & 0.567 & 0.550 & 0.590 & 0.535\end{bmatrix}$$

$$B=\begin{bmatrix}0.757 & 0.644 & 0.538\\0.535 & 0.563 & 0.737\\0.535 & 0.562 & 0.735\\0.523 & 0.542 & 0.657\end{bmatrix} \qquad R_{相对}=[A \quad B]$$

$$\sum_{i=1}^{4} r_{12}=2.667>\sum_{i=1}^{4} r_8=2.426>\sum_{i=1}^{4} r_6=2.359>\sum_{i=1}^{4} r_{10}=2.351>$$

$$\sum_{i=1}^{4} r_7=2.320>\sum_{i=1}^{4} r_4=2.317>\sum_{i=1}^{4} r_9=\sum_{i=1}^{4} r_{11}=2.311>$$

$$\sum_{i=1}^{4} r_1=\sum_{i=1}^{4} r_2=\sum_{i=1}^{4} r_3=\sum_{i=1}^{4} r_5=2.310$$

所以$\{X_{12}>X_8>X_6>X_{10}\}$;$\{X_7>X_4>X_9=X_{11}\}$;$\{X_1=X_2=X_3=X_5\}$。

①在此阶段，对食品制造业发展的贡献较大的优势动力因素排序为毛利率>流动比率>已获利息倍数>总资产报酬率。在食品制造业的发展过程中，毛利率和总资产报酬率排名靠前，说明商品经过生产转换内部系统后增值较多，因此总资产带来的收益较多。流动比率排名靠前，说明流动资产可以较快地偿还流动负债。已获利息倍数排名靠前，说明获利对债务利息的保障程度较大。

上述综合表明食品制造业有较强的盈利能力,应重点发展盈利能力。

②由模型计算可知,对食品制造业发展的贡献较小的一般动力因素排序为总资金周转率=应收账款周转率=流动资金周转率=资产负债率。总资金周转率、应收账款周转率和流动资金周转率排名靠后,说明资金周转速度慢、现金回收慢,对行业发展的贡献较小。资产负债率排名靠后,说明负债将占资产比例较大,偿债能力较弱。

上述综合表明食品制造业营运能力较弱,对行业发展产生的贡献较小。

③从分析结论看,一般动力因素多为营运能力指标,食品制造业应完善均衡生产和协调联运,控制好生产经营的各个环节。

(2)依据中国制造业高质量发展战略重点选择方法与模型,计算食品制造业行业创新驱动高质量发展绝对关联度矩阵,结果如下。

$$A=\begin{bmatrix} 0.588 & 0.928 & 0.650 & 0.821 & 0.551 & 0.931 & 0.536 & 0.772 & 0.885 \\ 0.540 & 0.691 & 0.567 & 0.644 & 0.615 & 0.693 & 0.580 & 0.912 & 0.672 \\ 0.528 & 0.638 & 0.548 & 0.603 & 0.659 & 0.639 & 0.611 & 0.796 & 0.624 \\ 0.656 & 0.831 & 0.764 & 0.942 & 0.529 & 0.829 & 0.520 & 0.654 & 0.868 \end{bmatrix}$$

$$B=\begin{bmatrix} 0.650 & 0.749 & 0.834 \\ 0.567 & 0.949 & 0.650 \\ 0.548 & 0.823 & 0.608 \\ 0.764 & 0.641 & 0.924 \end{bmatrix} \qquad R_{绝对}=[A \quad B]$$

$$\sum_{i=1}^{4} r_{i11}=3.162>\sum_{i=1}^{4} r_{i8}=3.133>\sum_{i=1}^{4} r_{i6}=3.091>\sum_{i=1}^{4} r_{i2}=3.088>$$

$$\sum_{i=1}^{4} r_{i9}=3.049>\sum_{i=1}^{4} r_{i12}=3.015>\sum_{i=1}^{4} r_{i4}=3.009>\sum_{i=1}^{4} r_{i3}=\sum_{i=1}^{4} r_{i10}=2.529>$$

$$\sum_{i=1}^{4} r_{i5}=2.354>\sum_{i=1}^{4} r_{i1}=2.312>\sum_{i=1}^{4} r_{i7}=2.247$$

所以$\{X_{11}>X_8>X_6>X_2\}$;$\{X_9>X_{12}>X_4>X_3\}$;$\{X_{10}>X_5>X_1>X_7\}$。

①在此阶段,对食品制造业发展的贡献较大的优势动力因素排序为销售利润率>流动比率>已获利息倍数>应收账款周转率。在食品制造业的发展过程中,销售利润率排在首位,说明盈利能力对食品制造业的发展有较大贡献。流动比率和已获利息倍数排名靠前,说明偿债能力较强,对行业发展的贡献较大。应收账款周转率排名靠前,说明应收账款周转速度较快,现金回收能力较强,对行业发展的贡献较大。

上述综合表明偿债能力对食品制造业发展的贡献较大,要重点发展偿债能力。

②由模型计算可知,对食品制造业发展的贡献较小的一般动力因素排

序为总资产报酬率>资产负债率>总资金周转率>速动比率，说明上述指标的贡献度较低。速动比率、资产负债率排名靠后，说明速冻资产立即变现来偿还流动负债的能力较弱，负债占资产的比例较大。而流动比率和已获利息倍数排名靠前，说明流动资产和一定盈利水平下可偿还债务的能力强。综合来看，偿债能力相对较强。总资金周转率和报酬率都排名靠后，说明总资金周转速度较慢，而且带来的收益较低。

上述综合表明营运能力对行业发展的贡献较小。

③从分析结论看，一般动力因素主要为营运能力指标，食品制造业要完善均衡生产和协调联运，控制好生产经营的各个环节。食品制造业行业优势分析关联序如图3-23所示。

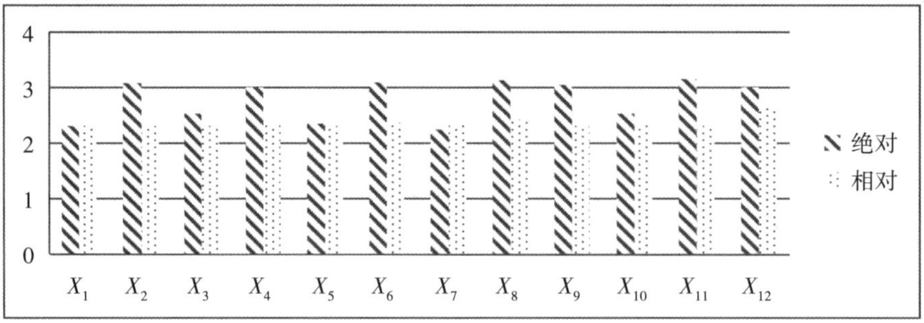

图3-23 食品制造业行业优势分析关联序

17.纺织业战略重点及突破口选择

（1）依据中国制造业高质量发展战略重点选择方法与模型，计算纺织业行业创新驱动高质量发展相对关联度矩阵，结果如下。

$$A=\begin{bmatrix}0.741 & 0.572 & 0.685 & 0.844 & 0.699 & 0.585 & 0.680 & 0.798 & 0.549\\0.505 & 0.517 & 0.507 & 0.504 & 0.506 & 0.515 & 0.507 & 0.504 & 0.526\\0.510 & 0.532 & 0.513 & 0.507 & 0.512 & 0.527 & 0.513 & 0.508 & 0.547\\0.529 & 0.595 & 0.537 & 0.520 & 0.535 & 0.581 & 0.538 & 0.523 & 0.641\end{bmatrix}$$

$$B=\begin{bmatrix}0.536 & 0.970 & 0.655\\0.535 & 0.502 & 0.508\\0.564 & 0.504 & 0.515\\0.690 & 0.513 & 0.544\end{bmatrix}\qquad R_{相对}=[A\quad B]$$

$$\sum_{i=1}^{4}r_{11}=2.490>\sum_{i=1}^{4}r_4=2.375>\sum_{i=1}^{4}r_8=2.333>\sum_{i=1}^{4}r_{10}=2.324>$$

$$\sum_{i=1}^{4}r_1=2.284>\sum_{i=1}^{4}r_9=2.263>\sum_{i=1}^{4}r_5=2.251>\sum_{i=1}^{4}r_3=2.241>$$

$$\sum_{i=1}^{4}r_7=2.238>\sum_{i=1}^{4}r_{12}=2.222>\sum_{i=1}^{4}r_2=2.217>\sum_{i=1}^{4}r_6=2.208$$

所以$\{X_{11}>X_4>X_8>X_{10}\}$；$\{X_1>X_9>X_5>X_3\}$；$\{X_7>X_{12}>X_2>X_6\}$。

①在此阶段，对纺织业发展的贡献较大的优势动力因素排序为销售利润率>存货周转率>流动比率>总资产报酬率。在纺织业发展过程中，销售利润率和总资产报酬率排名靠前，说明每销售一元商品带来的利润较多，总资产将带来较多收益。存货周转率排名靠前说明存货周转速度较快，对行业的贡献较大。流动比率排名靠前，说明流动资产可以较快地偿还流动负债。

上述综合表明纺织业有较强的盈利能力，应重点发展盈利能力。

②由模型计算可知，对纺织业发展贡献度较小的一般动力因素排序为速动比率>毛利率>应收账款周转率>已获利息倍数。已获利息倍数和速动比率排名靠后，说明偿债能力较弱，对行业的贡献较小。应收账款周转率排名靠后，说明应收账款周转速度较慢，对行业的贡献较小。毛利率排名靠后，说明该行业商品进入生产转换内部系统后的增值较小，生产拉动系统不完善，对行业发展有所限制。

上述综合表明纺织业偿债能力较弱，对行业发展产生的贡献较小。

③从分析结论看，一般动力因素多为偿债能力指标，纺织业应完善均衡生产和协调联运，控制好生产经营的各个环节。

依据中国制造业高质量发展战略重点选择方法与模型，计算纺织业行业创新驱动高质量发展绝对关联度矩阵，结果如下。

$$A=\begin{bmatrix}0.535 & 0.807 & 0.568 & 0.571 & 0.594 & 0.642 & 0.604 & 0.604 & 0.752\\0.521 & 0.990 & 0.541 & 0.853 & 0.656 & 0.586 & 0.673 & 0.563 & 0.651\\0.515 & 0.862 & 0.530 & 0.532 & 0.712 & 0.563 & 0.735 & 0.546 & 0.612\\0.556 & 0.690 & 0.610 & 0.615 & 0.558 & 0.727 & 0.565 & 0.668 & 0.906\end{bmatrix}$$

$$B=\begin{bmatrix}0.731 & 0.541 & 0.612\\0.639 & 0.525 & 0.568\\0.603 & 0.518 & 0.550\\0.872 & 0.566 & 0.681\end{bmatrix}\qquad R_{绝对}=[A\quad B]$$

$$\sum_{i=1}^{4}r_2=3.348>\sum_{i=1}^{4}r_9=2.920>\sum_{i=1}^{4}r_{10}=2.845>\sum_{i=1}^{4}r_7=2.577>$$

$$\sum_{i=1}^{4}r_4=2.570>\sum_{i=1}^{4}r_5=2.520>\sum_{i=1}^{4}r_6=2.518>\sum_{i=1}^{4}r_{12}=2.411>$$

$$\sum_{i=1}^{4}r_8=2.382>\sum_{i=1}^{4}r_3=2.249>\sum_{i=1}^{4}r_{11}=2.150>\sum_{i=1}^{4}r_1=2.127$$

所以$\{X_2>X_9>X_{10}>X_7\}$；$\{X_4>X_5>X_6>X_{12}\}$；$\{X_8>X_3>X_{11}>X_1\}$。

①在此阶段，对纺织业发展的贡献较大的优势动力因素排序为应收账款周转率>净资产收益率>总资产报酬率>速动比率。在纺织业的发展过

程中，应收账款周转率排在首位，说明应收账款周转速度较快，对行业发展的贡献较大。净资产和总资产报酬率排名靠前，说明总资产的盈利能力较强，对行业发展有较大的贡献。速动比率排名靠前，说明速动资产偿还流动负债的能力较强，对行业发展的贡献较大。

上述综合表明盈利能力对纺织业发展的贡献较大，要重点发展盈利能力。

②由模型计算可知，对纺织业发展的贡献较小的一般动力因素排序为流动比率>流动资金周转率>销售利润率>总资金周转率，说明上述指标对纺织业发展贡献度较低。总资金周转率、流动资金周转率排名靠后，说明非流动资产以及流动资产中除了存货和应收账款等的资金周转速度较慢，对行业的贡献较小。销售利润率排名靠后，说明每销售一元商品的利润较少。流动比率排名靠后，说明流动资产偿还流动负债的能力较弱。

上述综合表明营运能力对行业发展的贡献较小。

③从分析结论看，一般动力因素主要为营运能力指标，食品制造业要完善均衡生产和协调联运，控制好生产经营的各个环节。纺织行业优势分析关联序如图3-24所示。

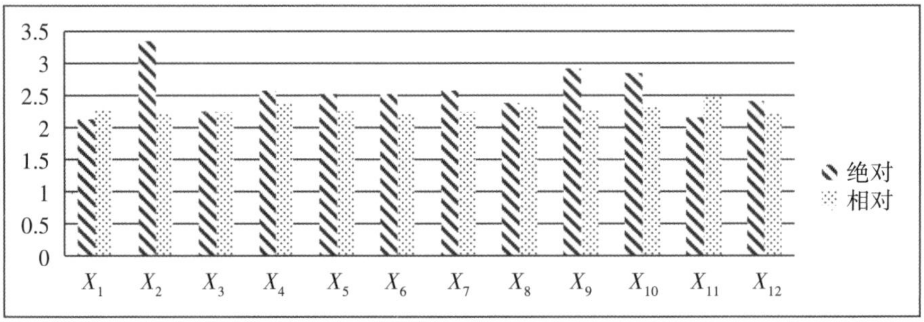

图3-24 纺织行业优势分析关联序

18. 纺织服装、服饰业战略重点及突破口选择

（1）依据中国制造业高质量发展战略重点选择方法与模型，计算纺织服装、服饰业行业创新驱动高质量发展相对关联度矩阵，结果如下。

$$A=\begin{bmatrix}0.804 & 0.555 & 0.972 & 0.628 & 0.625 & 0.503 & 0.753 & 0.598 & 0.862\\ 0.734 & 0.692 & 0.651 & 0.950 & 0.938 & 0.510 & 0.781 & 0.846 & 0.696\\ 0.512 & 0.564 & 0.507 & 0.528 & 0.528 & 0.709 & 0.514 & 0.536 & 0.510\\ 0.514 & 0.577 & 0.509 & 0.533 & 0.534 & 0.674 & 0.517 & 0.543 & 0.512\end{bmatrix}$$

$$B=\begin{bmatrix}0.725 & 0.593 & 0.632\\ 0.816 & 0.825 & 0.966\\ 0.516 & 0.538 & 0.527\\ 0.519 & 0.546 & 0.532\end{bmatrix}\qquad R_{相对}=[A\quad B]$$

$$\sum_{i=1}^{4} r_{12}=2.656>\sum_{i=1}^{4} r_{3}=2.639>\sum_{i=1}^{4} r_{4}=2.638>\sum_{i=1}^{4} r_{5}=2.625>$$
$$\sum_{i=1}^{4} r_{9}=2.580>\sum_{i=1}^{4} r_{10}=2.575>\sum_{i=1}^{4} r_{7}=2.565>\sum_{i=1}^{4} r_{1}=2.563>$$
$$\sum_{i=1}^{4} r_{8}=2.523>\sum_{i=1}^{4} r_{11}=2.501>\sum_{i=1}^{4} r_{6}=2.396>\sum_{i=1}^{4} r_{2}=2.388$$

所以$\{X_{12}>X_3>X_4>X_5\}$;$\{X_9>X_{10}>X_7>X_1\}$;$\{X_8>X_{11}>X_6>X_2\}$。

①在此阶段,对纺织服装、服饰业发展的贡献较大的优势动力因素排序为毛利率>流动资金周转率>存货周转率>资产负债率,在纺织服装、服饰业的发展过程中,毛利率排在首位,说明纺织服装、服饰业的发展在较大程度上依赖于其盈利能力。流动资金周转率和存货周转率排名靠前,说明流动资产和存货周转速度较快,对行业发展的贡献较大。资产负债率排名靠前,说明负债占资产的比例较大,偿债能力较强。

上述综合表明营运能力将对纺织服装、服饰业的发展有较大的贡献,应重点发展营运能力。

②由模型计算可知,对纺织服装、服饰业发展的贡献较小的一般动力因素排序为流动比率>销售利润率>已获利息倍数>应收账款周转率,说明上述指标对纺织服装、服饰业发展的贡献度较低。应收账款周转率排名靠后,说明应收账款回收速度较慢,对行业发展的贡献较小。已获利息倍数和流动比率排名靠后,说明偿债能力较弱。销售利润率排名较后,说明每销售一元商品的利润较少,虽然毛利率排名靠前,但毛利率针对的是主营业务。因此,纺织服装、服饰业的主营销售较好,盈利能力相对较强。

上述综合表明偿债能力将对纺织服装、服饰业的发展的贡献较小。

③从分析结论看,一般动力因素多为偿债能力指标,纺织服装、服饰业应完善均衡生产和协调联运,控制好生产经营的各个环节。

(2)依据中国制造业高质量发展战略重点选择方法与模型,计算纺织服装、服饰业行业创新驱动高质量发展绝对关联度矩阵,结果如下。

$$\sum_{i=1}^{4} r_{4}=3.409>\sum_{i=1}^{4} r_{8}=3.056>\sum_{i=1}^{4} r_{6}=2.852>\sum_{i=1}^{4} r_{2}=2.849>$$
$$\sum_{i=1}^{4} r_{11}=2.778>\sum_{i=1}^{4} r_{10}=2.728>\sum_{i=1}^{4} r_{12}=2.502>\sum_{i=1}^{4} r_{7}=2.492>$$
$$\sum_{i=1}^{4} r_{9}=2.477>\sum_{i=1}^{4} r_{1}=2.226>\sum_{i=1}^{4} r_{5}=2.173>\sum_{i=1}^{4} r_{3}=2.163$$

所以$\{X_4>X_8>X_6>X_2\}$;$\{X_{11}>X_{10}>X_{12}>X_7\}$;$\{X_9>X_1>X_5>X_3\}$。

①在此阶段,对纺织服装、服饰业发展的贡献较大的优势动力因素排

序为存货周转率>流动比率>已获利息倍数>应收账款周转率。存货和应收账款的周转率排名靠前，说明存货、应收账款周转速度较快，现金回收较快。流动比率和已获利息倍数排名靠前，说明偿债能力对行业发展贡献较大。

上述综合表明营运能力和偿债能力对纺织服装、服饰业发展的贡献较大。

②由模型计算可知，对纺织服装、服饰业发展贡献度较小的一般动力因素排序为净资产收益率>总资金周转率>资产负债率>流动资金周转率，说明上述指标对纺织服装、服饰业发展的贡献度较低。流动资金和总资金周转率的贡献较小，而存货和应收账款周转率所作贡献较大，说明主营业务有着较好的周转，因此营运能力相对较强。资产负债率排名靠后，说明负债占资产的比例较大，偿债能力较弱。净资产收益率排名靠后，说明净资产带来的收益较小，对行业发展贡献较小。

上述综合表明盈利能力对纺织服装、服饰业的发展贡献较小。

③从分析结论看，一般动力因素多为盈利性指标，应加强看板管理和JIT管理，关注主营业务的发展。纺织服装、服饰业行业优势分析关联序如图3-25所示。

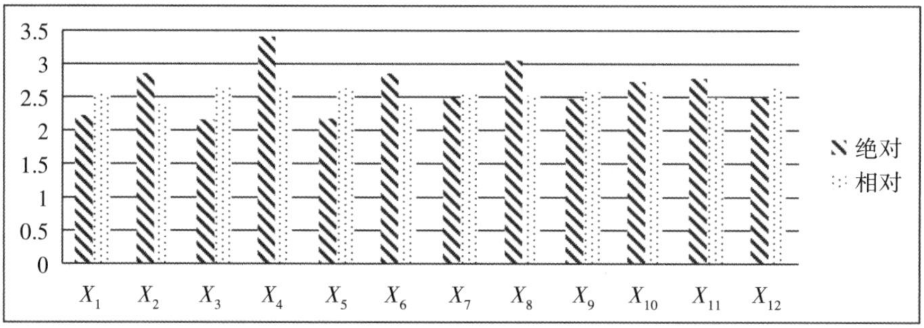

图3-25 纺织服装、服饰业行业优势分析关联序

19.皮革、毛皮、羽毛及其制品和制鞋业战略重点及突破口选择

（1）依据中国制造业高质量发展战略重点选择方法与模型，计算皮革、毛皮、羽毛及其制品和制鞋业行业创新驱动高质量发展相对关联度矩阵，结果如下。

$$A=\begin{bmatrix} 0.611 & 0.621 & 0.588 & 0.664 & 0.639 & 0.501 & 0.581 & 0.591 & 0.515 \\ 0.554 & 0.549 & 0.568 & 0.536 & 0.543 & 0.548 & 0.574 & 0.565 & 0.888 \\ 0.523 & 0.521 & 0.529 & 0.516 & 0.519 & 0.610 & 0.532 & 0.528 & 0.669 \\ 0.630 & 0.619 & 0.663 & 0.588 & 0.603 & 0.520 & 0.678 & 0.658 & 0.766 \end{bmatrix}$$

$$B=\begin{bmatrix}0.511 & 0.875 & 0.976\\0.956 & 0.516 & 0.510\\0.738 & 0.507 & 0.504\\0.688 & 0.538 & 0.524\end{bmatrix} \qquad R_{相对}=[A \quad B]$$

$$\sum_{i=1}^{4} r_{10}=2.893>\sum_{i=1}^{4} r_{9}=2.838>\sum_{i=1}^{4} r_{12}=2.514>\sum_{i=1}^{4} r_{11}=2.437>$$

$$\sum_{i=1}^{4} r_{7}=2.365>\sum_{i=1}^{4} r_{3}=2.348>\sum_{i=1}^{4} r_{8}=2.343>\sum_{i=1}^{4} r_{1}=2.318>$$

$$\sum_{i=1}^{4} r_{2}=2.311>\sum_{i=1}^{4} r_{4}=\sum_{i=1}^{4} r_{5}=2.304>\sum_{i=1}^{4} r_{6}=2.178$$

所以$\{X_{10}>X_9>X_{12}>X_{11}\}$;$\{X_7>X_3>X_8>X_1\}$;$\{X_2>X_4>X_5>X_6\}$。

①在此阶段,对皮革、毛皮、羽毛及其制品和制鞋业发展贡献较大的优势动力因素排序为总资产报酬率>净资产收益率>毛利率>销售利润率。在皮革、毛皮、羽毛及其制品和制鞋业的发展过程中,总资产报酬率、净资产收益率、毛利率和销售利润率排名靠前,说明皮革、毛皮、羽毛及其制品和制鞋业的发展在较大程度上依赖盈利能力。这些指标都表明盈利能力对行业发展的贡献较大,应重点关注盈利能力的发展。

②由模型计算可知,对皮革、毛皮、羽毛及其制品和制鞋业发展贡献度较小的一般动力因素排序为应收账款周转率>存货周转率>资产负债率>已获利息倍数,说明上述指标对皮革、毛皮、羽毛及其制品和制鞋业发展的贡献较少。已获利息倍数、资产负债率的贡献度较低,说明偿债能力对行业的贡献度较少。存货周转率和应收账款周转率排名靠后,说明存货周转速度较慢、现金回收较慢,对行业贡献较少。

上述综合表明偿债能力和营运能力将对皮革、毛皮、羽毛及其制品和制鞋业发展的贡献较少。

③从分析结论看,一般动力因素多为偿债能力和营运能力指标,皮革、毛皮、羽毛及其制品和制鞋业应完善流程管理和TPM管理,提高设备综合效率。

(2)依据中国制造业高质量发展战略重点选择方法与模型,计算皮革、毛皮、羽毛及其制品和制鞋业行业创新驱动高质量发展绝对关联度矩阵,结果如下。

$$A=\begin{bmatrix}0.549 & 0.796 & 0.580 & 0.600 & 0.577 & 0.931 & 0.566 & 0.710 & 0.993\\0.574 & 0.946 & 0.621 & 0.651 & 0.551 & 0.785 & 0.544 & 0.817 & 0.826\\0.548 & 0.791 & 0.579 & 0.598 & 0.578 & 0.938 & 0.568 & 0.707 & 0.999\\0.675 & 0.735 & 0.790 & 0.860 & 0.521 & 0.320 & 0.518 & 0.830 & 0.637\end{bmatrix}$$

$$B=\begin{bmatrix}0.922 & 0.583 & 0.513\\0.892 & 0.625 & 0.520\\0.915 & 0.582 & 0.513\\0.664 & 0.798 & 0.547\end{bmatrix} \qquad R_{绝对}=[A \quad B]$$

$$\sum_{i=1}^{4}r_9=3.455>\sum_{i=1}^{4}r_{10}=3.394>\sum_{i=1}^{4}r_2=3.267>\sum_{i=1}^{4}r_8=3.065>$$

$$\sum_{i=1}^{4}r_6=2.974>\sum_{i=1}^{4}r_4=2.708>\sum_{i=1}^{4}r_{11}=2.588>\sum_{i=1}^{4}r_3=2.570>\sum_{i=1}^{4}r_1=2.346>$$

$$\sum_{i=1}^{4}r_5=2.228>\sum_{i=1}^{4}r_7=2.196>\sum_{i=1}^{4}r_{12}=2.092$$

所以$\{X_9>X_{10}>X_2>X_8\}$；$\{X_6>X_4>X_{11}>X_3\}$；$\{X_1>X_5=X_7>X_{12}\}$。

①在此阶段，对皮革、毛皮、羽毛及其制品和制鞋业发展贡献度较大的优势动力因素排序为净资产收益率>总资产报酬率>应收账款周转率>流动比率。在皮革、毛皮、羽毛及其制品和制鞋业的发展过程中，净资产收益率和总资产报酬率排名靠前，说明总资产和净资产带来的收益较高。应收账款周转率排名靠前，说明应收账款周转速度较快，现金回收较快。流动比率排名靠前，说明流动资产将有较强的偿还流动负债能力。

上述综合表明盈利能力将对皮革、毛皮、羽毛及其制品和制鞋业的发展有较大贡献，应重点发展盈利能力。

②由模型计算可知，对皮革、毛皮、羽毛及其制品和制鞋业发展贡献度较小的一般动力因素排序为总资金周转率>资产负债率>速动比率>毛利率，说明上述指标对皮革、毛皮、羽毛及其制品和制鞋业发展的贡献较少。毛利率排名靠后，说明该行业的商品进入生产转换内部系统后增值较小，生产拉动系统不完善。速动比率和资产负债率排名靠后，说明偿债能力较弱。总资产增长率排名靠后，说明总资产增长速度较慢。

上述综合表明该行业的主营业务的盈利能力和偿债能力较弱。

③从分析结论看，一般动力因素多为偿债能力指标，皮革、毛皮、羽毛

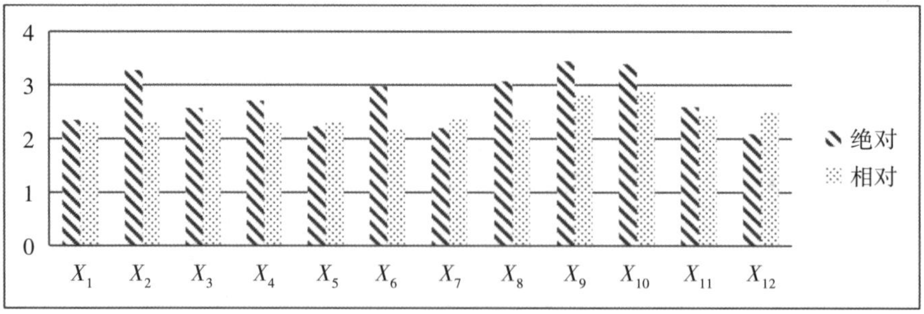

图3-26　皮革、毛皮、羽毛及其制品和制鞋业行业优势分析关联序

及其制品和制鞋业的偿债能力较弱,应完善均衡生产和协调联运,控制好生产经营的各个环节。皮革、毛皮、羽毛及其制品和制鞋业行业优势分析关联序如图3-26所示。

20.木材加工及木、竹、藤、棕、草制品业战略重点及突破口选择

(1)依据中国制造业高质量发展战略重点选择方法与模型,计算木材加工及木、竹、藤、棕、草制品业行业创新驱动高质量发展相对关联度矩阵,结果如下。

$$A=\begin{bmatrix}0.551 & 0.686 & 0.580 & 0.805 & 0.607 & 0.568 & 0.551 & 0.821 & 0.757\\0.559 & 0.716 & 0.593 & 0.853 & 0.592 & 0.579 & 0.543 & 0.872 & 0.798\\0.652 & 0.951 & 0.739 & 0.775 & 0.536 & 0.703 & 0.517 & 0.761 & 0.826\\0.631 & 0.980 & 0.707 & 0.817 & 0.541 & 0.676 & 0.520 & 0.801 & 0.876\end{bmatrix}$$

$$B=\begin{bmatrix}0.678 & 0.744 & 0.816\\0.707 & 0.783 & 0.867\\0.970 & 0.843 & 0.765\\0.961 & 0.896 & 0.806\end{bmatrix} \qquad R_{相对}=[A \quad B]$$

$$\sum_{i=1}^{4}r_2=3.332>\sum_{i=1}^{4}r_{10}=3.316>\sum_{i=1}^{4}r_{11}=3.266>\sum_{i=1}^{4}r_9=3.257>$$

$$\sum_{i=1}^{4}r_8=3.255>\sum_{i=1}^{4}r_{12}=3.254>\sum_{i=1}^{4}r_4=3.251>\sum_{i=1}^{4}r_3=2.618>$$

$$\sum_{i=1}^{4}r_6=2.526>\sum_{i=1}^{4}r_1=2.393>\sum_{i=1}^{4}r_5=2.276>\sum_{i=1}^{4}r_7=2.130$$

所以$\{X_2>X_{10}>X_{11}>X_9\}$;$\{X_8>X_{12}>X_4>X_3\}$;$\{X_6>X_1>X_5>X_7\}$。

①在此阶段,对木材加工及木、竹、藤、棕、草制品业发展的贡献较大的优势动力因素排序为应收账款周转率>总资产报酬率>销售利润率>净资产收益率。在木材加工及木、竹、藤、棕、草制品业的发展过程中,应收账款周转率排在首位,说明木材加工及木、竹、藤、棕、草制品业的应收账款周转速度较快,有较强的现金回收能力。总资产报酬率、销售利润率和净资产收益率的排名靠前,说明总资产、销售以及净资产带来的收益较高。

上述综合表明木材加工及木、竹、藤、棕、草制品业将有较强的盈利能力,对行业发展的贡献较大,应重点发展盈利能力。

②由模型计算可知,对木材加工及木、竹、藤、棕、草制品业发展贡献度较小的一般动力因素排序为已获利息倍数>总资金周转率>资产负债率>速动比率,说明上述指标对木材加工和木、竹、藤、棕、草制品业发展的贡献较少。速动比率、资产负债率、已获利息倍数的贡献度较低,说明偿债能力的贡献较小。总资金周转率排名靠后,说明总资金周转速度较慢,对行业贡献度较小。

上述综合表明偿债能力将对木材加工及木、竹、藤、棕、草制品业的贡献作用较小。

③从分析结论看，一般动力因素多为偿债能力指标，木材加工及木、竹、藤、棕、草制品业应完善均衡生产和协调联运，控制好生产经营的各个环节。

（2）依据中国制造业高质量发展战略重点选择方法与模型，计算木材加工及木、竹、藤、棕、草制品业行业创新驱动高质量发展绝对关联度矩阵，结果如下。

$$A=\begin{bmatrix} 0.551 & 0.686 & 0.580 & 0.805 & 0.607 & 0.568 & 0.551 & 0.821 & 0.757 \\ 0.559 & 0.716 & 0.593 & 0.853 & 0.592 & 0.579 & 0.543 & 0.872 & 0.798 \\ 0.652 & 0.951 & 0.739 & 0.775 & 0.536 & 0.703 & 0.517 & 0.761 & 0.826 \\ 0.631 & 0.980 & 0.707 & 0.817 & 0.541 & 0.676 & 0.520 & 0.801 & 0.876 \end{bmatrix}$$

$$B=\begin{bmatrix} 0.678 & 0.744 & 0.816 \\ 0.707 & 0.783 & 0.867 \\ 0.970 & 0.843 & 0.765 \\ 0.961 & 0.896 & 0.806 \end{bmatrix} \qquad R_{绝对}=[A \quad B]$$

$$\sum_{i=1}^{4} r_2=3.332>\sum_{i=1}^{4} r_{10}=3.316>\sum_{i=1}^{4} r_{11}=3.266>\sum_{i=1}^{4} r_9=3.257>$$

$$\sum_{i=1}^{4} r_8=3.255>\sum_{i=1}^{4} r_{12}=3.254>\sum_{i=1}^{4} r_4=3.251>\sum_{i=1}^{4} r_3=2.618>$$

$$\sum_{i=1}^{4} r_6=2.526>\sum_{i=1}^{4} r_1=2.393>\sum_{i=1}^{4} r_5=2.276>\sum_{i=1}^{4} r_7=2.130$$

所以$\{X_2>X_{10}>X_{11}>X_9\}$；$\{X_8>X_{12}>X_4>X_3\}$；$\{X_6>X_1>X_5>X_7\}$。

①在此阶段，对木材加工及木、竹、藤、棕、草制品业发展的贡献较大的优势动力因素排序为应收账款周转率>总资产报酬率>销售利润率>净资产收益率。应收账款周转率排在首位，说明2006～2017年这一阶段木材加工及木、竹、藤、棕、草制品业的应收账款周转速度较快，现金回收能力较强。总资产报酬率、销售利润率、净资产收益率的贡献度排名靠前，说明行业的盈利能力较强，对行业发展作出了较大的贡献。

上述综合表明木材加工及木、竹、藤、棕、草制品业的盈利能力较强，应重点发展盈利能力。

②由模型计算可知，对木材加工及木、竹、藤、棕、草制品业发展的贡献较小的一般动力因素排序为已获利息倍数>总资金周转率>资产负债率>速动比率，说明上述指标对木材加工及木、竹、藤、棕、草制品业发展的贡献较少。速动比率、资产负债率和已获利息倍数排名靠后，说明偿债能力的贡献度较小。总资金周转率排名靠后，说明总资金周转速度较慢，其贡献度较小。

上述综合表明偿债能力对木材加工及木、竹、藤、棕、草制品业发展的贡献较少。

③从分析结论看，一般动力因素多为偿债能力指标，木材加工及木、竹、藤、棕、草制品业应完善均衡生产和协调联运，控制好生产经营的各个环节。木材加工和木、竹、藤、棕、草制品行业优势分析关联序如图3–27所示。

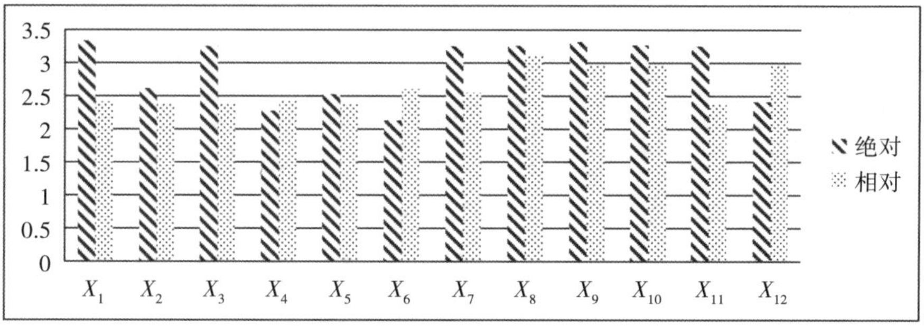

图3–27 木材加工和木、竹、藤、棕、草制品行业优势分析关联序

21. 家具制造业战略重点及突破口选择

(1)依据中国制造业高质量发展战略重点选择方法与模型，计算家具制造业行业创新驱动高质量发展相对关联度矩阵，结果如下。

$$A=\begin{bmatrix} 0.542 & 0.633 & 0.753 & 0.890 & 0.897 & 0.502 & 0.682 & 0.530 & 0.509 \\ 0.550 & 0.516 & 0.508 & 0.505 & 0.505 & 0.708 & 0.512 & 0.569 & 0.744 \\ 0.617 & 0.537 & 0.519 & 0.513 & 0.512 & 0.589 & 0.527 & 0.661 & 0.940 \\ 0.622 & 0.538 & 0.520 & 0.513 & 0.513 & 0.586 & 0.528 & 0.667 & 0.925 \end{bmatrix}$$

$$B=\begin{bmatrix} 0.512 & 0.941 & 0.832 \\ 0.677 & 0.504 & 0.506 \\ 0.913 & 0.509 & 0.515 \\ 0.928 & 0.509 & 0.515 \end{bmatrix} \qquad R_{相对}=[A \quad B]$$

$$\sum_{i=1}^{4} r_9=3.117>\sum_{i=1}^{4} r_{10}=3.030>\sum_{i=1}^{4} r_{11}=2.462>\sum_{i=1}^{4} r_8=2.428>$$

$$\sum_{i=1}^{4} r_5=2.427>\sum_{i=1}^{4} r_4=2.421>\sum_{i=1}^{4} r_6=2.385>\sum_{i=1}^{4} r_{12}=2.368>$$

$$\sum_{i=1}^{4} r_1=2.331>\sum_{i=1}^{4} r_3=2.301>\sum_{i=1}^{4} r_7=2.248>\sum_{i=1}^{4} r_2=2.224$$

所以$\{X_9>X_{10}>X_{11}>X_8\}$；$\{X_5>X_4>X_6>X_{12}\}$；$\{X_1>X_3>X_7>X_2\}$。

①在此阶段，对家具制造业的发展贡献较大的优势动力因素排序为净资产收益率>总资产报酬率>销售利润率>流动比率，在家具制造业的发展过程中，净资产收益率、总资产报酬率和销售利润率排名靠前，说明净资

产、总资产以及销售带来的收益较高，对行业发展的贡献较大。流动比率排名靠前，说明流动资产有较强的偿还流动负债的能力。

上述综合表明盈利能力将对行业发展产生较大的贡献。

②由模型计算可知，对家具制造业发展的贡献较小的一般动力因素排序为总资金周转率>流动资金周转率>速动比率>应收账款周转率，说明上述指标对家具制造业发展的贡献较少。应收账款周转率、流动资金周转率和总资金周转率排名靠后，说明应收账款、流动资产和总资金周转速度较慢，对行业发展产生较小的作用。速动比率排名靠后，说明速动资产偿还流动负债的能力较弱，对行业发展产生的贡献较小。

上述综合表明家具制造业的发展将受限于营运能力。

③从分析结论看，一般动力因素多为营运能力指标，完善均衡生产和协调联运，加强并行工程管理，提高资金周转率。

(2)依据中国制造业高质量发展战略重点选择方法与模型，计算家具制造业行业创新驱动高质量发展绝对关联度矩阵，结果如下。

$$A=\begin{bmatrix}0.564 & 0.666 & 0.525 & 0.537 & 0.962 & 0.962 & 0.614 & 0.835 & 0.783\\ 0.543 & 0.610 & 0.517 & 0.525 & 0.855 & 0.805 & 0.672 & 0.721 & 0.687\\ 0.529 & 0.574 & 0.511 & 0.517 & 0.739 & 0.705 & 0.756 & 0.649 & 0.626\\ 0.634 & 0.844 & 0.552 & 0.557 & 0.724 & 0.761 & 0.555 & 0.860 & 0.927\end{bmatrix}$$

$$B=\begin{bmatrix}0.642 & 0.547 & 0.547\\ 0.594 & 0.531 & 0.517\\ 0.563 & 0.521 & 0.511\\ 0.794 & 0.597 & 0.552\end{bmatrix} \qquad R_{绝对}=[A \quad B]$$

$$\sum_{i=1}^{4}r_5 3.280>\sum_{i=1}^{4}r_6=3.233>\sum_{i=1}^{4}r_8=3.065>\sum_{i=1}^{4}r_9=3.022>\sum_{i=1}^{4}r_2=2.693>$$

$$\sum_{i=1}^{4}r_7=2.596>\sum_{i=1}^{4}r_{10}=2.593>\sum_{i=1}^{4}r_1=2.269>\sum_{i=1}^{4}r_{11}=2.196>$$

$$\sum_{i=1}^{4}r_4=2.155>\sum_{i=1}^{4}r_{12}=2.127>\sum_{i=1}^{4}r_3=2.105$$

所以$\{X_5>X_6>X_8>X_9\}$;$\{X_2>X_7>X_{10}>X_1\}$;$\{X_{11}>X_4>X_{12}>X_3\}$。

①在此阶段，对家具制造业发展贡献较大的优势动力因素排序为资产负债率>已获利息倍数>流动比率>净资产收益率。在家具制造业的发展过程中，资产负债率、已获利息倍数、流动比率排名较前，说明2006~2017年这一阶段家具制造业的发展在较大程度上依赖于偿债能力。净资产收益率排名靠前，说明净资产带来的收益较大，对行业的贡献较大。

上述综合表明偿债能力对家具制造业的贡献较大。

②由模型计算可知,对家具制造业发展的贡献较小的一般动力因素排序为销售利润率>存货周转率>毛利率>流动资金周转率,说明上述指标对家具制造业发展的贡献较少。流动资金周转率、存货周转率的贡献度靠后,说明流动资产和存货的周转速度较慢,对行业发展的贡献较小。毛利率和销售利润率排名靠后,说明商品进入生产转换内部系统后增值较小,生产拉动系统不完善;每销售一元商品带来的利润也较少,对行业贡献较小。

上述综合表明营运能力和盈利能力对家具制造业的贡献较小。

③从分析结论看,一般动力因素多为营运能力和盈利能力指标,家具制造业应完善均衡生产和协调联运,控制好生产经营的各个环节;加强看板管理和JIT管理,关注主营业务的发展。家具制造业行业优势分析关联序如图3-28所示。

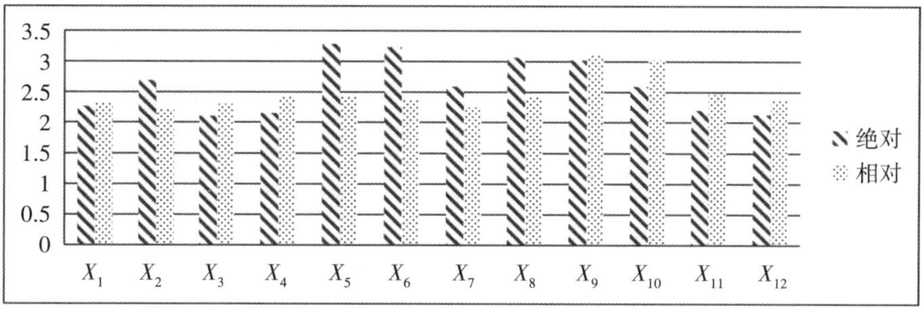

图3-28 家具制造业行业优势分析关联序

22.印刷和记录媒介的复制业战略重点及突破口选择

(1)依据中国制造业高质量发展战略重点选择方法与模型,计算印刷和记录媒介的复制业行业创新驱动高质量发展相对关联度矩阵,结果如下。

$$A=\begin{bmatrix} 0.646 & 0.665 & 0.993 & 0.617 & 0.691 & 0.525 & 0.943 & 0.534 & 0.570 \\ 0.519 & 0.517 & 0.506 & 0.524 & 0.515 & 0.611 & 0.505 & 0.582 & 0.540 \\ 0.515 & 0.513 & 0.504 & 0.519 & 0.511 & 0.586 & 0.504 & 0.564 & 0.531 \\ 0.530 & 0.527 & 0.509 & 0.537 & 0.523 & 0.673 & 0.508 & 0.628 & 0.563 \end{bmatrix}$$

$$B=\begin{bmatrix} 0.584 & 0.595 & 0.659 \\ 0.533 & 0.530 & 0.518 \\ 0.526 & 0.523 & 0.514 \\ 0.552 & 0.546 & 0.528 \end{bmatrix} \qquad R_{相对}=[A \quad B]$$

$$\sum_{i=1}^{4} r_3=2.512>\sum_{i=1}^{4} r_7=2.459>\sum_{i=1}^{4} r_6=2.394>\sum_{i=1}^{4} r_8=2.308>\sum_{i=1}^{4} r_5=2.240>$$

$$\sum_{i=4}^{4} r_2=2.221>\sum_{i=1}^{4} r_{12}=2.218>\sum_{i=1}^{4} r_1=2.210>\sum_{i=1}^{4} r_9=2.204>$$

$$\sum_{i=1}^{4} r_4=2.197>\sum_{i=1}^{4} r_{10}=2.195>\sum_{i=1}^{4} r_{11}=2.193$$

所以$\{X_3>X_7>X_6>X_8\}$;$\{X_5>X_2>X_{12}>X_1\}$;$\{X_9>X_4>X_{10}>X_{11}\}$。

①在此阶段，对印刷和记录媒介的复制业发展的贡献较大的优势动力因素排序为流动资金周转率>速动比率>已获利息倍数>流动比率。在印刷和记录媒介的复制业的发展过程中，流动资金周转率排在首位，说明流动资金周转速度较快，对行业发展有较大的贡献。速动比率、已获利息倍数、流动比率排名靠前，代表行业有较强的偿债能力，将对行业发展产生较大的贡献。

上述综合表明偿债能力对印刷和记录媒介的复制业的贡献较大，应重点发展偿债能力。

②由模型计算可知，对印刷及记录媒介的复制业发展的贡献较小的一般动力因素排序为净资产收益率>存货周转率>总资产报酬率>销售利润率，说明上述指标对印刷和记录媒介的复制业发展的贡献度较小。销售利润率、总资产报酬率、净资产收益率排名靠后，说明销售、总资产和净资产带来的收益较小，对行业发展贡献较小。存货周转率排名靠后，说明存货周转速度较慢，对行业发展产生的贡献较少。

上述综合表明盈利能力对印刷及记录媒介的复制业的发展产生的贡献较少。

③从分析结论看，一般动力因素多为盈利能力指标，印刷及记录媒介的复制业应加强看板管理和JIT管理，关注主营业务的发展。

(2)依据中国制造业高质量发展战略重点选择方法与模型，计算印刷和记录媒介的复制业行业创新驱动高质量发展绝对关联度矩阵，结果如下。

$$A=\begin{bmatrix} 0.571 & 0.840 & 0.534 & 0.960 & 0.584 & 0.921 & 0.594 & 0.672 & 0.906 \\ 0.530 & 0.640 & 0.514 & 0.691 & 0.703 & 0.746 & 0.539 & 0.915 & 0.668 \\ 0.516 & 0.574 & 0.507 & 0.600 & 0.887 & 0.629 & 0.521 & 0.816 & 0.588 \\ 0.560 & 0.787 & 0.529 & 0.889 & 0.599 & 0.998 & 0.580 & 0.703 & 0.843 \end{bmatrix}$$

$$B=\begin{bmatrix} 0.783 & 0.608 & 0.666 \\ 0.617 & 0.760 & 0.569 \\ 0.561 & 0.996 & 0.536 \\ 0.739 & 0.628 & 0.640 \end{bmatrix} \qquad R_{绝对}=[A \quad B]$$

$$\sum_{i=1}^{4} r_6=3.294>\sum_{i=1}^{4} r_4=3.140>\sum_{i=1}^{4} r_8=3.106>\sum_{i=1}^{4} r_9=3.005>$$

$$\sum_{i=1}^{4}r_{11}=2.992>\sum_{i=1}^{4}r_{2}=2.842>\sum_{i=1}^{4}r_{5}=2.773>\sum_{i=1}^{4}r_{10}=2.701>$$

$$\sum_{i=1}^{4}r_{12}=2.411>\sum_{i=1}^{4}r_{7}=2.234>\sum_{i=1}^{4}r_{1}=2.177>\sum_{i=1}^{4}r_{3}=2.085$$

所以$\{X_6>X_4>X_8>X_9\}$;$\{X_{11}>X_2>X_5>X_{10}\}$;$\{X_{12}>X_7>X_1>X_3\}$。

①在此阶段,对印刷和记录媒介的复制业发展的贡献较大的优势动力因素排序为已获利息倍数>存货周转率>流动比率>净资产收益率,在印刷和记录媒介的复制业的发展过程中,已获利息倍数、流动比率排名靠前,说明流动资产偿还流动负债的能力较强。存货周转率排名靠前,说明存货周转速度较快,对行业发展贡献较大。净资产收益率排名靠前,说明净资产带来的收益较大,对行业发展的贡献较大。

上述综合表明偿债能力对该行业的发展作出了较大贡献。

②由模型计算可知,对印刷和记录媒介的复制业发展的贡献较小的一般动力因素排序为毛利率>速动比率>总资产报酬率>流动资金周转率,说明上述指标对印刷和记录媒介的复制业发展的贡献较小。流动资金周转率排名靠后,说明流动资金周转较慢,对行业发展贡献较小。总资产报酬率和毛利率排名靠后,说明总资产带来的收益较小、商品经过生产转换内部系统以后增值较少,对行业发展的贡献较小。速动比率排名靠后,说明速动资产偿还流动负债的能力较弱。

上述综合表明盈利能力对印刷和记录媒介的复制业贡献较小。

③从分析结论看,一般动力因素多为盈利能力指标,印刷及记录媒介的复制业应加强看板管理和JIT管理,关注主营业务的发展。印刷和记录媒介的复制业行业优势分析关联序如图3-29所示。

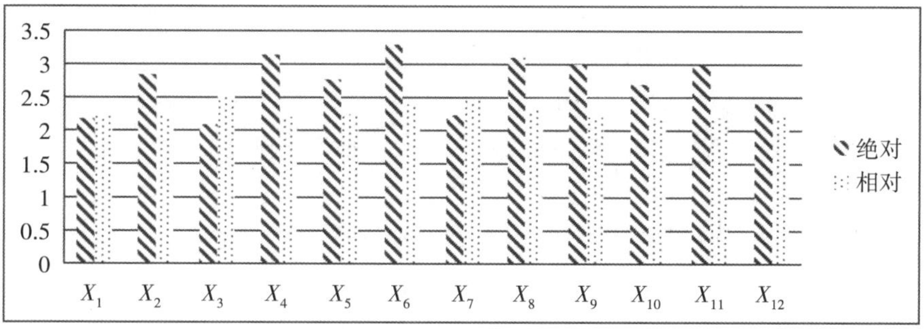

图3-29 印刷和记录媒介的复制业行业优势分析关联序

23.化学纤维制造业战略重点及突破口选择

（1）依据中国制造业高质量发展战略重点选择方法与模型，计算化学纤维制造业行业创新驱动高质量发展相对关联度矩阵，结果如下。

$$A=\begin{bmatrix}0.614 & 0.604 & 0.687 & 0.993 & 0.683 & 0.507 & 0.746 & 0.610 & 0.514\\ 0.649 & 0.664 & 0.591 & 0.534 & 0.593 & 0.602 & 0.569 & 0.655 & 0.702\\ 0.597 & 0.607 & 0.559 & 0.522 & 0.561 & 0.656 & 0.545 & 0.601 & 0.809\\ 0.812 & 0.844 & 0.691 & 0.570 & 0.966 & 0.548 & 0.645 & 0.825 & 0.596\end{bmatrix}$$

$$B=\begin{bmatrix}0.504 & 0.846 & 0.643\\ 0.555 & 0.524 & 0.619\\ 0.584 & 0.515 & 0.577\\ 0.526 & 0.550 & 0.749\end{bmatrix} \qquad R_{相对}=[A \quad B]$$

$$\sum_{i=1}^{4} r_5 = 2.802 > \sum_{i=1}^{4} r_2 = 2.719 > \sum_{i=1}^{4} r_8 = 2.690 > \sum_{i=1}^{4} r_1 = 2.672 >$$

$$\sum_{i=1}^{4} r_9 = 2.621 > \sum_{i=1}^{4} r_4 = 2.619 > \sum_{i=1}^{4} r_{12} = 2.589 > \sum_{i=1}^{4} r_3 = 2.528 >$$

$$\sum_{i=1}^{4} r_7 = 2.505 > \sum_{i=1}^{4} r_{11} = 2.435 > \sum_{i=1}^{4} r_6 = 2.313 > \sum_{i=1}^{4} r_{10} = 2.169$$

所以$\{X_5>X_2>X_8>X_1\}$;$\{X_9>X_4>X_{12}>X_3\}$;$\{X_7>X_{11}>X_6>X_{10}\}$。

①在此阶段，对化学纤维制造业发展的贡献较大的优势动力因素排序为资产负债率>应收账款周转率>流动比率>总资金周转率。在化学纤维制造业的发展过程中，资产负债率、流动比率排名靠前，说明负债占资产的比例较大、流动资产偿还流动负债的能力较强，将对行业发展产生较大贡献。应收账款周转率、总资金周转率排名靠前，说明应收账款和总资金周转速度较快，对行业发展贡献较大。

上述综合表明偿债能力将对化学纤维制造业的发展产生较大贡献。

②由模型计算可知，对化学纤维制造业发展的贡献较小的一般动力因素排序为速动比率>销售利润率>已获利息倍数>总资产报酬率，说明上述指标对化学纤维制造业发展的贡献较小。总资产报酬率、销售利润率排名靠后，说明总资产和销售带来的收益较小，对行业发展产生的贡献较少。已获利息倍数、速动比率排名靠后，说明获利对债务利息的偿还有较小的保证程度、速动资产偿还流动负债的能力较弱，将对行业发展产生较小贡献，而资产负债率和流动比率的贡献度较大，说明偿债能力相对较强。

上述综合表明盈利能力将对化学纤维制造业的发展产生的贡献较小。

③从分析结论看，一般动力因素主要为盈利能力指标，化学纤维制造业应加强看板管理和JIT管理，关注主营业务的发展。

（2）依据中国制造业高质量发展战略重点选择方法与模型，计算化学纤维制造业行业创新驱动高质量发展绝对关联度矩阵，结果如下。

$$A=\begin{bmatrix}0.547 & 0.914 & 0.562 & 0.544 & 0.616 & 0.612 & 0.766 & 0.909 & 0.970\\ 0.593 & 0.802 & 0.623 & 0.587 & 0.558 & 0.723 & 0.633 & 0.705 & 0.766\\ 0.521 & 0.687 & 0.528 & 0.520 & 0.757 & 0.551 & 0.925 & 0.776 & 0.713\\ 0.990 & 0.555 & 0.871 & 0.980 & 0.511 & 0.704 & 0.524 & 0.537 & 0.549\end{bmatrix}$$

$$B=\begin{bmatrix}0.700 & 0.514 & 0.566\\ 0.900 & 0.528 & 0.632\\ 0.591 & 0.506 & 0.530\\ 0.614 & 0.653 & 0.845\end{bmatrix} \qquad R_{绝对}=[A \quad B]$$

$$\sum_{i=1}^{4} r_9=2.998>\sum_{i=1}^{4} r_2= 2.959>\sum_{i=1}^{4} r_8=2.928 >\sum_{i=1}^{4} r_7= 2.849>$$

$$\sum_{i=1}^{4} r_{10}=2.804>\sum_{i=1}^{4} r_4=2.631>\sum_{i=1}^{4} r_1=2.651>\sum_{i=1}^{4} r_6=2.589>$$

$$\sum_{i=1}^{4} r_3=2.583 >\sum_{i=1}^{4} r_{12}=2.573>\sum_{i=1}^{4} r_4=2.442>\sum_{i=1}^{4} r_{11}=2.201$$

所以$\{X_9>X_2>X_8>X_7\}$；$\{X_{10}>X_4>X_1>X_6\}$；$\{X_3>X_{12}>X_4>X_{11}\}$。

①在此阶段，对化学纤维制造业发展的贡献较大的优势动力因素排序为净资产收益率>应收账款周转率>流动比率>速动比率，在化学纤维制造业的发展过程中，净资产收益率排在首位，说明2006～2017年这一阶段化学纤维制造业的发展主要依靠净资产带来的收益。应收账款周转率排名靠前，说明应收账款周转速度较快，现金回收能力较强。流动比率和速动比率排名靠前，说明流动资产偿还流动负债的能力较强。

上述综合表明短期偿债能力对化学纤维制造业的发展产生了较大贡献。

②由模型计算可知，对化学纤维制造业发展的贡献较小的一般动力因素排序为流动资金周转率>毛利率>存货周转率>销售利润率，说明上述指标对化学纤维制造业发展贡献较少。销售利润率、毛利率的贡献度较低，说明销售带来的利润较低，商品经过生产转换内部系统以后增值较少，主营业务的销售能力较弱。存货周转率、流动资金周转率的排名靠后，说明存货和其他流动资产的周转速度较慢。

上述综合表明化学纤维制造业的发展受限于盈利能力和营运能力。

③从分析结论看，一般动力因素多为盈利能力和营运能力指标，化学纤维制造业应加强看板管理和JIT管理，关注主营业务的发展；完善均衡生产和协调联运，控制好生产经营的各个环节。化学纤维制造业行业优势分析关联序如图3-30所示。

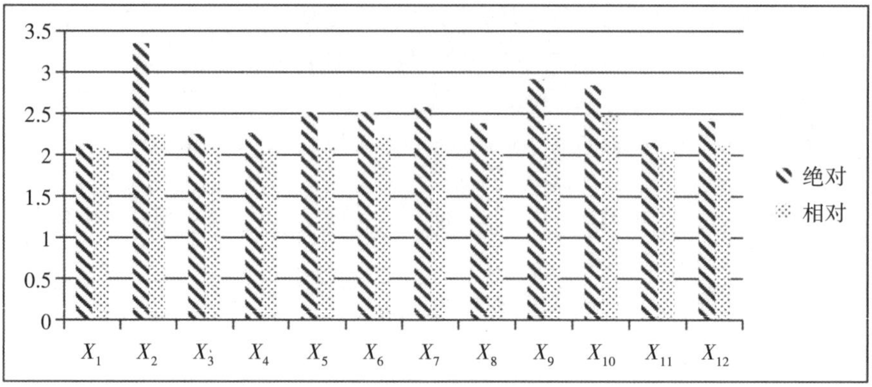

图3-30 化学纤维制造业行业优势分析关联序

24.橡胶和塑料制品业战略重点及突破口选择

(1)依据中国制造业高质量发展战略重点选择方法与模型,计算橡胶和塑料制品业行业创新驱动高质量发展相对关联度矩阵,结果如下。

$$A=\begin{bmatrix}0.631 & 0.585 & 0.936 & 0.607 & 0.765 & 0.696 & 667 & 0.663 & 0.975\\ 0.932 & 0.779 & 0.632 & 0.852 & 0.786 & 0.887 & 0.0.953 & 0.964 & 0.644\\ 0.989 & 0.815 & 0.617 & 0.898 & 0.753 & 0.842 & 0.901 & 0.911 & 0.627\\ 0.562 & 0.597 & 0.514 & 0.576 & 0.531 & 0.542 & 0.549 & 0.550 & 0.516\end{bmatrix}$$

$$B=\begin{bmatrix}0.628 & 0.648 & 0.748\\ 0.923 & 0.988 & 0.805\\ 0.978 & 0.953 & 0.770\\ 0.564 & 0.555 & 0.533\end{bmatrix} \qquad R_{相对}=[A \quad B]$$

$$\sum_{i=1}^{4} r_{11}=3.145>\sum_{i=1}^{4} r_1= 3.115>\sum_{i=1}^{4} r_{10}=3.092 >\sum_{i=1}^{4} r_8= 3.088>$$

$$\sum_{i=1}^{4} r_7=3.070 >\sum_{i=1}^{4} r_6= 2.967>\sum_{i=1}^{4} r_4=2.934>\sum_{i=1}^{4} r_{12}= 2.857>$$

$$\sum_{i=1}^{4} r_5= 2.835>\sum_{i=1}^{4} r_2= 2.775>\sum_{i=1}^{4} r_9=2.761 >\sum_{i=1}^{4} r_3=2.700$$

所以$\{X_{11}>X_1>X_{10}>X_8\}$;$\{X_7>X_6>X_4>X_{12}\}$;$\{X_5>X_2>X_9>X_3\}$。

①在此阶段,对橡胶和塑料制品业发展的贡献较大的优势动力因素排序为销售利润率>总资金周转率>总资产报酬率>流动比率,在橡胶和塑料制品业的发展过程中,销售利润率、总资产报酬率排名较前,说明销售和总资产带来的收益较大,将对行业发展贡献较大。总资金周转率排名靠前,说明总资金周转速度较快,行业经营将主要依靠非流动资产。流动比率排名靠前,说明流动资产有较强的偿还流动负债能力。

上述综合表明盈利能力将对行业发展产生较大贡献,应重点发展盈利能力。

②由模型计算可知，对橡胶和塑料制品业发展的贡献较小的一般动力因素排序为资产负债率>应收账款周转率>净资产收益率>流动资金周转率，说明上述指标对橡胶和塑料制品业发展的贡献较小。流动资金周转率、应收账款周转率排名靠后，说明流动资产和应收账款周转速度较慢，加上存货周转率的贡献度中等，说明该行业的经营不依赖主营业务，且现金回收速度较慢。净资产收益率排名靠后，说明净资产带来的收益较少，对行业发展产生的贡献较小。资产负债率排名靠后，说明负债将占资产的比例较小，偿债能力较弱。

上述综合表明橡胶和塑料制品业的发展受限于营运能力。

③从分析结论看，一般动力因素多为营运能力指标，橡胶和塑料制品业应完善均衡生产和协调联运，加强并行工程管理，提高资金周转率。

（2）依据中国制造业高质量发展战略重点选择方法与模型，计算橡胶和塑料制品业行业创新驱动高质量发展绝对关联度矩阵，结果如下。

$$A=\begin{bmatrix}0.575 & 0.979 & 0.520 & 0.883 & 0.650 & 0.558 & 0.588 & 0.717 & 0.530\\ 0.595 & 0.877 & 0.525 & 0.987 & 0.618 & 0.574 & 0.570 & 0.775 & 0.538\\ 0.654 & 0.733 & 0.541 & 0.817 & 0.573 & 0.620 & 0.543 & 0.945 & 0.562\\ 0.638 & 0.760 & 0.537 & 0.854 & 0.582 & 0.607 & 0.548 & 0.899 & 0.555\end{bmatrix}$$

$$B=\begin{bmatrix}0.703 & 0.892 & 0.548\\ 0.759 & 0.808 & 0.561\\ 0.918 & 0.691 & 0.599\\ 0.874 & 0.713 & 0.589\end{bmatrix} \qquad R_{绝对}=[A \quad B]$$

$$\sum_{i=1}^{4} r_4=3.352>\sum_{i=1}^{4} r_2=3.350>\sum_{i=1}^{4} r_8=3.336>\sum_{i=1}^{4} r_{10}=3.254>$$

$$\sum_{i=1}^{4} r_{11}=3.103>\sum_{i=1}^{4} r_1=2.462>\sum_{i=1}^{4} r_5=2.423>\sum_{i=1}^{4} r_6=2.360>$$

$$\sum_{i=1}^{4} r_{12}=2.298>\sum_{i=1}^{4} r_7=2.249>\sum_{i=1}^{4} r_9=2.185>\sum_{i=1}^{4} r_3=2.123$$

所以$\{X_4>X_2>X_8>X_{10}\}$；$\{X_{11}>X_1>X_5>X_6\}$；$\{X_{12}>X_7>X_9>X_3\}$。

①在此阶段，对橡胶和塑料制品业发展的贡献较大的优势动力因素排序为存货周转率>应收账款周转率>流动比率>总资产报酬率，在橡胶和塑料制品业的发展过程中，存货周转率、应收账款周转率排名靠前，说明存货和应收账款周转速度较快，现金回收较快。流动比率排名靠前，表明流动资产有较强的偿还流动负债能力。总资产报酬率排名靠前，说明总资产带来的收益较多。

上述综合表明营运能力对橡胶和塑料制品业发展的贡献较大。

②由模型计算可知，对橡胶和塑料制品业发展的贡献较小的一般动力因素排序为毛利率>速动比率>净资产收益率>流动资金周转率，说明上述指标对橡胶和塑料制品业发展的贡献较小。流动资金周转率排名靠后，说明流动资金周转速度较慢，对行业发展的贡献较小。净资产收益率、毛利率排名靠后，说明净资产带来的收益较小，商品经过生产转换内部系统以后增值较少，生产拉动系统不完善。速动比率排名靠后，说明流动资产偿还流动负债的能力较弱。

上述综合表明盈利能力对橡胶和塑料制品业的贡献较小。

③从分析结论看，一般动力因素多为盈利能力指标，橡胶和塑料制品业应加强看板管理和JIT管理，关注主营业务的发展。橡胶和塑料制品业行业优势分析关联序如图3-31所示。

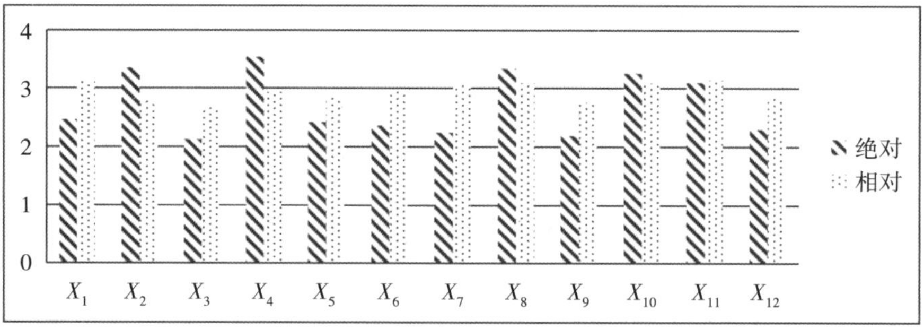

图3-31 橡胶和塑料制品业行业优势分析关联序

25.非金属矿物制品业战略重点及突破口选择

(1)依据中国制造业高质量发展战略重点选择方法与模型，计算非金属矿物制品业行业创新驱动高质量发展相对关联度矩阵，结果如下。

$$A=\begin{bmatrix} 0.603 & 0.636 & 0.671 & 0.581 & 0.703 & 0.650 & 0.777 & 0.548 & 0.653 \\ 0.920 & 0.819 & 0.754 & 0.966 & 0.714 & 0.788 & 0.657 & 0.775 & 0.784 \\ 0.668 & 0.628 & 0.602 & 0.715 & 0.586 & 0.616 & 0.593 & 0.865 & 0.614 \\ 0.602 & 0.578 & 0.562 & 0.630 & 0.552 & 0.570 & 0.538 & 0.721 & 0.569 \end{bmatrix}$$

$$B=\begin{bmatrix} 0.701 & 0.530 & 0.867 \\ 0.716 & 0.675 & 0.618 \\ 0.587 & 0.936 & 0.547 \\ 0.553 & 0.848 & 0.529 \end{bmatrix} \qquad R_{相对}=[A \quad B]$$

$$\sum_{i=1}^{4} r_{11}=2.989>\sum_{i=1}^{4} r_8= 2.908>\sum_{i=1}^{4} r_4= 2.892>\sum_{i=1}^{4} r_1= 2.794>$$

$$\sum_{i=1}^{4} r_2=2.660 >\sum_{i=1}^{4} r_6=2.625 >\sum_{i=1}^{4} r_9=2.619>\sum_{i=1}^{4} r_3= 2.588>$$

$$\sum_{i=1}^{4} r_7 = 2.564 > \sum_{i=1}^{4} r_{12} = 2.561 > \sum_{i=1}^{4} r_{10} = 2.556 > \sum_{i=1}^{4} r_5 = 2.555$$

所以 $\{X_{11} > X_8 > X_4 > X_1\}$；$\{X_2 > X_6 > X_9 > X_3\}$；$\{X_7 > X_{12} > X_{10} > X_5\}$。

①在此阶段，对非金属矿物制品业发展的贡献较大的优势动力因素排序为销售利润率>流动比率>存货周转率>总资金周转率，在非金属矿物制品业的发展过程中，销售利润率排在首位，说明非金属矿物制品业的发展在较大程度上依赖销售带来的利润。流动比率排名靠前，说明流动资产有较强的偿还流动负债能力。存货周转率和总资金周转率排名靠前，说明存货和总资金的周转速度较快，对行业发展的贡献较大。

上述综合表明营运能力对非金属矿物制品业发展的贡献较大，应重点发展营运能力。

②由模型计算可知，对非金属矿物制品业发展的贡献较小的一般动力因素排序为速动比率>毛利率>总资产报酬率>资产负债率，说明上述指标对非金属矿物制品业发展的贡献较小。资产负债率、速动比率排名靠后，说明负债占资产的比例较大，速冻资产偿还流动负债的能力较弱，对行业发展产生了较小贡献。总资产报酬率、毛利率排名靠后，说明总资产带来的收益较小，商品经过生产转换内部系统以后增值较少，生产拉动系统不完善，对行业发展的贡献较小。

上述综合表明偿债能力和盈利能力对行业发展贡献较小。

③从分析结论看，一般动力因素多为偿债能力和盈利能力指标，非金属矿物制品业应完善均衡生产和协调联运，控制好生产经营的各个环节；加强看板管理和JIT管理，关注主营业务的发展。

(2)依据中国制造业高质量发展战略重点选择方法与模型，计算非金属矿物制品业行业创新驱动高质量发展绝对关联度矩阵，结果如下。

$$A=\begin{bmatrix} 0.597 & 0.848 & 0.606 & 0.780 & 0.577 & 0.855 & 0.628 & 0.677 & 0.570 \\ 0.555 & 0.699 & 0.560 & 0.991 & 0.634 & 0.702 & 0.721 & 0.811 & 0.623 \\ 0.525 & 0.588 & 0.527 & 0.726 & 0.802 & 0.590 & 0.997 & 0.858 & 0.776 \\ 0.737 & 0.794 & 0.758 & 0.618 & 0.531 & 0.789 & 0.552 & 0.573 & 0.529 \end{bmatrix}$$

$$B=\begin{bmatrix} 0.815 & 0.710 & 0.707 \\ 0.680 & 0.869 & 0.618 \\ 0.580 & 0.802 & 0.553 \\ 0.825 & 0.586 & 0.994 \end{bmatrix} \qquad R_{绝对}=[A \quad B]$$

$$\sum_{i=1}^{4} r_4 = 3.116 > \sum_{i=1}^{4} r_{11} = 2.967 > \sum_{i=1}^{4} r_5 = 2.936 > \sum_{i=1}^{4} r_2 = 2.929 >$$

$$\sum_{i=1}^{4} r_8 = 2.918 > \sum_{i=1}^{4} r_7 = 2.901 > \sum_{i=1}^{4} r_{10} = 2.900 > \sum_{i=1}^{4} r_{12} = 2.872 > \sum_{i=1}^{4} r_5 = 2.545 >$$

$$\sum_{i=1}^{4} r_9=2.498 > \sum_{i=1}^{4} r_3= 2.451 > \sum_{i=1}^{4} r_1=2.413$$

所以$\{X_4>X_{11}>X_5>X_2\}$;$\{X_8>X_7>X_{10}>X_{12}\}$;$\{X_5>X_9>X_3>X_1\}$。

①在此阶段,对非金属矿物制品业发展的贡献较大的优势动力因素排序为存货周转率>销售利润率>资产负债率>应收账款周转率,在非金属矿物制品业的发展过程中,存货周转率、应收账款周转率排名靠前,说明存货和应收账款周转速度较快,现金回收速度较快。销售利润率排名靠前,说明销售带来的利润较大。资产负债率排名靠前,说明负债占资产的比例较大,偿债能力较强。

上述综合表明营运能力对非金属矿物制品业的发展产生了较大贡献。

②由模型计算可知,对非金属矿物制品业发展的贡献较小的一般动力因素排序为资产负债率>净资产收益率>流动资金周转率>总资金周转率,说明上述指标对非金属矿物制品业发展的贡献较小。总资金周转率、流动资金周转率的贡献度较低,说明总资金和流动资金周转速度较慢,而存货周转率贡献度较高,说明存货以外的资金周转慢,对行业发展的贡献较小,因而主营业务的营运较强。净资产收益率排名靠后,说明净资产带来的收益较小、资产负债率排名靠后,说明负债占资产的比例较小,偿债能力较弱。

上述综合表明非金属矿物制品业的发展受限于盈利能力。

③从分析结论看,一般动力因素主要为营运能力指标,应完善均衡生产和协调联运,加强并行工程管理,提高资金周转率。非金属矿物制品业行业优势分析关联序如图3-32所示。

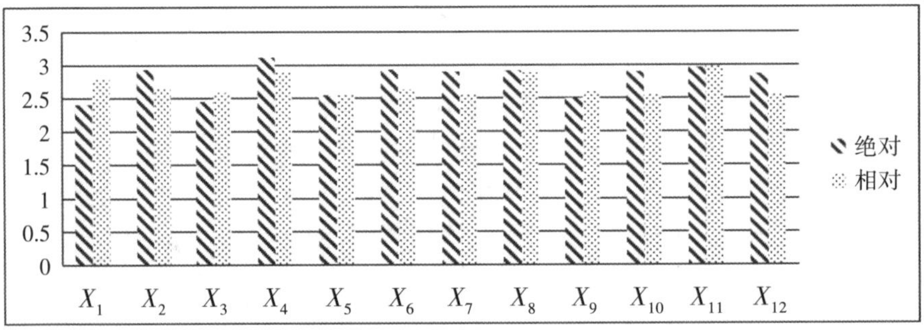

图3-32 非金属矿物制品业行业优势分析关联序

26.金属制品业战略重点及突破口选择

(1)依据中国制造业高质量发展战略重点选择方法与模型,计算金属制品业行业创新驱动高质量发展相对关联度矩阵,结果如下。

$$A=\begin{bmatrix}0.640 & 0.614 & 0.715 & 0.691 & 0.862 & 0.547 & 0.635 & 0.545 & 0.684\\0.527 & 0.561 & 0.508 & 0.640 & 0.614 & 0.715 & 0.691 & 0.862 & 0.547\\0.718 & 0.768 & 0.642 & 0.660 & 0.584 & 0.887 & 0.727 & 0.871 & 0.666\\0.529 & 0.536 & 0.519 & 0.521 & 0.511 & 0.587 & 0.530 & 0.591 & 0.522\end{bmatrix}$$

$$B=\begin{bmatrix}0.526 & 0.546 & 0.676\\0.635 & 0.545 & 0.684\\0.716 & 0.880 & 0.673\\0.656 & 0.589 & 0.523\end{bmatrix}\qquad R_{相对}=[A\quad B]$$

$$\sum_{i=1}^{4}r_8=2.868>\sum_{i=1}^{4}r_6=2.737>\sum_{i=1}^{4}r_7=2.583>\sum_{i=1}^{4}r_5=2.571>\sum_{i=1}^{4}r_{11}=2.560>$$

$$\sum_{i=1}^{4}r_{12}=2.557>\sum_{i=1}^{4}r_{10}=2.532>\sum_{i=1}^{4}r_4=2.512>\sum_{i=1}^{4}r_2=2.479>$$

$$\sum_{i=1}^{4}r_9=2.419>\sum_{i=1}^{4}r_1=2.414>\sum_{i=1}^{4}r_3=2.384$$

所以$\{X_8>X_6>X_7>X_5\}$;$\{X_{11}>X_{12}>X_{10}>X_4\}$;$\{X_2>X_9>X_1>X_3\}$。

①在此阶段,对金属制品业发展的贡献较大的优势动力因素排序为流动比率>已获利息倍数>速动比率>资产负债率,在金属制品业的发展过程中,流动比率、已获利息倍数、速动比率、资产负债率排名靠前,说明偿债能力将对行业发展产生较大贡献,应重点发展偿债能力。

②由模型计算可知,对金属制品业发展的贡献较小的一般动力因素排序为应收账款周转率>净资产收益率>总资金周转率>流动资金周转率,说明上述指标对金属制品业发展的贡献较小。流动资金周转率、总资金周转率、应收账款周转率的贡献度较低,说明流动资产、总资金和应收账款周转速度较慢,营运能力较弱,对行业发展产生的贡献较小。净资产收益率排名靠后,说明净资产带来的收益较小。

上述综合表明金属制品业的发展将受限于营运能力。

③从分析结论看,一般动力因素多为营运能力指标,金属制品业应完善均衡生产和协调联运,加强并行工程管理,提高资金周转率。

(2)依据中国制造业高质量发展战略重点选择方法与模型,计算金属制品业行业创新驱动高质量发展绝对关联度矩阵,结果如下。

$$A=\begin{bmatrix}0.586 & 0.973 & 0.595 & 0.781 & 0.763 & 0.980 & 0.548 & 0.862 & 0.821\\0.651 & 0.841 & 0.967 & 0.586 & 0.973 & 0.595 & 0.781 & 0.763 & 0.980\\0.558 & 0.860 & 0.565 & 0.692 & 0.885 & 0.856 & 0.570 & 0.971 & 0.719\\0.580 & 0.993 & 0.589 & 0.762 & 0.781 & 0.987 & 0.551 & 0.888 & 0.800\end{bmatrix}$$

$$B=\begin{bmatrix}0.836 & 0.639 & 0.569\\0.548 & 0.862 & 0.821\\0.992 & 0.703 & 0.547\\0.859 & 0.649 & 0.564\end{bmatrix}\qquad R_{绝对}=[A\quad B]$$

$$\sum_{i=1}^{4} r_2=3.668>\sum_{i=1}^{4} r_8=3.483>\sum_{i=1}^{4} r_6=3.417>\sum_{i=1}^{4} r_5=3.401>\sum_{i=1}^{4} r_9=3.320>$$

$$\sum_{i=4}^{4} r_{10}=3.235>\sum_{i=1}^{4} r_{11}=2.835>\sum_{i=1}^{4} r_4=2.821>\sum_{i=1}^{4} r_3=2.716>$$

$$\sum_{i=1}^{4} r_{12}=2.502>\sum_{i=1}^{4} r_7=2.449>\sum_{i=1}^{4} r_1=2.375$$

所以$\{X_2>X_8>X_6>X_5\}$;$\{X_9>X_{10}>X_{11}>X_4\}$;$\{X_3>X_{12}>X_7>X_1\}$。

①在此阶段,对金属制品业发展的贡献较大的优势动力因素排序为应收账款周转率>流动比率>已获利息倍数>资产负债率,在金属制品业的发展过程中,应收账款周转率排在首位,说明应收账款周转速度较快,现金回收能力较强,对行业发展产生较多贡献。流动比率、已获利息倍数、资产负债率排名靠前,说明偿债能力较强,对行业发展贡献较大。

上述综合表明偿债能力对金属制品业发展的贡献较大。

②由模型计算可知,对金属制品业发展的贡献较小的一般动力因素排序为流动资金周转率>毛利率>速动比率>总资金周转率。说明上述指标的贡献度较低。总资金周转率、流动资金周转率排名靠后,说明总资产和流动资产的周转速度较慢,对行业发展的贡献较小。速动比率排名靠后,说明速动资产偿还流动负债的能力较弱。毛利率排名靠后,说明商品进入生产转换内部系统后增值较小,生产拉动系统不完善。

上述综合表明金属制品业的发展受限于营运能力。

③从分析结论看,一般动力因素多为营运能力指标,应完善均衡生产和协调联运,加强并行工程管理,提高资金周转速度。金属制品业行业优势分析关联序如图3-33所示。

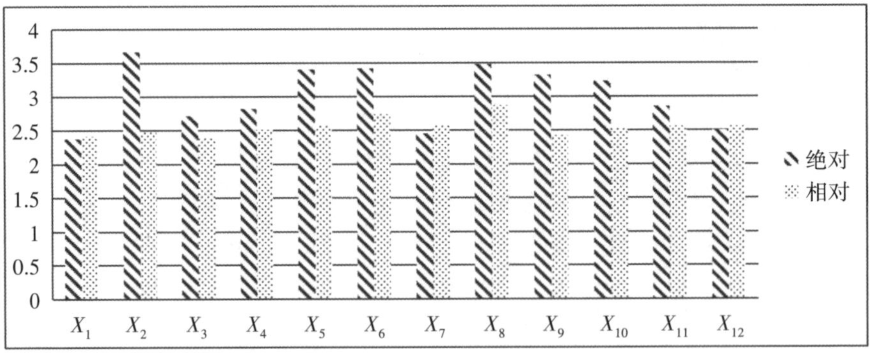

图3-33　金属制品业行业优势分析关联序

27.文教、工美、体育和娱乐用品制造业战略重点及突破口选择

（1）依据中国制造业高质量发展战略重点选择方法与模型，计算文教、工美、体育和娱乐用品制造业行业创新驱动高质量发展相对关联度矩阵，结果如下。

$$A=\begin{bmatrix} 0.579 & 0.543 & 0.609 & 0.583 & 0.683 & 0.548 & 0.963 & 0.541 & 0.767 \\ 0.770 & 0.999 & 0.695 & 0.758 & 0.617 & 0.944 & 0.546 & 0.977 & 0.580 \\ 0.842 & 0.596 & 0.747 & 0.827 & 0.648 & 0.945 & 0.558 & 0.877 & 0.601 \\ 0.550 & 0.592 & 0.536 & 0.547 & 0.521 & 0.582 & 0.509 & 0.596 & 0.515 \end{bmatrix}$$

$$B=\begin{bmatrix} 0.954 & 0.676 & 0.691 \\ 0.539 & 0.621 & 0.612 \\ 0.549 & 0.654 & 0.642 \\ 0.507 & 0.522 & 0.521 \end{bmatrix} \qquad R_{相对}=[A \quad B]$$

$$\sum_{i=1}^{4} r_6=3.018>\sum_{i=1}^{4} r_8=2.991>\sum_{i=1}^{4} r_1=2.740>\sum_{i=1}^{4} r_2=2.729>$$

$$\sum_{i=1}^{4} r_4=2.715>\sum_{i=1}^{4} r_3=2.588>\sum_{i=1}^{4} r_7=2.576>\sum_{i=1}^{4} r_{10}=2.549>$$

$$\sum_{i=1}^{4} r_{11}=2.473>\sum_{i=1}^{4} r_5=2.469>\sum_{i=1}^{4} r_{12}=2.465>\sum_{i=1}^{4} r_9=2.463$$

所以$\{X_6>X_8>X_1>X_2\}$;$\{X_4>X_3>X_7>X_{10}\}$;$\{X_{11}>X_5>X_{12}>X_9\}$。

①在此阶段，对文教、工美、体育和娱乐用品制造业发展的贡献较大的优势动力因素排序为已获利息倍数>流动比率>总资金周转率>应收账款周转率，在文教、工美、体育和娱乐用品制造业的发展过程中，已获利息倍数、流动比率排名靠前，说明获利对债务利息的保证程度较强、流动资产偿还流动负债的能力较强，将对行业发展产生较大贡献。总资金周转率、应收账款周转率排名靠前，说明总资产和应收账款周转速度较快，现金回收速度较快，也将对行业发展产生较大贡献。

上述综合表明偿债能力将对文教、工美、体育和娱乐用品制造业的发展有较大贡献。

②由模型计算可知，对文教、工美、体育和娱乐用品制造业发展的贡献较小的一般动力因素排序为销售利润率>资产负债率>毛利率>净资产收益率，说明上述指标的贡献度较低。净资产收益率、毛利率、销售利润率排名靠后，说明盈利能力较弱，对行业发展产生的贡献较小。资产负债率排名靠后，说明负债占资产的比例较大，偿债能力较弱，对行业发展产生的贡献较小。

上述综合表明文教、工美、体育和娱乐用品制造业的发展将受限于盈利能力。

③从分析结论看，一般动力因素多为盈利能力指标，文教、工美、体育和娱乐用品制造业应加强看板管理和JIT管理，重点关注主营业务的发展。

(2)依据中国制造业高质量发展战略重点选择方法与模型，计算文教、工美、体育和娱乐用品制造业行业创新驱动高质量发展绝对关联度矩阵，结果如下。

$$A=\begin{bmatrix}0.611 & 0.710 & 0.633 & 0.858 & 0.575 & 0.907 & 0.983 & 0.805 & 0.615\\0.676 & 0.632 & 0.711 & 0.938 & 0.547 & 0.886 & 0.803 & 0.691 & 0.683\\0.585 & 0.776 & 0.601 & 0.774 & 0.598 & 0.811 & 0.895 & 0.899 & 0.588\\0.605 & 0.723 & 0.626 & 0.839 & 0.579 & 0.885 & 0.990 & 0.822 & 0.609\end{bmatrix}$$

$$B=\begin{bmatrix}0.529 & 0.828 & 0.575\\0.546 & 0.071 & 0.620\\0.522 & 0.929 & 0.557\\0.527 & 0.846 & 0.571\end{bmatrix} \qquad R_{绝对}=[A \quad B]$$

$$\sum_{i=1}^{4} r_7=3.671>\sum_{i=1}^{4} r_6=3.489>\sum_{i=1}^{4} r_4=3.409>\sum_{i=1}^{4} r_8=3.217>$$

$$\sum_{i=1}^{4} r_2=2.841>\sum_{i=1}^{4} r_{11}=2.673>\sum_{i=1}^{4} r_3=2.571>\sum_{i=1}^{4} r_9=2.495>$$

$$\sum_{i=1}^{4} r_1=2.476>\sum_{i=1}^{4} r_5=2.298>\sum_{i=1}^{4} r_{12}=2.323>\sum_{i=1}^{4} r_{10}=2.214$$

所以$\{X_7>X_6>X_4>X_8\}$;$\{X_2>X_{11}>X_3>X_9\}$;$\{X_1>X_5>X_{12}>X_{10}\}$。

①在此阶段，对于文教、工美、体育和娱乐用品制造业发展的贡献较大的优势动力因素的排序为速动比率>已获利息倍数>存货周转率>流动比率，在文教、工美、体育和娱乐用品制造业的发展过程中，速动比率、已获利息倍数、流动比率的贡献度较高，表明该行业有较强的偿债能力。存货周转率排名靠前，说明存货周转速度较快。

上述综合表明偿债能力对文教、工美、体育和娱乐用品制造业发展的贡献较大。

②由模型计算可知，对文教、工美、体育和娱乐用品制造业发展的贡献较小的一般动力因素排序为总资金周转率>资产负债率>毛利率>总资产报酬率，说明上述指标的贡献度较低。总资产报酬率、毛利率排名靠后，说明总资产带来的收益较少，商品经过生产转换内部系统以后增值较少，生产拉动系统不完善。资产负债率排名靠后，说明负债占资产的比例较小，偿债能力较弱。总资金周转率排名靠后，说明总资金周转速度较慢。

上述综合表明文教、工美、体育和娱乐用品制造业的发展受限于盈利能力。

③从分析结论看，一般动力因素多为盈利能力指标，文教、工美、体育和娱乐用品制造业应加强看板管理和JIT管理，重点关注主营业务的发展。文教、工美、体育和娱乐用品制造业行业优势分析关联序如图3-34所示。

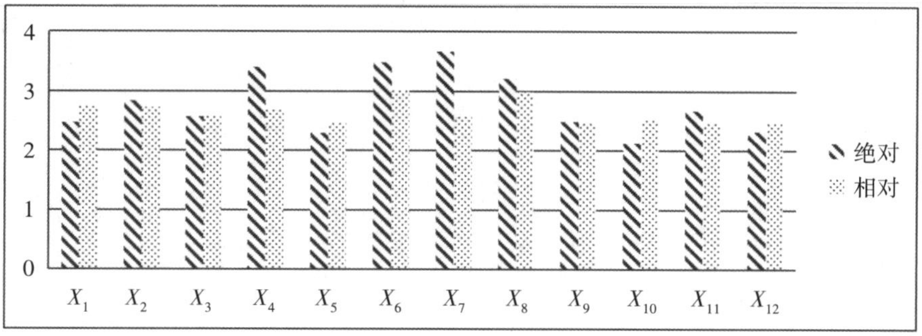

图3-34　文教、工美、体育和娱乐用品制造业行业优势分析关联序

四、中国制造业细分行业高质量发展突破口选择

（一）制造业整体分析

1.指标频度描述统计与分析

表3-7根据指标出现频次，展现了指标对制造业整体发展的贡献大小（绝对关联度）和快慢（相对关联度）。制造业整体绝对关联度指标如图3-35所示，制造业整体相对关联度指标如图3-36所示。

表3-7　制造业整体指标排名

关联度	排名前三位	排名后三位
绝对关联度	销售利润率、流动比率、已获利息倍数	总资金周转率、毛利率、速动比率、流动资金周转率
相对关联度	已获利息倍数、销售利润率、总资产报酬率	资产负债率、速动比率、总资金周转率

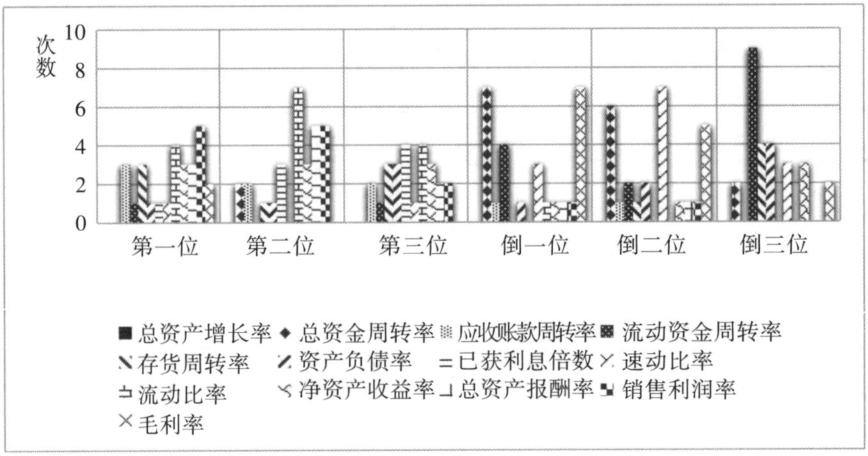

图3-35　制造业整体绝对关联度指标

从绝对关联度看，销售利润率、流动比率和已获利息倍数排在前三，说明这三个指标对制造业行业的贡献较大。销售利润率排名第一，说明每一元销售带来的利润对行业贡献很大，制造业要特别注重提高销售能力。已获利息倍数排名第三，说明制造业的获利可以较大程度上保障债务利息，应重点发展盈利能力和偿债能力。流动比率排名第二，对行业发展的贡献相对较大。综合表明每一元销售的获利能力和偿债能力对制造业发展的贡献较大。

从绝对关联度看，排名在后四位的有总资金周转率、毛利率、速动比率、流动资金周转率，说明这四个指标对制造业发展的贡献较小。总资金

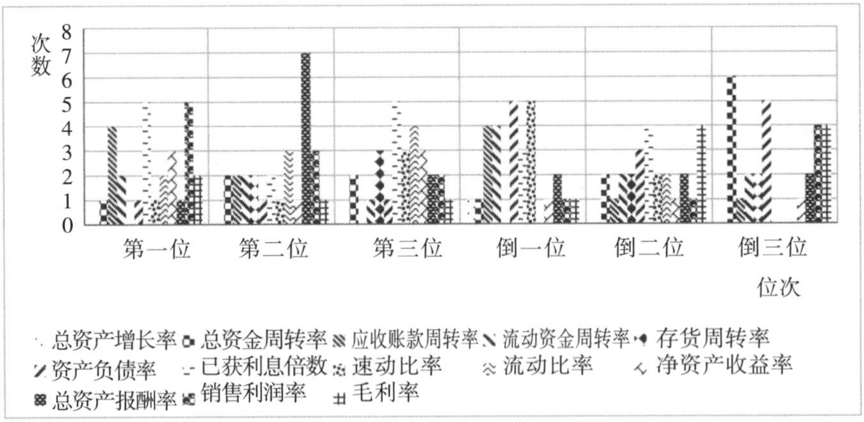

注：横轴代表制造业整体关联度指标的位次，1、2、3、4、5、6分别代表第一位、第二位、第三位、倒一位、倒二位、倒三位。

图3-36　制造业整体相对关联度指标

周转率和毛利率排名靠后，说明总资金周转速度较慢，而且商品经过生产转换内部系统以后增值较少。这在很大程度上表明主营业务销售不畅，生产拉动系统不完善。速动比率排名倒二，说明该行业速动资产偿还流动负债的能力较弱。流动资金周转率排名倒三，说明流动资金周转速度较慢，对行业贡献较小。上述综合表明制造业主营业务销售能力不足，可立即变现的资产较少，对行业发展的贡献较小。

从相对关联度看，已获利息倍数、销售利润率、总资产报酬率排名前三，说明这三个指标对制造业发展的贡献较大。已获利息倍数不仅排名第一，而且在前三个排名中出现次数最多，充分说明制造业的获利将快速偿还债务利息，促进行业发展。销售利润率也排名第一，说明每一元销售带来的利润可以较快地促进制造业发展。总资产报酬率排名第三，说明总资产带来的收益可以较快地促进制造业发展。综合表明制造业总资产带来的收益可以较快促进行业发展。

从相对关联度看，排名在后三位的有资产负债率、速动比率和总资金周转率，说明这三个指标对制造业发展的贡献较小。资产负债率和速动比率排名并列倒一，说明偿债能力减缓了制造业的发展。总资金周转率排名较后，说明总资金周转较慢，对行业发展未作出较大贡献。综合表明制造业偿债能力减缓了行业发展速度。

2.指标所作贡献的描述统计与分析

表3-8是指标所作贡献得分的排名，展现了指标对制造业整体发展的贡献大小（绝对关联度）和快慢（相对关联度）。制造业整体关联度指标如图3-37所示。

表3-8　制造业整体指标排名（指标贡献）

关联度	排名前三位	排名后三位
绝对关联度	流动比率、销售利润率、总资产报酬率	总资金周转率、毛利率、流动资金周转率
相对关联度	已获利息倍数、销售利润率、总资产报酬率	资产负债率、速动比率、流动资金周转率

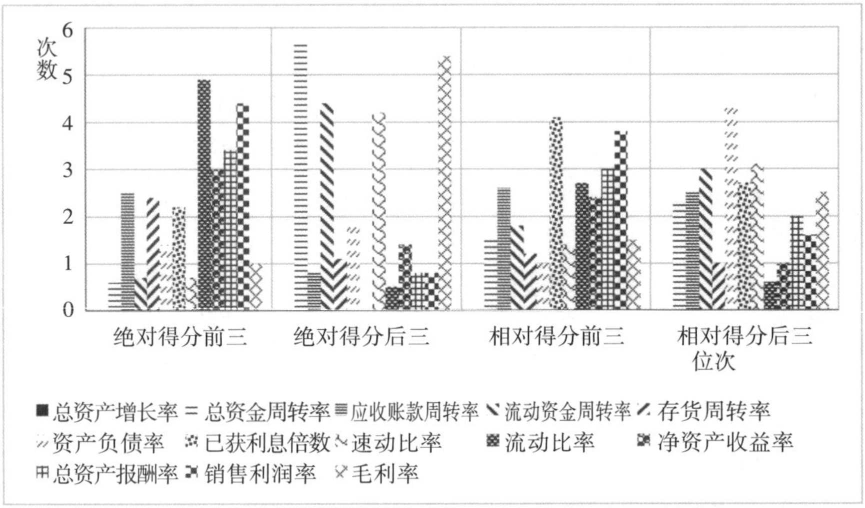

注：横轴代表制造业整体关联度指标的位次，1、2、3、4分别代表绝对关联度得分前三位、绝对关联度得分后三位、相对关联度得分前三位、相对关联度得分后三位的指标。

图3-37　制造业整体关联度指标

将各指标所作贡献的排名赋予权重，排在第一位的赋权0.5，第二位赋权0.3，第三位赋权0.2，与各指标在各排位出现的次数对应相乘，将得出的结果进行排名，可得出每个指标的排位在前三和后三的重要程度。

从绝对关联度看，排名前三的指标有流动比率、销售利润率和总资产报酬率，综合说明流动资产偿还流动负债的能力、总资产的盈利能力对制造业发展的贡献较大。排名后三位的指标有总资金周转率、毛利率和流动资金周转率，说明制造业总资金和流动资金周转较慢，商品经过生产转换内部系统以后增值较少，主营业务销售能力不足，生产拉动系统不完善，上述综合表明主营业务销售和生产能力不足且对制造业贡献较小。

从相对关联度看，排名前三的指标有已获利息倍数、销售利润率和总资产报酬率，综合说明销售和总资产带来的盈利对流动负债的偿还能力对制造业发展的贡献较大。排名后三位的指标有资产负债率、速动比率和流动资金周转率，说明制造业负债占资产的比例较大，速动资产变现能力较弱，流动资金周转较慢，表明资不抵债现象和流动资金周转较慢对制造业发展的贡献较小。

（二）技术密集型制造业分析

1.指标频度描述统计与分析

表3-9列出次数多的指标，展现了指标对技术密集型制造业发展的贡献

大小(绝对关联度)和快慢(相对关联度)。技术密集型制造业绝对关联度指标如图3-38所示，技术密集型制造业相对关联度指标如图3-39所示。

表3-9 技术密集型制造业指标

关联度	排名前三位	排名后三位
绝对关联度	销售利润率、资产负债率、速动比率、流动比率、净资产收益率	毛利率、总资金周转率、流动资金周转率
相对关联度	已获利息倍数、应收账款周转率、存货周转率、总资产报酬率、销售利润率、流动比率、净资产收益率	速动比率、流动资金周转率、资产负债率、总资金周转率

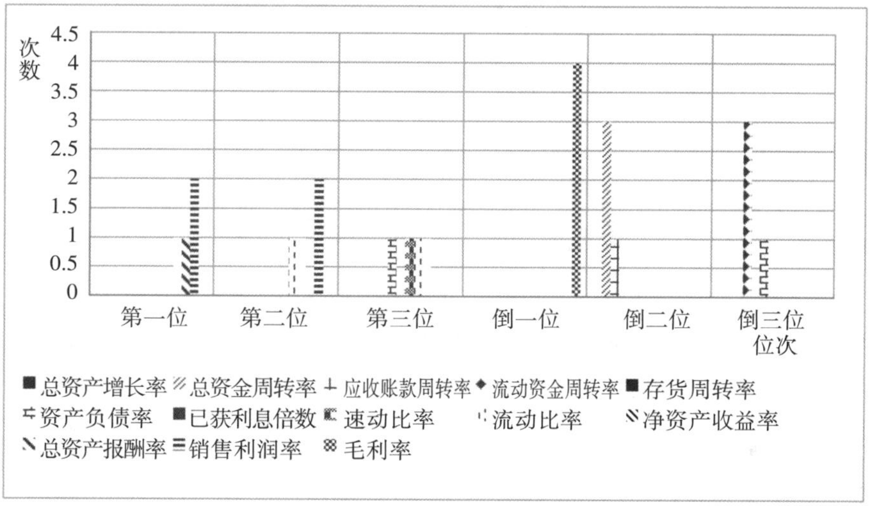

注：横轴代表制造业整体关联度指标的位次，1、2、3、4、5、6分别代表第一位、第二位、第三位、倒一位、倒二位、倒三位。

图3-38 技术密集型制造业绝对关联度指标

从绝对关联度看，销售利润率、资产负债率、速动比率、流动比率、净资产收益率排在前三，说明这五个指标对技术密集型制造业所作的贡献较大。销售利润率排名第一和第二，说明每一元销售带来的利润对行业贡献很大，技术密集型制造业要特别注重对销售能力的发展。资产负债率、速动比率、流动比率、净资产收益率排名第三，说明偿债能力和净资产带来的收益较大，应重点发展盈利能力和偿债能力。综合表明盈利能力和偿债能力对技术密集型制造业发展的贡献较大。

从绝对关联度看，排名在后三位的有毛利率、总资金周转率和流动资金周转率，说明这三个指标对技术密集型制造业发展所作的贡献较小。毛利率排名倒一位，说明商品经过生产转换内部系统以后增值较少，生产拉动系统不完善，对行业贡献较小。总资金周转率排名倒二位，说明总资金周转速度较慢。流动资金周转率排名倒三位，说明流动资金周转速度较慢。综合表明技术密集型制造业主营业务销售能力不足，生产拉动系统不完善，对行业发展的贡献较小。

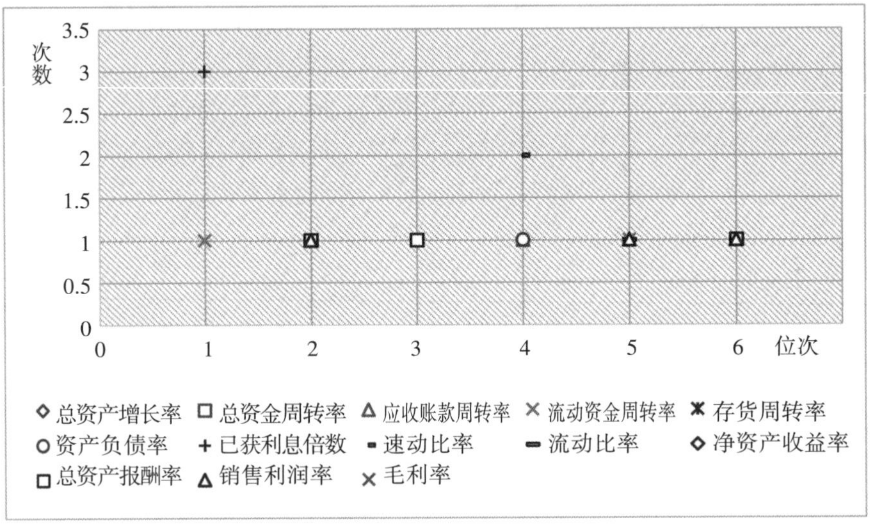

注：横轴代表技术密集型制造业关联度指标的位次，1、2、3、4、5、6分别代表第一位、第二位、第三位、倒一位、倒二位、倒三位。

图3-39　技术密集型制造业相对关联度指标

从相对关联度看，已获利息倍数、应收账款周转率、存货周转率、总资产报酬率、销售利润率、流动比率、净资产收益率排名前三，说明这七个指标对技术密集型制造业发展将作出较大贡献。已获利息倍数排名第一，说明技术密集型制造业的获利将快速偿还债务利息，促进行业发展。应收账款周转率、存货周转率排名较前，说明营运能力较强，可以较快地促进技术密集型制造业发展。总资产报酬率、销售利润率、净资产收益率排名较前，说明总资产和净资产带来的收益可以较快地促进技术密集型制造业发展。流动比率也排名较前，说明流动资产偿还流动负债的能力较强，可以较快地促进技术密集型制造业的发展。综合表明技术密集型制造业的营运能力、偿债能力和盈利能力可以较快地促进行业发展。

从相对关联度看，排名在后三位的有速动比率、流动资金周转率、资产负债率、总资金周转率，说明这四个指标对技术密集型制造业发展所作的贡献较慢。速动比率、资产负债率排名较后，说明偿债能力将减缓制造业的发展。流动资金周转率、总资金周转率排名较后，说明流动资产和总资金周转速度慢，减缓了制造业的发展。综合说明技术密集型制造业的偿债能力减缓了行业发展速度。

2.指标所作贡献的描述统计与分析

表3-10根据指标所作贡献的得分，展现了指标对技术密集型制造业发展的贡献大小（绝对关联度）和快慢（相对关联度）。技术密集型制造业关联度指标如图3-40所示。

表3-10 技术密集型制造业指标

关联度	排名前三位	排名后三位
绝对关联度	销售利润率、净资产收益率、流动比率和总资产报酬率	毛利率、总资金周转率和流动资金周转率
相对关联度	已获利息倍数、流动资金周转率和总资产报酬率	速动比率、资产负债率、应收账款周转率、销售利润率

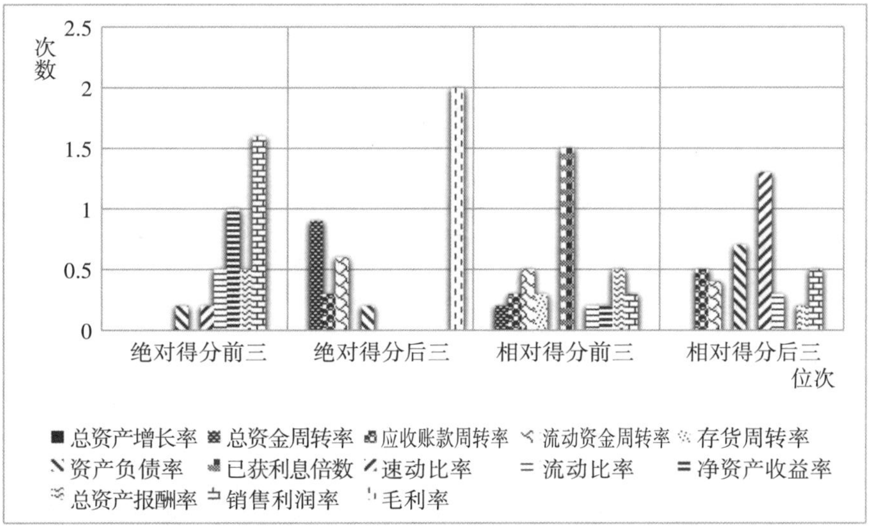

注：横轴代表技术密集型制造业关联度指标的位次，1、2、3、4分别代表绝对关联度得分前三位、绝对关联度得分后三位、相对关联度得分前三位、相对关联度得分后三位的指标。

图3-40 技术密集型制造业关联度指标

从绝对关联度看，排名前三的指标有销售利润率、净资产收益率、流动比率和总资产报酬率，综合说明总资产的盈利能力、流动资金偿还流动负债的能力对技术密集型制造业发展的贡献较大。排名后三位的指标有毛利率、总资金周转率和流动资金周转率，说明技术密集型制造业商品经过生产转换内部系统以后增值较少，主营业务销售能力不足，生产拉动系统不完善，总资产和流动资金周转较慢，综合表明主营业务销售和生产能力不足且技术密集型制造业贡献较小。

从相对关联度看，排名前三的指标有已获利息倍数、流动资金周转率和总资产报酬率，综合说明总资产带来的盈利和流动资金周转速度对技术密集型制造业发展的贡献较快。排名后三位的指标有速动比率、资产负债率、应收账款周转率、销售利润率，说明技术密集型制造业偿债能力较弱，其综合表明资不抵债的现象和现金回收较慢阻碍制造业的发展。

（三）资本密集型制造业分析

1.指标频度描述统计与分析

表3-11根据指标出现频次，展现了指标对资本密集型制造业发展的贡献大小（绝对关联度）和快慢（相对关联度）。资本密集型制造业绝对关联度指标如图3-41所示，资本密集型制造业绝对关联度指标如图3-42所示。

表3-11　资本密集型制造业指标

关联度	排名前三位	排名后三位
绝对关联度	流动比率、存货周转率	总资金周转率、毛利率、流动资金周转率
相对关联度	应收账款周转率、净资产收益率、销售利润率、总资产报酬率、已获利息倍数、速动比率	资产负债率、毛利率、总资金周转率

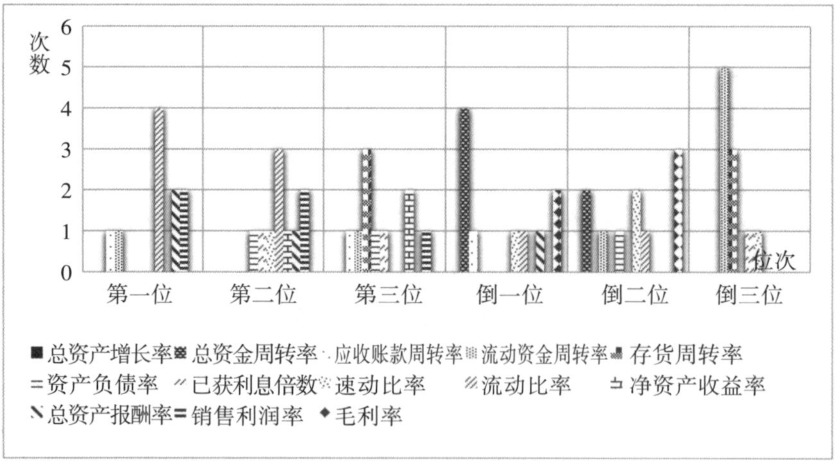

注：横轴代表资本密集型制造业关联度指标的位次，1、2、3、4、5、6分别代表第一位、第二位、第三位、倒一位、倒二位、倒三位。

图3-41　资本密集型制造业绝对关联度指标

从绝对关联度看,流动比率和存货周转率排在前三,说明这两个指标对资本密集型制造业所作贡献较大。流动比率排名前二,说明流动资产偿还流动负债的能力较强,对行业贡献很大,资本密集型制造业要特别注重短期偿债能力的发展。存货周转率排名第三位,说明资本密集型制造业的存货周转速度较快,对行业发展贡献较大。综合表明流动资产的偿债能力和存货的营运能力对资本密集型制造业发展的贡献较大。

从绝对关联度看,排名在后三位的有总资金周转率、毛利率和流动资金周转率,说明它们的贡献较小。总资金周转率排名倒数,说明总资金周转速度较慢,对行业发展贡献较小。毛利率排名倒二,说明商品经过生产转换内部系统以后增值较少,很大程度上表明主营业务销售不畅,生产拉动系统不完善。流动资金周转率排名倒三,说明流动资金周转速度较慢,对行业贡献较小。综合表明资本密集型制造业主营业务销售能力不足,对行业发展的贡献较小。

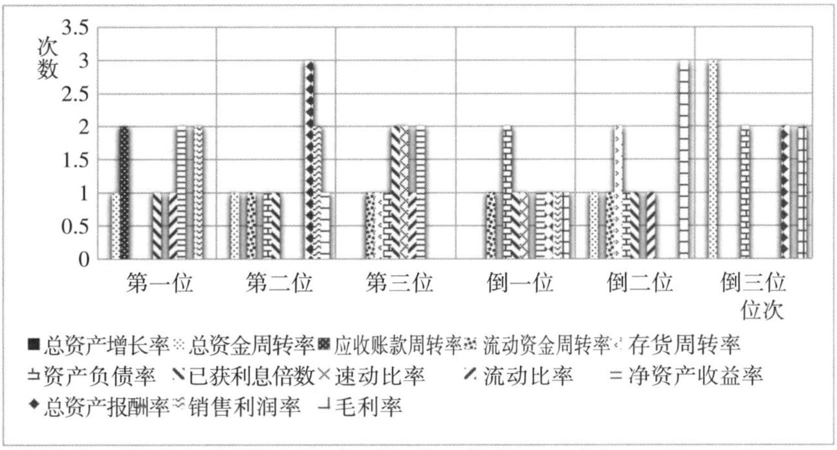

注:横轴代表资本密集型制造业关联度指标的位次,1、2、3、4、5、6分别代表第一位、第二位、第三位、倒一位、倒二位、倒三位。

图3-42 资本密集型制造业相对关联度指标

从相对关联度看,应收账款周转率、净资产收益率、销售利润率、总资产报酬率、已获利息倍数排名前三,说明这四个指标对资本密集型制造业发展作出了较大贡献。应收账款周转率排名较前,说明现金回收快。净资产收益率、销售利润率、总资产报酬率排名较前,说明净资产和总资产的盈利能力较强,可以快速促进行业发展。已获利息倍数排名较前,说明资本密集型制造业的获利将快速偿还债务利息,能促进行业发展。综合表明资本密集型制造业现金回收快,总资产带来的收益可以较快促进行业发展。

从相对关联度看，排名在后三位的有资产负债率、毛利率、总资金周转率，说明这三个指标对制造业发展所作的贡献较少。资产负债率排名倒一位，说明负债占资产的比例较大，减缓了制造业的发展。毛利率排名倒二位，说明商品经过生产转换内部系统以后增值较少，很大程度上表明主营业务销售不畅，生产拉动系统不完善。总资金周转率排名倒三位，说明总资金周转较慢，对行业发展未作出较大贡献。综合表明资本密集型制造业的偿债能力和主营业务的盈利能力减缓了行业发展速度。

2.指标所作贡献的描述统计与分析

根据指标贡献度高低，表3-12展现了指标对资本密集型制造业发展的贡献大小（绝对关联度）和快慢（相对关联度）。资本密集型制造业关联度指标如图3-43所示。

表3-12　资本密集型制造业指标

关联度	排名前三位	排名后三位
绝对关联度	流动比率、销售利润率、总资产报酬率	总资金周转率、毛利率、流动资金周转率、速动比率
相对关联度	销售利润率、净资产收益率、已获利息倍数	毛利率、资产负债率、总资产报酬率

从绝对关联度看，排名前三的指标有流动比率、销售利润率和总资产

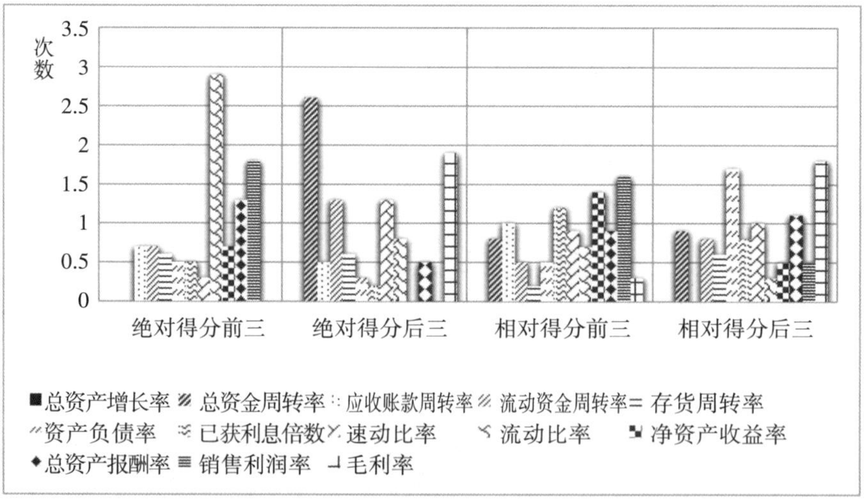

注：横轴代表资本密集型制造业关联度指标的位次，1、2、3、4分别代表绝对关联度得分前三位、绝对关联度得分后三位、相对关联度得分前三位、相对关联度得分后三位的指标。

图3-43　资本密集型制造业关联度指标

报酬率，综合说明流动资产偿还流动负债的能力、总资产的盈利能力对密集型制造业发展的贡献较大。排名后三位的指标有总资金周转率、毛利率、流动资金周转率和速动比率，说明制造业总资金和流动资金周转较慢，商品经过生产转换内部系统以后增值较少，主营业务销售能力不足，生产拉动系统不完善，速动资产偿还流动负债的能力较弱。综合表明主营业务销售和生产能力不足、流动资产中可立即变现的资产较少，对资本密集型制造业贡献较小。

从相对关联度看，排名前三的指标有销售利润率、净资产收益率和已获利息倍数，综合说明销售带来的盈利能力对资本密集型制造业发展的贡献较快。排名后三位的指标有毛利率、资产负债率和总资产报酬率，说明资本密集型制造业的商品经过生产转换内部系统以后增值较少，主营业务销售能力不足，生产拉动系统不完善，负债占资产的比重较大，总资产带来的收益较少，综合表明资不抵债现象和主营业务销售及生产能力较弱对资本密集型制造业的贡献较慢。

（四）劳动密集型制造业分析

1.指标频度描述统计与分析

表3-13　劳动密集型制造业指标

关联度	排名前三位	排名后三位
绝对关联度	应收账款周转率、存货周转率、流动比率、总资产报酬率	流动资金周转率、速动比率、资产负债率
相对关联度	销售利润率、流动比率、已获利息倍数	应收账款周转率、流动资金周转率、净资产收益率、总资产报酬率、毛利率、存货周转率、资产负债率

表3-13根据指标出现频次，展现了指标对劳动密集型制造业发展的贡献大小（绝对关联度）和快慢（相对关联度）。劳动密集型制造业绝对关联度指标如图3-44所示，劳动密集型制造业相对关联度指标如图3-45所示。

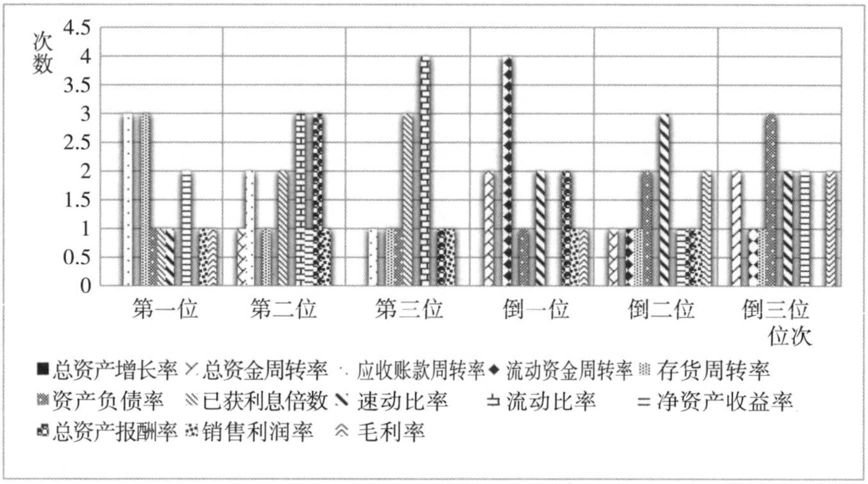

注：横轴代表劳动密集型制造业关联度指标的位次，1、2、3、4、5、6分别代表第一位、第二位、第三位、倒一位、倒二位、倒三位。

图3-44　劳动密集型制造业绝对关联度指标

从绝对关联度看，应收账款周转率、存货周转率、流动比率、总资产报酬率排在前三，说明这四个指标对劳动密集型制造业所作贡献较大。应收账款周转率、存货周转率排名第一，说明应收账款和存货的周转对行业贡献很大，劳动密集型制造业要特别注重营运能力的发展。总资产报酬率排名第二，说明劳动密集型制造业的总资产带来较大收益。流动比率在第二

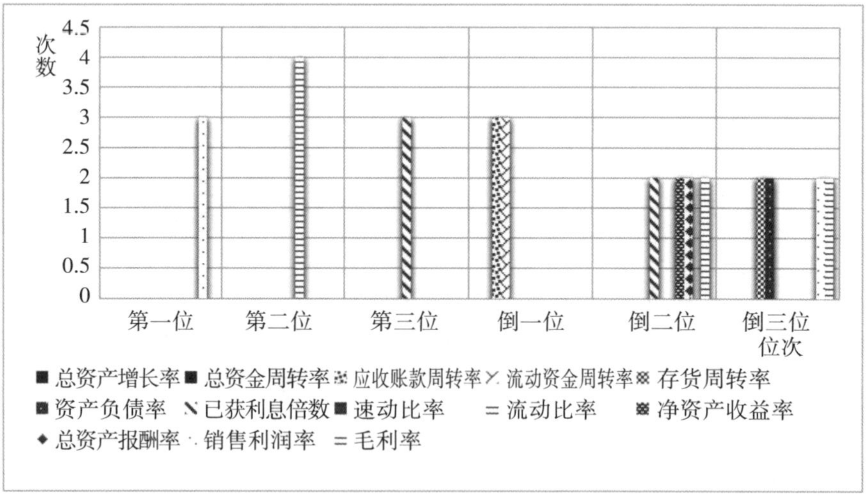

注：横轴代表劳动密集型制造业关联度指标的位次，1、2、3、4、5、6分别代表第一位、第二位、第三位、倒一位、倒二位、倒三位。

图3-45　劳动密集型制造业相对关联度指标

位和第三位出现的次数较多,说明流动资产偿还流动负债的能力较强,对行业发展的贡献度相对较大。综合表明应收账款和存货的周转、流动资产的偿债能力、总资产的盈利能力对劳动密集型制造业发展的贡献较大。

从绝对关联度看,排名在后三位的有流动资金周转率、速动比率和资产负债率,说明这三个指标对劳动密集型制造业发展所作的贡献较小。流动资金周转率排名倒一,说明流动资金周转速度较慢,对行业贡献较小。速动比率排名倒二,说明速动资产偿还流动负债的能力较弱。资产负债率排名倒三,说明负债占资产的比重较大。综合表明劳动密集型制造业流动资金周转较慢,可立即变现的资产较少,偿债能力较弱,对行业发展的贡献较小。

从相对关联度看,销售利润率、流动比率、已获利息倍数排名前三,说明这三个指标对劳动密集型制造业发展将作出较大贡献。销售利润率排名第一,说明每一元销售带来的利润可以较快地促进制造业发展。流动比率排名第二,说明流动资产偿还流动负债的能力较强,可以较快地促进行业发展。已获利息倍数排名第三,说明制造业的获利在较大程度上可以保障债务利息。综合表明劳动密集型制造业的销售盈利较多,流动资产的偿债能力较强,可以较快地促进行业发展。

从相对关联度看,排名在后三位的有应收账款周转率、流动资金周转率、净资产收益率、总资产报酬率、毛利率、存货周转率、资产负债率,说明这七个指标对劳动密集型制造业发展所作的贡献较慢。应收账款周转率、流动资金周转率、存货周转率排名较后,说明营运能力减缓了劳动密集型制造业的发展。资产负债率排名较后,说明长期偿债能力较弱,减缓了劳动密集型制造业的发展。净资产收益率、总资产报酬率、毛利率排名较后,说明盈利能力较弱。综合表明劳动密集型制造业营运能力、长期偿债能力和盈利能力减缓了行业发展速度。

2.指标所作贡献的描述统计与分析

表3-14 劳动密集型制造业指标

关联度	排名前三位	排名后三位
绝对关联度	应收账款周转率、存货周转率、已获利息倍数、流动比率	流动资金周转率、速动比率、总资金周转率、资产负债率
相对关联度	流动比率、销售利润率、总资产报酬率	应收账款周转率、流动资金周转率、资产负债率、已获利息倍数

表3-14根据指标所作贡献的得分，展现了指标对劳动密集型制造业发展的贡献大小（绝对关联度）和快慢（相对关联度）。劳动密集型制造业关联度指标如图3-46所示。

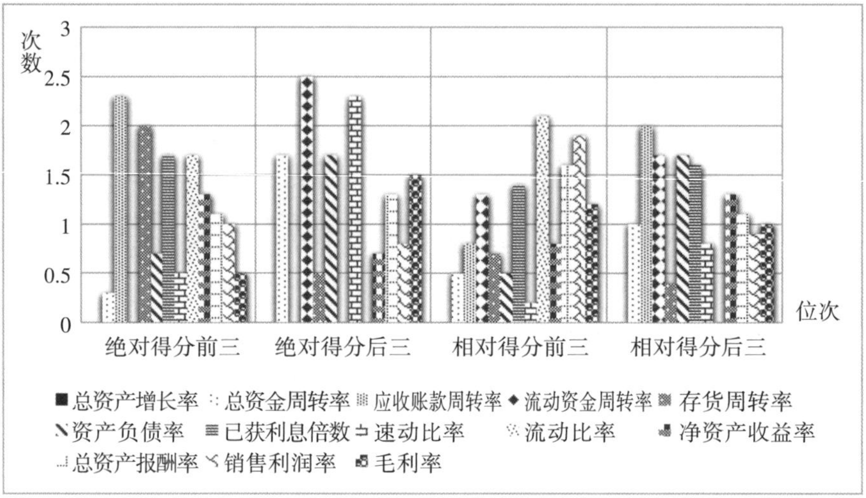

注：横轴代表劳动密集型制造业关联度指标的位次，1、2、3、4分别代表绝对关联度得分前三位、绝对关联度得分后三位、相对关联度得分前三位、相对关联度得分后三位的指标。

图3-46　劳动密集型制造业关联度指标

从绝对关联度看，排名前三的指标有应收账款周转率、存货周转率、已获利息倍数、流动比率，综合说明应收账款和存货周转速度较快，偿债能力较强，对劳动密集型制造业发展的贡献较大。排名后三位的指标有流动资金周转率、速动比率、总资金周转率和资产负债率，说明劳动密集型制造业流动资产和总资金周转较慢、短期偿债能力相对较弱，综合表明流动资金周转较慢、速动资产变现能力较弱对劳动密集型制造业贡献较小。

从相对关联度看，排名前三的指标有流动比率、销售利润率和总资产报酬率，综合说明流动资产对流动负债的偿还能力、总资产的盈利能力对劳动密集型制造业发展的贡献较快。排名后三位的指标有应收账款周转率、流动资金周转率、资产负债率、已获利息倍数，说明劳动密集型制造业应收账款和流动资金周转较慢、长期偿债能力较弱，综合说明现金回收慢、流动资金周转较慢以及长期偿债能力较弱对劳动密集型制造业贡献较少。

(五)中国制造业细分行业高质量发展突破口

1.指标频度描述统计与分析

把制造业整体、技术密集型制造业、资本密集型制造业、劳动密集型制造业称为四大行业,根据前面分析做出表3-15。

表3-15 绝对关联度指标

行业	排名前三位	排名后三位
制造业整体	销售利润率、流动比率、已获利息倍数	总资金周转率、毛利率、速动比率、流动资金周转率
技术密集型制造业	销售利润率、资产负债率、速动比率、流动比率、净资产收益率	毛利率、总资金周转率、流动资金周转率
资本密集型制造业	流动比率、存货周转率	总资金周转率、毛利率、流动资金周转率
劳动密集型制造业	应收账款周转率、存货周转率、流动比率、总资产报酬率	流动资金周转率、速动比率、资产负债率

①基于绝对关联度的结论。由表3-15可知,四大行业都与流动比率的绝对关联度较大,与流动资金周转率的关联度较小,说明制造业的流动资产偿还流动负债的能力较强,流动比率对制造业的贡献较大,但流动资金周转速度较慢,对制造业的贡献度较小。

制造业整体独有的绝对关联度较大的指标为已获利息倍数,说明制造业的发展除了与流动比率有较大关系,还与已获利息倍数有较大关系。制造业整体的获利对债务利息的保障程度较高,对行业发展有独特的促进作用。

技术密集型制造业独有的绝对关联度较大的指标有资产负债率、速动比率、净资产收益率,说明技术密集型制造业发展的独特性在于负债占资产的比例较低、速动资产偿还流动负债的能力较强、净资产带来的收益较大,技术密集型制造业应继续发挥其长处。

劳动密集型制造业独有的绝对关联度较大的指标有应收账款周转率和总资产报酬率,说明应收账款周转速度较快,现金回收较快,总资产带来的收益较大,这些都对行业发展作出了较大贡献。独有的绝对关联度较小的指标为资产负债率,说明劳动密集型制造业的负债占资产的比例较大,对行业发展的贡献较小。

②基于相对关联度的结论。由表3-16可知,四大行业都与已获利息

倍数、销售利润率的相对关联度较大，与资产负债率的相对关联度较小，说明制造业的获利偿还债务利息的保障程度较高，每一元销售带来的利润较高，盈利能力较强，能较快地促进行业发展。但负债占资产的比例较大，对制造业的贡献较小。

表3-16　相对关联度指标

行业	排名前三位	排名后三位
制造业整体	已获利息倍数、销售利润率、总资产报酬率	资产负债率、速动比率、总资金周转率
技术密集型制造业	已获利息倍数、应收账款周转率、存货周转率、总资产报酬率、销售利润率、流动比率、净资产收益率	速动比率、流动资金周转率、资产负债率、总资金周转率
资本密集型制造业	应收账款周转率、净资产收益率、销售利润率、总资产报酬率、已获利息倍数、速动比率	资产负债率、毛利率、总资金周转率
劳动密集型制造业	销售利润率、流动比率、已获利息倍数	应收账款周转率、流动资金周转率、净资产收益率、总资产报酬率、毛利率、存货周转率、资产负债率

技术密集型制造业独有的相对关联度较大的指标有存货周转率，说明技术密集型制造业发展的独特性在于存货周转速度较快，可以较快地促进行业发展，技术密集型制造业应继续发挥其长处。独有的相对关联度较小的指标为速动比率，说明资产变现能力较弱，减缓了行业发展。

资本密集型制造业独有的相对关联度较大的指标有速动比率，说明资本密集型制造业发展的独特性在于资产可立即变现的能力较强，可以较快地促进行业发展，资本密集型制造业应继续发挥其长处。

劳动密集型制造业独有的相对关联度较小的指标为应收账款周转率、净资产收益率、总资产报酬率、存货周转率，说明劳动密集型制造业的应收账款周转较慢，现金回收速度较慢，净资产和总资产带来的收益较少，存货周转速度较慢，生产拉动系统不完善，营运能力较弱，减缓了行业发展。

2.指标所作贡献的描述统计与分析

①基于绝对关联度的结论。由表3-17可知，四大行业与流动比率的绝对关联度较大，与总资金周转率、流动资金周转率关联度小，说明流动比率对制造业的贡献较大，但总资产和流动资金周转速度较慢，对制造业的贡献度较小。

表3-17　绝对关联度指标

行业	排名前三位	排名后三位
制造业整体	流动比率、销售利润率、总资产报酬率	总资金周转率、毛利率、流动资金周转率
技术密集型制造业	销售利润率、流动比率、总资产报酬率	毛利率、总资金周转率、流动资金周转率
资本密集型制造业	流动比率、销售利润率、总资产报酬率	总资金周转率、毛利率、流动资金周转率、速动比率
劳动密集型制造业	应收账款周转率、存货周转率、已获利息倍数、流动比率	流动资金周转率、速动比率、总资金周转率、资产负债率

劳动密集型制造业独有的绝对关联度较大的指标有应收账款周转率、存货周转率、已获利息倍数,说明应收账款和存货周转速度较快,现金回收较快,获利对债务利息的保障程度较高,这些都对行业发展作出了较大贡献。独有的绝对关联度较小的指标为资产负债率,说明劳动密集型制造业的负债占资产的比例较大,对行业发展的贡献较小。

②基于相对关联度的结论。由表3-18可知,四大行业大多与已获利息倍数、销售利润率的相对关联度较大,与资产负债率的相对关联度较小,说明制造业的获利偿还债务利息的保障程度较高,每一元销售带来的利润较高,盈利能力较强,能较快地促进行业发展。但负债占资产的比例较大,对制造业的贡献较慢。技术密集型制造业独有的相对关联度较大的指标有流动资金周转率,说明技术密集型制造业发展的独特性在于流动资金周转速度较快,可以较快地促进行业发展,技术密集型制造业应继续发挥其长处。独有的相对关联度较小的指标为销售利润率,说明每一元销售带来的利润较少,减缓了行业发展。资本密集型制造业独有的相对关联度较大的指标有净资产收益率,说明资本密集型制造业发展的独特性在于净资产带来收益的能力较强,可以较快地促进行业发展,资本密集型制造业应继续发挥其长处。独有的相对关联度较小的指标为毛利率和总资产报酬率,说明商品经过生产转换内部系统以后增值较少,生产拉动系统不完善,而且总资产带来的收益也较少,减缓了行业发展。劳动密集型制造业独有的相对关联度较小的指标为已获利息倍数,说明劳动密集型制造业的获利对债务利息的保障程度较低,减缓了行业发展。

表3-18　相对关联度指标

行业	排名前三位	排名后三位
制造业整体	已获利息倍数、销售利润率、流动比率	资产负债率、速动比率、流动资金周转率
技术密集型制造业	已获利息倍数、流动资金周转率、总资产报酬率	速动比率、资产负债率、应收账款周转率、销售利润率
资本密集型制造业	销售利润率、净资产收益率、已获利息倍数	毛利率、资产负债率、总资产报酬率
劳动密集型制造业	流动比率、销售利润率和总资产报酬率	应收账款周转率、流动资金周转率、资产负债率、已获利息倍数

第四章

路径与选择：中国制造业高质量发展路径选择与方法

一、路径Ⅰ:中国制造业高质量发展“俭约式”路径研究

自主创新是制造业高质量发展的基础和前提。针对常用的18种精益管理方法,按方法实践特征分为文化类、技术类、跨部门类、全员参与类、团队协作类、运营类等6种类型。利用所设计的问卷对中国制造业企业精益管理方法实践情况进行调查,通过文献梳理选取企业新产品开发项数、新产品销售收入、专利申请数、有效发明专利数、流动资金周转次数、成本费用等企业创新绩效评价指标。从系统的观点出发,构建多维度评价模型分析创新方法与创新绩效的关系。发现:(1)从创新方法选择和实践效果上看,企业偏好与效果最佳的方法不一致。(2)从实践效果上看,看板管理(简称看板)、标准作业、目视化、SMED(快速换模)、并行工程和协调联运等方法在实践中并未带来应有的效果。(3)企业在实践中创新效果强弱的排序为技术类、团队协作类、全员参与类、跨部门类、运营类和文化类。结果表明中国制造业的实践更多关注技术方法的引入,没有形成基础能力和创新文化。针对实践中效果较弱的跨部门类、运营类和文化类方法群,设计基于精益管理方法的中国制造业高质量发展企业创新路径,为中国制造业高质量发展提供理论依据,为企业高质量发展提供路径支持。

(一)企业对管理创新工具的重视程度的调研与分析

通过问卷设计①,对管理创新的重要程度进行打分(1~7分),然后将得到的分数进行汇总,取平均值后进行排序如图4-1(a)所示。

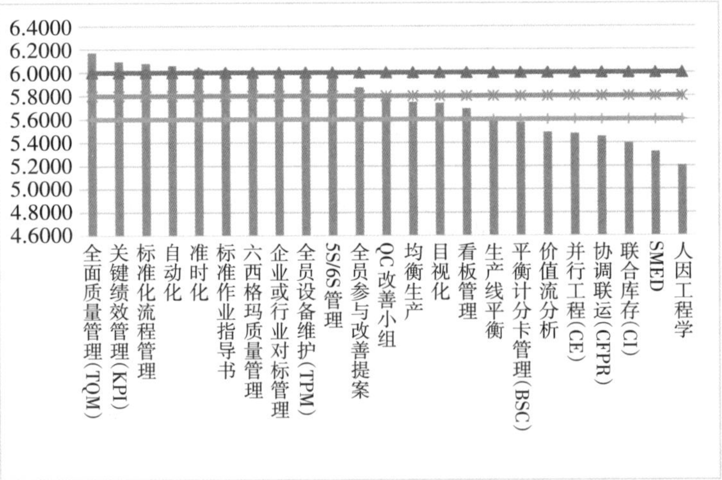

图4-1(a) 管理创新工具排序

①问卷设计与调研依托国家科技基础性工作专项(2010IM040300)。

图4-1(a)体现了样本企业对管理创新方法重要性的认识程度比较高,但重视程度因方法的不同而产生差异。根据管理者对创新工具的重视程度的差异,创新工具可以分为四个级别,得分大于等于6的为一级工具,得分大于等于5.8但小于6分的为二级工具,得分大于等于5.6但小于5.8的为三级工具,小于5.6分的为四级工具。

1.不同地区企业对创新工具的重视程度

图4-1(b)体现了各地区对各级管理创新工具重要性的认识程度,可以看出,虽然不同地区对管理创新工具重要性的认识有差异,但大体来看都比较重视一级管理创新工具。云南的企业最重视全面质量管理,其后是天津的企业,内蒙古的最不重视。天津的企业最重视关键绩效管理,其后是云南的企业。云南的企业相对比较重视自动化这个创新工具,其他省份对一级管理创新工具重视程度基本一致。所有地区都比较重视准时化这一工具。江浙粤地区高度重视标准流程管理,天津的企业对其的重视程度则比较低。总体来看,所有地区都非常重视一级工具。

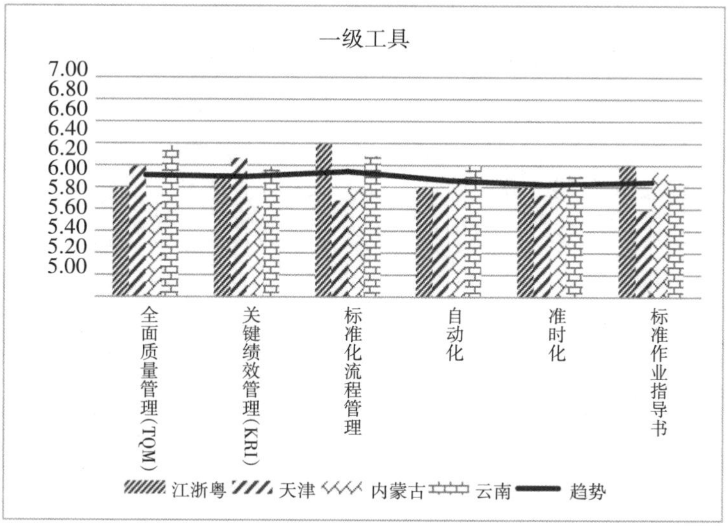

图4-1(b) 各地区对一级管理创新工具重要性的认识程度

图4-1(c)描绘的是各地区对二级管理创新工具重要性的认识程度。江浙粤的企业对六西格玛质量管理工具的重视度最低,其他三个地区对其的重视程度都比较高。按照企业或行业对标管理的重视程度,各地区的排序从高到低依次为江浙粤、云南、天津、内蒙古;按照企业对全员设备维护重要性的认识程度,各地区的排序由高到低依次为云南、内蒙古、天津、江浙粤;对于5S/6S管理工具,云南的企业对其的重视度最高,内蒙古的企业

对其重视程度最低；按照企业对全员参与改善提案与QC改善小组的重视程度，各地区的排序从高到低依次为云南、天津、江浙粤、内蒙古。

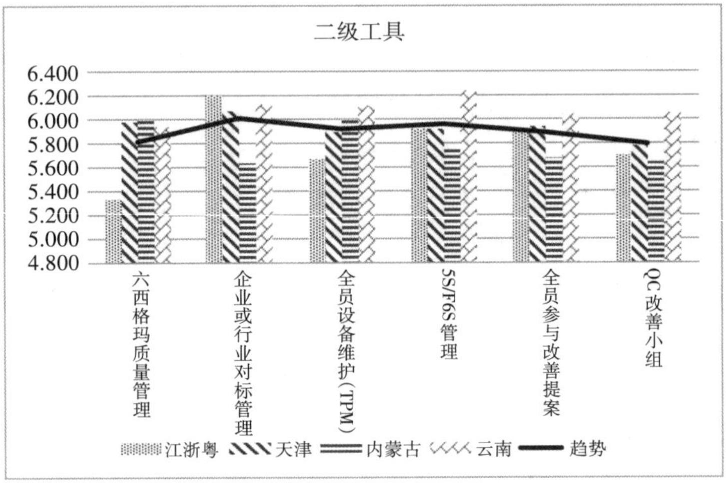

图4-1(c)　各地区对二级管理创新工具重要性的认识程度

图4-1(d)描绘的是各地区企业对三级管理创新工具重要性的认识程度。依据企业对均衡生产这一创新工具重要性的认识程度，各地区排序由高到低依次为江浙粤、云南、内蒙古、天津；对于目视化工具这一创新工具，排序由高到低依次为云南、天津、江浙粤、内蒙古；对于看板或电子看板系统这一创新工具，排序由高到低依次为云南、天津、江浙粤、内蒙古；对于生产线平衡创新工具，排序由高到低依次为江浙粤、云南、天津、内蒙古。不同地区的企业对三级工具都比较重视，认为其可以提高企业生产效率。

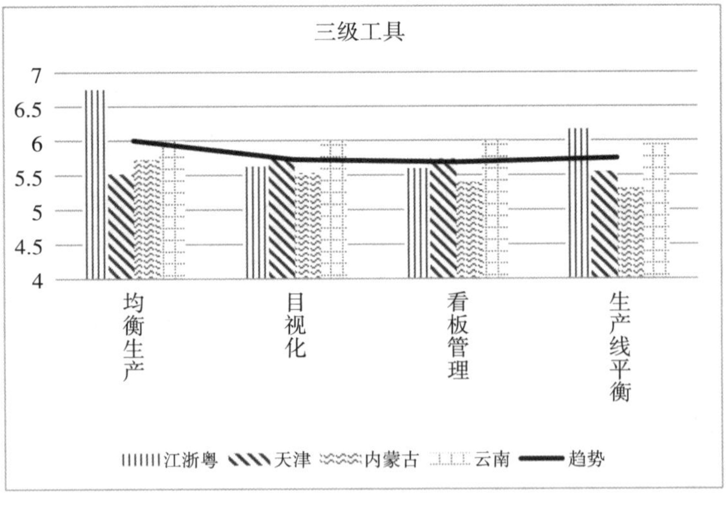

图4-1(d)　各地区对三级管理创新工具重要性的认识程度

图4-1(e)描绘的是各地区对四级管理创新工具重要性的认识程度。依据企业对平衡计分卡管理这一创新工具重要性的认识程度，各地区排序由高到低依次为江浙粤、内蒙古、云南、天津；对于价值流分析这一创新工具，排序由高到低依次为江浙粤、云南、天津、内蒙古；对并行工程这一创新工具，排序由高到低依次为江浙粤、云南、天津、内蒙古；对于协调联运这一创新工具，排序由高到低依次为江浙粤、云南、天津、内蒙古；对于联合库存这一创新工具，排序由高到低依次为江浙粤、云南、天津、内蒙古；对SMED和人因工程学这一创新工具，排序由高到低依次为江浙粤、云南、天津、内蒙古。

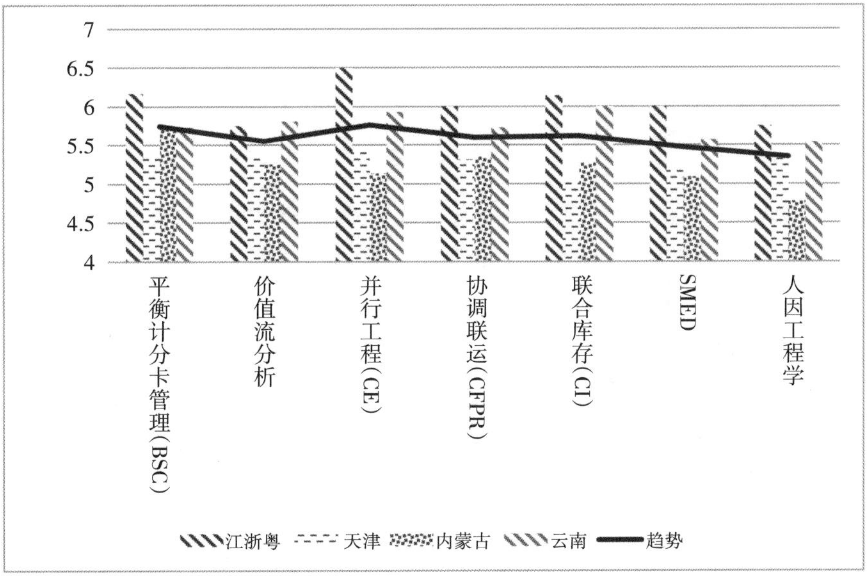

图4-1(e)　企业对一级管理创新工具(四级工具)重要性的认识程度

2.不同行业企业对管理创新方法的重视程度

以下对企业所处的行业进行细分，研究不同行业对管理创新方法重视情况。从图4-2可以看出，食品行业对创新方法的重视情况具有很大的差异。例如食品行业最重视全面质量管理，却认为人因工程学的重要性比较低。可能是食品行业比较注重产品的质量，因此企业比较重视能提高产品质量的管理创新方法。

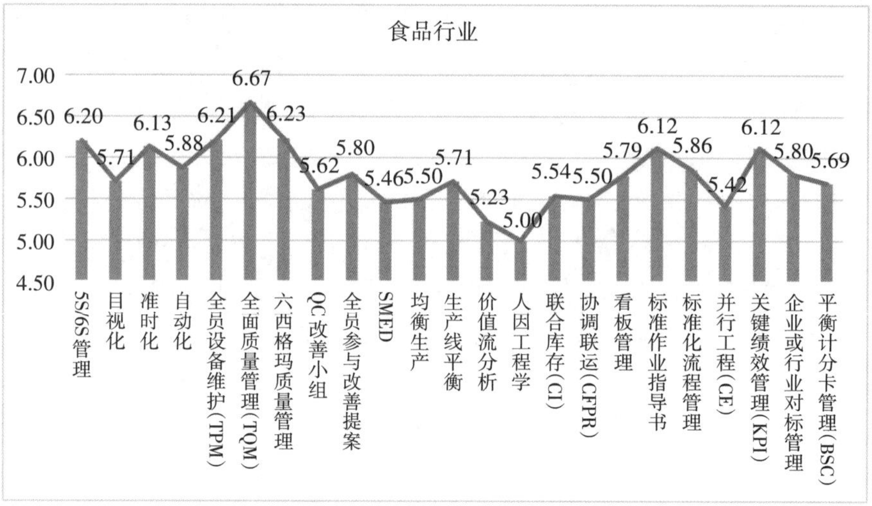

图4-2　食品行业对创新方法重要性的认识程度

从图4-3可以看出，设备制造业对不同的创新方法重要性的认识程度存在差异，创新方法得分高于6分说明企业管理者对其比较重视。企业对人因工程学、SMED、并行工程的重视度却比较低。这说明设备制造业的企业管理者不仅重视质量，还注重创新，不仅要求其提高产品质量，还要有利于推动企业创新活动。

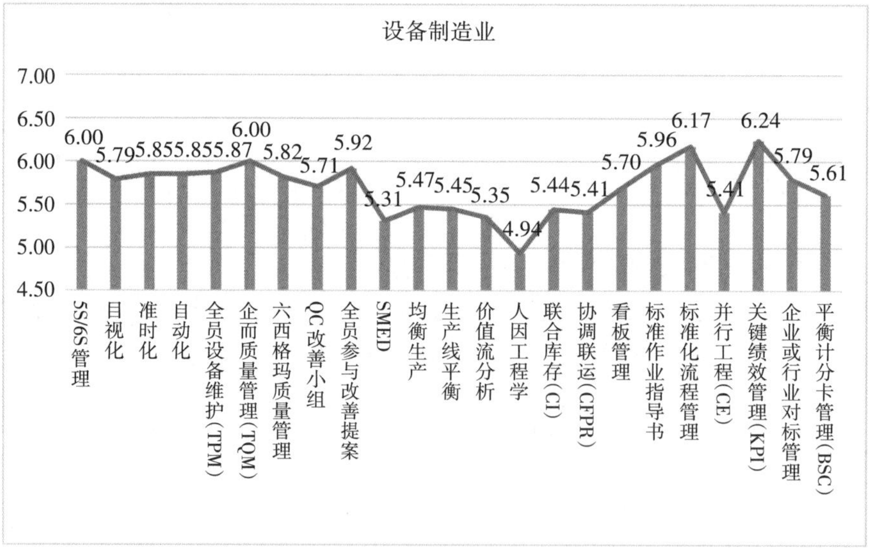

图4-3　设备制造业对不同的管理创新方法重要性的认识程度

从图4-4可以看出，医药制造行业对管理创新方法都非常重视，全面质量管理得分最高。这表明这类行业对质量管理要求比较高。其他得分均在5.9分以上，这表明其非常注重管理创新方法的使用与产品质量。

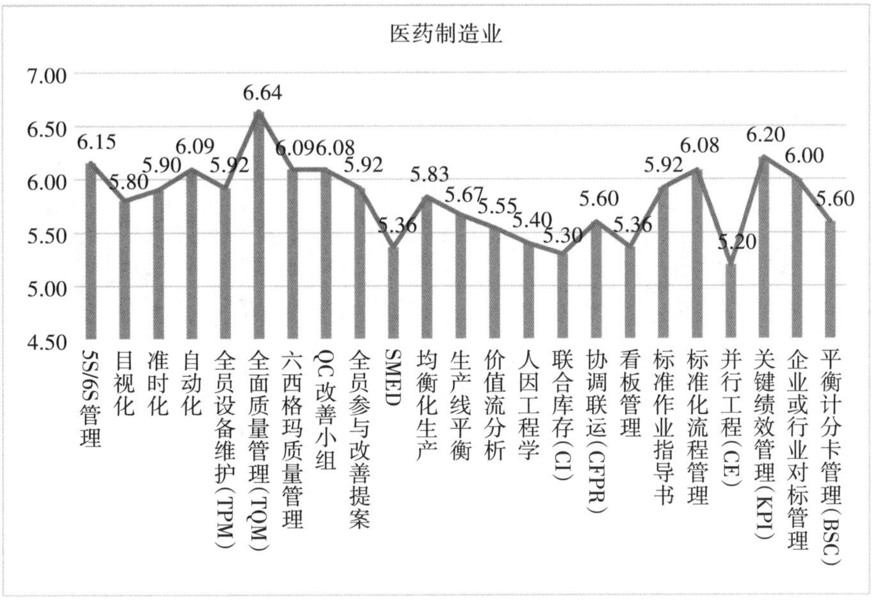

图4-4　医药制造业对不同的管理创新方法的重要性的认识程度

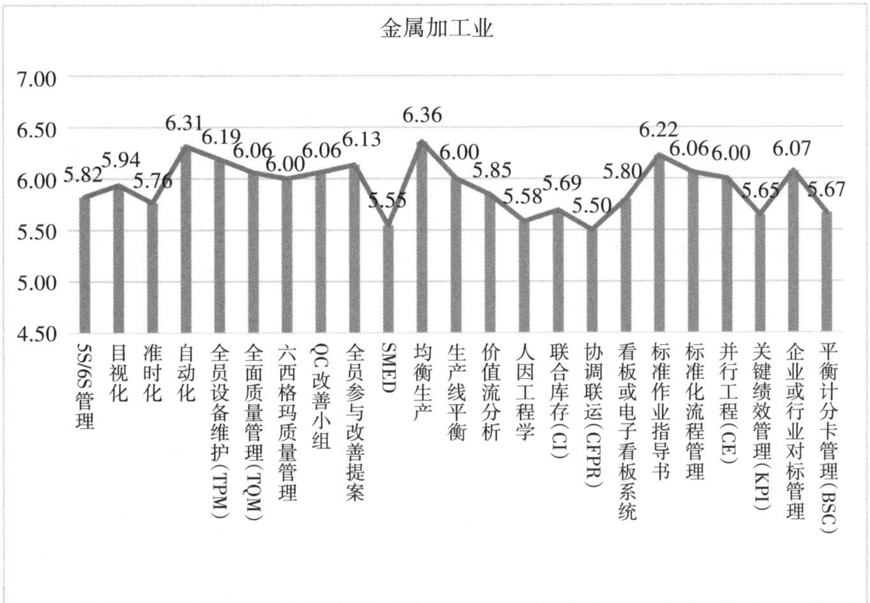

图4-5　金属加工业对不同的管理创新方法重要性的认识程度

从图4-5可以看出，金属加工业对管理创新方法的分数高于5.5分，说明管理者对其的重视程度比较高，标准化流程管理和标准作业指导书对于金属加工类企业的创新管理尤为重要。金属加工业非常重视全面质量管理和5S/6S管理，是因为这类方法能确保产品的质量。

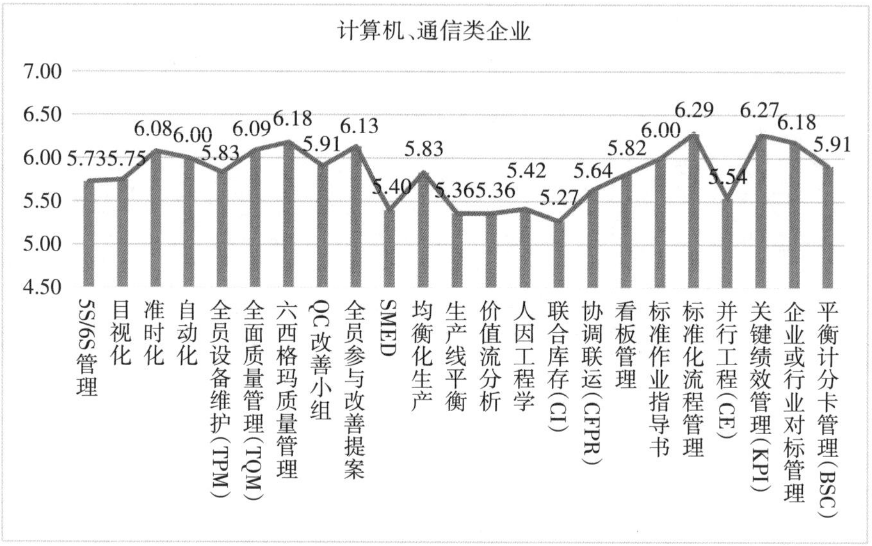

图4-6　计算机、通信类企业对于不同管理创新方法重要性的认识程度

图4-6可以看出，计算机、通信类企业对管理创新方法重视程度存在较大的差异，企业对标准化流程管理（流程管理）、关键绩效管理、六西格玛质量管理（六西格玛）、企业或行业对标管理以及全员参与改善提案（全员参与改善）的认识程度比较高，而对SMED、生产线平衡、价值流分析（价值流）、联合库存则没有太重视。

（二）精益管理方法的分类研究

制造业高质量发展离不开微观层面上制造型企业的高质量发展，制造型企业的高质量发展需要政府发展策略的推动，同时也需要自身有高质量发展的理念和方法。精益生产是被理论与实践证明的一种提高企业生产效率和效益的生产模式，在学术界和实业界受到强烈的追捧。lean Production这一名词是MIT汽车专家James P·Womack、Daniel T·Jones和Daniel Roos在对TPS进行了长达5年的研究后，在《改变世界的机器》一书提出的。推广与应用以精益管理方法为基础的管理技术，对实现制造业基础能力重构及推动制造业转型升级显得尤为重要，备受实业界与学术界关注。

鉴于此，研究精益管理方法作为中国从制造大国向制造强国发展的基础路径，是中国制造业高质量发展的必然选择。本书将构建多维度灰色系统评价模型，科学地探索精益管理方法与创新绩效的关系，设计更适合中国制造业高质量发展的精益管理方法路径。

精益是通过系列精益管理方法及工具的应用实现的，精益管理方法可分为企业文化类、全员参与类、技术类、跨部门类、团队协作类及运营类等。

方案1是按照方法实践中关键点和效果实现的特征分为企业文化类、跨部门类、技术类，详见表4–1，精益管理方法1型（关键点）如图4-7所示。技术类方法群指的是此类方法为技术类方法，多采用科学管理的工具解决企业面临的现实的、具体的问题。跨部门类指的是此类方法需要两个以上的部门协作才能在企业顺利推行并生效，生效的关键点是部门间的良好协作。企业文化类方法群是指此类方法需要在企业形成企业文化才能生效，也就是说如果在实践过程中没有形成创新文化和企业文化，该类方法可能会给企业带来效应，但是效果不佳或达不到预期。

表4–1　精益管理方法分类

分类	文化类	代码	技术类	代码	跨部门类	代码
方法	5S/6S	X11	QC小组	X21	自动化	X31
	TPM	X12	目视化	X22	JIT	X32
	全员参与改善	X13	价值流	X23	并行工程	X33
	流程管理	X14	SMED	X24	协调联运	X34
	标准作业	X15	人因方法群	X25	均衡生产	X35
	TQM	X16	看板	X26	六西格玛	X36
实践特征	此类方法需要在企业形成企业文化才能生效		此类方法为技术类方法，多采用科学管理的工具解决现实问题		此类方法需要两个以上的部门协作才能在企业顺利推行并生效	

注：5S/6S全名为5S/6S管理，标准作业为标准作业指导书，QC小组为QC改善小组，看板为看板管理。

方案2是按照参与者的形态而定，分为全员参与类、团队协作类、运营类，详见表4–2，精益管理方法2型（参与型）如图4-8所示。全员参与类方法群是指此类方法开展需要基层员工高度参与，实施不好的主要原因是参与力度不够,内层原因是高层重视不足,缺少氛围。团队协作类方法群一方面需要来自上级的支持,另一方面需要专业团队采用科学方法进行导入。公司运营类方法群需要企业经营层的参与,否则该类方法实践中难以实施,难以形成具有可执行的行动计划而失败。

表4-2 方案2精益管理方法分类

分类	全员参与类	代码	团队协作类	代码	运营类	代码
方法	5S/6S	X11	目视化	X22	JIT	X32
	TPM	X12	看板	X26	均衡生产	X35
	全员参与改善	X13	QC小组	X21	标准作业	X15
	流程管理	X14	SMED	X24	价值流	X23
	人因方法群	X25	协调联运	X34	六西格玛	X36
	TQM	X16	自动化	X31	并行工程	X33
实践特征	此类方法开展需要基层员工高度参与,实施不好的主要原因是参与力度不够,内层原因是高层重视不足,缺少氛围		一方面由于来自上级的支持不足,一方面开展工作的科学性有待加强		多停留在概念水平,没有具体实施,没形成具有可执行的行动计划	

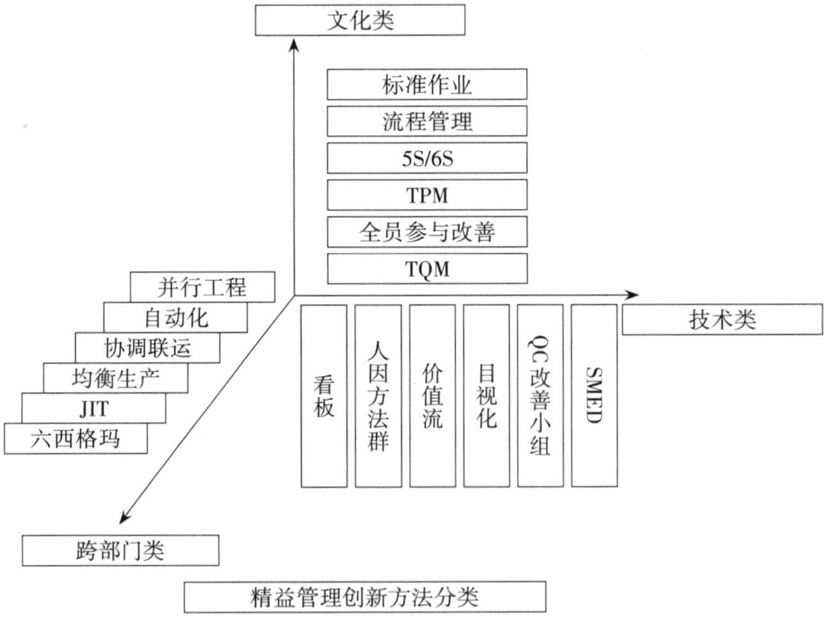

图4-7 精益管理方法1型(关键点)

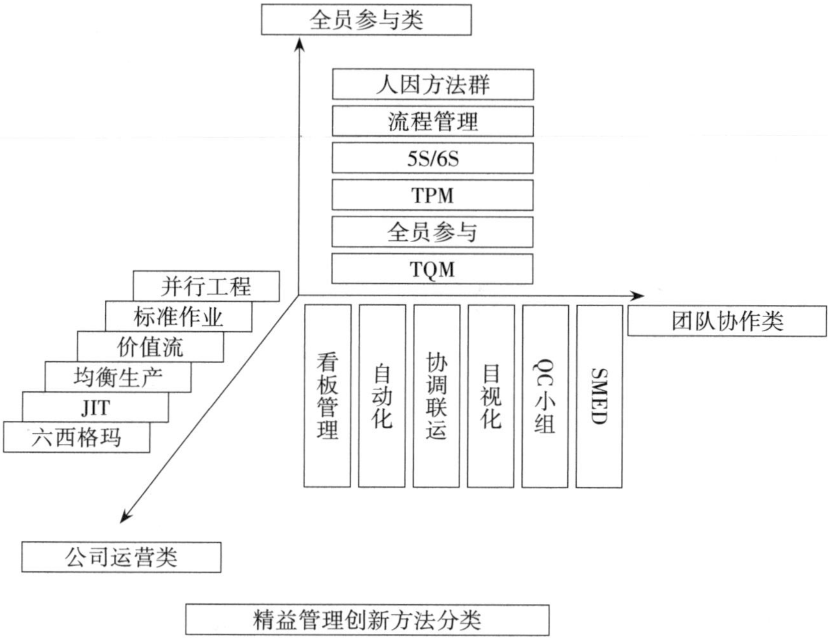

图4-8　精益管理方法2型(参与型)

精益方法群是一个系统，企业只有在实践中将系列方法群形成系统合力，才能取得效果。精益管理方法系统又可分为三个层次即细节层面、系统层面和哲学层面，对应方法群见图4-9。

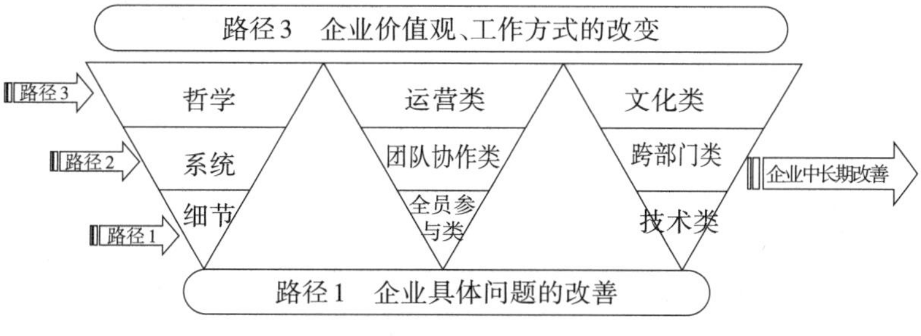

图4-9　方法群企业实践逻辑关系

根据精益管理方法在企业应用状况，把应用程度分为1～7评级。对精益管理方法在中国制造业的应用进行问卷调查，本次调查历时14个月，共对来自食品制造业、设备制造业、医药制造业、通信制造业、金属加工制造业等6个行业共1100家企业进行了3轮调研。中国制造业精益管理方法企业实践情况如图4-10所示。整体上，企业在解决自身问题时，比较青睐的方法有TQM和流程管理；不太关注的方法有SMED和人因工程方法群。

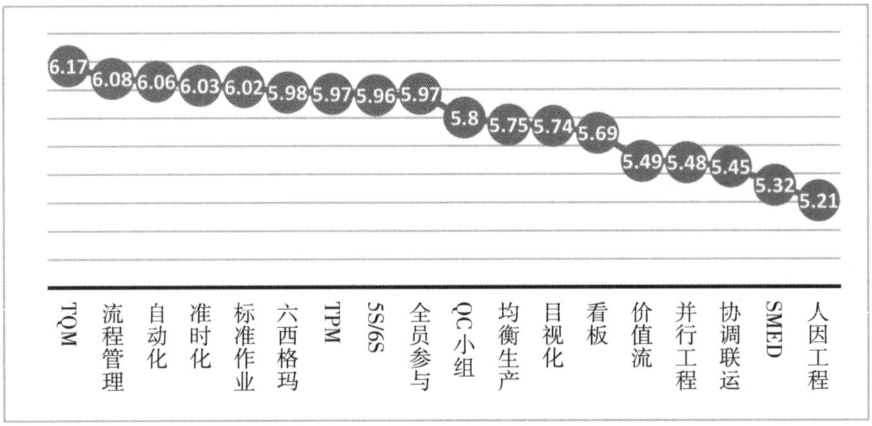

图4-10　管理创新方法企业实践青睐程度

（三）三维灰色评价模型构建

在精益生产理论研究方面，国内外学者侧重对精益生产概念进行探讨，面向实践和现场如何评价精益生产系统和建立企业精益生产的评价体系，使精益生产与人力资源组织、知识管理、质量管理相融合；在精益生产集成研究方面，学者们探索了制造型企业需要将精益生产与敏捷制造集成应用的原因，提出杂合精益敏捷制造系统技术方面的四大技术支柱。Powell认为ERP系统的实施可以作为精益生产实践应用的催化剂，进一步提出了精益生产与ERP集成创新的六个主要领域。如，精益生产与绿色制造的集成，与现代信息技术的集成。国内精益管理方法的研究文献数量详见图4-11。

从现有研究分析，关于精益生产的理论方法及企业应用实践方面的研究日趋成熟；精益生产与敏捷制造、绿色制造、ERP及现代信息系统等集成创新方面的相关研究已经初步展开；但精益管理方法方面的报道还较少，这是学术界和实业界都面临的一个重要的问题与难题，也是本项目的出发点和准备解决的问题。根据上述研究选取制造型企业创新绩效评价指标体系，包括新产品开发项数（YH1）、新产品销售收入（YH2）、专利申请数（YH3）、有效发明专利数（YH4）、流动资金周转次数（YH5）、成本费用利用率（YH6）。

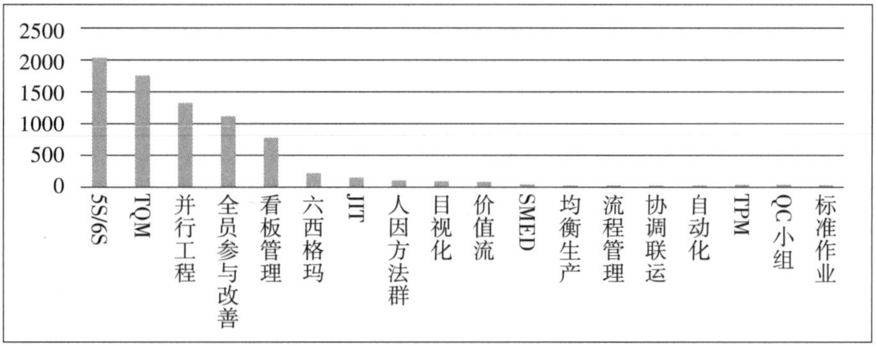

图4-11 精益管理方法研究文献数量

以邓聚龙教授提出的灰色关联分析模型为代表。刘思峰教授对灰色关联度模型进行了深入的研究，提出灰色绝对关联度模型。张可和刘思峰在此基础上构造了三维灰色关联分析模型。鉴于精益管理方法的系统性，分别构建模型1和模型2，探索精益管理方法与企业绩效关系。

1.模型1

定义1 设系统行为序列为 $X_i=(x_i(1),x_i(2),\cdots,x_i(n))$，记折线 $(x_i(1)-x_i(1,),x_i(2)-x_i(1),\cdots,x_i(n)-x_i(1))$ 为 $X_i-x_i(1)$，

$$s_i=\int_1^n (X_i-x_i(1))\,\mathrm{d}t \quad （式4-1）$$

定义2 设系统行为序 $X_i=(x_i(1),x_i(2),\cdots,x_i(n))$，$D$ 为序列算子，且

$$X_iD=(x_i(1)d,x_i(2)d,\cdots,x_i(n)d) \quad （式4-2）$$

其中 $x_i(k)d=x_i(k)-x_i(1)$，$k=1,2,\cdots,n$，则称 D 为始点零化算子，

X_iD 为 X_i 的始点零化像，记为

$$X_iD=X_i^0(1)=(x_i^0(1),x_i^0(2),\cdots,x_i^0(n)) \quad （式4-3）$$

定义3 设系统行为序列 $X_i=(x_i(1),x_i(2),\cdots,x_i(n))$，$X_j=(x_j(1),x_j(2),\cdots,x_j(n))$ 的始点零化像分别为 $X_i^0(1)=(x_i^0(1),x_i^0(2),\cdots,x_i^0(n))$，$X_j^0(1)=(x_i^0(1),x_i^0(2),\cdots,x_i^0(n))$

令 $s_i-s_j=\int_1^n (X_i^0-X_j^0)\,\mathrm{d}t$，$S_i-S_j=\int_1^n (X_i-X_j)\,\mathrm{d}t$

定义4 设序列 X_0 与 X_i 长度相同，s_0，s_i，则称 $\varepsilon_{0i}=\dfrac{1+|s_0|+|s_i|}{1+|s_0|+|s_i|+|s_i-s_0|}$ 为 X_0 与 X_i 的灰色绝对关联度。

2.模型2

定义5　设x_i为系统因素，其在空间中点(i,j)处的值为a_{ij}，其中$i\leqslant M, j\leqslant N, M, N$为常数，称$A_i=(a_{ij})_{M\times N}$为系统行为矩阵。

定义6　设系统行为矩阵为$A_i=(a_{ij})_{M\times N}$，

则$(a_{ij})_{M\times N}=\begin{bmatrix} a_{11} & \cdots & a_{1N} \\ \vdots & \vdots & \vdots \\ a_{M1} & \cdots & a_{MN} \end{bmatrix}$对应的行为曲面为

$X=\left\{Ax+By+C|x\in\left[i,i+1\right],\ y\in\left[j,\ j+1\right],\ i=1,2,\cdots M-1;j=1,2,\cdots M-1\right\}$。

定义7　设系统行为矩阵为$A=(a_{ij})_{M\times N}$，D为矩阵算子，$AD=(a_{ij}d)_{M\times N}$；其中$a_{ij}d=a_{ij}-a_{i1}$。称矩阵算子D为系统行为矩阵为$A=(a_{ij})_{M\times N}$的始边零化算子，AD为系统行为矩阵为$A=(a_{ij})_{M\times N}$的始边零化像，记为$A_i^0=XD=(a^0{}_{ij})_{M\times N}$。

定义8　设系统行为矩阵为$A_i=(a_{ij})_{M\times N}$的始边零化像为$A_i^0=XD=(a^0{}_{ij})_{M\times N}$，对应的始边零化曲面为$\mathrm{X}^0$，令$s=\int_1^M\int_1^N X^0\,\mathrm{d}x\mathrm{d}y$。

定义9　设系统行为矩阵为$A_i=(a_{ij})_{M\times N}$，D为矩阵算子，$AD=(a_{ij}d)_{M\times N}$；其中$a_{ij}d={}^{a_{ij}}\!/\!_{a_{i1}}$。称矩阵算子$D$为系统行为矩阵为$A=(a_{ij})_{M\times N}$的初值化算子，$AD$为系统行为矩阵为$A=(a_{ij})_{M\times N}$的初值像，记为$A_i^c=XD=(a^c{}_{ij})_{M\times N}$。

定义10　设两行为矩阵$A_p=(a_{ij})_{M\times N}$，$A_q=(a_{ij})_{M\times N}$，其始边零化像分别为

$A_p^0=(a^0{}_{ij})_{M\times N}$，$A_q^0=(b^0{}_{ij})_{M\times N}$；则$s_p-s_q=\int_1^M\int_1^N(A_p^0-A_q^0)\,dxdy$。

定义11　设两行为矩阵$A_p=(a_{ij})_{M\times N}$，$A_q=(a_{ij})_{M\times N}$为同型矩阵，其始边零化像分别为$A_p^0=(a^0{}_{ij})_{M\times N}$，$A_q^0=(b^0{}_{ij})_{M\times N}$；则两矩阵$A_p=(a_{ij})_{M\times N}$和$A_q=(a_{ij})_{M\times N}$灰色绝对关联度为

$$\varepsilon_{pq}=\frac{1+\left|s_p\right|+|s_q|}{1+\left|s_p\right|+\left|s_q\right|+|s_p-s_q|} \qquad (式4\text{-}4)$$

定义12　设两行为矩阵$A_p=(a_{ij})_{M\times N}$，$A_q=(a_{ij})_{M\times N}$为同型矩阵，对应的初值像分别为A_p^c和A_q^c，则矩阵$A_p=(a_{ij})_{M\times N}$，$A_q=(a_{ij})_{M\times N}$的相对关联度为

$$\varepsilon_{pq}^c=\frac{1+\left|s_p^c\right|+|s_q^c|}{1+\left|s_p^c\right|+|s_q^c|+|s_p^c-s_q^c|} \qquad (式4\text{-}5)$$

定义13　设两行为矩阵$A_p=(a_{ij})_{M\times N}$，$A_q=(a_{ij})_{M\times N}$为同型矩阵，其始边零化像分别为

$A_p^0=\left(a^0{}_{ij}\right)_{M\times N}$，$A_q^0=\left(b^0{}_{ij}\right)_{M\times N}$；则两矩阵$A_p=\left(a_{ij}\right)_{M\times N}$和$A_q=\left(a_{ij}\right)_{M\times N}$灰色绝对关联度为

$$\varepsilon_{pq}=\begin{bmatrix}6+\left|\sum_{i=1}^{M-1}\sum_{j=1}^{N-1}\left(a_{I,j}^{0}+a_{i+1,j+1}^{0}+2a_{i+1,j}^{0}+2a_{I,j+1}^{0}\right)\right|\\+\left|\sum_{i=1}^{M-1}\sum_{j=1}^{N-1}\left(b_{I,j}^{0}+b_{i+1,j+1}^{0}+2b_{i+1,j}^{0}+2b_{I,j+1}^{0}\right)\right|\end{bmatrix}\times\begin{bmatrix}6+\left|\sum_{i=1}^{M-1}\sum_{j=1}^{N-1}\left(a_{I,j}^{0}+a_{i+1,j+1}^{0}+2a_{i+1,j}^{0}+2a_{I,j+1}^{0}\right)\right|\\+\left|\sum_{i=1}^{M-1}\sum_{j=1}^{N-1}\left(b_{I,j}^{0}+b_{i+1,j+1}^{0}+2b_{i+1,j}^{0}+2b_{I,j+1}^{0}\right)\right|\\+\left|\sum_{i=1}^{M-1}\sum_{j=1}^{N-1}\begin{pmatrix}a_{I,j}^{0}+a_{i+1,j+1}^{0}+2a_{i+1,j}^{0}+2a_{I,j+1}^{0}\\-b_{I,j}^{0}-b_{i+1,j+1}^{0}-2b_{i+1,j}^{0}-2b_{I,j+1}^{0}\end{pmatrix}\right|\end{bmatrix}^{-1} \quad \text{（式4-6）}$$

（四）中国制造业精益管理方法实证分析

1.行业关联矩阵分析

$$A=\begin{bmatrix}0.5134 & 0.5124 & 0.5107 & 0.5113 & 0.5104 & 0.5112 & 0.5121 & 0.5118 & 0.5114\\0.5058 & 0.5082 & 0.5071 & 0.5075 & 0.5069 & 0.5074 & 0.508 & 0.5078 & 0.5075\\0.5094 & 0.5087 & 0.5075 & 0.5079 & 0.5073 & 0.5078 & 0.5085 & 0.5082 & 0.508\\0.5067 & 0.5061 & 0.5053 & 0.5056 & 0.5051 & 0.5055 & 0.506 & 0.5058 & 0.5057\\0.8426 & 0.8162 & 0.7729 & 0.7887 & 0.7648 & 0.7855 & 0.8085 & 0.8004 & 0.7911\\0.6885 & 0.674 & 0.6502 & 0.6589 & 0.6457 & 0.6571 & 0.6698 & 0.6653 & 0.6602\end{bmatrix}$$

$$B=\begin{bmatrix}0.5126 & 0.5126 & 0.5102 & 0.5106 & 0.5122 & 0.5097 & 0.5096 & 0.51 & 0.5129\\0.5087 & 0.5083 & 0.5067 & 0.507 & 0.508 & 0.5064 & 0.5063 & 0.5066 & 0.5085\\0.5088 & 0.5088 & 0.5071 & 0.5074 & 0.5085 & 0.5068 & 0.5067 & 0.507 & 0.509\\0.5062 & 0.5062 & 0.505 & 0.5053 & 0.506 & 0.5048 & 0.5048 & 0.5049 & 0.5054\\0.8198 & 0.8217 & 0.7587 & 0.7711 & 0.8104 & 0.7476 & 0.7449 & 0.7548 & 0.8297\\0.676 & 0.677 & 0.6423 & 0.6492 & 0.6708 & 0.6363 & 0.6378 & 0.6402 & 0.6815\end{bmatrix} R_j=[A \quad B]$$

从矩阵 R_j 计算得到：

$$\sum_{j=1}^{6}\lambda_{j6}=3.5664>\sum_{j=1}^{6}\lambda_{j11}=3.547>\sum_{j=1}^{6}\lambda_{j17}=3.5346>\sum_{j=1}^{3}\lambda_{j7}=3.5321>$$

$$\sum_{j=1}^{6}\lambda_{j4}=3.5256>\sum_{j=1}^{6}\lambda_{j9}=3.515>\sum_{j=1}^{6}\lambda_{j2}=3.5129>\sum_{j=1}^{6}\lambda_{j1}=3.4993>\sum_{j=1}^{6}\lambda_{j3}=3.4839$$

$$>\sum_{j=1}^{6}\lambda_{j14}=3.4799>\sum_{j=1}^{6}\lambda_{j18}=3.4745>\sum_{j=1}^{6}\lambda_{j13}=3.4537=\sum_{j=1}^{6}\lambda_{j12}=3.4506>\sum_{j=1}^{6}\lambda_{j5}=3.4402$$

$$>\sum_{j=1}^{6}\lambda_{j8}=3.430>\sum_{j=1}^{6}\lambda_{j10}=3.4235>\sum_{j=1}^{6}\lambda_{j15}=3.4116>\sum_{j=1}^{6}\lambda_{j16}=3.4101$$

从上述矩阵可以看出：①在精益管理方法的实践过程中，中国制造业普遍采用18种方法，按照企业采用高低程度排序分别是：TQM、流程管理、自动化、准时化、标准作业、六西格玛、TPM、5S/6S、改善提案、QC小组、均衡生产、目视化、看板、价值流、并行工程、协调联运、快速换模、人因工程；然而通过企业实践效果评价矩阵得出，发现中国制造业发展过程中发挥作用比较大的方法逐次为：TQM、人因方法群、均衡生产、QC小组、流程管理、价值流、TPM、5S/6S、全员参与改善、JIT、六西格玛、自动化、看板、标准作业、目视化、SMED、并行工程、协调联运。

②从创新方法选择和实践效果上看，企业偏好：TQM、流程管理、自动化、标准作业、六西格玛、TPM；然而效果较好的是：TQM、人因方法群、均衡生产、QC小组、流程管理、价值流。TQM是中国制造业实践中偏好程度最大、效果最好的方法，说明中国制造业更加关注产品质量，这也比较符合中国制造业发展阶段对创新方法的需要。

③企业对看板、价值流、并行工程、协调联运、快速换模、人因方法群等不太看好，然而价值流、人因方法群对企业基础能力的提升还是比较显著的。

④从实践效果上看，看板、标准作业、目视化、SMED、并行工程、协调联运等实践中并未带来应有的效果。通过对企业调查发现，此类方法在企业实践中常常流于形式。

2.精益管理方法多维评价与分析

根据上述分析，精益管理方法分为两个三维度方法群。每个方法的类群具有几乎相同的内涵和精益哲理。按照分类方法群评价企业实践效果会更客观，更能发现制造业导入精益方法效果不佳的真正原因。假设*Z*为企业绩效矩阵、*A*为全员参与方法群矩阵、*B*为团队方法群矩阵、*C*为经营方法群矩阵、*D*为文化方法群矩阵、*E*为技术方法群矩阵、*F*为跨部门方法群矩阵，对原始数据归一化处理详见表4-3。

表4-3　创新方法与企业绩效原始数据归一化处理

Z	*Y*1	0	1	0.35	0.68	0.37	***Z***	*Y*4	0	0.52	0.17	1	0.21
	*Y*2	0	0.52	0.11	1	0.64		*Y*5	0.14	0.21	0	0.03	1
	*Y*3	0	1	0.12	0.86	0.37		*Y*6	0.17	0.35	0.24	0	1
A	*X*11	1	0.57	0.89	0	0.19	***D***	*X*11	1	0.57	0.89	0	0.19
	*X*12	1	0.11	0.24	0	0.95		*X*12	1	0.11	0.24	0	0.95
	*X*13	0	0.36	0.36	1	1		*X*13	0	0.36	0.36	1	1

续表

A	X14	0	0.72	0.51	1	0.47	**D**	X14	0	0.72	0.51	1	0.47
	X15	0.09	0	0.72	0.75	1		X15	0.67	0.13	0	0.27	1
	X16	1	0	0.96	0.13	0.09		X16	1	0	0.96	0.13	0.09
B	X21	0	0.2	1	0.63	0.96	**E**	X21	0	0.2	1	0.63	0.96
	X22	0	0.35	0.39	0.17	1		X22	0	0.35	0.39	0.17	1
	X23	0.07	0	0.52	0.33	1		X23	0	0.19	0.52	0.21	1
	X24	0.63	0	0.21	0.38	1		X24	0.63	0	0.21	0.38	1
	X25	0.39	0	0.83	1	0.39		X25	0.09	0	0.72	0.75	1
	X26	0.93	0.74	0	1	0.96		X26	0.93	0.74	0	1	0.96
C	X31	0.67	0.13	0	0.27	1	**F**	X31	0.07	0	0.52	0.33	1
	X32	1	0.24	0.38	0.86	0		X32	1	0.24	0.38	0.86	0
	X33	0.28	0.26	0	0.43	1		X33	0.28	0.26	0	0.43	1
	X34	0	0.19	0.52	0.21	1		X34	0.39	0	0.83	1	0.39
	X35	0.03	0	0.4	0.4	1		X35	0.03	0	0.4	0.4	1
	X36	1	0	0.66	0.88	0.44		X36	1	0	0.66	0.88	0.44

依据上述数学模型,通过MATLAB实现结果见表4-4。

表4-4 矩阵Z与矩阵$A-B-C-D-E-E-F$空间计量关联系数ρ

系统	*A-B-C-D-E-E-F*系统					
子系统	*A-B-C*系统			*D-E-F*系统		
空间关联矩阵	ρ_{Z-A}	ρ_{Z-B}	ρ_{Z-C}	ρ_{Z-D}	ρ_{Z-E}	ρ_{Z-F}
空间关联系数	0.6260	0.7062	0.5289	0.5262	0.7872	0.5309
子系统排序	2	1	3	3	1	2
系统排序	3	2	5	6	1	4

企业实践中,6类方法群效果强弱排序为技术类、团队协作类、全员参与类、跨部门类、运营类、文化类。技术类、团队协作类、全员参与类方法实践效果较好,说明企业在运用创新方法群时,更关注技术工具的使用。跨部门类、运营类、文化类方法实践效果较弱,说明中国制造业实践中没有完全理解此类创新方法群的内涵,没有形成基础能力和创新文化。在企业实践中,A-B-C系统方法群效果由强到弱的排序为团队协作方法群、全员参与方法群、企业经营类方法群。说明企业更加关注方法工具的使用,并建立不同的团队来解决生产管理过程中的各类问题。然而,全员参与类方法群实践效果较弱,说明企业创新过程中员工参与度较弱,没有通过管理创

新方法的实践达到培养企业员工的目的，同时也没有形成创新氛围，没有形成创新文化。企业实践中，D-E-F系统方法群效果由强到弱的排序为技术类方法群、跨部门类方法群、文化类方法群。同样说明企业实践中只关注个别方法的使用，忽视了很多方法需要部门间协同创新才能生效。文化类方法群效果最弱，再次表明在实践中企业对精益管理方法的理解不透彻，没有通过创新方法的实践培养企业的创新文化。

整体上看，实践中企业运用较好的方法是技术类方法群，说明中国制造业所处阶段更加需要采用具体方法或工具来解决已经出现的系列问题，这些方法群的导入将给企业高质量发展作出很大的贡献。企业实践中创新方法运用较差的是文化类方法群，说明企业学习和应用精益管理方法流于形式、缺乏对精益生产理念方法的哲学认知、过多关注精益技术和工具，推行精益生产易中断、改善成果易反弹、组织制度保障不力，基层员工活力未激活、没有自上而下的思想统一、对精益生产的方法不理解，导入方法不对使得推动不力、难以形成精益文化、没有提升硬条件下企业的软实力等。

（五）中国制造业高质量发展“俭约式”路径设计

大量企业实践表明，制造型企业实现高质、高效、低本、低耗、低污、创造驱动代替投资驱动、高数字化信息化自动化程度的发展目标，不是一蹴而就的，应该遵循制造业发展的一般规律。利用英法美日百年来循环验证的迈向制造强国有效途径及支撑工业强国更迭的动力源[①]，企业面对内外困境，针对具体的瓶颈需要完成基于制造基础能力重构的不断累积（见图4-12）。

①Kenneth hopper & William hopper 在其著作 *The Puritan Gift: Triumph, Collapse and Revival of an American Dream* 中提出，英国、美国、日本等工业强国循环崛起的动力源有信念、亲力亲为、集体利益至上、组织能力及尊重技术等理念和方法；而英美的相对消沉就是失去这些动力源，过分强调管理（商学院培养的并不十分了解制造企业状况的非专业管理）、财务等其他方面的因素。这些动力源的核心就是工业工程或者称其为科学管理所提倡的理念和方法。中国由制造大国迈向制造强国的路径也应该把工业工程的基本理念、方法与中国制造业及制造企业发展特点相结合，创造性地应用、改造IE，形成具有中国特色的本土化IE理论与方法，并在实践中不断改进形成CPS（Chinese Production Systems）。

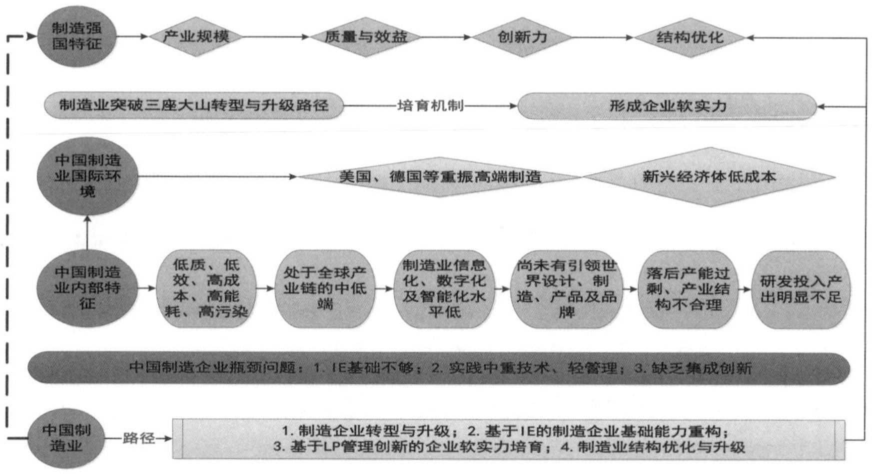

图4-12 中国制造业发展的路径

1.基于IE的制造业企业基础能力重构

20世纪初，在商品经济不断繁荣、科学技术日新月异、社会生产力大发展等因素的共同作用下，美国工程师Taylor出版了*The Principle of Scientific Management*一书，标志着工业工程正式成为一门独立的学科。它源于企业的生产实践问题，其成果用来直接指导企业的生产实践过程，并通过组织优化不断提高人的积极性、企业生产运作效率和产品质量。美国质量管理专家Juran博士认为，美国打赢第一次世界大战，又打赢第二次世界大战，靠的就是IE，美国值得向世界夸耀的也是IE。日本从20世纪50年代开始学习并持续应用IE，到20世纪80年代人均劳动生产率增长了近50倍，成为世界第二经济强国，其汽车、电子、机械、钢铁等产品以质优价廉取胜，销往欧美及其他世界各地，对美国、德国等工业强国构成巨大威胁。IE理论与丰田生产实践相结合，创造性地演化出TPS（Toyota Production System），后被称为"LP"，成为带动全球几乎所有产业变革的巨大力量之一。

运用IE重构制造业企业基础能力，是一个持续改进的过程，需要不断累积。例如，在应用程序的过程中它必须通过管理创新，持续改进的ERP-1、ERP-2、ERP-3……这是基本积累的过程，它需要大量的研究和实践。图4-13给出了支撑上述持续改进的IE+管理创新+集成创新"倒金字塔模型"。在制造业企业基础能力重构"倒金字塔模型"中，IE是基础。通过IE理论对企业生产过程进行作业研究和方法研究，深入分析制造过程应遵循的基本规律，全面改善工艺流程，减少浪费，形成标准作业。再引入现代信息技术，通过"IE+IT"构建高效的管理信息系统。重视人的因素，从自动化向拥有人的"智慧"的自动化升级。最终形成科学、高效的本土化IE的生产系统，称其为CPS。

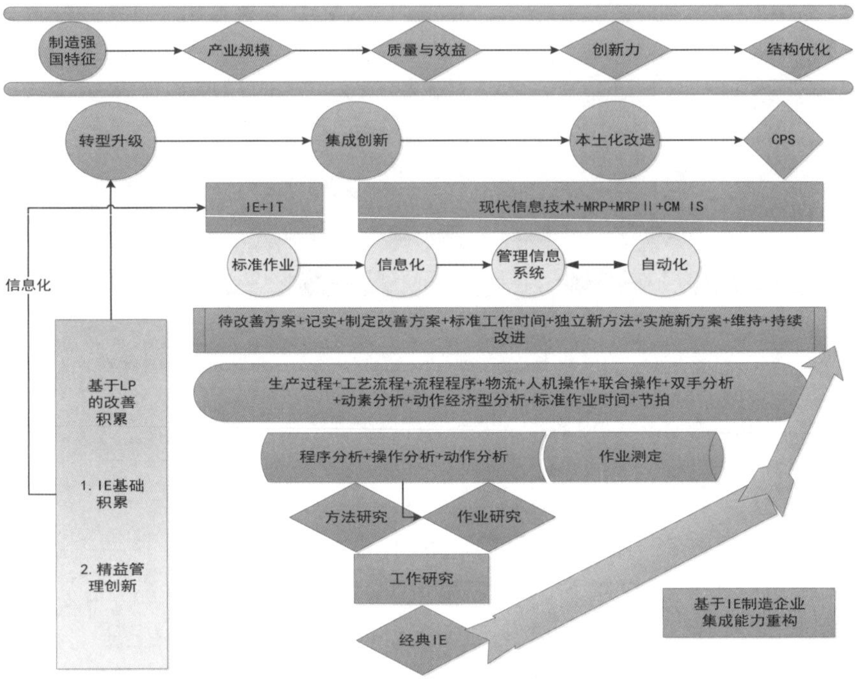

图4-13 中国制造业发展的IE+管理创新+集成创新倒金字塔模型

2.基于精益管理创新的制造型企业软实力培育

在经济领域显然软实力更有竞争力，企业的成功必须建立在对软实力的良好理解上。各学者对企业软实力进行了深入探讨，认为企业软实力使企业具有核心竞争力，它由技术创新能力因素、资本沉淀因素和环境整合能力因素集成。企业软实力是企业基础资源的配置方式，是企业对外具有感召力、对内具有凝聚力、整体具有创新力的演化过程，是通过固化企业文化、企业制度、生产方式及商业模式，最终形成不会被轻易模仿和超越的品牌的能力。构建企业软实力应该在企业哲学与战略的既定的基础上，通过企业人才引进、培训与管理、企业组织效能的充分发挥、企业制度的完善与作用的充分发挥、产品及其不断创新、信息及现代信息技术的应用、企业整体服务水平的提升、销售模式与能力的持续性等构建适应企业情境、市场环境及产品特性的运营模式的动态能力，经过多年运营，从生产方式、企业制度及企业文化三个维度集成企业软实力。本项目通过大量的实践调研和制造型企业高层管理者的研讨，构建了制造业企业软实力倒金字塔模型，详见图4-14。

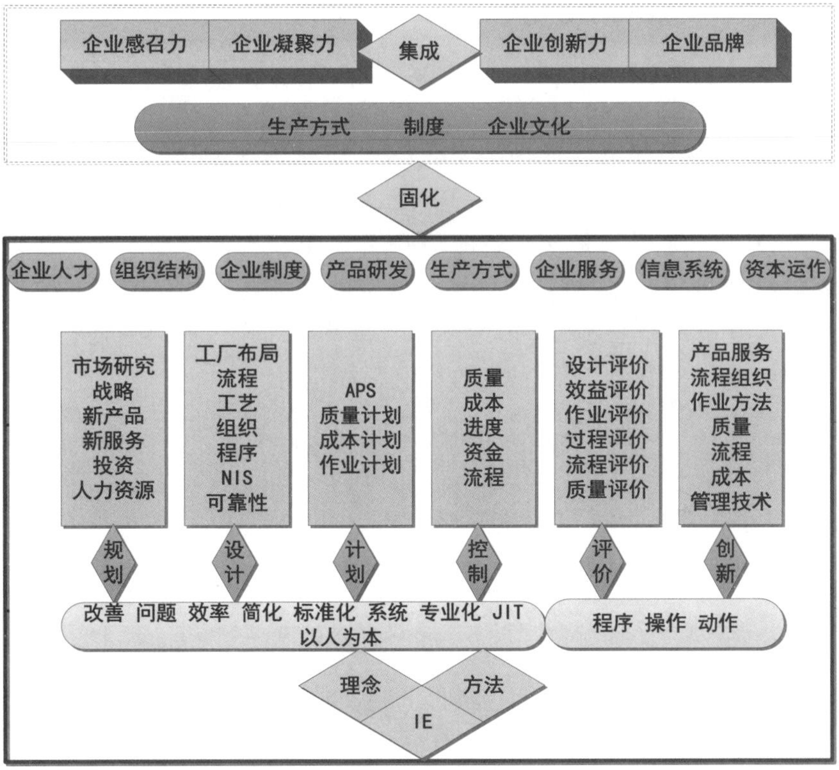

图4-14 基于IE的制造业企业软实力倒金字塔模型

制造业企业软实力倒金字塔模型有以下主要特征:①固化后的制造型企业“生产方式+企业制度+企业文化”通过长期冲突、协调与集成,最终形成具有企业特色的或区别于同类企业的外化为感召力和引领产品的品牌,内化出具有强凝聚力和创新力的显著特征;②固化的前提是企业必须拥有卓越的人才储备、组织结构、企业制度、产品研发(含投资与团队)、生产方式、面向供应链的企业服务、畅通运行三流一体的管理信息系统、有效的资本运作能力;③实现①和②的前提是必须在六个管理职能的协同下对企业进行全方位的优化与改善,详见图4-14;④改善是企业构建软实力的唯一途径,那么作为制造型企业如何改善、改善什么是软实力培育的关键性的问题。大量的企业实践表明,在正确的理念指导下,采用科学的改善方法是企业改善成功的基础与保障。而IE就是一门提供改善、问题意识、效率、简化、标准化、系统、专业化、JIT、以人为本的理念与动作研究、操作研究及程序研究等工作研究的方法的学问,这是被英、法、美、日四个国家百年来循环验证了的迈向制造强国的有效途径,也将成为推动中国迈向世界制造强国的有效路径。

3.中国制造业转型升级路径

中国制造业只有摆脱面临的弱势，逾越国际阻力，才能实现从制造大国走向制造强国。为此，中国制造业必须进行转型与升级。大量的研究表明，制造业发展要借助现代科学技术方法、IE基础理论与方法实现如下转型与升级：从投资驱动向创新驱动转型，从资源消耗和环境污染向绿色制造转型，从机械制造向数字化智能制造升级，从单纯制造业向服务型制造升级，详见图4-15。完成这些转型与升级的基础是在微观层面上的制造型企业具有强大的基础制造能力。四个转型与升级和奠基企业基础能力重构的IE是一个系统，IE是系统的基础动力。

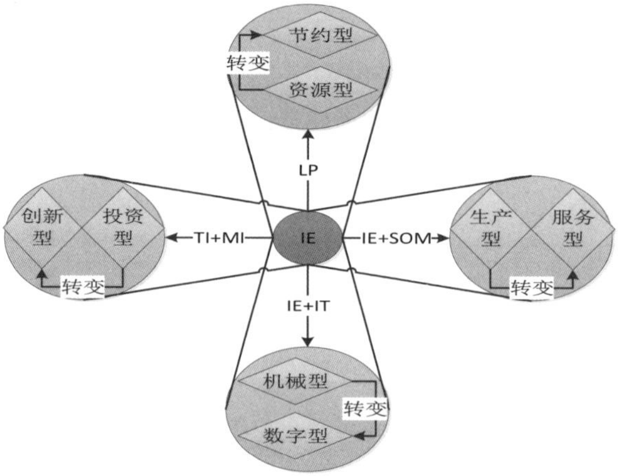

注：IE（Industrial Engineering）；IT（Information Technology）；MI（Management Innovation）；TI（Technology Innovation）；SOM（Service-Oriented Manufacturing）；LP（Lean Production）.

图4-15　中国制造业转型与升级路径

现以制造型企业依托IE+IT[①]推动机械制造升级至数字制造为例阐述转型系统的内在逻辑。实现制造型企业信息化升级的有效途径是IE+IT的深度融合。工业化与信息化融合是提升制造业发展的重大战略和有效途径。工业化与信息化融合应充分体现在两个方面：一是制造装备与制造系统的自动化、数字化、智能化水平不断提升，高效能机器更好地代替手工作业，并实现复杂环境下的生产；二是信息系统越来越普遍地运用在产品实现的管理环节中，逐步形成管理系统、管理平台，用以优化过程管理和决策支持。但在实践中仍然存在数字化、智能化设备的功效并未很好体现在产品生产的均衡价值流程中，而且设备系统的防错能力不足；信息系统对

①IE+IT的含义指的不是IE与IT的简单相加，而是IE、IT的深度融合，形成一个系统，产生1+1>2的系统化运行效果。

以业务流动过程为主的实体价值流程的识别、描述、诊断、提升的能力受很多条件的限制而不能体现，导致信息与物的流动不协同。究其原因主要有：信息技术与信息系统应用缺乏总体规划和系统设计，具有一定盲目性；建立的信息流程与实体物流、资金流匹配性不高，信息对物的表述水平较低，对物的流动性计划与控制缺乏必要的前提，使物流、资金流、信息流、商务流难集成，甚至对物流运行有不良干扰；信息化软件在功能上并不能有效地反映和提升特定企业、特定工艺流程的过程能力；制造型企业更多地采取直接运用信息技术或应用信息系统的单边策略等普遍现象使信息系统失去发挥作用的基础环境，结果事倍功半；更为严重的是中国制造业信息化缺乏企业工业工程的改造基础，信息化在整个生产过程中几乎不能体现本身的强大优势。正如何友声院士所说，目前有些地方、有些行业已踏进了“为信息化而信息化”的误区。信息化基础设施建设投资不少，实质性成果少，信息孤岛多。

IE+IT并非工业工程技术体系与信息技术体系的简单相加，而是二者的相互依赖、相互融合、相互促进。工业工程赋予信息技术先进的流程管理思想，并将其开发为可在企业应用的集成信息系统，转而成为管理系统的重要组成部分。信息技术依托计算机、应用软件、通信网络的集成功能，越来越深入地应用于制造业企业经营活动中，以工业工程技术和方法作为前提和运行保障，进而提升工业工程技术体系的功能和应用范围。

二、路径Ⅱ：制造业、物流业与金融业协同发展路径研究

三业协同发展可促进各行业的高质量发展。制造业作为国民经济的主导力量，可以为物流业创造更多的市场需求，促进物流业空间集聚，扩大金融业的存贷款规模，增加金融业的利润来源。对中国制造业而言，三业高质量协同发展一方面可以促使本行业的企业优化资源配置，聚焦核心业务，推进制造业产业结构的优化升级；另一方面，加强与金融机构及物流企业的合作，可以增强企业再生产能力，助推制造业供给侧结构性改革。现代物流业是支撑国民经济发展的基础，对国民经济发展具有战略性、先导性作用，对于提高制造业生产效率、加快制造业结构优化升级、增强制造业核心竞争力具有重要作用。同时，物流业也有利于金融业扩大服务范围，开发新产品，降低经营风险。对中国物流业而言，三业高质量协同发展有利于促使中国物流企业深度融入制造型企业的供应链全过程，其可提升服务供给能力，拓宽融资渠道，

提升全社会的物流效率。金融业代表着国家重要的核心竞争力,能够为物流业和制造业提供资金支持和金融服务,通过影响企业投资、融资等方式深刻地影响社会资金的使用效率和国家经济发展的进程。就中国金融业来说,三业的协同发展一方面可以为金融机构创造更为广阔的市场需求,扩宽金融企业的盈利空间;另一方面,物流企业和制造业企业更高端的服务需求可以倒逼金融机构提升服务水平和创新能力,促进金融体系不断完善。制造业、物流业、金融业相互作用机理如图4-16所示。现有研究成果主要集中在制造业、物流业、金融业两两协同发展方面。

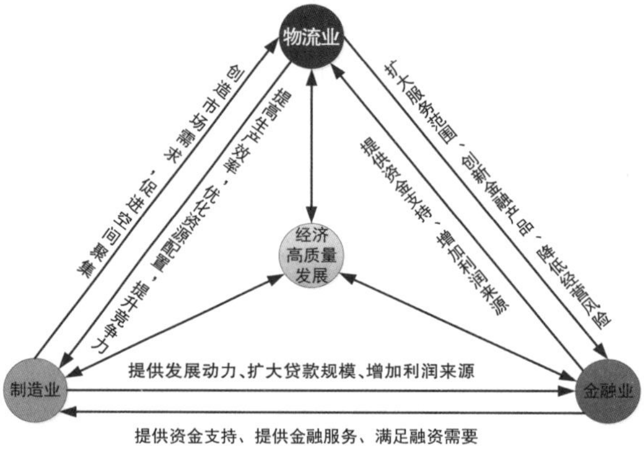

图4-16　制造业、物流业、金融业相互作用机理

1.物流业与制造业协同方面

目前,学术界对物流业和制造业的协同关系已经进行了较为深入的研究,相关研究成果丰富。研究方法主要包括投入产出法、协整分析法、灰色关联法、复合系统协调度模型、Logistic模型、VAR模型、共生度模型等。Dirk等(2008)研究了当前制造型企业与第三方物流供应企业的集成和协同程度,认为未来两者的协同发展方向在通信技术和信息方面。彭本红等利用序参量建立二者互动的协同模型,发现制造业与物流业在发展过程中是互为有利的,二者是共生关系。苏秦和张艳(2011)、程永伟运用投入产出法分析了制造业与物流业间的动态变化规律。董千里等(2015)得出"陕西全省协调程度呈现M形变化趋势"。樊敏(2010)运用VAR模型,分析了长三角、辽中南、武汉和成渝4个地区的城市制造业与物流业联动效率,发现联动效率最高的是长三角,其余依次是辽中南、武汉和成渝。王珍珍利用共生度模型对长江经济带九省二市制造业与物流业的共生度、共生关系以及共生寿命进行了测算,得出了上海处于正向非对称互惠共生模式阶段,其他十个地区均处于向正向非对称互惠共生模式过渡阶段。

2.物流业与金融业协同方面

国内外对物流业和金融业的协同研究主要集中在分析物流业和金融业的相互作用、构建物流业和金融业的协同模式、评价物流业和金融业协同状态以及分析二者协同演化机制及路径优化等方面。Gonzalo对比分析了物流金融的融资模式和传统的互动差异。朱汉民(2003)对现代物流业与金融业的互动关系进行了分析,最后论证了二者的必要性。丁永琦(2014)通过计量方法构建指标体系,研究二者的动态互动关系,结果发现存在滞后期。

3.制造业与金融业协同方面

目前学术界关于二者协同的研究较少,更多认为生产性服务业包含金融业并加以研究,研究热点集中在二者相互影响关系、产业关联与空间分布及制造业金融化等方面。Riddle(1986)构建了二者交互经济模型,认为生产性服务业是促进其他部门增长的过程产业,是经济的催化剂,是激发商品生产的催化剂。Markusen(1989)引入D-S效用函数模型,探究了进行生产性贸易的积极意义及内在机理。Perry(1990)等从竞争策略的角度探究了生产性服务外部化问题,认为生产性服务业能够增强企业的灵敏性与竞争力。Park(1999)计算了制造业和金融业间的依赖度。陈伟达等(2009)通过计量进行回归分析,通过格兰杰因果检验,论证了生产性服务业有利于制造型企业发展。顾乃华(2006)等基于计量模型,得出大力发展生产性服务业有利于中国制造业转型升级的结论。关于制造业、物流业、金融业三业协同的研究最早出现于国外,2000年以后兴盛于国内。最先是对制造业与生产性服务业协同方面进行研究,制造业的发展需求促使了相关学者开始关注生产性服务业领域,这类研究主要集中在生产性服务业对制造业的影响方面。随着供应链概念的出现和现代物流业的快速发展,对制造业与物流业协同发展的研究逐渐深入,其已经成为物流、制造、金融三业两两协同研究中成果最丰硕、体系最完备的研究领域。既涉及对物流业与制造业作用机制的研究,又涉及物流业与制造业协同发展模式的研究,既有理论分析又有实证分析。国外对物流业与金融业协同发展的研究起步早,成果主要集中在物流金融方面,而中国现代物流业起步晚、发展快,为满足实践的需要,近年来物流业和金融业协同发展成为新兴研究领域,而关于制造业和金融业协同的研究不多,更多的是将金融业作为生产性服务业的组成部分加以研究,主要研究方向为二者相互影响关系和制造业金融化。

总之,现有参考文献内容丰富、成果显著,对产业协同发展起到了积极的指导作用,也为开展中国三业协同发展研究奠定了坚实的理论基础。但是由于时代的限制,一些研究的相关评价指标不能准确反映高质量发展背景下产业的发展状况,也无法为产业高质量协同发展提供科学的指导。同时当前对产业协同的实证研究多基于两两协同的视角,关于“三主体”协同发展的研究成果凤毛麟角。本项目以中国制造业、物流业、金融业三个协同主体为研究对象,着重构建符合高质量发展要求的评价指标体系,深入分析高质量发展导向下中国制造业、物流业、金融业三业协同发展状况,结合中国国情提出具有针对性的发展建议。

(一)中国制造业、物流业、金融业发展态势

1.中国制造业发展态势

改革开放40年来,特别是党的十八大以来,得益于雄厚的产业基础以及积极的政策导向,中国制造业一直处于快速发展的阶段,保持着良好发展态势。

①产业规模不断扩大,经济总量日益提升。中国制造业规模已经进入世界第一方阵。2008~2017年,中国规模以上制造业增加值从2008年的131727.6亿元上涨到2017年的278328.2亿元,实现了制造业经济总量翻一番的伟大成就。中国制造业法人单位数由2008年1818370家增加至2017年的3483617个,成为世界上工业门类最齐全的国家,拥有39个工业大类,191个中类,525个小类。这些数据表明中国制造业经济总量稳步上升,呈现出了良好的发展态势。2008~2017年,中国制造业法人单位数和规模以上制造业增加值如图4-17所示。从区域角度来看,2017年,中国东部地区制造业经济体量大于中西部地区(图4-18)。

图4-17 中国制造业法人单位数和规模以上制造业增加值(2008~2017年)

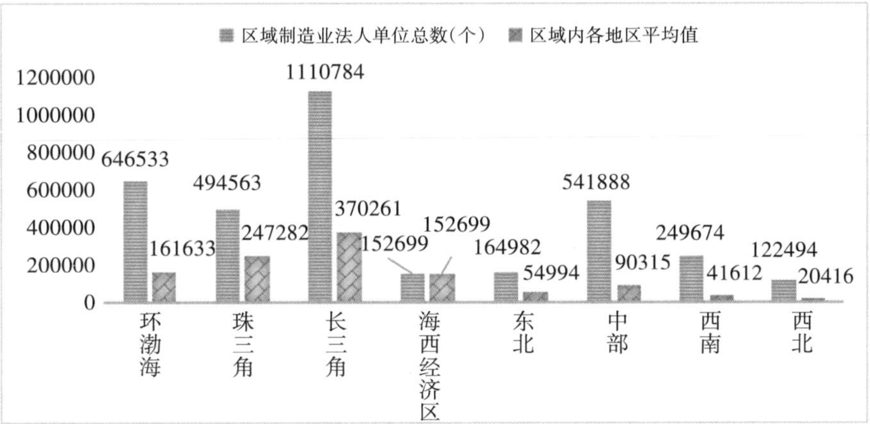

图4-18 中国各区域制造业法人单位总数和区域内平均值(2017年)(单位:个)

②产业结构稳步升级,新兴产业势头强劲。根据中国高技术产业发展报告、中国高技术产业年鉴中的分类标准,将制造业各行业按照劳动密集型、资金密集型和技术密集型进行划分。通过中国统计年鉴获取相关数据,得到2012~2017年河南制造业分行业企业单位数,如表4-5所示,由表4-6可知,在新兴制造业中所占比例处于不断上升的状态,发展势头强劲。

表4-5 河南制造业分行业企业单位数(2012~2017年) 单位:万个

分类	行业	2017	2016	2015	2014	2013	2012
劳动密集型产业	农副食品加工业	2.466	2.601	2.569	2.484	2.396	2.236
	食品制造业	0.886	0.904	0.875	0.821	0.787	0.731
	纺织业	1.873	1.975	2.055	2.082	2.117	2.044
	纺织服装服饰业	1.46	1.545	1.594	1.582	1.571	1.479
	皮革、毛皮、羽毛及其制品和制鞋业	0.829	0.873	0.886	0.872	0.847	0.781
	木材加工及木、竹、藤、棕、草制品业	0.886	0.912	0.925	0.902	0.888	0.850
	家具制造业	0.615	0.578	0.555	0.529	0.508	0.456
	印刷和记录媒介的复制业	0.562	0.558	0.545	0.529	0.507	0.419
	文教、工美、体育和娱乐用品制造业	0.909	0.926	0.909	0.861	0.814	0.692
	化学纤维制造业	0.180	0.182	0.192	0.195	0.20	0.187
	橡胶和塑料制品业	1.845	1.83	1.846	1.814	1.766	1.636
	非金属矿物制品业	3.449	3.503	3.512	3.399	3.217	2.912
	金属制品业	2.056	2.073	2.114	2.078	2.012	1.856

续表

分类	行业	2017	2016	2015	2014	2013	2012
资本密集型产业	造纸及纸制品业	0.663	0.659	0.68	0.682	0.706	0.713
	石油加工、炼焦及核燃料加工业	0.179	0.188	0.199	0.203	0.208	0.204
	化学原料及化学制品制造业	2.337	2.458	2.526	2.526	2.504	2.369
	黑色金属冶炼及压延加工业	0.771	0.850	0.954	1.036	1.101	1.088
	有色金属冶炼及压延加工业	0.693	0.702	0.726	0.739	0.734	0.695
	通用设备制造业	2.366	2.368	2.459	2.462	2.399	2.203
	专用设备制造业	1.776	1.760	1.780	1.740	1.672	1.507
	汽车制造业	1.491	1.449	1.415	1.346	1.253	1.127
	电气机械及器材制造业	2.393	2.361	2.367	2.321	2.259	2.106
	酒、饮料和精制茶制造业	0.671	0.696	0.666	0.627	0.589	0.531
	烟草制品业	0.012	0.013	0.013	0.013	0.013	0.014
技术密集型产业	医药制造业	0.753	0.754	0.739	0.711	0.684	0.639
	铁路、船舶、航空航天和其他运输设备制造业	0.482	0.495	0.505	0.498	0.493	0.476
	计算机、通信和其他电子设备制造业	1.610	1.522	1.459	1.403	1.355	1.233
	仪器仪表制造业	0.451	0.434	0.426	0.418	0.409	0.38
	其他制造业	0.185	0.189	0.181	0.176	0.170	0.155

通过表4-5可计算2012～2017年河南制造业中劳动密集型、资金密集型和技术密集型企业各自所占的比例，结果如表4-6所示。目前阶段，在中国制造业企业中，劳动密集型企业最多，技术密集型企业最少。但从发展趋势看，中国技术密集型企业数量占比呈现稳步上升态势，说明中国制造业正逐渐转向技术水平较高的行业，制造业产业结构正在稳步升级。

表4-6　河南制造业三类企业各自所占的比例（2012～2017年）

分类	2012	2013	2014	2015	2016	2017
技术密集型企业	9.09%	9.10%	9.15%	9.28%	9.60%	9.99%
资本密集型企业	39.59%	39.32%	39.07%	38.64%	38.19%	38.31%
劳动密集型企业	51.32%	51.58%	51.78%	52.07%	52.21%	51.70%

③中国制造业发展面临的问题与挑战，主要分为三类。

(a)中国制造业“大而不强、全而不优”。中国制造业虽然拥有庞大的经济体量和齐全的产业门类，但是产业发展的质量较低、效益较差。根据

表4-5可知,劳动密集型企业占中国制造业企业总数的超过一半,技术密集型企业占比低于10%,虽然近年来产业结构在逐步改善,但传统制造业的占比仍然偏高,高新制造业的占比严重偏低。从企业看,中国大型制造业企业数量稀少,中小企业发展水平低,知名度较差。中国共有120家企业在2018年挺进世界500强,但其中制造业企业相对较少。近年来,制造业发达国家的制造业竞争优势愈发强劲,制造业后发国家积极拓展发展规模。在质量效益上,中国制造业与先发国家制造业差距较大,没有形成竞争优势,且面临中低端锁定的危险。从劳动生产率角度来看,2017年中国制造业这一指标仅为24711.56美元/人,而日、德、韩三国是中国的3倍多,美国达到了中国的5倍以上。总的来看,中国制造业高端供给不足、中低端供给过剩,供给侧结构性问题仍然突出,中国由“制造大国”向“制造强国”的转变之路仍然任重道远。

(b)中国制造业创新能力弱,缺乏核心竞争力。中国制造业企业重生产、轻研发的传统生产观念仍然较为突出。企业的研发投入能力与研发产出能力较弱,水平较低。整体展现出“研发投入强度不大、单位制造业产出专利少、产品在国际市场受到中低端压制”的局面,这是对制造业体系升级极为不利的产业技术经济特征。中国各省份工业企业R&D经费投入强度差距较大,R&D经费投入强度较高的仅四个直辖市和广东、浙江两个沿海省份,区域分布十分不平衡,加之中国制造业集聚效应较差的现状,严重影响了中国制造业企业核心竞争力的提升。

(c)中国制造业资源消耗大,环境污染严重。中国制造业能源利用效率在全球竞争中处于中下游。粗放式的能源消耗方式不仅使中国制造业体系长期处于“高耗能、高污染、高排放”的低效运转模式,也拉低了制造业企业的效益水平,降低了产品的国际竞争力。2017年,中国、美国、日本、德国、韩国的制造业发展主要指标比较如表4-7所示。

表4-7　中国、美国、日本、德国、韩国的制造业发展主要指标比较(2017年)

制造业指标	中国	美国	日本	德国	韩国
制造业研发投入强度(%)	1.98	2.58	3.36	3.05	3.67
单位制造业增加值的全球发明专利授权量(项/亿美元)	6.67	15.08	12.96	6.02	5.99
高技术产品贸易竞争优势指数	0.07	0.67	0.82	0.88	0.59
制造业劳动生产率(美元/人)	24712	141677	78895	90797	83848

续表

制造业指标	中国	美国	日本	德国	韩国
制造业单位能源利用效率(美元/千克石油当量)	5.99	8.83	11.97	12.56	7.89

2. 中国物流业发展态势

中国物流业近年来发展十分迅速,已经成为中国最具发展潜力的产业之一,且已具备一定的产业基础。

①经济总量持续增长,市场主体逐步壮大。如图4-19,2008~2017年,中国物流业增加值从2008年的16367.6亿元上涨到2017年的37172.6亿元,增速领先全球。中国物流业法人单位数从2008年的157589家增加至2017年的540994家,培育出了顺丰速运、京东物流、菜鸟物流、三通一达等物流龙头企业。如图4-20所示,2017年中国各区域物流业增加值总量排名依次为中部地区、环渤海地区、长三角地区、西南地区、泛珠三角地区、西北地区、东北地区、海西经济区。按省份平均值来看,长三角区域内省份平均值最高,西北地区各省份平均值最小。

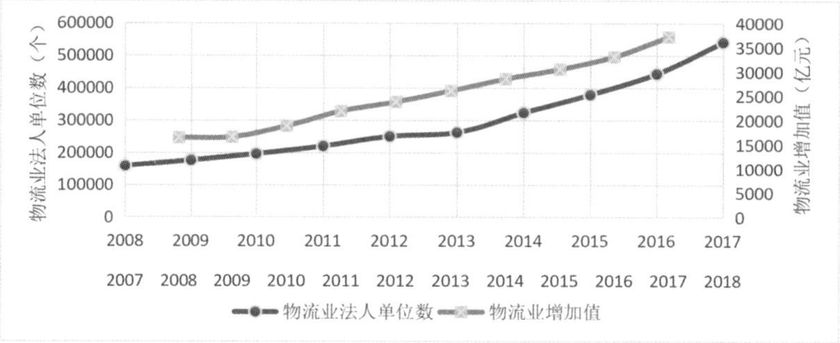

图4-19　中国物流业法人单位数和物流业增加值(2008~2017年)

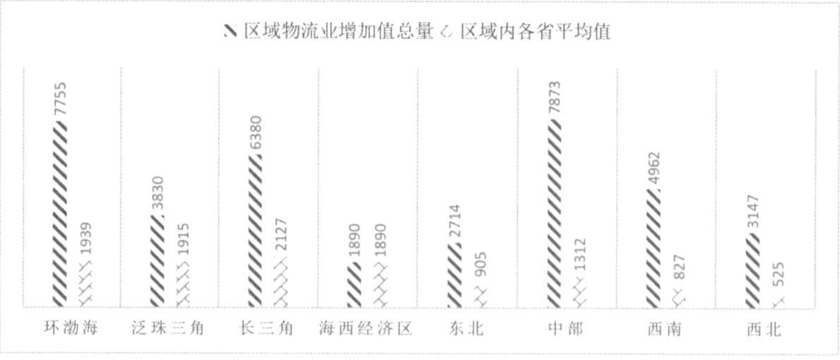

图4-20　中国各区域物流业增加值总量和区域内平均值(2017年)(单位:亿元)

②物流网络建设成效显著，物流基础设施日益完善。2017年，中国物流业固定资产投资额达61449.85亿元，比上年增长14%，尤其是自"一带一路"倡议提出以来，中国物流业固定资产投资增长迅猛。分区域来看，中国东部地区物流基础设施已较为成熟，中西部地区的基础设施建设正在发力。如图4-21所示，2017年中国各区域物流业固定资产投资总额排名依次为西南地区、中部地区、环渤海地区、西北地区、长三角地区、泛珠三角地区、东北地区、海西经济区。按省份平均来看，海西经济区平均值最高，接下来依次为西南地区、长三角、泛珠三角地区、环渤海地区、中部地区、西北地区，东北地区各省份平均值最小。

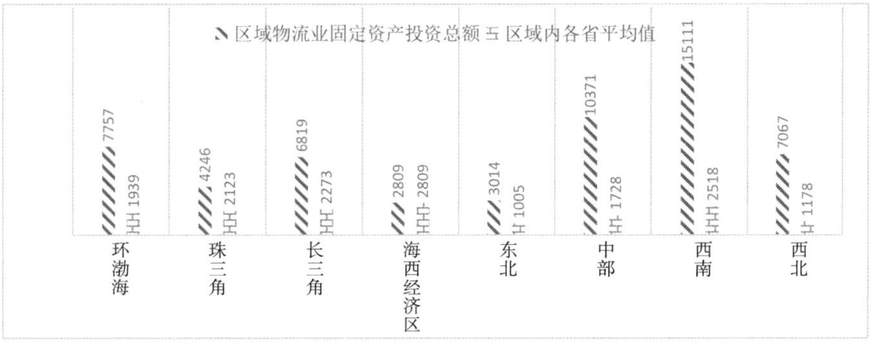

图4-21　中国各地区物流业固定资产投资总额和区域内平均值(2017年)(单位:亿元)

③物流成本逐步下降，产业结构不断优化。如图4-22所示，2017年，中国社会物流总费用同比增长9.2%，增速低于社会物流总额、GDP现价增长。2012～2017年，全国物流总费用与GDP的比例下降，物流效率总体有所提升。另外，近年来中国物流组织方式不断创新，"物流+金融""物流+跨境电商""互联网+现代物流"等新业态、新模式发展迅速。

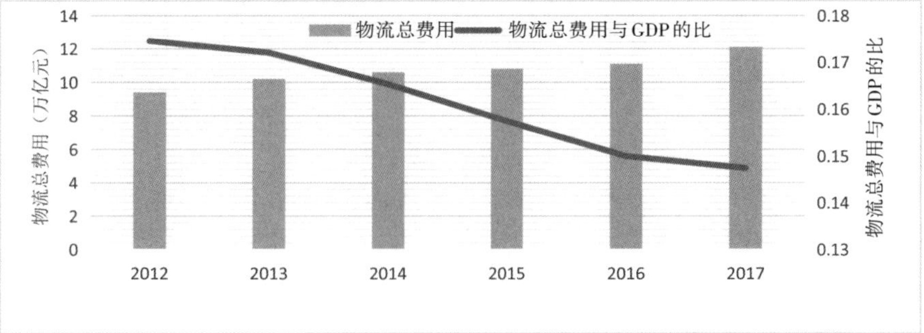

图4-22　中国社会物流总费用及其占GDP的比例(2012～2017年)

首先，中国物流服务供给水平不高，社会物流成本仍有待进一步降低。中国物流企业多为经营运输和仓储的粗放型中小企业，规模以上企业占比低，高层次、综合性的物流服务供应不足，市场主体竞争力不强。另外，中国社会物流总费用占GDP比例虽然逐年降低，但是仍远高于发达国家，2016年，中国该比例为14.6%，美国、日本、德国均不到10%，因此中国物流产业发展还有较大空间。其次，中国物流业区域发展不平衡，物流资源大部分集中于区域中心城市，三四线城市物流基础设施还不完善，集聚和配置资源要素的作用没有充分发挥。另外，中国物流业还存在创新能力弱，自动化、智能化水平低，专业化程度不高，行业操作标准不健全等亟待改善的问题。

3. 中国金融业发展态势

①中国金融业总体运行特征。近十年间，中国金融业迅猛发展，金融集聚效应愈加突出，服务经济发展和社会建设的能力显著增强。

(a)经济总量快速上升，产业规模逐渐扩大。如图4-23所示，2009年中国金融业增加值仅为18313.4亿元，金融业的产业贡献率(金融业增加值与GDP之比)仅为5.74%，2015年中国金融业产值超过五万亿，2017年达到65395亿元，是2008年的3.5倍，金融业增加值占GDP比例上升为7.97%，成为中国经济发展的重要支柱。就市场主体来说，中国金融业法人单位数从2008年的28668家增加至2017年的135068家，数量上涨了近五倍，中国金融总量快速上升，产业规模逐渐扩大。如图4-24，分区域来看，2017年，长三角区域内金融业增加值省份平均值最高，西北地区各省份平均值最低。这表明中国东部沿海地区金融业产业规模最大，中西部地区与东部地区存在一定差距。

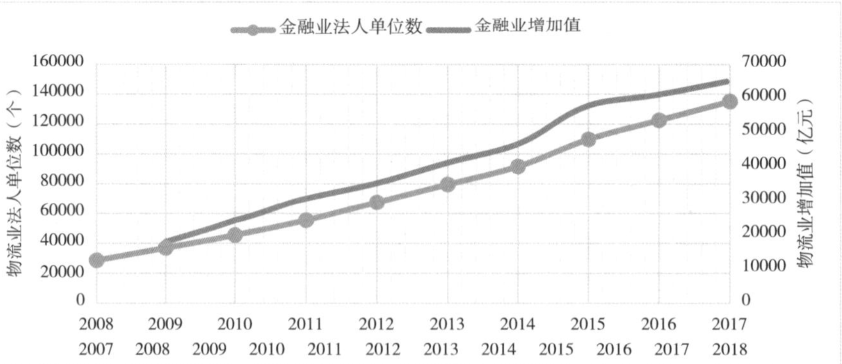

图4-23 中国金融业法人单位数和金融业增加值(2008～2017年)

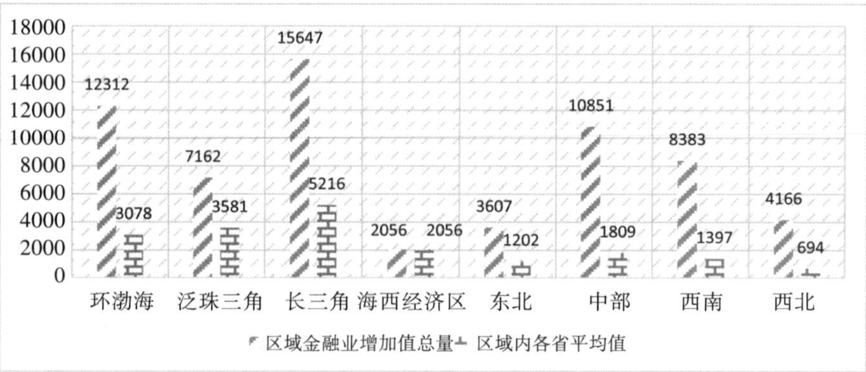

图4-24　中国各区域金融业增加值总量和区域内省份平均值（2017年）（单位：亿元）

（b）金融集聚效应日益凸显，辐射带动作用显著增强。2017年，中国金融业增加值超过3000亿的省份有七个，按照排名依次为广东、江苏、上海、北京、山东、浙江、四川，七省金融业增加值之和占全国总量的50%以上。而排名后七位的吉林、新疆、甘肃、宁夏、海南、青海、西藏的金融业增加值之和仅占全国的4%。作为中国经济中心，上海2017年的金融业增加值为5330.54亿，占全国总量的8.31%。中国金融业集聚现象已十分明显，金融资源主要集中于东部，特别是集中于东部沿海发达地区。

（c）金融资产日益充足，产业链条趋于完善。2008～2017年，中国金融业存款总额增加了1174841亿元，年均增长13.41%，资金来源逐年增多。各项贷款总额增长了897926亿元，年均增长14.75%，经济活力日益增强。如图4-25所示在金融市场方面，首次公开发行A股105只，筹资1378亿元，减少923亿元；各类主体通过沪深交易所发行债券筹资56878亿元，增加17731亿元；全国挂牌公司累计筹资604亿元。这表明中国较为完整的金融产业链条已经成型。

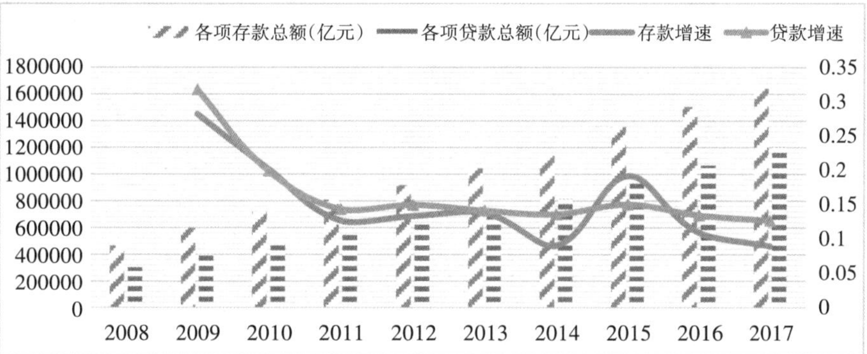

图4-25　中国存贷款总额及其增速（2008～2017年）（单位：亿元）

②中国金融业发展面临的问题与挑战，主要有两个方面。

(a)金融业服务实体经济能力不强，存在金融服务短板。实体经济是国家经济发展的风向标，实体经济的支撑基础是金融业，两者应相互协同、互相扶持。社会融资规模[①]增量可以反映中国金融业服务实体经济的能力，2017年，中国社会融资规模增量为194 445亿元，与中国庞大的经济体量并不匹配。因此目前阶段中国实体经济与金融业不协调，在中国经济发展历程中，由于缺乏社会资金的注入，保证实体经济正常进行的存量被剥离，导致市场现存的大量资金无法最优化配置。总体看来金融业服务实体经济能力不强，存在金融服务短板。

(b)金融市场体系不完善，资本市场发育程度较低。从中国金融业构成来看，传统银行业、保险业占比远高于其他金融部门，国有政策性银行、国有大型商业银行、股份制商业银行的金融资本占比超过全行业金融资本的一半，而新兴互联网金融、物流金融、期货、期权等占比严重不足。与美国、英国、日本、德国等发达国家相比，中国货币市场和资本市场规模狭小，金融中介体系不够完善，优化资源配置的能力仍有待提高。从图4-26可以看出，中国间接融资规模一直高于直接融资规模，企业融资渠道主要为向金融中介贷款，债券、股票等直接融资途径的作用没有得到充分发挥。

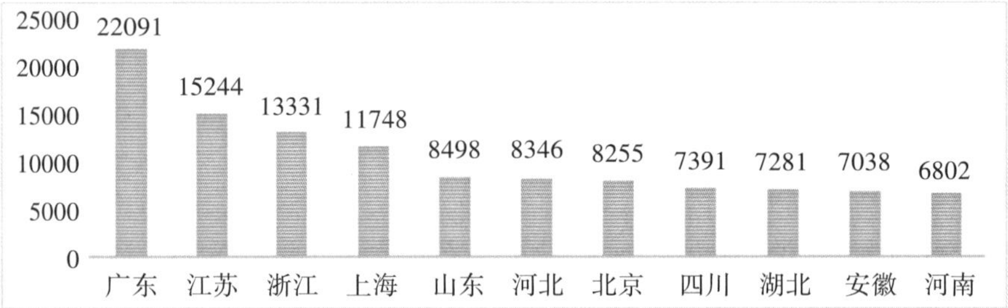

图4-26　中国部分省份社会融资规模增量(2017年)(单位:亿元)

(二)中观视角制造业物流业协同发展研究

1.中观视角制造业与物流业协同指标体系建立

构建一个合理、科学的衡量物流业与制造业的评价体系是进行两业协同研究的前提，指标的选取应遵循可代表性、科学性、易衡量性及可发展性等原则。同时要尽可能选择可测量或可从政府《统计年鉴》及权威渠道获得数据的指标。众多学者在构建制造业的评价指标体系时选择从产业规

①社会融资规模增量是指一定时期内、一定区域内实体经济从金融体系获得的资金总额。

模、投入、产出及发展四个方面入手。基于此，本项目构建物流业、制造业综合性评价指标体系。投入指标包括两业人力资源的投入和资金投入总和，规模指标为市场规模、利润规模、业务规模等，产出指标主要指行业的发展对社会的贡献程度，而发展指标指在市场及利润方面的增长速度，衡量行业未来发展潜力。因此本项目选取以下具体指标，期望能尽可能全面、客观地评价两业发展水平（详见图4–27）。

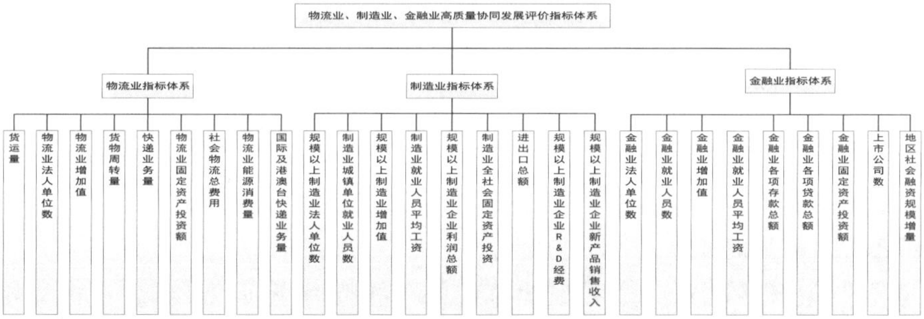

图4–27　物流及制造业综合评价指标体系

2.协同模型构建

①数据处理。假设对m个样本物流企业的n个指标评价值为x_{ij}，i为样本物流企业，j为第j项指标，则建立初始矩阵A为

$$A=\begin{pmatrix} x_{11} & \cdots & x_{1n} \\ \vdots & \vdots & \vdots \\ x_{m1} & \cdots & x_{mn} \end{pmatrix} \qquad （式4–7）$$

对矩阵A进行归一化处理

$$y_{ij}=\frac{x_{ij}-\min_j x_{ij}}{\max_j x_{ij}-\min_j x_{ij}} \quad i\in[1,m],j\in I_1 \qquad （式4–8）$$

$$y_{ij}=\frac{\max_j x_{ij}-x_{ij}}{\max_j x_{ij}-\min_j x_{ij}} \quad i\in[1,m],j\in I_2 \qquad （式4–9）$$

其中，I_1为收益性指标，即值大为优，I_2为成本型指标，即值小为优。

②赋权重。现有的对指标体系进行赋权的方法可大致分为主观与客观两类：一类是主观赋权法，主要依靠个人或者群体的认知，主观性较强如主成分分析法、AHP法与专家评分法等；第二类是客观赋权法，主要是对现有数据的信息进行提取，通过计算确定权重，如熵权法、变异系数法，这种评价方法可以避免主观判断带来的随意性和误差，因此本项目采用客观的熵权法确定指标权重。

设第j项指标的熵为H_j,则

$$H_j=-k\sum_{i=1}^{m}p_{i,j}\ln p_{i,j},j\in[1,m] \quad （式4-10）$$

其中$p_{ij}=\frac{y_{ij}}{\sum_{i=1}^{m}y_{ij}}$,$k=\frac{1}{\ln m}$;当$p_{ij}=0$时,$p_{i,j}\ln p_{i,j}=0$。根据熵$H_j$求解第j项指标熵权,即

$$\omega_j=\frac{1-H_j}{n-\sum_{j=1}^{n}H_j},0\leqslant\omega_j\leqslant1,\sum_{j=1}^{n}\omega_j=1 \quad （式4-11）$$

③灰色关联度模型。灰色关联分析是一种分析法方法,原理是根据序列曲线集合的相似程度来判断序列之间的连接程度,曲线图形越接近则序列之间的相关程度越大,反之亦然。

计算过程:设$Y_1,Y_2,\cdots,Y_s$为系统特征的行为序列,$X_1,X_2,\cdots,X_m$为相关因素的行为序列,且$Y_i,X_j(i=1,2,\cdots,s;j=1,2,\cdots,m)$长度相同,

$$Y_i=\left(x_i(1),x_i(2),\cdots,x_i(n)\right)$$

$$X_j=\left(x_j(1),x_j(2),\cdots,x_j(n)\right)$$

Step1:求始点零化像

D为始点零化算子,得$Y_iD=\left(y_i(1)d,y_i(2)d,\cdots,y_i(n)d\right)$,其中$y_i(k)d=y_i(k)-y_i(1)$,$k=1,2,\cdots,n$,则$Y_iD$为$Y_i$的始点零化像。

Step2:求$|s_i|$、$|s_j|$、$|s_j-s_i|$

$$Y_iD=Y_i^0(1)=\left(y_i^0(1),y_i^0(2),\cdots,y_i^0(n)\right)$$

$$=\left(y_i(1)-y_i(1,),y_i(2)-y_i(1),\cdots,y_i(n)-y_i(1)\right)$$

则$s_i=\int_1^n\left(Y_i-y_i(1)\right)\mathrm{d}t$,同理可得$s_j$,则$s_j-s_i=\int_1^n\left(X_j^0-Y_i^0\right)\mathrm{d}t$。

Step3:计算改进灰色绝对关联度

设序列X_i与X_j长度相同,则$\varepsilon_{ij}=\frac{1}{2}\frac{1+|s_i|+|s_j|}{1+|s_i|+|s_j|+|s_j-s_i|}+\frac{1}{2}\frac{1}{1+d_{ij}}$,其中$d_{ij}=\sum_{k=1}^{n}\left|x_j^0(k)-y_i^0(k)\right|$,$\varepsilon_{ij}$为$Y_i$与$X_j$的改进的灰色绝对关联度,简称改进绝对关联度。

Step4:计算得到改进的灰色绝对关联矩阵

$$R_{ij}=\begin{pmatrix}\varepsilon_{11} & \cdots & \varepsilon_{1m}\\ \vdots & \vdots & \vdots\\ \varepsilon_{sj} & \cdots & \varepsilon_{sm}\end{pmatrix}$$

其中第i行元素是系统特征行为序列Y_i与相关因素序列$X_1, X_2, \cdots, X_m$的灰色绝对关联度，若存在$l, j \in \{1, 2, \cdots, m\}$，满足$\varepsilon_{il} \geqslant \varepsilon_{ij}$; $i=1, 2, \cdots, s$则称对于Y_i，系统因素X_l准优于系统因素X_j。若满足$\sum_{i=1}^{s}\gamma_{il} > \sum_{i=1}^{s}\gamma_{ij}$，则称整体而言系统因素$X_l$准优于系统因素$X_j$。

3.实证分析

运用灰色关联模型可以较好地探究物流业与制造业之间的耦合关系，但无法确切指出两业对当地经济发展的促进作用大小。众多学者对物流业与制造业对地区经济的影响进行了研究，方茜采用投入产出法，对四川的投入产出综合平衡表进行了分析，解释了制造业对于当地经济增长的重要作用，可以看出物流业与制造业均有效地推动了当地经济的发展。基于此，本项目在运用灰色关联模型探究物流业与制造业关联程度的同时，引入变量各省生产总值（GDP），对2011～2017年省际数据进行实证并研究中国各区域物流业与制造业对当地经济发展促进的现状与演化路径，为进一步推动当地经济发展提供借鉴。

运用熵权法对各指标赋权结果详见表4-8，运用灰色关联模型，计算得出2011～2017年中国全国范围内、中部地区、西部地区、东部地区的物流业以及制造业与各地区生产总值（GDP）的关联度以及两业之间的关联度，结果详见表4-9。

表4-8　宏观层面各指标权重

行业	指标及权重
物流业	物流业固定资产投资额（0.1606）、物流业从业人员数（0.1130）、物流业增加值（0.1412）、物流业贡献率（0.1047）、货运量（0.1322）、货物周转量（0.2465）、业务增长率（0.1014）
制造业	制造业固定资产投资额（0.1872）、制造业从业人员数（0.1961）、制造业成本费用利润率（0.1106）、制造业总资产贡献率（0.0527）、制造业总产值（0.1591）、制造业企业数量（0.2572）、制造业利润增长率（0.0368）

表4-9 各区物流业和制造业与生产总值(GDP)的关联度

年份	全国		东部地区（京、津、冀、辽、沪、苏、浙、赣、鲁、粤、琼）		中部地区（晋、吉、黑、皖、江西、豫、湘）		西部地区（川、渝、内蒙古、贵、藏、云、桂、新、青、甘、陕、宁）	
	物流业	制造业	物流业	制造业	物流业	制造业	物流业	制造业
2011	0.5028	0.5590	0.5469	0.8984	0.8399	0.6612	0.5328	0.7925
2012	0.5032	0.5695	0.5464	0.8903	0.6812	0.6856	0.5306	0.7937
2013	0.5029	0.5586	0.5517	0.8838	0.8249	0.6950	0.5418	0.7866
2014	0.5030	0.5642	0.5531	0.8717	0.8844	0.7070	0.5324	0.7752
2015	0.5009	0.5204	0.5537	0.8643	0.7347	0.7340	0.5343	0.7991
2016	0.5026	0.5594	0.5515	0.8655	0.5834	0.7287	0.5277	0.7793
2017	0.5030	0.5734	0.5506	0.8609	0.7482	0.6896	0.5090	0.6649

注：原始数据来自2011～2017年的《中国统计年鉴》以及各省份《统计年鉴》

①全国物流业与制造业对经济的贡献程度分析。通过表4-9中的第2列可以看出，2011～2017年，中国制造业对经济的贡献程度始终大于物流业，这与中国实情相符，物流业在中国属于“朝阳产业”，在物流行业初期主要存在着以下问题：(a)物流费用高，中国社会物流费用占GDP的比例始终高于发达国家。(b)物流企业数量多、规模较小，目前中国企业自有物流体系在整个物流市场仍占据了主要地位，专业第三方物流普及程度低。(c)利润来源单一，中国物流业仅能提供运输、仓储、配送等基础性的物流服务，而尚不具备提供物流系统规划与设计、供应链咨询等高层次物流服务的能力。这些问题成为物流业发展的阻力，降低了物流业对经济的贡献程度。反观制造业，自改革开放以来，经济保持着快速、稳定的发展，年均经济增速达到9.6%，其中第二产业增加值更是高达10.9%，是推动国民经济发展的重要动力，随着现代工业化的推进，中国制造业的规模在不断扩大。

值得注意的是，2015年物流业和制造业对经济的贡献程度均有较大幅度的下降，其原因如下：一是，“营改增”政策实施后物流业及制造业税负加重，成本升高、利润下降，发展滞缓。尤其是物流企业，其在交通运输的进项税额抵扣方面明显存在劣势，增值税发票较难开具，使得企业税率增加。2015年，物流业出现公路和铁路货运需求的疲软。二是，制造业此时对内存在着严重的产能过剩、结构不合理问题，“内忧外患”的窘境使其对经济贡献程度大幅度下降。随着《中国制造2025》等一系列国家政策出台后，物流业以及制造业发展态势有所转变，开始回暖。

②各区域物流业与制造业对经济的贡献程度分析。

（a）东部地区分析。从第3列可以看出，中国东部地区制造业较为发达，对当地经济的贡献程度远超物流业，这是因为东部地区拥有良好的区位优势，地处沿海区域，交通方便，外商直接投资的制造业企业较多，同时有国家政策的大力支持，因此制造业发展迅速，有效推动了当地经济发展。中国东部地区制造业对经济的贡献程度一直呈现下降态势，这是因为国家提出了区域产业结构转型要求，东部地区应当加快产业结构升级，重点发展高端制造业及高新技术，逐步将劳动和资源密集型产业转移至其他地区，这一举措使得东部制造业发展放缓。物流业对经济的贡献程度在不断提升，主要是因为东部有良好的地理优势，使其在信息化水平、交通运输投资规模、快递业务量占比等方面始终高于其他地区且逐年增长。2016年，物流业贡献程度略有下降，主要是因为东部地区受到首都物流功能向外疏散、京津冀一体化等一系列国家政策方针的影响，物流业的增速逐渐放缓。

（b）中部地区分析。从表4-9中的第4列可知，中部地区物流业对经济的贡献程度高于制造业，制造业于2011～2015年对经济的贡献率稳步上升，中部凭借自身地理优势，承接东部地区的产业转移，引进外商投资，使得传统制造业发展呈稳定态势，通信制造业、能源化工、金属制品制造业发展迅猛，形成了新型的制造业产业结构。2016～2017年，制造业出现了贡献程度下降的情况。

（c）西部地区分析。从表4-9中的第5列可以看出，西部地区制造业较为发达，物流业对经济贡献程度低且发展态势不好，由于其特殊的地理位置以及较为稀疏的人口，物流总需求量小，基础设施不全面，同时西部地区因经济发展较慢，其信息化程度低，物流业成本高居不下。因此物流业的发展比制造业落后。西部地区制造业在2011年及2015年均出现了较高的经济贡献度，因为西部地区土地及劳动力成本低是其制造业发展优势，尤其是随着交通网络的构建，西部地区的区位劣势正在不断弱化，但其与中部地区同样面临着制造业转型升级困难的问题，因此西部制造业并没有一直保持较高的经济贡献度，情况不稳定。

③全国物流业与制造业协同度分析。通过表4-10第2列可以看出，除2011年及2015年中国物流业与制造业的关联度均处于0.85以上，说明全国范围内两业具有较强的关联度，互动情况良好。通过图4-28可以看出，中国2011～2017年物流业与制造业的协同趋势主要可以分为两个阶段：第一阶段为2011～2014年，中国物流业与制造业的协同程度处于不断上升阶段，主要得益于中国东部地区两业协同度不断上升；第二阶段为2015～

2017年，中国两业协同度处于不断波折中，整体发展态势呈现“M”形。2015年，两业协同度出现较大幅度下降，虽然中国西部地区两业协同度在2015年上升，但东部及中部地区均出现下降，因此拉低全国两业的平均协同度。2016年，中国两业协同度出现大幅度上升，这主要是因为中国东部地区两业协同度出现大幅度上升，同时中部地区出现小幅度上升。2017年，中国两业协同度再次出现下降，主要是因为中国西部地区两业协同度下降。此外，可以看出中国东部地区两业协同度折线图与全国范围内两业协同程度的折线图变化趋势较为一致，说明中国东部地区两业互动情况对全国两业发展影响程度高于中国中部及西部地区。经过分析认为，这是由于中国制造业、物流业均存在东部地区规模远大于中西部地区的情况。

表4-10 各区物流业与制造业的关联度

年份	全国	东部	中部	西部
2011	0.6462	0.7951	0.7979	0.7385
2012	0.8500	0.8924	0.6669	0.7184
2013	0.9301	0.9385	0.6544	0.8077
2014	0.9689	0.9500	0.6962	0.6799
2015	0.6650	0.8120	0.6028	0.8982
2016	0.9946	0.9651	0.6111	0.7268
2017	0.8950	0.9828	0.6823	0.6500

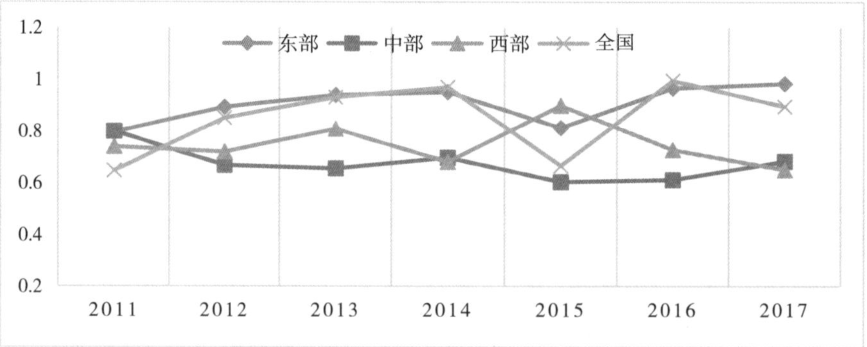

图4-28 各区物流业与制造业的关联度

图4-29显示2017年中国东部、中部、西部制造业增加值及物流业增加值，可以发现中国东部地区物流业及制造业增加值均远高于中西部地区。

因东部基础规模较大,因此东部地区两业的发展对全国范围内两业发展起着举足轻重的影响,若想提升全国两业协同度应当重点关注东部地区,利用“先协调带动后协调”原则,最终实现全国共同协调。

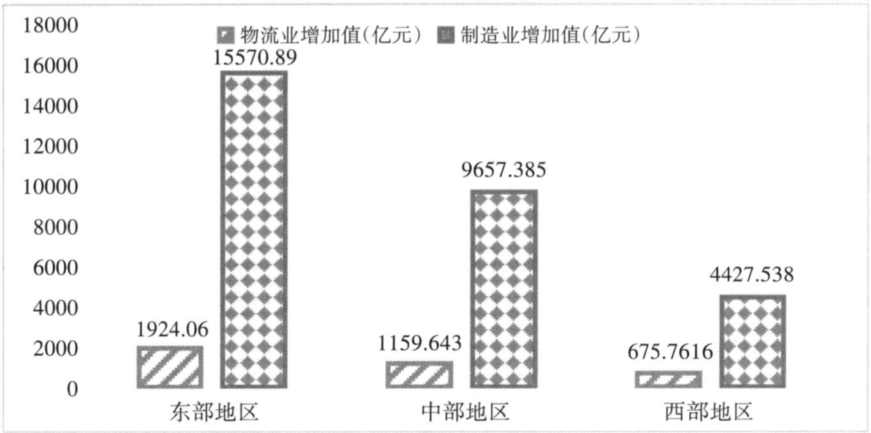

图4-29 制造业与物流业增加值对比图

④各区域物流业与制造业协同度分析。

(a)东部地区分析。通过图4-28可以看出中国东部地区物流业与制造业协同度处于稳步上升趋势,除2015年出现短暂下降,结合表4-9可以看出这主要是因为2015年东部地区制造业对经济的贡献程度下降。2015年,中国制造业转移策略造成东部地区制造业贡献度下降、中西部地区制造业贡献度上升。

(b)中部地区分析。中国中部地区两业协同度趋势较为稳定,2015、2016年出现了小幅度的下降,主要是因为2015、2016年中部地区物流业贡献度下降。《物流业发展中长期规划(2014—2020年)》为物流业发展指明了方向,同时该年物流需求市场呈现“黑冷白热”的新特点,全国铁路货物周转量不断下降,与此同时冷链物流、电商物流迅速崛起,物流业呈现新格局。在这一转型重要时期,中部地区物流贡献度自然而然放缓。

(c)西部地区分析。中国西部地区制造业与物流业的协同耦合度趋势较为曲折,2013年及2015年均出现较大幅度上升,2013年主要是因为西部地区物流业对经济的贡献程度上升,这一年习近平主席提出了具有全局性、战略性的伟大构想“一带一路”,奠定了西部物流快速发展的基础。2015年是因为受制造业对经济贡献程度上升的影响,因其承接东部地区制造业转移,有效刺激了当地制造业发展。

(三)微观视角制造业物流业协同发展研究

上文从宏观视角探讨了物流业与制造业对经济的贡献度以及两业关联度,并进一步解释了造成该现状的外部因素,但仅从行业外部环境的变化解释一个行业的发展是远远不够的。行业内部是由一个个企业构成的,行业的发展势必离不开企业的推动,企业的稳定繁荣才是行业兴旺的根基,因此接下来从企业的视角进一步深入探讨两业协同发展的动力与阻力。

1.微观视角制造业与物流业协同指标体系建立

指标首先要能尽可能全面地反映企业的现状,具有代表性,其次要能够从现有的企业财务报表、统计数据软件及其他权威渠道获取。为满足上述要求,本项目基于大量学者的研究成果,从企业规模水平、创新投入、创新产出、运营能力、盈利水平五个方面设定了物流企业与制造业企业评价体系,详见表4-11。

表4-11　物流企业与制造业企业评价体系

一级维度	二级维度	计算公式	物流企业权重	制造业企业权重
X1规模水平	X11盈利率	—	0.0291	0.0004
	X12总资产[①]	—	0.0537	0.0937
	X13员工总数	—	0.0606	0.0627
X2创新投入	X21员工结构	本科及以上学历员工数量/员工总数	0.0239	0.0161
	X22研发人员占比	研发人员数量/员工总数	0.3384	0.4299
	X23研发费用占比	研发支出总额/营业收入	0.1169	0.0354
X3创新产出	X31市场开发	销售费用/总营业收入	0.0015	0.0027
	X32无形资产增长率	—	0.1732	0.2965
	X33销售毛利率增长率	—	0.0082	0.0001
X4运营能力	X41全员劳动生产率	利润总额/员工总数	0.0001	0.0008
	X42固定资金周转率	销售收入/固定资产的平均净值	0.0481	0.0312
	X43存货周转率	—	0.1105	0.0209

①中国物流与采购联合会提供的数据.

续表

一级维度	二级维度	计算公式	物流企业权重	制造业企业权重
X5盈利水平	X51利润总额	—	0.0012	0.0012
	X52净资产收益率	税后利润/净资产	0.0001	0.0003
	X53营收增长率		0.0336	0.0074

2.协同模型构建

已有研究结果表明物流业与制造业间的相互影响具有较为明显的耦合协同关系,基于此,本项目将物流企业与制造型企业为该耦合协同系统的研究对象,在微观企业层面上考虑两业间的耦合度及耦合协调度,为两产业实现高度协同发展寻找突破口,以期提供相应的政策建议。

①综合发展水平指数的计算。首先运用熵权法对上述微观层指标赋权,再采用线性加权法构建物流企业(U_1)和制造型企业(U_2)一级维度的综合发展指数。

$$U_1U_2=\sum_{j=1}^{n}\omega_j X_{ij} \quad (式4-12)$$

其中$j=1, 2, \cdots, n$。U_1U_2分别为物流企业与制造型企业的综合发展指数,ω_j为第j项指标的权重,X_{ij}为第i年第j项指标的标准化数值。

②协调模型。构建物流企业与制造型企业协调模型:

$$C=\frac{2\sqrt{U_1U_2}}{U_1+U_2} \quad (式4-13)$$

C为耦合度,其值在0~1之间,C值越接近1时,表明物流企业与制造型企业系统互动情况越好,处于有序协调发展状态。但耦合度只度量了两个系统间的关联度,只反映各系统间相互作用程度的大小,不能反映各系统的水平。而耦合协调度既可以反映各系统间相互作用关系,又能判断系统是否具有较好的水平,其计算公式为

$$T=aU_1+bU_2 \quad (式4-14)$$

$$D=(C*T)^{\frac{1}{2}} \quad (式4-15)$$

C表示耦合度,T为物流企业与制造型企业的综合协调指数,反映企业间整体的贡献水平,其中a、b分别表示物流企业与制造型企业的地位和贡献的待定系数。基于该文献的分析方法,确定a=0.4、b=0.6。D表示物流企业与制造型企业耦合协调度,反映其子系统间整体协调发展能力。为了对耦合协调度的测算结果有更直观了解与判断,本项目借鉴下表,详见表4-12。

表4-12 协调度区间等级划分标准

协调度区间	0~0.0999	0.1~0.1999	0.2~0.2999	0.3~0.3999	0.4~0.4999
协调等级	极度失调	严重失调	中度失调	轻度失调	濒临失调
协调度区间	0.5~0.5999	0.6~0.6999	0.7~0.7999	0.8~0.8999	0.9~0.9999
协调等级	勉强协调	初级协调	中级协调	良好协调	优质协调

3.实证分析

数据选取自2006~2017年100家上市物流企业与100家上市制造业企业的年度财务报表,主要从Wind数据库及巨潮资讯网获得,缺失的指标用比值法填补。共计使用631个样本确定物流企业各指标熵权及协同值、610个样本确定制造业企业各指标熵权及协同值。根据物流企业与制造业企业的评价体系将选取的数据代入协同模型,得出物流企业(*X*)与制造业企业(*Y*)一级维度指标的综合发展水平指数,以及物流企业与制造业企业的综合发展水平及协调度,结果详见表4-13和表4-14。

表4-13 物流企业与制造业企业一级维度指标的综合发展水平指数

年份	规模水平		创新投入		创新产出		运营能力		盈利水平	
	*X*1	*Y*1	*X*2	*Y*2	*X*3	*Y*3	*X*4	*Y*4	*X*5	*Y*5
2012	0.0132	0.0155	0.0031	0.0049	0.0196	0.0079	0.0040	0.0140	0.0072	0.0030
2013	0.0124	0.0143	0.0082	0.0102	0.0059	0.0147	0.0067	0.0147	0.0075	0.0040
2014	0.0154	0.0126	0.0096	0.0120	0.0224	0.0800	0.0068	0.0127	0.0086	0.0008
2015	0.0172	0.0122	0.0168	0.0132	0.0511	0.0168	0.0087	0.0120	0.0096	0.0032
2016	0.0140	0.0115	0.0159	0.0106	0.0120	0.0737	0.0121	0.0093	0.0014	0.0031
2017	0.0159	0.0107	0.0172	0.0107	0.0151	0.0494	0.0085	0.0100	0.0055	0.0029

表4-14 物流企业与制造业企业综合发展水平及协调度的演进

年份	U_1	U_2	*C*	*D*	协调度等级
2012	0.0471	0.0453	0.9998	0.2145	中度失调
2013	0.0407	0.0579	0.9846	0.2241	中度失调
2014	0.0618	0.1181	0.9497	0.3012	轻度失调
2015	0.1034	0.0574	0.9582	0.2695	中度失调
2016	0.0554	0.1082	0.9464	0.2870	中度失调
2017	0.0622	0.0837	0.9890	0.2725	中度失调

①物流企业综合发展水平指数分析。由图4-30可以看出：在物流企业子系统中企业的规模水平X1、创新投入X2处于上升态势，这与实际情况相符。近几年物流企业越来越重视创新，在消费观念日益变化的今天，提供快响应、高效率、高附加值的创新型服务对于物流企业实现长远发展至关重要。值得注意的是物流企业的创新产出X3始终处于波动状态，对实现物流业有序发展的贡献度很低，在创新投入贡献度呈上升态势的情况下，企业的创新产出结果却不如人意。分析认为有以下可能的原因：企业创新投入不足，若企业技术创新不足或不持续，未形成研发能力，则该投入将成为沉没成本，不能显著提高企业创新产出，此外有些研发投资并没有考虑到潜在的顾客需求，因而创新投入并没有转化为企业效益。

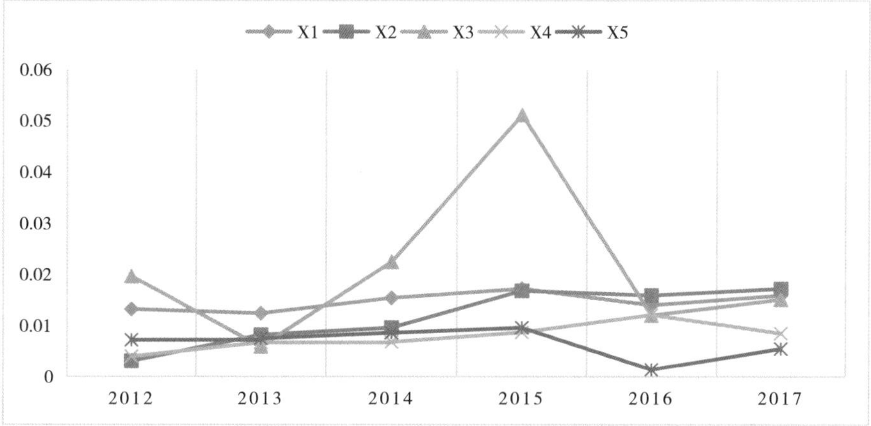

图4-30　物流企业一级维度指标综合发展水平指数

企业管理创新能力弱，未能成功使创新投入提高企业实际价值。具体为若企业没有良好的基础能力，没有优秀的通过实践训练的专业人才，就不会有良好的创新转化能力。这样的企业无论多么重视创新投入，都不会得到好的效果。企业运营能力不断上升，对物流企业实现有序发展的贡献度不断提升，这与中国物流企业的实际情况相符，中国物流企业起步较晚，且多数企业功能单一、无法提供附加值较高的服务。比如供应链咨询、信息平台建设等，因此企业往往通过打价格战来吸引用户，这客观上要求物流企业要不断提升运营能力，降低运营成本来获得更大的利润空间。企业盈利水平呈现上升态势，但在2016年出现了较大幅度的下降，不仅是盈利水平，物流企业的规模水平、创新投入、创新产出也均在2016年出现下降趋势，分析发现是由于2016年受“营改增”影响，物流的多项功能存在着可抵扣进项税额少的情况。比如运输功能中的过路费、燃油费无法开具增值税发票，因此营改增实施后，企业支出不降反增。另外进入2016年，国际油价底部反弹，最高价超过50美元一桶，使得物流业成本上升，盈利水平下降。

②制造业企业综合发展水平指数分析。由图4-31可以看出：制造业企业子系统中企业的规模水平不断下降，对制造型企业实现有序发展的贡献度不断降低，这是因为随着《中国制造2025》的提出，中国制造业亟待实现结构、效率上的转型升级，这就要求制造型企业不能再盲目追求大规模而应重点关注企业的生产效率、产品质量等问题，删减企业无效部门，从根本上提高企业运行效率。制造业企业创新投入不断上升，创新产出处于波动状态，与物流企业的现状基本一致。企业运营能力不断下降，盈利水平基本处于稳定状态。从全球价值链视角看，中国制造业大而不强，始终处于微笑曲线的中间部分，盈利能力弱、自主创新力不强，同时存在低水平重复建设、品牌号召力弱、自主创新产品推广困难及产业发展后劲不足等问题，因此盈利水平始终没有大幅度增长。

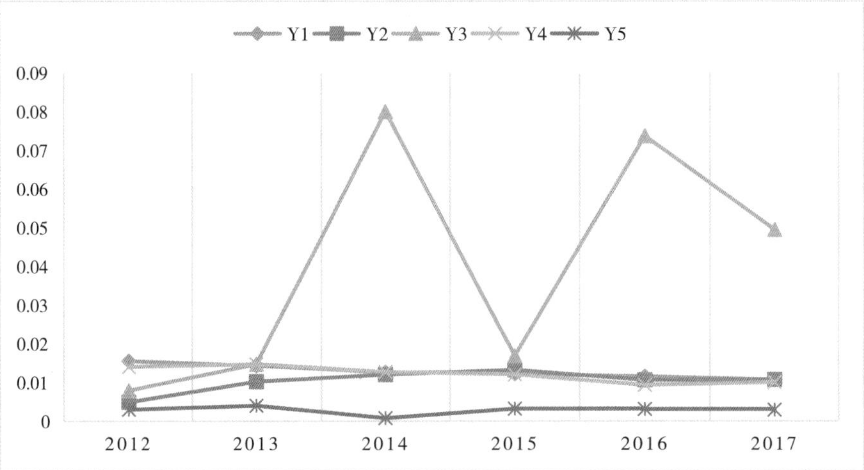

图4-31　制造业企业一级维度指标综合发展水平指数

③两业有序度及协调度分析。通过图4-32可以看出：虽然中国制造业企业与物流企业的耦合协调度在不断上升，但仍旧处于中度失调及轻度失调的低协调区间，这是因为物流企业与制造业企业的有序度均在低区间内以“M”形交替上升与下降，不断波动。两业协调度于2014年达到最高峰，主要是因为在这一时期物流企业有序度出现小幅度上升，《物流业中长期发展规划（2014—2020年）》在这一年颁布，为物流业的发展指明了方向，企业内部规模水平、创新投入、创新产出、运营能力、盈利水平均出现上升，促进物流业综

合发展水平指数上升。而这一时期制造型企业有序度出现大幅度上升，其创新投入、创新产出显著提升，促进制造型企业综合发展水平指数上升，对两业的耦合协调度贡献较大，是两业发展水平较高的主要因素。

在2015年两业协调度略有下降，主要因为制造型企业有序度出现了大幅度下降，其企业内部创新产出和运营能力均处于大幅度下降的状态，对两业发展水平影响较大。还可以看出制造型企业的有序度除2015年外一直高于物流企业有序度，说明中国制造型企业较物流企业更为发达这与上述宏观层面灰色关联度的分析一致。

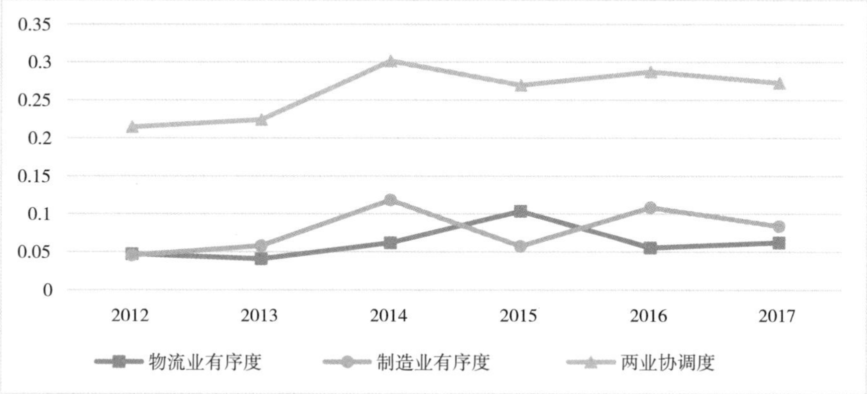

图4-32　物流企业与制造业企业综合发展水平及协调度演进

(四)中国制造业、物流业、金融业三业协同路径研究

1.模型理论基础和构建思路

首先确定决定各个子系统发展有序度的序参量，将各子系统的序参量数值加以组合，可以得到子系统有序度，然后根据各个子系统的有序度可以计算整个复合系统的协同度。

2.三业复合系统协同度模型

本项目将中国制造业、物流业、金融业视为复合系统，影响其协同度的因素主要有五个：制造业有序度、物流业有序度、金融业有序度、环境因素以及时间因素。三业复合系统S的作用机制用数学公式可以表示为

$$S=f\left(S_1, S_2, S_3, I, T\right) \qquad (式4-16)$$

其中S_1, S_2, S_3分别表示物流业、金融业、制造业三个子系统发展的有序度，I表示环境因素，由各个子系统之间的联系、系统内部与外部的联系、系统所处的环境等若干部分组成，T表示时间因素。时间因素主要反映的是随着时间推移，复合系统协同度的动态变化。

根据复合系统协同度模型，我们假设中国制造业、物流业、金融业三业复合系统$S=\{S_1,S_2,S_3\}$，其中$S_i(i=1,2,3)$为其第i个子系统，设S_i的序参量为$E_i(i=1,2,3)$，则$E_i=(E_{i1},E_{i2},E_{i3},\cdots,E_{ik})(i=1,2,3)$，即每一个子系统的序参量是由若干个分量指标$E_{ij}$构成，而分量指标$E_{ij}(i=1,2,3;j=1,2,3,\cdots,k)$是由实际变量$X_{ij}(i=1,2,3;j=1,2,3,\cdots,k)$决定，实际变量指子系统在实际发展过程中反映子系统发展状况的一系列数据。设分量指标E_{ij}对子系统有序度的"贡献度"为功效函数U_{ij}，对于每一个序参量$E_i(i=1,2,3)$而言，它的k个分量指标对子系统有序度的贡献有正向和负向，当该分量指标的发展阻碍子系统的有序发展时，此时随着该分量指标所对应U_{ij}的值增大子系统发展有序度反而下降，当该分量指标的发展有利于子系统有序状态的发展时，相应U_{ij}的越大意味着子系统的有序度越大。

本项目设$E_{ij}(j=1,2,3,\cdots,m)$为正向分量指标，$E_{ij}(j=m+1,m+2,m+3,\cdots,k)$为负向分量指标，设$\alpha_j$，$\beta_j$分别表示的是系统稳定时第$j$个序参量分量的临界点上限和下限，即$\beta_j<E_{ij}<\alpha_j$。分量指标$E_{ij}$的对子系统有序度的功效系数表示为

$$U_{ij}\left(E_{ij}\right)=\begin{cases}\dfrac{E_{ij}-\beta_j}{\alpha_j-\beta_j}, j=1,2,3,\cdots,m\\ \dfrac{\alpha_j-E_{ij}}{\alpha_j-\beta_j}, j=m+1,m+2,m+3,\cdots,k\end{cases} \quad (式4-17)$$

由上式可知$U_{ij}\left(E_{ij}\right)\in[0,1]$，其值越大，$E_{ij}$对子系统有序度的"贡献"越大。综合考虑中国和中国制造业、物流业、金融业的发展水平，我们设第j个状态变量的上限α_j为

$$\alpha_j=\left(Q_{ij}\right)_{\max}+10\%\cdot\left(Q_{ij}\right)_{\max} \quad (式4-18)$$

同样，我们设第j个状态变量的下限β_j为

$$\beta_j=\left(Q_{ij}\right)_{\min}-10\%\cdot\left(Q_{ij}\right)_{\min} \quad (式4-19)$$

为方便计算，本项目采用线性加权和法进行集成，序参量E_i的子系统有序度可以表示为

$$U_i\left(E_i\right)=\sum_{j=1}^{k}\gamma_jU_{ij}, \gamma_j\geqslant 0, \sum_{j=1}^{k}\gamma_j=1 \quad (式4-20)$$

现有赋权方法主要有两类，一类是根据操作者主观信息进行的主观赋权法，另一类是根据历史数据进行的客观赋权法。在众多客观赋权法中，由于CRITIC赋值法同时考虑了不同指标值对权重的影响和各指标间的冲突性，本项目采用其计算子系统各序参量指标的权重。设d_i表示第i个指

标与其他指标的影响程度，则 d_i 可以量化为

$$d_i=\sum_{j=1}^{n}\left(1-r_{ij}\right) \tag{式4-21}$$

其中 r_{ij} 指第 i 个指标的状态变量与第 j 个指标的状态变量之间的相关系数。各个指标的客观权重就是以对比强度和影响程度来综合衡量的。设第 i 个评价指标所包含的信息量为 F_i，则有

$$F_i=\sigma_i\sum_{j=1}^{n}\left(1-r_{ij}\right), i=1, 2, 3, \cdots, k \tag{式4-22}$$

F_i 越大，第 i 个评价指标所包含的信息量越大，该指标的相对重要程度也就越高，所以设第 i 个指标的客观权重为 ω_i，则 ω_i 的计算公式为

$$\omega_i=\frac{F_i}{\sum_{i=1}^{n}F_i}, i=1, 2, 3, \cdots, k \tag{式4-23}$$

子系统有序度 $U_i\left(E_i\right)\in\left[0, 1\right]$，并且越接近1，子系统有序发展状态越好。通过子系统有序度，我们可以得到复合系统协同度。假设在初始时间 t_0，子系统 S_i 对应的有序度为 U_i^0，复合系统经过一段时间的发展到达时刻 t_l，在 t_l 时刻子系统 S_i 对应的有序度为 U_i^l。设复合系统协同度为cm，则有cm的计算公式为

$$\mathrm{cm}=\mu\sqrt[n]{\left|\prod_{i=1}^{n}\left(U_i^l-U_i^0\right)\right|}, n=3 \tag{式4-24}$$

式中，$\mu=\dfrac{\min\limits_i\left[U_i^l-U_i^0\neq0\right]}{\left|\min\limits_i\left[U_i^l-U_i^0\neq0\right]\right|}, i=1, 2, 3$。

$U_i^l-U_i^0$ 为各子系统从 t_0 到 t_l 时，子系统有序度的变化幅度值，参数 μ 的作用在于当且仅当 $U_i^l-U_i^0>0(\forall i\in\left[1, k\right])$ 成立时复合系统才能有正的协同度，μ 保证了只有当复合系统的子系统都朝着有序方向发展时，复合系统的协同度才是正的。

在一个复合系统中 $-1\leqslant \mathrm{cm}\leqslant1$。当 $0\leqslant \mathrm{cm}\leqslant1$ 时，随着cm增大，复合系统中各子系统的协同发展状态越好。当 $-1\leqslant \mathrm{cm}\leqslant0$ 时，各子系统在复合系统中没有朝着协同方向发展，子系统的发展甚至受到复合系统的阻碍。

通过对已有评价标准的整理可知，当 $-1\leqslant \mathrm{cm}\leqslant0$ 时，复合系统中各子系统处于不协同状态，在复合系统中子系统的发展甚至受到负面影响；当 $0<\mathrm{cm}\leqslant0.2$ 时，复合系统中各子系统的低水平协同发展状态；当 $0.2<\mathrm{cm}\leqslant0.5$ 时，复合系统中各子系统已经基本处于协同发展状态，在复合系统中各子系统之间的相互影响慢慢显现；当 $0.5<\mathrm{cm}\leqslant0.8$ 时，复合系统中各子系统协

同发展状态良好，各子系统之间相互促进作用较为明显；当0.8<cm≤1时，复合系统中各子系统协同发展状态处于较高水平，在复合系统中子系统的发展水平能够得到大幅提高。协同度等级的划分见表4-15。

表4-15 协同度等级的划分

-1≤cm≤0	0<cm≤0.2	0.2<cm≤0.5	0.5<cm≤0.8	0.8<cm≤1
不协同状态	低水平协同状态	基本协同状态	良好协同状态	高水平协同状态

3.构建序参量指标体系

序参量必须能够反映子系统的发展程度和有序状况，并影响系统的有序发展，能够反映子系统高质量发展水平。因而在选取指标时应充分考虑数据的可得性、准确性、科学性、合理性、动态性，以便全方位多层次地反映制造业、物流业、金融业子系统在协同发展中的作用以及复合系统中的联系。

在高质量发展的时代背景下，中国经济的转型升级给现代物流业提出新要求。何黎明（2018）认为物流业高质量发展的主要方向在降本增效，补齐物流基础设施短板，增强创新驱动能力，实现物流绿色化和调整运输结构等方面。杨守德（2019）认为技术创新是中国物流业跨越式高质量发展的驱动因素。金爽（2018）认为物流业高质量发展离不开商业模式的创新、大范围的协作、物流信息透明和更全面的信息共享。本项目在综合以上研究成果的基础上，结合序参量指标选取原则，构建物流业序参量指标体系如表4-16所示。

表4-16 物流业序参量指标

目标层	一级指标	二级指标
中国物流业	规模性指标	货运量A1
		物流业法人单位数A2
	经营性指标	物流业增加值A3
		货物周转量A4
		快递业务量A5
	质量性指标	物流业固定资产投资额A6
		社会物流总费用A7
		物流业能源消费量A8
		国际及港澳台快递业务量A9

物流业规模性指标包括货运量和物流业法人单位数。其中货运量是在一定时期内，运输部门实际运送的货物吨数，包括全省公路货运量、铁路货运量、航空货运量等部分，该指标能直观反映物流业的规模。物流业法人单位数能够从经营主体角度衡量中国物流业的发展规模。

物流业经营性指标反映物流企业的经营状况。这里主要采用物流业增加值、货物周转量以及全省快递业务量。物流业增加值主要指物流企业在经营中创造的新增价值，货物周转量由货物平均运速与实际运送货物吨数共同决定，快递业务从消费量角度衡量物流业收入水平。

物流业质量性指标主要从基础设施完善程度、科技水平、创新能力、绿色发展及对外开放程度等方面衡量中国物流业发展的质量水平。选取的指标主要包括物流业固定资产投资额、社会物流总费用、物流业能源消费量以及国际及港澳台快递业务量。其中物流业固定资产投资额主要反映产业发展所需基础设施的完善程度，中国的物流供给能力受基础设施水平的约束。社会物流总费用体现社会物流成本，是负向指标。通过物流业能源消费量，可以判断出中国物流业发展是否符合绿色发展理念。国际及港澳台快递业务量可以反映物流业与国际接轨的程度，是判断中国物流业对外开放程度的重要指标。

吕铁和刘丹（2019）认为创新能力能提高制造业的可持续发展能力，促进制造业融合式发展，提高可持续发展能力。彭树涛和李鹏飞（2018）用国际市场竞争绩效、增加值率、单位增加值能耗及污染物排放量构建了制造业发展质量的评价框架。综合现有研究成果，构建以高质量发展为导向的制造业序参量指标体系如表4-17所示。

表4-17　制造业序参量指标体系

目标层	一级指标	二级指标
中国制造业	规模性指标	制造业法人单位数 B_1
		制造业就业人员数 B_2
	经营性指标	规模以上制造业增加值 B_3
		制造业就业人员平均工资 B_4
		规模以上制造业企业利润总额 B_5
	质量性指标	制造业全社会固定资产投资额 B_6
		进出口总额 B_7
		规模以上制造业企业R&D经费 B_8
		规模以上制造业企业新产品销售收入 B_9

制造业发展的规模性指标主要包括制造业法人单位数和制造业就业人员数。与物流业一样,制造业法人单位数能够从经营主体角度衡量中国制造业的发展规模,该值越大中国制造业产业规模越大。制造业就业人员数衡量了制造业的人力资源规模,侧面体现了制造业的产业规模。

制造业发展的经营性指标主要包括规模以上制造业增加值、制造业就业人员平均工资以及规模以上制造型企业利润总额。规模以上制造业增加值反映制造业的价值创造能力。制造业就业人员平均工资体现的是制造业在劳动要素上的成本投入,是负向指标。规模以上制造型企业利润总额直接反映制造业经营状况和盈利能力,考虑到数据的可获得性及中国制造业在工业部门中的占比较高,本项目用规模以上工业利润总额数据代替。

制造业发展的质量性指标主要包括制造业全社会固定资产投资额、进出口总额、规模以上制造型企业R&D经费、规模以上制造型企业新产品销售收入。制造业全社会固定资产投资额可以反映中国制造业基础设施的完善程度。进出口总额指标能够从侧面反映地区制造业的对外开放程度与国际化经营能力。规模以上制造型企业R&D经费可以衡量中国制造业科技创新投入,规模以上制造型企业新产品销售收入可以体现中国制造业的科技创新产出,这两个指标可以直观地反映中国制造业的科技创新能力。

连平和刘健(2018)认为扩大金融业对外开放是促进金融业高质量发展的重要途径。宣宇认为构建高质量金融服务体系是高质量发展的内在要求。综合以上研究成果,并考虑数据可得性,构建金融业序参量指标如表4-18和图4-36所示。

本项目选取的金融业规模性指标与制造业的相同,为金融业法人单位数和金融业就业人员数,这两个指标可以分别从经营主体数量和人力资源规模角度反映中国金融业的发展规模。

选取的金融业质量性指标为金融业固定资产投资额、上市公司数和社会融资规模增量。金融业固定资产投资额体现了中国金融业基础设施的完善程度,可以从侧面反映中国金融业提供普遍性金融服务的能力。上市公司数可以展现本地区的金融活跃度,金融活跃度越高,资产配置的效率也就越高。社会融资规模增量是实体经济从金融市场获得的资金总额,一定程度上可以展现金融服务实体经济的能力。

表4-18 金融业序参量指标体系

目标层	一级指标	二级指标
中国金融业	规模性指标	金融业法人单位数C1
		金融业就业人员数C2
	经营性指标	金融业增加值C3
		金融业就业人员平均工资C4
		金融业各项存款总额C5
		金融业各项贷款总额C6
	质量性指标	金融业固定资产投资额C7
		上市公司数C8
		社会融资规模增量C9

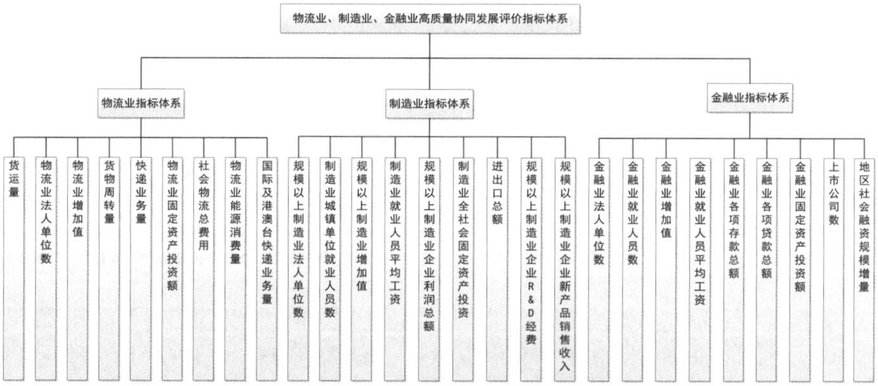

图4-36 中国三业高质量发展序参量指标体系

4.中国物流、制造、金融三业复合系统协同度计算

通过查阅《中国统计年鉴》、各省《统计年鉴》以及中国邮政局、工业和信息化部等官方网站的公开资料，整理出各子系统序参量指标的原始数据。依次利用前述公式计算出中国31个省份的复合系统协同度，如表4-19所示。

表4-19 中国各省区市复合系统协同度（2009~2017年）

区域	省区市	2009	2010	2011	2012	2013	2014	2015	2016	2017
环渤海	北京	0.046	0.086	0.092	-0.031	0.060	0.042	0.085	0.018	-0.040
	天津	0.03	0.053	0.093	0.033	-0.049	0.096	-0.025	-0.045	-0.051
	河北	-0.023	0.067	0.073	0.052	0.088	0.042	-0.043	0.083	0.036
	山东	0.051	0.088	0.079	-0.022	0.042	0.065	0.028	0.089	0.090

续表

区域	省区市	2009	2010	2011	2012	2013	2014	2015	2016	2017
珠三角	广东	0.033	0.087	0.064	0.053	-0.077	0.064	0.040	0.090	0.035
	海南	-0.005	0.115	0.116	-0.080	-0.067	0.061	-0.050	-0.075	-0.010
长三角	上海	0.016	0.108	0.060	0.052	-0.060	0.058	-0.091	0.038	0.070
	江苏	0.033	0.102	0.083	0.065	0.044	0.089	0.032	0.056	0.081
	浙江	0.042	0.089	0.044	0.071	0.060	0.029	0.057	0.038	-0.027
海西	福建	0.038	0.091	0.047	0.056	0.040	0.012	0.047	0.083	-0.058
东北	辽宁	-0.025	0.076	0.089	0.078	0.096	0.032	0.023	0.095	0.032
	吉林	0.049	0.053	0.026	0.070	-0.026	0.131	0.004	0.082	-0.059
	黑龙江	-0.048	0.096	0.046	0.045	0.004	-0.062	-0.060	-0.087	-0.073
中部	山西	-0.059	0.084	0.075	0.050	0.032	-0.025	-0.077	0.088	-0.053
	安徽	0.012	0.069	0.064	0.067	0.085	0.077	-0.023	0.082	0.068
	江西	0.038	0.065	0.057	0.069	0.066	0.086	0.034	0.076	0.074
	河南	0.044	0.021	0.069	0.038	-0.065	0.082	0.050	0.025	0.093
	湖北	0.045	0.069	-0.033	0.069	0.081	0.077	0.063	0.032	0.082
	湖南	0.056	0.065	0.065	0.066	0.058	0.055	0.047	-0.030	0.095
西南	重庆	0.046	0.044	0.066	0.036	0.048	0.095	0.104	-0.058	-0.034
	广西	0.060	0.070	0.083	0.062	0.040	0.065	0.071	0.073	-0.042
	四川	0.065	0.060	0.084	0.088	0.045	-0.069	-0.047	0.076	0.089
	贵州	-0.019	0.055	-0.046	0.077	0.052	0.060	0.061	0.086	0.095
	云南	0.032	0.047	0.051	0.056	-0.064	0.068	-0.051	0.032	-0.072
	西藏	0.041	-0.007	-0.055	-0.058	0.073	0.016	-0.096	-0.053	0.096
西北	陕西	0.050	0.066	0.048	0.090	0.054	0.074	0.027	0.072	0.085
	甘肃	0.023	0.041	0.093	0.058	0.061	0.084	0.030	-0.062	0.057
	青海	0.021	0.016	-0.080	0.041	0.031	0.031	-0.027	0.055	-0.083
	宁夏	0.043	0.063	0.084	-0.056	-0.053	-0.049	0.024	-0.072	-0.040
	新疆	-0.038	0.058	0.065	0.033	0.093	0.067	-0.071	0.017	0.138
	内蒙古	0.051	0.115	0.101	-0.060	-0.035	0.022	0.048	-0.027	-0.046

由表4-19可得到环渤海、珠三角、长三角、海西经济区、东北、中部、西南、西北八大区域各省份复合系统协同度变化趋势如图4-33至图4-44所示。

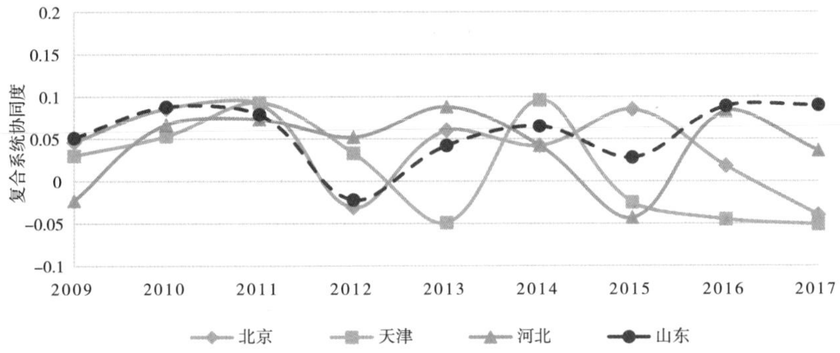

图4-33　环渤海地区复合系统协同度（2009～2017年）

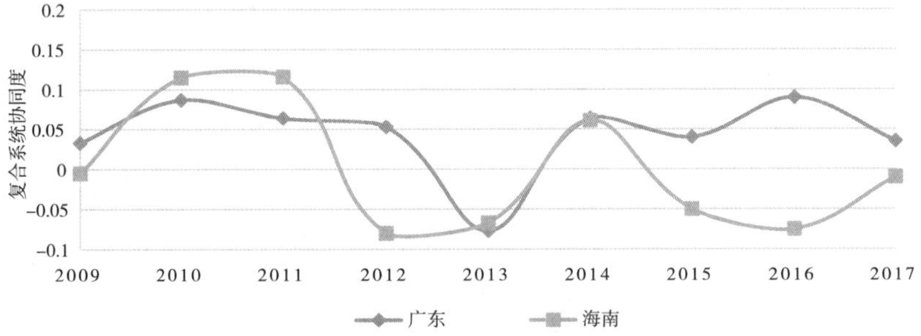

图4-34　珠三角地区复合系统协同度（2009～2017年）

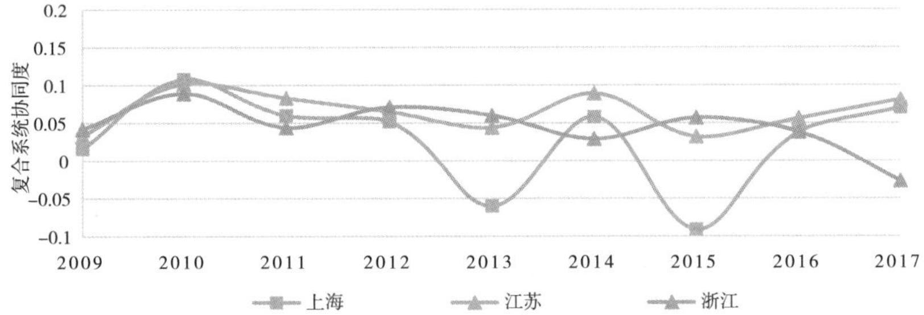

图4-35　长三角地区复合系统协同度（2009～2017年）

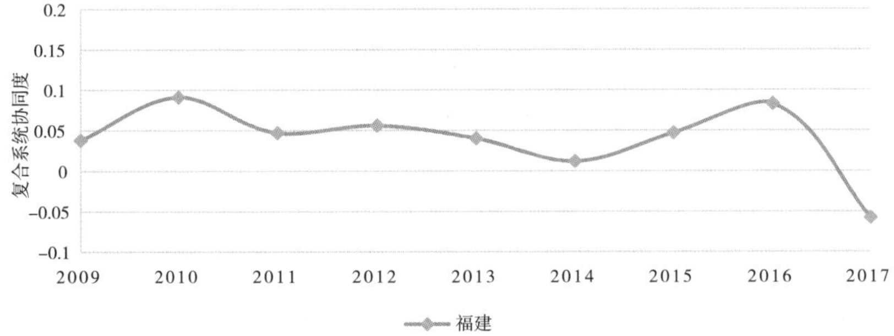

图4-36　海西经济区复合系统协同度（2009～2017年）

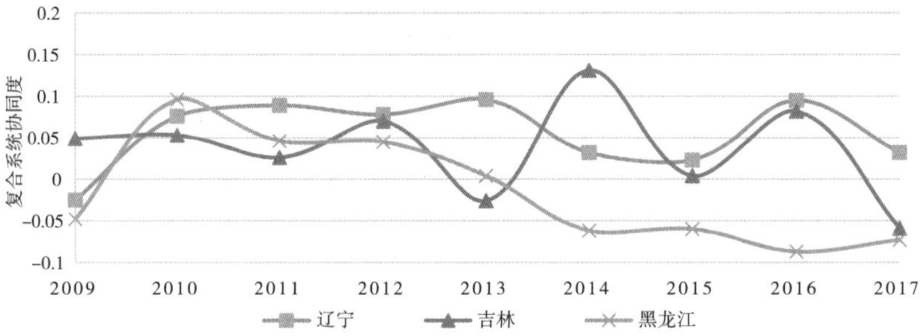

图4-37　东北地区复合系统协同度（2009～2017年）

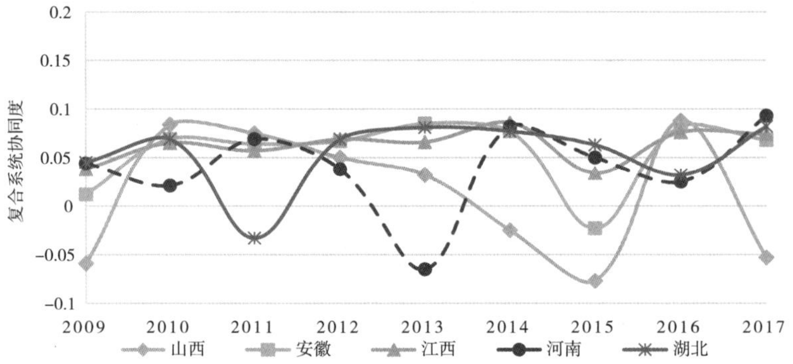

图4-38　中部地区复合系统协同度（2009～2017年）

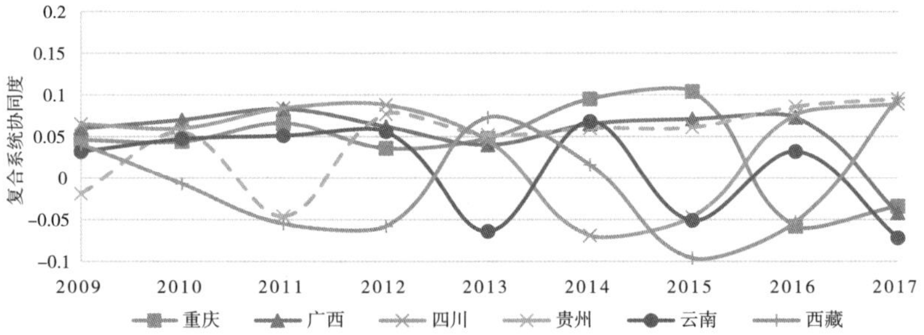

图4-39　西南地区复合系统协同度（2009～2017年）

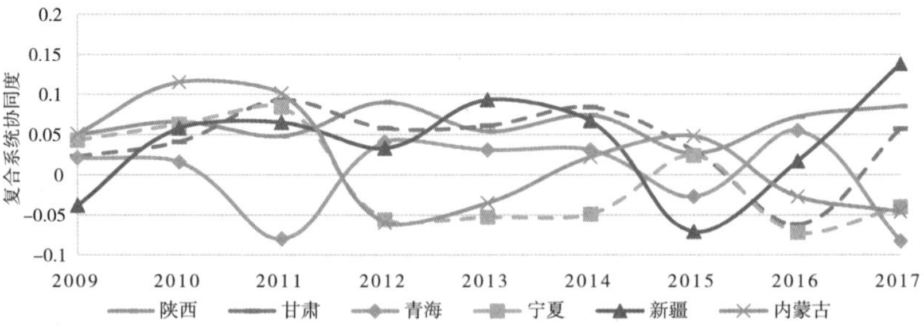

图4-40　西北地区复合系统协同度（2009～2017年）

从中国各省在不同年份的协同度变化可以看出：

①中国制造业、物流业、金融业三业复合系统协同度在空间分布上存在较大差异，根据近十年各省区市的最高水平进行比较，前五名依次为新疆、吉林、海南、内蒙古、上海。2017年新疆复合系统协同度为十年来中国最高水平，而长三角、泛珠三角、环渤海等东部沿海地区制造业、物流业、金融业虽然起步早，基础设施较为完善，但在产业协同发展方面并没有比中西部地区更具优势，说明中国三大产业协同状况与经济发展程度并不一致。经济发达省份虽然综合实力较强，但由于各方面因素的干扰，其产业协调发展程度不一定高于经济欠发达省份。而经济欠发达的中部、西南、西北地区虽然在三大产业发展水平上难以比拟东部沿海，但在产业自发式的发展过程中却达到了更高的协同水平。从波动程度来看，2009～2017年，中国各地区的产业协同度都出现了较大的波动，其中海南波动幅度最大（标准差0.079），江西的波动幅度最小（标准差0.017），说明中国各地区的产业协同发展失衡。

②近年来中国各区域制造业、物流业、金融业分别取得了长足的发展，但三者的协同发展明显不足。2009年以来，中国各区域制造业、物流业、金融业三业复合系统协同度整体在不协同状态和低水平协同状态之间来回波动，且波动幅度较大，表明中国三业高质量协同发展受到体制机制、思想认识等各方面因素的制约而处于一定的无序状态。三业之间既存在较强的关联性，又因为某些因素的干扰不能有效地提升协同度。

③与发达国家相比较，中国三业协同度整体处于较低水平，且整体波动幅度较大。主观方面可能在于中国三大产业中的企业协作意识淡薄、风险顾虑过多，从而没有有效参与到协同发展的过程中；客观方面可能是中国三大产业在发展过程中形成的产业结构相互耦合困难，产业关联度差，需求和供给不相匹配；再加上市场机制发育缓慢，相关体制机制不健全，导致企业在业务上和功能上缺少协作的机会。

因此想要提高中国制造业、物流业、金融业三业发展的协同度，必须充分发挥各方面力量的作用。政府要加强顶层设计，完善体制机制，提供相应的政策和资金支持，积极引导三大产业协同发展；三大产业除了要实现自身高质量发展之外还要积极参与到协同发展的过程中，进而通过协同发展促进高质量发展；相关企业要提高协作意识，积极主动寻找合作机会，在协同发展中提升自身经营水平。

三、路径Ⅲ：中国制造业高质量发展的集成创新路径研究

（一）中国制造业集成创新路径设计

通过上述分析看出，在中国制造业发展过程中，文化类创新方法群和经营类创新方法群并没有取得很好的实践效果。究其原因主要有以下几个方面：（1）企业在导入精益过程中，没有形成精益能力释放通道。（2）企业在导入精益过程中，没有使"精益思维—精益理念—精益平台—精益方法"集成，这种集成需要来自企业四个层面的密切协同。领导层负责利用精益思维设计企业精益平台，管理层通过精益理念构建适合企业问题解决的精益运营平台，企业层面上，需要管理层和员工协同工作，发现问题及问题背后真因，基层员工需要采取相应的管理创新方法解决企业面临的实际问题。（3）中国制造业的高质量发展基础和前提是基础能力的重构。在导入管理创新方法时，忽视运营类方法群和文化类方法群的深入实践，或者是没有通过实践方法形成企业基础能力重构。（4）基础能力重构过程中，很多企业总寄希望于方法的导入能立即产生经济效益，忽视了创新文化的培养。这样一来就很难实现"方法—实践—协作—创新文化"的集成，达不到企业导入精益的预期。这样就难以形成集成创新的能力，导致企业精益实践中难以达到预期。

企业需要构建能够让员工改变的平台，平台运作的结果就是在企业形成创新文化。鉴于此，本项目设计基于精益管理方法的中国制造业高质量发展企业协同创新—基础能力重构—创新文化培育集成路径（见图4-41）。

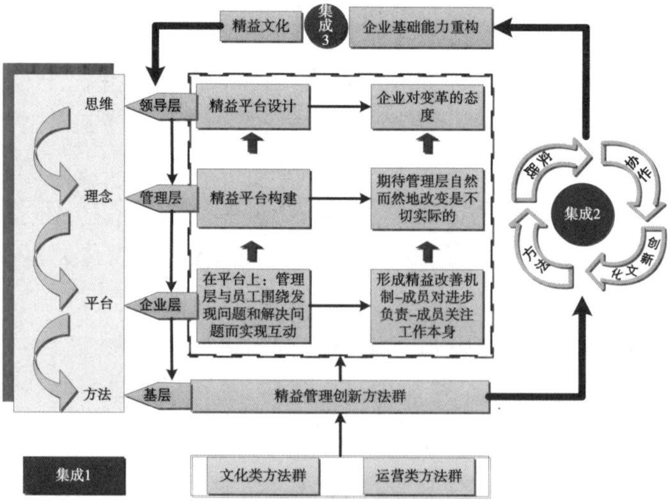

图4-41　中国制造业高质量发展精益集成路径

(二)中国制造业高质量发展管理集成创新的微观选择

1.“管理+技术”、“IE+IT”的管理集成创新

“管理+技术”集成创新是指管理技术与技术创新的有效集成,是将产品、设备、材料的“硬技术”和关于生产要素、人和环境的资源组合配置的“软技术”进行集成创新。

管理创新与技术创新如一驾马车的两个轮子,缺一个轮子或两个轮子不同步就会导致马车不能运转或原地转圈。缺乏管理创新的技术创新成果,缺乏转化与释放的机制和通道,同时缺少必要的科学指导和过程管理,不能高效地转化成生产力。关于“IE+IT”的集成创新不是工业工程技术体系与信息技术体系的简单相加,而是二者的相互依赖、相互融合,相互促进。工业工程赋予信息技术先进的流程管理思想,并将其开发为可在企业应用的集成信息系统,转而成为管理系统的重要组成部分。

2.面向产品全生命周期的精益管理创新

精益管理存在于制造生产的全过程,它是一种已经被实践证明的高效方法。通过将108种精益管理创新方法进行集成,实现由设计到研发、制造、管理的过程,精益创新路径如图4-42。

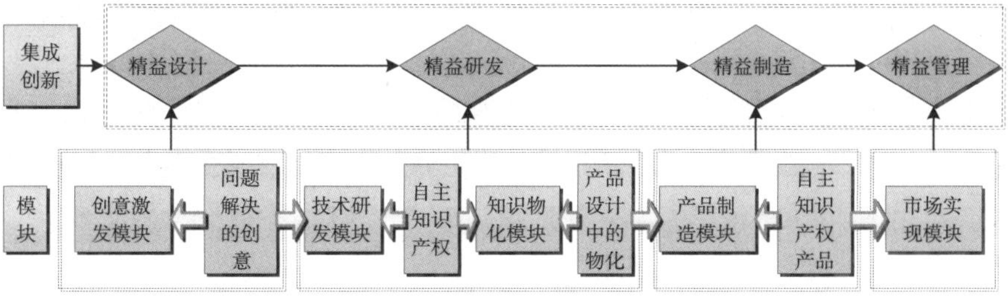

图4-42 中国制造业高质量发展精益创新路径

3.多创新方法群的管理集成创新

制造创新方法链包括五个模块:创意激发模块,企业在产品创意、工艺设计等的创新;技术研发模块,确定正确研发方向;知识物化模块,功能是对知识进行价值测度和物化;产品实现模块,实现产品的整套设计理念;市场实现模块,实现企业的盈利(见图4-43)。

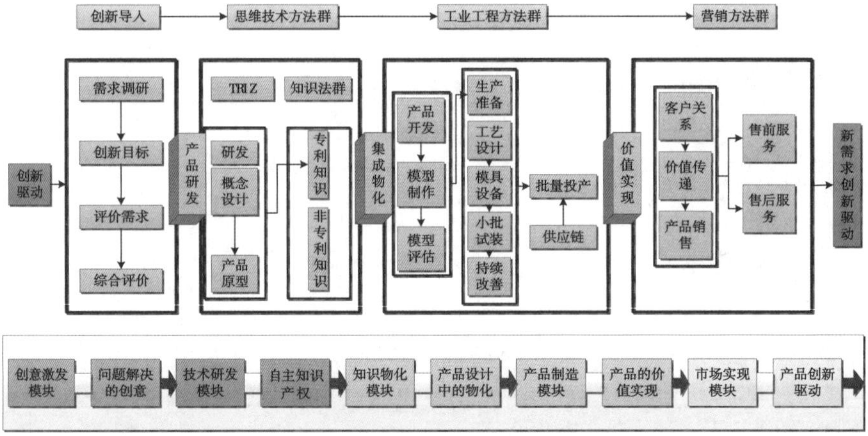

图 4-43　制造创新方法链中的主要创新方法群

四、路径Ⅳ：中国制造业的高级化发展路径研究

传统制造业是支撑中国经济的产业支柱，而战略性高技术密集型制造业则是当前及未来产业结构优化调整和转型升级的重点方向。近年来，中国高技术制造业份额比例较低，主要以劳动密集型加工业为主，是整个制造业较为低端的行业。随着中国制造业高速发展，中国制造业升级转型处于重要关头，急切需要中国制造业以低附加值生产为主转向高附加值生产为主的企业。因此，探析中国制造业结构优度测度具有十分重要的现实意义。

学者们研究制造业结构升级的文献较多，但是制造业结构优度的文献资源较为少见，对制造业结构优度测度分析的就更为少见，本项目主要在现有文献的基础上结合中国发展现状来分析中国制造业结构优度。

（一）中国制造业结构优度测度方法与模型

1.制造业结构优度模型

制造业结构优度可反映制造业结构发展演变的程度，制造业结构优度主要用来衡量制造业产业分配是否均衡。本项目构造一个结构优度测评标准，对中国的制造业结构优度进行定量的分析。基于欧式距离构造制造业实际结构与理想结构的接近度，计算公式为

$$r=1-\frac{1}{\sqrt{2}}\left[\left(a(L)-at(L)\right)^2+\left(a(C)-at(C)\right)^2+\left(a(I)-at(I)\right)^2\right]^{\frac{1}{2}} \quad （式4-25）$$

式中：$at(L)$表示实际劳动密集型制造业结构，$at(L)$=劳动密集型产业总资产/制造业总资产；$at(C)$表示实际资本密集型制造业结构，$at(L)$=资本密集型产业总资产/制造业总资产；$at(I)$表示实际技术密集型制造业结构，$at(I)$=技术密集型产业总资产/制造业总资产；$at(L)(1,0,0)$为理想劳动密集型制造业结构；理想资本密集型制造业结构$at(C)(0,1,0)$；$at(I)(0,0,1)$为理想技术密集型制造业结构。

为了更好地表示制造业结构优度情况，因而构造制造业结构优度模型为

$$E=\beta_1 r_L+\beta_2 r_C+\beta_3 r_i \quad （式4-26）$$

式中：r_L表示实际制造业结构与劳动密集型结构的接近程度；r_C表示实际制造业结构与资本密集型结构的接近程度；r_i表示实际制造业结构与技术密集型结构的接近程度；β_1,β_2,β_3为优度系数，且$\beta_1<\beta_2<\beta_3$。

如果实际制造业的结构越接近技术密集型，则其结构越优；越接近劳动密集型，其结构越劣。

2.制造业结构优度系数的选取

基于现有文献研究，我们选取上海、北京、广东2010年产业结构数据分析优度系数。以它们的制造业结构水平为基准，衡量中部六省制造业结构发展现状。通过多次演算，结合现有文献研究提出产业结构优度系数，得到如下系数矩阵。X_{ij}分别表示上海、北京、广东2010年产业结构状况矩阵，M_i表示结构优度得分状况。

$$X_{ij}=\begin{bmatrix}0.284244 & 0.616716 & 0.323830\\0.276065 & 0.628137 & 0.315908\\0.263326 & 0.641548 & 0.308850\end{bmatrix},M_i=\begin{bmatrix}77.914137\\77.560631\\77.277882\end{bmatrix} \quad （式4-27）$$

经过运算得到逆矩阵

$$X_{ij}^{-}=\begin{bmatrix}-190.50 & 379.68 & -188.62\\-45.61 & 55.28 & -8.72\\257.17 & -438.56 & 182.17\end{bmatrix},\beta_i=\begin{bmatrix}29.66\\59.94\\100.42\end{bmatrix} \quad （式4-28）$$

通过公式$\beta_i X_{ij}=M_i$计算得到劳动密集型产业结构优度系数为$\beta_1=29.66$，资本密集型产业结构优度系数为$\beta_2=59.94$，技术密集型产业结构优度系数为$\beta_3=100.42$。

（二）中国制造业结构优度测度与分析

中国制造业结构优良测度与分析结果见表4-20与图4-44。

表4-20　分区域制造业三种产业结构比例

省区市	分类	2016年	2015年	2014年	2013年	2012年	2011年	2010年	2009年
辽宁	I	19.73%	18.00%	21.52%	19.43%	20.03%	17.89%	23.31%	19.66%
	C	75.09%	78.36%	75.91%	79.32%	79.17%	80.94%	75.75%	79.13%
	L	5.18%	3.65%	2.57%	1.26%	0.80%	1.18%	0.95%	1.21%
吉林	I	8.96%	9.26%	6.75%	6.74%	7.62%	8.48%	9.82%	10.28%
	C	43.59%	42.21%	60.01%	58.12%	57.03%	56.54%	52.43%	52.55%
	L	47.44%	48.52%	33.25%	35.14%	35.35%	34.98%	37.75%	37.17%
黑龙江	I	4.99%	4.32%	4.17%	3.95%	3.94%	4.27%	4.12%	4.20%
	C	57.55%	55.19%	51.82%	47.67%	42.75%	41.16%	37.23%	35.38%
	L	37.46%	40.49%	44.01%	48.38%	53.31%	54.57%	58.65%	60.41%
北京	I	34.71%	35.79%	36.33%	36.40%	32.78%	28.49%	27.77%	26.67%
	C	46.17%	46.62%	44.59%	42.64%	45.92%	51.37%	53.80%	54.01%
	L	19.11%	17.59%	19.08%	20.96%	21.30%	20.14%	18.43%	19.32%
天津	I	12.79%	15.46%	17.39%	18.50%	17.90%	16.74%	18.13%	18.95%
	C	64.05%	62.95%	62.83%	62.76%	63.65%	68.21%	68.59%	67.25%
	L	23.16%	21.59%	19.78%	18.74%	18.46%	15.05%	13.28%	13.80%
河北	I	5.06%	5.13%	5.09%	5.10%	4.56%	4.66%	4.71%	4.94%
	C	54.49%	56.16%	59.10%	61.51%	62.07%	60.50%	59.57%	58.54%
	L	40.46%	38.71%	35.80%	33.39%	33.38%	34.84%	35.73%	36.52%
山东	I	9.15%	8.92%	8.24%	7.92%	7.81%	7.78%	7.68%	7.85%
	C	59.11%	58.77%	60.21%	59.64%	59.16%	59.37%	55.77%	54.39%
	L	31.74%	32.31%	31.55%	32.44%	33.03%	32.85%	36.55%	37.75%
上海	I	27.43%	27.40%	25.71%	25.96%	27.03%	27.67%	29.18%	29.25%
	C	54.35%	54.09%	56.26%	56.04%	55.45%	56.82%	55.09%	54.39%
	L	18.21%	18.51%	18.03%	18.00%	17.52%	15.52%	15.73%	16.36%
江苏	I	18.81%	18.58%	18.37%	18.54%	18.21%	17.76%	18.14%	17.90%
	C	52.32%	53.09%	55.41%	54.57%	54.74%	54.57%	53.74%	53.47%
	L	28.87%	28.33%	26.22%	26.89%	27.04%	27.67%	28.12%	28.63%
浙江	I	7.35%	7.42%	7.47%	7.62%	7.66%	7.93%	8.56%	9.29%
	C	49.23%	50.61%	51.96%	50.83%	51.41%	51.47%	50.36%	50.61%
	L	43.42%	41.97%	40.57%	41.55%	40.92%	40.60%	41.08%	40.11%

续表

省区市	分类	2016年	2015年	2014年	2013年	2012年	2011年	2010年	2009年
广东	I	32.74%	32.07%	31.44%	31.42%	31.81%	30.21%	34.43%	35.16%
	C	37.81%	37.54%	37.86%	37.55%	37.59%	39.55%	37.51%	37.23%
	L	29.45%	30.39%	30.70%	31.03%	30.60%	30.24%	28.06%	27.61%
广西	I	4.90%	6.21%	5.47%	6.04%	5.98%	8.29%	8.89%	9.63%
	C	59.76%	69.71%	60.04%	59.51%	50.45%	61.28%	54.57%	53.70%
	L	35.35%	24.08%	34.48%	34.45%	43.57%	30.43%	36.55%	36.67%
重庆	I	9.49%	7.97%	9.92%	11.68%	32.80%	12.28%	19.38%	21.85%
	C	64.02%	75.45%	68.57%	64.52%	49.83%	59.68%	58.99%	57.53%
	L	26.49%	16.58%	21.50%	23.80%	17.37%	28.04%	21.63%	20.61%
四川	I	14.92%	14.16%	13.85%	12.76%	17.88%	15.78%	16.19%	18.26%
	C	57.96%	58.41%	60.65%	61.29%	58.00%	59.81%	50.08%	56.60%
	L	27.12%	27.43%	25.50%	25.95%	24.11%	24.42%	33.73%	25.14%
贵州	I	12.18%	11.86%	10.66%	7.94%	7.71%	8.58%	10.59%	12.29%
	C	66.95%	66.76%	65.99%	69.33%	64.64%	60.11%	57.53%	54.41%
	L	20.87%	21.39%	23.35%	22.73%	27.64%	31.31%	31.88%	33.30%
云南	I	—	4.40%	—	4.86%	4.63%	5.08%	6.34%	6.34%
	C		78.12%		80.16%	79.14%	76.40%	73.04%	73.04%
	L		17.47%		14.97%	16.23%	18.53%	20.62%	20.62%
陕西	I	12.25%	10.58%	9.00%	9.00%	9.45%	9.86%	10.07%	10.43%
	C	56.69%	58.55%	62.59%	65.36%	66.26%	68.03%	65.00%	64.64%
	L	31.06%	30.88%	28.41%	25.64%	24.30%	22.11%	24.93%	24.93%
甘肃	I	8.59%	7.38%	5.34%	4.75%	4.12%	3.44%	3.47%	3.66%
	C	61.59%	64.63%	70.21%	73.15%	74.77%	79.65%	79.36%	78.30%
	L	29.82%	27.99%	24.44%	22.10%	21.11%	16.91%	17.17%	18.04%
青海	I	7.02%	6.03%	5.73%	5.47%	5.69%	—	—	—
	C	75.41%	70.57%	69.16%	68.05%	67.76%			
	L	17.57%	23.40%	25.10%	26.48%	26.55%			
福建	I	14.97%	16.54%	14.33%	11.86%	10.50%	8.07%	10.70%	10.44%
	C	30.97%	34.77%	32.89%	36.20%	23.55%	26.17%	33.89%	39.10%
	L	54.06%	48.68%	52.78%	51.94%	65.95%	65.76%	55.41%	50.46%
河南	I	7.09%	6.36%	5.71%	4.40%	4.92%	5.69%	5.49%	5.77%
	C	47.03%	48.84%	47.65%	50.94%	52.63%	50.62%	51.40%	50.56%
	L	45.88%	44.80%	46.63%	44.66%	42.44%	43.69%	43.12%	43.68%

续表

省区市	分类	2016年	2015年	2014年	2013年	2012年	2011年	2010年	2009年
安徽	I	12.68%	11.84%	11.23%	8.62%	7.85%	8.14%	7.92%	5.87%
	C	56.09%	56.31%	56.87%	59.29%	60.71%	66.63%	65.83%	68.46%
	L	31.23%	31.85%	31.91%	32.09%	31.44%	25.23%	26.25%	25.67%
山西	I	11.03%	7.91%	6.59%	4.02%	7.15%	4.99%	5.09%	4.82%
	C	76.54%	78.91%	79.15%	82.06%	79.44%	82.02%	65.18%	64.05%
	L	12.42%	13.17%	14.25%	13.91%	13.41%	12.99%	29.73%	31.13%
江西	I	12.34%	9.90%	14.02%	7.83%	7.32%	8.80%	8.27%	—
	C	54.79%	57.64%	56.02%	64.29%	65.79%	71.24%	71.09%	
	L	32.87%	32.46%	29.97%	27.87%	26.88%	19.96%	20.65%	
湖南	I	7.86%	7.02%	7.20%	6.34%	2.31%	2.51%	2.48%	—
	C	54.87%	55.68%	62.93%	63.89%	17.08%	68.48%	70.20%	
	L	37.27%	37.31%	29.87%	29.78%	80.61%	29.01%	27.32%	
湖北	I	12.16%	10.64%	8.13%	5.88%	2.95%	10.58%	7.31%	—
	C	60.18%	61.47%	66.82%	55.45%	15.63%	62.36%	75.77%	
	L	27.67%	27.89%	25.05%	38.67%	81.41%	27.06%	16.92%	

备注：I表示技术密集型产业；C表示资本密集型产业；L表示劳动密集型产业。

1. 环渤海地区制造业结构优度

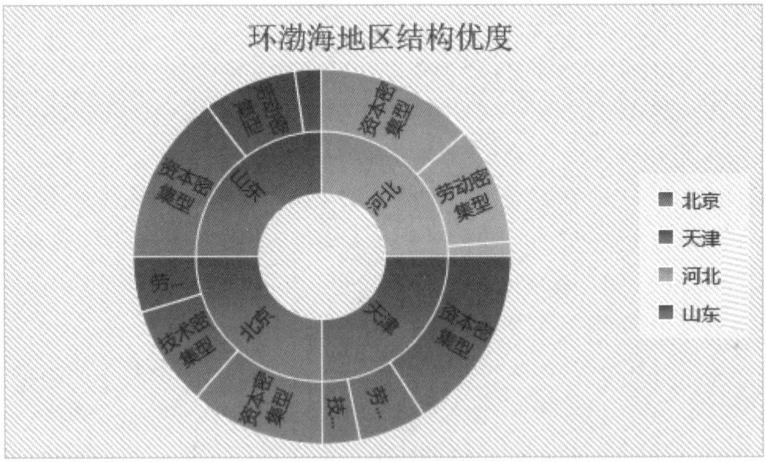

图4-44　环渤海地区制造业结构优度

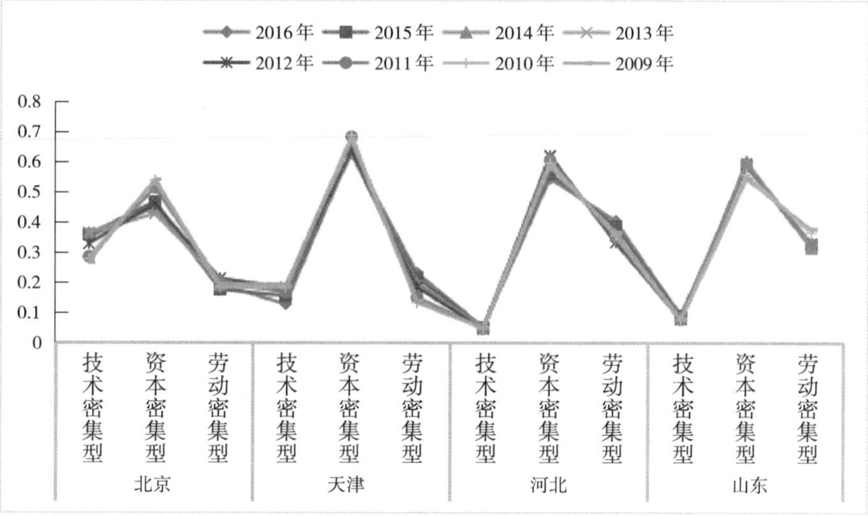

图4-45　环渤海地区分类产业结构优度

通过对环渤海地区产业比例分析可得到以下结论。

①由图4-45可知环渤海地区三种产业类型以资本密集型产业为主，资产密集型产业占比较高，北京技术密集型产业占比高于劳动密集型产业。

②北京的技术密集型产业比例呈现出上升趋势，资本密集型产业发展趋势呈现U形结构，劳动密集型产业出现略微下降趋势。

③天津技术密集型产业比例近年来均处于20%以下，且有下降趋势。劳动密集型产业比例存在上升趋势，2015年超过20%。其中资产密集型产业比例最高，从2009～2016年均处于60%左右。

④河北技术密集型产业比例不足10%，比例较低，该省主要以资本密集型产业为主，产业结构不均衡，且技术密集型产业比例较为平稳，没有上升趋势。

⑤山东与河北的三种产业类型比例相近，可以看到山东技术密集型产业具有上升趋势，而且劳动密集型产业与资本密集型产业比例有下降趋势。

2. 东北地区制造业结构分析

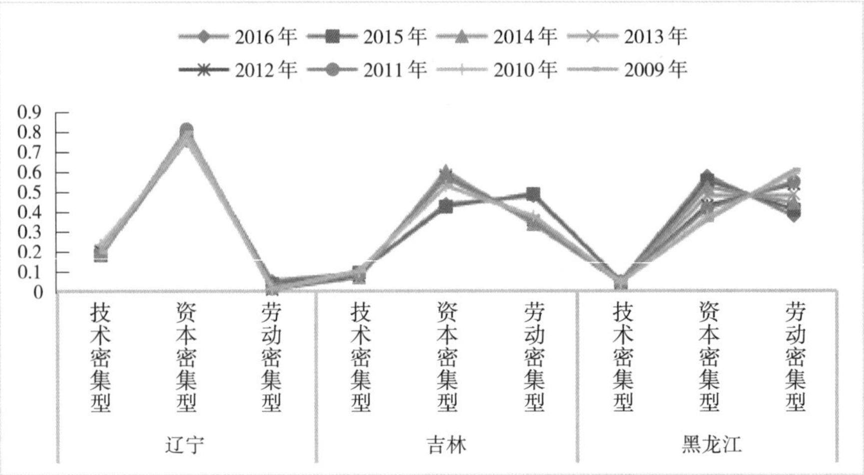

图4-46　东北地区分产业制造业结构优度

东北地区制造业结构优度详细数据见表4-20。

由图4-46可知辽宁制造业以资本密集型产业为主，技术密集型产业为辅，劳动密集型产业产值较低。其中资本密集型产业比例高达80%，变化波动不明显，有略微下降趋势。劳动密集型产业产值较低，产业比例不足5%，有上升趋势，整体结构处于优化调整状态。技术密集型产业比例在10%以上，且有上升趋势。整体来看辽宁制造业结构依然处于优化阶段。

吉林资产密集型产业比例属于较高的产业，产业比例处于50%以上。劳动密集型产业比例为30%~40%。技术密集型产业比重较低，几乎常年处于10%以下。整体来看结构优度较差，制造业结构处于波动状态，没有体现出较为明显的优化状态。

黑龙江制造业技术密集型产业比例较低，产业比例一直处于10%以下，资产密集型产业比重与劳动密集型产业比重发展趋势相反。

3. 长珠三角地区制造业结构分析

发展技术密集型企业是近年来制造业发展导向，随着智能制造的提出以及发展，所有省份的制造业导向均偏向高技术产业，伴随着《中国制造2025》的提出，更加剧了制造业产业高级化的速度，此时正是制造业结构优化调整的优良契机（见表4-20）。

由图4-47可知，①浙江的市场敏锐程度较其他省份低，技术密集型产业比例处于1%以下。可以明显看到中国技术密集型产业对整个产业调整契机的出现并没有很好地应对，中国技术密集型产业依然处于缓慢发展的进程，且处于较低水平。长珠三角地区资本密集型产业明显处于激烈调整阶段，并且均向更高的产业比发展，技术密集型产业比例均处于上升趋势。②未来几年内，长珠三角地区预期调整结构后技术密集型产业比例在15%左右。

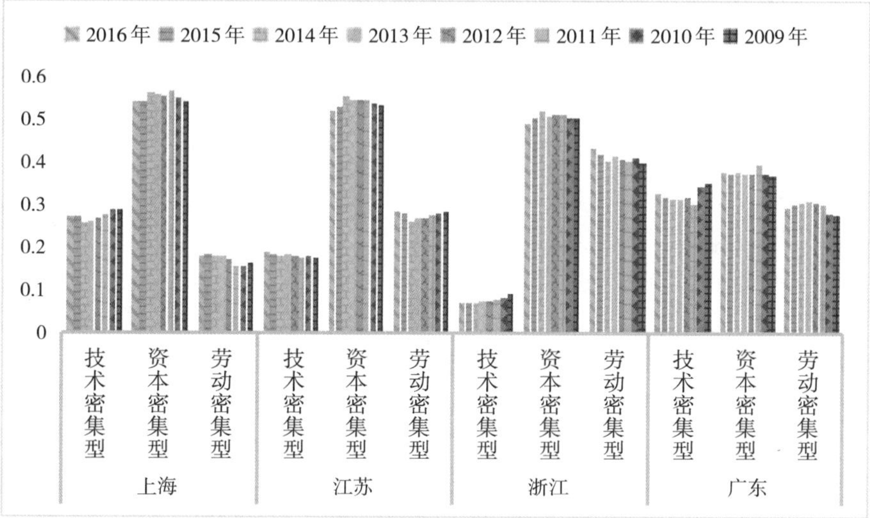

图4-47 长珠三角地区制造业结构优度

4. 西南地区制造业结构分析

西南地区制造业结构优度详细数据见图4-48。①云南结构优度处于末端，这说明该地区产业结构升级调整还有一定空间，未来可操作性更大。②四川制造业产业结构较为均衡，制造业结构优度得分较高。重庆结构优度较为良好且发展趋向明朗，其主要处于将资本密集型产业向技术密

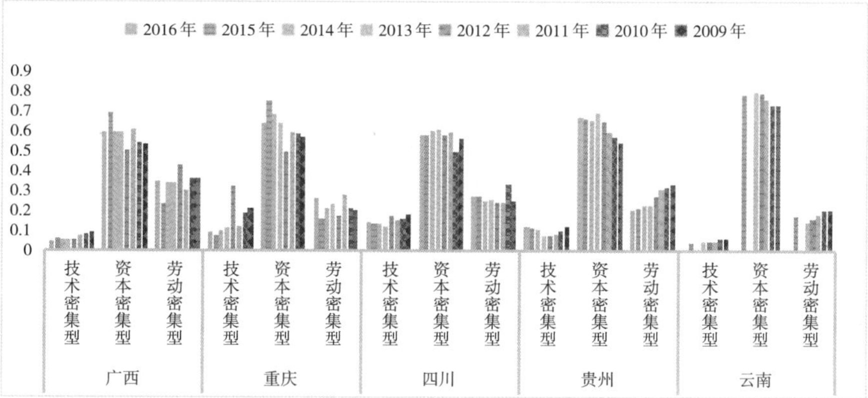

图4-48 西南地区制造业结构优度

集型产业过渡期间。此地区依然处于三种产业结构比例均需要有一定调整阶段。③贵州未来几年内预期可调整结构比例分别为:劳动密集型产业占比35%、资本密集型产业占比55%、技术密集型产业占比15%。广西制造业结构优度优化的道路任重而道远。

5. 西北地区和海西经济区制造业结构分析

西北地区制造业结构优度详细数据见图4-49。①由图4-49可知西北地区资本密集型产业的占比较大,资本密集型产业的占比近年来均高于60%,大于技术密集型产业和劳动密集型产业比例之和。海西经济区则以劳动密集型产业为主。劳动密集型产业的占比达到60%。②海西经济区的技术密集型产业占比较低,与其相比西北地区产业结构更不均衡。总体来看西北地区和海西经济区均属于结构较差区域,都需要做出进一步改善。

图4-49 西北地区和海西经济区制造业结构优度

6. 中部地区制造业结构分析

中部地区制造业结构优度详细数据见图4-50。河南结构优度处于中

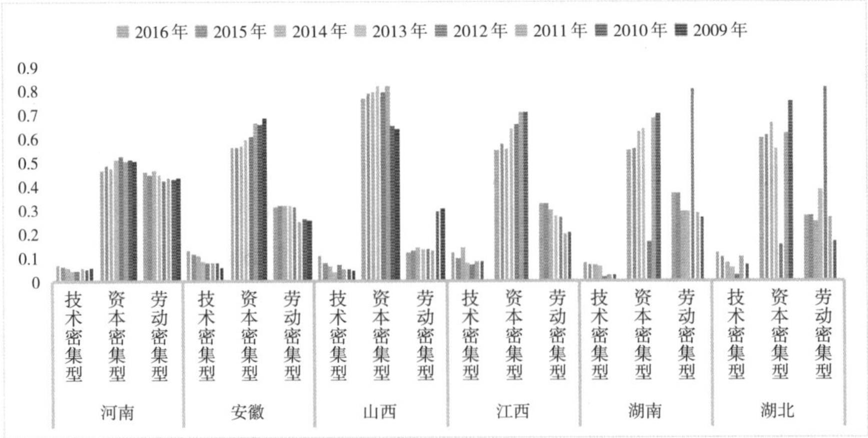

图4-50 中部地区制造业结构优度

部六省末端，说明中国产业结构升级调整还有一定空间。山西制造业产业结构较为均衡，结构优度较为良好且发展趋向明朗，其主要处于将资本密集型产业向高技术密集型产业过渡期间。中国依然处于三种产业结构比重均需要一定调整的阶段。

7.部分地区制造业结构优度

经过建模、测算中国部分地区制造业2009～2016年的结构优度详细结果见表4-21。

表4-21　部分地区制造业结构优度分布

省区市	年份	*E*	省区市	年份	*E*	省区市	年份	*E*
北京	2016年	68.20	上海	2016年	65.53	重庆	2016年	55.76
北京	2015年	69.10	上海	2015年	65.43	重庆	2015年	58.14
北京	2014年	68.87	上海	2014年	64.89	重庆	2014年	57.45
北京	2013年	68.33	上海	2013年	65.00	重庆	2013年	57.46
北京	2012年	66.76	上海	2012年	65.58	重庆	2012年	67.96
北京	2011年	65.38	上海	2011年	66.44	重庆	2011年	56.42
北京	2010年	65.60	上海	2010年	66.99	重庆	2010年	61.23
北京	2009年	64.89	上海	2009年	66.83	重庆	2009年	62.54
天津	2016年	58.10	江苏	2016年	58.81	四川	2016年	57.77
天津	2015年	59.66	江苏	2015年	58.88	四川	2015年	57.36
天津	2014年	60.99	江苏	2014年	59.44	四川	2014年	57.82
天津	2013年	61.75	江苏	2013年	59.30	四川	2013年	57.25
天津	2012年	61.60	江苏	2012年	59.12	四川	2012年	59.88
天津	2011年	62.16	江苏	2011年	58.75	四川	2011年	58.93
天津	2010年	63.26	江苏	2010年	58.77	四川	2010年	56.28
天津	2009年	63.43	江苏	2009年	58.52	四川	2009年	59.72
河北	2016年	49.74	浙江	2016年	49.77	贵州	2016年	58.55
河北	2015年	50.30	浙江	2015年	50.24	贵州	2015年	58.27
河北	2014年	51.16	浙江	2014年	50.68	贵州	2014年	57.18
河北	2013年	51.89	浙江	2013年	50.44	贵州	2013年	56.27
河北	2012年	51.68	浙江	2012年	50.65	贵州	2012年	54.69
河北	2011年	51.28	浙江	2011年	50.86	贵州	2011年	53.93
河北	2010年	51.03	浙江	2010年	50.97	贵州	2010年	54.58
河北	2009年	50.88	浙江	2009年	51.55	贵州	2009年	54.83
山西	2016年	60.64	安徽	2016年	55.62	云南	2016年	0.00
山西	2015年	59.16	安徽	2015年	55.09	云南	2015年	56.43

续表

省区市	年份	E	省区市	年份	E	省区市	年份	E
山西	2014年	58.29	安徽	2014年	54.82	云南	2014年	0.00
山西	2013年	57.36	安徽	2013年	53.71	云南	2013年	57.38
山西	2012年	58.77	安徽	2012年	53.60	云南	2012年	56.90
山西	2011年	58.03	安徽	2011年	55.60	云南	2011年	56.39
山西	2010年	53.00	安徽	2010年	55.20	云南	2010年	56.26
山西	2009年	52.46	安徽	2009年	54.54	云南	2009年	56.26
辽宁	2016年	66.36	福建	2016年	49.63	广东	2016年	64.27
辽宁	2015年	66.12	福建	2015年	51.90	广东	2015年	63.72
辽宁	2014年	67.87	福建	2014年	49.76	广东	2014年	63.37
辽宁	2013年	67.42	福建	2013年	49.01	广东	2013年	63.26
辽宁	2012年	67.80	福建	2012年	44.22	广东	2012年	63.55
辽宁	2011年	66.82	福建	2011年	43.30	广东	2011年	63.01
辽宁	2010年	69.09	福建	2010年	47.50	广东	2010年	65.38
辽宁	2009年	67.53	福建	2009年	48.89	广东	2009年	65.81
吉林	2016年	49.20	江西	2016年	54.98	广西	2016年	51.22
吉林	2015年	49.00	江西	2015年	54.12	广西	2015年	55.16
吉林	2014年	52.60	江西	2014年	56.54	广西	2014年	51.71
吉林	2013年	52.03	江西	2013年	54.67	广西	2013年	51.96
吉林	2012年	52.32	江西	2012年	54.76	广西	2012年	49.17
吉林	2011年	52.78	江西	2011年	57.46	广西	2011年	54.08
吉林	2010年	52.48	江西	2010年	57.03	广西	2010年	52.47
吉林	2009年	52.85	江西	2009年	0.00	广西	2009年	52.73
黑龙江	2016年	50.62	山东	2016年	54.03	湖南	2016年	51.84
黑龙江	2015年	49.43	山东	2015年	53.77	湖南	2015年	51.49
黑龙江	2014年	48.30	山东	2014年	53.72	湖南	2014年	53.81
黑龙江	2013年	46.89	山东	2013年	53.32	湖南	2013年	53.49
黑龙江	2012年	45.39	山东	2012年	53.10	湖南	2012年	36.47
黑龙江	2011年	45.15	山东	2011年	53.14	湖南	2011年	52.17
黑龙江	2010年	43.85	山东	2010年	51.98	湖南	2010年	52.67
黑龙江	2009年	43.35	山东	2009年	51.69	湖南	2009年	—
青海	2016年	57.46	河南	2016年	48.92	陕西	2016年	55.49
青海	2015年	55.30	河南	2015年	48.95	陕西	2015年	54.87
青海	2014年	54.66	河南	2014年	48.13	陕西	2014年	54.98
青海	2013年	54.14	河南	2013年	48.20	陕西	2013年	55.82
青海	2012年	54.20	河南	2012年	49.08	陕西	2012年	56.41

续表

省区市	年份	E	省区市	年份	E	省区市	年份	E
青海	2011年	—	河南	2011年	49.01	陕西	2011年	57.24
青海	2010年	—	河南	2010年	49.11	陕西	2010年	56.47
甘肃	2011年	56.21	河南	2009年	49.05	陕西	2009年	56.61
湖北	2016年	56.48	湖北	2011年	56.03	甘肃	2016年	54.39
湖北	2015年	55.80	湖北	2010年	57.78	甘肃	2015年	54.45
湖北	2014年	55.65	湖北	2009年	—	甘肃	2014年	54.70
湖北	2013年	50.61	甘肃	2010年	56.15	甘肃	2013年	55.17
湖北	2012年	36.48	甘肃	2009年	55.96	甘肃	2012年	55.21

备注：E表示制造业结构优度得分。

（三）中国制造业高级化测度与分析

1.高级化测度权重计算

依据本项目对制造业高级化的定义，制造业高级化由结构优度和价值链高度两个维度构成。将制造业高级化（Manufacturing upgrading）记为MU，则构建制造业高级化指数为

$$\mathrm{MU}_j = \omega_E E_j + \omega_H H_j \quad （式4-29）$$

其中，E_j为制造业结构优度，ω_E为其权重；H_j为制造业价值链高度，ω_H为其权重。本项目采取了三种方法进行比较确定了权重。

很多学者认为在制造业升级过程中制造业价值链高度贡献比例较高，制造业结构优度贡献比例略低，因此给出以下权重。

$$w_E = 0.4;\ \omega_H = 0.6 \quad （式4-30）$$

以河南为例，假定河南制造业高级化程度是正向发展的，即一切事物均朝向积极的方向发展。现有文献研究多认为社会的进步可用地区生产总值代替，因此假定河南制造业高级化程度是与河南制造业高级化进程相匹配的，认为河南地区总值可替代河南制造业高级化指数。但是实际上GDP与高级化指数并不相同，可能产生较大差异，因此需计算制造业高级化指数与GDP之间的“距离关系”，为了更为客观地表示制造业价值链高度权重以及制造业结构优度权重，进一步分析制造业高级化指数与制造业价值链高度、结构优度的关系，通过灰色关联度分析得到2016年和2015年中国各省份的GDP结构优度、价值链高度、价值链高度得分的最终结果。计算结果见表4-22、表4-23，GDP与结构优度、价值链的灰色关联度如表4-24所示。

表4-22 GDP结构优度、价值链高度、价值链高度得分(2016年)

省区市	GDP	结构优度得分	价值链高度得分
安徽	24407.62	55.61768	19.16086
北京	25669.13	68.20387	62.30697
福建	28810.58	49.631	30.84798
甘肃	7200.37	54.38902	18.0779
广东	80854.91	64.27471	49.63261
广西	18317.64	51.21833	18.46734
贵州	11776.73	58.55352	12.24043
河北	32070.45	49.73575	20.37203
河南	40471.79	48.91793	25.13873
黑龙江	15386.09	50.61653	62.30697
湖北	32665.38	56.4824	25.52331
湖南	31551.37	51.83684	20.48617
吉林	14776.8	49.20222	20.49908
江苏	77388.28	58.81348	39.61724
江西	18499	54.9829	21.48619
辽宁	22246.9	66.35589	26.36719
青海	2572.49	57.46011	16.67734
山东	68024.49	54.03222	35.73812
山西	13050.41	60.64496	22.6398
陕西	19399.59	55.49209	26.62803
上海	28178.65	65.52977	47.30786
四川	32934.54	57.76938	21.41243
天津	17885.39	58.10446	44.83578
浙江	47251.36	49.76632	34.14937
重庆	17740.59	55.76035	30.92505

表4-23 GDP结构优度、价值链高度、价值链高度得分(2015年)

省区市	结构优度得分	价值链高度得分	GDP
安徽	55.08926	19.0382	22005.63
北京	69.10119	55.87959	23014.59
福建	51.89599	31.0667	25979.82

续表

省区市	结构优度得分	价值链高度得分	GDP
甘肃	54.45385	18.24707	6790.32
广东	63.72032	46.83215	72812.55
广西	55.16475	17.57731	16803.12
贵州	58.26523	14.25329	10502.56
河北	50.29815	19.48344	29806.11
河南	48.94693	25.29572	37002.16
黑龙江	49.42671	9.084036	15083.67
湖北	55.80437	24.33307	29550.19
湖南	51.48525	20.64098	28902.21
吉林	48.99662	20.39481	14063.13
江苏	58.88161	38.01544	70116.38
江西	54.11751	21.69081	16723.78
辽宁	66.12018	23.10663	28669.02
青海	55.29535	16.21769	2417.05
山东	53.76704	33.13938	63002.33
山西	59.15528	21.59934	12766.49
陕西	54.87285	27.00826	18021.86
上海	65.42933	44.43893	25123.45
四川	57.36354	21.00115	30053.1
天津	59.65821	43.15736	16538.19
云南	56.4312	18.0036	13619.17
浙江	50.23534	33.04078	42886.49
重庆	58.14285	29.6348	15717.27

表4-24　GDP与结构优度和价值链的灰色关联度

指标	综合关联度	相对关联度	绝对关联度
2016年GDP与结构优度	0.5332	0.5664	0.5001
2016年GDP与价值链	0.5957	0.6903	0.5011
2015年GDP与结构优度	0.5429	0.5858	0.5001
2015年GDP与价值链	0.6400	0.7791	0.5008

由表4-22至表4-24可知，与2015年相比2016年制造业结构优度与GDP关联度变化不大，制造业价值链高度与GDP相对关联度相差不大，因此选取2016年关联度数据计算权重，经过计算灰色关联度赋权如

下：$\omega_E = 0.472318186$，$\omega_H = 0.527681814$；通过结合专家赋权可得到新的权重为：$\omega_E = 0.436159093$，$\omega_H = 0.563840907$；经检验GDP与高级化指数相对关联度达到0.9517。

2.全国高级化水平

北京2016年制造业高级化得分为64.8789，排名为全国第一位，其次是广东56.0189，其中制造业高级化得分达到50以上的一共有四个地区，分别是北京、广东、上海、天津。其中制造业高级化得分最低的是黑龙江，仅仅为31.2081，属于全国较低水平。从全国排名来看制造业高级化程度较低的省份分别是甘肃、河北、吉林、广西、贵州、黑龙江，几个省均低于34分，低于全国平均水平。分地区来看东北地区高级化水平较低，黑龙江、吉林高级化水平较低，辽宁水平较高，位于全国第6名。中部地区山西高级化水平较高，湖南制造业高级化水平较低，山西高级化水平领先中部地区，详见表4-25。整体来看长三角区域制造业高级化水平较高，领先于全国水平，其中相对较差的浙江依然位于全国第9名，由此可知长三角珠三角区域是中国制造业高级化发展的标杆区域。环渤海区域的代表区域就是北京，北京、天津、山东同样属于制造业高级水平区域。西南地区贵州、广西、四川，制造业高级化得分均不高于40；其中贵州、广西高级化水平最低，整体来看西南地区制造业高级化水平较高的是重庆。西北地区制造业发展水平与西南地区相差不大，其中制造业高级化水平较高的是陕西，甘肃与青海水平相近都处于全国制造业高级化水平末端。

表4-25　各省区市高级化得分（2016年）

省区市	高级化得分	全国排名	省区市	高级化得分	全国排名
北京	64.879	1	四川	37.2699	14
广东	56.0189	2	江西	36.0961	15
上海	55.2555	3	河南	35.5102	16
天津	50.623	4	安徽	35.0618	17
江苏	47.9899	5	青海	34.4651	18
辽宁	43.8086	6	湖南	34.1601	19
山东	43.7173	7	甘肃	33.9153	20
重庆	41.7572	8	河北	33.1793	21
浙江	40.9609	9	吉林	33.0182	22
陕西	39.2174	10	广西	32.752	23
山西	39.2161	11	贵州	32.4403	24

续表

省区市	高级化得分	全国排名	省区市	高级化得分	全国排名
福建	39.0404	12	黑龙江	31.2081	25
湖北	39.0264	13			

从2015年全国制造业高级化得分排名可以看到,全国制造业高级化程度排名前四的省区市分别是北京、广东、上海、天津。黑龙江依然处于制造业低级水平,在全国制造业高级化程度末端,详见表4-26。

表4-26　各省区市高级化得分(2015年)

省区市	高级化得分	全国排名	省区市	高级化得分	全国排名
北京	61.64632	1	四川	36.86094	14
广东	54.19808	2	江西	35.83401	15
上海	53.59408	3	河南	35.61141	16
天津	50.35435	4	云南	34.76414	17
江苏	47.11641	5	安徽	34.7622	18
山东	42.13632	6	湖南	34.09399	19
重庆	42.06884	7	甘肃	34.03899	20
辽宁	41.86738	8	广西	33.97142	21
浙江	40.54034	9	贵州	33.4495	22
福建	40.15159	10	青海	33.26176	23
陕西	39.16165	11	河北	32.92356	24
湖北	38.05957	12	吉林	32.86975	25
山西	37.9797	13	黑龙江	26.67986	26

表4-27　各省区市高级化得分(2013年)

省区市	高级化得分	全国排名	省区市	高级化得分	全国排名
北京	57.89678	1	湖北	33.9311	14
广东	50.58079	2	吉林	33.65621	15
上海	50.50663	3	甘肃	33.62831	16
天津	49.70189	4	云南	33.33802	17
江苏	43.34275	5	青海	33.33307	18
辽宁	42.61871	6	湖南	33.08808	19
浙江	39.99975	7	安徽	33.07045	20
山东	39.45339	8	河南	32.96685	21

续表

省区市	高级化得分	全国排名	省区市	高级化得分	全国排名
重庆	38.79083	9	河北	32.94705	22
陕西	37.04518	10	贵州	31.80591	23
山西	37.00574	11	广西	31.26436	24
福建	36.86517	12	黑龙江	30.91132	25
四川	36.65792	13	江西	27.46936	26

表4-28 各省区市高级化得分(2012年)

省区市	高级化得分	全国排名	省区市	高级化得分	全国排名
北京	54.26942	1	福建	34.92794	14
上海	51.16472	2	江西	34.52069	15
广西	49.4303	3	青海	33.94585	16
广东	49.38428	4	甘肃	33.56748	17
天津	48.56321	5	云南	32.91351	18
江苏	45.16181	6	河北	32.73237	19
重庆	42.55517	7	安徽	32.72807	20
辽宁	42.11973	8	吉林	32.39434	21
浙江	39.73468	9	贵州	31.24886	22
山东	38.67052	10	河南	30.71592	23
山西	37.05954	11	黑龙江	30.41113	24
四川	36.51171	12	湖北	27.39684	25
陕西	36.51017	13	湖南	25.0489	26

表4-29 各省区市高级化得分(2011年)

省区市	高级化得分	全国排名	省区市	高级化得分	全国排名
北京	51.02284	1	江西	34.94464	14
上海	50.47308	2	福建	34.52445	15
广东	47.98124	3	甘肃	34.38645	16
天津	47.11379	4	安徽	32.8662	17
江苏	43.6632	5	云南	32.33413	18

续表

省区市	高级化得分	全国排名	省区市	高级化得分	全国排名
辽宁	40.44803	6	河北	32.04307	19
浙江	38.86576	7	吉林	31.84327	20
山东	37.17878	8	湖南	31.18607	21
陕西	36.28947	9	贵州	30.50877	22
重庆	36.19904	10	河南	29.92706	23
山西	35.75582	11	黑龙江	29.64494	24
湖北	35.35928	12	广西	28.03748	25
四川	34.96723	13			

表4-30 各省区市高级化得分(2009年)

省区市	高级化得分	全国排名	省区市	高级化得分	全国排名
上海	43.51905	1	甘肃	30.27992	13
广东	42.67629	2	云南	29.61348	14
北京	41.92362	3	河北	29.39532	15
天津	39.69607	4	吉林	29.21764	16
辽宁	37.43762	5	安徽	28.73185	17
江苏	37.31834	6	贵州	28.41047	18
浙江	34.6754	7	广西	27.92886	19
福建	33.66467	8	河南	27.28567	20
重庆	33.23636	9	陕西	25.95051	21
四川	32.49084	10	黑龙江	25.16599	22
山东	32.12068	11	江西	6.966869	23
山西	30.54998	12			

2009年，上海市制造业高级化程度处于全国最高水平，制造业高级化得分为43.51905。全国制造业高级化程度位列前四的地区分别是上海、广东、北京、天津，而江西、黑龙江、陕西、河南、广西、贵州等地区制造业高级化水平较低。2009年长三角地区制造业高级化水平较高，上海、浙江、江苏制造业高级化水平均在全国前七，其中上海位居全国第一。环渤海区域与长三角珠三角地区制造业高级化水平相近，都是中国制造业高级化的先进区域，其中北京、天津、名列全国前五，山东处于一般水平，河北较差。东北地区制造业高级化水平较差，辽宁高级化水平相对较高，黑龙江高级化水平较低，详见表4-30。

整体来看全国制造业高级化水平呈现上升趋势，其中上升较快的有河南、安徽、湖北等省份。其中，北京、上海、广东、天津一直处于全国制造业高级化水平前列。其中，北京从2009年的全国第三上升到2016年第一名。2009～2016年一直处于制造业低级水平的省份有黑龙江、广西、贵州、甘肃等地区。2009～2016年省域制造业高级化程度详见表4-25至表4-30。

（四）中国制造业高级化影响因素分析

1.影响因素指标的初步选择

通过对现有文献研究整理，可知学者们通常用指标来衡量结构对产业影响的程度，因此本项目通过学者们广泛应用的指标来分析河南制造业高级化的被影响程度及影响因素实证分析，结果见表4-31与表4-32。

表4-31　河南制造业高级化被影响程度分析

指标	应用程度	作者
对外贸易度	①⑦⑧⑨	①马珩
创新能力	②③④⑥⑦⑨	②徐仙英、张雪玲
政府支配	③⑥⑧⑨	③高远东、张卫国
社会需求	②③④⑥	④李士梅、潘宇瑶
人均GDP	①⑤	⑤付凌辉
人力资源水平	②③⑥⑦	⑥李建新、扬咏春
资本构成	②⑨	⑦闫海洲
居民消费	②⑥	⑧朱江龙、姜果
外资水平	⑥⑦⑧⑨	⑨闫国辉

表4-32　制造业高级化影响因素实证分析

作者	方法	指标
马珩	构建多元线性回归模型	对外贸易依存度
		市场化程度
		人力资源素质
		人均GDP

续表

作者	方法	指标
徐仙英 张雪玲	因子分析法	劳动要素
		消费升级
		资本配置
		自主创新
		信息化发展
高远东 张卫国 阳琴	空间面板计量	社会需求
		人力资源供给
		技术创新
		制度影响
李士梅 潘宇瑶	基于VEC模型的实证检验	自主创新
付凌辉	采用Engle-Granger两步检验法、格兰杰因果关系检验	GDP
李建新 扬咏春	OLS和空间回归模型	人力资本
		创新能力
		居民消费
		外资水平
闫海洲	面板数据模型	社会投资
		政府规模
		科技创新
		人口流动
		外资规模
		对外贸易
朱江龙 姜果	协整检验和误差修正模型	社会投资
		政府规模
		外资规模
		对外贸易

续表

作者	方法	指标
闫国辉	Panel Data模型	固定资产投资
		对外贸易
		政府支出
		外商投资
		技术创新

通过上述分析，我们初步决定选取以下指标数据进行研究，主要为创新能力、对外贸易依存度、人资水平、政府参与程度、居民消费水平、外资水平、全社会固定资产投资、制造业固定资产投资、信息化程度、新产品销售收入、社会消费品总额共11个指标，探究其与制造业高级化的关系。

2.影响因素指标的确定

由于影响因素指标较多，需要统计数据的年份较少，因此需要减少研究指标，深入分析显著影响制造业高级化的因素。因此本项目通过灰色关联度分析，将关联程度较高的指标列出，选取接近程度较高的因素进行回归分析，分析结果见表4-33。

表4-33　灰色关联度分析结果

高级化与指标关联度	绝对关联度	相对关联度	综合关联度
居民消费水平	0.5005	0.7143	0.6074
制造业就业人员平均工资	0.5008	0.7324	0.6166
全社会固定投资	0.5007	0.9971	0.7489
制造业固定投资	0.501	0.8139	0.6575
进出口总额	0.5	0.5243	0.5122
对外贸易依存度	0.5029	0.5482	0.5255
地方财政科技支出	0.5294	0.7304	0.6299
社会消费品总额	0.5012	0.8553	0.6783
新产品开发经费	0.5	0.668	0.584
新产品销售收入	0.5	0.6807	0.5903
互联网普及率	0.8059	0.8951	0.8505
地区生产总值	0.5006	0.9509	0.7258

基于表4-33，代表创新能力的因素为开发新产品经费，一般研究都认为开发新产品经费投入强度与新产品研发经费越高则企业的创新能力越强，基于开发新产品经费可以更好地体现创新能力的产出水平，本项目选取此指标。

人力资源水平将被制造业从业人员平均薪资代替。制造业从业人员平均薪资水平体现了多层面人力水平：①表示制造业行业社会贡献水平、劳动力层次水平。低薪资说明行业结构简单，从事活动较为低端，社会贡献水平较低。②薪资水平也表明了从业人员对行业发展趋势的态度。薪资较低说明从业人员认为该行业表现为低发展前景的态势。③薪资水平同时也代表着科技人员的比例。平均薪资越高则表示该行业对高素质人才吸引程度越高，因此选取制造业平均薪资水平表示人力资源水平。

政府参与程度：选取地方财政科技支出表示政府参与程度。地方财政科技支出表示地方政府对科技创新的政府投入力度。现有统计年鉴统计中的指标能直接反映出政府对制造业的参与程度，选取地方财政科技支出作为政府参与程度的主要原因是该指标能表示国家对高科技行业的优惠程度以及市场导向作用，一定程度上能表示政府单位对高技术行业的态度。

居民消费水平：居民消费水平主要体现了社会购买力。现有学者大多认为社会购买力能有效拉动经济增长，能有效推进产业结构高级化进程。社会需求决定了制造业产品的多样化，其中居民消费水平是反映社会需求的重要指标。通常来说居民消费水平越低，制造业产品越单一，主要表现在产品质量差、产品附加值较低、产品高端化市场低迷等多方面。反之，居民消费水平越高，市场反应程度越强烈，产品更加多样化。产品的高端化将会加快制造业结构高级化进程。

社会消费品总额，现有研究认为社会消费品总额能有效表示消费水平、社会需求，因此把社会消费品总额作为产业升级的重要标准。

外商投资总额：外商投资指中国政府、企业和其他经济组织通过吸收外商直接投资以及其他方式筹措的境外现汇、技术、设备等。

信息化程度：通过互联网普及率来表示，随着工业4.0的提出，工业信息化也是影响制造业高级化的因素之一。

3.构建多元回归模型

本项目从以下7个角度来分析影响河南制造业高级化的主要因素，通过构建多元回归模型实证分析这5类指标对河南制造业高级化的影响程度。选取制造业高级化指数（MU）为因变量，自变量分别为创新能力（IC）、对外贸易依存度（RDFT）、人资水平（LHR）、信息化程度（IT）、制造业固定投资（FIM）、外商投资总额（TFI）政府参与程度（GP）。

$$MU=\beta_1 IC+\beta_2 RDFT+\beta_3 IT+\beta_4 FIM+\beta_5 TFI+\beta_6 LHR+\beta_7 GP+\varepsilon \qquad (式4-31)$$

4.回归结果分析

通过SPSS 22.0对回归模型求解得到结果如表4-34、表4-35和表4-36所示。

表4-34　描述统计量

角度	均值	标准偏差	*N*
MU	39.246612	7.99	128
LHR	50151.24	12231.46	128
FIM	6011.48742	5139.93	128
TFI	72286074.1	128500000.00	128
RDFT	2090.43504	2926.07	128
IC	3797742.24	4623046.39	128
IT	49.085938	12.68	128
ID	54612772.7	63810000.00	128
GP	113.191328	114.34	128

表4-35　模型汇总

模型	*R*	*R*方	调整*R*方	标准估计的误差
1	0.758[a]	0.575	.571	5.2309477
2	0.801[b]	0.642	.637	4.8164326
3	0.826[c]	0.682	.674	4.5627379
4	0.836[d]	0.698	.688	4.4599808

a.预测变量:（常量），IT；b.预测变量:（常量），IT，GP；c.预测变量:（常量），IT，GP，LHR；d.预测变量:（常量），IT，GP，LHR，PDFT；e.因变量:MU。

表4-36　更改统计量

模型	更改统计量					Durbin-Watson
	*R*方更改	*F*更改	df1	df2	Sig. *F* 更改	
1	0.575	170.221	1	126	0.000	1.450
2	0.068	23.621	1	125	0.000	
3	0.039	15.287	1	124	0.000	
4	0.017	6.78	1	123	0.010	

表4-37　方差分析估计

模型		平方和	df	均方	*F*	Sig.
1	回归	4657.727	1	4657.727	170.221	.000[a]
	残差	3447.715	126	27.363	—	—
	总计	8105.441	127	—	—	—
2	回归	5205.688	2	2602.844	112.201	.000[b]
	残差	2899.753	125	23.198	—	—
	总计	8105.441	127	—	—	—
3	回归	5523.937	3	1841.312	88.446	.000[c]
	残差	2581.504	124	20.819	—	—
	总计	8105.441	127	—	—	—
4	回归	5658.795	4	1414.699	71.121	.000[d]
	残差	2446.646	123	19.891	—	—
	总计	8105.441	127	—	—	—

由表4-37可知，经过逐步回归分析可知对制造业高级化有显著影响的变量一共有4个，分别是IT、GP、LHR、PDFT四个变量。以模型4为例，其中回归平方和等于5658.795，残差平方和等于2446.646，总偏差平方和等于8105.441，对应的自由度分别为4，123，127。回归均方差等于1414.699，残差均方差等于19.891。回归方程中显著性统计量*F*等于71.121，Sig.小于0.05，说明该模型具有统计学意义。

表4-38　系数

模型		非标准化系数		标准系数	*t*	Sig.	*B*的95.0%置信区间	
		B	标准 误差	试用版			下限	上限
1	（常量）	15.806	1.855	—	8.520	0.000	12.135	19.478
	IT	0.478	0.037	0.758	13.047	0.000	0.405	0.550
2	（常量）	19.573	1.876	—	10.435	0.000	15.860	23.285
	IT	0.347	0.043	0.551	8.065	0.000	0.262	0.432
	GP	0.023	0.005	0.332	4.860	0.000	0.014	0.033
3	（常量）	16.033	1.994	—	8.039	0.000	12.085	19.980
	IT	0.234	0.050	0.372	4.678	0.000	0.135	0.333
	GP	0.020	0.005	0.289	4.405	0.000	0.011	0.029
	LHR	0.000	0.000	0.288	3.910	0.000	0.000	0.000
4	（常量）	18.101	2.105	—	8.599	0.000	13.934	22.267
	IT	0.189	0.052	0.299	3.634	0.000	0.086	0.291

续表

模型		非标准化系数		标准系数	t	Sig.	B的95.0%置信区间	
		B	标准 误差	试用版			下限	上限
	GP	0.015	0.005	0.219	3.142	0.002	0.006	0.025
	LHR	0.000	0.000	0.277	3.844	0.000	0.000	0.000
	RDFT	0.001	0.000	0.188	2.604	0.010	0.000	0.001

表4-39 已排除的变量

模型		Beta In	t	Sig.	偏相关	共线性统计量		
						容差	VIF	最小容差
1	LHR	0.342[a]	4.399	0.000	0.366	0.487	2.055	0.487
	FIM	0.020[a]	0.350	0.727	0.031	0.997	1.003	0.997
	TFI	0.248[a]	3.762	0.000	0.319	0.701	1.426	0.701
	RDFT	0.309[a]	4.265	0.000	0.356	0.565	1.769	0.565
	IC	0.175[a]	2.793	0.006	0.242	0.814	1.229	0.814
	ID	0.145[a]	2.274	0.025	0.199	0.809	1.236	0.809
	GP	0.332[a]	4.860	0.000	0.399	0.613	1.632	0.613
2	LHR	0.288[b]	3.910	0.000	0.331	0.473	2.114	0.407
	FIM	−0.131[b]	−2.186	0.031	−0.193	0.777	1.287	0.477
	TFI	0.057[b]	0.630	0.530	0.057	0.350	2.860	0.305
	PDFT	0.203[b]	2.684	0.008	0.234	0.475	2.106	0.475
	IC	−0.193[b]	−1.864	0.065	−0.165	0.262	3.817	0.197
	ID	−0.225[b]	−2.355	0.020	−0.207	0.303	3.303	0.229
3	FIM	−0.078[c]	−1.314	0.191	−0.118	0.725	1.379	0.396
	TFI	0.186[c]	2.078	0.040	0.184	0.313	3.198	0.269
	RDFT	0.188[c]	2.604	0.010	0.229	0.473	2.113	0.361
	IC	−0.021[c]	−0.190	0.850	−0.017	0.208	4.814	0.154
	ID	−0.108[c]	−1.098	0.275	−0.098	0.263	3.805	0.195
4	FIM	−0.053[d]	−0.892	0.374	−0.081	0.702	1.424	0.358
	TFI	0.028[d]	0.209	0.835	0.019	0.136	7.374	0.136
	IC	−0.051[d]	−0.463	0.644	−0.042	0.206	4.866	0.152
	ID	−0.119[d]	−1.232	0.220	−0.111	0.262	3.811	0.187

a.模型中的预测变量:(常量),IT;b.模型中的预测变量:(常量),IT,GP;c.模型中的预测变量:(常量),IT,GP,LHR;d.模型中的预测变量:(常量),IT,GP,LHR,PDFT;e.因变量:MU。

由表4-38与表4-39可以看到建立的4个模型产生较大的共线性，说明5个自变量之间存在较小的多重共线性问题。由该表可知建立的模型方差膨胀因子小于10，容差等于0.165，说明模型中不存在多重共线性问题。由表4-40可知，仅有信息化程度偏相关系数较低，说明信息化程度对制造业高级化影响不显著，因此排除了信息化程度这一自变量。

表4-40 残差统计量

	极小值	极大值	均值	标准偏差
预测值	30.508671	60.043198	39.246612	6.6751362
标准预测值	−1.309	3.116	0.000	1.000
预测值的标准误差	0.456	2.583	0.806	0.359
调整的预测值	30.485456	60.893192	39.257160	6.7146426
残差	−8.7412558	20.2935524	0.0000000	4.3891830
标准残差	−1.960	4.550	0.000	0.984
学生化残差	−1.972	4.585	−0.001	1.004
已删除的残差	−8.8502846	20.6037827	−0.0105484	4.5768013
学生化已删除的残差	−1.996	5.015	0.007	1.040
马氏距离	0.333	41.618	3.969	5.639
柯克距离	0.000	0.191	0.009	0.022
居中杠杆值	0.003	0.328	0.031	0.044

由表4-39可知一共建立4个模型，其中模型4是最优模型。

故回归模型为

$$MU=18.101+0.189IT+.015GP+.001RDFT \qquad (式4\text{-}32)$$

结果表明对制造业高级化的影响因素有三个，分别是信息化程度、政府参与程度、对外贸易依存度。同时也说明了制造业固定投资，以及外商投资总额对制造业高级化影响不显著。虽然逐步回归分析建模过程简单，但是其对样本量要求较高，而样本量越高其结果更加准确，因此分析结果相对来说较为直观。

（五）中国制造业高质量发展高级化路径设计

通过对中国制造业结构优度、价值链高度、高级化影响因素分析，我们找到了制造业高级化发展的瓶颈。通过价值链高度分析可以知道，实现价值链高端化的最终体现在企业品牌的竞争力上，因此在实际发展中企业应该注重培养创新能力，同时完善企业自身人才结构，建立吸引、培养人才的体系，实现高质量生产模式，扩展产品销售渠道，实现企业的可持续发展。最终形成企业自身的高质量品牌，完成价值链高端化，形成高端产业发展链。就目前发展而言实现制造业高级化的三个重要路径：一是增大在科研创新的投入；二是打开制造业发展的开放程度；三是刺激市场活跃度，扩大内需，拉动制造业需求。为了实现制造业高级化，本项目提出了以下几点发展对策。①降低各产业对能源资源的依赖程度，促使经济可持续发展、循环发展。②主动对接国家政策，合理利用政策指引效果，着力打造具有中国特色的制造业分行业集聚区。③解决动力问题，把创新制造业作为发展的引擎。④通过完善利益分配机制实现各参与主体共赢。⑤着重发展教育机构，完善教育机制，培养行业高技术人才，制定合理的人才吸纳政策。提升高级人才竞争力，重视制造业发展过程中人才要素供给。⑥优化制造业产业结构，推动其价值链升级。不断推进制造业产业结构向横向合理化和纵向高度化的科学发展，使产业资源的整体效益和长远效益最大化。

传统意义上的价值链是指从原材料到最终产品的一系列连续完成的活动。优化制造业产业结构、推动其价值链升级的基础是技术创新。技术创新的两条有效路径是引进、消化、吸收及创新和自主创新，这些途径在研发过程中的管理及管理创新的作用越来越受到广泛的关注。将IE的理念与方法引入研发过程，是优化制造业产业结构、推动其价值链升级的一条有效路径，详细内容如图4-51所示。

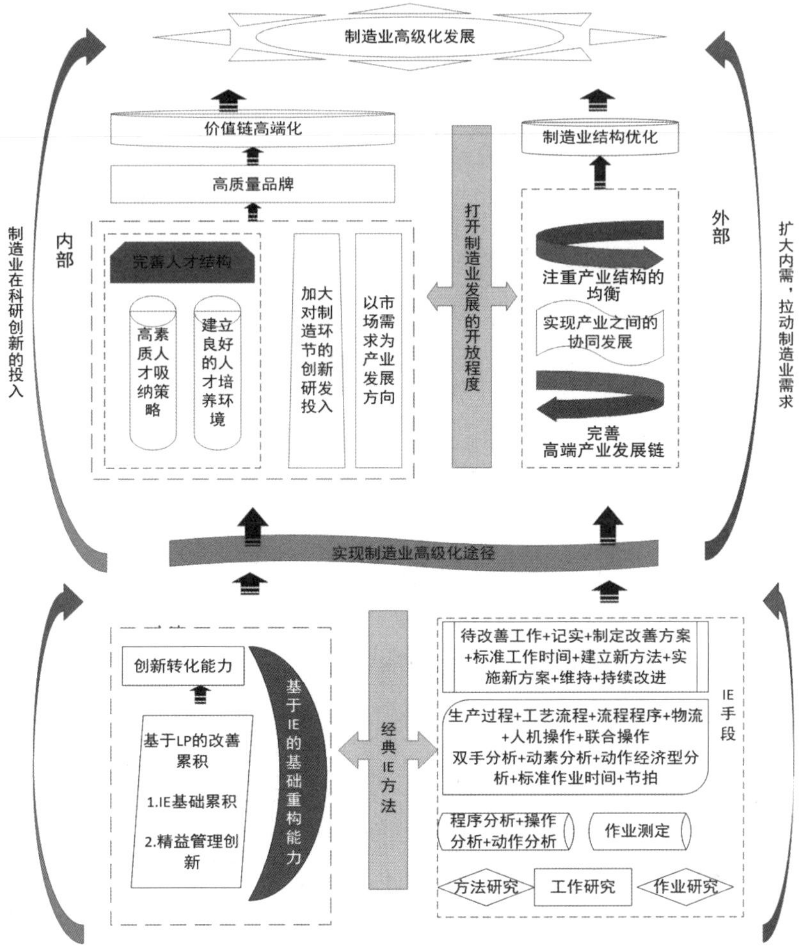

图4-51　中国制造业高级化路径

五、路径V：中国制造业的智能化发展路径研究

目前，中国科技发展水平已经进入更深的领域，逐渐形成一种全新的经济模式，我们要想实现制造业智能化水平的提升，首先要学会利用“智能”技术。根据国家政策引领，央企、国企作为带头企业，把新兴技术与制造业结合，让智能制造成为中国制造业坚强后盾。智能制造被不断地挖掘并加速发展。让企业全面进入智能化，打造一个数字化的新型制造业企业，加速推进制造业价值链升级，使传统生产模式向“智能”生产模式转变，如图4-52，让用户得到更柔性化、定制化和智能化的产品及服务。

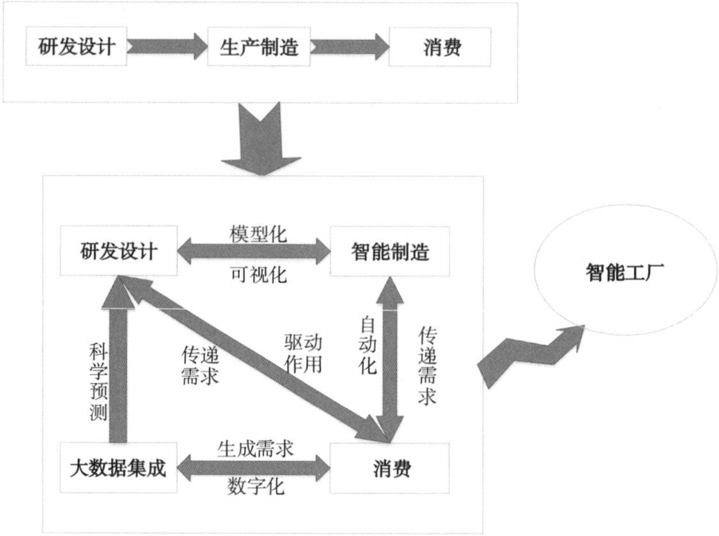

图4-52　传统生产模式向“智能”模式转变

(一)“智能”赋能制造业高质量发展

1.智能工厂的建立

制造型企业要想提高智能发展水平,需要以人工智能和云计算为基础进行推进,依靠大数据智能分析来实现制造业企业的全面升级,最重要的是依靠实体制造。数字工厂是实现智能工厂、打造智能生产运营平台的基础。智能工厂有其自身的优势:第一,智能系统自主能力较强;第二,可视化技术能够应用于设备生产,可以实现远程控制;第三,模型化的构建与生产管理活动相匹配,具有调整、重组和扩展的能力;第四,拥有人与机器共存的系统机制,可以提高生产效率。根据智能工厂的特点,不断纠正和优化资产绩效问题,可以提高资产效率;通过对质量缺陷的快速预测和识别提高质量,创造出高质量的产品;通过优化流程,可以预测库存,降低企业成本;通过智能流程和学习决策,可以通过各种数字化和物理技术来保障工人的安全操作和产品的可持续发展,促进信息的流动和传输,进一步促进数字化供应网络的发展。数字化、信息化建设是实现智能工厂的基础,是一个长期、可持续的过程。目前,德国正在提倡构建“智能工厂”紧跟“工业4.0”的步伐,中国与其相比还有差距。政府要支持和引导有实力的制造型企业率先行动,为企业提供资金支持。同时,需要出台政策和优惠条件,为实现智能制造提供良好的发展空间。

2. 生产设备智能升级

制造业机器设备的智能改造升级从本质上就是实现“机器换芯”，制造型企业应该引进研发人员，加大技术资金投入，购买智能设备，从整体上实现生产设备的跨越式升级，利用智能信息技术，设备智能化以三维可视化技术、计算机网络技术等先进的网络信息处理技术为基础，实时监控，可以实现对设备运行控制的监控、综合信息分析和智能预警、运行管理和应用辅助功能的集成管理，可以让管理者随时随地了解生产设备的状态，并提高企业设备管理能力。通过物联网和MES、CIM系统，实现工厂内各种设备的信息化，实现互联互通，并根据企业实际生产情况，引进研发人员，描绘流程图，精益改造生产线和生产设备，同时提高企业本身自主研发能力，实现不同产品间的互联互通，如图4-53。

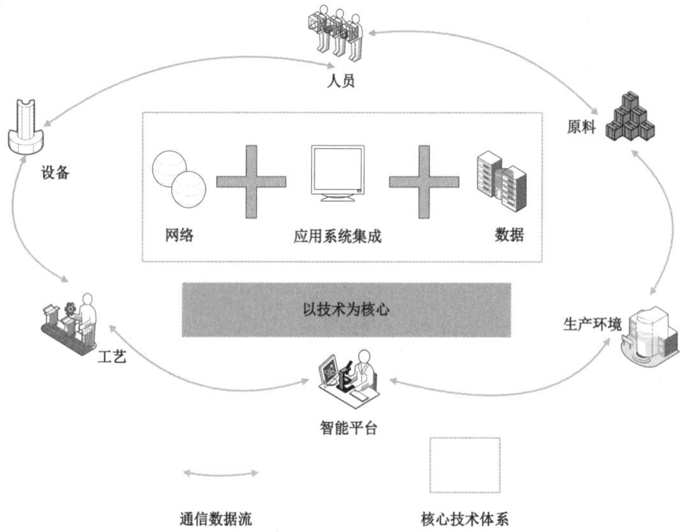

图4-53　智能制造体系架构

3. 生产过程智能升级

制造型企业进行生产设备智能化改造，即“生产线改造”，将原有的自动化生产线进行全面升级，努力打造智能生产线，最终形成智能化生产车间，即智能化工厂。在原有的生产过程中，产品的质量检测一般是在整个产品生产流程完成的，抽样检测并不能完全保障产品的质量合格，但是现在可以通过智能化设备进行数据集成，检测质量，在生产过程中剔除不合格产品，从而替代人工审核。生产过程具有柔性，支持相似的产品进行混线生产，如果生产过程中出现故障，可以调整到其他设备生产。为了使生产线智能化,使生产过程更加顺畅,必须把机器人产业作为提升装备制造业智能化水平的突破口,把机器人应用规划作为最重要的战略规划来实施。现在制造型企业不仅需要简单的自动化,更需要引入更多的智能手段,如机器视觉、RFID(射频识别)等智能化生产。

4.产品智能化升级

生产线的全面智能化改造是为了生产出更有价值、更有核心竞争力的产品。生产过程的智能化就是要增加先进的技术,使整个生产过程都能感知产品,从而进行柔性制造。柔性制造奉行定制,与传统的大规模生产方式和生产需求相反,其是面向消费者的。产品进行柔性生产需要在生产线上被识别,然后和智能设备形成互动从而接收信息,完成生产。进行产品智能化升级需要采取以下流程:首先,要具有产品本身设计自动存储数据的功能,顾客刚开始挑选时,产品可以进行数据采集,在参与生产时,产品内或产品表面加入的存储器由生产设备进行信息识别;其次,产品本身可以响应生产线的生产指令,根据生产指令要求对存储的数据进行快速准确的响应,实现该功能需要在产品中加入智能传感器设备,使产品能够自动响应;最后,在产品的生产过程中需要与控制中心保持密切联系,控制中心能够时刻追踪、定位产品的生产路线和生产情况,对于产品在生产过程中遇到的问题可以通过远程控制及时反馈给车间员工,并有效地解决,实现产品开发的最短周期,并保证质量和产品成本的最低化以及效率最高化,就需要增加无线沟通设备来实现虚拟制造。在智能制造系统中,设计、开发和制造可以同时进行,制造就是创造。企业提供相对应产品的解决方案服务包,这样传统的流水线操作生产将会被智能生产替代,从而更好地改善生产环节,通过高新技术来实现"微笑曲线"中间部分。

5."智能"促进企业转型升级

"智能"实现制造业价值链的数字化重构。制造业利用互联网和大数据的优势,进行数字化集成整合。利用企业资源,通过品牌运营嵌入或重构全球价值链,引领或推动制造型企业实现产品、功能升级。智能制造使企业生产流程和供应链管理更加高效,能耗显著降低,通过系统的自我修正也可以降低产品的缺陷率,从而缩短产品市场周期,高速度、服务型的产品为企业创造更多的市场价值,这些都使得制造型企业的投资结构成本发生了明显的变化。制造型企业利用智能驱动器和数据系统构建互联平台,也是其当前发展的方向。企业通过这个互联平台,可以及时了解客户需求,让客户参与设计,产品生产柔性化,减少浪费并能及时回应客户需求。然后在整个生产过程中,通过生产线智能化,可以降低失误率,快速满足客户需求。企业实现智能化的目标不仅仅是一条生产线的智能化，而是整个过程智能化，无线网络实现互联互通，生产设备加入智能自动，建立云计算的互联平台进行应用分析，这样从采购到生产到销售形成科学闭环。互联网支持智能制造，帮助企业实现经营目标，加快制造业转型升级，未来在向智能化转型的过程中，企业的优先权将能够获得更多的优势。

（二）“智能”赋能制造业价值链攀升

从“智能”与制造业的融合层次上看，“智能”赋能制造业有三种方式。第一，运用制造型企业内部的互联网，对企业的生产人员、生产部门、生产车间、原材料、生产设备等各个制造环节进行互联互通，使整个运营过程更加顺畅高效，而且互联网的应用可以去掉多余的环节，降低成本，实现收益最大化，达到智能工厂的目标。第二，运用制造型企业外部的互联网，连接与该企业相关的供应商、需求者、服务者、保障者以及其他参与者，实现信息的快速沟通和交流的及时反馈。企业内部网络和外部网络的结合，可以促进数据的集成。第三，开放企业平台运营，实现资源优化配置，推动企业智能化改造，打造智能工厂，实现柔性生产，提高产品附加值，同时衍生新兴业态，加速制造业转型升级。以上是“智能”与制造业融合的过程，也是“智能”赋能中国制造业价值链路径升级的过程，价值链进行层层递进，加速实现制造业价值链攀升，如图4-54所示：

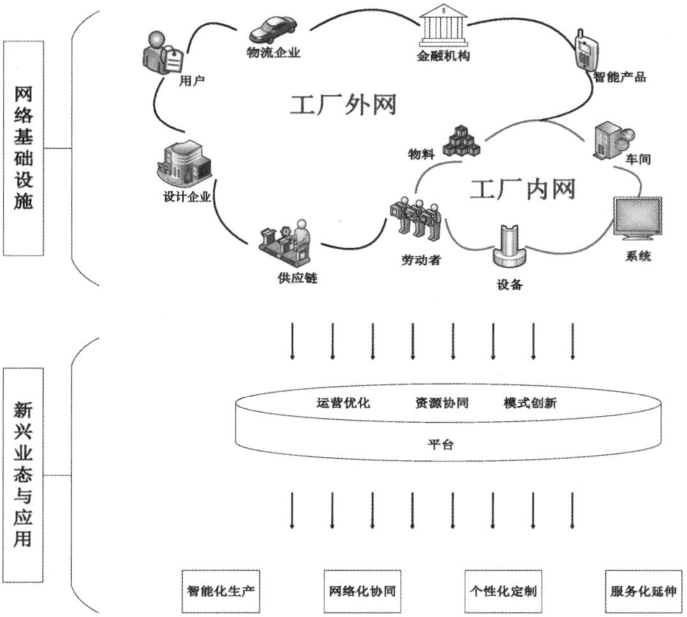

图4-54　“智能”赋能制造业各环节

1.“智能”赋能工艺流程升级

在工艺流程方面，基于产业互联网进行技术创新和商业模式创新，以智能制造为方向，不断优化传统制造的工艺。在高新技术前提下产生的各种互联网新产品、新场景和应用，将优化制造资源配置，使工艺流程智能化，显著降低生产运营过程中带来的浪费。此外，需要以“智能”为抓手，深入推动企业工艺流程智能化，增强企业实力和能力。智能化省去了劳动人员重复、繁重的体力劳动。企业通过大数据分析熟练操作员工，使该员工的经验、工作流程可视化，实现实践操作能力的高效利用，使工艺流程标准化。还可用于编制“智能”的可视化技术路线流程，建立标准化规范体系，促使工艺流程升级。然后通过推广培训使用各种智能设备和系统，实现制造过程的智能自动化，既减少人力，又能提高工艺流程的效率和质量。运用5G网络的高速率、低延时，形成刚性和柔性相结合的自动化生产线，让工艺流程技术得到显著提升。使用这种具有缓冲作用的柔性生产线，员工可通过技术与云平台的远程控制，完成对生产线的灵活改造。而且“智能”还可以使在生产流程中的生产设备降低能耗与物耗：比如使用“智能”对传感器、物联网、传输的生产设备进行分析，对工艺设备的参数进行不断优化，使生产过程更加标准化、规范化；利用实时监控、故障预警对设备进行保养和维护，减少设备更换率。以上分析得出“智能”可以促进企业创新能力提升，并对传统低端工艺流程进行改造，从而推动制造业进行高质量变革。

2.“智能”赋能产品升级

产品升级就是用客户需求引领企业进行柔性制造，互联网信息的反馈机制可以让产品满足消费者的真正需求，让消费者有一个更加理想的体验，让产品向个性化、智能化方向迈进，让企业开发智能装备和智能产品。“互联网智能”平台不仅可以对售前售后、用户的使用评价进行发掘，还可以通过大数据对用户的操作模式进行数字化集成，然后进入后台分析。借助“智能”技术，加快速度设计产品，进行资源分配，大幅度缩短产品从研发设计到上市的时间，并且降低研发设计成本。产品的柔性化生产、库存量的最大化减少、用户体验感的最优，都是人工智能技术所要实现的，这些都离不开智能生产线上的产品具有感知、能够被识别和跟踪定位的功能。智能机器生产线设备可以定制不同方案，并且产品本身也需要与控制中心通信和能够接收各种传感器、处理器下达的指令的能力，进而直接参与产品设计或设计的个性化推荐，使生产线通过智能化管理实现低成本运作，如图4-55所示。在运用“智能”实现产品升级的过程中，企业需要通过整合各类平台软件，对企业的管理和运营进行整合优化，运用业务流程管理、企业资源计划和产品生命周期管理等方案,从产品设计计划出发,到物料采购、库存、人力和物流,都进行跟踪优化、智能管理,强化对产品生命周期的控制。"智能"赋能产品升级,可以使产品生产在企业运营过程中进行系统集成,对产品从顾客购买到实现价值进行整体的运作管理,使运营更加流畅。

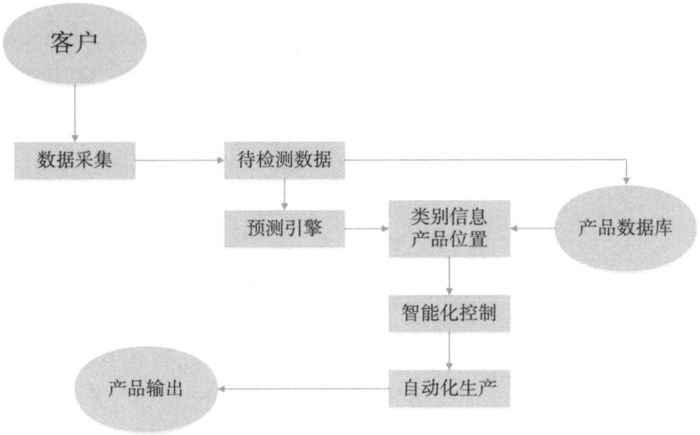

图4-55　产品智能化生产流程

3."智能"赋能功能升级

功能升级需要改变从价值链低端环节向高端环节的转变。在功能方面,根据消费者和生产者相互连接的认知帮助,不断延伸、细化制造业价值链,加强推广制造型企业使用"智能"进行智能制造、营销模式创新、供应链网络化管理,整合价值链上的各类主体和资源,形成基于产业互联网的全球价值链下的制造业协同网络,从而强化高端环节的价值。"智能"将互联网、5G、大数据等新技术赋能制造业,如图4-56所示。大数据为企业带来更广泛的商业价值,企业根据大数据分析结果辅助决策,从而精准化预测市场,改善经营管理,进行数据模拟运营等。数据的价值是无限大的,制造型企业要认真对待和理解大数据的价值,合理利用大数据为企业降低各种风险,使产品达到商业价值最大化。开放、共享、共赢就是"智能"的思想,实现商业模式的创新支柱就是平台,通过平台使内外部进行网络协同实现业务模式创新,通过平台关注用户的体验和产品的闭环设计。平台对外开放,让所有的用户都参与,使数据更加广泛和准确,实现企业和用户零距离"沟通",利用该平台建立一个商业生态网络来接收用户各种各样的需求,然后以最高效的方式整合不同消费者的需求,以满足用户的真正需求。"智能"使商业模式生态网络建立,将价值链的优势和核心内容相结合,要加速制造业价值链升级，就要从中选择较为重要的重点内容加大投入，从而让制造业从低端向高端发展。

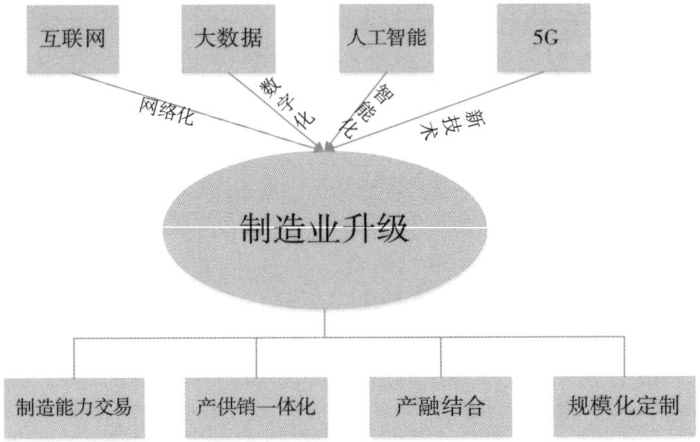

图4-56　制造业新兴商业模式

4."智能"赋能链条升级

在链条升级方面，顺应企业的边界模糊化和制造业服务化趋势，把握产业互联和跨界融合带来的契机，在连接和融合中寻找创新机遇。制造业通过"智能"，首先在本产业链条内原有的基础上进行附加值的延伸，也可以在创造产业外建立新的产业链条。比如企业内部流程再造，提升产业附加值，采用CAD、CAE、CAPP、CAM（狭义）以及PDM工具等，通过设备数字化、过程自动化，对产品制造进行智能化、柔性化改造，还可以使用ERP、SCM、CRM等综合性管理信息系统，将企业内部网络与外部网络通过平台接入，供销信息可相互衔接，提高决策管理的质量，对企业整体活动进行管理和控制，促进企业经营活动高效、优化、协调运行，促进制造业产能升级，如图4-57所示。企业也可以在内部产业链条提升的基础上，创造新的产业链，响应政府号召。政府支持龙头企业加大自主研发资金的投入，并且给予一定的优惠政策和补贴，鼓励企业实施"智能"改造行动。企业自身可以建立联盟，集中采购智能制造设备，通过各种渠道引进先进技术，开发创新能力，优化整体管理水平，实施品牌并购，延伸和开拓新领域。通过"智能"和制造业的融合，制造业的形态逐渐发生改变，同时也可发掘制造业更多领域，催生如信息技术服务、智慧零售、现代物流等新兴制造业形态。互换角色，以用户角度来看待问题的话，利用大数据分析如何解决价值链中存在的物资贸易、融资租赁和物流速率问题，让数字化的作用最大化，而这种从用户角度去看待价值链升级的服务往往是一种新的契机，新的链条升级的路径。制造业深入研究“智能”，不断优化提升智能设备的设计研发、采购物流、生产制造、销售及产品市场、新兴领域等环节，强化价值链拓展能力，可加速实现价值链链条升级。

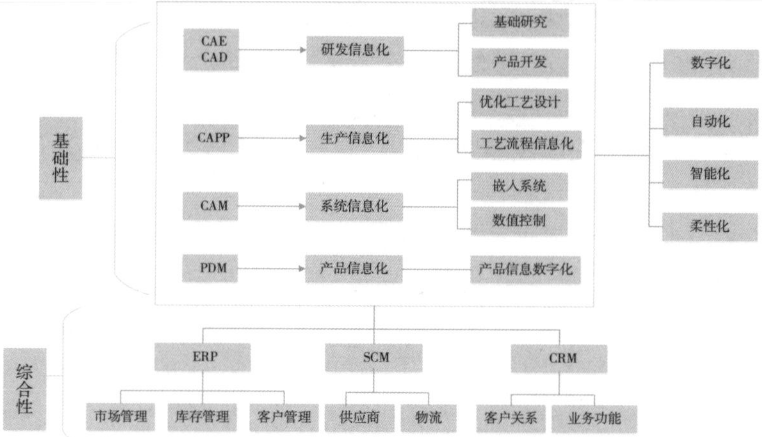

图 4-57　制造业价值链条内部升级模型

六、路径Ⅵ：中国制造业数字化发展路径研究

中国传统制造业面临产能过剩、产品同质化、人工成本上涨、原材料成本不断提高、发达国家重振制造业、贸易保护措施等内外部双重困境。世界正经历百年未有之大变局，但其根本动力是科技发展。新一轮科技革命①步入空前活跃期，为中国科技发展提供“机会窗口”。制造业是中国实体经济的关键性、主要性支撑，制造型企业是行业发展微观单元。科学技术是第一生产力，科技的发展创造新的意识形态和社会发展模式，科技革命在推动人类社会历史进程中起导向作用。用新一轮科技革命成果赋能中国制造型企业高质量发展是行业升级的重要推手。2008 年全球金融危机后，国际产业结构调整速度加快、程度加深，全球经济体系变革加剧，步入深水区和前所未有的复杂期，发达国家为促进经济新增长、加速实现产

①“十四五”规划提出坚持把发展经济的着力点放在实体经济上，坚定不移建设制造强国、质量强国、网络强国、数字中国。着重关注战略性新兴产业，加快数字化发展，推动互联网、大数据、人工智能等同各产业深度融合，推动先进制造业集群发展，构建一批各具特色、优势互补、结构合理的战略性新兴产业增长引擎，培育新技术、新产品、新业态、新模式。新一轮科技革命成果不断丰富和延伸，目前学界没有形成共识。项目组主要从数字化、信息化、互联网、云计算和大数据、人工智能、区块链、物联网和智能制造等方面展开研究。

业数字化，先后推出制造业发展强国战略，在新一轮互联网、高端装备制造业等新兴科技成果领域展开博弈与角逐，竞逐制造业发展制高点。施瓦布曾提出，本次科技革命极具颠覆性，前几次科技革命的影响程度只能以“进步”来形容。科技创新的意识与能力逐渐发展为竞争的核心优势，正从多方面影响、重塑各国实力，重构国际竞争格局，改变世界经济结构。

中国为应对新一轮科技革命的全球性影响，提出了一系列国家战略层面的历史性判断共识。国务院于2015年印发《中国制造2025》，重点提及新一轮信息技术产业。未来产业是重大科技创新产业化后形成的，是对经济社会有支撑和引领作用的前瞻性新兴产业。2017年10月，习近平总书记在党的十九大报告中明确指出要建设“数字中国”，数字经济是撬动中国经济发展的新杠杆；随后提出要推动产业数字化，释放数字经济对经济发展的放大、叠加、倍增作用。2020年10月，“十四五”规划把“坚持创新驱动”和“加快发展现代产业体系”作为主要目标，将科技创新、企业创新、人才创新等的创新设定为重要突破点，提出用产业链与供应链现代化，推动互联网、大数据、人工智能等与各大产业的融合，关注基础设施建设、全面提升数字化水平等为路径，实现经济体系优化升级。

新一轮科技革命正处于即将取得突破的关键时期，客观上中国制造业已具备规模优势，且拥有巨大的市场潜力，产业新技术应用范围广泛、力度空前，中国制造业高质量发展迎来较好的时代机遇。当下对中国制造业发展的研究可分为宏观、产业和企业三个层次。宏观研究认为经济政策、市场化体制改革、政府职能改革等制度、政策层面变更是制造型企业发展的根本思路，但制度改革只是制造强国必要条件的一部分。基于价值链、产业融合等视角的产业层面研究，并没有揭示制造型企业个体发展的行为路径，大部分企业难以通过此类建议转型。而基于中国制造型企业增长和竞争优势的研究虽然从企业文化、组织学习能力、技术或产品等视角分析，但制造型企业是在多因素综合影响下成长发展的，单因素或少数因素的研究难以较好显示中国制造型企业完整的发展脉络，对于相关新技术综合运用的讨论也不够丰富。中国制造业乘势而上的执行层必然是制造型企业，但当前大部分制造型企业尚不清楚“怎么利用新科技”和“利用新科技做什么”。本项目旨在对成功实现数字化、智能化转型的本土典型制造型企业案例加以挖掘，提炼其应用新一轮科技革命成果的经验，进一步厘清新一轮科技革命赋能中国制造型企业高质量发展的基本路径，提出针对性对策，为中国制造型企业高质量发展提供理论基础和实践参考。

（一）科技革命发展历程及中国实践

学界流行的划分理论有三次科技革命论、四次科技革命论、六次科技革命论及多层次科技革命论①等。从科学分类角度，结合工业革命历史，将科技革命发展历程划分为四个阶段，分别对应已经完成的第一、二次科技革命和暂未完成的第三次科技革命以及蓄势待发的新一轮科技革命，对四个阶段进行梳理归纳，形成时序图（详见图4-58）。

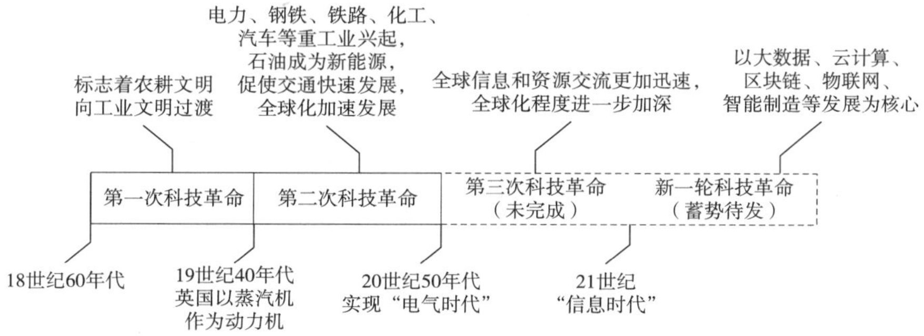

图4-58　科技革命发展历程

14世纪、16世纪，近代科学伴随文艺复兴在意大利萌芽，而后在欧洲扩散。18世纪60年代，第一次科技革命②以机器代替了手工劳动。相继完成第一次科技革命的英国、法国、美国，确立了在世界工业发展中的主导地位。19世纪中期，第二次科技革命③发生，自然科学研究取得突破性进展，世界进入“电气时代”。19世纪70至90年代，内燃机、电话、无线电报相继问世，石油、化工、电信等行业得到极大发展。相较于第一次科技革命，第二次科技革命成果广泛应用于生产实践，世界逐渐成为一个整体。20世纪40至50年代，特别是两次世界大战前后，各国对高科技的需求推动了以电子计算机等发明和应用为主要标志的第三次科技革命。其重点革新在信息技术领域，因此被称为“信息时代”。科学理论与技术实践的结合领域愈发开阔，联系更加紧密，科技产业化更加快速，科技研究发展逐渐以综合性为导向，世界呈现多元化发展势头（国内外科技发展成果见表4-41）。

①李飞，任莹采用文献研究方法，提出技术经历了工业、信息和智能3次大革命，工业革命包括蒸汽、电力和核能3次小革命，信息革命包括电脑、互联网和移动网3次小革命，智能革命包括计算、感知和认知3次小革命。

②第一次科技革命是指资本主义从工场手工业过渡到大机器生产，与第一次工业革命、产业革命有概念上的重合，在此不做区分。

③第二次科技革命一般指第二次工业革命，在此不做区分。

表4-41　国内外科技发展成果对比

时间	时期/时代	世界科技中心	世界科技成果	中国科技发展情况
14世纪—16世纪	文艺复兴时期/科学启蒙时代	意大利	近代科学诞生，人们思想得到解放	已有指南针、造纸术、火药、印刷术四大发明
18世纪60年代—19世纪40年代	第一次科技革命时期/机械时代	英国 法国	机器生产替代手工劳动，广泛使用蒸汽机	闭关锁国
19世纪40年代—20世纪50年代	第二次科技革命时期/电气时代	德国	发电机、电灯、内燃机、无线电报、电话、钢铁、化工、汽车等，石油成为新能源	部分知识分子意识到科技的重要性，学习西方先进科学，开展洋务运动等
20世纪50年代—21世纪	第三次科技革命时期/信息时代	美国	电子计算机，自动化和信息化取得巨大突破	工业化水平低，逐渐意识到科技兴国的关键意义，积极推进对外开放
21世纪至今	新一轮科技革命时期	呈现多中心分布	大数据、云计算、区块链、智能制造……	中国与美国、法国、英国、德国、日本等发达国家站在同一起跑线

对比前三次世界范围内科技革命的发展阶段，结合中国同期科技实况，归纳得到表4-41。在第一次大规模科技革命兴起之前，中国已有四大发明。而后中国“闭关锁国”，科技发展止步不前。直到第二次科技革命兴起时，国内又重新意识到科技的重要性，引入西方科学著作、科学思想，开展洋务运动。第三次科技革命爆发后，中国仍处在工业化水平低、科技发展力度不够的时期，认识到科技兴国的关键性后，积极推进改革开放。

在前两次科技革命中，中国都处于世界科技革命的边缘，直到20世纪80年代才搭上信息时代的末班车。进入21世纪，中国“后发优势”初显，与欧美、日本等发达国家位于同一起跑线，并加速向新一轮科技革命的领先位次迈进。

（二）新一轮科技革命的内涵及特征

进入21世纪，国际形势持续动荡，复杂程度今非昔比。结合时代背景对新一轮科技革命的基本内涵、特征等进行深入研究，明晰其实质属性、把握其演化态势，为数字经济发展及中国向全球价值链中高端攀升提供不竭动力。

1.新一轮科技革命的内涵

现有研究对“新一轮科技革命”的内涵暂未达成一致。施瓦布提出，“第四次工业革命”正处于开端，以数字革命为基础辅以各种技术，以指数级速度使人类经济社会等方面发生前所未有的颠覆。联合国计划开发署指出，“第四次工业革命”利用人工智能、物联网等技术实现物理、数字和生物领域的整合，为生产、管理等带来深刻变化。原磊将新一轮科技革命阐述为基于多领域先进技术集中突破，物理、网络、生物三个空间范围全面融合的革命。孙早等提出新一轮科技革命是在技术融合、人力资本、平台建设、上下游产业等共同支撑下形成的高端产业积聚形成的技术创新生态系统，产生具有强大生产能力的新型工业形态。

项目组认为“新一轮科技革命”是以数字化和信息化为基础，以技术创新为核心，衍生出大数据、区块链、人工智能、智能制造等科技创新集群的又一次动态性、融合性科技变革。新一轮科技革命是“进行时”，与政治、经济、社会等方面都有交叉，其未来导向是否会涉及新的产业、新的业态还存在极大不确定性，现阶段并不能完全客观、具象化地界定其内涵。新一轮科技革命的成果在不断丰富和发展，归纳整理其内涵及要义补充，详见表4-42。

表4-42　新一轮科技革命成果内涵及要义补充

成果	内涵	要义补充
数字化	制造业数字化是指以制造技术和数字技术融合为基础，以多媒体、计算机网络、数据库等IT技术为技术支持对生产流程中的产品、工艺、生产资料进行重组、分析、规划，从而生产出质量更高、更贴近用户需求、资源利用率更高的产品的生产制造过程	数据化是数字化的基础阶段，数字化发展的总目标与总方向是实现数字经济
信息化	制造业信息化利用现代通信、网络等技术融合制造业和信息，把生产制造中形成的相关信息统一汇总至数据库，辅助生产决策和精益生产管理，提高生产效率	培养智能化工具等新生产力，并使之造福于社会

续表

成果	内涵①	要义补充
互联网	工业互联网是以ICT等在产业环节的加速应用为途径，以网络化和智能化的方式整合生产、贸易、仓储物流等资源，以融合创新为关键点，实现制造业与互联网深度融合	互联网的一级应用包括电子政务（办公需求）、电子商务（交易需求）、网络信息获取（信息获取）、网络交流互动（交流需求）、网络娱乐（娱乐需求）
云计算和大数据	云计算指使用网络“云”将巨大的数据计算处理分为若干个小程序，利用多服务器系统处理分析，获取结果并返还用户。大数据是指在一定时间内无法用常规软件捕获、管理和处理的数据集合	云计算和大数据共同作用可以达到1+1>2的效果，云计算相当于框架，大数据是其中具体内容
人工智能	人工智能是研制用于模拟、扩展人智能的理论、方法、技术及应用系统的科学	探索智能的实质，人工智能机器反应方式与人类智能相似
区块链	区块链实质是共享数据库，用于存储不可伪造、可追溯、公开透明、集体维护的数据	用于验证信息的有效性（防伪），目前主要用于金融、物联网、保险等领域。可有效解决信息不对称问题，打造多主体信任机制、行动同步
物联网和智能制造	物联网指需要利用信息和红外传感器、全球定位系统、激光扫描器等设备和技术，监控和采集互连、对象或过程的实时集合。智能制造是由智能机器和人类专家组成的柔性化、高度集成的智能系统，可在制造过程中进行分析、推断、决策等智能活动	物联网实现在任何时间、地点，人、机、物的互联互通。其核心和基础仍然是互联网，是在互联网基础上的延伸和扩展的网络。智能制造的目标是计算机模拟制造业人类专家的智能活动，取代或延伸部分人脑劳动
数字经济	数字经济是人类通过大数据的识别—选择—过滤—存储—使用，加快资源优化配置、再生，实现高质量发展的经济形态	推进数字产业化和产业数字化，推动数字经济和实体经济深度融合，打造具有国际竞争力的数字产业集群

2.新一轮科技革命的特征

前三次科技革命主要影响工业领域，发展进程较缓慢，且科技成果较少。新一轮科技革命在发展速度上有了实质性飞跃，首要关注创新，融合多个学科形成新型复合结构，并且还延伸出了新的学科领域，革新的重点向高端产业不断跃升（详见图4-59）。

①百度百科

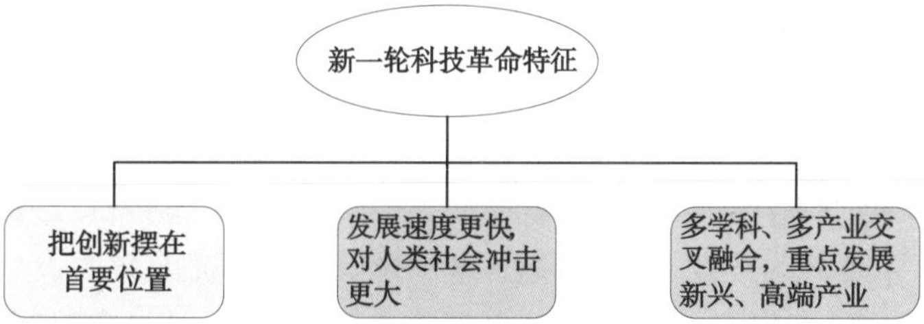

图4-59 新一轮科技革命特点

(1)融合创新被各国摆在首要位置。创新已经成为小到企业、大到行业,甚至国家谋求竞争优势的焦点。在前几次科技革命中,创新只是成果的附加价值,并非科技革命的主要途径,而在新一轮科技革命中,创新是完成科技革命的主要手段之一,创新已然成为竞争的焦点。从科技革命生命周期及"机会窗口"层面分析,美、德、日等制造业强国都曾借助科学理论及技术创新实现国家工业实力的跃升,并都致力于利用前沿科技从双维度拓展高精尖制造技术。改革开放后,中国提出抓住第三次科技革命的末端,实现经济高速发展。习近平总书记曾指出,以科技创新为核心,以点带面,推动全面创新。中国早在"十三五"规划中将创新置于五大新发展理念之首。创新理念为中国在新一轮科技变革大势中赢得主动权提供了战略支撑,中国力求实现科技从"追跑"到"领跑"的转变,打造创新型国家,为实现科技强国蓄力。

(2)发展速度更快,对人类社会冲击更大。基于以往科学知识的积累和技术发展,后续研究的起点越来越高,过去几十年甚至数百年才出现的技术革命,在步入21世纪后仅间隔数年或数月就有了创新力发展。大数据、区块链、物联网等一大批新兴概念、新型技术、新兴产业已密集涌现,新一轮科技革命即将迎来重大突破。

以往的科技仅替代人类的体力劳动,新一轮科技革命以"智能"为核心的技术在脑力上部分替代了人类,加之信息时代通信技术、网络布局范围更广,此次科技革命对人类社会的冲击范围、强度将更大,其成果传播速度更快。在新一轮科技革命浪潮来临之时,全球各国命运依存不断深化,世界各国均无法"独善其身","构建人类命运共同体"的方针为世界范围内不合理使用科技而产生的各领域冲突提供了可行的解决思路。加强全球合作,迎接和拥抱新一轮科技革命成果对经济社会的冲击,引导其助力各国经济社会的良性发展,在分享借鉴中求得突破,为世界科技发展添砖加瓦。

(3)多学科、多产业交叉融合频繁,新兴产业、高端产业被各国重点关注。社会经济发展趋向多元化,单一产业和低端产业结构难以适应发展趋势,新的需求不断被引发,制造业产业结构优化升级需求愈发强烈。新一轮科技革命前沿领域是多学科和多产业交融下、产业和学科边界逐渐模糊下形成的新型高端产业。如智能卫星制造与应用、轨道交通设备制造、智能装备制造等,不仅涵盖制造业相关学科及知识,还包括计算机硬软件、人工智能等技术。西方工业化国家力争在新一轮科技革命中成为主要掌舵人,美国率先提出优先发展新兴技术和先进制造部门,并配套制定、实施了有关制造业研发投资与人才培养政策;日本出台各项技术发展计划,重点关注以信息技术为首的新兴高端产业在医疗、行政、文化旅游等领域的运用。中国以"互联网+"为基础平台,各大产业的交叉融合更加频繁,各大学科提出复合型人才培养计划,以人工智能、大数据、物联网等赋能传统制造业而产生的新兴制造产业密集涌现,高端智能制造产业成为关注重点。

(三)研究设计与案例分析

本项目旨在探究"新一轮科技革命赋能中国制造型企业高质量发展的路径"这一问题,为明晰中国制造型企业在应用新一轮科技革命成果进行转型升级过程中的经验和路径,需要对典型企业进行深入研究,提出其在数字化转型升级各阶段"做了什么"和"如何做"等议题。案例研究可以分析具有代表性和典型性的案例,深入剖析特定问题,探索潜在动态机制,根据时间脉络观察演变,并且可以形成对同类事件和事物的理解。相较于多案例研究,单案例研究设计更适合探析研究对象的纵向演进脉络,能够很好地分析中国情境下制造型企业高质量发展在时间维度上的差异,达到本项目的研究目的。因此,本项目拟采用嵌入式的纵向单案例研究设计,选择有代表性的、数字化转型升级成功的一家本土制造型企业开展分析。

1.案例选择

本项目的研究焦点是探索在新一轮科技革命赋能中国制造型企业高质量发展的路径,选择案例时需要考虑:第一,选择的案例必须是本土具有代表性的制造型企业。过于独特的案例无法为制造型企业提供普适性参考。知名行业中的中高端领先品牌,具有良好的商誉及品牌理念、价值,更被人熟知,也更容易被接受。第二,该案例应当具有完整、典型的企业优化升级过程,并且品牌历史不应过长,以便有效控制大幅度历史环境变化带来的影响。第三,为保证制造型企业相关信息的可得性与可靠性,应当选择企业结构完整、有详细资料记载以及丰富实践经验的知名企业。

奇瑞汽车股份有限公司（以下简称奇瑞）成立于1997年。作为一家典型本土中国汽车制造型企业，兼有一般机械制造业和智能制造等特征，并且其智能化发展历程兼具中国传统制造型企业特征和时代发展特征，在过去的二十多年里，奇瑞多次实现了战略目标十分清晰的转型，建立了属于自己的智能发展体系和生产流程。发展至今，业务涵盖乘用车、商用车等，是最大的本土自主汽车品牌制造商、最大的乘用车出口企业，9年蝉联本土自主品牌销量冠军，技术和产品创新能力长期处于国内领先地位，规模、利润等也高于其他竞争对手。奇瑞连续5次被《财富》杂志评为"最受赞赏的中国公司"，两次入围罗兰贝格公司发布的"全球最具竞争力的中国公司TOP10"。鉴于汽车制造型企业属于本土制造业中规模适中的领域，并且奇瑞汽车公司成立于20世纪90年代末，在20多年的发展中经历了完整的企业结构升级改造过程，具有典型性和参考性。因此，本项目最终确定把奇瑞汽车公司作为研究样本进行分析。案例企业的具体情况如表4-43所示。

表4-43　案例企业简介

企业类型	制造型企业
企业名称	奇瑞汽车股份有限公司
创始人	尹同跃
创立时间	1997年
主营业务	生产、销售汽车产品及发动机；经营本企业生产所需原辅材料、仪器仪表、机械设备、零配件的进口业务；技术服务及技术交易；实业及金融投资等

2.资料收集

本项目主要以文档、网站新闻等信息为统计来源，包括奇瑞官方网站、百度、阿里汽车官方网站、新华网、腾讯网、36氪、企业认证文献等。课题组成员整理所有收集的资料形成资源库①，构成本项目案例分析的基础。时间维度方面，本项目时间跨度为1997年至今，有效的文档及网站资料能够完整并连续地显示企业发展历程；描述视角方面，所获得的资料涵盖了企业高质量发展的多个相关因素，满足了案例分析的要求。根据整理后的资料，可将奇瑞公司的发展历程分为三个阶段，每个阶段均有对应的关键性事件。

①封凯栋，尹同耀，王彦敏．奇瑞的创新模式［J］．中国软科学，2007（03）：76-84．

阶段一：1997～2001年，初入汽车制造业，实现生产自动化。

①组建核心项目团队，建立生产车间。1992～1993年为经济过热期，苦于经济落后的芜湖地方政府发现汽车制造型企业产值有巨大能量，产生了做汽车行业的念头。原本计划与一汽合作，但由于二者规模差距过大，最终选择自己创业。1995年，企业成立筹备初期，芜湖领导在考察、学习欧洲汽车工业发展期间，购入福特的一条发动机生产线，选址于交通条件便利的芜湖经济技术开发区。芜湖是承接南北、连贯东西的长江流域重要工业基地和物流中心，为奇瑞自动化生产奠定良好基础，至此"951工程"正式起步[①]。同年，芜湖代表团参观一汽，力邀曾任一汽大众车间主任并且有地缘关系的尹同跃回芜湖主持汽车项目，尹抵达芜湖组建团队时，整个项目组仅8人。直到1997年核心团队已有50多人，奇瑞汽车公司在3月破土动工，10月发动机厂房建成使用。

②打造自动化生产流程。1998年3月，为提高发动机及整车生产能力，冲压、焊装、涂装、总装等四大轿车工艺生产线建设项目开工，自动化生产车间分期搭建。1999年末，第一辆奇瑞轿车下线，经过反复试验与改进后，2001年奇瑞轿车正式上市，当年年销量达2.8万辆，次年年产销量突破5万辆，作为"车坛黑马"入列国内轿车"八强"。自动化生产条件使奇瑞产品质量显著提升，并逐步构建起两个发动机厂、一个变速箱厂。

③第一阶段创业特点总结。奇瑞企业创立的第一步不是产品、技术或流程创新，而是在建立人才队伍的基础上引入自动化生产设备，打造先进的自动化生产车间，挖掘企业生产潜力，以规模生产进入汽车销售市场。

阶段二：2001～2007年，信息化全面赋能，提升产品质量。

④分期建设信息化设施。为推进信息化建设，在日常业务、办公方面，与中国电信合作，于2002年、2003年分期完成一期、二期局域网建设，并建设汽车研究院网络系统，基本完成企业整体网络体系搭建，完成了企业数据共享和管理应用系统集成的硬件基础工程。自2002年10月开始逐步引入管理信息系统，分期建成SCM、CRM项目，并相继引进OA系统、PLM系统、HR系统[②]，IBM公司参与实施SAP/ERP项目，打造企业个性化信息系统体系，基本实现管理、业务流程与国际同步。在车间生产方面，引入PLC（可编程逻辑控制器）操控生产线工艺，将设备互联互通，制定统一的互联通信方式、协议和接口，实现自主控制。

①由于当时国家政策对轿车项目的限制，只能秘密进行，"951工程"，即国家九五期间安徽头号工程，公开称为安徽汽车零部件工业公司（筹备处）。

②SCM指供应链管理系统、CRM指客户关系管理系统、OA指办公自动化系统、PLM指产品生命周期管理系统、HR指人力资源管理系统、ERP指企业资源计划系统。

⑤重塑产品质量。从奇瑞高层经理人到工程师都将“造自己的车”作为奋斗目标，尽管此时奇瑞仍算一个新企业，但力求达到国际高水平技术装备水准。在生产制造方面，奇瑞在2001年通过了国家ISO9001体系认证，2002年通过德国莱茵公司的现场审核，成为国内首家通过国际上最严格的汽车生产质量控制体系标准认证的整车制造型企业，并且绝大部分生产质量优于国家标准。奇瑞从德国著名专业厂家DURR引进先进涂装线，成为世界拥有最先进涂装线的5个企业之一。奇瑞从不吝惜在生产设备方面的投资，这也是奇瑞屡次高水平通过国内外汽车生产制造标准审核的关键因素之一。

产品质量的提升及企业办公信息化的建设使奇瑞的业务范围不断扩大，积累了大量客户资源与销售数据。奇瑞利用大数据与云计算等技术整合客户信息，针对不同客户需求、购买情况等进行市场细分，进而设计、制造相应产品。截至2007年，奇瑞完全投放市场共13大系26款整车产品，针对不同用户群体设计差异化整车产品，扩大市场覆盖面。数据显示[①]，2007年3月奇瑞占据销量第一、国内SUV销量冠军等多个榜首席位，超过上海通用、上海大众、一汽大众等集团。奇瑞一系列抢眼变化，使得2007年3月成为国产乘用车销售的重要“分水岭”。除了整车产品，奇瑞还出售CKD散件等汽车生产相关装备及零部件，拓宽企业的业务范围。

⑥第二阶段成长特点总结。奇瑞在快速成长阶段不仅将目光聚焦于生产端，而且搭建企业信息技术平台，连贯生产、销售、日常办公、仓储物流等业务，奇瑞借助国际先进信息系统和通信技术、智能算法，将世界一流的管理理念与管理系统与生产车间各个设备融合并举，为奇瑞进一步进行战略调整，打造自主品牌，全面进军国际市场奠定良好基础。

阶段三：2007年至今，自主创新+品牌战略，高质量发展。

对于危机不同的反应决定了企业的成败，积极打造自主品牌战略的企业失败的概率将大大降低。2008年金融危机严重冲击制造业，但仍带来新的机遇。价格对顾客选择影响很大，但市场对性价比高的产品需求仍呈上升趋势，这类产品可有效帮助企业提升生产效率和竞争力。企业借助创新研发更迎合用户市场需求的产品，可以在竞争中占据优势地位。

⑦以“自主创新”铸成企业底气。“自主创新”是奇瑞发展的核心。2007年至今，奇瑞确立自主创新思路，建立集团内部的工程研究院，并充分利用供应链、产业链上下游企业资源，与关联零部件企业和供应商协同设计，逐步掌握核心零件与技术主导权。在产品开发中，奇瑞选择以自身为主，在

①指2007年3月全国乘用车品牌销售等数据。

与其他企业联合开发过程中逐步将开发技术、流程等转移内化，有效降低了自主创新研发成本。奇瑞将汽车开发细分为多个环节，根据设计公司的设计概念进行工程设计，而后转由设计公司优化，分阶段、分步骤选择最合适、性价比最高的设计公司。奇瑞抓住自身汽车制造以及互联网、科技企业的高科技发展优势，提出深度融合战略，打造自主创新研发实验室，设立M&C精益感官、NVM静谧降噪等多个国际顶尖实验室。在整车设计、生产制造各个环节中试验，利用云计算、大数据、人工智能等技术检测生产数据，及时发现并解决问题，在新能源以及智能技术等核心技术上取得突破。布局汽车工程研究总院及上海、北京、东京等分院，联合一批控股设计公司、国内大专院校科研所展开产品研发，并建立自用标准体系与数据库。奇瑞在2008年成为中国首批“创新型企业”，在“节能环保汽车技术平台建设”等项目荣获国家科技进步奖、技术发明奖等。奇瑞瞄准行业未来趋势，在自主创新理念引导下取得丰硕成果，从新能源、智能化等方面解决了汽车设计和制造中面临的核心技术问题。截至2020年7月，奇瑞公司累计申报专利19191件、获得授权专利12393件，其中发明专利占授权专利的30%，位居本土汽车行业前列。奇瑞还高度重视观念与管理创新，不断完善企业体制机制，激发企业人才创新活力，稳固大批技术及管理人才。

⑧以品牌战略进军国际市场。秉持“无内不稳，无外不强”理念，奇瑞确立了分步走战略：首先成长为“中国第一自主品牌”，然后深入全球化布局。奇瑞优化整车质量，国内市场份额逐渐扩大，成为中国汽车行业排行第一自主品牌；积极推进“走出去”战略，加快从产品“走出去”到品牌“走上去”的升级，成为中国第一个将发动机、整车及相应制造技术、装备等出口的轿车企业。同时注重与国际知名集团合作、协同化发展，奇瑞在2007年6~8月，分别与美国量子公司、克莱斯勒集团、菲亚特集团达成战略合作协议。以与国际知名集团战略合作为跳板，奇瑞自主品牌在扩大国际影响力的路途上迈出关键一步。秉承“匠心打造卓越品牌”的企业愿景，奇瑞进一步实施智能化品牌战略。2017年成立智能汽车事业部，并于次年发布“奇瑞雄狮”智能化品牌战略，将智能化业务上升为企业主要业务板块。2019年8月，奇瑞与中兴联合，研究基于5G的车联网、智能制造等业务。同年，召开“奇瑞雄狮生态联盟大会”，与近百家知名科技公司、车企达成智能品牌联盟，共同推进汽车制造核心技术的研发与生产。2020年，奇瑞“雄狮科技”南京研发中心正式启用，将研究自动驾驶、车联网、后端大数据平台、企业智能管理等作为核心业务，进行奇瑞多元化产业布局。为探索在金融、投资、快递物流、市场拓展等业务，奇瑞于2019年底与中国邮政

集团签订合作框架协议，加快推进“汽车产业生态圈”。同时注重人才选育，引进100多位国际知名技术专家和高级管理学者，近3200名工程技术人员从事产品研发，车身、动力总成等系统的专业团队初步形成。奇瑞以技术管理人才投资持股等多元化形式创新人才管理机制，保持企业人力资源活力。基于对海外市场的深入探索，2018年奇瑞汽车第三次入选国务院国资委组织的“最佳海外形象”企业评选20强，蝉联中国汽车企业榜首；截至2019年底，奇瑞集团全球汽车用户突破900万；2020年在疫情影响下全球汽车销量萎靡，奇瑞的海外销量却逆势增长。

⑨以合作奉献引领高质量发展。为实现制造型企业高质量发展，需要相关企业共同优化升级。奇瑞积极组建供应链网络，推进上下游企业联动。作为制造型企业，奇瑞牢固树立绿色发展理念，在全产业链生命周期严格按照要求，打造采购、设计、生产、消费等方面一系列绿色文化，注重污染防治。利用“雄狮科技”研发中心，推出物联网、智能制造、工业大数据平台等辅助建设行业平台，给汽车制造行业提供信息服务支持。与中兴等科技公司合力打造基于5G的物联网生态圈，加快5G新应用研发和商业运作，共同打造5G行业示范，推进数字化发展。奇瑞依托“奇瑞雄狮生态联盟大会”、部分行业论坛及会议，交流企业运营管理经验，在公开采访中预测行业趋势，分享国际汽车行业前沿信息。此外，奇瑞携手中国邮政集团推进制造业与物流业、金融业等现代服务业融合。作为中国本土汽车品牌的“名片”，奇瑞在2018年荣获“中国社会责任杰出企业奖”和“中国社会责任海外履责奖”。

⑩第三阶段高质量发展特点总结。奇瑞在市场中竞争优势主要源于自主创新投入及清晰的品牌战略，奇瑞利用价格优势拓宽销售范围，把大部分销售收入投入产品研发与创新，这也是奇瑞超常规发展的源头；基于产品种类可选范围广、成本低等优势，奇瑞加强其国际化战略，考察并细分海外市场，拓展市场规模。自主创新与品牌战略为奇瑞高质量发展提供不竭动力，促使奇瑞处于行业领先地位，以示范工程、智能化品牌战略引领全产业、全行业高质量发展（如图4-60）。

3.案例分析

为呈现奇瑞应用科技成果提升发展质量的路径，本项目结合奇瑞发展历程的三个阶段，分别从跃升阶段、瓶颈问题，以及升级战略等方面对案例资料进行深入分析，并将发展历程三阶段分别对应为：创业初期向自动化变迁阶段、自动化向信息化转型阶段，以及信息化向智能化跃升阶段。分析发现，处于不同阶段其主要问题、升级战略、阶段成效均表现出动态发展的特点(详见图4-60所示)。

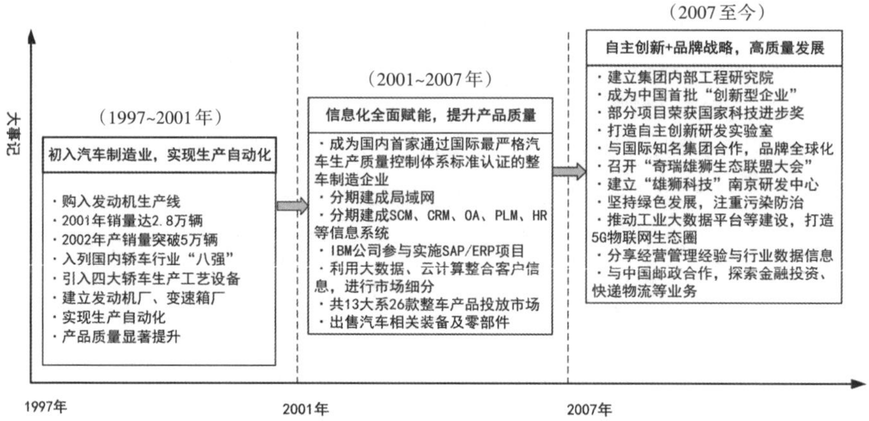

图4-60　奇瑞企业发展时期及关键性事件

①创业初期向自动化变迁阶段。生产车间是制造型企业的心脏,直接决定制造型企业的生产规模。创业初期,奇瑞唯一的现代化生产设备是在欧洲购入的福特汽车发动机生产线,单一的发动机生产线很难完成大规模生产,整车生产效率极低。此阶段奇瑞主要关注车间作业和自动化升级,大多数精力用于提高生产制造能力以及产品质量。奇瑞面临的发展问题主要为资源生产自动化水平低、生产周期过长、人工耗费大、产品质量不高等。仅模仿国外先进汽车制造型企业的生产模式,与企业实际资源、发展环境等不相符,自主生产意识与能力欠缺。为提高发动机及整车生产自动化水平,奇瑞分期引入轿车生产四大自动化工艺。同时通过网络资源、实地考察等方式,借鉴一汽等本土已具备一定发展规模的汽车制造型企业的自动化生产流程与模式,学习其生产经验并逐步应用。自动化生产设备、流程的引进显著提高了奇瑞车间的产出数量和产品质量,使整体生产效率有效提高,生产周期缩短,车间设备组合生产能力显著提升,奇瑞步入自动化阶段。

②自动化向信息化转型阶段。学习了自动化车间的生产经验后,奇瑞的产销达到一定规模,但企业盈利并不理想,主要问题在于日常业务层面的数据、信息不联通。在企业集团规模扩张时,办公业务部门间整合不充分,各个部门缺乏整体意识,业务思维零散;车间各设备不联通,生产与销售、库存、订单等之间没有实现优化串联。生产、销售等过程中产生大量数据没有得到有效整理归纳与提炼分析,缺乏从数据可视化角度分析生产业务流程的意识。然而奇瑞在各个部门、环节引入了管理信息系统后,各系

统之间没有形成互联互通的信息网络,缺乏统一管理标准,集成性、协同性不强,使用范围仅局限于单一或少数部门,整体使用效率较低。车间生产与办公业务数据的不对称、信息孤岛的问题愈发凸显,进一步影响企业管理者对企业整体经营效果的把握,降低了决策准确性,直接延缓了企业整体运作效率。为实现企业数据资源、生产资源整合,奇瑞将升级方向聚焦于企业整体信息化转型。如分期建设集团局域网,加速集团内部各部门信息流通;利用PLC等实现生产设备互联互通、自主控制;引入管理信息系统,打造个性化信息管理体系,促进企业内部资源整合等;更新并集成先进管理信息系统,构建标准的、统一的管理体系与模式,实现生产计划、物料管理、销售与分销等方面的信息化综合管理;进一步引入决策支持系统,利用生产销售大数据以及云计算,结合人工智能算法,为企业决策者提供可视化管理参考。信息化软、硬件的运用与规整进一步提升了奇瑞集团内部数据信息流通性与透明度、准确度,各产销环节思维更加连贯,设备生产效率、业务管理能力、产销变化适应性明显增强,提高了企业整体紧密程度与工作效率,降低了企业经营成本,有效促进集团规模扩张与信息化转型。

③信息化向智能化跃升阶段。经过自动化、信息化阶段的全面革新,奇瑞产品质量及品牌信誉度、知名度都大幅提升。然而阻碍奇瑞智能化发展的因素还包括自主创新、研发能力薄弱,缺乏核心技术,只能模仿或直接引入外国先进汽车制造型企业的生产模式、零部件等,核心零件、技术很大程度上受国外企业垄断与制约,生产中企业主导性受限;互联网、科技企业对于智能制造、无人驾驶、车联网等市场的抢占。互联网、科技企业由于先天科技条件优势,在向智能制造、无人驾驶、车联网等领域延伸时能够更加顺利地实现技术过渡,使得奇瑞原先构思的汽车智能化市场被分割;奇瑞品牌更多局限于本土生产与销售,整车销售国际化水平低,国际市场份额较低;产品单一,对市场细分不够重视,对用户需求考虑不全面,用户只能被动接受现有产品,无法进行差异化、个性化购买,导致企业与用户关系疏远,最终表现为企业对市场反应迟缓;产品销售方式、渠道单一,缺乏灵活性。整车销售主要通过线下4S店或经销商代理,地域限制性较强;仅关注自身内部的信息化构建与整合发展,忽视了与上下游企业、厂商的沟通,整链层面没有实质性提升;与其他产业渗透程度小;人才的选择与培养体系、评价指标不够完善,无论在生产技术还是经营管理方面都稍欠新意与活力,企业内部激励机制陈旧,很难调和企业发展速度、强度与员工满意度之间的矛盾等。

奇瑞企业发展到智能化阶段，“闭门造车”无疑是空耗资源与生产优势，应当将目光从单打独斗转移到合作共赢，从提升生产效率转移到自主创新研发，从分散走向联合，其优化对策如下。一是注重核心技术环节的自主创新与研发，实施智能化品牌战略，引入国际先进水平的成套装备、检测手段。奇瑞先后构架整车生产制造公司和综合基础零件设备公司，注重核心技术环节发展和关键零件自主研发，设立多个国际顶尖实验室，建立标准体系与数据库等。2017年奇瑞智能汽车事业部成立，于次年发布“奇瑞雄狮”智能化品牌战略，包括智驾、智云、智造、智赢、智行，涵盖自动驾驶、车联网、后端大数据平台、智慧出行以及企业全方位智能化等。二是与互联网、科技企业进行深度合作。奇瑞与中兴、华为共同研究以5G、物联网为基础的车联网、智能制造等业务。以“奇瑞雄狮生态联盟大会”为依托，与近百家知名科技公司、车企达成智能化品牌联盟，共同推进汽车智能制造核心技术的研发与生产。三是注重自主品牌全球化发展。奇瑞结合自主创新与国际合作，与国际知名企业合作，逐步掌握开发技术和流程，提高自主创新水平。四是注重客户需求，突破单一产品，多元化产品并行发展。注重客户档案与交易数据库的建立，利用大数据、云计算等分析客户的购买行为，并进行市场细分及预测，针对不同用户群体设计差异化整车产品，还出售汽车生产相关装备及零部件，拓宽企业的业务范围。在汽车整体使用感方面，优化车载设备生态，研制CHERYSMA智衡整车精益体系、CLOUDRIVE智云娱乐行车系统等，利用人工智能、物联网等技术提高人车交互化、个性化、实用化水平。此外，奇瑞更加注重年轻一代消费群体，部分产品更加年轻化，如艾瑞泽GX搭载AI技术，以人工智能为依托，增强自然语音交互等。五是利用互联网等技术实现电子交易。基于互联网开展B2B、B2C等销售模式，实现在线招标、采购、销售。推广奇瑞官方网站，并在其他招标平台投放信息，匹配多个供应商。在购买和消费模式上，以4S店和互联网为载体，提供更多交互和服务。根据不同国家、地区等实际情况，选择合适的经销商，关注O2O的发展，构建线上、线下协同销售，进而构建完整的销售渠道。六是构建适当的供应链网络后，推进区块链技术的应用，进一步连接上下游企业，推动供应链整链优化。与中国邮政等企业合作，拓展金融投资、快递物流方面业务，加速产业融合发展。七是打造奇瑞顶尖人才团队“梦之队”，倡导员工自主学习。奇瑞吸纳来自保时捷、奔驰等国际领先车企的顶级工程师，构建一流技术团队，并推出一款全新概念SUV——TX，开启了奇瑞汽车顶尖智能化设计、生产的新篇章。倡导个人、组织、企业学习，打通“政产研学”的路径，提升员工整体知识水平与业务素质。

在智能化阶段，奇瑞在制造生产、市场拓宽等方面积极利用大数据、物联网等新一轮智能化技术,其产销效率、自主创新能力等明显提高,有利于品牌形象智能化。企业将发展关注重点逐渐过渡到市场、用户层面,更好满足消费市场需求,产品差异化、个性化优势愈发凸显。稳固国内市场的同时自主拓宽海外市场,提升全球资源调配能力,品牌知名度不断提高。企业内部员工整体学习能力、知识素养、工作效率显著提高,人才团队力量更加坚实。

(四)新一轮科技革命成果赋能中国制造型企业的路径与对策

新一轮科技革命成果赋能中国制造型企业的关键在于将科技成果渗透制造型企业整个生命周期。根据企业生命周期理论,企业的发展通常会经历导入期、成长期、成熟期和衰退期(Adizes,1989;陈佳贵,1995;李业,2000)。根据企业规模划分,导入期通常对应中小企业;成长期和成熟期则对应大型企业。本项目在研究新一轮科技革命成果赋能中国制造型企业发展时,主要聚焦于导入期、成长期和成熟期的制造型企业。这样的选择基于两方面因素:一是处于这三个发展阶段的制造型企业是制造业的主力军和中坚力量,是制造业乃至中国经济高质量发展的核心企业群体,因此其应用科技成果进行数字化转型,谋求高质量发展的路径值得特别关注;二是基于本项目选择的案例企业,奇瑞正式经历了导入期、成长期,正向成熟期过渡。通过总结奇瑞企业发展历程中应用科技成果转型升级的经验,

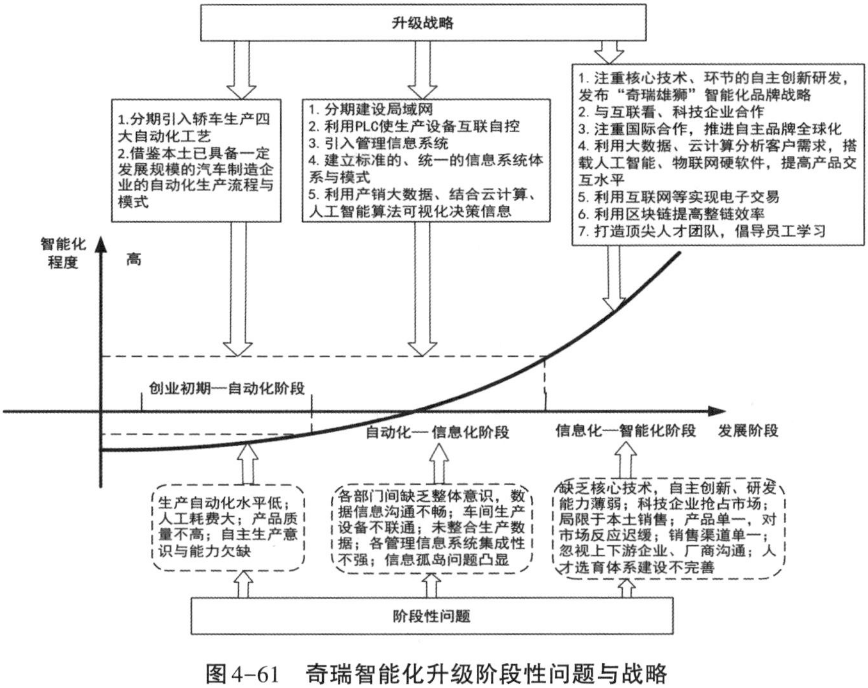

图4-61　奇瑞智能化升级阶段性问题与战略

构建针对导入期的中小企业，以及处于发展期和成熟期的大型企业应用新一轮科技革命成果数字化发展的路径。找准新一轮信息技术与中国制造型企业融合的关键点，选择适合新一轮科技革命成果赋能制造型企业不同发展阶段的发展范式和战略对策，积极推动两者融合发展。

1.新一轮科技革命赋能中国制造型企业——导入期路径与对策

路径：企业导入期引入自动化生产设备，优化信息化管理软件。

中国大型制造型企业大多由中小型制造型企业成长、合并形成。制造型企业在原始创业阶段大多为中小型企业，导入期的中小型制造型企业是新科技的跟随者、应用者。中小型制造型企业导入初期产品质量不高且管理水平低，应将打造自动化生产车间和信息化业务管理作为改革的核心。

基于上述对奇瑞从创业初期向自动化变迁，升级到信息化阶段的分析，可知奇瑞企业发展全过程。首先打造自动化生产车间，把发动机生产与整车生产作为企业业务重心，而后分期投建企业局域网，在各部门引入相应管理信息系统并将各系统整合，有利于企业产销数据的收集，由此引入决策支持系统，配合大数据、云计算、人工智能等算法，为奇瑞决策者提供可视化参考。

导入期的中小企业可以借鉴行业业务范围、规模相似企业的成功范例，充分吸收精髓并结合自身进行修整与创新，重点在于引入自动化生产设备与控制部件，优化生产车间构件，使生产车间自动化，提高生产数字化水平。

中小型企业生产制造车间基本实现自动化后，需要注重各生产设备、各个业务部门以及车间与部门间数据信息的流通共享、生产资源的整合。搭建内部局域网，各部门引入管理信息系统等，给所有信息系统制定统一的标准，整体信息同步更新，实现企业内部要素透明、联通，助推企业规模进一步扩大。信息化软、硬件的运用与规整使企业业务情况以数据形式记录，有利于企业运用已有产销数据信息进行分析决策，便于进一步构建基于ERP等的决策支持系统，利用大数据、云计算、人工智能等分析业务数据，为决策者提供可靠决策建议，提升企业生产、管理能力，降低企业经营成本，更有效促进集团向智能化方向发展（如图4-62）。

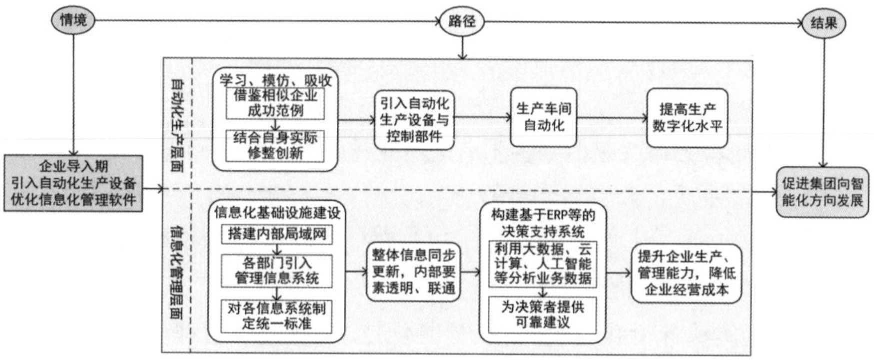

图4-62　新一轮科技革命赋能中国制造型企业导入期机理模型

对策:新一轮科技革命赋能中国制造型企业导入期升级对策

①引入自动化焊装、涂装、数控机床、工业软件等生产设备,构造自动化生产车间。

②借鉴行业中业务种类、规模相似的大型企业或阶段性成功企业的经验,汲取其运作精华后根据自身实际加以运用;利用互联网和行业大数据平台,加强与其他企业的交流合作,学习先进的、适配的理论与实践经验。

③分期建设集团局域网,引入管理信息系统,加速集团内部各部门信息流通;及时更新与集成各信息系统,构建标准的、统一的管理体系与模式,实现生产计划、物料管理、销售与分销等方面的信息化综合管理,打造个性化信息管理体系,促进企业内部信息资源整合;进一步引入决策支持系统,结合各系统所收集的产销数据,配用行业大数据平台、云计算、人工智能算法等,辅助企业决策者进行科学性、前瞻性决策。

④建立企业大数据与云计算中心,并交由专业团队管理,充分利用大数据技术构建企业集成的信息和管理平台,为各个部门提供数据化、共享化的参考,并适当结合权威大数据平台的行业、产业数据,进行对比找出问题,制订具体改进措施;加强企业数字信息安全意识,注重企业内部大数据安全保障体系建设,组建企业内部大数据日常维护与管理部门,在道德和法律范围内合理开发数据,利用先进加密技术等保障数据信息安全,将数据责任落实到各个环节;利用云计算记录制造、生产、销售全过程,辅助人工智能算法分析企业业务流程的优势与不足,优化生产流程。

⑤与专业科技企业合作,制订统一的设备通信方式、协议和接口,利用物联网技术、PLC等实现生产设备互联互通、自主控制;基于实际情况制订智能生产线规划,考虑如何节约空间、减少人员变动的影响、设备如何自动检测等。

⑥突出业务重心,在基础制造工艺方面精耕细作,将战略重点转移至强化核心竞争力,针对单项技术、产品重点突破,利用合作外包的形式发展非核心业务。

2.新一轮科技革命赋能中国制造型企业——成长期路径与对策

路径:企业成长期打造智能化产销策略,深入客户需求市场。

经历导入期后制造型企业已具有大型制造型企业的规模,并且有一定的经营管理经验,但如果企业持续依靠外部引入的二次创新将难以适应中国制造市场的快速变化,需要树立智能化技术、设备与管理理念,和国际企业追赶、竞争,从大型制造型企业发展视角制定智能化跃升路线。中国大型制造型企业具备生产产业化、生产环节专业化程度高、资本投入高、产品附加值高等特点,是新一代科技成果的贡献者、倡导者、示范者,是制造行业的先导力量。企业为进一步稳固或提升其业内地位,发展核心需求应是实现全面智能化生产,提供智能化产品和服务,提高企业运营效率。

剖析奇瑞集团发展现状,可探索企业智能化升级路径。从信息化跃升至智能化阶段,奇瑞将核心技术的自主创新与研发作为战略焦点,以国际一流水平为标准,建立多个工艺实验室。此阶段奇瑞更加注重合作,以“奇瑞雄狮”智能化品牌为载体,与众多知名科技公司、车企、院校等合作,合力打造汽车智能制造生态圈,并逐步走向国际深入探索全球市场。为进一步满足用户需求,奇瑞建立客户档案与交易数据库,结合大数据、云计算进行市场预测,设计差异化产品。以人工智能、物联网优化车载设备,提高用户使用满意度。充分利用互联网技术拓展宣传范围及营销渠道。在企业人力资源方面,奇瑞组建多个高端研发团队,搭建学习平台培育工业技术人才,结合员工持股等人才激励政策,构建人员选育体系。

对于大型制造型企业而言,应当理性看待自身与国外领先企业的差距,在提高生产效率的基础上,更应注重智能化自主品牌战略,构建创新研发体系。由于自身先天性科技研发条件劣势,可积极与互联网、科技企业及同行业优势企业进行深度合作。在国内占据可观市场份额后,适当推进品牌全球化发展。

市场经济环境下,片面注重供给端发展不再符合市场需求,单一产品也无法满足日益多样化的客户需求,此时的大型企业应当密切联系用户,将关注重点向用户需求倾斜,利用行业大数据及云计算技术,结合销售档案与客户数据库了解需求端情况,针对不同细分市场制定多元化产品策略。将人工智能、物联网等技术植入产品内部,以便满足用户个性化、定制化需求。借助互联网、行业大数据平台等分析销售情况,打造多元化营销渠道管理策略,拓宽商务渠道。充分发挥熟悉客户需求的优势，开发适合各个细分市场客户需求的产品，实现快速增长。此外，人员是企业运作最具活力的部分，企业在人才选育方面也应制订相应的激励政策，吸纳复合型人才，以企业内部学习、外部学习为基础提升员工专业素养（如图4-63）。

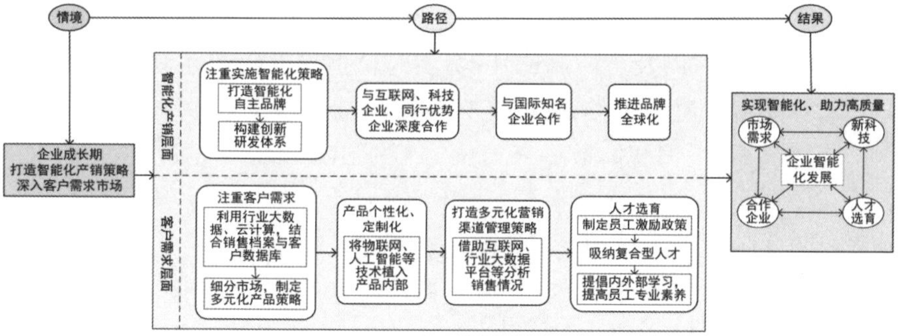

图4-63　新一轮科技革命赋能中国制造型企业成长期机理模型

对策：新一轮科技革命赋能中国制造型企业成长期升级对策。

①企业决策者组织召开会议，制订智能化转型战略；注重内部组织结构改革，简化管理层级，管理向扁平化方向发展，提高企业管理效率；推动新一轮科技革命成果与企业内部体制机制变革的适应进程，构建企业全产业链、产品全生命周期等数据链，从长远角度提升企业整体业务水平。

②实现全面智能化生产，引入智能生产装备，以便收集数据和建立数据模型；使用企业内的数据收集系统收集产量、质量和设备能耗等数据，与订单和工序相关联，实现生产过程可视化；建立专家智库，将各环节中采集的数据分析、积累、对比，利用云计算、人工智能等智能算法，辅助企业决策；将物联网、智能制造技术引入设计、生产、物流等环节，全面整合材料采购、加工生产、仓储物流、售后服务等环节，实现高效智能化生产；将人工智能技术嵌入生产装备，使机器根据实际情况自动调整；即时显示消费需求以及生产过程中剩余资料的供需情况，避免浪费，全面提升生产效率，实现工艺优化与智能质检，推动柔性制造[①]；重视高质量发展全面谋划，将生产环节、日常业务智能化任务细分到各个部门、团队，督促项目工程推进，及时评估与反馈，项目完工后及时总结经验。

③企业加大对科研的投入，打造智能化自主品牌，提高自主创新能力，构建创新研发体系；积极组建内部科研部门，进行个性化科技创新与生产

①柔性制造是按需生产的先进生产方式，其优点是增强企业的灵活性和应变能力，缩短产品生产周期，提高设备利用率和员工劳动生产率，改善产品质量。

流程、体制改革；建立自主创新研发实验室集群，按生产流程分为不同实验区，将智能化生产工艺细化到各个环节；企业内部提供数字创新成果基金、奖金、表彰等，激励企业内部人员自主研发、突破核心技术，自主研制高端要素，提高企业创新能力。

④注重对生产流程异常的预测与处理，在生产、仓储物流等多个环节植入区块链、物联网及智能制造技术，实时监控异常生产环节并及时处理；将云端智能组件置于产品内部，在云端服务器接收反馈数据，远程观察产品运行情况等；根据智能数据库等预测可能出现的异常情况，及时优化并防范，提高生产安全与稳定水平；利用决策树等大数据算法，构造车间异常报警系统，增强设备运行维护和预测能力，延长使用寿命。

⑤加强与国内外企业合作。与互联网企业合作，由专业团队开发企业官方网站，并在其他平台宣传；加强与科技企业的交流、协同研发，个性化定制适合本企业实际状况且延展性强的生产、办公等软硬件；与科研院所、高校合作进行设计与研发，将先进技术应用于产品及企业业务。利用互联网加强与国际知名企业、集团合作，以自身为中心，与相关零部件、设计等企业协同研发，推动自主品牌全球化发展。

⑥关注消费市场，了解需求端情况，注重用户偏好与体验，存储用户档案、设备生产等记录，利用大数据、人工智能等调研并细分市场，分析、预测不同细分市场客户的需求，提供差异化产品和服务，以缩短产品研发周期，适应甚至创造市场需求；将智能化、具备学习能力的人工智能软件植入产品内部，在大规模普适生产的基础上，进一步开发不同用户个性化需求的产品；借助互联网平台整合客户需求，主动构架C2B产业链，使客户参与产品的设计与研发，提高产品附加值；利用行业大数据平台分析销售形势，积极开拓高质量客户群体，优化客户结构，实现客户分散化与多样化，降低企业对单一客户的依赖性；在营销时引入人工智能算法，精准定位用户群体；在售后维护方面，用人工智能技术进行产品实时监测和风险预警，远程管理设备群。

⑦利用互联网等技术实现电子交易，开展B2B、B2C等销售模式，多电商平台共建，实现在线招标、采购、销售，扩大企业业务触及面，降低管理与销售费用、增加新产品线、提高品牌知名度等，提升制造业的经营绩效；关注O2O的发展，构建线上、线下协同销售，进一步拓宽商务渠道。

⑧自主培养一流的工程技术人才，在理论教育的基础上还应加强实践教育和伦理教育；加强与学校、科研院所的交流，充分协调各种优势要素和教育资源，促成产、教、学、研融合化、协同化，打造世界级人才高地，构建制

造业高端人才“密集区”；实施人才引进计划，吸纳掌握物联网、智能制造和工业基础知识的复合型人才，进而实现企业生产、仓储运输、售后服务等自动化、智能化管理；以分红、员工持股、晋升等为基础，制订员工激励政策。

3.新一轮科技革命赋能中国制造型企业——成熟期路径与对策

路径：企业成熟期建设整链共享体系，助推企业高质量发展。

中国大型制造型企业要想引领行业发展，需要在智能化基础上进一步巩固企业运营管理，推动企业稳步进入成熟期，顺应新一轮科技革命、承担行业提升任务的生产形势，实现科技创新发展与高水平的利益共享同步提升。从发展长周期角度来看，破解中国制造业部分领域“卡脖子”的瓶颈制约，企业应深化对产业链现代化规律的认识，加速与其他企业、行业产业链的联动发展，从硬件平台、软件平台两个层面提升行业整体智能化平台共享水平。

为进一步实现高质量发展，奇瑞在集团内部部署一批重点项目工程。在组建供应链网络后，进一步引入区块链等技术，贯通上下游企业，推进供应链整体联动，共同进行重点项目攻关。针对行业环保现状建立“节能环保汽车技术平台建设”等项目，荣获国家科技进步奖，成为行业示范工程。建立“雄狮科技”南京研发中心，推出物联网、智能制造、工业大数据平台等业务，辅助建设行业基础软、硬件平台。与华为、中兴合作打造基于5G的物联网生态业务，推动产业数字化发展。在“奇瑞雄狮生态联盟大会”、部分行业论坛及会议中交流企业运营经验，并在访谈、采访、演讲中公布行业发展预测结果、分享国内外行业前沿信息。以绿色生产、循环生产理念打造节能环保汽车，贯彻绿色发展理念。与中国邮政集团签订合作框架，推进与物流业、金融业等现代服务业融合。

推动中国本土制造型企业迈向高质量发展阶段，需要大型企业带头突破行业难点。贯通供应链、产业链，打通上下游企业信息资源流动通路，增强合作黏性。打造集团研发中心，以示范工程为引领，组建行业大数据平台、物联网工程、智能制造等项目，形成产业生态圈。大型企业牵头召开行业发展论坛、会议等，分享经营经验与前沿信息，为中小企业起到示范作用。在建厂选址、生产制造、日常运营中推广绿色发展理念。深化与现代服务业等合作，创造中国制造新业态、新模式等，助力中国制造向全球价值链中高端攀升（如图4-64）。

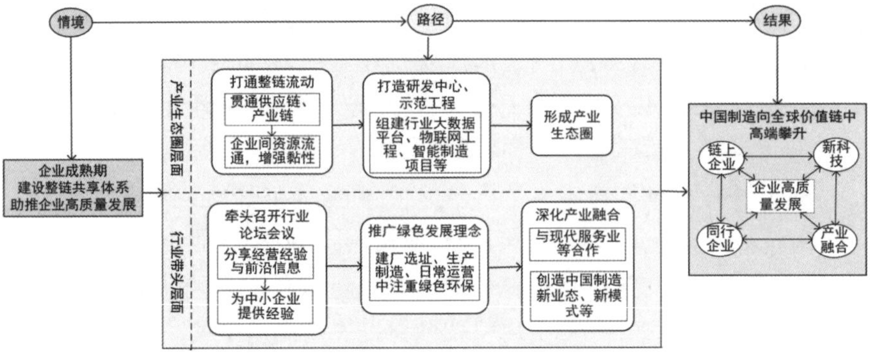

图4-64　新一轮科技革命赋能中国制造型企业成熟期机理模型

对策:新一轮科技革命赋能中国制造型企业成熟期优化对策。

①加大基础研究投入力度,打造安全可控的供应链体系,梳理“卡脖子”短板技术和产品清单,重点部署相关项目,加速核心技术与产品生产攻关,强化本土企业在国际分工中的供应链黏性;加速融入产业区块链,结合区块链智能合约和共识机制等特点,协同上下游企业形成数据共享、生产透明、信息可溯的产业链结构,加强链上产能共享,以需求为导向提高供应链信息流动效率,降低供应链成本;将公有区块链和私有区块链结合使用,在提升链上安全性和工作效率的同时,提高普适性和完善性。积极建立科创中心,强化创新载体建设,加强制造型企业和科研院所、高校的互动合作,组建制造业创新中心、产业创新战略联盟等平台,完善区域创新高地战略性布局。

②打造示范工程、样本工程,主动承担部分行业前沿技术的研发工作,促进国家技术创新示范企业和企业技术中心建设,引领其他制造型企业实现多企业协同发展;突破企业内部数据整合屏障,在制造业相关数据平台发布企业经营数据,开放智库,共享行业数据信息,推动行业大数据资源共享;注重开发制造业软件平台、开发工业软件,研发适合自身并且易于移植到其他制造型企业的工业软件和共享平台。

③大力打造“新基建”,“新基建”的核心是“数字基建”,以5G、云计算、区块链、数字中心、互联网等技术为基础的“新基建”可以为经济数字化转型提供支撑设施和平台,推动产业融合发展、产业形成新生态等。

④加强与中小型制造型企业融合交流,以规模化引领支撑中小型企业,分享先进生产制造与经营管理经验,组织行业交流论坛与会议,分享国际、国内行业生产、销售等经营经验,传递行业前沿信息,达成战略合作伙伴关系,协同发展。

⑤建立企业绿色发展、资源循环运作体系,在购买设备、零部件等源头问题上稳抓绿色制造,强化污染防治,推动“零排放”生产运营模式。

⑥与现代服务业深度融合,发展为制造业服务的科研、设计、金融、物流等生产性服务业,及时总结、推广中国服务型制造试点示范企业、项目、平台等的经验,带动更多制造型企业探索新业态、新模式。发展第三方物流,降低物流成本,提高流通效率。

全球价值链存在重构的可能性,其在趋于固化的同时仍存在被破解的机会,个性化需求、新型生产模式的重要性愈发凸显。新一轮科技革命成果赋能制造型企业,正在扭转全球价值链固化趋势。未来,当绝大部分中国制造型企业实现真正意义上的智能化、高质量发展时,中国制造业就能大力推动数字经济高质量建设,突破全球价值链中“低端锁定”困境,以“一带一路”为载体,实现资源和创新结果共享、要素配置合理化。

第五章

方法与策略：中国制造业高质量发展精益管理研究

一、制造业高质量发展的国际经验借鉴与启示

（一）国际制造业发展方法探究：以汽车制造业为例

基于已有的研究成果及现有数据，建立汽车制造业结构优度指标体系，如表5-1所示，以及世界500强汽车企业财务状况（2017年）如表5-2所示。

表5-1　汽车制造业结构优度指标体系

目标	序号	一级指标
全球主要汽车企业	A	营业收入
	B	利润
	C	净利率
	D	排名
	E	人员数
	F	增加值
	G	增加率
	H	人均利润

表5-2　世界500强汽车企业财务状况（2017年）

公司名称	营业收入（百万元）	利润（百万元）	排名	人员数（人）	人均利润（万元）	增加值（亿元）	增加率（%）	净利率（%）
丰田	254694	16899.3	5	364445	4.64	18102.4	7.65	6.64
大众	240263.8	5937.3	6	626715	0.95	3664	1.55	2.47
戴姆勒	169483	9428.4	17	282488	3.34	3682.8	2.22	5.56
现代	80701.4	4659	78	129315	3.60	−618.8	−0.76	5.77
福特	151800	4596	21	201000	2.29	2242	1.50	3.03
宝马	104129.7	7589.4	52	124729	6.08	1882.1	1.84	7.29
本田	129198.4	5690.3	29	211915	2.69	7574.1	6.23	4.40
通用	166380	9427	18	225000	4.19	14024	9.20	5.67
上海	113860.8	4818.2	41	97582	4.94	7176.4	6.73	4.23
日产	108164.1	6123.4	44	137250	4.46	6628.1	6.53	5.66
起亚	45425	2373.8	209	51357	4.62	1632.6	3.73	5.23

续表

公司名称	营业收入(百万元)	利润(百万元)	排名	人员数(人)	人均利润(万元)	增加值(亿元)	增加率(%)	净利率(%)
一汽	64783.9	2411.3	125	122323	1.97	1931.5	3.07	3.72
东风	86193.5	1415	68	189795	0.74	0	0.00	1.64
马自达	29665.3	865.5	367	48849	1.77	1289.1	4.54	2.92
北京	61129.5	1260.5	137	134765	0.94	6196.6	11.28	2.06
广州	41560.4	551.9	238	75908	0.73	7120.1	20.67	1.33
吉利	31429.8	1265.7	343	60712	2.08	5126	19.49	4.03
标致	59748.8	1913.1	140	175341	1.09	−902	−1.49	3.20

备注1:①净利率=利润/营业收入×100%,②增加率=增加值/上一年的营业收入×100%,③增加值=今年的营业收入−上一年的营业收入;④人均利润=利润/人员数。

备注2:北京指北京汽车集团,广州指广州汽车工业集团,上海指上海汽车集团。

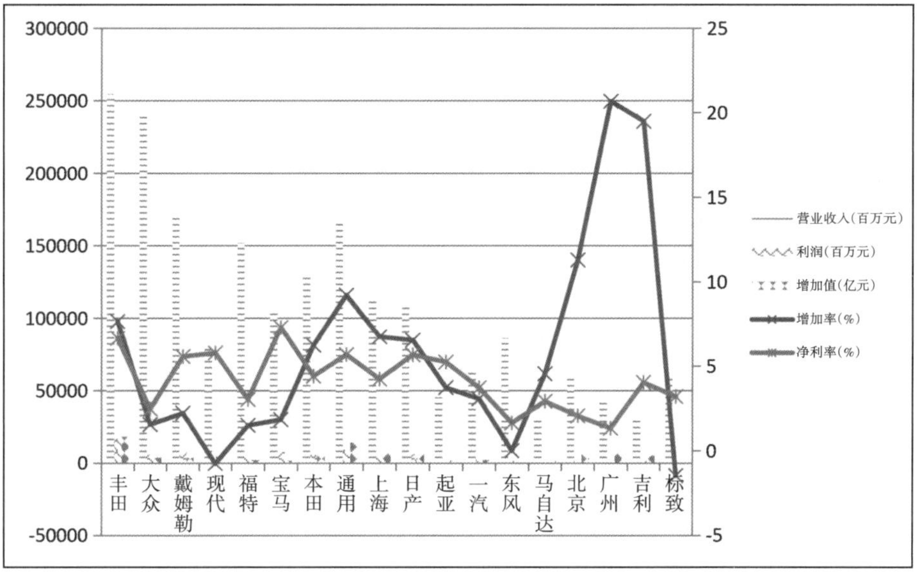

图5-1 世界500强汽车企业财务状况(2017年)

2017年世界500强汽车企业财务状况,如表5-2和图5-1所示。2017年,丰田营业收入高于大众6%,利润则高于大众185%,人数少于大众42%,净利率高于大众4%。丰田在营业收入上低于部分企业，但是在利润对比中，丰田的利润高于其他企业且净利率达到6.64%，高于其他主要汽车企业，其盈利能力较强。

1.汽车行业营业收入[①]比较与分析

由图5-2可知，丰田公司的营业收入从2005~2018年处于增长状态，营业额始终保持在150000百万美元以上，且收入最高值与最低值的极差不超过100000百万美元，增长较为稳定。收入总额高于其他企业，且极差低于大众、上海等企业，营业收入增长处于上升状态。

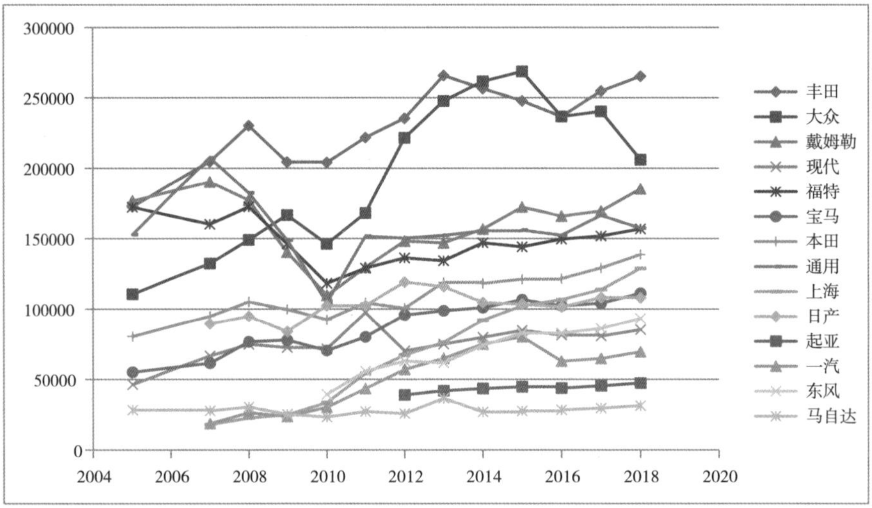

图5-2　全球汽车企业营业收入（2005~2018年）（单位：百万元）

以丰田公司为对比对象，将丰田公司与其他公司营业收入进行对比，见表5-3和图5-3。在2005~2018年间，丰田公司营业收入总额比世界其他主要汽车企业总额规模有明显的优势，2017年，其营业收入是标致、北京、东风、一汽的3~4倍，是广州的5.27倍，是吉利的6.44倍，是马自达汽车株式会社的8.46倍。丰田汽车的营业收入高于其他企业，且这种优势在不断扩大，使得丰田汽车在世界汽车制造业的地位进一步得到巩固。

①营业收入是从事主营业务或其他业务所取得的收入。指在一定时期内，商业企业销售商品或提供劳务所获得的货币收入。分为主营业务收入和其他业务收入。营业收入是企业补偿生产经营耗费的资金来源；营业收入关系到企业再生产活动的正常进行，加强营业收入管理，可以使企业的各种耗费得到合理补偿，有利于再生产活动的顺利进行；营业收入是企业的主要经营成果，是企业取得利润的重要保障；加强营业收入管理是实现企业财务目标的重要手段之一；营业收入是企业现金流入量的重要组成部分。加强营业收入管理，企业可以更深入研究和了解市场需求的变化，以便做出正确的经营决策，避免盲目生产，增强竞争力。营业收入可以直接反映一个企业的竞争实力。

表5-3　丰田公司与各个公司营业收入对比（2005～2018年）

公司名称	2018	2014	2010	2005
大众	1.29	0.98	1.40	1.56
戴姆勒	1.43	1.64	1.86	0.98
现代	3.11	3.22	2.85	3.72
福特	1.69	1.75	1.73	1.00
宝马	2.38	2.54	2.90	3.13
本田	1.91	2.17	2.21	2.14
通用	1.69	1.65	1.86	1.13
上海	2.06	2.79	2.52	—
日产	2.46	2.45	4.69	2.14
起亚	5.60	5.90	6.75	—
一汽	3.81	3.42	5.18	—
东风	2.84	3.47	8.76	—
马自达	8.46	9.54	—	6.10
北京	3.81	5.92	—	—
广州	5.27	7.82	—	—
吉利	6.44	9.95	—	—
标致	3.61	3.57	—	—

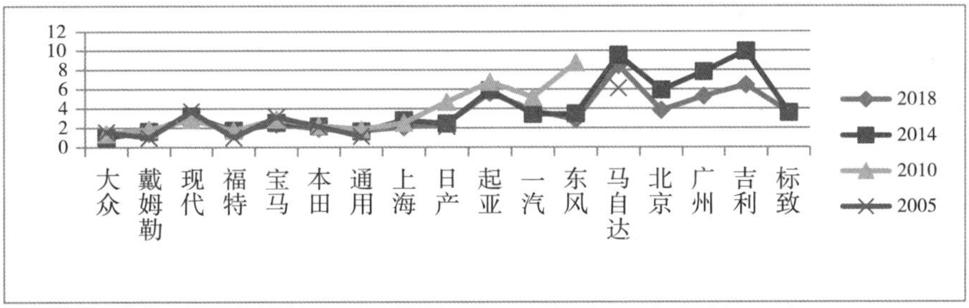

图5-3　丰田公司与各个公司营业收入对比（2005～2018年）

2.汽车行业利润[①]比较与分析

将丰田与其他汽车企业人均利润进行对比，结果如表5-4和图5-4所示，2012～2018年间，丰田人均利润在不断增长，从2012年1.1万元增长到2018年6.1万元，增长额达5万元，增长幅度近454%。2018年，丰田的人均利润达到6.1万元，仅次于宝马，位于世界第二，人均增长0.7万元，约是北京、广州、标

①利润是企业一定时期的最终财务成果。利润是按配比性原则计量的，是一定时期的收入与费用相减的结果；企业的利润具有较强的获取现金的能力；影响利润的因素较复杂，利润的计算含有较大的主观判断成分，其结果可能因人而异，具有可操纵性。

致、起亚的6倍，是吉利、马自达、一汽的3倍左右，是本田、日产的1倍多。在世界500强企业有部分汽车企业人均利润为负值的背景下，丰田汽车公司人均利润达到6.1万元，可见丰田公司汽车制造之强。

表5-4　全球主要汽车企业人均利润（2012～2018年）　单位：万元

公司	2018	2017	2016	2015	2014	2013	2012
丰田	6.10	4.64	5.52	5.74	5.37	3.47	1.10
大众	2.04	0.95	−0.25	2.46	2.11	0.51	4.27
戴姆勒	4.10	3.34	3.29	3.30	3.31	2.85	2.90
现代	2.92	3.60	4.39	6.36	7.45	7.73	12.10
福特	3.76	2.29	3.69	1.70	3.95	3.31	12.33
宝马	7.48	6.08	5.78	6.61	6.39	6.19	6.77
本田	4.43	2.69	1.38	2.26	3.01	2.32	1.43
通用	−2.15	4.19	4.51	1.83	2.44	2.91	4.44
上海	3.42	4.94	5.11	4.91	4.30	3.10	2.70
日产	4.53	4.46	2.86	2.79	2.72	2.57	2.76
起亚	1.65	4.62	4.62	5.81	7.25	7.29	6.80
一汽	2.31	1.97	2.46	3.13	3.56	3.07	2.52
东风	0.78	0.74	0.75	0.77	0.78	0.76	0.82
马自达	2.03	1.77	2.41	3.28	3.31	1.09	−3.63
北京	1.21	0.94	0.87	0.76	0.87	1.29	—
广州	1.17	0.73	0.74	0.45	0.39	0.13	—
吉利	2.36	2.08	0.63	0.64	0.28	0.13	0.24
标致	1.22	1.09	0.53	−0.49	—	−3.15	0.04

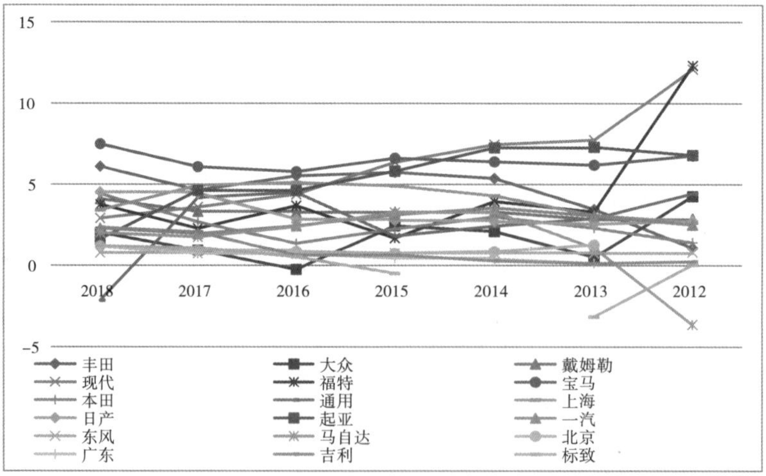

图5-4　全球主要汽车企业人均利润（2012～2018年）（单位：万元）

3.汽车行业净利率比较与分析

如表5-5和图5-5所示，与其他主要汽车制造公司净利率对比，丰田汽车公司优势明显。2014～2018年，丰田净利润处于增长中，且在净利润增长过程中，没有发生负增长情况。在2016年丰田的净利率位于汽车行业第一，净利率是通用汽车、宝马集团、福特汽车等知名汽车企业的1倍多，与其他企业相比丰田汽车净利率可以高出1～3倍。在2018年丰田的净利率位于汽车行业第二，是其他汽车企业的1～2倍多。

表5-5　丰田汽车公司与其他主要汽车制造公司净利率对比（2014～2018年）

单位：%

	2018	2017	2016	2015	2014
丰田	8.49	6.64	8.14	7.98	7.1
大众	6.36	2.47	−0.64	5.43	4.62
戴姆勒	6.4	5.56	5.64	5.36	5.8
现代	1.93	5.77	6.98	8.23	9.78
福特汽车	4.85	3.03	4.91	2.21	4.87
宝马	8.74	7.29	6.91	7.21	6.99
本田	6.9	4.4	2.36	3.82	4.85
通用	−2.46	5.67	6.36	2.53	3.44
上海	3.95	4.23	4.44	4.44	4.38
日产	6.25	5.66	4.3	4.02	3.71
起亚	1.81	5.23	5.31	6.36	8.02
一汽	4.11	3.72	5.17	5.3	4.35
东风	1.5	1.64	1.71	1.79	1.96
马自达	3.23	2.92	3.95	5.23	5.04
北京	2.23	2.06	2	1.62	2.12
广州	1.97	1.33	1.45	0.86	0.63
吉利	4.42	4.03	1.09	1.1	0.46
标致	2.96	3.2	1.64	−1.32	−4.28

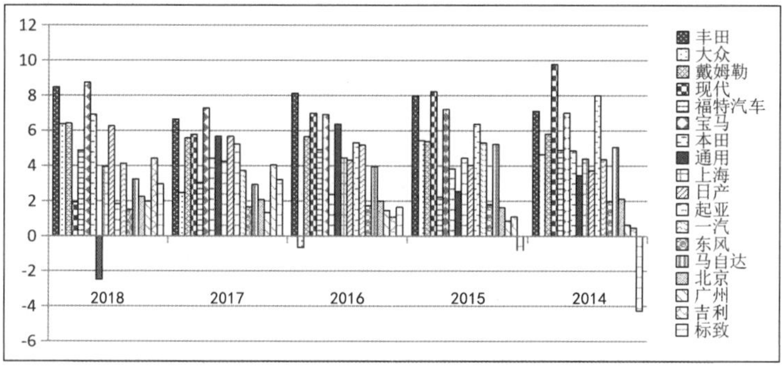

图5-5　丰田汽车公司与其他主要汽车制造公司净利率对比（2014～2018年）（单位：%）

(二)精益管理方法的国际经验与借鉴(本土化视角)

30多年来,中国逐渐成为第三次世界产业转移的最大承接地和受益者,同时也造就了世界制造业在英国、美国、日本及中国等制造强国循环崛起。为什么会出现这样的制造业大转移呢?透过四次制造业大转移的表面现象我们发现:制造大国或制造强国循环崛起背后的力量才是制造业发展的支撑,各国工业工程与产业转移大事年详见图5-6。

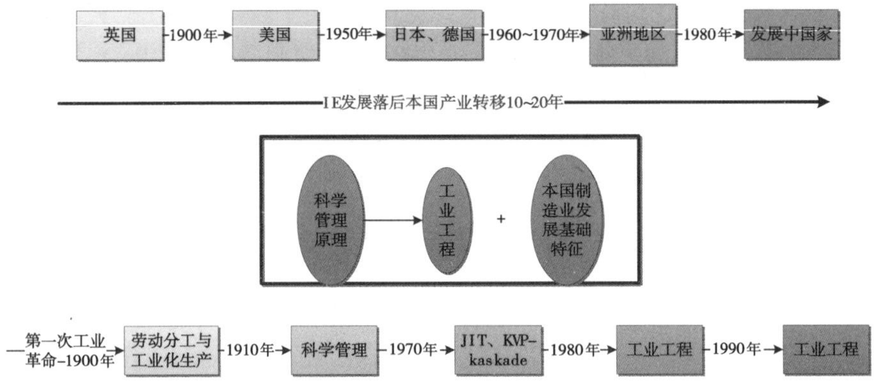

图5-6 工业工程与产业转移大事年对照图

现以丰田的发展历程为例分析隐藏在制造业大国崛起背后的力量。精益生产[①]是被理论与实践证明的一种提高企业生产效率和效益的生产模式,在学术界和实业界引起强烈反响与追捧。丰田汽车公司自2008年超越美国通用汽车公司成为世界第一大汽车生产企业后,十几年来不断强大,享誉海内外。二战后的日本使用丰田生产方法(TPS)后,经过十年的国民经济复苏,就进入经济的高度增长期,至"泡沫经济"前日本经济一直处在高速发展的状态,使得其从一个战后百业凋敝的国家一跃成为全球仅次于美国的世界第二大经济体。日本的发展基础是制造业的崛起,制造业的崛起是制造业企业的振兴,其制造业企业振兴的基石是工业工程理论与方法[②]。丰田实践和应用工业工程创造性地提出了丰田生产方式,丰田生产方式是把一系列工业工程基础理论和方法与丰田企业基本特征结合并进行创造后提出来的108种方法和相关的精益体系。这种方法和体系从 *The Puritan Gift: Triumph, Collapse and Revival of an American Dream* 中提出,英国、美国、日本等工业强国循环崛起的动力源有信念、亲力亲为、集体利益至上、组织能力及尊重技术等理念和方法。这种方法即1911年人们提

①精益生产这一名词是MIT汽车专家在对TPS进行了5年的研究后,在《改变世界的机器》一书提出的。

②贾炳煜,王瑞刚.日本企业的基石[J].中国机械工程,1993,4(6):37-38.

出的科学管理原理，后来由于其他原因，科学管理原理更名为工业工程。

二、精益管理方法本土化实践的哲学思考

（一）中国制造业精益管理方法企业实践调研与分析

精益管理方法是被理论与实践证明的一种提高企业生产效率和效益的生产模式。然而，对中国制造业典型企业的调研、走访与分析后发现：中国众多企业在导入精益管理方法时往往照猫画虎，“形似”而非“神似”，整体效果不佳。在对精益管理方法渊源及文献梳理的基础上，对企业导入精益生产效果不佳的原因分析，我们提出精益管理方法具有系统性、累积性、创新性与不可复制性及满意性等哲学特征，为将要导入或正在应用精益管理方法的企业提供理论参考。

表5-6　汽车企业运营状况一览表（2016年）

公司名称	营业收入（百万元）	利润（百万元）	净利率（%）	人均利润（万元）	国家
丰田	236591.6	19264.2	8.1	5.5	日本
通用	152356	9687	6.4	4.5	美国
福特	149558	7373	4.9	3.7	美国
上海	106684.4	4740.9	4.4	5.1	中国
宝马	102247.6	7065	6.9	5.8	德国
日产	101536	4363.5	4.3	2.9	日本
东风	82816.7	1479.8	1.8	0.8	中国
现代	81320.2	5674.9	6.9	4.4	韩国
一汽	62852.4	3252.6	5.2	2.5	中国
北京	54932.9	1097.5	1.9	0.8	中国
沃尔沃	37061.4	1785.7	4.8	1.9	瑞典

数据来源：2016年世界500强企业年报。

精益生产成功地被应用于汽车工业生产实践，表明精益生产在改变生产力和产品质量时效果明显。2006年，丰田在汽车行业的出色表现使精益生产再一次受到学术界和实业界的追捧，准备导入精益生产的企业增多。从2006至今，丰田表现得越来越出色，在2016年汽车制造业企业运营状况一览表（见表5-6）中有着明显的体现。

然而，日本精益专家田中正知认为，社会上对丰田生产方式的认识存在很多误区，也很少听说哪家企业导入精益生产后而业绩大增。这些现象出现的原因是什么，问题到底出在哪里？本项目从中国制造型企业导入精益生产的实践出发，结合多家企业应用与推广精益生产的实践结果，对精益生产的管理特征进行思考，为将要导入精益管理方法或正在应用精益管理方法的企业提供理论基础。

通过对114位精益咨询师及1000多家企业导入精益管理方法效果不佳现象及原因进行调研[①]，发现效果不佳的原因主要体现在以下方面：学习和应用流于形式、缺乏对精益生产理念的哲学认知、过多关注精益技术和工具、推行精益生产易中断、改善成果易反弹、组织制度保障不力，基层员工活力未激活、没有自上而下的统一思想、对精益生产的不理解或曲解、导入方法不准确、推动不力、难以形成精益文化、没有形成硬条件下企业软实力的提升等方面（见表5-7）。

表5-7　企业导入精益管理方法效果不佳原因调研表

序号	现象	分析	原因	哲理
1	企业总希望咨询公司替企业做精益改善，而不是培养企业自己的精益团队	咨询人员是对精益管理方法的认知，对企业特征并没有很好的认知，需要企业人员一起把改善进行下去	违背了精益的创新性与不可复制性	缺乏对精益生产理念的哲学认知
2	精益导入时没有针对企业的核心问题（生产的有序和流畅）开展，或者没有从根本上解决问题	企业核心问题的表现形式各异，要透过现象看到本质，需要不断创新实践精益体系		
3	企业导入精益生产成功的5大要素：目标、承诺、资源、技能、计划，其中与精益顾问最相关的只有一个承诺。而现实中企业却将这个5大要素都让顾问去实现	企业成功是“目标、承诺、资源、技能、计划”的集成，也需要整合企业具体特征创造性地实践精益体系，否则只能以失败告终	违背了精益的系统性	

①作者参与国家科技基础性工作专项（2010IM040300），已结项。经课题组同意，部分数据可供使用。

续表

序号	现象	分析	原因	哲理
4	学习和应用精益管理方法流于形式，过多关注精益技术和工具；比如重视5S和精益班组等技术体系，忽视拉动体系构建	精益管理方法是一个复杂系统，其中工具包有很多，顾此失彼，会严重破坏精益系统性	违背了精益的系统性	缺乏对精益生产理念的哲学认知
5	公司管理层率先垂范不够	精益管理方法是一个复杂系统，是“理念+方法+技术工具+平台+文化”的综合体，对精益生产的方法或技术理解不够，会严重破坏精益系统性	违背了精益的系统性	缺乏对精益生产理念的哲学认知
6	将推进责任抛给了精益顾问或者持续改进办公室，没有形成全员参与局面	精益管理方法是一个复杂系统，是“理念+方法+技术工具+平台+文化”的综合体，对精益生产的方法或技术理解不够，会严重破坏精益系统性	违背了精益的系统性	缺乏对精益生产理念的哲学认知
7	理念导入不充分，一把手工程出问题	精益管理方法是一个复杂系统，是“理念+方法+技术工具+平台+文化”的综合体，对精益生产的方法或技术理解不够，会严重破坏精益系统性	违背了精益的系统性	缺乏对精益生产理念的哲学认知
8	没有自上而下的统一思想	精益管理方法是一个复杂系统，是“理念+方法+技术工具+平台+文化”的综合体，对精益生产的方法或技术理解不够，会严重破坏精益系统性	违背了精益的系统性	缺乏对精益生产理念的哲学认知
9	组织制度保障不力，基层员工活力未激活	精益管理方法是一个复杂系统，是“理念+方法+技术工具+平台+文化”的综合体，对精益生产的方法或技术理解不够，会严重破坏精益系统性	违背了精益的系统性	缺乏对精益生产理念的哲学认知
10	没有形成资源配置、人员配备、福利薪酬晋升等机制	精益管理方法是一个复杂系统，是“理念+方法+技术工具+平台+文化”的综合体，对精益生产的方法或技术理解不够，会严重破坏精益系统性	违背了精益的系统性	缺乏对精益生产理念的哲学认知
11	刚开始导入精益生产时，没有外部咨询公司协助	企业导入精益生产应循序渐进，步步为营，从理念到方法再到理念，精益管理方法是一个反复实践的过程，要长久重视、日积月累才能达到目的	违背了精益的累积性	缺乏对精益生产理念的哲学认知
12	没有按照科学的思路导入精益（统一思想—全员对精益有正确的认识—制订3～5年的推进计划—帮助企业以培养精益人才为核心—解决SQCD的问题为抓手）	企业导入精益生产应循序渐进，步步为营，从理念到方法再到理念，精益管理方法是一个反复实践的过程，要长久重视、日积月累才能达到目的	违背了精益的累积性	缺乏对精益生产理念的哲学认知
13	没有形成硬条件下企业软实力的提升	企业导入精益生产应循序渐进，步步为营，从理念到方法再到理念，精益管理方法是一个反复实践的过程，要长久重视、日积月累才能达到目的	违背了精益的累积性	缺乏对精益生产理念的哲学认知
14	方案顶层设计不够好，项目攻关不力，方法工具不得当	在设计导入精益方案时急于求成，忽视了精益内在的满意性原则	违背了满意性原则	缺乏对精益生产理念的哲学认知

续表

序号	现象	分析	原因	哲理
15	实践精益管理方法易中断,改善成果易反弹,难以形成精益文化	精益管理方法是一个复杂系统,仅仅采用一种或者几种精益管理方法很难达到预期效果;在采用精益管理方法时忽视了其满意性原则,解决一个问题会带来一大堆问题	违背了满意性原则	缺乏对精益生产理念的哲学认知

从表5-7可以看出,企业在学习和实践精益管理方法时应更多关注精益技术和工具,存在难以形成精益文化、没有形成硬条件下企业软实力的提升等问题。究其原因主要是企业缺乏对精益的系统性、累积性、创新性与不可复制性及满意性等哲学认知。

(二)精益管理方法的哲学思考

针对精益生产在企业应用中效果不佳的现象,本项目通过对中国制造业典型企业的调研、与国内114位精益咨询师或教授的座谈与分析,对精益生产进行哲学思考,提出精益生产具有系统性、累积性、创新性与不可复制性及满意性等4个哲学特征。

1.精益管理方法的系统性

精益管理方法是一个系统,是精益理念、方法、技术及管理体系(精益组织、精益机制、精益文化)组成的系统。在精益生产系统中,各要素交织在一起,企业通过应用与实践,逐步改善存在问题,实现软实力的提升。精益理念(比如问题意识、效率意识、质量理念、三现意识等)是精益生产的源泉,是学习和应用精益生产的第一步。企业导入精益生产的过程,即在精益理念的指导下,把精益管理的系列方法(比如PDCA/5W1H/ECRS等)创新性地用于生产实践中,转化成系列具体、可行、高效、可操控的精益技术体系(5S/JIT/KANBAN/SMED/TPM/QC等)。在这个从理念到方法再到技术转化的过程中,需要精益生产推进平台(精益组织、精益保障机制及精益文化等要素组成)来保证和促进,并形成一个精益管理系统:理念+方法+技术体系+管理体系。该系统逻辑关系见图5-7。

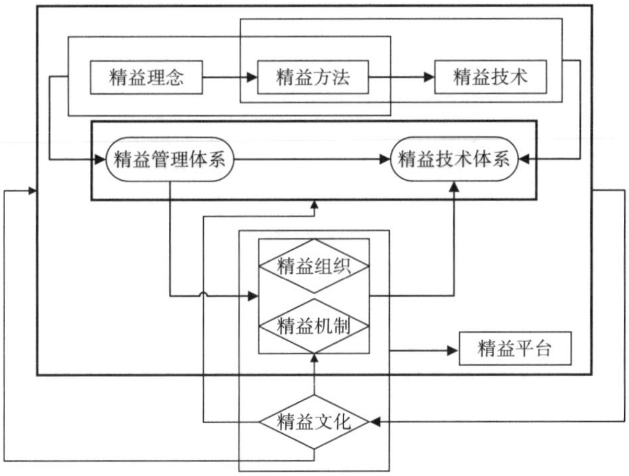

图5-7　精益管理系统逻辑关系

精益理念与精益方法的集成形成了精益管理体系,精益方法与精益技术的集成形成了精益技术体系。精益管理体系是精益技术体系的前提与保障,精益管理又依靠精益技术在企业实践中实现。而该实现需要有一个精益平台,精益平台是精益理念、方法、技术在企业中实现的催化剂。精益平台是在推进精益生产过程中产生的,反过来又反馈给精益理念、方法、技术,因此,它们形成一个循环的闭环系统。国内外大量企业的精益生产实践表明,精益平台非常重要,是精益生产在企业顺利推进的基础和法宝。众多企业应用精益生产时多数没有能按照精益生产的本质构建精益生产的平台,仅仅是学习一些精益生产的改善技术和方法,多为“形似”而非“神似”,类似“照猫画虎”。

现以精益管理方法中的“标准作业”为例分析精益生产用于实践时的一些问题。企业在导入精益管理方法的过程中由于忽视其系统性哲学特征,虽然按照丰田生产方式的“标准作业”思路做了大量工作,但仍然不能取得应有的功效。在标准作业系统中,具体的实验及实验设计等将标准作业理念与方法转化成系列具体、可行、高效、可操控的标准化作业的系列技术。标准作业的执行与完善过程,需要两个重要的平台即标准化平台和创新改善平台。标准化平台主要是确保科学的作业流程能顺利地执行,创新改善平台确保全体员工的积极性和创造性充分发挥,对已经制定的标准在稳定的基础上不断地更新升级。平台在运作过程中,在必要激励机制的推动下企业形成标准作业的文化,推动标准作业不断升级(标准作业的系统性哲学特征分析详见图5-8)。

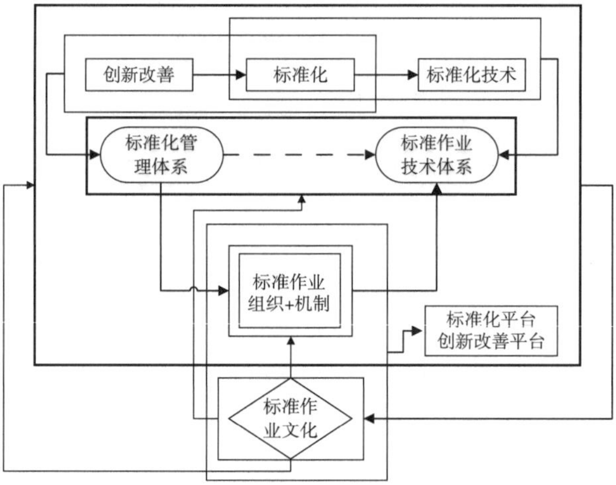

图5-8　标准作业的系统性哲学特征分析

2.精益管理方法的累积性

累积有层层增加的含义。累积性是指当累积达到一定的程度后,产生价值享受回报的一个过程。从这种意义上讲,管理投入与效益是指数分布关系。没有管理过程的累积(即对工作本身的研究)是不可能产生预期的效果。在累积过程中,基础工业工程的方法体系非常重要。运用精益生产提高制造型企业的效率和效益,是一个持续改进的过程,需要一直累积。例如,企业在用ERP的过程中,应通过管理创新持续改进ERP-1,ERP-2,ERP-3,在充分累积的过程中找到适合企业发展所需要的ERP系统。这是基本积累的过程,需要大量的研究和实践。

按照精益生产形成过程及大事年表来说明精益生产的累积性,精益生产累积过程如图5-9所示。完成精益生产的累积,要从以下三个方面着手。①问题意识,首先承认目前的状态存在一定的问题,发动全体员工,尤其是一线有经验的工作人员去发现问题。从某种程度上看,发现问题的程度和水平决定了精益能力的累积程度和效果。②总有一种更好的办法能解决现在的问题的信念。这种信念能够帮助员工克服重重困难,养成一种亲力亲为的良好习惯。③累积的基础是工业工程管理创新方法及其创造性的应用。

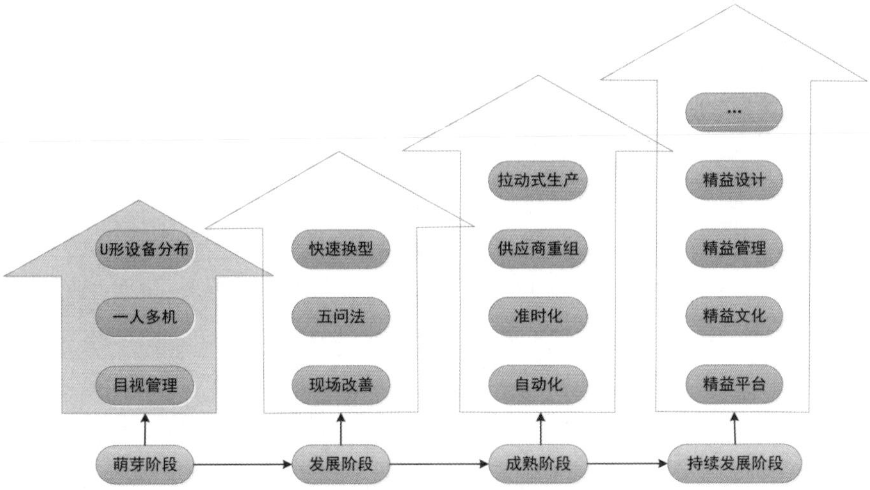

图5-9　精益生产累积性示意图

3.精益管理方法的创新性与不可复制性

"创新"一词源于拉丁语,有三层含义:更新、创造新的东西、改变。对于企业而言,创新可以包括很多方面:技术创新、体制创新、思想创新等。技术创新可以提高生产效率,降低生产成本;体制创新可以使企业的日常运作更有秩序,便于管理,同时也可以摆脱一些旧体制的弊端;思想创新是相对比较重要的一个方面,领导者的思想创新能够保障企业沿着正确的方向发展,员工的思想创新可以增强企业的凝聚力,发挥员工的创造性,为企业带来更大的效益。创新以知识为基础,以实践需求为动力,是知识—创新—实践的反复作用过程,逻辑关系如图5-10所示。

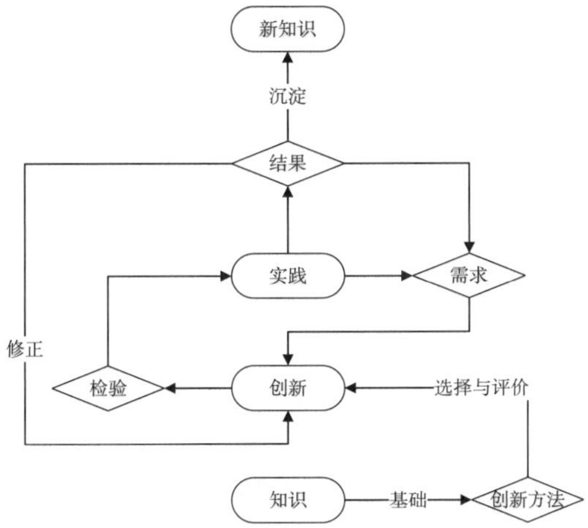

图5-10　知识—创新—实践系统逻辑关系

精益生产有这么大的影响力的根本原因就是其内在的创新性,创新是精益管理方法的DNA。从精益生产发展历程上看,精益生产的理念、方法与技术来自工业工程,但不是工业工程方法的简单应用,而是创造性的应用与实践,具有创新性的哲学特性。是否具有创新性,是企业在导入精益管理方法时是否有效果的决定性因素之一。

精益生产本土化研究非常重要。精益生产源来自工业工程,是美国原创的工业工程理论与方法在日本本土化创新发展的产物。没有丰田汽车企业的实际情况与工业工程的集成创新,就没有精益生产。因此可以认为工业工程是种子,丰田企业特征是土壤,集成创新是方法与养分,它们共同形成改变世界的生产方式——精益生产源(见图5-11)。

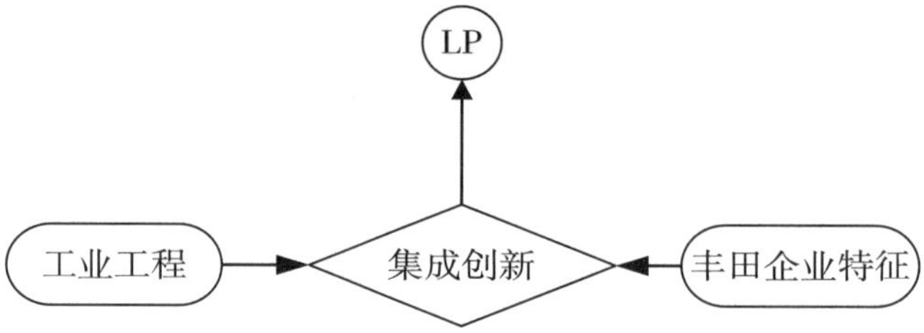

图5-11 精益生产源

每个企业的土壤都不同,因此养分就不同,就需要不同的集成创新才能得到与精益生产预计的同样效果。从这种意义上讲,精益生产的发生不具有可复制性。因此本质上精益生产存在不可复制性。以精益生产解决问题的思路与方法来说明精益生产的不可复制性。精益生产解决问题的一般程序是:①现场写实;②改进原来生产计划或作业标准;③改进后通过实践检验、比较研究其有效性;④将有效的改进方案制定成作业标准;⑤通过一段过程来维持作业标准;⑥作业标准的持续改善;⑦寻找新的发展瓶颈,重复上述①至⑥。一般模式如图5-12所示。

通过不断地改善,企业基础能力必然重构,为进一步的发展与升级提供必要条件。每次改善都会依据现场写实的结论设计改进计划,写实不同则改进计划就不同,实现的方法就不同。因此精益生产具有不可复制性。在解决问题时,要具体问题具体分析,应将精益生产的基本理论方法与企业特征相结合,创造性地提出企业改善的方法与技术,实现企业软实力的提升。

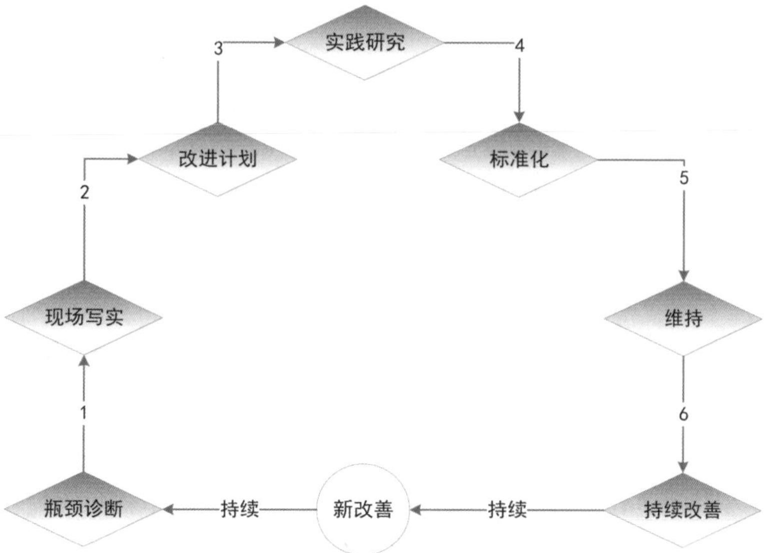

图5-12　精益生产改善的一般模式

4.精益管理方法的满意性

在企业实践精益生产时中,当目标确定后,实现目标的方法有多种,现代管理学认为有最优路径和满意路径。精益生产就是在信念的指引下,追求微小而持续的改善,选择以满意性为原则的满意路径,经过不断的累积后取得改善的效果。以精益的零库存改善为例说明精益生产的满意性原则。精益零库存改善过程按照满意性原则,只要库存B小于库存A、库存C小于库存B、库存D小于库存C,每次降低的库存就是一小步的改善,然后不断地持续改善,直到库存趋于零(详见图5-13)。在满意性原则下,企业改善不仅可以达到最终目的,而且更重视改善过程,符合精益生产的基本理念。如果追求最优路径,直接将库存降到零库存,会带来很多意想不到的问题,这些问题可能在现有条件下是无法解决的。精益生产中库存从A—B—C—D的过程,每次库存减少都会带来其他的问题,但由于每次库存减少的量比较小,因此其带来的问题也非根本性的问题,相对很好解决。经过多次循环,在降低库存的同时,解决了企业生产上的其他浪费。同理,根据精益管理方法的满意性原则,企业从多个方面不断地进行微小而持续的改善,企业制造水平在稳步提升,企业软实力在不断增强(企业软实力是企业基础资源的配置方式,是企业对外具有感召力、对内具有凝聚力、整体具有创新力的不断演化过程,是固化企业文化、企业制度、生产方式及商业模式的过程,最终形成不会被轻易模仿和超越的品牌力)。

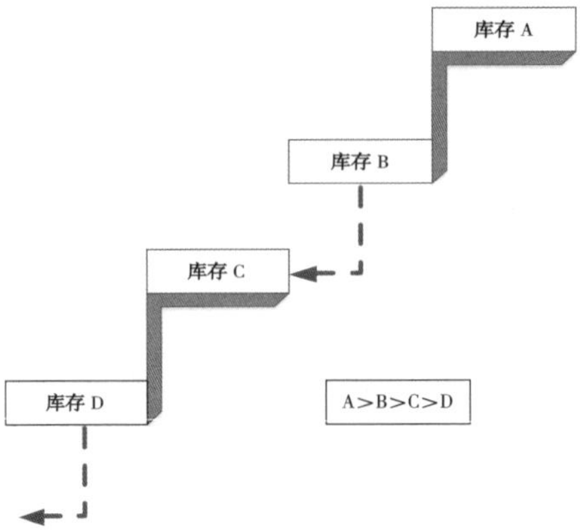

图5-13 库存改善满意性原则

企业要想很好地对精益管理方法进行学习和应用,应该加强对精益生产理念的哲学认知。强化对精益管理理念具有系统性、累积性、创新性与不可复制性及满意性等哲学特征深入学习,并统领导入该方法体系。同时,企业要构建精益生产应用推进平台,才能达到预期效果。

三、基于中国制造型企业差异性的典型精益方法研究

(一)流程型与离散型(制造型)企业运营特点比较分析

本项目主要从原材料、产品和工艺过程分析两者存在的不同之处。

1.流程型与离散型企业原材料及产品比较分析

对流程型企业生产与离散型企业生产的原材料及产品特点进行整理,结果见表5-8。

表5-8 流程型与离散型企业生产的原材料及产品特点

特点	流程型企业生产	离散型企业生产
物态	液态或气态	固态
物性对控制参数的影响	较大	较小
种类	固定	变化
组成	均匀物质	多种不同部件
类型	固定	变化
生命周期	长	短
加工途径	化学、物理变化	物理变化

根据流程型与离散型企业生产的原材料及产品特点可知,流程性与离散型企业生产的特点(物态、物性对控制参数的影响、种类、组成、类型、生命周期、加工途径)完全不同。

2.流程型与离散型企业工艺过程比较分析

流程型企业因具有相对固定、生产周期短、产品规格少、批量大等特点,生产过程需要严格控制并采取安全措施,而且这个过程是连续进行不能中断的。离散型企业生产的产品由许多零部件构成,加工过程各自独立,所以整个产品的生产工艺是离散的。机械制造、电子设备制造等行业的生产过程,均属于这一类型。

3.流程型与离散型企业运营特点对比分析

项目将具体从供应、生产、销售、回收及废弃物四个物流环节对两种类型的企业进行运营特点的对比分析,结果见表5-9。

表5-9 流程型与离散型企业的运营特点

	流程型企业	离散型企业
供应	与供应商的关系基本固定,供应商的稳定供给能力十分重要	与供应商的关系相对灵活,供应商的快速反应能力十分重要
生产	满足连续生产的作业要求,连续供料十分重要	满足离散生产的作业要求,物料齐套性十分重要
销售	连续产出导致的销售压力	生命周期较短导致的销售压力
回收及废弃物	产品包装的回收更为重要,绿色要求更高	以产品自身寿命使用到期回收为主,绿色要求相对较低

流程型企业在整个制造业中数量占比相对较低,涉及的领域也相对较少,但其企业产值和拥有资产却占了整个制造业的大半,因此流程型企业的良好发展是中国制造业从大变强的重要因素。由于流程型企业和离散型企业在产品生产和运营管理方面存在着诸多不同,因此,对于两者进行区分的研究是极其必要的。上文主要介绍流程型和离散型企业在主体制造、生产、运营方面的不同,除此之外,要处理好两者的发展问题,就必须了解这两类制造型企业所面临的不同情况和不同问题。

流程型企业的生产过程一般是连续的或成批的,产品输送是实现过程,多是通过机器设备完成的,在这个过程中,人员的主要作用是保障机器的良好运转。对于流程型企业所存在的问题,专家评议后排在前三位的分别是:沟通浪费、制造过多(早)浪费和库存浪费。由此可以看出流程型企业的浪费主要是因为缺乏有效的管理，对产品实现过程的控制力以及对于各单位间的协调能力薄弱。除此之外，不良品浪费也是流程型企业存在的突出问题，在产品的连续生产中控制质量并不简单，但有效的质量管控机制会大大降低不良品出现的概率。不良品浪费是排在离散型企业第二位的浪费，因此，无论是流程型企业还是离散型企业，质量都是一个应该被高度重视的问题，而对于离散型企业来说更是如此。由于离散型企业的过程在于组装，因此，工人的作业等待和各工作站间的等待极其普遍，这也是等待浪费被认为是离散型企业较大的浪费的原因。离散型企业更加强调柔性化和达交率，更加注重在产品的制备流程中实现生产的精益化。在离散型企业中，排在前两位的浪费形式（按次序排列）为等待浪费、不良品浪费。可以看出，离散型企业的主要浪费源于产品的实现过程和生产现场。离散型企业更加注重生产计划，这与流程型企业显然是不同的，当然这也是由离散型企业的特点所决定的。事实上，离散型企业的很多浪费正是由于计划不合理导致的。

由上述分析可知，流程型企业与离散型企业在主体制造上，两者所存在的主要区别集中在原材料、产品、加工工艺方面。而其运营特点和所存在的主要问题也各有不同，除此之外，两者所面临的行业环境、产业链特点、生产系统等方面也有诸多不同。在产品实现方面，其工艺、工作方式、存货性质、质量、成本形成机制也存在许多差异。除了这些不同外，两者也有许多相似之处。但对于两者的发展而言，有区分地研究对发现问题以及提出改善建议都更有意义。对于优化实施而言，两者对于精益的需求也有所不同，因此，使用不同的优化和改善方法是必要的。

（二）制造型企业精益方法设计

对精益生产本质与内涵进行探究是研究精益生产模式的基础与前提。精益生产的本质也是丰田生产方式的本质，在这一问题上，业界存在一种认识上的偏差：丰田生产方式的精髓是丰田公司的管理理念，它构成了丰田公司管理的全部内容，是丰田公司独有的企业文化，是一门独特的管理哲学。想要学习丰田生产方式，必须构建与丰田公司相同的企业文化。针对这一问题，齐二石教授指出，精益生产模式就是：TPS/LP=IE+企业文化+管理理念。他认为精益生产是管理理念和管理方法的有机结合，也就是在正确的、符合实际需求的管理理念的指导下，采取正确的、适合解决本企业问题的管理方法。门田安弘在《新丰田生产方式》一书中，构造了丰田生产方式的架构体系，描绘了丰田生产方式的产物和效果，同时描绘了它的条件和构成要素,丰田精益管理的体系如图5-14所示。

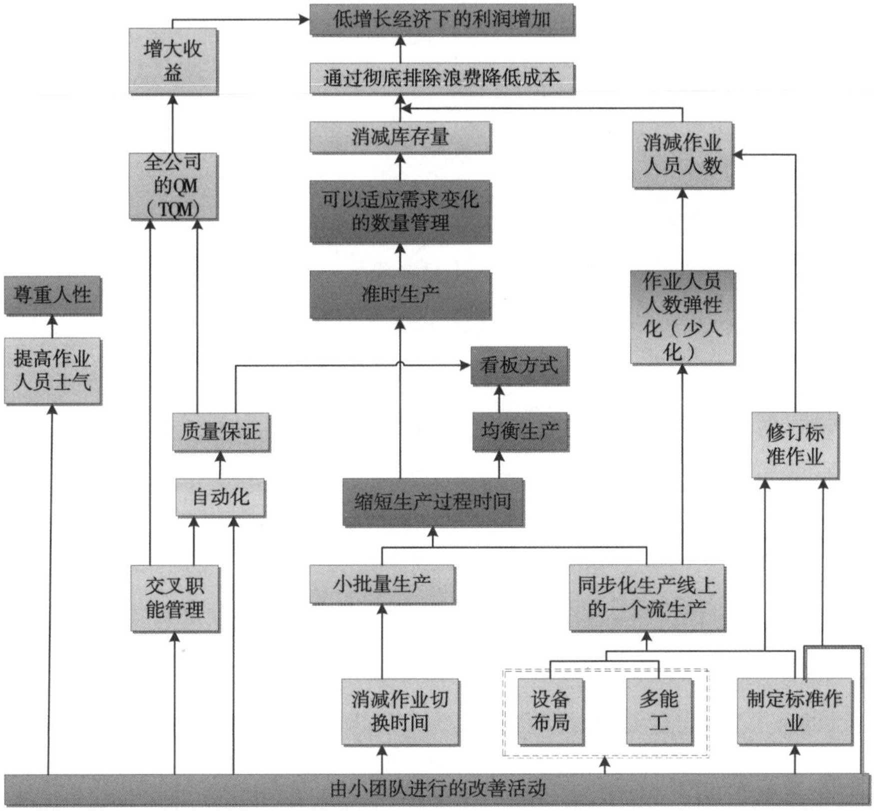

图5-14 丰田精益管理的体系

对以制造业为主体的一般企业所做的共性研究,尽可能多地考虑企业以及企业群体,并为其提供实现精益生产的、成熟的模式体系。本项目从实体价值体系与精益生产知识体系两个方向入手,研究两个体系的相互作用推动企业精益生产的应用和实现的机制。实体价值体系以企业的基本构架和价值实现过程为参照,按照"理念—目标—流程—作业"展开,并与精益生产知识体系"理念—目标—技术体系—工具与方法"相对应。其中,理念是指一种上升为理性状态的观念,是指一种思想状态和一以贯之的、确信的看法,企业的理念表现为企业的经营理念、发展理念等,强调了未来一段时期内,企业决策的内在标准;精益生产的理念则更多地表现了这一体系的价值选择和价值认可。在实体价值体系中,目标代表企业发展过程中明确或不明确的各种目的,流程和作业分别代表了企业运营中的两个重要层面。基于以上分析,精益生产一般模式如图5-15所示。

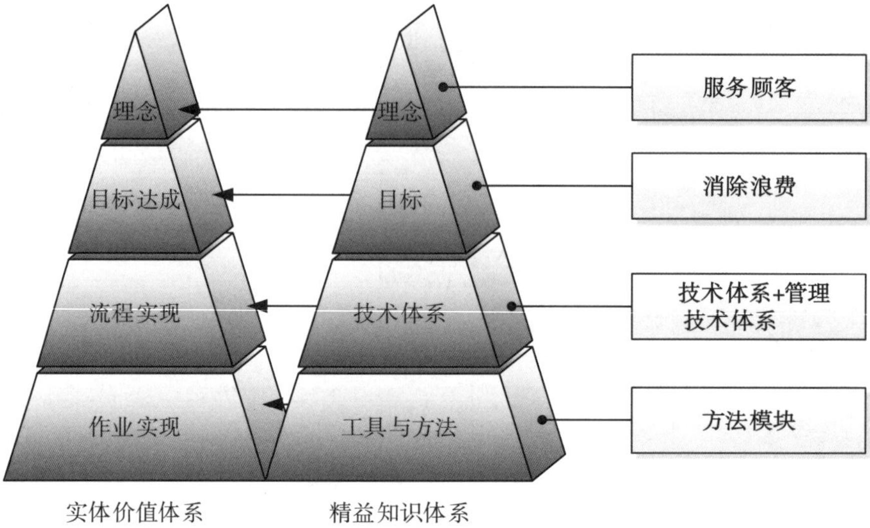

图5-15　精益生产一般模式

（三）基于中国制造型企业差异性的典型精益方法设计

由于所在行业、规模、所处阶段、所有权性质、技术水平等一系列的差异，导致每一个企业都存在自己的个性化问题。所以，企业精益生产应用与实践还需要在一般模式设计基础上，进行差异化的典型模式设计。本项目以制造业为主要研究对象，因此，依照生产组织方式和生产批量的不同，把企业分为离散制造和流程制造两种类型。根据离散制造与流程制造特征的差异，以及企业精益性评价结果，将企业划分为四种不同的类型，即高水平离散型企业、低水平离散型企业、高水平流程型企业、低水平流程型企业。

流程型行业本身的生产布局是产品原则布局，即按照产品生产顺序进行设施布局和物流配置，如钢铁、化工、饮料、油品生产等。部分非流程型行业为追求效率性，也按照该原则布局，如电子、汽车企业。离散型行业多数是按照工艺原则开展生产布局和物流配置的，如重型机械、大型航空航天部件生产等。流程型企业是以连续流动为运作基础的，因此，开展精益改善时，核心做法是不断优化原有的生产流程。而离散型企业开展精益改善时，则需要尽可能重新构建生产流程。为此，二者所采取的具体提升措施不仅在内容上有区别，还在顺序和程度上也有所不同。

企业精益基础能力不同，根据累积效应，在改善时应充分考虑基础能力的差异性，进而采取不同的精益实施策略。根据上述研究，这种差异主要表现在采用的技术体系与精益模块的内容、顺序和程度等方面。

企业导入精益生产是一个庞大的系统工程，各个层面的相互配合是取得精益目标的必要条件。本项目从企业层面、职能层面、作业层面对精益活动、精益切入点和工具与方法进行整理和研究，详见表5-10。

表5-10 精益生产职能与技术一览表

	精益活动	精益切入点	工具与方法
企业层面	精益体系构建、工具方法、模块化建设	拉动系统	看板、设施布局优化、物流方式改进、流程再造
职能层面	职能体系化、体系要素化、要素模块化地实现	流动性	生产线平衡、SMED、防错技术、质量环
作业层面	制造过程体系化，作业标准化，人员、设备效率化，物料准时化	节拍	工作研究：方法研究（流程分析、操作分析、动作分析）、时间研究、标准作业

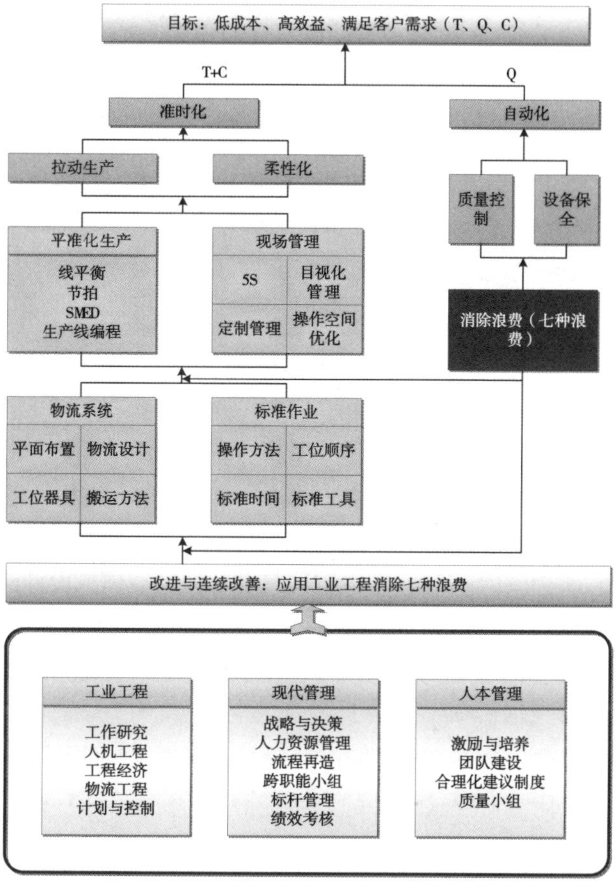

图5-16 精益模块要素关系

经过长期的实践和积累，精益生产建立起一套有效的技术体系，主要是准时化与自动化两大技术体系，并通过系统应用工业工程不断消除七种浪费，实现制造过程的改善和连续改善。该体系以工业工程、现代管理、人本管理等为理论与技术支持体系，如图5-16所示。

按照精益生产的内在要求，对不同水平企业进行系统化的精益生产体系的构建与应用是本部分的重要内容。本项目根据精益生产的模式以及精益模块的要素关系，对精益模块进行细化，重点给出不同模块下的精益工具与精益方法，并将精益生产的工具与方法整理为小模块，如图5-17所示。

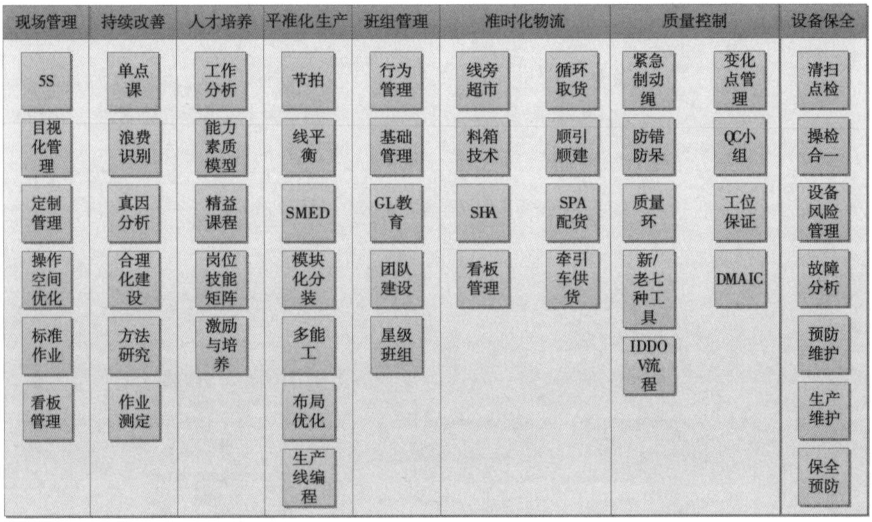

图5-17　精益生产模块

针对精益生产体系的内在需求，本项目从现场管理、持续改善、人才培养、平准化生产、班组管理、准时化物流、质量控制、设备保全八个方面进行模块梳理。

基于企业需求的差异，精益模块调用是差异化精益模式设计的重要部分。不同类型、不同能力水平的企业，基于精益生产一般模式的知识框架选择适于企业发展的精益方法和工具，并以此指导企业的实际运营和生产，这一标准样式即为差异化精益生产模式。这种差异主要表现为在采用的技术体系的内容、顺序和程度上的区别，在一定程度上表现为精益模块调用的差异化。本项目进行差异化精益模式设计的思路按照：理念—目标—技术体系构建—精益模块调用的模式进行。其中，目标的设立以消除浪费为切入点，技术体系则根据企业存在的主要浪费形式进行八大模块应用的顺序和程度优先关系确立，精益模块调用给出了基于企业精益水平差异的模块选择方案。基于以上分析，差异化精益模式设计技术路线如图5-18所示。

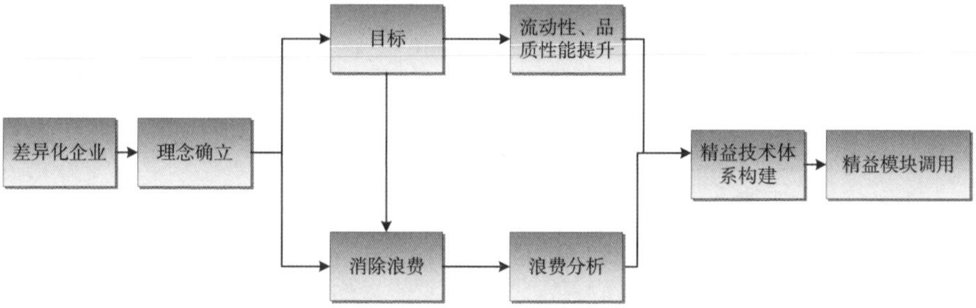

图5-18　精益模块设计技术路线

企业精益生产的一般模式设计，解决了企业推行精益生产的基本架构、精益实践的指导方针问题，本部分研究给出企业精益生产的一般模式选择方法。结合精益理论与精益实践，基于企业的差异需求，将精益模块部分划分为三种类型，即品质性改善模块、流动性改善模块、基础改善模块。根据精益模块的使用范围和实施特征，本项目将八大模块中平准化生产、准时化物流、设备保全归为流动性改善模块，将质量控制、持续改善、设备保全归为品质性改善模块，将现场管理、班组管理、人才培养归集为基础改善模块。其中，设备保全对于流动性改善和品质性改善都起到很大作用，因此其既归为品质性改善模块又归为流动性改善模块。此外，在精益实践时，三大精益改善模块内部细分模块同样存在着内容和程度选择的问题。

企业差异化精益模式选择表现在企业精益实践的过程中，根据现状，分步选择精益实施内容，确定精益实施重点方向。依据四种企业特征，其对应精益模式设计如下。

1.离散型制造精益模式设计

基于特征研究，离散型制造更加强调柔性化和达交率，更加注重产品的制造流程，更加强调布局、工艺和物流等关键要素。离散型制造的主要浪费源于产品的实现过程，等待是最大的浪费。就精益生产实施切入点而言，离散型制造与流程型制造存在显著差异。对企业基础运营能力及精益性评价所做的研究表明，精益性的评价标准集中体现在连续性与品质性上。因此，精益生产实施的切入点也围绕这两项指标展开。其中，离散型企业精益生产模式，应从人、机、料的连续性入手，以过程质量保障为基础，以基础改善模块实施为支撑。其结构关系如图5-19所示。

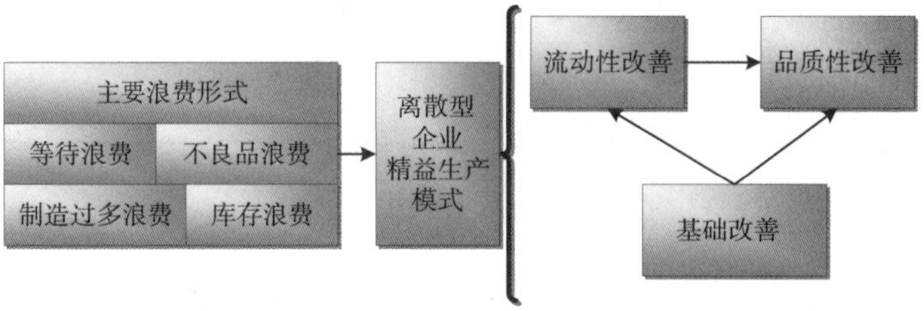

图5-19　离散型企业精益改善切入点结构关系

①低水平离散型企业精益模式（图5-20）设计。企业基础作业水平和工序能力是企业进行均衡生产的重要前提条件，这种水平和能力集中表现在企业的品质性水平上，是企业进行精益改善的基础环节，但也是关键环节。大量实践表明，只有实现了品质性的保障，提升工序间的联动能力，才能有效地推进企业连续性能力的提升。结合离散型制造的特征，低水平离散型制造业的典型精益模式为品质性改善→流动性改善的推进过程。应该说明的是，三者之间的排序并不严格代表时间上的先后关系，只表示时间优先和程度优先，其具体实施还应根据企业实际情况进行确定。根据以上研究，每一类改善类型包含的精益模块同样存在差异性选择的问题，如低水平离散型制造的突出浪费为等待浪费、不良品浪费、制造过多浪费等，其突出能力需求为品质性水平的提升需求。

②高水平离散型企业精益模式（图5-21）设计。根据企业精益能力水平，可判定高水平离散型企业是指已经具备了比较好的精益基础，甚至在某些方面已经取得了优秀成果的企业。对于此类企业，其品质性具备了一定的保障能力，精益改善的突出矛盾可以转移到流动性。解决因流动性不足造成的库存、制造过多和等待浪费，是企业修复流程、消除浪费面临的主要任务，而平准化生产、准时性物流、设备保全等对连续性进行改善的内容，是企业精益应用的重点方向。基于此，构建高水平离散型的典型精益模式为流动性改善→品质性改善的推进过程。其中基础改善，即对于基础改善模块的运用，主要集中在班组管理与持续改善上。

2.流程型制造精益模式设计

与离散型制造不同，流程型制造生产过程一般是连续的、成批的，保障连续供料和确保每个生产环节在工作期间正常运行是管理的重点。在控制方面，由于控制量间相互耦合，存在大量的非线性关系，因此控制参量带来的波动影响具有不可预测性，其控制难度比离散型制造更大。由于其生产过程连续进行，企业具有流动性基础，因此流程型精益改善主要集中在均衡生产上，

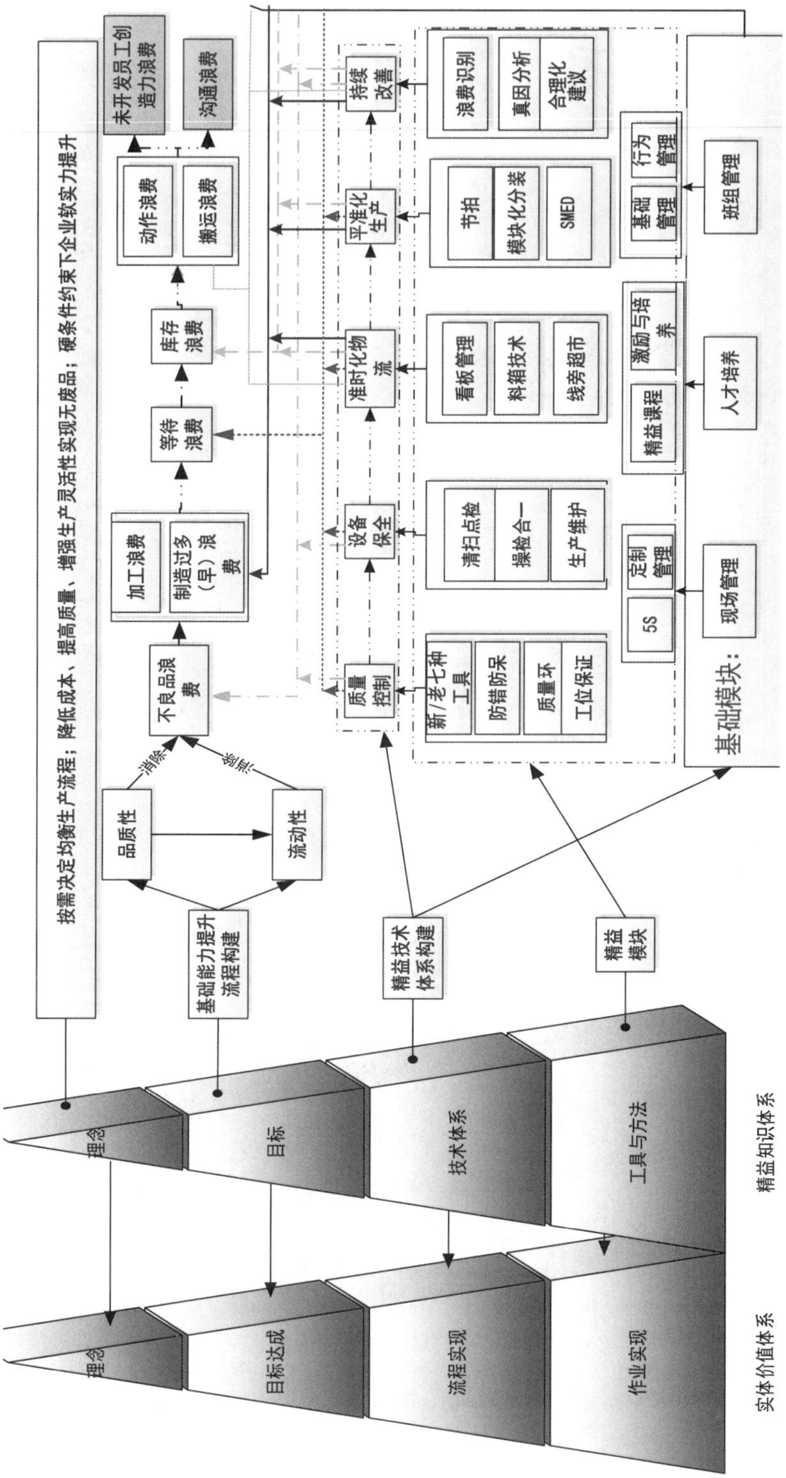

图 5-20　低水平离散型企业精益模式

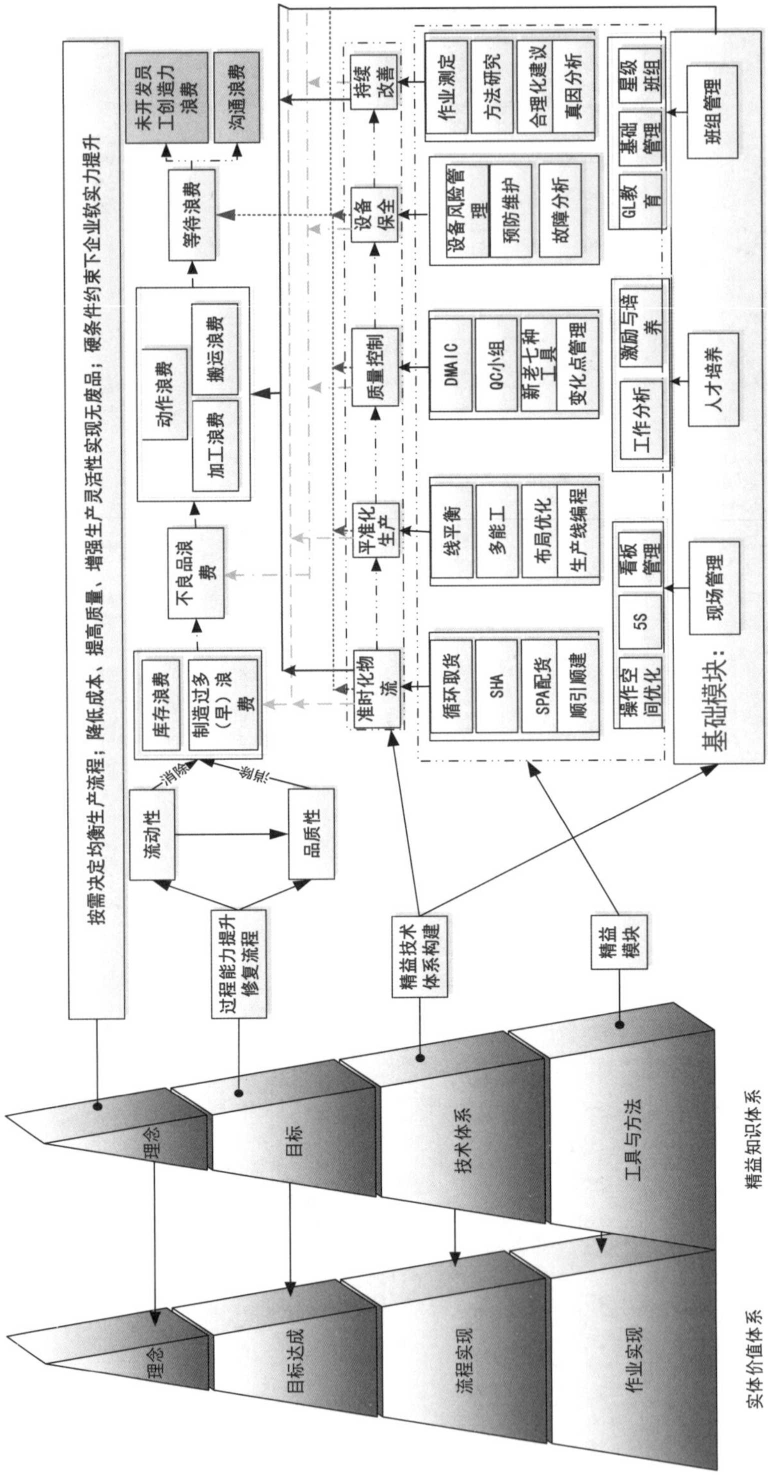

图5-21 高水平离散型企业精益模式

即是消除因沟通不畅、工序间不协调导致的浪费。设备的保全问题是流程型企业面临的一项重大挑战,因其生产和搬运过程大多由机械完成,并对机械的连续运行具有更高要求。因此,品质保障中的设备保全、质量控制,流动性改善中的平准化生产和准时性物流,是流程型企业精益改善实施的重点方向和关键内容。其改善切入点结构关系如下图5-22所示。

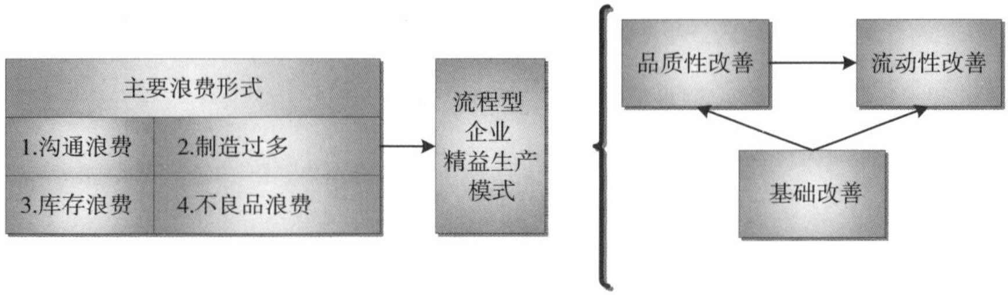

图5-22 流程型企业精益改善切入点结构关系

①低水平流程型企业(其模式如图5-23)。对低水平流程型的企业而言,产品质量问题和设备稳定问题严重制约着企业向低成本、高效益和满足客户需求的目标发展。流程型企业生产具有连续的特点,企业有一定流动性能力,相反,由于其对设备的高要求和精益能力不足的现状,品质性问题成为该类企业精益改善的首要问题。按照消除浪费—浪费类型甄别—精益模块选择的方式构造基于精益模块调用的精益改善策略,设计低水平流程型企业的典型精益模式为品质性改善→流动性改善的推进过程。这一模式虽然与离散型制造精益模式改善方向相同,但两者实施内容则存在着明显差别,如离散型为保障品质更加注重设备能力与基础作业,流动型更加注重生产计划的科学合理性。

②高水平流程型企业(其模式如图5-24)。高水平流程型企业在满足流动性和品质性能力上有一定条件,根据TQC的精益目标设定,进一步的改善工作应集中在提高满足客户的能力上,即提升以生产均衡性和生产柔性为主的流动性能力。由于流程型企业诸要素之间存在非线性关系,企业控制过程复杂,因此,其品质保障同样极为重要。同离散型企业相似,具有高水平精益性的企业应更加关注人的因素,以减少未开发员工创造力造成的浪费,并不断为塑造安全生产、文明生产等企业文化努力。按照消除浪费—浪费类型甄别—精益模块选择的方式构造基于精益模块调用的精益改善策略,设计高水平流程制造业典型精益模式为流动性改善→品质性改善的推进过程。

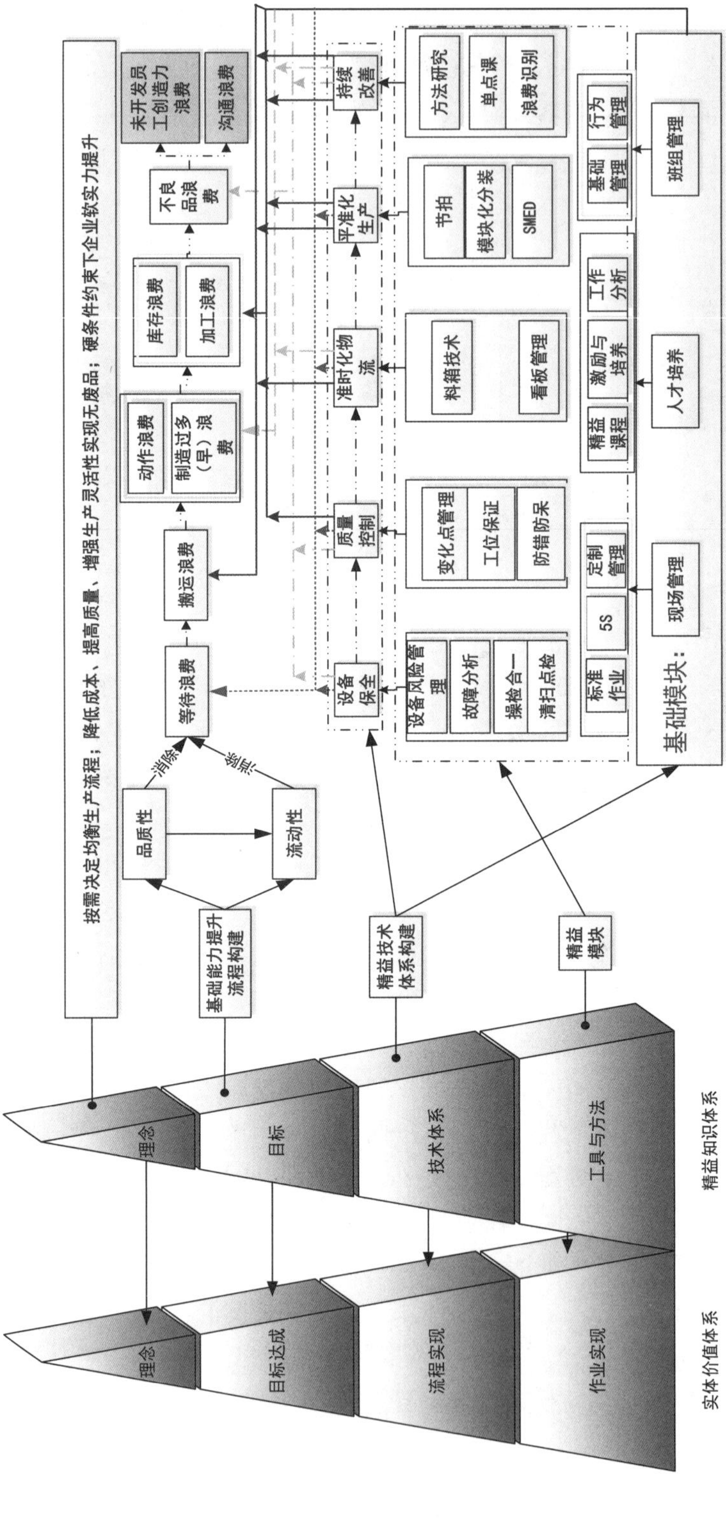

图5-23 低水平流程型企业精益模式

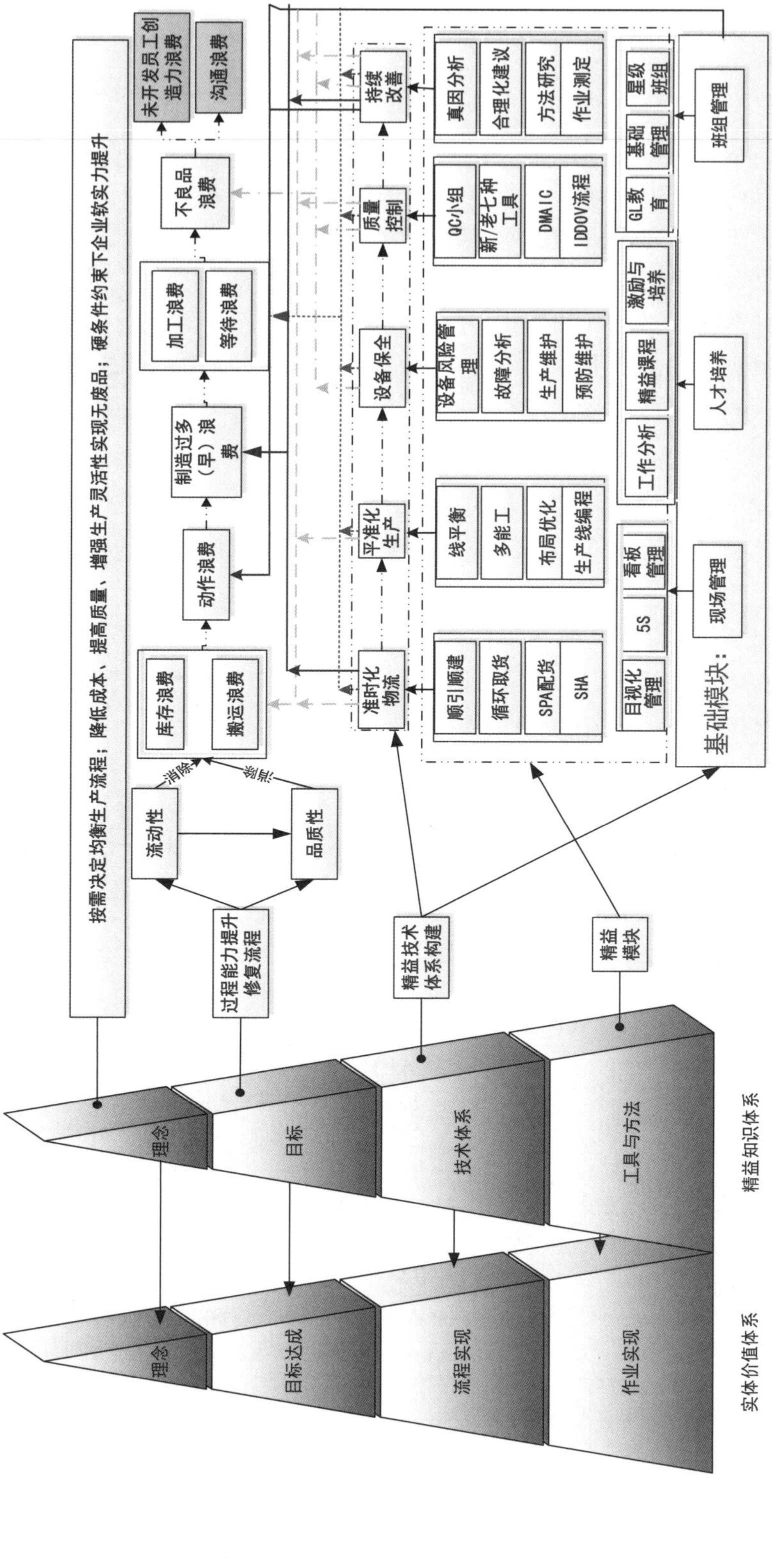

图 5-24　高水平流程型企业精益模式

四、中国制造业高质量发展精益管理策略研究

精益生产(LP)是被理论与实践证明的一种可提高企业生产效率和效益的生产模式,在学术界和实业界引起强烈反响与追捧。然而,通过对中国制造业典型企业的调研、走访与分析发现:中国众多企业在实行精益生产时往往照猫画虎,整体效果不佳。本项目在对精益生产渊源及文献梳理的基础上,从哲学的角度明确了精益生产的一些概念与方法,提出了精益生产具有系统性、累积性、创新性、不可复制性及满意性等哲学特征。分析了中国制造型企业推进精益生产实践时存在的对精益生产的误解、背离了精益生产的基本原则、缺乏必要的平台(组织与保障体系)、忽略了精益生产的原点——工业工程等主要问题。最后,结合精益生产的哲学特征提出企业学习及应用精益生产的精益"道法术魂"集成培育和精益集成创新等策略与方法。以丰田汽车为例进行了案例研究,说明该策略的科学性与实用性。

2006年,丰田汽车在汽车行业的出色表现使精益生产再一次受到学术界和实业界的追捧,准备导入精益生产的企业骤然增多。至今,丰田汽车仍然保持着出色的表现(见表5-11)。

表5-11　世界500强中汽车企业财务状况

公司名称	国家	营业收入(百万元)	利润(百万元)	净利率(%)
丰田	日本	256454.8	18198.2	7.1
大众	德国	261539.1	12071.5	4.6
戴姆勒	德国	156628.4	9083.2	5.8
现代	韩国	79766.1	7804.0	9.8
福特	美国	146917.0	7155.0	4.9
宝马	德国	100971.7	7054.7	6.9
本田	日本	118210.5	5730.7	4.8
通用	美国	155427.0	5346.0	3.4
上海	中国	92024.8	4043.1	4.4
日产	日本	104635.8	3883.3	3.7
起亚	韩国	43486.4	3487.3	8.0
一汽	中国	75005.6	3263.6	4.4
东风	中国	74008.2	1448.4	2.0
马自达	日本	26873.7	1354.5	5.0

续表

公司名称	国家	营业收入（百万元）	利润（百万元）	净利率（%）
北京	中国	43323.9	918.2	2.1
广州	中国	32775.6	207.9	0.6
吉利	中国	25767.5	118.1	0.5
标致	法国	71807.8	−3076.0	−4.3

然而,日本精益专家田中正知所说的精益生产误区以及效果不佳主要体现在:学习和应用精益生产流于形式、缺乏对精益生产理念与方法的哲学认知、推行精益生产易中断、改善成果易反弹、难以形成精益文化、没有形成硬条件下企业软实力等方面。这些现象出现的原因是什么?问题到底出在哪里?

本项目从中国制造型企业导入精益生产的实践出发,结合多家企业应用与推广精益生产的调查发现,同时结合对精益生产的管理特征进行哲学思考,分析出中国企业在推行应用精益生产过程中存在的主要问题。进一步提出企业学习与有效推广精益生产的策略与方法,扩展了精益生产的理论与应用研究,以期为已经推广和将要应用精益生产的企业提供理论与实践方面的参考。

(一)精益管理在企业实践中存在的关键问题

通过对中国大量的以制造业为主的大中小企业精益实践效果的调查研究,发现中国企业在精益实践的道路上存在以下四个主要的困境,也是中国制造业企业自主创新、软实力提升的突破口。

1.对精益生产的误解

中国众多企业在导入精益生产时,对其存在多方面的误解。(1)认为精益生产是提升企业效率的技术。把精益生产方式看成诸如看板管理、消除浪费、改善、JIT、快速换型等技术体系,主要学习并引用其工具与方法,忽略了精益生产的“育人”“习惯”“企业文化”“组织再造”等核心要素。上述这些技术不是特意开发的,而是在反复改善的实践过程中总结出来的技术经验。这些技术必须与“育人”“习惯”“企业文化”“组织再造”等核心要素相结合才能发挥精益生产方式的本质效果。精益改善方法技术与精益核心要素间的关系如图5-25,这是一个反复进行的过程。(2)忽视了对精益生产本土化的研究与应用。众多企业认为精益生产的理念与方法及技术是企业软实力提升的法宝,严格按照丰田推进的步骤和方式在本企业推进就能取得与丰田一样的效果。这种想法忽视了精益生产的创新性和不可复制性，正确的应该是将精益生产的本质特征与本企业特征相结合，实现精益生产理论方法的本土化研究及应用。

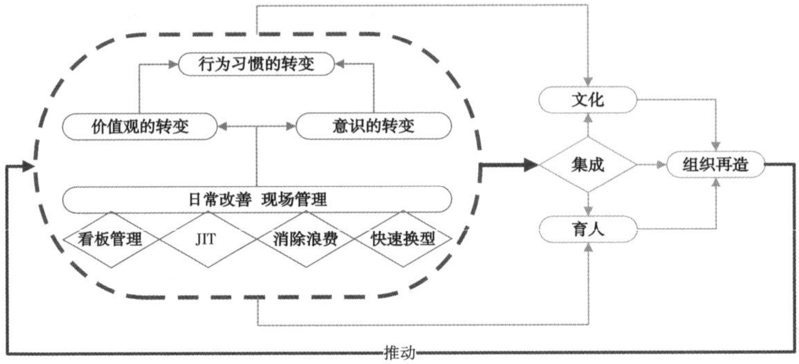

图5-25 精益改善方法技术与精益核心要素间的关系

2.背离了精益生产的基本原则

Kenneth hopper & William hopper 在其著作 *The Puritan Gift: Triumph, Collapse and Revival of an American Dream* 中提出，英国、美国、日本等工业强国循环崛起的动力源有信念、亲力亲为、集体利益第一、组织能力及尊重科学技术等（详见图5-26）；而相对消沉就是失去这些动力源，过分强调管理（商学院培养的并不了解制造型企业状况的非专业管理人才）、财务等其他方面的因素造成的。这些动力源的核心就是工业工程或者科学管理所提倡的理念和方法。中国从制造大国迈向制造强国的路径也应该是工业工程的基本理念、方法与中国制造业及制造型企业发展特点相结合，创造性地引用、改造IE，形成具有中国特色的本土化的IE理论与方法，并在实践中不断改进形成CPS（Chinese Production Systems）。5个维度的13条原

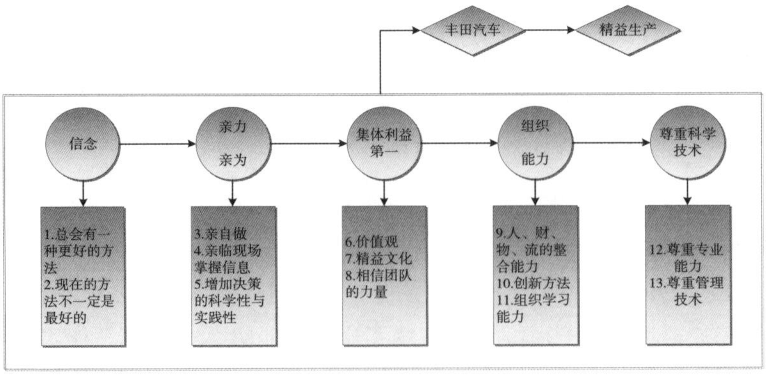

图5-26 精益生产基本原则及关系

则构成精益生产的系统力量，是企业引入精益生产成功的基础。企业在导入精益生产时，应该先在精益理念的指导下培育13条原则，并把形成的一种新文化嵌入原有的企业文化中。

3.缺乏必要的精益推进平台（组织与保障体系）

根据精益生产系统性哲学特征，在精益平台的构建过程中，应重视以下4个方面：(1)高管的支持是第一位的，没有高管的支持，推进精益生产在遇到阻力时就会停止。(2)当企业没有精益生产的基本理念和方法时，建立专业精益团队是必要的，应该在高管的支持下，从外部聘请专业人士帮助企业完成这个团队组建与培养。(3)让员工进行学习与实践，要有激励方式来确保有能力的人进入企业的“金库”、人才储备库。(4)企业内部的专业团队必须是全职工作人员，否则，在推进精益生产强大压力下，投入精益生产的精力会越来越少，最终导致精益生产推行失败。导入精益生产是一个团队的事情，不是一个人的事情，要建立必要的组织即精益推进团队。众多的企业在导入精益生产方式时没有建立起来能确保诸如看板管理、消除浪费、改善、JIT、快速换型等技术体系充分发挥作用的“机制”。要对有贡献的人进行奖励，采取必要的激励措施，尤其应重视对具有技术创新能力和管理创新能力的人的激励。同时要有必要的制度和激励保证全员有效参与，充分发挥集体的智慧。在导入精益生产方式初期，与专业咨询团队合作是必要的。在精益生产应用过程中，企业要有一个激励机制，给具有技术创新和管理创新能力的人一个职业上升通道。上述技术必须与“人才培育”“企业精益文化培育”“精益生产应用保障的组织”相结合形成一个精益生产应用平台（如图5-27）才能发挥出应

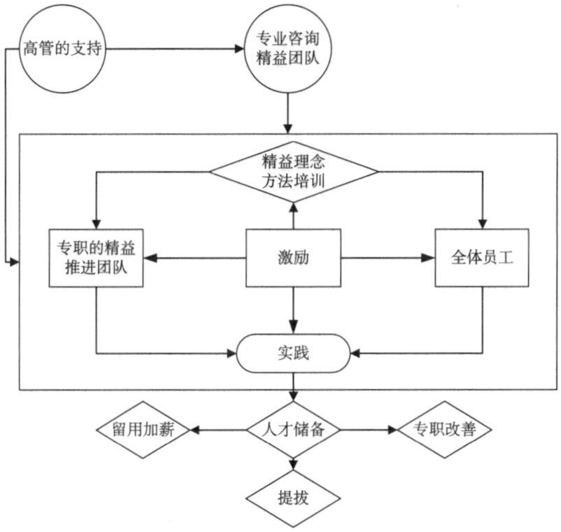

图5-27　精益生产应用平台

有的效果。精益技术在解决企业具体问题时,也不断地改变员工的价值观,进一步养成一种行为和习惯;这种习惯不断地沉淀,逐渐成为企业的一种文化,进而不断地改变企业(组织)的现状,形成一个闭环的良性循环系统。在这个系统中,精益文化的培育是核心。

4.忽略了精益生产的原点——工业工程

当我们遇到一位百岁老人时,可能最想问的就是他的长寿秘诀是什么。可是,老人家可以把自己每天的生活以分钟为单位介绍给我们,至于说其中哪一点是真正的秘诀,恐怕他也未必说得清。可是我们偏偏愿意听他讲,仿佛只要按照他说的做了,我们也可以活到100岁。殊不知,老人家真正的长寿秘诀,也许不在于他每天吃了什么,走了多少步,而可能就是其乐观的心态或规律的生活。所以,如果一味地按照老人的食谱改变自己的饮食习惯,恐怕也很难长寿。

20世纪初,在商品经济不断繁荣、科学技术日新月异、社会生产力大发展等三因素的共同作用下(齐二石,1999),美国工程师Taylor出版了*The Principle of Scientific Management*一书,这标志着工业工程成为一门独立的学科。它源于企业生产实践问题,其成果用来直接指导企业的生产实践过程,并通过组织优化不断提高人的积极性、企业生产运作效率和产品质量(汪应洛,1997)。美国质量管理专家Juran博士认为,美国打赢第一次世界大战,又打赢第二次世界大战,靠的就是IE,美国值得向世界夸耀的也是IE(齐二石,2011)。日本从20世纪50年代开始学习并持续应用IE,到80年代人均劳动生产率增长了近50倍,成为世界第二经济强国,其汽车、电子、机械、钢铁等产品以质优价廉取胜,销往世界各地,对美国、德国等工业强国构成巨大威胁。IE理论与丰田生产实践相结合,创造性地演化出TPS(Toyota Production System,),后被称为"LP",成为带动全球几乎所有产业变革的巨大力量。精益生产的创始人曾经说无效的动作不是工作,精益生产就是从工作研究开始的,被尊称为"科学管理之父"的泰勒的思想、理念、方法与技术是精益生产的原点。

(二)制造型企业精益管理策略

1.精益"道法术魂"集成培育策略

精益生产是一个系统,有其特定的要素和结构。因此,企业在导入精益生产方式时要遵照其基本理念与规律。根据企业推广精益生产的经验与教训,结合中国企业特征,提出企业学习与有效推广精益生产的"道法术魂"集成培育策略和精益集成创新策略,详见图5-28。

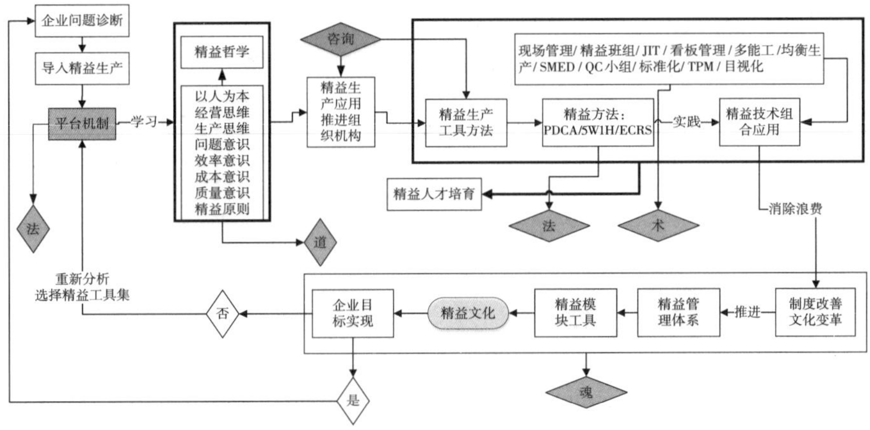

图5-28　精益"道法术魂"集成策略

《道德经》曰，道生一，一生二，二生三，三生万物。意指"道"是所有创造自然及自然变化的法则，是一切事物的规律，因此，"道"是一切的本源。本项目中精益生产的"道"指的是精益生产的哲学理念，是精益生产方法和技术的根基和源泉。以人为本、经营思维、生产思维、问题意识、效率意识、成本意识、质量意识、精益原则是精益生产的"道"。所谓以人为本有以下两层含义：第一，尊重人性，企业经营管理及工作以员工"幸福"为准则，比如通过工作研究、人因工程研究试图减少员工劳动强度，改善员工工作环境；第二，培育员工，精益生产的精髓之一就是欲造物先造人，造人于造物之中，在企业发展的同时，关注员工的发展。所谓精益生产的经营思维，指的是以精益生产的经营思维理念来阐述其内在创新性。假设P为产品销售价格、C为产品生产成本、Q为产品销售量、S为收入、I为企业利润；则$I=Q(P-C)$。企业为了增加利润，有三条路径供选择：可以增加销售量，可以提高产品销售价格，可以降低产品生产成本。销售量增加是建立在产品质量高、销售价格低、市场需求大的基础上的。另外可以借助广告、供应链整合等其他方法扩大产品商誉来增加产品销售量。很多的企业都选择这一路径，实践证明其有效性，但是这受很多不可控因素的影响，不能从根本上提升企业软实力。再加上技术的发展，产品之间的差异性越来越小，替代产品的影响成为不可忽视的因素，提升销售量来满足利润的模式很难实现。通过提升产品价格再来增加利润的可能性就更难。大野耐一的著名论断"减少一成浪费就等于增加一倍销售额"，假如商品价格100元，售价中成本占90%，利润为10%，可把利润提高一倍的途径：从90%的总成本中剥离出10%的不合理因素即无谓的浪费。丰田在生产组织过程中，总结出7种浪费现象并努力消除这些浪费,实践证明该方式的效果很明显,因此创新思维既是精益生产的DNA,也是精益生产的起点。

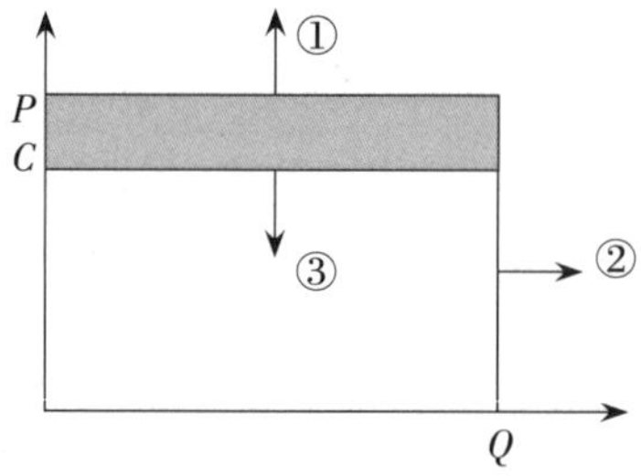

图5-29　经营思维示意图

这是从成本意识出发对解决问题的思维方式,经营思维如图5-29所示,提高利润共有3种途径:①增加销售价格P;②增加销售量Q;③消除浪费降低成本C。当一个市场中有多个企业时,企业间不断地进行相互博弈,根据古诺模型,随着时间的推移每个企业的产量必然存在以下规律:

$$Q_1=Q_2=Q_3=Q_4\cdots\cdots Q_n$$

根据伯川德模型,市场中每一个企业的价格必然符合:

$$P_1=P_2=P_3=P_4\cdots\cdots P_n$$

因此只有消除成本可以提高利润,据报告,中国制造业企业平均利润率为2.59%[①],当成本减少10%,那么中国利润率增加多少倍?

$$利润率=\frac{利润}{成本} \quad （式5-15）$$

$$\pi=(P-C)Q \quad （式5-16）$$

$$利润率=\frac{(P-C)Q}{CQ}=2.59\%$$

$$(P-C)Q=2.59\%CQ$$

$$PQ-CQ=2.59\%CQ$$

$$PQ-CQ=2.59\%CQ+CQ$$

消除10%浪费后,成本减少10%。

①长江商报记者黄聪综合报道中国制造业企业的平均利润率仅为2.59%.

$$
\begin{aligned}
\text{利润率} &= \frac{(P-0.9C)Q}{0.9CQ} \\
&= \frac{PQ-0.9CQ}{0.9CQ} \\
&= \frac{2.59\%CQ+CQ-0.9CQ}{0.9CQ} \\
&= \frac{2.59\%CQ+0.1CQ}{0.9CQ} \\
&= 0.1399
\end{aligned}
$$

$$\frac{0.1399}{0.0259}=5.4$$

故消除10%的浪费后，利润率是原来的5.4倍。

所谓精益生产的“生产思维”在必需的时间生产必需的产品，拉动式生产符合市场波动的环境。所谓问题意识就是企业上下级员工都以发现问题、解决问题为工作核心。问题就是最好的老师、问题就是命令，与问题为伍，养成面对挑战的习惯，养成积极思考的习惯是精益文化的精髓。在问题的解决过程中通过培育全体员工自觉地寻找更有价值的问题的习惯，使得经营者、员工之间的管理者与被管理者之间建立一种平等的、良性的互动关系。在这种文化下企业的全体员工形成了共同的价值观：工作的本质是创造价值，任何创造价值的过程都是解决问题的过程，共同发现问题、共同解决问题是该做的事情。所谓效率意识是从提高劳动生产率开始的，重要的是精益生产提高劳动生产率是通过工作方法、流程等优化来实现的，在提高生产率的同时降低劳动强度，也体现以人为本的精神。精益生产中特别强调质量意识，即生产过程中，不要向下一道工序（客户）提供有质量问题的产品。在精益生产的发展过程中总结出了13条基本原则。

“法”，这里的“法”是把精益生产转化为能操作的精益技术的方法。精益方法主要有精益平台机制、PDCA、5W1H、ECRS[①]等。企业学习推进精益生产方式，必须构建精益平台，这是精益生产顺利推进的必要保障条件。保证经营者和管理者都是普通人，他们也有自己的习惯，培养新习惯改掉旧习惯和其他人一样，也会存在各种各样的困难，国内外学习应用精益生产成功和失败的经验告诉我们：期待经营者和管理者自然而然地完成理念上的变革是完全不切实际的想法。必须有必要的机制，并以此为精益变革的动力源，否则不管企业口号喊多响亮，付出多大的精力都会以“精益生产与我们企业水土不服”等各种理由为借口而宣布导入精益生产失败。PDCA、5W1H、ECRS等都是被实践证明的精益生产有效的方法。

①POCA：计划（Plan）、实施（Do）、检查（Check）、处理（Act）.

5W1H：六何分析法，是一种思考方法.

ECRS：取消（Eliminate）、合并（Combine）、调整顺序（Rearrange）、简化（Simplify）.

"术",所谓"术"即精益生产的技术体系亦是彻底消除浪费的技术体系。精益生产技术及其逻辑关系详见图5-30。

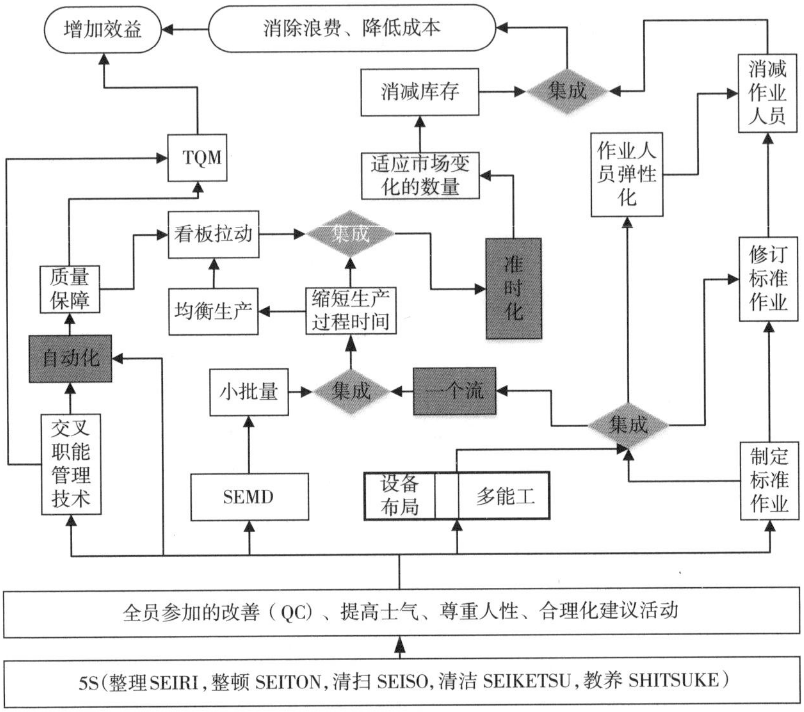

图5-30 精益生产技术体系及其逻辑

"魂","魂"即精益机制,是精益文化形成的必要条件,精益机制可以为企业创造一种平等的文化。在精益生产的推进过程中让所有员工养成对进步负责的态度和良好的工作习惯,让更多的人关注工作本身、关注问题。能不能从系统的角度解读精益生产方式,能不能准确把握精益生产的基本理念与精髓,能不能围绕发现问题、解决问题的需要重构适合企业发展的精益生产概念与方法,能不能站在"持续提高思维质量"的高度来理解和应用精益生产,能不能创造性地将精益生产基本理念、方法与企业特征相结合,创造性地转为系列具体可以操作的方法和技术,以此共同决定精益生产方式在企业实践中达到的效果。

2.精益集成创新策略

面向产品全生命周期,从精益设计—精益研发—精益制造—精益管理的集成创新是中国制造业发展的有效途径,如图5-31所示。精益设计是为了有效地实现系统目标,应用精益管理的理论与方法,对由产品、材料、设备、信息、人员等组成的生产与服务系统的前期系统设计,从而使系统达到高效率、低成本、高质量运行的设计理论与方法。精益企业是精益设计、精益制造、精益销售、精益服务及企业职能部门的精益管理的集成。精益设计是精益企业的源头，是决定精益企业命运的关键环节，因此，精益企业要实施“精益生产”必须从精益设计开始。精益设计的实施是实现精益生产的基础，它为工厂后期精益生产的顺利推行奠定了基础，创造了条件。否则，一家不是按照精益思想设计的工厂，要实现精益生产的目标是很困难的。同时，从工厂设计阶段就进行消除浪费的工作，能够大大提高生产改善成功的概率，即应用精益思想的时间越早，实施改善活动的柔性就越大，改善活动的成功性就越高，系统所能得到的改善效果就越显著。在市场竞争日益激烈、信息技术日趋成熟的大环境下，制造系统的精益设计是提高企业管理水平、改善企业竞争力的必然选择和趋势，精益研发是把精益生产的理论与方法融合在产品的研发过程中的。

精益研发的作用有两个：一是将精益生产理论方法用在研发过程中，提升研发效率、产品质量及可靠性；二是研发产品为后续的精益制造提供基础，比如在产品制造工艺设计时，充分考虑从生产上实现精益性。集成创新指的是面向产品全生命周期的设计、研发、制造及管理的精益集成创新，是将现有精益生产的理论与方法向研发和市场两端拓展，向研发延伸是为了消除制造过程中浪费的根源，向市场延伸主要指以产品销售为核心的精益供应链整合。

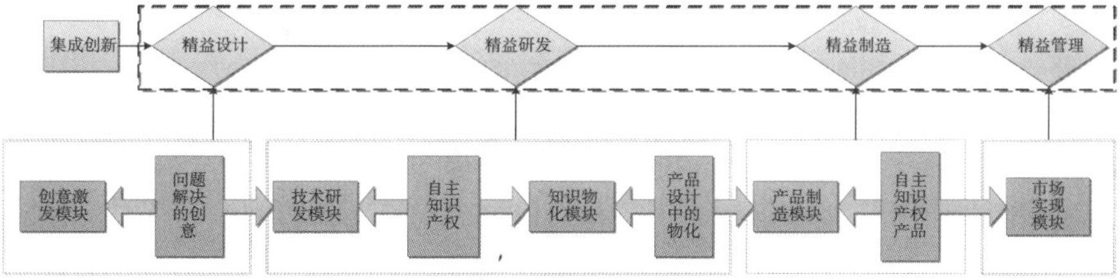

图5-31　面向产品全生命周期精益集成创新策略

五、典型案例研究（YQ企业案例）

（一）YQ企业践行精益生产之“道”

1.以人为本——为员工创造价值

①尊重人性。YQ企业响应为员工创造幸福的理念，以人为本的思想在YQ企业中根深蒂固，据相关调查，目前YQ企业中91.5%的员工对现有

工作强度是可以接受的。在工作层面，YQ企业不断完善安全工作管理体系，完善设备设施和作业环境，不断进行工作研究减少员工劳动强度，提高员工劳动安全度；在价值层面，YQ企业关注员工的主观感受，为员工搭建舞台，尽可能地让员工的能力价值进行体现，据相关调查，72%的员工觉得在YQ企业能够体现自己的价值。

②培育员工。YQ企业注重对成员能力的开发，把“培训”列入公司战略，通过建立科学的企业员工培训管理体系（培训流程详见图5-32），加强企业员工能力开发与发展。

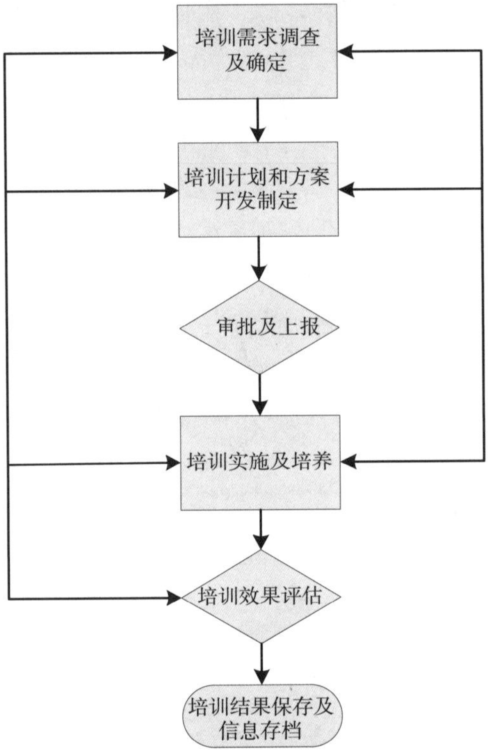

图5-32　YQ企业员工培训管理体系的操作流程

2. 企业文化

①YQ企业奉行“竞争、和谐、创新、发展”的精神。②YQ企业实践“追求卓越品质，真诚面向用户”的理念。

（二）YQ企业践行精益生产之“法”

YQ企业结合工业工程思想、精益生产思想，探索并总结属于自身企业文化的企业管理模式（详见表5-12）。

表5-12　YQ企业管理模式

管理类型		措施
YQ企业思维管理	原则	对尽善尽美无止境的追求
		转变思维方式
	做法	在规定的时间内生产一定量的产品
		全面实行拉动式生产
		努力实现均衡生产、组织看板生产
		计算机辅助生产管理
YQ企业质量管理	原则	实行以质量改进为内容的质量体系
		创新地探索并总结质量管理的有效方法
		质量管理追求无缺陷,不断提高质量管理水平
	做法	全面积、大规模地运用PDCA、5W1H、ECRS等方法
YQ企业成本管理	原则	追求无浪费
	做法	优化生产,强化现场5S管理和定制管理
		狠抓投入产出管理,深入开展三级经济核算,做到用最低的储备满足生产的需要

(三)YQ企业践行精益生产之“术”

技术标准体系是促进企业的技术实施科学合理 、完整有序的基础,YQ企业结合精益生产思想建立消除浪费的技术标准体系(详见表5-13)。

表5-13　消除浪费的技术标准体系

类型	措施
搬运浪费	采取订单分割等来件方式
	SPS(单辆份)供货
	设置工位内随行工具
	通过标准作业规范员工
返修浪费	防差错装置
	遵守标准作业操作
	工位保证度活动

续表

类型	措施
动作浪费	提升作业容易度，如调整作业台的高度、采用立式斜面工作台
	低成本自动化
	符合人机工程的随行座椅
库存浪费	固定的客户节拍
	SPS
	看板管理
加工浪费	自动化程度
	人机分离，一人一机
生产过剩浪费	根据市场需求确定客户固定节拍
	看板管理
等待浪费	通过标准化作业柱状图或录像分析将等待时间暴露出来
	进行线平衡优化
	一人多机的优化
	快速换模的优化

（四）YQ企业践行精益生产之“魂”

YQ企业践行精益生产之魂，深化企业改革、转换企业经营机制。

（1）全面推行三项制度改革。YQ企业从1922年开始实行精简，压缩企业成员编制，压缩科级结构比例为13.4%，全员劳动生产率极大提高。

（2）坚持“精干主体，剥离辅助”的原则。YQ企业成立了实业开发总公司，把包袱逐步转化为财富，将专业部门转为独立实体经济，让母体更加精练。

（3）实行精益创新机制。①YQ企业实行主查制领导方式，统一指挥推进产品研发，对产品的设计、试验等工作程序统一管理。探索属于自己的精益创新路径。②YQ企业运用并行工程开发新产品，实行优化改组、合理改造等。加快产品设计、试制、试验工作并实行统一管理，严格控制设计、试验等程序的质量与进度。保质保量推进精益创新机制。

第六章

对策与建议：中国制造业高质量发展对策研究

在世界工业革命的浪潮中，由于多重原因，中国制造业错过了第一、第二次工业革命。但经过70年的努力、发展与赶超，中国工业增加值按不变价格计算增加近千倍（按不变价格计算工业增加值约为1952年的970倍），取得了举世瞩目的成就：（1）中国有220多种工业品（全球主要工业品共500种），在产量上位居世界第一；（2）彩电、空调、冰箱、洗衣机等产量占据全球50%以上，汽车产量约占全球的30%，新能源汽车产量占全球的50%以上；（3）2019年中国以制造业为主营业务的企业50多家进入世界500强；（4）一批规模化的产业基地和产业集群逐步形成，并深度融入全球产业链，在国际产业分工中名列前茅；（5）中国是全球唯一拥有全工业门类和全产业链上优势明显的世界第一制造大国；（6）党的十八大以来，中国科技与产业发展实现了历史性、整体性、格局性的重大变化，重大科技成果不断产业化，为迈向制造强国奠定了良好的基础。

一、制约中国迈向制造强国关键问题

新中国成立至今，中国制造业发展阶段大致可分为改革开放前的自我发展阶段、改革开放至21世纪前的代工阶段、2001～2010年的全球化阶段和2011年至今的高速发展阶段。根据当前国家发展方向和制造业发展要求，中国需从“制造大国”向“制造强国”转变，实现中国制造业高质量发展。然而，由于中国制造业起步晚、工业累积相对薄弱，中国从制造大国向制造强国转变过程中仍存在较多问题，某些领域出现产能过剩、结构性失衡等问题，主要集中体现在三个方面：产业特点、核心竞争力和国际竞争与威胁。

从产业自身来看，产业结构不合理、产能过剩已成为中国制造业发展亟待解决的问题，低端制造业占据较大市场份额，挤占高端制造业发展空间，2019年中国工业产能利用率仅为76.6%[①]，产能过剩严重。低质量、低效率、“三高”仍是制造业去不掉的标签，中国制造业长期处于依靠劳动力资源优势进行加工组装的低质、低效发展阶段，形成了制造业高成本、高消耗、高污染的特性。而在第四次工业革命浪潮下，中国制造业信息化、数字化及智能化水平不高也成为新的发展阻碍。

从核心竞争力角度分析，一方面，品牌和产品是企业核心的价值体现，然而中国至今尚未有完全自主创造出的引领世界的产品或品牌，核心产品

①数据来自中华人民共和国2019年国民经济和社会发展统计公报.

的开发和品牌建设的缺失是中国制造业全面发展面临的瓶颈。另一方面,中国研发投入仍然不足,自主创新效率不高,生产效率、资源的利用率与国际先进水平的差距较大,导致关键核心技术研发动力不足,部分核心部件受制于人,这是中国在"制造大国"向"制造强国"转变过程中必须重视和解决的问题。

从国际竞争与威胁角度分析,近年来中国制造业技术创新水平不断提高,经过技术累积部分行业快速进入中高端价值链环节,但仍有部分行业仍处于全球产业链的中低端,国际竞争力较弱。随着全球范围内创新资源快速流动,产业格局深度调整,美国、德国等发达国家提出重振高端制造业的目标,加剧了全球制造行业的竞争激烈程度,而新兴经济体低成本制造业在此时期获得了快速发展,客观上给中国制造业造成较大竞争压力,形成了发达国家和新兴经济体"双向挤压"的局面。这三方面的问题具体如图6-1所示。

中国制造从学习模仿和代加工逐步走向自主创新,现在正处于由"制造大国"向"制造强国"转变的关键时期,要深刻认识到产业内部存在的问题,科学分析面临的外部环境,通过调整产业结构、提高核心竞争力等方面将国际威胁转化为有利机遇,促进中国制造业高质量发展。

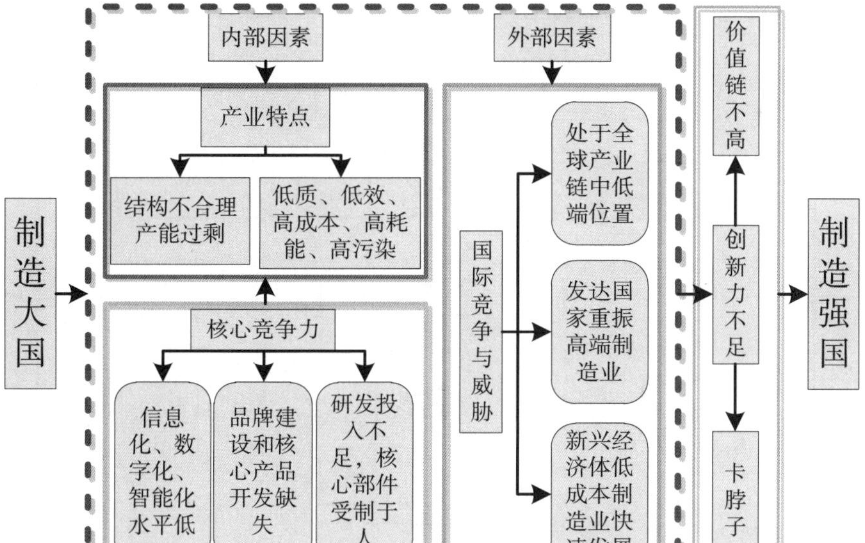

图6-1　制约中国迈向制造强国关键问题

中国制造业在众多领域创新不足，缺乏核心技术，面临价值链中低端锁定，在研发设计、营销售后等高附加值方面缺乏竞争力，"卡脖子"问题亟待解决。

二、突破制约中国迈向制造强国关键问题的软系统思维

突破制约中国迈向制造强国关键问题的软系统思维过程详见图6-2。非结构型的系统问题，需要采用软系统思维的方法来解决。

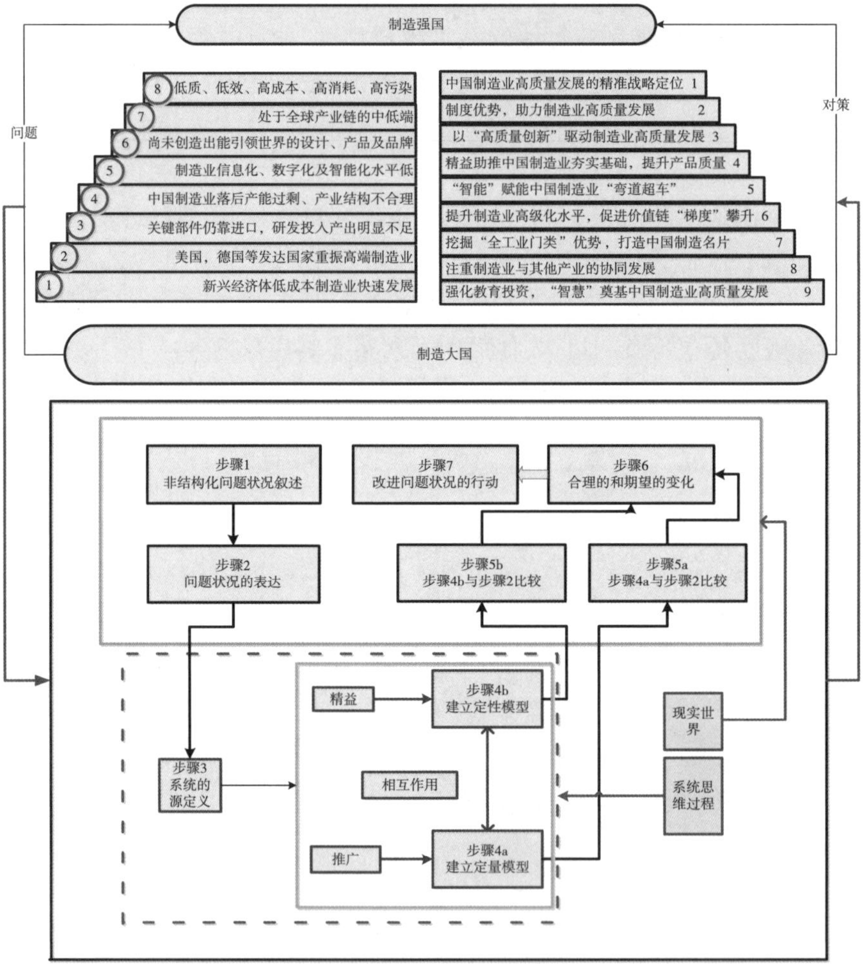

图6-2 突破制约中国迈向制造强国关键问题的软系统思维过程示意图

制约中国制造业高质量发展的关键因素有哪些？中国制造业的价值链地位（省域尺度[①]）如何测算、产能过剩状况如何、与其他相关行业发展是否协同？不同行业及不同区域制造业发展战略重点及突破口在哪里？中国制造业高质量发展的出路在何方、支撑方法有哪些，以及这些方法如何与中国制造业企业实际特点相结合？中国制造业与“第四次工业革命”同步发展，如何从中汲取营养、如何借力“第四次工业革命”智能赋能中国制造业生产力重构？根据软系统思维提出5条中国制造业高质量发展的路径。（1）中国制造业高质量发展的“俭约式”路径。（2）设计制造业、物流业与金融业协同发展路径。（3）中国制造业高质量发展的集成创新路径。（4）中国制造业的高级化发展路径。（5）基于“第四次工业革命”，赋能中国制造业生产力重构的强国之路。

为保证上述5条路径的实现，提出相应的9条对策。（1）中国制造业高质量发展的精准战略定位。（2）发挥制度优势，助力中国制造业高质量发展。（3）“高质量创新”驱动中国制造业高质量发展。（4）精益助推中国制造业夯实制造基础，提升企业基础运营能力。（5）“智能”赋能中国制造业“弯道超车”。（6）提升中国制造业高级化水平，促进其价值链“梯度”攀升。（7）挖掘“全工业门类优势”，夯实中国制造大国地位，打造中国制造靓丽名片。（8）注重制造业与物流产业等其他的协同发展。（9）强化教育投资，“智慧”奠基中国制造业高质量发展。

三、中国制造业高质量发展对策研究

（一）中国制造业高质量发展的精准战略定位

世界制造业大发展已有二百余年，期间人类经历了工业1.0、工业2.0、工业3.0和工业4.0四个主要阶段，详见表6-1。无论是买家还是卖家主宰的市场，都是随着人们的生活水平的提高而在不停地变化，从而带动工厂和企业的生产方式、生产技术、劳动手段、组织形式等不断适应市场需求，使其在市场中立足，获得更长足的发展。

①中国幅员辽阔，区域制造业发展不均衡，研究制造业省域尺度价值链地位测算方法更具有现实的指导意义。

表6-1　四次工业革命历程与特征

时代	蒸汽时代	电力时代	信息时代				智能互联时代
时间	1760~1860年	1860~1940年	1940~2012年				2012年至今
典型国家	英国	美国 德国	日本、美国、德国				中国、日本、美国、德国
生产方式变革	工厂出现	托拉斯流水线	中小企业兴起,供应链兴起				智能工厂 虚拟工厂
崛起原因	生产技术的变革:劳动分工与标准化	管理创新出现 流水线	精益生产(日本) 柔性生产(德国) 敏捷制造(美国)				工业互联网 工业4.0 中国制造2025
技术特征	机器代替人力,机器动力	化学新动力,新材料	LP,MRP,MRP-Ⅱ	信息技术,CIMS技术	ERP工厂网络,CIMS,生物技术	敏捷制造,现代集成制造,网络化制造	移动互联网,物联网,大数据,人工智能
密集类型	资本	技术	技术	技术 信息	信息	信息 知识	知识
劳动手段	机械化	刚性自动化	刚-柔性自动化	柔性自动化	集成化	集成化 智能化	智能化 预测性
生产工具	机械设备	联动线	电机自动线	柔性生产线	制造系统	制造系统	制造平台
市场需求	大批量、低成本产品			多品种、小批量、高质量产品			个性化智能产品
市场性质	低技术经济、规模经济(卖方主宰市场)		高技术经济、范围经济(买方主宰市场)				
竞争焦点	生产率、劳动力成本、产品质量			柔性、响应性、综合竞争力			
制造模式	手工作坊	大规模制造	精益制造	计算机集成制造和敏捷制造			智能制造

1. 工业1.0时代（蒸汽时代）

1760～1860年是工业1.0时代，又称蒸汽时代。其起于英国掀起的工业革命，这段时间因生产技术的提高产生了工厂，主要的制造模式是手工作坊制作。由于卖方主宰的低技术经济、规模经济的市场需求大批量、低成本的产品，人们若想获取更大的利润，则要通过提高生产率、降低劳动力成本的方法获取更多的产品。因此，生产技术发生了变革，劳动分工开始逐渐趋于标准化。人们发明的大型机器代替手工劳动，机器代替人力。生产工具从双手变成机械设备，劳动手段逐渐转向机械化，组织形式逐渐分化，并逐渐向资本密集型转换。1765年，“珍妮纺织机”的出现拉开了工业革命的序幕。1785年，蒸汽机改良并投入使用，新动力产生并推动了机器的应用。人类社会由此进入了“蒸汽时代”。

2. 工业2.0时代（电力时代）

1860～1940年为工业2.0时代，又称为电力时代。其起于美国、德国带头的因管理创新产生的流水线。美德等国为了获得更多利益，通过变革生产方式，以托拉斯组织的方式垄断行业、发明流水线提高生产效率。在这80年间，低技术经济、规模经济性质的由卖方主宰的市场需求仍是大批量、低成本的产品。竞争焦点仍是生产率、劳动力成本和产品质量。其间，化学新动力、新材料等应运而生，为了进一步缩短生产单件产品的工作周期，联动线生产工具产生了。劳动手段变为刚性自动化，刚性自动化能大幅度提高生产效率、减弱工人的劳动强度，保质保量、降低成本，适合大规模的生产制造模式。而随着技术的不断进步，工业密集类型从资本密集型转向技术密集型。同时，为了适应逐步增大的产量，组织管理也在不断进步，法约尔提出的组织管理理论推动了组织形式部门化的进程，进一步提高了生产效率。

3. 工业3.0时代（信息时代）

1940～2012年为工业3.0时代，日本的精益生产、美国的敏捷制造、德国的柔性生产等的出现掀起了第三次工业革命，使中小企业和供应链兴起，随着计算机技术的不断发展，信息在工业发展中的作用越来越大，因此这段时间又被称为信息时代。市场性质逐渐向高技术经济、范围经济即由买方主宰的市场转变。工业3.0时代被分成4个发展阶段。

①1940～1969年，虽然市场性质发生了改变但市场需求仍是大批量、低成本的产品，而竞争焦点也仍聚焦于生产率、劳动力成本和产品质量。精益制造的模式使生产线更加简化，减少了设备投资，大幅度消除了中间库存，提高了场地利用率，降低了成本；缩短了生产周期，加快了交货速度；

削减了各类损耗,提升了效率。但由于买方的需求不断提高,原来的生产技术和生产工具已经不能满足市场的需求,因此LP、MRP、MRP-Ⅱ等技术逐渐产生,电机自动线取代联动线成为新的生产工具。刚-柔性自动化取代刚性自动化,大大地降低了生产成本并提升了竞争力。组织形式出现了直线职能型,它快速、灵活、维持成本低且责任清晰。直线职能型组织结构比直线型组织结构更具优越性。它具有统一指挥、分工细密、注重专业化管理的优点,更能提高管理效率。而自1970年起,工业的发展和生活水平的提高使市场不再只追求高产量和低成本,转而更需要多品种、小批量以及高质量的产品,因此市场的竞争焦点变为追求柔性、响应性和综合竞争力。制造模式也发展为计算机集成制造和敏捷制造。

②1970~1984年,CIMS技术和信息技术的产生使工业密集类型向技术信息密集型转变,而刚性生产的控制程序不能轻易变更,其只适用于固定产品的大量生产,不适于多品种、小批量生产的自动化的弊端逐渐不能满足市场的需求,因此生产工具过渡为柔性生产线。而这个阶段的组织形式进一步发展,逐渐转向职能-部门化,其在人力的利用上有更高的效率。

③1985~1995年,ERP工厂网络、生物技术和CIMS的进一步发展和应用使得信息和大数据在工业发展中的作用越发显著,工业密集类型过渡为信息密集型。制造系统出现并取代生产线成为新的生产工具。此时管理形式也不再是各级行政领导人逐级负责,而是逐渐转向扁平化,使管理失误减少、管理费用降低。扁平化组织结构的优点为灵敏、民主化高,能加强内部沟通交流,并有利于激发员工的创造性,从而使企业更好地适应多变的市场形势。

④1996~2012年,这一阶段与前一阶段的市场相同,其制造模式与生产工具也相同,而生产技术则快速发展。敏捷制造、现代集成制造、网络化制造的产生和发展更加体现出互联网对工业发展的决定性作用。集成化、智能化的企业更能适应市场从而得到长足的发展。而此时,知识对工业的作用也渐渐变得重要,信息知识密集型的市场更加强调组织形式向网络化、协同化方向发展。

4. 工业4.0时代(智能互联时代)

2012年至今,世界工业又一次发生了巨大的变化,中国、日本、美国和德国等国家不断出现智能工厂和虚拟工厂,世界工业进入工业4.0时代,又称为智能互联网时代。高技术经济、范围经济的市场不仅需要高质量产品,更需要满足人们所追求的个性化智能产品。在这个由买方主宰的市场中,只有柔性、响应性好、综合实力强的企业才能胜出。随着移动互联网、物联网、大数据和人工智能的使用和普及,智能制造已经成为当今工业的潮流。制造平台扩大了企业的市场,是互联网环境下企业的机遇。互联网的普及使信息交流越来越便捷,因此掌握信息量的多少不再是一个企业是否胜于其他同行的关键,而知识的重要性则逐渐显现,知识密集型的企业有更强的竞争力,掌握更多知识才能运用好智能化、预测性的劳动手段。同时企业的组织形式也应时而变,服务化和智能化的发展正是顺应智能互联时代的最好方式。

(二)发挥制度优势,助力中国制造业高质量发展

新时代,中国经济正处于转向高质量发展阶段,制造业作为实体经济的主体,转变发展方式是大势所趋的。那么,如何确定中国制造业高质量发展的道路?要深入研究影响其发展的方向、目标、结构、动力的机制,实现中国制造业由数量追赶到质量赶超这一质的飞跃。转入高质量发展后有一系列问题与挑战,诸如:增长与效率、速度与质量、发展中的结构性矛盾、地方要素黏性及企业家精神保护与发展、地方性高质量发展新竞争机制等。这需要国家统一规划,指明方向与目标。然后统一部署,共同寻找适合中国制造业高质量发展的方法。各级政府应该加快职能转变和推进体制改革,为制造业高质量发展提供新环境与新平台,鼓励扶持制造型企业融合"第四次工业革命"的先进思想、理念、方法与技术。让企业到一线市场中去不断探索、试错、竞争、开拓、创新、转型与升级。充分发挥中国制度优势,打开基于四次工业革命叠加态势下的中国制造业高质量发展的良好局面。

1.加强自主创新,推进产业结构优化升级

面对国际竞争加剧以及要素成本上升的现实压力,推进制造业结构优化升级是建设制造强国的必然要求。中国制造业要以创新为核心,完善创新投入机制、创新激励机制、创新保护机制,确保同步推进前沿科技领域创新与公共性基础领域创新。

2.注意产业协调发展,优化产业空间布局

中国制造业需要优化产业布局①,优化制造业生产力的区域布局,在避免地区间低水平同质竞争的同时,鼓励地区间错位发展和多元创新,着力形成层次分明、梯度明显的制造业区域发展格局,以点带面推动中国制造业升级。

制造业需要综合考虑发展环境、资源容量、市场空间等因素,优化行业布局,提高资源要素在空间范围内的配置效率。鼓励建设先进制造业试验

①国务院发布的《国务院关于中西部地区承接产业转移的指导意见》。

区,积极培育具有特色的、优势突出的世界级先进制造业产业群,建设一批核心竞争力强、产业链协同度高的制造业示范基地,加快推进建设若干有较强影响力的协同创新高地。

3.提升核心竞争力、创建国际品牌

中国制造业品牌建设较为落后,制造行业需要围绕研发创新、质量管理、生产制造和营销服务等环节优化支持创建具有自主知识产权品牌的政策环境。此外制造业需要完善国内高质量知名品牌向海外拓展的体制机制,扶持一批品牌培育和运营专业的服务机构开展品牌咨询、宣传等相关服务。

4.加强人才引进与培养,优化人才结构

人才是制造业高质量发展的重要支撑。中国制造业应大力培养创新型领军人才、管理人才等,为中国制造业高质量发展打下坚实基础。

(三)"高质量创新"驱动中国制造业高质量发展

今天,中国制造业已进入与世界制造业对接的新阶段。中国制造业要继续发展,需要不断创新。创新主要分为技术创新和模式创新方面。在技术创新方面,基于科技创新开发制造设备,积极发展战略性新兴产业和高新技术产业,在技术研究方向不断加大投资,有效结合创新机制,促进高校科研机构与企业在科技成果方面的对接。中国大部分的制造型企业都是中小型企业。对中小型企业而言,技术创新需要通过并购与合作来实现。各企业间创新资源的整合,尤其是创新初期的研发环节,中小型企业应该充分发挥其敏锐的观察力和活力,通过并购获取和整合创新资源。此外,在推进技术创新的同时,企业要回归创新的本意,做到创新实践化,避免创新概念泛滥。在模式创新方面,"互联网+"模式用于促进面向服务的制造业。通过信息技术,制造业将扩展到更广阔的领域,服务业与制造业间的信息交流和联系更加便捷。在强调技术创新和模式创新的同时,还必须重视对外的技术合作,广泛吸收世界先进技术和利用杰出科研成果,向世界学习最先进技术,在关键领域取得突破。同时,原始创新与集成创新、再开发创新通过不同方式进行结合,发挥出更大的效益。通过持续学习和创新,中国企业将技术引进、自主创新相结合并提高制造竞争力,形成可持续的创新能力。

培训制造业的后继者,政府应积极调整教育系统,为不同阶段的学生提供不同的教育目标。此外,以制造业等十个关键领域的相关专业为重点,围绕"四个基础"建设、智能制造、高级设计、关键制造工艺、材料、数字模型等领域研发先进的技术,并且努力契合"互联网+制造业"等潮流,在仿真、自动化、工业控制方向、工业云服务以及大数据应用等方面,做到切实有效地建立等级合理的人才队伍梯队与制造人才团队。此外,要继续提高“校企对接”的成功率,充分利用“产学研”结构,完善高校的学科链、人才链和产业链,培养专业人才和技术人员,提高他们解决问题的能力,增强企业家的“手工艺”意识。政府还应进一步引进专业技术人才,不断优化和改善经营环境,扩大用人保护范围,建立激励和奖惩制度,以吸引、挽留人才。最后,还应不断完善社会创新文化环境,着力为国内外各类技术创新人才提供“尊重创新、容忍失败、平等保证、成就奖励”的环境。

(四)精益助推中国制造业夯实制造基础,提升企业基础运营能力

通过精益生产的理念与方法,企业不断实践、不断积累,在生产过程中实现全面升级,主要体现在工艺流程、产品、功能及链条四类升级,详见表6-2。

表6-2 企业升级的四种类型

升级类别	升级形式
工艺流程升级	采用新的生产方式,对工艺流程进行改善,使生产过程更加流畅,提升产能,降低成本
产品升级	一种是对已有的产品进行深加工提升附加值占有市场,另一种是开发新产品和挖掘新功能
功能升级	在产业价值链内实现从低附加值环节向高附加值环节的攀升
链条升级	可以在原有的价值链上进行延伸,也可以通过技术水平的提升开拓新的价值链,获得更大的市场份额

1.工艺流程升级

利用工具对原材料加工处理得到成品的技术称为工艺,工艺流程就是指从原材料到成品的加工过程。它是由企业的技术条件和生产特点决定的,包括完整的生产系统和引进的加工流程,使企业更有效地把原材料转化为高质量产品。工艺流程升级使企业生产产能的效率最大化,而企业采用新的生产方式对生产过程、传输过程进行改善,这样产品生产率、产品质量都会提高,产品的成本也会降低。

如同一条流水线生产的成人鞋,在国外名牌商场售价为3400元,国内品牌的售价为560元;同一家童鞋厂生产的童鞋,自有品牌每双售价50元,如果贴了其他知名品牌售价为四五百元;一款厨具出厂时,自有品牌售价为600元,但是贴上国外品牌的市场价在3000元以上;同一家眼镜厂生产的眼镜,出厂价两三百,贴牌之后高达三四千。长期以来,在东莞、深圳、杭州、温州、青岛等地,都有不少这样的企业长期处于贴牌代加工阶段。它

们使用知名品牌的管理经验，依靠知名品牌的声誉和技术，没有自己的创新技术，而中国廉价劳动力相对又多，中国就出现了大量的代加工企业。许多传统制造型企业没有自己的品牌，根据客户的要求生产或加工产品并进行贴牌代加工生产。起初，许多企业通过为其他企业加工产品来获取利润，他们缺乏各方面的自主创新意识。随着企业的发展，这些企业一方面未能及时改变经营理念，另一方面由于缺乏先进的技术，不得不从发达国家引进新技术，其发展依靠外部，创新能力远远落后于发达国家。

工艺流程升级是企业不断提高经济效益的客观要求。工艺技术水平不仅影响企业的产品质量，而且影响着企业的物质消耗量以及能源的消耗率。企业效率是由工艺技术水平决定的，例如，光刻胶的关键在于其复杂的组成和难以掌握的工艺，国内光刻胶的研发起步较晚，2000年以后其才开始受到重视。目前中国的技术水平和国外高科技企业水平相差较大。光刻胶的技术达标需要多种核心技术，国外也一直在生产配方和工艺技术方面对中国进行长期封锁。虽然企业在工艺技术不变的情况下，通过加强管理等手段可以在一定程度上提高经济效益，但这种效益提升是有限的，为了持续提高经济效益，企业必须不断进行工艺技术的改进。

企业要想降低成本，提高产能效率，提高产品的质量，就要对工艺进行创新，积极实施创新成果，实现产业化、商业化，从而达到效益最大化。在改革开放之前，中国的市场经济是比较落后的，缺少灵活性，更缺少工艺创新。由于中国工艺创新起步晚，创新意识不足，且研究核心技术成本较大，所以中国企业前期发展依赖成本较低的模仿工艺，且过于依赖国外技术。早些年，各种各样的山寨手机就是模仿的例子，是缺乏工艺创新性的体现，其生命周期非常短，不能保持长期性的竞争。所以企业应该培养自主创新能力，这样才不会在发展过程中减弱竞争力。

2.产品升级

产品升级的概念得到了广泛的认可。从全球价值链的视角来看，其就是从发展低利润的产业向发展高利润的产业的过渡。但产品升级在范围上存在一些争议。产品升级是对现有产品生产效率的提高，因此更有利于降低成本。产品升级不是简单地换脸、调价，而是一个不断改进、优化、完善的过程。综上所述，本项目认为产品升级是指企业通过一定的手段提高产品的质量，提高旧产品的整体价值，引进新产品来实现企业的发展战略，只有产品升级战略能够为企业带来持续的价值增长，产品升级现状从技术复杂度和核心技术两方面说明。

产品技术复杂度低。不管是简单的制造品还是复杂的制造品，其同类产品都会被进行低端、中端、高端技术含量层次的划分，有时候同一个国家的产品在不同国家的市场中的差距非常大。产品的技术复杂度体现了产品间技术含量的差异，如服装的技术含量低于计算机。刘斌和魏倩（2016）利用微企业数据进一步研究了制造服务对企业产品升级的影响，表明制造型企业通过垂直效应（产品质量）和水平效应（产品技术复杂度）提高了产品质量。陈丽丽在相关研究中表明，中国不同层次的制造品在产品技术复杂度上比其他一些国家同类产品的低。从动态的角度看，中国中低端层次产品的产品技术复杂度慢慢提高，而高端层产品总体趋势在下降。因此，中国要想改变在国际产品中层次低的局面，需要深入融入全球价值链，完善各级制造业产品质量改进机制，促进产品价值链升级。

产品缺乏核心技术。目前中国大部分企业的生产成本相对较高，但消费却没有降低，在许多核心技术上被封锁，和其他企业先进水平存在较大差距。所以掌握核心技术，既能提高产品质量，拥有自主产权，又能降低成本。由此可知，核心技术支撑了产品的最终价值，制造型企业对产品核心技术的把控也是产品升级的重要途径。产品核心技术创新活动首先要企业发挥作用，其他创新力量对企业产品创新的支持和保障作用也不容忽视。在产品升级改造中，失败的企业不计其数，有数据表明，新产品的失败率在40%～90%。核心技术是关键，但大部分企业还是引进先进国家的核心技术，缺乏对核心技术的把控，企业的利润非常微薄，随着近两年劳动力成本的增加，企业的经营出现困难。

3.功能升级

功能升级主要面临三方面的问题，以下分别阐述。

缺乏自主创新。产业创新是企业内部结构的重组，弃用旧结构并创新出全新结构。赵小芸和巧明杰（2012）研究了上海制造业升级的模式，归纳了技术创新推动制造业升级的一般模式：既要推动传统的制造业进行技术革新，也要通过新兴高科技技术进行推动，让先进制造业多方融合，再结合相应政策支持，才能稳步实现制造业升级。王福君和宋玉祥（2008）研究了技术创新促进辽宁装备制造业升级的机制和路径，其认为技术创新创造新的产业，可通过改变生产要素的配置、技术、工艺等方式改变生产要素，提供新的生产工具和方法，促进制造业内部结构升级。中国制造业技术创新薄弱的原因，一是制造型企业的技术创新意识不够强、创新不够自觉、对创新的活动组织力度不够，二是缺乏对技术创新人才的培养，对技术创新的引进能力不足，或者是引进后没有及时吸收和消化。中国制造业自主知识产权和核心技术较少，在高端领域难以与发达国家抗衡。如在信息产业领域，中国制造型企业的专利数量仅为日本的5%，美国的11%，因此，制造业技术创新能力不足，使中国制造型企业难以提高产品附加值，制造业升级难。

管理创新能力弱。制造型企业在发展中最重要的环节就是创新管理。为了应对经济全球化，中国制造业不断进行改革，但是传统的制造业经营管理模式并不能满足制造型企业在新形势下发展的需要，随着市场的灵活变动和客户需求的个性化，企业为了应对市场的变化需要不断地调整管理模式。刚性管理组织模式的矛盾逐渐突出，客户对产品技术、质量和价格的要求也越来越高，新的组织管理模式也开始出现。此时企业应该建立能够及时响应决策和反馈的管理模式，实现信息透明化。管理创新能力的提高在企业运营模式的发展过程中起到不可忽视的作用。

品牌产业体系不健全。品牌是企业自主创新后获得一定市场效益的关键条件。一个企业有竞争力的途径和手段虽然代表着知识进步和技术创新，但归根结底是通过品牌创新来体现的。企业的功能升级，企业的品牌信用度将大大提高，使得消费者购买力度增大，那么企业的品牌声誉也将提高。品牌信用度越高，企业对终端销售的拉力也就越大。但是许多制造业品牌系列较多，缺乏管理，出现分散、混乱的局面，并且企业在品牌设计和推广方面的意识也不是很强，无法形成属于自己的品牌体系，未能够形成自己的竞争优势。李瑞(2013)从外贸企业在国际贸易中竞争的实际情况中总结出了品牌建设的重大意义，目前中国大部分制造型企业还是以贴牌生产为主，甚至90%的制造型企业都没有自己的自主品牌，整个行业中有自有品牌的制造型企业数量较少。

4.链条升级

很多学者都认为能够真正改变企业在全球产业链中的分配地位是功能升级和产业链的链条升级。例如，从自行车产业到摩托车产业再到全球汽车产业的转变，这种转变就是突破性创新的结果，用新的产业链条替换原有产业链，企业的利润增加、成本降低。制造型企业应该合理地转变低附加值环节，提升高附加值环节的价值，提升资源利用率，各个价值环节不断进行延伸和融合，逐步走向一体化，向“微笑曲线”的两端进行移动，占领高端环节；另外制造型企业可以不断创造价值，从某个环节中获得更多力量去开拓一个新的领域，大力运用自主创新能力，构建新的价值链条。

目前，中国制造型企业的链条升级面临两个方面的问题，以下分别阐述。

链条升级受经济因素制约。从低端加工环节走出来的过程是艰难的，制造业价值链链条升级的过程离不开一个国家良好的经济发展能力。因为只有经济强大才能支撑链条升级，通常用人均GDP来反映一个国家的经济状况。但是企业的人均利税状况可以更加清晰地体现制造型企业的能力，该指标对应企业的产品销售收入和利润，是企业升级的基础。近年来，由于研发投入高，创新产出增长较快，制造业希望在产业价值链升级时不被原有的“链条”阻挡在全球价值链外，中国制造业需要创新，而创新的基础涉及经济基础、生产要素基础、需求结构基础等多个方面，但最重要的是经济基础。中国制造业不断参与全球竞争，希望提升自己的国际竞争力，希望增强整体竞争实力，但是经济发展是缓慢的，中国制造业要想实现链条升级，需要不断地增强自身经济实力。

传统制造业尚未进行改造。人类社会第一次工业革命和第二次工业革命最显著的特点就是生产的规模化，减弱了偏差性，强化了同质性，从而提高了生产效率，规范了企业管理，生产规模才逐渐扩大。在前两次工业革命的指导下，企业的资源优势和生产能力就显现出来。但是在传统制造生产模式下，企业和用户的关系是自上而下的，即企业进行量产、以产定销，用户处于被动的地位，只能接受产品，缺乏主动性。新兴科技随着经济的发展也掀起了新的浪潮，互联网和大数据正通过信息获取能力改变着用户的行为和选择。随着市场环境的灵活变化，企业的生产方式也正在发生根本性地变化，数据从分散到集中、从缺乏到丰富、从相互独立到互联互通，所以中国的制造型企业要跟上这一全新格局。但是中国大部分制造型企业还是以传统的制造模式运营，他们应该从以自我为中心向以客户为中心、服务为中心、新理念为中心转变。新价值链的形成从属性、应用到深入融合并促进制造业升级，需要相当长的过程，因此，链条升级目前存在一定的困难。

5.夯实制造基础的着力点

具体而言，可以归纳为以下几点：

①生产流程的升级。改变以往粗放型生产过程的发展思路，向高质量精益生产发展模式靠近。高质量生产模式就是简化组织机构和组织管理层，从而简化生产流程的操作，减少浪费，节约生产成本，提高资源利用率和生产效率，进而提高产品质量，企业向完美生产模式看齐。择优适时适量生产所需要的产品，减少无效劳动力是高质量精益生产的核心，要想实现利润的最大化，就要充分发挥主观能动性，减少生产过程中的浪费行为，从而提高生产效率、降低成本。它的实现方法有两个：一是流程化生产，实

时发现生产过程中的问题,及时纠正产品失误率,使产品质量在开始就得到较好的保障,在整个流程运作过程中产品质量得到整体性提升,这样才能让生产成本降低;二是全面智能自动化生产,也是降低成本、保证质量的主要方法。流程的升级是企业能够实现自动监测生产,生产设备和生产线一旦停止工作,员工就可以找出问题,解决后给还可进行分析防止再次发生。如果设备没有完全实现自动化,可以加入人工自动化进行辅助,及时查明不正常原因。通过精益生产发现生产过程中的浪费和不增值环节,方便管理者及时采取行动进行管理,减少运营成本,提高生产效率。

②产品的升级。当前,单一的产品样式已经很难满足消费者日趋多元的需求,结合市场需求开发、创新产品成为制造型企业亟需解决的重要问题。本项目认为可以从以下几个方面调整产品研发的思路,进行新产品的开发和营销。首先,通过技术变革来提高产品的附加值,尤其是产品的内在价值,如此不仅能够调整产品结构也有利于形成竞争优势,避免跟风抄袭。其次,优化产品的工艺设计,制造型企业不仅要重视产品的核心技术,更要重视产品的外观造型。一个优秀的产品设计可以在短的时间内被消费者接受和喜爱,那么以产品设计本身为代表的企业形象也在营销推广中不断传播。随着时间的推移,产品、品牌和企业可以形成有机的统一,由此形成的竞争"软实力"将难以被替代。最后,发挥产品的情感诉求功能。产品消费所能带来的满足感不断外溢,在某种程度上,合适的产品也传达了消费者的特定情感。如果这些元素能够在产品中提炼和内化,那么产品的内在价值就会提升到情感层面,这势必会增加产品的需求量。

③产业结构的升级。要完成制造业转型升级,产业结构的升级需要从以下几个方面着手。首先,巩固传统制造业的优势。目前,中国已成为世界鞋帽、服装或纺织等领域的加工厂,产量居世界前列,所以中国制造业已经完成了原始积累,并积攒了一定的优势,在某些方面与其他国家相比有一定的竞争力。传统制造业为产业结构的升级提供了基础保障,所以应该结合原有优势采取行动。一方面,中国应保持适度扩张,以保持产品出口增长量的稳定;另一方面,中国制造型企业应该投资技术发展,让传统制造业与新兴技术融合。其次,还可以开拓新兴市场。目前中国金融服务业发展进程缓慢。随着金融改革的不断推进,政府应充分利用金融对促进中小企业特别是民营经济圈协调发展的重要作用。制造业与金融服务业的对接也可以在很大程度上缓解企业的融资困难。当前,产业结构调整步子大、节奏快,制造型企业有必要审时度势进入新兴产业市场,不失时机地做大做强。

6.提升企业基础运营能力的对策

提升企业基础运营能力的对策有以下几点。

①生产流程智能化改造。越来越多的智能制造技术被应用到制造业中，传统制造模式的生产能力已不能满足市场的需求，这就要求生产线更加智能化、高效化，企业的经营模式、管理模式、生产模式更加柔性化、个性化、服务化，这些是企业以后竞争的趋势也是优势，找到核心竞争力，就要运用网络技术、人工智能、大数据、数据监控等分析现状和未来竞争力。制造型企业必须进行数字化、网络化、智能化的网络协同重构。企业实体如车间、仓库、设备等接入网络之后，企业管理者可以通过数字化的“虚体”——数字化的车间、数字化的仓库来了解企业运作的真实情况，企业的经营过程被数字化。企业实现远程操作监督以及管理，这样就创造了新的商业模式。制造环节网络化是借助信息物理系统实现物理设备联网及网络化智能制造。信息物理系统（CPS）是物理化和数字化的集成，制造型企业采用该系统远程监控企业生产制作过程，员工可以通过电脑对制造设备进行网络连接，对生产流程进行智能化管理，还可以降低失误率，优化生产流程，实现零库存。同时GPS也具有自主通信的功能，使生产设备和加工部件可以直接“对话”，具有一定的智能发现和解决问题的能力。所以，促进中国制造业升级，应加快生产流程过程中人工智能的应用。

②创建企业自主品牌。企业要提升自创能力，加快品牌建设。实现由低成本优势向技术创新优势转变、加快自主品牌建设，是中国中小企业的出路。中国有很多的贴牌代加工企业，但是自主创造品牌的企业较少。在国内外复杂的环境下，这些企业需要摆脱跨国连锁企业主导的控制，增加产品附加值，提升价值链，直接打造自己的品牌。也就是说，贴牌代加工企业可以在贴牌代加工开始时就把实施品牌战略作为企业的目标。在贴牌代加工的初始阶段，企业尝试建立自己的品牌，实施品牌经营战略，在初步积累业务后，利用已经积累的优势摆脱代加工承包商的控制，逐渐放弃贴牌代加工业务，并自主发展自己的企业，按照品牌战略开展市场活动，实现品牌升级；也可以贴牌代加工和自有品牌同时进行，或者在技术升级后自创品牌。企业在面临自主品牌的选择时，选择以技术升级路径为企业发展的主要战略，能够实现技术的快速发展，并在代工过程中不断提高技术能力，获得较高的代工费用，这样制造型企业可以有更多的时间去做充分的准备。总之，制造型企业创建自主品牌，是占领市场强有力的武器。

③推动技术创新和标准化相结合。制造业企业要想在全球价值链分工竞争中获得竞争优势和主动权，就需要采取技术创新和标准化相结合的

策略来巩固自身地位。技术创新不单指技术研发,更多的是其在价值链各环节中的融入和应用,比如:在工艺流程升级环节中,采用技术创新对生产设备进行改造,对工艺流程进行优化;在产品升级环节中,研发新产品,创造产品新功能,挖掘用户;在功能升级环节中加大力度开发自主品牌等。在技术创新应用的同时,需要通过制定技术标准来规范和维护这一经营成果,对企业来说,技术创新也是一种知识价值进行资本化的过程。若企业通过了标准化的要求,可以使技术研发和专利成果进行联合,以标准化的形式获得优势,从而在激烈的市场竞争中实现利益的最大化。技术创新和实施标准化是相辅相成的,比如:在技术研发初期,企业需要通过技术预测未来制造业如何实施技术标准化,使自己的研发方向符合企业发展的要求;在标准化实施应用的过程中,制造型企业应该加大力度使自己的技术创新形成专利,转化成知识产权,成为引领行业发展的标杆。制造型企业也需要时刻关注政府的政策,积极响应政府的号召,争取获得政策支持,形成自己的独特优势以及拥有自己的标准化管理体制。总之,技术创新和标准化的协同发展有利于中国制造业的价值链升级,因为价值链各个环节离不开技术创新,技术创新又离不开标准化的约束,但是制造业各行业发展水平不同,应根据自己的行业技术水平动态发展,制定升级路径。

④价值链重构。在参与跨国公司主导的全球价值链分工后,中国大部分制造型企业实现了流程升级和产品升级,但是同时中国部分企业也出现了一些其他的问题,比如大量关键零部件的生产制造,中国部分企业采取的策略是产品替代生产,压缩了价值链的关键环节。制造业的转型升级并不只是在某些环节改变或调整,而是去建设,打破其低端生产的局面,积极主动参与全球价值链国际分工,加快国内价值链重构的步伐,如果只停留在工艺流程升级和产品升级的层面,而忽视功能升级和链条升级,发展势必走向没落。传统企业价值链的重构不同于其他企业的价值链重构,需要真正创造价值的价值链环节,或者获得高附加值环节。首先,在基于自身拥有的庞大国内市场上,面对灵活的市场环境企业应积极调整自身的计划,要制定适合自己实际情况的发展进程,在已有的优势基础上延伸产业链,提高附加值。其次,要调研顾客需求,满足内需,完善品牌的自主创建体系,吸引国外消费者,一步步增加市场的流量。最后,国内价值链的构建在不会引起跨国公司的强力遏制下,慢慢突破。国内市场稳定后,充分发挥“一带一路”倡议的作用,构建区域价值链,引导中国中间产品生产和国内品牌走出去,“一带一路”共建国家都是发展中国家,许多国家的消费低于中国,他们对产品的价格很敏感,我们的产品在价格方面有很大的竞争

优势，深受发展中国家消费者的喜爱。我们可以先构建区域价值链，然后在该区域内形成自己独有的优势和竞争力，慢慢进行扩张，等到时机成熟时，突破区域引领全球价值链，最终实现价值链重构。

（五）智能赋能中国制造业“弯道超车”

加快制造业数字化建设，从而实现制造业智能化、网络化发展，智能制造的发展经历了2个阶段。

1.智能赋能中国制造业向服务型、绿色方向发展

①推进智能制造与绿色产业试点建设。首先，在行业内要建立一批智能制造的标杆产业，促进信息技术的推广应用，尤其是在传统的高耗能工业企业中。还要加大高耗能企业的节能减排工作，同时，要及时有效地向社会公众展示绿色制造工作的进展及效果，让行业内其余成员学习绿色制造的经验。其次，要加快建设绿色产业体系，对于“三高”（高耗能、高污染、高排放）产业应该及时地限制其发展，逐步地淘汰这些传统高耗能产业，转而提高新型绿色资源的利用率。

②建设重点领域、行业能耗监测系统。首先，建立一个国家级的能耗监测平台，加强对高耗能、高排放企业及单位的监测。同时，要进一步提高监测水平，以此来为政策的制定和实施运行提供支撑。其次，进一步建立各个区域的能耗评估模型以及数据库，以此作为原始数据库，设置不同地区的能源消耗评价指标。根据中国实际国情，在不同地区设定不同的能源利用以及废弃物的排放指标，进一步推动中国工业的绿色可持续发展；不断促进煤炭清洁计划的落实，改进企业和个人使用清洁煤技术评估方法，政府应该继续使用清洁煤炭补贴机制，落实企业和个人使用清洁煤工作。

③加快绿色产业管理系统机制的发展，加强政策导向作用。首先，在制度机制方面，创新地提出绿色评级、绿色指数、绿色投资等网络评价体制，要求全员尽量参与，加强系统的规范性，做到绿色监督，同时进一步促进企业绿色化发展，提高整个行业内员工的环保、绿色意识。然后，在市场机制方面，深化排放交易试点改革，促进碳交易市场的建立，并尽快出台排放权交易和碳交易管理措施，进一步完善排放权交易机制。最后，有关部门应该进一步加强法律法规建设，完善绿色技术标准评价体系，对于绿色产品和绿色技术，提高验证和认证能力，建立整体绿色产品标识。

④树立产业融合观，推动制造业服务化发展。产品服务系统一直在突破传统制造业的服务范围，企业在充分认识到产品发展的局限性时，利用现代产业的整合观，不断进行革新，进一步强化制造业服务化理念，明确制

造业的转型方向，科学谋划、正确引导，制定正确的路线图。另外，要将产业结构优化升级的方向和服务性制造业方向结合起来，企业在发展的过程中，将这一概念逐步纳入企业发展的战略规划中，还要将产业融合观作为企业发展的核心内容，逐步完善。

⑤树立生态系统观，推动制造业服务化发展。建立生态系统观点，先要认识到信息制造已经打破了智能化行业的原始界限。制造业和服务业的融合加快了新型工业生态系统的建设。制造型企业需要重新理解工业生态系统中的价值链，对自身的角色重新定位。必须看到，生态系统的优势是产业最高的竞争力，制造业的绿色发展关系到中国经济健康发展可持续性的问题，同时也是促进供应方面结构改革的重要措施。为了在行业生态系统中占据有利位置，企业可以将产业需求链、产业链、供应链、创新链资源进行整合，获得快速响应能力及交付能力，并且更加专注于制造业。分散资源、在线化、重组和重新包装的机会促进企业在新技术、新行业、新格式和新商业模式中创新能力的发展。这要求制造型企业应具有长远的眼光和合作感，同时还拥有一个开放的头脑和双赢的概念。在形成和演化过程中形成的生态系统，需要企业不断调整和优化其功能定位，并在定位优化中不断改善其价值链。

⑥树立创新引领观，推动制造业服务化发展。大多数中国企业仍在努力追赶全球领先行业，企业已经习惯了遵循、跟随。对于大多数企业来说，领跑整个行业仍然是一个遥远的目标。因此，大多数中国的制造型企业服务化面临的最大挑战就是制造业服务化转型升级的路径千篇一律。每个企业都需要结合自己的业务实践，制定明确的向服务转型的发展策略，创新地开发面向服务的新业务，构建新的面向服务的业务组织结构，并建立面向服务的业务模块。吸收大量创新型人才，使科研成果在生产线上产出，在市场上销售。创新要求企业继续在各个层面上促进创新，这使中国企业产生了很大的不适感。创新领导力的概念指出，制造业服务化的过程不仅涉及经营模式的转变，还要企业将运行过程中技术的创新、组织管理的创新、商业经营模式的创新等方面的资源进行科学有效整合，以此提高运行效率。然后在发展的过程中持续进展、完善，企业应时刻谨记，没有创新的服务是短暂的，最终被行业所淘汰。

2. 网络化、数字化、智能化制造

近年来，从工业4.0的繁荣开始，诸如智能制造、工业互联网、企业云、人工智能、“互联网+”、数字化工厂、数字经济等概念随之而来。但是很多中小企业对云计算服务、边缘计算、工业安全、3D仓库、3D打印、虚拟现实、增材制造、深度学习等先进技术认识并不深入,不知道如何应用。虽然智能制造概念“满天飞”,但是许多企业并没有真实切实地将智能制造运用起来。

①正确认识、理解智能制造。智能制造是覆盖企业的全价值链,是较为复杂的、庞大的系统工程,不是短期就可以完成的。推动智能制造需要不同行业不同部门之间紧密合作。另外,企业应开展培训,提高所有人员对智能制造的认识。企业不能盲目机械地发展,而应结合实际,使用适合自身的生产经营模式推行智能制造。

②推动“互联网+制造业”发展。首先,制定和实施“互联网+”战略计划。企业要结合自身的实际情况,不断整合各种业务,进行统一的战略规划,发展要按照既定计划稳步进行,使其成为企业内部发展的核心。其次,建立CIO,使CIO成为企业内的重要管理人员,并建立科学、有效的服务管理体系,重视信息和数据。最后,重塑制造业发展模式。企业应顺应社会潮流,大力使用云计算、大数据、AI,可以更快、更高效地了解客户需求,并进行战略调整。使用信息来控制生产模块,用新的制造工艺进行个性化定制并生产。

③促进数字化转型发展。首先,加快生产全过程数字化改造升级,全面推进工程虚拟建模、生产线及制造过程仿真、计算机辅助制造、数据采集与监控、数字化的仓储物流与质量管理、嵌入式智能控制等一系列关键技术在产品制造全过程中的运用。同时还要推进关键的设备“上云”,对于有基础、有条件、有需求的工业设备要加快“上云”,重点面向高耗能、通用动力新能源以及高端智能制造等关键工业设备开展。其次,要加强工业大数据应用技术服务的供给能力,面对不同行业培育不同的大数据、综合解决方案、供应商和公共服务平台。最后,有必要加强新一代信息技术的集成和应用,加强资源整合,使其进一步融入企业的制造业服务中。

④提高网络信息建设。应先加强宣传,改变制造型企业负责人应用互联网的主观意识,不断进行思维网络的训练,尤其是跨境电子商务,不仅要提高技术,更应该注重对人才的培养。此外,研究制造业信息服务方案,加快方案设计和综合集成能力的提高;开发技术支持和专业服务,例如设备监督、维护、修理和改造,以提高设备运行质量。

(六)高级化水平促进价值链“梯度”攀升

1.以制造业高级化发展为抓手,促进其价值链“梯度”攀升

测算国内价值链高度后,我们发现全国各地区制造业水平差异显著,为促进全国制造业水平的显著提升,本项目从企业创新能力、品牌影响力、人才水平、市场国际化发展水平四个方面提出以下建议,仅供参考。

①增强创新意识，提高企业创新能力。创新是引领发展的第一动力，创新能力是企业竞争力的核心，一个企业创新水平将决定这个企业的市场竞争水平。所以一个企业的创新能力关乎企业的成败，对一个国家以及区域的经济发展而言，企业创新能力也是至关重要的。

②注重品牌作用，强化制造业市场的品牌影响力。近年来很多学者通过品牌影响力来衡量制造业价值链的地位，企业的品牌影响力直接代表了产品的质量。中国多数省域制造业品牌无论在国内还是国际市场影响力较小，打造一批有国际竞争力的先进制造业集群，应先要提升中国先进制造业的品牌影响力。但国内有些制造业，生产能力与出口能力都不弱，但在品牌方面一直处于弱势。品牌方面的弱势，不仅削弱了中国制造业的国际影响力，也会给国内销售带来不利因素。更重要的是，品牌不强会导致中国制造业处于产业链以及利益链的低端，长期如此，会削弱中国制造业的基础能力，因此中国制造业需要健全体制机制，强化制造业市场的品牌影响力，打造一批有国际竞争力的先进制造业集群，提升产业基础能力和产业链现代化水平。

③大力引进高级人才，促进制造业高技术行业的发展。优化人才结构，大力引进高水平教育人才。人才结构分析主要从两方面比较，其一是制造业从业人员比例。制造业从业人员比例表明了人才结构，制造业从业人员基数大，提高高级人才的从业人员比例，高级人才质量也会有所攀升；其二是受教育程度，受教育程度高的从业人员的匮乏是制造业高技术行业发展的主要屏障，高水平人才比例越高，说明行业发展越趋近于现代化、智能化。教育程度高的人才可以为制造业科技化发展提供技术支持，有利于制造业走向智能化、高端化，因此各省域应大力引进高级人才，促进制造业高技术行业的发展。

④结合“引进来”与“走出去”，提高制造业市场国际化发展水平。统筹利用国内国外资源、市场，实行更加积极的制造业开放战略，将“引进来”与“走出去”更好地结合，拓展新的开放领域和空间，提升与国际合作的水平和层次。引导外资投向新一代信息技术、高端装备、新材料、生物医药等高端制造领域，鼓励境外企业和科研机构在中国设立全球研发机构。支持符合条件的企业在境外发行股票、债券，鼓励与境外企业开展多种形式的技术合作。

2.调整产业结构，提高产业价值链

调整产业结构从以下几点说明。

从短期收益来看，企业的收益是显而易见的，但不利于中国制造型企业的长期可持续发展。从产业结构来看，中国制造业多是中低端产业，结构相对单一化。与世界制造强国相比，中国的制造业仍然不强。制造业是实体经济的基础,也是打造未来发展战略优势的重要支撑。因此,要发展先进制造业,其产业结构的调整和转型升级是制造型企业必然经历的战略抉择。发展先进制造业,首先要不断提高先进制造产品的出口份额,同时也要不断加大投资,进一步提高它的价值。还应加快制造业工业化互联网的建设,用现代科学技术改造传统的产业。此外,要加快创新制造业生产模式的发展,不断发展知识密集型产业,不断促进制造业与服务业的有效结合,使中国制造业产生更大的效益。

产业结构调整和转型升级,要坚持"放管服"。企业需要加快转变传统发展思维模式,从盲目追求单一的产业规模化和经济效益向依靠自主创新实现产业结构可持续发展转变。加快传统支柱产业的技术升级和转型改造,降低低端传统产业的比例,淘汰一些缺乏核心竞争力、高能耗传统产业,我们必须开发、引进和扶持高新技术产业和新兴产业,并逐步与国际制造业接轨,加快高附加值、高效益产业的发展。对于劳动密集型产业,一方面要及时调整升级,使其成为新兴产业,不断进行高端开发,增加产品附加值;另一方面,为了更好地适应当前国际经济市场的巨大不确定性,要积极参与国际产业分工,紧跟高端制造、高科技、高附加值生产环节的世界潮流。企业应充分了解国际市场发展需求,提高产品售后服务和技术保障,产生更高的产品技术附加值,实现产品市场化与技术产业化的有效结合,实现产业结构的转型升级。

专注于高端制造。积极营造创新环境,加快建立企业的自主创新体系,提高企业的自主创新能力。同时,要充分利用多年来制造业发展中的资源和技术,大力发展高新技术、精细技术和先进技术,形成技术壁垒。此外,要加强与国外先进企业形成区域合作、投资合作、技术合作等的多边合作。在海外多方面合作过程中,通过企业并购推进高端制造业的国际化。不断扩大企业规模,做大做强,形成产业规模经济和集群效应,并不断发展智能新能源汽车、集成电路、下一代健康诊断与治疗、卫星导航、互联网相关产业、现代服务业等相关产业。

从全球价值链的角度,我们需要重新制定政策来促进产业链向高端延伸。第一,从全球价值链的角度出发,在基础研发和自主创新的基础上,确立明确的目标和方向。第二,加快高价值链条的研发、设计、品牌和营销、品牌战略等方面的积累,促进制造业升级,培育国际竞争优势。通过设立金融、财政、税收、人才、创新等激励措施,组建国际集团。第三,国内制造型企业要积极开拓海外市场。第四,各个高新技术企业应该顺应时代潮流,将自身的发展与国家的政策紧密结合,切实增强高新技术产业实力,例如：电子通信、智能制造、新能源之间进行技术整合，可发挥出更大的效益。第五，进一步加快中国制造业的发展步伐，尽快迈进国际制造行业的前列。而对于纺织、冶金、化工等传统制造业，要加强与国际的合作，逐步建立差异化的贸易体系，不断巩固、扩大自身优势。可以说，发展智能制造在中国既有现实条件，也有紧迫需求。

3.强化工业设计，打造中国制造靓丽名片

①工业设计内涵演变。工业设计一词最早是由美国艺术家约瑟夫·西奈尔于1919年提出来的。在之后的几十年里，工业设计一词不断又有了新的内容(详见图6-3)。

从工业设计内涵的三次转变可以看出，工业设计所包含的领域不断扩大，从刚开始只有工业产品图像的设计到加入了产品外形的设计，再到产品形式属性的设计，产品的生产链不断升级、工业设计的地位不断提升，每一次的演变都是当时人们的观念改变以及市场需求所致的。工业设计从最初的仅仅包含广告中图像的设计，发展到产品外观的设计，当时美国遭遇经济大萧条，受到技术发明周期的限制，企业主们把目光聚集到改变产品外形上，这促进了工业设计内涵的第一次改变，再到后来形式与功能的矛盾，到如今提倡绿色、环保、可持续设计，这些都是工业设计为顺应时代的发展而发生的转变。

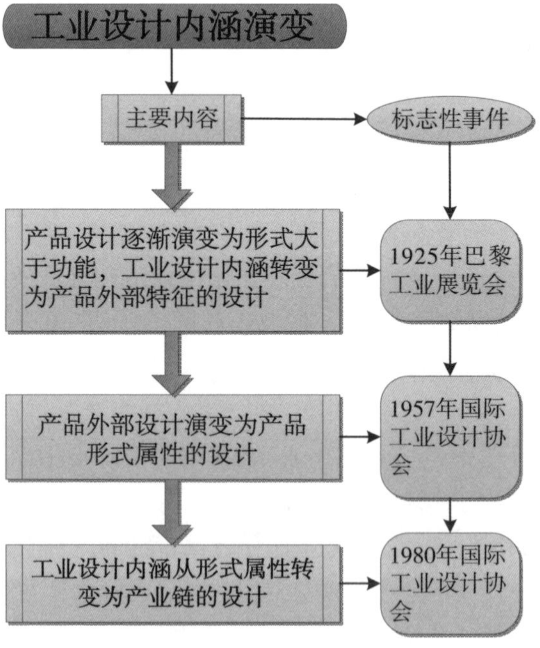

图6-3 工业设计内涵演变

②工业设计的定义。国际工业设计协会联合会(其中2015年的定义由国际设计组织WDO所定义,其前身为国际工业设计协会)曾5次公布和修订工业设计的定义,详见图6-4。

工业设计的每次定义,实际上都与其内涵的演变有关,1959年其定义更注重产品的外观,即主要是工业产品形式的设计。而1967年的定义,其支持者较少,且相对来说太为简单,多数学者未进行研究。1969年的定义强调了产品的品质不仅是外观,还包含了功能与结构的关系,这里可以看出当时工业设计中产品的形式与功能有矛盾点。1980年的定义与1959年的定义大致相同。2006年的定义超出了工业设计的范畴,工业设计的重心转变为产业链的设计。2015年的定义中提出了要对环境有益处,这与现提倡的可持续发展、绿色发展相呼应。

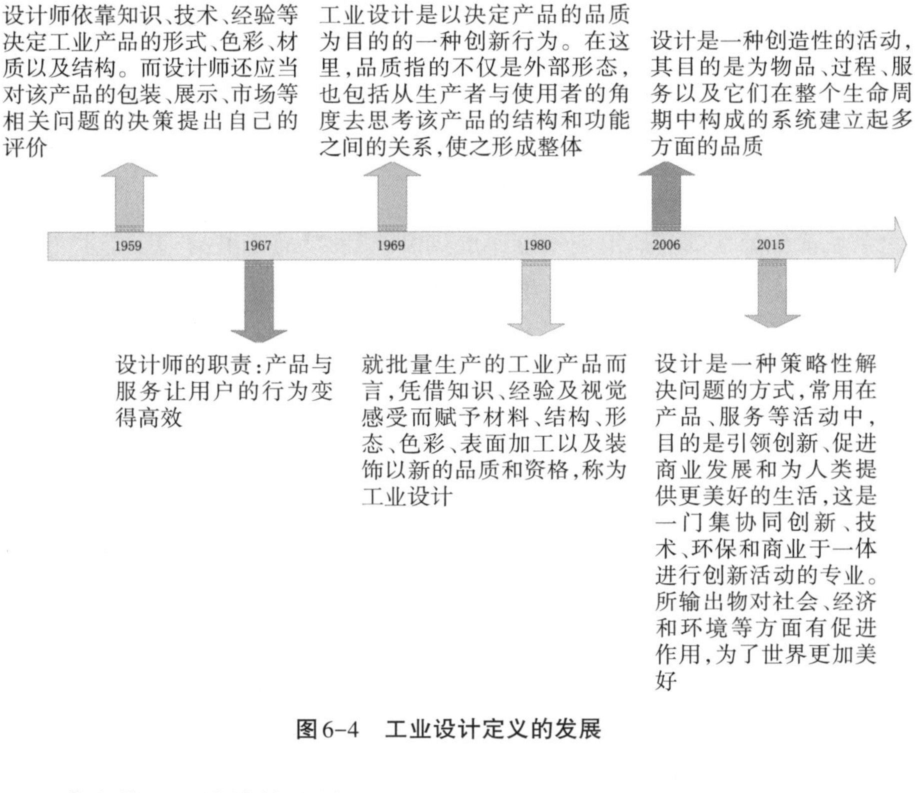

图6-4 工业设计定义的发展

③中外工业设计的差距。

欧洲国家:欧洲国家是最早接触工业设计的国家,且工业设计都比较发达。

美国:美国的工业设计是1925年引进的,由于美国工业生产和科学技术的实力较强,美国工业设计的发展有一定的基础,发展较为迅速,工业设计比较发达。

日本：日本在20世纪60年代末70年代初期发展迅速，其主要原因在于日本开始普及设计教育，全国引进国外比较先进的设计进行讨论，且日本重视知识产权，制定了一系列保护知识产权的法律法规，这一系列的举措让日本的工业设计迅速发展，涌现出优衣库、优创等优秀企业。

中国：中国工业设计的发展起步较晚，20世纪70年代引进工业设计的理念以及方法，此时中国对工业设计的需求较少。遵循着"理论先行"的模式，中国一些学校设立了工业设计专业，具有了一定的招生规模，为中国工业设计人才培养、理论研究奠定了良好基础。1987年10月中国工业设计协会成立，1990～2000年是工业设计的认知与推广期，这个时期中国企业在国内外竞争中意识到了工业设计的重要性。2001年后，中国工业设计进入高速发展阶段，2007年2月，原国家总理温家宝在中国工业设计协会朱焘理事长呈送的"建议"上批示"要高度重视工业设计"。总的来说中国工业设计的发展经历了"拿来主义"阶段、模仿阶段和创新阶段，而当下我们正处于创新阶段。

对比国内外工业设计的发展，美国、日本等国家接触工业设计较早，工业设计竞争力较强，而中国工业设计产业的发展经历了一个循序渐进的过程，目前仍处在"跟踪、追赶、并行、走向引领"发展战略里的"追赶"期。

④工业设计的需求。在英国，工业设计成本每增加一英镑，就可获得225英镑的收益；在美国，工业设计成本每增加一美元，就可获得约1500美元的收益。这说明工业设计可以大幅度增加产品的盈利。对于英美等工业设计发达的国家，其产品工业设计的资金投入大约占资金总投入的5%～15%，而中国产品工业设计的资金投入仅占不到1%。

中国制造业发达，据2014年统计，中国制造业占全国GDP总量的42.6%，且比例越来越大。作为制造业大国，产业链的发展至关重要。目前此阶段工业设计的涵义实际上就是产业链的设计，中国制造业的智能升级，主要就是制造业产业链的升级。

⑤中国工业设计所存在的问题。(a)中国工业设计缺乏创新意识与创新人才。侯茂章等对中国工业设计创新现状、存在问题进行了深入的研究，发现中国工业设计企业缺乏创新意识、缺少优秀工业设计人才；企业缺乏创新能力的原因是对研发重视不够。(b)中国工业设计与市场衔接不够。梁琴琴等指出，目前，中国工业设计与市场衔接不够，此问题有待解决。(c)中国工业设计存在工业产品自主品牌意识不足的问题。侯茂章等在研究中国工业设计问题与解决对策时提出，中国工业产品自主品牌意识不足是制约中国工业设计发展的一个主要问题。(d)中国对工业设计的教育不够完善、重视程度不

够，对工业设计的人才培养不到位，导致中国工业设计人才缺乏，制约了中国工业设计的发展。(e)中国的工业设计没有专门规划部门对其进行规划和引导。目前中国工业设计没有专门的规划部门。

⑥中国工业设计能力提升对策。针对中国工业设计所存在的问题，提出以下对策建议。(a)政府部门应重视工业设计的发展，加大产业政策扶持力度。政府、企业要重视工业设计的价值和意义，企业应提高工业设计工作的地位，将企业的工业设计能力纳入企业的综合评定，让工业设计在企业竞争中发挥大的作用。首先，国家加大对工业设计的宣传力度，将工业设计纳入国家创新战略。其次，设立工业设计专项基金，为中国工业设计的企业提供融资、贷款等资金支持，同时支持设计公司参加国内外重要展览与重大会议。(b)培养工业设计领军人才。国家大力推动的人才战略需要学校与企业的密切配合。高校是培养人才的地方，企业是人才发挥才智的地方，人才靠院校，实施推进要靠企业，这样中国才能拥有越来越多的优秀工业设计人才。主要举措：增强对人才综合素质和创新能力的培养，高校与企业一同制定一套完整的、合理的工业设计人才规划方案，高校负责传授学生专业知识，同时建立设计专业学生与优秀设计企业的联系，让学生通过企业去使用所学知识。工业设计公司重视员工培训，提高公司职员的技术水平以及职业素养。工业设计协会可以鼓励民间设计教育机构培养社会设计人才。同时设立国内工业设计大会，用于评选国内工业设计优秀成果，并对优秀设计师、优秀作品进行表彰，起到激励人才的效果。(c)完善法规，加大对工业设计知识产权的保护力度。主要举措：注重宣传工业设计的知识产权，构建工业设计知识产权服务平台。制定奖励政策，有效激励企业和个人申请专利，并协助其产业化。(d)国家设立工业设计发展规划部门。相关部门规划和引导中国工业设计的发展，制定促进工业设计发展的相关政策、行业的准入机制，提高设计师的职业素养，改善中国设计行业良莠不齐的现状，增强中国工业设计行业的竞争力。(e)建立工业设计数据库，使得企业或学校可信息共享，同时发布工业设计相关的国内外重点信息，为中国工业设计企业提供便利，促进工业设计行业之间的联系，加强企业间的竞争力。

4.提升核心品牌竞争力，创建国际行业知名品牌

中国制造业核心品牌意识建设显著落后于产业的发展速度。为此，企业需要在品牌意识、质量管理体系、品牌文化等方面不断提高企业品牌意识建设，提高企业品牌竞争力。

①以质量打响品牌。品牌是企业的灵魂，质量是企业的生命。两者相

辅相成,相互依存,并行发展。这样可以有效地提高企业品牌知名度,促进更多的企业将品牌建设纳入发展战略和经营战略中,促进高质量发展。企业应坚持品牌发展的价值取向,完善质量管理体系,在创新、制造和营销服务过程中,坚持规范化的品牌建设和完善,提高效率。此外,企业要积极采用先进的品牌管理技术,增加品牌管理投资,进一步优化品牌管理系统和流程,增强品牌管理和运营能力。同时,有关的法律部门需要进一步完善相关法律法规,切实加强对本土品牌的保护,加强对知识产权、品牌维护、防伪管理、品牌侵权等工作的推进。建立品牌政策的数据库,为企业提供准确、及时的品牌政策信息服务,发现伪造、抄袭行为,必须严厉打击,建立黑名单制度,将恶意抄袭、侵权行为纳入社会信用评价体系,保护独立品牌企业。

②以文化提升品牌。品牌知名度不仅意味着消费者对企业的产品和服务有所了解,还意味着他们与企业的文化底蕴和精神产生共鸣。要建设强大的民族品牌,应加强对企业品牌文化的建设,以此促进品牌文化交流。还可从中国传统文化土壤中提取养分,不断提高制造业产品品牌文化的附加值[①]。建立中国品牌的核心价值体系,探索出一条"中国产品+中国文化=中国品牌"的道路,由此形成企业内部品牌、行业品牌、城市品牌、代表国家品牌的发展道路。此外,将中国优秀的传统文化融入品牌文化建设中,以创建具有中国特色社会主义文化元素的中国品牌。在传播和建设中国品牌的同时,有效利用主流媒体平台积极讲好中国品牌故事,向世界传播中国品牌的价值和追求的信念,在文化输出的同时,还必须注重塑造品牌的文化形象,通过国内新媒体传播、整合营销和国际传播等方式,扩大品牌传播的累积效应,打造中国品牌。

③加快优质品牌"走出去"步伐。当前,世界产业链正在从国际制造业竞争时代过渡到国际品牌竞争时代。打造国际知名度更高的品牌已经成为中国制造业提高竞争力和建设生产能力的重要途径。首先,必须建立品牌国际化战略,以高质量的产品和服务让中国品牌"全球化",将中国品牌的价值传达给全球消费者,并引导更多的企业提高中国品牌的国际知名度。让企业走出盲目引进、简单代工的误区,走向自主品牌的培育之路。其次,品牌国际化为企业提供了实践技术和自我完善的机会,这有利于扩大中国品牌制造型企业的国际影响力,也将增强中国在世界经济体系中的话语权。此外,中国制造型企业可以参与国际合作、并购,与国际知名大型

①上海质量管理科学研究院课题组,李敏珩,郭政等.中国制造业品牌现状、问题及成因"制造业质量与品牌发展战略"系列研究(一)[J].上海质量,2016(6):56-60.

企业建立品牌创新合作关系,加强对外国文化和习俗、法律法规、市场结构和消费的研究。吸收国外有益文化,改善中国品牌的内涵和管理模式,妥善解决国内外文化冲突的问题,完善中国品牌。在中外合作的过程中,我们要始终坚持合作共赢的信念,反对不正当竞争行为。在发展技术的同时,企业应当坚决避免违法行为,切实履行自己的责任与义务,树立中国企业的良好形象,逐步改善外国消费者对“中国制造”的固有看法,让中国品牌在世界上“亮”起来。

④降低企业融资难度,完善金融市场体系,大力营造有利于企业发展的市场环境。目前,许多中小企业面临融资困难,利润增长缓慢的问题。政府应该加大对中小企业支持力度,降低中小企业融资的门槛,并逐渐消除未来金融约束的不确定性。此外,政府应该继续完善金融市场体系,调整融资模式,建立多元化、多层次的金融市场,拓宽中小企业融资的渠道,减少对中小企业的融资限制。增加制造业的中长期融资政策,引导银行增加对制造业的中长期贷款期限和降低制造业中长期融资成本,对于有资质有条件的制造型企业允许其直接发行企业债券。不断制定灵活适应的政策,引导大型商业银行、中小银行以及产业基金等多路资金流向制造业,通过制度建设公平、公正、公开的市场竞争环境,提高民间企业对制造业的投资意愿,提高制造型企业融资水平。

⑤适时降低税率,优化税制结构,大力营造有利于企业发展的市场环境。根据拉弗曲线,政府征收较高的税收可以进一步增加税收收入,但是如果税率达到一定“门槛”时,高税率反而会降低税基,导致政府的税收收入降低。在降低制造业增值税税率的同时,我们也可以考虑降低制造业上游、中游和下游子公司的相关税率,并为整个产业链构建与税率有关的调整机制,以有效地减轻制造型企业的整体税收负担。

⑥打造有利环境,提高产业竞争力,大力营造有利于企业发展的市场环境。新技术的发展导致产品竞争中劳动力的地位进一步下降,我们应该着眼于改善商业环境,尤其是企业的破产和退出机制。此外,在制造业实施技术变革和升级的同时,政府应继续完善立法,加大对知识产权的保护力度,确保相关行业的良性竞争,并减少垄断。企业科学合理地利用移动支付进行金融交易,并提高金融交易的效率,利用政府出台的功能性产业政策,积极提升自身创新能力,加快推出相关工程化产品。在企业产品开发过程中,政府应支持各种形式的财税政策,以促进企业研发。

⑦加强工业生态系统建设,大力营造有利于企业发展的市场环境。在先进制造业的发展中工业生态系统是重要的因素,为此加强工业生态系统

的建设，提高其联通性变得尤为重要。工业生态系统的联通性可以促进资源、数据和嵌入式服务等生产要素的互联。同时，充分利用大数据、云计算服务，使之与现代物流行业科学有效结合，逐步增强供应链物流系统的智能化。此外，在国际贸易中使用大数据，建立跨数据交易系统，进一步减少对国外直接投资的限制，增加制造业和服务业的开放度，让世界了解中国制造。同时，政府应增强网络安全保障能力，加快建设互联网行业的关键领域，进一步加强关键信息管理基础设施的安全性，建立跨境数据安全保护机制，不断加强对网络数据安全和网络用户信息保护。开发大数据、人工智能和网络安全技术研发等产业领域，提高网络安全能力，促进开放、互联、共享系统的互联网治理。

（七）挖掘“全工业门类优势”，打造中国制造靓丽名片

中国是全球唯一拥有全工业门类和在全产业链上优势明显的国家。近年来中国制造业发展突飞猛进，建立起了门类齐全的制造业体系，为中国制造业的良性发展打下了坚实的基础，为中国制造业的高端建设提供了坚实的支撑。

1.中国的制造业体系

中国高度重视工业体系的建设，从第一个五年计划开始就把有限的资源重点投向工业部门，为此后的工业化发展奠定了坚实的基础。经过70年的发展，中国成为全世界唯一拥有联合国产业分类当中全部工业门类的国家，包括41个工业大类、191个中类、525个小类。中国制造体系已覆盖从高端大制造到智能制造再到生活必需品制造等的方方面面，如我们熟知的中国高铁、C919飞机、墨子号，到华为，再到各种服装鞋袜等。在世界500多种主要工业产品当中，中国产量占居全球第一的有220多种工业产品。

2.全工业门类的独特优势

①提高了生产效率。门类齐全的制造业对提高生产效率有着很大的助益。在贸易竞争中，更完善的工业体系大大节约了配套产品生产的时间，在别国花费半个月才能找齐的生产配件在中国也许只需要半个小时。这极大提高了生产效率，在工业生产过程中，能够有效降低工业配套生产的成本，有利于提升产品竞争力，加大了中国产品在国际贸易中的竞争优势。但受经济全球化的影响，某些原材料、半成品、产品等，有时从国外进口比国内生产更有优势。

②吸引外资的有利条件。由于中国制造业拥有完善、完整的产业链，所以全球任何一家制造业巨头，都可以在中国完成一站式生产、加工，当然，在中国庞大的消费市场中还可以一站式完成销售。中国劳动力多的条件再辅以种种吸引外资的优厚待遇，使得中国成为承接各国制造生产的宝地。无论是传统的劳动密集型企业，还是其他以原料、技术、市场等为导向的企业也同样看好中国的市场。2018年特斯拉在上海独资建立新能源汽车工厂就是抓住中国市场机遇的典型例子。

③成为世界工厂的坚实基础。中国制造业全门类的优势也是中国“世界工厂”地位难以撼动的重要原因。经济的全球化使得全球制造业工厂设施变得更加分散，其他各国只有一些装配生产线，而并非全部生产线。中国的优势是现今任何一个国家都不可复制的，放眼全球，短期内世界上很难再出现一个像中国一样的世界工厂，这就使我们的优势具有独特性。

④维护国家安全。一个完整的工业体系对国家安全至关重要，它保证了国家在关键领域不受他国控制。即使是日用品产业被其他国家控制，也会使中国经济被动。中兴芯片事件在中国引起很大反响，一些人认为芯片产业把中国制造打回了原形，认为中国制造不堪一击，实则不然。中国机械工程学会常务理事、中国机械工程学会科技咨询委员会副主任屈贤明指出：中国制造业门类齐全，谁想要制裁中国都是很难的，现在没有一个国家有中国这样一个体量，也没有中国这样一个完整的体系。因为拥有全门类的制造体系，我们对外的依赖并不是致命的，在特殊的情况下，我们也能维持基本正常的生产，这提高了国内生产的安全性。

⑤为更高水平发展蓄力。目前，中国制造业大而不强、大而不精的客观现状仍然突出，在各国都积极开展工业4.0的背景下，全门类的优势必将助推中国制造有更高水平的发展，为构建高质量的制造业体系，提升中国产品在全球价值链上的地位。广东拓斯达科技公司近年来发展强劲，完善的机器人配套产业以及快速迭代生产提高了其科技研发水平。至今，拓斯达已成为国内机器人行业的领军品牌之一。由此可见，未来中国高端制造业的生产必然享受完善的工业产业链所带来的便利。工业互联网使制造业各要素与各环节实现连接，从而推进制造业智能化、网络化、个性化和服务化的转型。工业互联网既是全球制造竞争的制高点，也是中国制造业转型迈向中高端的关键依托，政府需加快部署推进，打造具备国际影响力的工业互联网生态。完善的产业链、信息链与互联网的深度融合，这可能会成为生产的新突破点。

(八)注重制造业与物流业等其他行业的协同发展

以振兴实体经济为主导,推进实体经济与虚拟经济的协调发展,要深化供给侧结构性改革,通过有效的产业政策把制造业做强做优,继续推进“去产能、去库存、去杠杆、降成本、补短板”这五大任务。根据经济社会发展实际运行情况合理、正确引导稀缺货币和实物资本的流向,优化地方金融,降低金融行业的系统性风险,使区域虚拟经济发展与实体经济发展水平相匹配。推进金融创新,为中小企业解决融资难问题,减弱虚拟经济的波动对实体经济企业的影响,增强中国实体经济的整体实力。通过创造“互联网+金融”和“互联网+实体行业”两种经济发展新形态,从宏观与微观层面推动实体经济与虚拟经济的协调发展。

1.宏观层面

①政府积极引导物流业与制造业细分行业进行协同高质量发展。制造业是中国主要的基础性国民经济产业,物流业虽起步较晚,但发展迅速,前景广阔。二者的协同关系密不可分,且形成了相互促进的互赢局面。制造业为物流业提供了消费者,带来大量的市场;物流业则为制造业提供相应的物流运输服务,使制造业可以集中精力在其主营业务。但当前对制造业细分行业与物流业协同的研究较少,且市场不够成熟,仍存在一些问题,这就需要政府加强引导,提供政策支持。当前中国的人口红利在不断消失,劳动力成本不断上升,致使许多劳动密集型制造业产业结构转移,转变为技术密集型产业和资本密集型产业。劳动密集型制造业成本的上升致使中国大量出口至国外的廉价工艺品失去价格优势,遭遇贸易壁垒,产生贸易逆差。针对这种现象,国家可以有针对性地进行产业扶持,对重点行业采取积极的财政政策,例如减少税收,降低土地资金,加大基础设施建设力度,提高资源利用率,以降低制造业的运营成本。

②加大创新投入力度,培育龙头企业。对于资本密集型制造业与技术密集型制造业,政府应加大资金与技术支持力度,加大对相关领域科研经费的投入,为相关产业培育高技术创新型人才,提高资本密集型与技术密集型制造业的专业化水平。企业应积极对在岗的工作人员进行专业技能培训,推动他们在原有模式的基础上积极创新,以推进新业态和新模式的发展。龙头企业积极发挥自己的引导作用,建立较为完善的相关服务标准,促进具有高附加值产业的发展。

③利用大数据互联网、云计算等技术手段加强行业间信息互通,促进行业高效发展。当前在制造业与物流业中新兴技术的参与水平还较为低

下,整体存在效率低、成本高等问题。随着大数据的发展,物流业与制造业通过合作的方式提高行业效率,降低成本。引入先进的技术设备、管理经验以及服务理念,使制造业细分行业与物流业协同发展。建设信息共享平台,有效地解决制造业细分行业与物流业在发展中的信息不对称问题,物流业更有针对性地满足制造业细分行业的物流需求。信息共享平台的建设可以降低物流业与制造业细分行业获取信息的成本,大大提高行业服务的效率和水平。

④建立完善的监管系统,促进信息公开透明化。通过云数据、物联网对物流信息进行实时追踪,建立专业的信息反馈机制,对货物进行数据跟踪,提高物流业的专业化水平,满足制造业细分行业对物流业的技术性要求。

⑤制定目标明确的战略性决策。随着制造业的不断发展,制造业细分行业在制造业高质量发展中的作用显得越来越重要。制造业行业的细分已经引起学者的重视,同时这也是一个尚待解决的现实问题。制造业行业的细分在促进与物流业的协同高质量发展方面起着十分重要的作用,它代表着行业未来专业化合作分工的发展趋势。这种趋势也能够使政府在进行战略性决策时建立更加清晰的目标,更加具有针对性地实施政策并落地生效,对于促进行业的高质量发展起着关键的作用。

⑥科学规划物流园区,充分发挥集群效应。要保证政策的有效实施,就要科学地规划物流园区,结合不同地区的区位优势以及地理特征,建立不同行业的产业聚集区。这种方法方便统一管理,也能更有针对性地满足不同地区不同的物流需求。政府可出台资金支持、土地租金优惠等政策,科学地划分产业集聚地区,在避免环境污染的同时提高产业生产的效率,以充分发挥地区的集群效应。各地区不同的支柱产业有不同的消费需求,重点培养满足需求市场的物流产业,提升他们的专业化程度以及物流服务水平。

2.微观层面

①对行业进行科学细分,提高专业化水平。就制造业方面来说,积极落实行业细分的产业集聚区。中国制造业种类繁多、分布复杂,难以管理。不同种类的制造业对物流的服务模式以及信息的实时程度有着不同的需求。一般来说,技术含量越高的制造业行业对物流业信息化需求的程度越高。相比之下,医药制造业,铁路制造业,船舶制造业,航空航天制造业和其他运输设备制造业,计算机、通信和其他电子设备制造业,仪器仪表制造业等技术密集型产业已与信息网络密不可分,对信息化的需求程度相对较高。石油加工、炼焦及核燃料加工业,造纸及纸制品制造业,化学原料以及化学制品制造业,黑色金属冶炼及压延加工业等资本密集型产业对信息的需求程度次之。皮

革、毛皮、羽毛及其制品业，木材加工及木、竹、藤、棕、草制品业，制鞋业等劳动密集型产业对信息化需求的程度相对最低。对制造业进行专业化的行业细分，提高细分行业的水平，增加物流业服务的附加值。根据物流业的发展水平，构建完善的制造业体系。、

②转变传统思想，积极发展创新理念。当前阶段比较主要的一个问题是许多制造业的物流服务多是由内部衍生的，专业化水平不高，同时占用了企业内部大量的物资与设施。制造业可考虑把物流业务外包给专业的物流公司，集中精力发展核心业务，增强核心竞争力。同时企业进行外包服务规划，劳动密集型制造业应该积极应对人口红利逐步消失、劳动力成本逐步提升等问题，发展自己的核心技术，还要善于利用科技手段实现高度自动化和智慧生产，逐步降低劳动力成本。

（九）强化教育投资，“智慧”奠基中国制造业高质量发展

1.大国竞合呈现新趋势

纵观18世纪中叶的第一次工业革命，让制造业经历了前所未有的历史性巨变，深刻改变了世界的格局和人们的生活。新一轮工业革命的来临，世界格局和人们生活将再一次发生重大变化，时代主题及大国竞争与合作也将呈现历史性新变化。随着全球经济一体化的推进，国家之间的竞争与合作新趋势为：世界将由少数制造业发达国家主宰演变为多国多边竞争合作角力；各国制造业关注焦点将由追求发展速度演变为更加关注发展质量；各国制造业重点以制造生产能力演变为关注研发设计能力，从关注制造生产、贸易的产量演变为关注价值链高端的产品控制与标准设定。国家竞争合作的主导力量由军事实力演变为科技创新，从资源占领演变为科技制高点的控制权，从简单的利益共享演变为深层次的创新力对话。

2.问鼎教育领域将成为大国深层次竞争与合作的硬核力量

大国之间的竞争是科学技术的竞争，科学技术的突破依赖创新，创新的原点是教育，因此教育将成为大国深层次竞争与合作的硬核力量。

①科学技术是大国之间竞争的核心。马克思指出，科学技术是历史的有力杠杆，是最高意义上的革命力量。从全球发展史来看，工业革命是英法美日等国崛起的根本性原因，第一次工业革命使人类进入了蒸汽时代，第二次工业革命使人类进入了电气时代，第三次科技革命使人类进入了信息化时代。工业革命的实质就是科学技术的学习，科学技术的发展，科学技术的创新，科学技术的变革。在当今的社会中，科学技术仍然是大国之间竞争的核心，因此科学技术是大国崛起的有力杠杆。

②科学技术的突破依赖创新。创新是指以现有的知识和物质，在特定的环境中改进或创造新的事物，并能获得一定有益效果的行为。创新是科学技术发展的动力和源泉。创新是引领发展的第一动力，创新也是科技突破的第一动力，技术的发展是从无到有的过程，唯有依赖创新、坚持创新，才能使技术得到突破性发展。

③创新的原点是教育。创新之道，其根在人。追本溯源，人才是创新的根基，没有人才资源，即使开始领先于世界，也必将败退下来。因此，培养人才举足轻重。中国制造业的崛起、国家的强盛需要几代人共同努力，只有通过教育源源不断地培养创新型领军人才，中国制造型企业才能获得根本性的竞争优势，从而实现中国制造业快速、保质的崛起。

参考文献

[1]赵文军.中国省区劳动生产率的变化特征及其成因:1990-2012[J].经济学家,2015(6):58-67.

[2]王一鸣.中国经济新一轮动力转换与路径选择[J].管理世界,2017(2):1-14.

[3]代表委员主题访谈:如何推动高质量发展[J].中国经济周刊,2018(11):26-27.

[4]齐二石,汪应洛,卢岚.中国工业工程学科发展现状与趋势[J].工业工程,1999(1):3-6.

[5]黄国群,徐金发,姜涛,等.企业软实力的内涵、形成过程及作用机理研究[J].软科学,2008(2):123-128.

[6]黄毅敏,齐二石.工业工程视角下中国制造业发展困境与路径[J].科学学与科学技术管理,2015,36(4):85-94.

[7]王靖华,李鑫.以创新推动中国经济高质量发展的路径[J].经济研究导刊,2018(28):4-5.

[8]师博,韩雪莹.中国实体经济高质量发展测度与行业比较:2004—2017[J].西北大学学报(哲学社会科学版),2020,50(1):57-64.

[9]王宗军,池仁勇,邵云飞,等.面向制造业高质量发展的创新创业管理研究[J].管理科学,2020,33(2):1-2.

[10]张明志,姚鹏.产业政策与制造业高质量发展[J].科学学研究,2020,38(8):1381-1389.

[11]吴翌琳,于鸿君.企业创新推动高质量发展的路径研究——基于中国制造企业的微观实证[J].北京大学学报(哲学社会科学版),2020,57(2):105-118.

[12]王刚,韩宪洲,许云,刘登攀.创新是高质量发展的关键[J].前线,2019(5):74-82.

[13]王小广.供给-需求两端双向发力推进高质量发展[J].人民论坛·学术前沿,2020(14):24-30.

［14］孙久文，卢怡贤，易淑昶．高质量发展理念下的京津冀产业协同研究［J］．北京行政学院学报，2020（6）：20-29.

［15］韦伟．从区域竞争迈向高质量发展的区域合作［J］．区域经济评论，2018（5）：53-57.

［16］袁晓玲，邸勍，李政大．改革开放40年中国经济发展与环境质量的关系分析［J］．西安交通大学学报（社会科学版），2018，38（06）：113-118.

［17］杨仁发，郑媛媛．环境规制、技术创新与制造业高质量发展［J］．统计与信息论坛，2020，35（08）：73-81.

［18］付保宗，周劲．中国制造业高质量发展步入窗口期［J］．宏观经济管理，2020（5）：14-22.

［19］李华晶．高质量发展的企业绿色创新研究［J］．企业经济，2018，37（09）：5-12，2.

［20］王一鸣．改革开放新时代与推动经济高质量发展［N］．学习时报，2018-11-16（003）.

［21］杨丹辉．以更高水平开放推动更高质量发展［J］．国家治理，2018（27）：3-10.

［22］李猛．新时期构建国内国际双循环相互促进新发展格局的战略意义、主要问题和政策建议［J/OL］．当代经济管理，2021，43（1）：1-17.

［23］任保平，王思琛．新时代高质量发展中共享发展的理论创新及其实现路径［J］．渭南师范学院学报，2018，33（11）：14-27.

［24］郭吉涛，梁爽．共享经济如何作用于新旧动能转换：驱动机制和影响机理［J/OL］．深圳大学学报（人文社会科学版）：1-11［2020-12-04］.

［25］戴克清，陈万明，王圣元．共享经济驱动传统产业创新升级路径研究：多层次视角分析框架［J］．科技进步与对策，2018，35（14）：50-55.

［26］杜宇，黄成，吴传清．长江经济带工业高质量发展指数的时空格局演变［J］．经济地理，2020，40（8）：96-103.

［27］傅为忠，储刘平．长三角一体化视角下制造业高质量发展评价研究——基于改进的CRITIC-熵权法组合权重的TOPSIS评价模型［J］．工业技术经济，2020，39（9）：145-152.

［28］黄庆华，时培豪，胡江峰．产业集聚与经济高质量发展：长江经济带107个地级市例证［J］．改革，2020（1）：87-99.

［29］高煜，许钊．超越流域经济：黄河流域实体经济高质量发展的模式与路径［J］．经济问题，2020（10）：1-9，52.

[30]安树伟,李瑞鹏.黄河流域高质量发展的内涵与推进方略[J].改革,2020(1):76-86.

[31]张贡生.黄河流域生态保护和高质量发展:内涵与路径[J].哈尔滨工业大学学报(社会科学版),2020,22(5):119-128.

[32]晋晓琴,郭燕燕,黄毅敏.黄河流域制造业高质量发展生态位测度研究[J].生态经济,2020,36(4):50-55.

[33]韩海燕,任保平.黄河流域高质量发展中制造业发展及竞争力评价研究[J].经济问题,2020(8):1-9.

[34]杨万平,张振亚.黄河流域与长江经济带生态全要素生产率对比研究[J].管理学刊,2020,33(5):26-37.

[35]胡玉凤,丁友强.农村产业融合背景下政府补贴对产业链增值的影响[J].财政研究,2019(11):91-101.

[36]刘灿,刘明辉.产业融合发展、农产品供需结构与农业供给侧改革[J].当代经济研究,2017(11):32-41,97.

[37]张维今,王钰,王淑梅.中国装备制造业与生产性服务业融合效率及其差异收敛性研究[J].中国软科学,2020(8):47-54.

[38]姜博.产业融合、网络嵌入与中国制造业创新[J].社会科学,2020(7):74-85.

[39]夏斐,肖宇.生产性服务业与传统制造业融合效应研究——基于劳动生产率的视角[J].财经问题研究,2020(4):27-37.

[40]傅为忠,金敏,刘芳芳.工业4.0背景下中国高技术服务业与装备制造业融合发展及效应评价研究——基于AHP-信息熵耦联评价模型[J].工业技术经济,2017,36(12):90-98.

[41]潘玉香,赵秋红,齐二石,等.两化融合对制造企业成本管控影响研究——以京津冀地区为例[J].中国科技论坛,2018(9):69-79.

[42]王俊,陈国飞."互联网+"、要素配置与制造业高质量发展[J].技术经济,2020,39(9):61-72.

[43]綦良群,蔡渊渊,王成东.GVC下中国装备制造业与生产性服务业融合影响因素研究[J].科技进步与对策,2017,34(14):92-97.

[44]孙畅,黄梓轩.产业匹配视域下中国经济高质量发展的动力来源——基于门槛效应的实证研究[J].统计与信息论坛,2020,35(4):52-60.

[45]徐建伟.推进产业深度融合发展增强装备制造业核心竞争力[J].宏观经济管理,2019(11):35-41.

[46]陈瑾，何宁.高质量发展下中国制造业升级路径与对策——以装备制造业为例[J].企业经济，2018，37(10)：44-52.

[47]王文平，谭鹏成.高质量发展监测评价的思考[J].统计科学与实践，2018(7)：54-55.

[48]王洪涛，陆铭.供需平衡、动能转换与制造业高质量发展[J].江苏社会科学，2020(4)：128-136.

[49]张志元.中国制造业高质量发展的基本逻辑与现实路径[J].理论探索，2020(2)：87-92.

[50]黄娅娜，邓洲.新时代经济高质量发展的内涵、现状、问题和对策[J].中国井冈山干部学院学报，2019，12(5)：23-30.

[51]米晋宏，江凌文，李正图.人工智能技术应用推进中国制造业升级研究[J].人文杂志，2020(9)：46-55.

[52]高煜.中国经济高质量发展中人工智能与制造业深度融合的智能化模式选择[J].西北大学学报(哲学社会科学版)，2019，49(5)：28-35.

[53]史永乐，严良.智能制造高质量发展的"技术能力"：框架及验证——基于CPS理论与实践的二维视野[J].经济学家，2019(9)：83-92.

[54]赵霞，朱艳娟.人工智能与湖北制造业高质量发展研究[J].社会科学动态，2020(10)：32-37.

[55]余东华.制造业高质量发展的内涵、路径与动力机制[J].产业经济评论，2020(1)：13-32.

[56]高文鞠，綦良群.科技人才、全要素生产率与装备制造业高质量发展[J].中国科技论坛，2020(9)：84-95，124.

[57]何冬梅，刘鹏.人口老龄化、制造业转型升级与经济高质量发展——基于中介效应模型[J].经济与管理研究，2020，41(1)：3-20.

[58]张晓静，王康妮，李姣，等."一带一路"高质量发展背景下中国企业"走出去"的战略思考[J].国际贸易，2020(1)：15-21.

[59]倪超.中国制造业高质量发展的困境与出路[J].标准科学，2019(8)：88-91.

[60]杨阳，顾春光，刘浩.区域创新双层驱动理论模型的构建研究[J].管理现代化，2015，35(4)：40-42.

[61]霍国庆，杨阳，张古鹏.新常态背景下中国区域创新驱动发展理论模型的构建研究[J].科学学与科学技术管理，2017，38(6)：77-93.

[62]唐学芳，赵源，朱艳婷，等.改革发展中的区域创新驱动及其影响因素[J].开发研究，2016(4)：22-26.

[63]李炜,李子彪,康凯.区域创新极培育能力影响因素实证研究[J].技术经济与管理研究,2018(6):117-122.

[64]李楠,龚惠玲,张超.区域创新驱动发展关键影响因素研究[J].科技进步与对策,2016,33(12):41-46.

[65]柳卸林.区域创新体系成立的条件和建设的关键因素[J].中国科技论坛,2003(1):18-22.

[66]尹猛基.中国省级行政区域创新驱动发展水平评价研究[J].工业技术经济,2015,34(12):71-77.

[67]ESMAEILPOORARABI N,TAN Y,GURARALDA M,et al. Evaluating place quality in innovation districts:A Delphic hierarchy process approach[J]. Land Use Policy,2018,76.

[68] CHRISTOPH H, MATTHIAS S, THOMAS S, et al. Measuring regional inno - vation: A critical inspection of the ability of single indicators to shape techno - logical change [J]. Technological Forecasting & Social Change,2018.

[69]齐二石.精益生产的本质[J].新材料产业,2006(11):65-66.

[70]齐二石.蔺宇,史英杰.中国工业工程在制造业中的应用及发展[J].工业工程与管理,2006(6):1-5.

[71]齐二石,蔺宇.中国精益的现实路径[J].当代经理人,2007,No.193(2):108-109.

[72]ARUNAGIRI P,GNANAVELBABUA. Identification of High Impact Lean Production Tools in Automobile Industries using Weighted Average Method [J]. Procedia Engineering,2014,97:2072-2080.

[73]王立柱.精益生产在亚特公司的应用研究[D].北京:北京交通大学,2009.

[74]刘敏.基于精益生产推进生产车间持续改善研究以蓝光奥的斯电梯曳引机(天津)有限公司为例[D].天津:天津大学,2014.

[75]王巍,李洋,闻金洙.基于精益生产的美的微波炉生产现场改善分析[J].森林工程,2007(5):93-96.

[76]丁春艳.全员参与改善的精益生产系统设计和实施[J].商场现代化,2011,(7):123-124.

[77]王新荣,范玉青.基于精益生产的企业价值流的研究[J].制造业自动化,2002,(8):28-30,52.

[78]陈华军.价值流图析在铸造精益生产中应用研究[D].北京:对外经济贸易大学,2006.

[79]占立新.价值流图析在冲压厂精益生产的应用研究[D].北京:对外经济贸易大学,2007.

[80]李军.基于价值流的胖轴精益生产分析[J].工业工程与管理,2008(6):128-132.

[81]李文杰,徐克林.基于价值流图析的精益生产研究[J].机电设备,2009,26(1):41-44.

[82]徐光银.应用价值流的差速器壳生产线的精益生产改造[J].汽车工艺与材料,2011(4):41-44.

[83]董芳.基于价值流图分析的W公司精益生产流程改进研究[D].上海:华东理工大学,2014.

[84]刘春华.价值流图在S公司精益生产中的应用研究[D].江苏:苏州大学,2015.

[85]王娜.价值流成本核算在精益生产中的应用[J].财会通讯,2016(26):82-85.

[86]INTRA C,ZAHN T.Transformation-waves - A Brick for a Powerful and Holistic Continuous Improvement Process of a Lean Production System[J]. Pro - cediaCirp,2014,17:582-587.

[87]车建国,何桢,孔祥芬.多品种小批量精益生产方式适应性分析[J].商业研究,2009(9):71-73.

[88]吴美丽.精益生产理念中的运作方式鉴别及消除浪费方法研究[J].商业时代,2011(16):90-91.

[89]李峰.浅析精益生产之——发现浪费,消除浪费[J].现代商业,2012(5):109.

[90]张汇臣.基于精益生产方式的成本控制指标设置研究[J].会计之友,2014(21):85-88.

[91]郭里.282厂某系列产品的精益生产模式运用研究[D].湖南:湘潭大学,2015.

[92]何芳.基于精益生产理论的JX公司生产管理研究[D].江西:南昌大学,2016.

[93]谢双,杨胜统,尧永春,等.结合精益生产思维谈并行工程的优势[J].中国高新技术企业,2017(1):178-181.

[94]冯燕宁.精益生产与全面质量管理[J].中国质量,2008(4):25-26.

[95]严兵,顾克江.论精益生产方式与全面质量管理的关系[J].石油工业技术监督,2009(7):37-40.

[96]王南尊.F企业精益生产方式之应用研究[D].江苏:苏州大学,2010.

[97]李湘平.株冶集团锌电解厂精益生产研究[D].湖南:中南大学,2011.

[98]米凌云.太阳诱电精益生产研究[D].陕西:西北大学,2012.

[99]魏敏.基于精益生产的A供电公司班组管理研究[D].云南:昆明理工大学,2013.

[100]马龙梅.精益生产在华容雪花啤酒厂的应用研究[D].辽宁:辽宁工程技术大学,2014.

[101]梁春秋.西诺塑料(长春)有限责任公司精益生产方式研究[D].吉林:吉林大学,2015.

[102]张锐,窦方琦.网络自制内容的精益生产模式研究[J].电影艺术,2016(5):95-100.

[103]汪凯.基于精益生产的"一个流"和生产线平衡的研究[J].企业技术开发,2009,28(8):135-136.

[104]彭阳.自动转换开关精益生产与生产线平衡研究[D].上海:上海交通大学,2008.

[105]叶晓素,蔡勇.精益生产方式下生产线平衡的研究[J].机电工程技术,2009,38(11):58-59,94,105.

[106]咸阳.精益生产在H公司的应用研究[D].上海:华东师范大学,2010.

[107]刘永生.单件流(精益生产)在YD公司的应用研究[D].广东:华南理工大学,2011.

[108]霍欣.阜新液压件厂精益生产方式研究[D].辽宁:辽宁工程技术大学,2012.

[109]黄文峰.基于精益生产的TZ公司生产线现场诊断与改善策略研究[D].四川:成都理工大学,2015.

[110]李锋.面向精益生产的手机装配生产线平衡优化[D].天津:天津工业大学,2016.

[111]DEARDORFF ALAN. Fragmentation in Simple Trade Models[J]. Univer- sity of Michigan,1998,9(4):23-25.

［112］张桂梅.价值链分工下发展中国家贸易利益研究［M］.北京：经济管理出版社，2012：22.

［113］GEREFFI G. International Trade and Industrial Upgrading in the Ap -parel Commodity Chains［J］.Journal of International Economics，1999（48）.

［114］林桂军，何武.中国装备制造业在全球价值链的地位及升级趋势［J］.国际贸易问题，2015（4）：3-15.

［115］张玉芹，李辰.我国装备制造业在全球价值链的地位分析［J］.国际商务（对外经济贸易大学学报），2016（5）：76-87.

［116］周升起，兰珍先，付华.中国制造业在全球价值链国际分工地位再考察——基于Koopman等的“GVC地位指数”［J］.国际贸易问题，2014（2）：3-12.

［117］王涛，赵晶，姜伟.中国制造业在全球价值链分工中的地位研究［J］.科技管理研究，2017，37（19）：129-138.

［118］聂聆，李三妹.中国在制造业产品全球价值链中的分工地位研究——基于价值链高度指数的分析［J］.现代财经（天津财经大学学报），2016（6）：3-16.

［119］孙本芝，王宇一.基于知识产权的江苏制造业价值链攀升的影响因素及对策研究［J］.科技管理研究，2014，34（11）：132-137.

［120］邵青.中国制造业价值链增值影响因素实证分析［J］.商业经济研究，2015（26）：129-130.

［121］张玉，胡昭玲.制度质量、研发创新与价值链分工地位——基于中国制造业面板数据的经验研究［J］.经济问题探索，2016（6）：21-27.

［122］黄灿，林桂军.全球价值链分工地位的影响因素研究：基于发展中国家的视角［J］.国际商务（对外经济贸易大学学报），2017（2）：5-15.

［123］戴翔，徐柳，张为付.“走出去”如何影响中国制造业攀升全球价值链？［J］.西安交通大学学报（社会科学版），2018（2）.

［124］陈秀英.制造业投入服务化对制造业价值链攀升影响的实证研究［J］.经济问题探索，2016（7）：112-118.

［125］罗军.服务化发展与制造业全球价值链地位——影响机制与门槛效应［J］.当代财经，2018（11），100-110.

［126］赵丽炯.价值链视角下生产性服务业与制造业的产业关联分析——以河南省为例［J］.商业经济研究，2015（5）：127-129.

［127］陈旭.价值链视角下生产服务业促进制造业发展的新方向——基于市场营销角度分析［J］.商业经济研究，2015（28）：115-117.

[128]马野青，张梦，巫强．什么决定了中国制造业在全球价值链中的地位？——基于贸易增加值的视角[J]．南京社会科学，2017(3)：28-35.

[129]王菁，齐俊妍．生产者服务贸易与制造业价值链提升——一个理论模型[J]．经济问题探索，2015(4)：49-55.

[130]王如忠，郭澄澄．全球价值链上先进制造业与生产性服务业协同发展机制：以上海市为例[J]．产经评论，2018，9(5)：30-43.

[131]杨仁发，李娜娜．产业集聚、FDI与制造业全球价值链地位[J]．国际贸易问题，2018(6)：72-85.

[132]崔鹏歌，尤宏兵．江苏制造业服务化与全球价值链互动影响——基于联立方程的实证分析[J]．企业经济，2015(6)：155-160.

[133]耿松涛，阳淑芬．中国旅游装备制造业价值链升级策略[J]．学术交流，2015(9)：139-143.

[134]张慧明，蔡银寅．中国制造业如何走出“低端锁定”——基于面板数据的实证研究[J]．国际经贸探索，2015，31(1)：52-65.

[135]曾繁华，杨馥华，侯晓东．创新驱动制造业转型升级演化路径研究——基于全球价值链治理视角[J]．贵州社会科学，2016(11)：113-120.

[136]陶忠元，王晓晴，薛晨．技术创新与标准化协同对中国制造业价值链内升级影响的实证研究——以七个细分产业为例[J]．工业技术经济，2016，35(3)：64-72.

[137]聂名华．中国制造业在全球价值链中的地位与升级方略[J]．东南学术，2017(2)：132-139，253.

[138]夏友富，何宁．推动中国装备制造业迈向全球价值链中高端的机制、路径与对策[J]．经济纵横，2018(4)：56-62.

[139]白清．生产性服务业促进制造业升级的机制分析——基于全球价值链视角[J]．财经问题研究，2015(4)：17-23.

[140]于明远，范爱军．全球价值链、生产性服务与中国制造业国际竞争力的提升[J]．财经论丛，2016(6)：11-18.

[141]郑休休，赵忠秀．生产性服务中间投入对制造业出口的影响——基于全球价值链视角[J]．国际贸易问题，2018(8)：52-65.

[142]熊珍琴，辛娜．中国制造业突破全球价值链低端锁定的战略选择[J]．福建论坛(人文社会科学版)，2015(2)：34-38.

[143]王岚，李宏艳．中国制造业融入全球价值链路径研究——嵌入位置和增值能力的视角[J]．中国工业经济，2015(2)：76-88.

[144]刘会政，朱光．中国装备制造业国际分工地位及提升路径研究［J］．国际商务（对外经济贸易大学学报），2018（5）：13-24.

[145]邵安菊．互联网与制造业融合发展的几个关键问题［J］．经济纵横，2017（1）：74-77.

[146]王一晨．运用工业互联网推动中国制造业转型升级［J］．中州学刊，2019（4）：26-30.

[147]蔡银寅．"互联网+"背景下中国制造业的机遇与挑战［J］．现代经济探讨，2016（11）：64-68.

[148]童有好．中国互联网+制造业发展的难点与对策［J］．中州学刊，2015（8）：30-34.

[149]李晓华．"互联网+"改造传统产业的理论基础［J］．经济纵横，2016（3）：57-63.

[150]黄阳华．德国"工业4.0"计划及其对中国产业创新的启示［J］．经济社会体制比较，2015（2）：1-10.

[151]周子学．互联网冷思维［J］．产业经济评论，2014（4）：5-13.

[152]李廉水，周勇．中国制造业"新型化"状况的实证分析——基于中国30个地区制造业评价研究［J］．管理世界，2005（6）：76-81+88+172.

[153]蒋太胜．基于DEA的公路运输企业经营绩效评价研究［D］．中南大学，2007.

[154]GEORGAKOPOULOS D，JAYARAMAN P P，Fazia M，et al. Internet of Things and Edge Cloud Computing Roadmap for Manufacturing［J］.Cloud Com - puting IEEE，2016，3（4）：66-73.

[155]CHEN M，MAO S，LIU Y.Big Data：a survey［J］.Mobile Networks & Applications，2014，19（2）：171-209.

[156]霍媛媛．以大数据技术驱动制造业转型升级［J］．人民论坛，2019（25）：54-55.

[157]汪涛武，王燕．基于大数据的制造业与零售业融合发展：机理与路径［J］．中国流通经济，2018，32（1）：20-26.

[158]郭存德．加快制造业智能升级步伐［J］．人民论坛，2019（24）：76-77.

[159]房建奇，沈颂东，亢秀秋．大数据背景下制造业转型升级的思路与对策研究［J］．福建师范大学学报（哲学社会科学版），2019（1）：21-27，168.

[160]ALVARADO-INIESTAl A ,García-Alcaraz,JORGE L,et al. Multi-objective optimization of torch brazing process by a hybrid of fuzzy logic and multiobjective artificial bee colony algorithm[J]. Journal of In - telligent Manufacturing,2016,27(3):631-638.

[161]PAN Y H.2018 special issue on artificial intelligence 2.0:theo - ries and applications[J].Frontiers of Information Technology & Electronic En - gineering,2018,19(1):1-2.

[162]黄群慧,贺俊.中国制造业的核心能力、功能定位与发展战略——兼评《中国制造2025》[J].中国工业经济,2015(06):5-17.

[163]姚锡凡,周佳军,张存吉等.主动制造——大数据驱动的新兴制造范式[J].计算机集成制造系统,2017,23(1):172-185.

[164]姚锡凡,雷毅,葛动元等.驱动制造业从"互联网+"走向"人工智能+"的大数据之道[J].中国机械工程,2019,30(2):134-142.

[165]CHEN X,QIAN W W. Effect of marine environmental regula - tion on the industrial structure adjustment of manufacturing industry:An em - pirical analysis of China's eleven coastal provinces [J]. Marine Policy, 2020,113.

[166]王道平,翟树芹.第三方物流企业竞争力评价指标体系构建及其评价[J].财经理论与实践,2005(6):79-83.

[167]王楠,徐枞巍,董红.基于SOM网络的高新技术企业财务评价及应用[J].科学学研究,2007(S2):276-281.

[168]YU F F, SHI Y, WANG T. Investment and Chinese Manufacturing SMEs Corporate Social Responsibility:The Moderating Role of Regional Innovative Milieu[J].Journal of Cleaner Production,2020.

[169]ZHU H S, HUANG X, He Q C.Sus- taining Competitiveness: Moving Towards Upstream Manufacturing in Specialized-Market-Based Clusters in the Chinese Toy Industry[J]. Sustain - ability,2016,8(2).

[170]GUAN J, LI Y F,XING L Z. Close - ness centrality for similarity-weight network and its application to measuring in - dustrial sectors' position on the Global Value Chain[J]. Physica A:Statistical Mechanics and its Applications,2020,541.

[171]SHEN C M, ZHENG J H.Does global value chains partici - pation really promoteskill-biased technological change? Theory and evidence from China[J].Economic Modelling,2020,86.

[172]程俊杰.转型时期中国产能过剩测度及成因的地区差异[J].经济学家,2015(3):74-83.

[173]苏敬勤,刘静.复杂产品系统创新的核心技术控制力演化——验证性多案例研究[J].科学学与科学技术管理,2014,35(9):24-31.

[174]FREEMAN C. Technology policy and economic performance: Lessons from Japan[M].London: Pinter, 1987.

[175]LUNDVALL B A. Product Innovation and User Producer Interaction [M].Aalborg University Press, 1985.

[176]MICHEAL H, James Champ. Reengineering the Corporation[M]. Harper Business, 1993.

[177]THOMAS H. Process Innovation[M]. Boston, Harvard Busi- ness School press, 1994.

[178]许庆瑞,陈劲,郭斌.组合技术创新的理论模式与实证研究[J].科研管理,1997(3):29-35.

[179]IANSITI M. Technology integration: Turning Great Research into Great Products[J].Harvard Business Review, 1997, 74(5- 6):69-79.

[180]JOE T, John Bessant , Keith Pavitt. Managing Innovation[M]. John Wiley, 2006.

[181]SHAPIRO S M. Innovation: a Blueprint for Surviving and Thriving in an Age of Change[M].New York: McGraw-Hill, 2002.

[182]许庆瑞,郑刚,等.全面管理创新(TIM):——基于海尔集团的案例研究企业创新管理的新趋势[J].科研管理,2003(5):1-7.

[183]许庆瑞,王海威.全员创新的理论来源探究[J].科学学研究,2006(3):466-469.

[184]刘丹,闫长乐.协同创新网络结构与机理研究[J].管理世界,2013(12):1-4.

[185]RAY S. Organization Learning: The Key to Management Innova - tion[J].Sloan Manageme- nt Review, 1989, 30(3):63-74.

[186]张璐,齐二石,长青.中国制造企业管理创新方法类型选择评价——基于SVM的多案例实证分析[J].科学学研究,2014,32(11):1747-1753.

[187]苏敬勤,林海芬.管理创新研究视角评述及展望[J].管理学报,2010,7(9):1343-1357.

[188]林楠,孙磊.创新方法理念不断提高预期管理的前瞻性和有效性[J].宏观经济管理,2017(3):37-40+53.

[189]张爱琴,陈红.创新方法应用促进自主创新能力提升的路径研究[J].科学学研究,2016,34(5):757-764.

[190]郃双汭.高校科研经费间接费用管理的创新方法研究[J].科学管理研究,2015,33(3):52-55.

[191]BIRKINSHAW J,HAMEL G.Management innovation[J].The Academy of Management Review,2008,33(4):825-845.

[192]赵剑波.推动新一代信息技术与实体经济融合发展:基于智能制造视角[J].科学学与科学技术管理,2020,41(3):3-16.

[193]刘思峰,杨英杰,吴利丰,等.灰色系统理论及其应用[M].第7版.北京:科学出版社,2014.

[194]邓聚龙.灰理论基础[M].武汉:华中科技大学出版社,2002:135-150.

[195]肖新平,谢录臣,黄定荣.灰色关联度计算的改进及其应用[J].数理统计与管理,1995,14(5):27-30.

[196]党耀国,刘思峰,刘斌,等.灰色斜率关联度的改进[J].中国工程科学,2004,6(3):41-44.

[197]孙玉刚,党耀国.灰色T型关联度的改进[J].系统工程理论与实践,2008,28(4):135-139.

[198]刘思峰,谢乃明,FORRESTJeffery.基于相似性和接近性视角的新型灰色关联分析模型[J].系统工程理论与实践,2010,30(5):882-887.

[199]蒋诗泉,刘思峰,刘中侠,等.基于面积的灰色关联决策模型[J].控制与决策,2015,30(4):685-690.

[200]LIU S,YANG Y,CAO Y,et al. A summary on the research of GRA models[J]. Grey Systems,Theory and Application,2013,3(1):7-15.

[201]张可,刘思峰.灰色关联聚类在面板数据中的扩展及应用[J].系统工程理论与实践,2010,30(7):1253-1259.

[202]SOHAL A."Developing a lean production organization:an Austra - lian case study" [J].International Journal of Operations,1996,16(2):91-102.

[203]BROWNING T R, HEATH R D."Reconceptualizing the effects of lean production costs with evidence from the F-22 program" [J].Journal of Opera - tions Management,2015,27(1):23-44.

[204]JOACHIM M, STEFAN S, SEABASTIAN B. Volume and Mix Flexibility Evaluation of Lean Production Systems[J]. Procedia CIRP 2013, 9 : 79-84.

[205]ROBERT J, JAMES M, MICHELA B .Creating the illusion of employee empowerment: lean production in the international automo - bile industry [J]. International Journal Of Human Resource Management, 2013, 24 (8) : 1629-164.

[206] AMANDA S, PETER B. Lean production, employee learning and workplace outcomes : a case analysis through the ability- motivation-opportunity framework [J]. Human Resource Management Journal, 2013, 23 (3): 227-240.

[207]BHASIN S. Performance of Lean in large organisations[J]. Journal of Manufacturing Systems, 2012, 31: 349-357.

[208]DOMBROWSKI U, MIELKE T, ENGEL C. Knowledge Management in Lean Production Systems[J]. Procedia Cirp , 2012, 3 : 436-441.

[209]GRIE R, SILIJE A , Halvor H. Integrating Quality and Lean into a Holistic Production System[J]. Procedia CIRP , 2014 , 242-247.

[210]Salah A M, Elmoselhy. Hybrid lean-agile manufacturing system technical facet, in automotive sector[J]. Journal of Manufacturing Systems , 2013, 32 : 598-619.

[211]DARY P, ERLEND A, JAN O S. The concurrent application of lean production and ERP: Towards an ERP- based lean implementation process[J]. Computers in Industry, 2013, 64: 324-335.

[212] ANDREA C. Sustainable manufacturing-greening processes using specific Lean Production tools: an empirical observation from European motorcycle component manufacturers[J]. Journal of Cleaner Production, 2014, 16: 1-8.

[213]JOSE M, PEDRO M J, JUAN M M. Impact of use of information technology on lean produc - tion adoption: evidence from the automotive industry [J]. International Journal Of Technology Management, 2012, 57 (1-3) : 132-148.

[214]KOSONEN K, BUNHANIST M. Customer focused lean production devel opment[J]. Production Economics, 1995, 41: 211-216.

[215]邓聚龙.灰色理论的关联空间[J].模糊数学,1985,4(2):1-10.

[216]ZHANG K ,LIU S F . A novel algorithm of image edge detection based on matrix degree of grey incidences[J]. The Journal of Grey System ,2009,21(3):231-240.

[217]齐二石,汪应洛,卢岚.中国工业工程学科发展现状与趋势[J].工业工程,1999,2(1):1-4.

[218]齐二石,霍艳芳.工业工程与管理[M].北京:科学出版社,2011.

[219]DIRK P V D ,MORTENSEN O ,LEMOINE O W. Integration between manufacturers and third party logistics providers[J]. International Journal of Operations & Production Management,2008(4):331-359.

[220]彭本红,冯良清.现代物流业与先进制造业的共生机理研究[J].商业经济与管理,2010(1):18-25.

[221]苏秦,张艳.制造业与物流业联动现状分析及国际比较[J].中国软科学,2011(5):37-45.

[222]苏秦,张艳.制造业与物流业联动现状及原因探析[J].软科学,2011(3):61-64.

[223]程永伟.中国制造业与物流业联动发展的测度及影响研究——基于供需依赖性视角[J].中国经济问题,2013(1):62-71.

[224]董千里,张林,申亮.制造业与物流业联动发展的产业协调度研究——基于陕西省数据实证分析[J].技术经济与管理研究,2015(3):119-123.

[225]樊敏.中国城市群物流产业效率分析及发展策略研究——基于产业运作及联动发展视角[J].软科学.2010,24(5):77-78.

[226]王珍珍.基于共生度模型的长江经济带制造业与物流业协同发展研究[J].管理学刊,2017,30(5):34-46.

[227]GONZALO G,BADELL M,Luis Puigjaner. A holistic framework for short-term supply chain management integrating production and corporate financial planning[J].International Journal of Production Economics,2006(1).

[228]朱汉民.我国金融业与现代物流的互动发展[J].武汉理工大学学报(社会科学版),2003(3):226-230.

[229]丁永琦.我国金融业与现代物流业联动性的实证分析[J].经济问题,2014(4):44-47.

[230]RIDDLE. Service-led Growth:the Role of the Service Sector in the World Development[M].Praeger,New York,1986.

[231]MARKUSEN. Trade in Producer Services and in Other Specialized In - termediateInputs[J].American Economic Review,1989,(3):85-95.

[232]PERRY M. The Internationalization of Advertising[J]. Geofourm. 1990,(1):35-50.

[233]PARK S H. Intersectoral Relationships between Manufacturing and Service:New Evidence from Selected Pacific Basin Countries[R]. ASEAN Eco - nomic Bulletin,1999(3).

[234]陈伟达,金立军.生产者服务业区域发展及其与其他行业互动发展研究——基于投入产出表分析[J].软科学,2009,23(10):17-22.

[235]顾乃华,毕斗斗,任旺兵.中国转型期生产性服务业发展与制造业竞争力关系研究——基于面板数据的实证分析[J].中国工业经济,2006(9):14-21.

[236]盛松成.从地区社会融资规模能看出什么[J].中国经济报告,2014(4):65-69.

[237]麻学锋,刘雨婧.张家界旅游竞争力时空演化及结构协调性与合理性[J].统计与信息论坛,2015,30(9):81-88.

[238]方茜,王军.制造业对四川经济增长贡献的理论与实证分析[J].西南民族大学学报(人文社科版),2006(2):245-247.

[239]刘俊,董千里,史嫄.我国东西部物流业发展比较及对策研究[J].物流技术,2012,31(15):45-47,87.

[240]张沛东.区域制造业与生产性服务业耦合协调度分析——基于中国29个省级区域的实证研究[J].开发研究,2010(2):46-49.

[241]廖重斌.环境与经济协调发展的定量评判及其分类体系——以珠江三角洲城市群为例[J].热带地理,1999(2):76-82.

[242]KOELLINGER P . The relationship between technology,innova - tion,and firm performance:empirical evidence from e business in Europe[J]. Research Policy,2008,37(6):1317-1328 .

[243]陈岩,张斌.基于所有权视角的企业创新理论框架与体系[J].经济学动态,2013(9):50-59.

[244]何黎明.推进物流业高质量发展面临的若干问题[J].中国流通经济,2018,32(10):5-9.

[245]杨守德.技术创新驱动中国物流业跨越式高质量发展研究[J].中国流通经济,2019,33(3):62-70.

[246]金爽.新时代“互联网+”背景下物流企业高质量发展[J].今日财富,2018(13):33-33..

[247]吕铁,刘丹.制造业高质量发展:差距、问题与举措[J].学习与探索,2019(1):111-117.

[248]彭树涛,李鹏飞.中国制造业发展质量评价及提升路径[J].中国特色社会主义研究,2018(5):36-42.

[249]董希淼,吴琦,等.金融业如何服务好高质量发展[J].金融博览,2018(2):35-37.

[250]连平,刘健.扩大金融业对外开放是中国金融高质量发展的必由之路[J].金融经济,2018(5):7.

[251]马珩.长三角制造业价值链高度指数的构建与测度[J].技术经济,2013,32(5):1-5,10.

[252]韩国高,张倩.技术进步偏向对工业产能过剩影响的实证研究[J].科学学研究,2019,37(12):2157-2167.

[253]吴义爽,盛亚,蔡宁.基于互联网+的大规模智能定制研究——青岛红领服饰与佛山维尚家具案例[J].中国工业经济,2016(4):127-143.

[254] LI H B , LI L, WU B Z, XIONG Y Y. The End of Cheap Chinese Labor[J]. Journal of Economic Perspectives, 2012, 26(4).

[255]刘尚希,王志刚,程瑜等.降成本:2019年的调查与分析[J].财政研究,2019(11):3-16.

[256]国务院发展研究中心“发达国家再制造业化战略及对中国的影响”课题组,李伟,刘鹤等.发达国家再制造业化战略及对中国的影响[J].管理世界,2013(2):13-17,31.

[257]唐宜红,张鹏杨.全球价值链嵌入对贸易保护的抑制效应:基于经济波动视角的研究[J].中国社会科学,2020(7):61-80,205.

[258]逄锦聚.在世界百年未有之大变局中坚持和发展中国特色社会主义经济发展道路[J].经济研究,2020,55(8):24-40.

[259]冯江源.大国强盛崛起与科技创新战略变革——世界科技强国与中国发展道路的时代经验论析[J].人民论坛·学术前沿,2016(16):6-37.

[260]苗圩,左娅.中国制造2025瞄准十大重点领域[N].人民日报,2015-05-20(003).

[261]习近平.决胜全面建成小康社会夺取新时代中国特色社会主义伟大胜利——在中国共产党第十九次全国代表大会上的报告[J].中国经济周刊,2017(42):68-96.

[262]中共中央关于制定国民经济和社会发展第十四个五年规划和二〇三五年远景目标的建议[N].人民日报,2020-11-04(001).

[263]KANG W S, LEE K, RONALD A. Economic policy un - certainty and firm-level investment[J]. Journal of Macroeconomics, 2014, 39.

[264]CHEN L. Economic policy uncertainty and firm investment: evidence from the U.S. market[J]. Applied Economics, 2019, 51(31).

[265]黄群慧,霍景东.产业融合与制造业服务化:基于一体化解决方案的多案例研究[J].财贸经济,2015(2):136-147.

[266]JAMES G. MARCH. Exploration and Exploitation in Organizational Learning[J].Organization Science, 1991, 2(1).

[267] SOLOW R M. Technical Change and the Aggregate Production Func - tion[J]. Review of Economics and Statistics, 1957, 39(3):154-155.

[268]原磊.新一轮科技革命和产业变革背景下中国产业政策转型研究[J].中国社会科学院研究生院学报,2020(1):84-94.

[269]孙早,梁晓辉,许薛璐.新一轮技术革命与工业化国家的工业再升级战略[J].审计与经济研究,2016,31(2):91-99.

[270]李健旋.美德中制造业创新发展战略重点及政策分析[J].中国软科学,2016(9):37-44.

[271]贾根良.第三次工业革命与工业智能化[J].中国社会科学,2016(6):87-106,206.

[272]陈劲.新兴技术与产业创新研究的有益探索[J].中国软科学,2020(6):192.

[273]WEI S J, XIE Z, ZHANG X B. From"Made in China " to"Innovated in China": Necessity, Prospect, and Challenges[J]. Journal of Economic Perspectives, 2017, 31(1).

[274]吴丰华,刘瑞明.产业升级与自主创新能力构建——基于中国省际面板数据的实证研究[J].中国工业经济,2013(5):57-69.

[275]黎文靖,郑曼妮.实质性创新还是策略性创新?——宏观产业政策对微观企业创新的影响[J].经济研究,2016,51(4):60-73.

[276]隆云滔,刘海波,蔡跃洲.人工智能技术对劳动力就业的影响——基于文献综述的视角[J].中国软科学,2020(12):56-64.

[277]吴福象,段巍.国际产能合作与重塑中国经济地理[J].中国社会科学,2017(2):44-64,206.

[278]石磊,罗晖,鞠思婷.中美科技创新合作历程与展望[J].中国软科学,2015(8):116-134.

[279]何宇,张建华,陈珍珍.贸易冲突与合作:基于全球价值链的解释[J].中国工业经济,2020(3):24-43.

[280]徐盈之,孙剑.信息产业与制造业的融合——基于绩效分析的研究[J].中国工业经济,2009(7):56-66.

[281]张延林,王丽,谢康,等.信息技术和实体经济深度融合:中国情境的拼创机制[J].中国工业经济,2020(11):80-98.

[282]李坤,于渤,李清均."躯干国家"制造向"头脑国家"制造转型的路径选择——基于高端装备制造产业成长路径选择的视角[J].管理世界,2014(7):1-11.

[283]王海燕,梁洪力,张寒.美国制造拓展伙伴计划的新动向及其对我国创新方法工作的启示[J].中国软科学,2015(1):59-66.

[284]杨德明,刘泳文."互联网+"为什么加出了业绩[J].中国工业经济,2018(5):80-98.

[285]黄群慧,余泳泽,张松林.互联网发展与制造业生产率提升:内在机制与中国经验[J].中国工业经济,2019(8):5-23.

[286] PAN S L, TAN B. Demystifying case research: A structured-pragmatic-situational (SPS) approach to conducting case studies [J]. Information and Organization, 2011, 21(3): 161-176.

[287]石胜民,徐艳梅.中国装备制造企业持续成长的创业战略路径——A集团1984-2015年的纵向案例研究[J].管理评论,2017,29(12):238-257.

[288] DEVECE C, PERIS-ORTIZ M, RUEDA-ARMENGOT C. Entrepreneurship during economic crisis: Success factors and paths to failure [J]. Journal of Business Research, 2016, 69(11): 5366-5370.

[289]ZHANG Y F, WANG G, SUN J Q. Real-time information captur - ing and integration framew- ork of the internet of manufacturing things[J]. In - ternational Journal of Computer Integrated Manufacturing, 2015, 28(8).

[290]LAU R Y, ZHANG W, XU W. Parallel Aspect - Oriented Sentiment Analysis for Sales Forecasting with Big Data[J]. Produc - tion and Operations Management, 2018, 27(10): 1775-1794.

[291]荆文君,孙宝文.数字经济促进经济高质量发展:一个理论分析框架[J].经济学家,2019(2):66-73.

[292]刘斌,潘彤.人工智能对制造业价值链分工的影响效应研究[J].数量经济技术经济研究,2020,37(10):24-44.

[293]盛朝迅.推进中国产业链现代化的思路与方略[J].改革,2019(10):45-56.

[294] PARK K O. A Study on Sustainable Usage Intention of Block-chain in the Big Data Era:Logistics and Supply Chain Management Companies[J]. Sustainability,2020,12(24):1-15.

[295]丁明磊,王革.中国的全球科创中心建设:战略与路径[J].人民论坛·学术前沿,2020(6):32-37,53.

[296]吕铁,刘丹.中国制造业高质量发展的基本思路与举措[N].经济日报,2019-04-18(12).

[297]李廉水,石喜爱,刘军.中国制造业40年:智能化进程与展望[J].中国软科学,2019,337(1):6-14,35.

[298]何郁冰,韩秋敏,曾益.自主创新对于中国制造业国际竞争力的影响[J].科研管理,040(7):33-46.

[299]刘慧岭,凌丹.全球价值链重构与中国制造业转型升级——基于价值链分布的视角[J].中国科技论坛,000(7):84-95.

[300]马永伟.工匠精神与中国制造业高质量发展[J].东南学术,2019(06):147-154.

[301]邵军华,唐娜.浅析"中国制造2025战略"下的专业技术人才发展策略[J].人才资源开发,2017(6):59.

[302]汪建成,毛蕴诗.从OEM到ODM、OBM的企业升级路径——基于海鸥卫浴与成霖股份的比较案例研究[J].中国工业经济,2007(12):110-116.

[303]KHANDELWAL A K,SCHOTT P K,WEI S J. Trade liberalization and embedded institutional reform:Evidence from Chinese exporters. Cepr Discussion Papers,2013,103(6):2169-2195.

[304]刘斌,魏倩,吕越,祝坤福.制造业服务化与价值链升级[J].经济研究,2016,51(3):151-162.

[305]陈丽丽,龚静.中国出口产品复杂度提升了吗?——结合价格和产品技术含量测度的新考察[J].世界经济文汇,2014(2):30-44.

[306]赵小芸,芮明杰.上海以高新技术推动制造业升级的模式与路径研究[J].上海经济研究,2012,24(2):63-69.

[307]李瑞.中国外贸出口品牌战略实施现状与建议[J].对外经贸,2013(5):28-29.

[308]董秋云.分享经济下制造业的发展对策[J].改革与战略,2018,34(4):93-98.

[309]建青,陈文博.中国制造业国际竞争力的影响因素与提升对策研究[J].科技与经济,2018,31(5):46-50.

[310]刘源,安毅锦.中国传统制造业适应经济新常态转型发展对策[J].当代经济,2017(32):14-15.

[311]方新.《中国制造业发展研究报告》(系列报告)书评[J].科研管理,2020,41(1):290.

[312]黄群慧.推进制造业高质量发展的三个关键问题[N].学习时报,2019-10-09(002).

[313]李少敏.新常态下中国制造业发展的研究与思考[J].商场现代化,2016(5):240-241.

[314]肖宇,夏杰长,倪红福.中国制造业全球价值链攀升路径[J].数量经济技术经济研究,2019,36(11):40-59.

[315]张恒志,孟利清.工业设计价值观演变研究[J].工业设计,2019(2):83-84.

[316]于文领,张力派,吴怡霖,赵宣.融资约束下企业现金持有与投资效率的互动关系研究——来自中国制造业2013～2017年上市企业的经验证据[J].工业技术经济,2020,39(3):48-56.

[317]陈旭升,李云峰.制造业技术创新动态能力与高质量发展——基于创新引领视角[J].科技进步与对策,2020,37(6):92-101.

[319]林平凡.创新驱动实现区域竞争优势重构的路径选择[J].广东社会科学,2016(2):29-37.

[320]王业强,郭叶波,赵勇,胡浩.科技创新驱动区域协调发展:理论基础与中国实践[J].中国软科学,2017(11):86-100.

[321]吴战勇.区域经济创新的关键驱动因素与发展路径[J].统计与决策,2017(18):71-73.

[322]孙志芳.中国区域创新体系建设的困境与路径[J].中共中央党校学报,2013,17(5):77-79.

[323]MOL M J,BIRKINSHAW J. Against the flow:reaping the rewards of management innovation[J]. European Business Forum,2006(27):24-29.

［324］DAMANPOUR F. The Adoption of Technological, Administrative, and Ancillary Innovations: Impact of Organizational Factors［J］.Journal of Man-age - ment, 1987, 13(4): 675–688.

［325］BENGHOZI P J. Managing Innovation: From Ad hoc to Routine in French Telecom［J］. Organization Studies, 1990, 11(4): 531–554.

［326］BIRKINSHAW J, MOL M. How Management Innovation Happens［J］. Sloan Management Review, 2006, 47(4): 81–88.

［327］MICHAEL J. BIRKINSHAW M J.The sources of management

innovation: When firms intro- duce new ma–nagement practices［J］.Jour-nal of Busi- ness Research, 2009, 62(12): 1269–1280.

［328］ARMBRUSTER H, BIKFALVI A , KINKEL S. Organizational in-nova tion: The challenge of me asuring non–technical innovation in largescale sur veys［J］.Technovation, 2008, 28(10): 644–657.

［329］李炎炎. 管理创新中的组织学习［M］. 北京：经济管理出版社，2007.

［330］王伟. 管理创新原理与实务［M］. 北京：中国对外经济贸易出版社，2002.

［331］冯务中. 管理创新：企业创新体系的神经［J］. 科学管理研究，2001(2): 10–12.

［332］陈通，马浩，和金生. 面向知识经济的企业管理创新主体研究［J］. 中国软科学，2000(5): 38–41.

［333］MARTIN K, JOHN Z. The Rise of the Platform Economy［J］. Issues in Science and Technology, 2016, 32(3): 61–69.

［334］施炳展，李建桐. 互联网是否促进了分工：来自中国制造企业的证据［J］. 管理世界，2020, 36(4): 130–149.

［335］余南平. 人工智能革命背景下的大国博弈——以全球价值链的结构变化为分析视角［J］. 国际关系研究，2020(01): 3–25+154–155.

［336］ANDREW B , BUFFIE E, ZANNA L F. Should We Fear the Robot Revolution?(The Correct Answer is Yes)［J］.Journal of Monetary Economics, 2018: 116.

［337］李舒沁，王灏晨，汪寿阳. 人工智能背景下工业机器人发展水平综合动态评价研究——以制造业为例［J］. 系统工程理论与实践，2020, 40(11): 2958–2967.

[338]王媛媛,张华荣.G20国家智能制造发展水平比较分析[J].数量经济技术经济研究,2020,37(9):3-23.

[339]许宪春,张美慧.中国数字经济规模测算研究——基于国际比较的视角[J].中国工业经济,2020(5):23-41.

[340] CORDEROR .The measurement of innovation performance in the firm:An overview[J].Research Policy,1990,19(2):185-192 .

[341] COLLIER D W .Measuring the performance of R&D department [J].Research Management,1977,20(2):30-34 .

[342]田红英,黄远新.基于SCOR模型的物流企业营运与管理评价指标体系研究[J].经济体制改革,2010(4):81-84.

[343]王珏,祝继高.劳动保护能促进企业高学历员工的创新吗?——基于A股上市公司的实证研究[J].管理世界,2018,34(3):139-152+166+184.

[344]丁斌,曲慧敏.中国上市物流企业的经营效率评价及影响因素分析[J].管理现代化,2014,34(4):74-76.

[345]徐立平,姜向荣,尹翀.企业创新能力评价指标体系研究[J].科研管理,2015,36(S1):122-126.

[346]朱乃平,朱丽,孔玉生.技术创新投入、社会责任承担对财务绩效的协同影响研究[J].会计研究,2014(02):57-63+95.

[347] PAN Y X, HUANG Y M, QI E S. Chinese manufacturing industry development strategy from the financial perspective[J]. Grey Sys tems:Theory and Application,2006,6(2):203-215 .

[348]鲍新中,霍欢欢,徐鲲.科技型企业知识产权价值指数构建及其实证研究[J].情报杂志,2018,37(02):76-80+116.

[349]朱秀梅.资源获取、创业导向与新创企业绩效关系研究[J].科学学研究,2008(3):589-595.

[350]郭巍,林汉川,付子墨.中国先进制造业评价指标体系的构建[J].科技进步与对策,2011,28(12):125-129.